로널드 드워킨

정의론

법과 사회 정의의 토대를 찾아서

Justice for Hedgehogs

Ronald
Dworkin

로널드 드워킨
정의론

박경신 옮김

민음사

레니에게

차례

Justice for Hedgehogs

Ronald
Dworkin

서문

　이 책은 다른 사람들의 생각에 대한 책이 아니다. 이 책은 하나의 독자적인 주장이다. 이에 대한 반박, 개념차, 예상되는 반박들로 이 책을 가득 채웠다면 더 길고 읽기 어려웠을 것이다. 그러나 하버드 대학교 출판사의 편집자가 지적했듯이 이 책이 다루는 여러 분야의 다양하고 저명한 이론들을 다루지 않는다면 나의 주장 또한 약해질 것이다. 그래서 나는 이 책에 널리 흩어져 있는 긴 주석들을 통해 현대 철학자들의 저술을 논의하는 선에서 타협했다. 이 전략 덕분에 독자들이 내 주장들이 현대의 학술 문헌 내에서 갖는 위상을 더 쉽게 파악할 수 있기를 바란다. 그럼에도 불구하고 책 몇 군데에서는 예상되는 반박들을 더 온전히 다루어야 했고 특히 3장에서는 경합하는 입장들을 더 자세히 검토해야 했다. 도덕적 회의주의 자체가 실체적인 도덕적 입장이라고 이미 생각하는 독자들은 이 논쟁들을 관전할 필요가 없다. 1장에서는 전체 주장의 로드맵을 제공하며 반복의 위험을 감수하면서 중간 요약들을 해 놓았다.

　지금까지 나는 비판자들을 많이 끌고 다녔는데 이 책도 과거의 저술처럼 강력하게 비판받기를 바란다. www.justiceforhedgehogs.net라는 웹 사이트를 통해 그에 대한 답변과 수정을 올리려 한다. 모든 견해에 답하지는 못하겠지만 필요한 보완과 수정을 위해 최선을 다할 것이다.

이 책을 쓰면서 얻은 도움들을 모두 열거하는 것은 이번 저술의 가장 어려운 부분이다. 출판사의 3인의 편집자들은 여러 가치 있는 제안을 해 주었다. 보스턴 대학교 로스쿨은 제임스 플레밍(James Fleming)의 주도 아래 30여 개의 논문이 발표된 학술 대회를 개최하여 이 책의 초기 원고를 검토했다. 이 학술 대회에 무한하게 감사하다. 이 논문들에서 많은 것을 배워 책을 수정할 수 있었다. (주석에서도 이 논문의 비판에 대응해 여러 문단들이 교체되었다.) 대회의 논문들은 그에 대한 나의 답변과 함께 Symposium: Justice for Hedgehogs: A Conference on Ronald Dworkin's Forthcoming Book(special issue), *Boston University Law Review*, vol. 90, no. 2(April 2010)에 게재되었다. 이 학술지의 편집장 세라 키첼(Sarah Kitchell)은 내가 이 논문 모음들을 최대한 빨리 검토할 수 있도록 편집하는 뛰어난 능력을 보여 주었다. 내 답변의 상당량을 이 책에 포함하지 못했으므로 위 학술지의 해당호를 참조하면 도움이 될 것이다.

동료들도 기대 이상의 도움을 주었다. 키트 파인(Kit Fine)은 8장의 진리론을, 테런스 어윈(Terence Irwin)은 9장의 플라톤과 아리스토텔레스에 대한 논의를, 바버라 허먼(Barbara Herman)은 11장의 칸트론을, 토머스 스캔런(Thomas Scanlon)은 14장의 약속에 대한 부분을, 새뮤얼 프리먼(Samuel Freeman)은 책 여러 곳의 자신과 존 롤스(John Rawls)에 대한 논의를, 토머스 네이글(Thomas Nagel)은 자신의 입장에 대한 논의를 검토해 주었다. 사이먼 블랙번(Simon Blackburn)과 데이비드 위긴스(David Wiggins)는 그들의 입장을 다룬 주석 부분에 유용한 의견을 주었다. 샤론 스트리트(Sharon Street)는 4장 주석에 나와 있듯이 도덕의 객관성에 대한 그녀의 반대를 풍부하게 논의해 주었다. 스티븐 게스트

(Stephen Guest)는 원고 전체를 읽고 많은 유용한 제안과 수정 의견을 제시했다. 찰스 프리드(Charles Fried)는 이 원고를 바탕으로 하버드 로 스쿨에서 세미나를 연 후 그와 학생들의 유용한 반응들을 공유해 주 었다. 마이클 스미스(Michael Smith)는 그의 《보스턴 대학교 법학 리뷰 (*Boston University Law Review*)》논문에서 제기한 논점들에 대해 나와 서신 을 교환했다. 케빈 데이비스(Kevin Davis)와 리엄 머피(Liam Murphy)는 약속하기에 대해 나와 토론했다. 뉴욕 대학교(NYU)의 법·정치·사회 철학 콜로키엄(New York University Colloquium on Legal, Political and Social Philosophy)에서 이 책의 몇몇 장들을 토론했던 것도 많은 도움이 되었 고 마크 그린버그(Mark Greenberg)와 시애나 시프린(Seana Shiffrin)과 주 최한 캘리포니아 대학교(UCLA) 로스쿨에서의 콜로키엄도 마찬가지였 다. 드루실라 코넬(Drucilla Cornell)과 닉 프리드먼(Nick Friedman)도 내 원고를 "The Significance of Dworkin's Non-Positivist Jurisprudence for Law in the Post-Colony"라는 출간 예정인 논문에서 다루었다.

이 책을 여름마다 쓸 수 있게 지원해 준 뉴욕 대학교 필로멘다고스 티노재단(NYU Filomen D'Agostino Foundation)에 감사를 표한다. 뉴욕 대 학교 로스쿨은 뛰어난 연구 보조원들을 채용할 수 있도록 지원해 주었 다. 이 책의 상당 부분을 미하일리스 디아만티스(Mihailis Diamantis), 멜 리스 어더(Melis Erdur), 알렉스 게레로(Alex Guerrero), 김현섭(Hyunseop Kim), 칼 셰이퍼(Karl Schafer), 제프 세보(Jeff Sebo), 조너선 사이먼 (Jonathan Simon)이 작업했다. 제프 세보는 원고 전체의 상당 부분을 검 토하고 매우 유용한 비판적 의견을 주었다. 연구원들 전체가 거의 모 든 주석의 서지 정보들을 작성했는데 이에 특히 감사한다. 아이린 브 렌델(Irene Brendel)은 해석에 대한 논의에 여러 번 통찰을 보태 주었다. 라비니아 바부(Lavinia Barbu)는 내가 아는 가장 뛰어난 연구보조원이며 헤아릴 수 없이 많은 도움을 주었다. 토머스 네이글, 토머스 스캔런, 그

10

리고 고 버나드 윌리엄스(Bernard Williams), 이 당대 최고의 철학자 세 사람이 나의 가장 친한 친구인 것도 행운이었다. 그들이 이 책에 미친 영향은 '찾아보기'만 봐도 알 수 있을 테지만 본문 곳곳에서도 느낄 수 있길 바란다.

옮긴이 서문

로널드 드워킨(Ronald Dworkin, 1931년 12월 11일~2013년 2월 14일)은 미국의 법철학자이다. 2000~2007년 미국에서 출간된 법철학 논문 인용 횟수 조사에 따르면 드워킨은 3,070회로 가장 많이 인용되어 2위인 마사 너스바움(Martha Nussbaum)의 1,130회를 압도했다.[1] 2000년 조사에서는 20세기의 모든 전공을 통틀어 미국 법학자들 중에서 리처드 포스너(Richard Posner) 다음으로 가장 많이 인용되었다.[2] 2013년 2월 그가 죽었을 때 캐스 선스타인(Cass Sunstein)이 쓴 추모사의 제목은 "우리 시대의 가장 중요한 법철학자"였다.[3] 영국《가디언》은 부고에서 드워킨을 "영어권에서 가장 독창적이고 실력 있는 법철학자"로 칭했다.[4]

드워킨의 일생은, 법은 정의로움을 지향해야 한다는 주장을 증명하려는 기획[5]이었다. 드워킨은 법은 메마른 게임의 규칙이 아니라 어떤 생생한 가치를 추구하는 것이라 생각했고 결국 법을 해석하고 적용할 때는 이러한 가치에 근거해 치밀하게 판단해야 한다고 생각했다. 물론 의회가 제정한 법이 아무리 저 밖의 차가운 현실 그대로를 무지막지하게 압축한 조항들을 내밀더라도, 그것이 민법이든 형법이든 그 법을 무효화하거나 그 법의 해석과 적용에 깊이 관여할 수 있는 헌법이 있었고, 드워킨은 추상적이고 장엄한 미사여구로 이루어진 헌법은 정의에 대한 판사들의 집념과 능력을 시험해 볼 수 있는 운동장과도 같은 것이라고 생각했다. 이를 통해 그는 법 전체에 정의가 구현될 수 있다는 이상이 법의 생명이라고 생각했다.

왜 그가 그런 길을 걷기 시작했는지 이유는 알 수 없으나 그 계기가 무엇인지는 가늠해 볼 수 있다. 하버드 대학교 철학과를 졸업하자마자 로즈 장학생으로 옥스퍼드 대학교에서 법을 공부할 때 자신의 지도 교수가 바로 법의 권위를 법 내용의 정당성이 아니라 법이 만들어진 제도적 연혁에서 찾으려 했던 법실증주의의 대가 하트(H. L. A. Hart) 교수였던 것이다. 드워킨은 이때부터 자신의 지도 교수를 공개적으로 반박했고, 그의 첫 번째 책 『법과 권리(*Taking Rights Seriously*)』(1977)에서 법실증주의에 대한 비판을 펼쳐 낸다. 드워킨의 실력이 얼마나 출중했던지 하트 교수가 학생 때부터 자신을 걱정시켰던 그를 1969년에 자신의 후임자로 추천하여 관철시킨 후의 일이다.

드워킨은 17년 후 『법의 제국(*Law's Empire*)』(1986)에서 자신의 법 이론, 즉 법을 통해 정의를 구현하는 방법론을 펼쳐 낸다. 그가 의미심장하게 '헤라클레스'라고 명명한 판사는 법을 통해 정의를 구현한다는 이상을 중도에 포기하지 않는다. 자신이 관할하는 사회에 존재하는 모든 판결문들과 입법례들을 섭렵하여 그 사회가 지향하는 객관적 가치들을 귀납적으로 도출해 내고 그 가치들을 대명제로 하여 법의 정의로운 개념관(conceptions)을 연역적으로 찾아 간다. 물론 사회의 많은 문헌들은 서로 상충되며(예를 들어, 살인은 죄악이라면서 그 벌로 다시 살인을 한다 등) 어려운 사건들(Hard Cases)로 가득 차 있지만 사건이 어렵다고 해서 중도에 포기하지 않고 정답(right answer)을 찾기 위해 끊임없이 읽고 생각하여 하나의 통합된 법(Law as Integrity)을 찾아낸다. 이 역시 이상주의자의 당연한 꿈이라고 생각할지 모르겠지만 드워킨은 자연법주의자로 분류되는 것이 억울할 정도로 자연법주의자들과는 달랐다.

그가 법을 통해 구현 가능하다고 보았던 것은 발가벗겨진 정의가 아니라 그 사회의 정치도덕이었는데, 이것이야말로 그의 독창성인 동시에 앞으로 다가올 고독함을 예견하는 것이었다. 그는 판사들이 사회 발전에 기여해야 한다는 법현실주의자들과도 거리를 두었고 판사들이 기존의 법을 그대로 집행해야 한다고 생각하는 법실증주의자들과도 달랐다. 드워킨이 보기에는 법현실주의자들은, 정치적으로 가장 보수적인 법과 경제 학파에서부터 가장 진보적인 비판법학 학파까지 사회 발전의 의미가 저마다 다르기 때문에 하나의 동력이 될 수 없어 서로 비판만 하다가 (2008년 내한 시의 표현을 빌리면) "힘이 소진된 세력"[6]이었다. 법실증주의적 판사들은 기존의 법으로 해결할 수 없는 어려운 문제들이 제기되면 (자신처럼 또는 헤라클레스처럼) 더 많은 판례들과 입법례들을 뒤져 그 사회가 추구하는 정치도덕의 내용을 밝혀낼 노력은 하지 않고 자의적인 판단을 내리면서 근엄한 표정만을 들이대는 위선자들이었다.

2008년에 드워킨이 한국에 방문했을 때 옆에서 식사하면서 물었다. "법이 가치를 다룬다면 어떻게 모든 법적 문제에 정답이 존재한다고 진정으로 믿을 수 있죠?" 그는 마침 우리 앞에 놓여 있던 와인 잔 두 개를 가리키며 말했다. "이 와인과 저 와인 중에 어느 것이 더 맛있을 것 같습니까? 모르겠죠? 하지만 이 두 와인이 똑같이 맛있다고 생각하는 쪽이 입증 책임이 있을까요, 아니면 어느 한 와인이 다른 와인보다 맛있다고 생각하는 쪽이 입증 책임이 있을까요?" 그렇다. '맛있다'라는 말에는 이미 한 와인이 다른 와인보다 맛있다는 전제가 포함되어 있는 것이다. 법이 가치를 다룬다는 것은 법이 판사의 자의적인 재량이나 입법부의 정치적인 타협에 내맡겨질 것이 아니라 더 정의로운 법이 존재할 수 있다는 이상을 이미 내포하고 있던 것이었다.

『법의 제국』 출간 이후 다시 14년이 지나 드워킨은 『자유주의적 평등(Sovereign Virtue)』(2000)에서 실제로 서양 사회의 '정치도덕'이 무엇인지를 밝혀내고 그 정치도덕에 비추어 소득세, 복지 제도, 의료 보험, 차별 개선 조치, 표현의 자유, 유전자 조작, 선거 자금 규제, 안락사 등 다양한 분야의 난제들을 몸소 풀어 보인다. 사실 드워킨을 좋아하게 된 것이 1998년 즈음에 시애틀의 중고 서점에서 1993년에 출간된 *Life's Dominion*을 발견했을 때였다. 박사 학위도 없는 변호사가 낙태와 안락사라는 아마도 인류 역사상 가장 어려운 법적 난제 중의 하나에 대해 이렇게 심오하고도 명쾌한 심판을 그것도 이렇게 아름다운 문장으로 내릴 수 있다는 것은 평생 다시는 학생이 되지 않고 변호사로만 살겠다고 다짐했던 나를 고무했고, 나는 정확히 10년 후 한국에 들어와 이 책을 내 처와 함께 번역했다.(『생명의 지배 영역』[7]) 이 책의 소재는 낙태와 안락사라는 두 가지 유형의 죽음에 관한 것으로, 문헌의 세계를 깊이 파고 높이 날아 일상에서는 볼 수 없었던 원칙을 일상에서 도출해 현실 문제를 해결하는 드워킨 특유의 방식을 상징적으로 보여 준다. 한국에 들어와서 안 것이지만 법철학자 중에 이렇게 자신의 법철학을 현실 문제에 적용하여 풀어 보여 주던 사람은 일찍이 없었다.

이렇게 한 가지 목표를 두고 방대하고 상충되는 문헌들에서 현실에 쓸모 있는 일관된 원칙을 도출해 내는 능력을 가진 드워킨은 "학자들의 학자, 변호사들의 변호사 둘 다"[8]였다. 그랬던 그가 『자유주의적 평등』에서는 그 방법론을 사회 다방면의 난제들에 적용해 보인 것이다. 참고로, 스포일러 없이 말하자면 그는 번역자 염수균의 통찰력 있는 역서명과 같이 서양 사회 정치도덕의 "최고의 가치(sovereign virtue)"를 평등이라고, 더욱 정확히는 "동등한 존중과 배려"라고 보았다. 이 원칙이 여러 사례들에 어떻게 적용되는지는 직접 읽어 보기를 권한다. 한 가지 주의할 것은 "동등한 존중과 배려"는 우리가 평소 논의하는 '기회의 평등'이나 '결과의 평등'이 아니라는 것이다.

마이클 샌델(Michael Sandel)은 『정의란 무엇인가?』에서 드워킨을 자유주의자로 분류한다. 물론 자유주의자로 규정되는 정치 성향은 역사적으로 볼 때 평등을 추구하는 사조와 더 부합하므로 이 분류가 잘못된 것은 아니다. 하지만 왜 평등주의자를 '자유주의자'라고 부를까. 드워킨이 2008년 방한했을 때 함께 택시를 타고 가면서 이 질문을 던졌다. 항상 그렇듯이 이 노교수는 짧게 답했다. "자유주의자들이 원하는 자유를 얻기 위해서는 평등이 필요합니다." 평등한 것이 무엇인지를 알아야 자기가 무엇을 빼앗겼는지, 어떤 자유를 침해당하는지를 알고 싸울 수 있다는 것이다. 즉 자유와 평등은 우리 인류가 그렇게 반으로 갈라져 다투어 왔던 가치지만 드워킨이 발명한 정치도덕 아래에서는 충돌하지 않는 것이다.

마이클 샌델은 『정의란 무엇인가?』에서 롤스나 드워킨 등이 주장하는 자유주의는 탈가치적이고 중립적이어서 각 개인들의 자유와 평등의 보장에만 집중한다며, 그러한 탈가치적인 사고로는 적극적 평등 실현 조치(affirmative action)를 제대로 옹호할 수 없다고 주장한다. 즉 지배계층의 역차별 주장에 제대로 대응할 수 없다고 비판한다. 드워킨은 학교가 교육 목적을 정하고 그 교육 목적과 관련되어 백인 학생들이 '우연히' 입학 사정에서 불이익을 받는 것은 "동등한 배려"와는 무관하기 때문에 헌법상 차별이 아니라는 것인데, 샌델은 "그렇다면 건학 이념이 백인 우월주의라면 백인에게만 입학을 허락하는 학교도 가능하다는 것인가"라고 묻는다. 샌델은 적극적 평등 실현 조치를 정당화하기 위해서는 공동체적 사고, 즉 공동체가 어떤 가치를 정하고 그 가치를 중심으로 개인의 자유와 평등의 범위를 정해야 한다고 주장한다.

하지만 여기에 샌델의 허점이 있다. 드워킨의 자유주의는 탈가치적이지 않으며 철저하게 공동체적이다. 공동체의 가치이기 때문에 드워킨은 '도덕'이란 말을 쓰지 않고 '정치도덕'이라는 말을 쓰는 것이다. 샌델이 드워킨을 탈가치적이라고 부르는 이유는 드워킨만큼 깊이 파거나 높이 날아 공동체를 묶어 내는 "통합된 규범"이 될 만한 가치를 찾아내는 노력은 자신의 기획에 포함되어 있지 않기 때문이다. 샌델의 책을 읽고 곧바로 묻고 싶어졌다. "그렇다면 당신이 상정하는 공동체가 지난한 토론을 통해 정하게 될 공동체 최고의 가치가 무엇이라고 생각하는가? 경제 발전? 환경 보호? 과연 개인의 자유와 평등 말고 일관성 있게 모두가 동의할 가치가 무엇이 있을까?" 위의 차별 개선 정책과 관련해서도 드워킨은 학교의 목적이 무한정 자유롭게 정해질 수 있다고 말한 적이 없다. 백인 우월주의는 공립 학교의 건학 이념이 될 수 없다. "동등한 배려와 관심"이라는 정치도덕에 반하기 때문이다. 다양한 학생군(群) 그리고 그로부터 생성되는 다양한 교육 환경의 조성이라는 목적은 이 정치도덕에 부합하기 때문에 건학 이념이 될 수 있고 그 건학 이념에 따라 백인 학생들이 불이익을 받는 것은 허용된다. 이는 마치 스포츠를 학교의 건학 이념으로 정하여 흑인 학생들의 합격률이 높아지는 것이 백인 학생에 대한 차별이 아닌 것과 마찬가지며 과학을 학교의 건학 이념으로 정하여 아시안계 학생의 합격률이 높아지는 것이 다른 인종에 대한 차별이 아닌 것과 마찬가지다. 실제로 샌델의 강의는 필자가 1988년 입학했던 당시에도 신입생의 반인 800명이 듣고 있었던 하버드 대학교 역대 최고 인기 강의였고 지금도 그렇지만, 사실 대부분의 학생들이 기억하는 것은 롤스의 정의론이었지 샌델의 공동체주의가 아니었다.

다시 8년이 지나고 그는 77세가 되었다. 드워킨은 당시 사귀던 여성을 다른 사람의 아내라면서 우리에게 소개시켜 주었는데 그때는 몰랐지만, 그의 부고에는 "사교, 대화, 음식과 술, 음악, 여행…… 쾌락적인 라이프 스타일"[9]과 "세속적 쾌락에 개방적"[10]이라는 표현이 들어 있다.

"내가 아는 가장 반(反)금욕적인 사람이요, 가장 세속적인 사람이다."라는 그의 뉴욕 대학교 동료 토머스 네이글 교수의 말도 눈에 띈다. 그랬던 그가 아마도 자기의 마지막 저서라고 생각했을 책의 초본을 들고한국에 방문했다. 바로 여기 번역된 『정의론(*Justice for Hedgehogs*)』(원제는"고슴도치를 위한 정의론")이다.

*

법학자들을 법실증주의,[11] 법현실주의,[12] 자연법주의자[13]로 구분한다면 드워킨은 아마도 자연법주의자에 가장 가까울 것이다. 하지만 드워킨은 영구불변의 '자연', '인간 본성', '신'처럼 법의 바깥쪽에 있는 실재에서 법의 준거를 도출하려 하지 않았고 법의 내부에서 준거를 도출하려 했다. 법 속에서 도덕을 찾고 그 도덕을 준거로 새로운 법을 만들어 가야 한다는 것이었기에 법실증주의적 방법론을 바탕에 깔고 있었다. 그러나 그렇게 찾은 도덕을 준거로 실정법을 비판하기를 주저하지않았던 반실증주의적 용기와 지적 힘을 모두 갖춘 법학자들은 많지 않았다. 드워킨이 그의 법철학 완결판 『법의 제국』에서 그런 용기와 지적힘을 갖춘 법률가를 '헤라클레스'라고 명명한 것은 우연이 아니었다. 대부분의 법학자들은 법현실주의자가 되어 사이드라인 밖에서 구경만 할뿐이었다.

드워킨은 위르겐 하버마스(Jürgen Habermas) 및 존 롤스와 함께 "사람을 목적으로 대하라."라는 칸트의 철학을 법학적으로 계승한 가장 유명한 법철학자들 중의 한 명이다. 이들이 오늘의 한국에 중요한 이유가 있다.[14] 국민이 법원이 내놓는 판결과 국회가 만드는 법률이 마음에들지 않을 때 어떻게 해야 하는가? 법실증주의자들은 "악법도 법이다."라며 실정법의 정확한 이해만을 고집하고 법현실주의자들은 "법은 결국 정치다."라며 권력을 쟁취하는 데 몰두하고 있을 때 국민들은 법에 대한 신뢰를 잃게 된다. 이런 와중에 드워킨은 "법은 도덕적 원칙이다."라고 말함으로써 그리고 "도덕적 원칙이기 때문에 이성적으로 이해될 수 있다."라고 말함으로써 국민들이 법을 두려워하지도 도구로 보지도 않으면서 법을 자발적으로 경외하면서도 자신의 것으로 재해석해 내는 노력을 할 수 있게 한다. 하버마스의 "이상적인 대화의 원칙", 롤스가 상정한 "무지의 장막"과 당대의 "중첩적 합의"를 오가면서 찾아내는 "반성적 평형", 드워킨의 가상의 "헤라클라스 판사"와 "통합성" 등의 절차적 원칙들은 모두 칸트가 순수 이성의 작용을 통해 도출했다고 주장하는 정언적 명령을 실행하기 위한 방법들 특히 "인간을 목적으로 대하라."라는 정언적 명령을 실현하려는 노력인 것이다.

하지만 이렇게 어렵게 고민해야 하는 이유는 무얼까? 이 넓은 우주 공간에서 한 점도 되지 않는 행성에 사는 우리가 모든 고민을 해야 하는 이유는 무얼까? 이 책『정의론』이 다루는 문제가 바로 이것이다.

우리가 도덕 밖에서 도덕에 대해서 사고할 수 있다는 생각은 실체적인 도덕적인 질문을 회피할 수 있게 만든다. 당장 "강남역을 지날 때 자신을 향해 기어 오는 걸인에게 기부할 것인가?"라는 질문에 대해, 이른바 '무도덕적인' 가정을 통해 도덕적 질문을 회피하는 것이다. 예를 들어, "이 세상에 가치는 존재하지 않는다", "역사 발전을 추동한 것은 도덕이 아니라 욕망이다", "역사 발전을 추동한 것은 도덕이 아니라 모순이다." 등이다. 그리고는 갈 길을 가 버린다.

도덕과 도덕관을 분리하는 입장은 도덕에 대한 회의주의로 발현된다. 이러한 회의주의는 법학에서는 법실증주의로 나타난다. 법실증주의는 법을 법으로 만드는 여러 비(非)법적인 규칙이 있다는 믿음이다. 그리고 이 비법적인 규칙은 무엇이 올바른 법인지에 대한 고민에서 자유롭다는 것이다. 메시는 축구를 잘하지만 축구 규칙은 국제축구연맹(FIFA)이

정하듯이, 법을 잘 적용하는 것과 무엇이 법인지를 찾는 것은 항상 다르다는 것이다. 드워킨에 따르면, 이러한 생각은 우리가 무엇이 좋은 법인지를 고민하기를 포기하도록 만든다. 아니, 좋은 법과 나쁜 법이 있다는 생각 자체를 포기하도록 만들면서 법을 발전시킬 동력을 잃어 왔다.

드워킨이 지난 수십 년간 법실증주의에 대해 비판해 왔다면 이 책은 법실증주의의 회의주의적 원류에 도전하려는 것이다. 법실증주의에 대한 지금까지의 비판은 법과 도덕의 연계성에 의존해 왔다. 하지만 드워킨은 그러한 비판 끝에 도덕 자체도 일종의 실증주의에 전염되어 있음을 발견했다. 그래서 이제 도덕에서도 회의주의를 박멸할 필요를 느끼고 "도덕에도 진리는 있다."라는 명제를 입증하고자 하는 것이다. 이것이 책의 3분의 1을 넘는다. 그는 모든 회의주의를 거부한다. 회의주의의 가장 큰 원천인 규정론 역시 그의 비판을 피해 갈 수 없다. 이 책에서 법학자가 수백 년간 이어져 온 자유 의지 대 규정론의 투쟁을 법학자가 법학자의 시각에서 '정리'하는 모습을 지켜보는 것도 흔히 목도하기 어려운 장관이다.

그는 진리가 이 세상의 어떤 실재에 근거한다는 가정 역시 회의주의의 원천이라고 주장한다. 이런 유의 실재론의 가장 큰 세력은 물론 종교다. 신의 존재를 부인하는 것이 아니다. "신은 위대하다." 그러나 누구의 기준으로? 신 자신의 기준으로 위대하다는 말은 무의미할 것이다. 아마도 신을 신봉하는 사람들의 기준으로 보기에 위대하다는 뜻일 것이다. 그렇다면 그 기준은 누가 세워야 하는가? 신을 믿더라도 선악의 기준은 우리가 스스로 세워야 한다는 뜻이 된다. 여기에서 드워킨은 신과 독립적인 가치관을 믿는 아인슈타인과 일치한다. 예를 들어 성경이 동성애를 죄악시하니 아무런 고민 없이 동성애가 죄악이라고 믿어야 한다는 기독교계 일부의 주장은, 드워킨이 보기에는 선악의 기준을 스스로 세우고 이에 따라 신에게 찬양을 돌리는 지난한 노력을 포기하는, 일종의 반도덕주의가 되는 것이다.

그렇다면, 이제 드워킨에게 묻는다. 우리가 도덕에 대해 제대로 사고하는 방법은 무엇인가? 그것이 불분명하여 법실증주의에, 종교적 반도덕주의에, 규정론에 그리고 다른 모든 회의주의에 빠지는 것 아닌가? 드워킨은 답한다. "도덕이라는 가치 자체는 그 논리상 우리 모두에게 책임성을 부여한다. 이미 도덕적이길 포기한 사람을 설득하려는 것이 아니다. 도덕적이고자 하는 사람과 대화하고자 할 뿐이다. 이들에게 하고 싶은 말은 이렇다. 포기하지 말라, 도덕에도 진리는 있다."

미스 코리아 선발 대회에서는 진, 선, 미를 따로 뽑는다. 왜 1위, 2위, 3위라고 하지 않을까? 이 세 가지가 지고의 가치이고 서로 간에 우열을 가릴 수 없는 완전히 이질적인 가치들이라서 그러할까? 드워킨은 가치의 추구를 포기하지 않는다면 이 가치들은 모두 서로 연결되어 있는 일체라고 주장한다. 진리, 선함, 아름다움은 모두 해석적 개념들이다. 이 개념들은 모두 진리를 구하는 관행(예컨대 학문)의 가치가 무엇인가에 따라, 선을 구하는 관행(예컨대 도덕)의 가치가 무엇인가에 따라, 미를 구하는 관행(예컨대 예술)의 가치가 무엇인가에 따라 다르게 해석되고 적용되기 때문이다. 결국 이들 관행의 가치에 따라 진, 선, 미 모두 해석되고 적용될 수 있다.

그런데 이 가치들은 서로에게 의존할 수밖에 없다. 가치는 스스로를 정당화하지 못한다. 하나의 가치는 다른 가치들에 의해 정당화될 수밖에 없다. 실재에 대한 명제는 '날것 그대로' 진실일 수 있다. 달이 존재하지 않는 지구를 상상할 수 있다. 달의 존재는 지구의 존재와 관련 없이 참이거나 거짓일 수 있다. 그러나 가치에 대한 진실은 '날것 그대로' 진실일 수는 없다. 가치는 다른 가치들과의 연계 속에서만 가치를 갖는다. 살인은 옳은 것이면서 폭행이 옳지 않은 세상은 상상할 수 없다. 살인이 나쁘다는 것과 폭행이 나쁘다는 것은 서로에게 의존하면서 참임이 확인된다. 다른 해석의 분야에서도 마찬가지다. 피카소의 입체주의는 높이 평가하면서 그 시초를 보여 준 세잔은 저평가하는 미학은 생각할 수 없다. 이렇게 가치들은 서로 연계되어 있다는 명제가 바로 가치의 통일성이다.

이 모든 가치들을 정당화하는 궁극의 가치나 이 가치들 중에서 최고의 가치는 존재할 수 없다. 그 궁극의 가치도 스스로를 정당화하려면 순환 논리에 빠지게 되기 때문이다. 결국 서로를 정당화하는 가치론들의 조합이 여러 개가 있을 수 있는데 이들 조합 중 가장 논리적 통합성이 강한 것이 지고의 가치가 된다. 이 통합성이야말로 드워킨이 오랫동안 주장해 왔던 통합성이고 그의 다른 명저 『법의 제국』을 관통하는 그 통합성이다. 해석적 진리의 요건은 바로 통합성이다. 그 가치들에 대한 명제 중에서 '진리'(드워킨은 해석적인 논증이 가장 잘 되어 있는 명제를 가리킬 때 '진리'라는 표현을 쓴다.)로 추대될 수 있는 명제들은 바로 여러 가치들과의 통합성을 보여 주는 것이다. 드워킨이 보기에 가장 도덕적인 것은 가장 통합적인 것이다. 즉 도덕적인 논거들은 서로와 밀접한 관계를 맺고 있으며, 진리 탐구란 결국 가장 올바른 해석을 찾아가는 여정이라야 한다는 것이다.

혹시 가치가 사실에서 도출될 수는 없었을까? 드워킨에 따르면, 아이러니하게도 법실증주의이야말로 실증주의의 시조라 할 수 있는 '흄의 원리'를 가장 심하게 위배하고 있다. 사실에서 가치를 도출해 내기 때문이다. 법이 통과되었다는 사실, 법조문이 이러저러하다는 사실, 법 관행이 이러저러했다는 사실, 입법자의 의도가 어떠했다는 사실에서 그 법의 정당성을 도출한다. 드워킨은 '흄의 원리'를 진정으로 일관되게 믿는다면 가치를 사실에서 도출하려 해서는 안 된다고 주장한다. 어떤 법이 통과되었다는 '사실'은 그 법이 반드시 그래야 한다는 '당위'와는 무관한 것이다. 이것이 가치의 독립성이다. 법실증주의가 바로 실증주의의 왜곡임을 보여 주는 '가치의 독립성' 주장은 드워킨이 자신이 평생을 비판해 왔던 법실증주의자들의 가슴에 꽂는 최후의 비수다.

그렇다면 가치의 통일성과 가치의 독립성을 지니고 여정을 시작한 드워킨에게는 무엇이 남게 되는가. 이 여정은 어디에서 시작해도 마찬가지여야 한다. 가치들은 서로 연계되어 있기 때문이다. 이것은 마치 영화 「인터스텔라」의 블랙홀 속에서 시공이 연계되어 있어 어디가 과거고 어디가 현재인지가 무의미한 것과 마찬가지다. 그래서 드워킨은 일부러 책의 1장인 '안내의 글'의 순서를 책 본문의 순서와 역으로 배치해 놓았다. 드워킨이 생각하는 지고의 도덕, 즉 도덕적 진리가 무엇인지를 밝히는 것은 스포일러가 될 수 있으니 여기까지만 말한다. 단지 해석은 결국 해석자로부터 시작한다는 힌트만 주겠다. 바로 이 힌트로부터 드워킨의 장대한 지적 여정은 누진세, 보편적 의료 보험 등으로 이어지는데 이 역시 드워킨의 전작에서 이미 만개했던 결론들이다.

로널드 드워킨은 이 책이 번역되고 있는 중에 이 세상을 떠났다. 이 책이 그의 마지막 책이라고 생각하고 사명감을 가지고 번역을 시작했지만 그는 그동안 또 한 권의 책을 남겼다. 『신이 사라진 세상(*Religion Without God*)』이다. 『정의론』을 읽으면 필연적으로 느끼게 되는 '밤하늘을 올려다볼 때마다 느끼는 고독함'에 역자는 '드워킨은 신의 존재를 전제하지 않는 신앙을 가지고 있을 것이다.'라고 생각하곤 했는데 죽기 전에 그는 실제로 그런 제목의 책을, 자기 말대로 삶이라는 소설의 마지막 장으로 멋지게 남기고 갔다. 각자의 삶을 고독하게 써 나가는 60억의 사람들 중에서 특히 다음 사람들에게 이 책을 권한다. 부모님의 권고를 어기고 배고픈 예술가의 삶을 살려는 사람들, 신이 동성애 차별과 같이 비도덕적인 것을 주문할 때 어떻게 해야 할지 고민하는 사람들, 문화 상대주의와 보편적 인권관 사이에서 번민하는 사람들, 자유의지와 규정론의 충돌을 해결해 보겠다는 야망을 한 번이라도 품었던

사람들, '표현에는 책임이 따른다'라는 말의 진정한 의미를 발견하고자
하는 사람들, '민주주의가 차악'이라는 말의 진정한 의미를 궁금해하
는 사람들, 자유와 평등이 충돌한다고 생각해서 자유주의를 포기한 사
람들, 순수 문학과 참여 문학의 사이에서 고민하는 사람들 등이다. 당
신이 당신 자신으로서 삶을 잘 살아 낼 기회는 단 한 번밖에 없다. 어떤
신앙을 따르더라도 그렇다. 잘 살아 내기를. 모두에게 행운을 빈다.

2015년 3월

옮긴이 박경신

---

*이 책 일부의 번역은, 장영민 이화여자대학교 법학전문대학원 교수, 김정오 연세대학
교 법학전문대학원 교수, 이동민 법철학 박사, 오시진 국제법 박사, 송성국 서울대학교 대
학원 법학과 박사과정 수료자가 책의 다음 장들의 일부 또는 전부에 대한 번역을 나에게
제공하고 내가 수정 검토함으로써 이루어졌다.

안내의 글 - 송성국
1부 독립성
2부 해석 - 이동민
3부 윤리: 9장 존엄성 - 김정오
        10장 자유 의지와 책임
4부 도덕 - 오시진
5부 정치: 15장 정치적 권리와 개념 - 이동민
        16장 평등 - 이동민
        17장 자유
        18장 민주주의 - 이동민
        19장 법 - 장영민
결말: 불가분의 존엄성

장영민 교수는 드워킨의 다른 저서 『법의 제국』의 역자이며 드워킨의 사상을 국내에 전파하는 데 핵심적인 역할을 한 분으로서 19장(법)의 번역에 권위를 실어 주었다. 김정오 연세대학교 법학전문대학원 교수는 2008년 당시 한국법철학회 회장으로서 드워킨의 방한 학술 행사를 추진하여 성공적으로 이끌었고, 나도 이를 계기로, 처 김지미와 공역한 『생명의 지배 영역 ― 낙태, 안락사, 개인의 자유에 대한 일고찰』을 통해 멀리서 바라보기만 했던 대가를 직접 만날 수 있었고 이때 김 교수가 드워킨의 사상에 대해 보여 준 직관적인 통찰은 이 번역 사업에서 두고두고 길잡이가 되었다. 이동민 박사는 영어권 법철학에 관한한 국내에서 가장 정확하고 뛰어난 번역자가 아닐까 생각한다. 드워킨의 개념들에 대한 나보다 더 뛰어난 이해와 정확한 우리말 어법으로 거의 완벽한 번역을 제공해 주어 공역자로 표시되어도 손색이 없었으나 본인이 다른 파트의 번역, 검토 및 수정에 참여할 시간과 여건이 되지 못하여 고사한 것이 참으로 안타깝다. 오시진 국제법 박사는 드워킨의 족적을 따라 옥스퍼드와 하버드에서 법철학을 공부한 경험을 번역에서 여실히 보여 주었다. 송성국 법철학 박사과정 수료자가 재미로 해 보았다는 '안내의 글'의 번역이 드워킨의 아름다운 문체를 살려 준 것 같아 포함하겠다고 부탁했다. 민음사의 장은수 대표는 2006년에 나와 함께 잡지 《소문》을 발행했던 판단력과 인내심으로, 드워킨이 살아생전에도 빠져나오지 못한 기나긴 터널이었던 이 역서의 출간, 계약, 갱신 과정을 면면히 나를 인내하며 추진해 주었다. 우리말의 자연스러운 어법을 알려 주고 1년 가까이 걸린 번잡한 교열 과정을 그야말로 우아하게 마무리해 준 민음사 편집부에도 감사의 뜻을 전한다.

1장 안내의 글*

여우와 고슴도치

이 책은 거대하고도 오래된 철학적 테제 하나를 변호한다. 바로 가치의 통일성(unity of value)이다. 동물의 권리 보호를 청원하거나 탐욕스러운 펀드 매니저들의 처벌을 호소하는 책이 아니라는 뜻이다.** 책의 제목은 고대 그리스의 시인 아르킬로코스가 쓴 한 시구를 가리키고 있는데 이는 이사야 벌린(Isaiah Berlin)에 의해 우리에게 잘 알려진 구절, "여우는 많은 것을 알지만, 고슴도치는 큰 것 하나를 안다."[1]에서 따왔다. 여기에서 큰 것 하나란, 바로 가치를 가리킨다. 잘 사는 것(living well), 좋은 것(being good)*** 그리고 경이로운 것(what is wonderful)에 대한 진리는 정합적으로 연결되어 있을 뿐 아니라 서로를 지지해 준다. 즉 이 중의 어느 하나에 대한 우리의 사고는 나머지 다른 것에 대한 설득력

---

* 이 장의 번역은 송성국 선생님께서 협업해 주심.
** 이 책의 원어 제목인 Justice For Hedgehogs를 염두에 둔 농담. 펀드 매니저가 언급되는 것은 헤지 펀드(hedge fund)라는 용어와 고슴도치를 뜻하는 hedgehog의 유사성 때문임.
*** 주로 '좋음'이라고 번역하나 인용구나 '공동선', 신의 '선함' 등과 같이 용례가 굳어진 곳에서는 '선함'이라고 번역함.

27

있는 논변을 견뎌 내야 한다. 나는 적어도 윤리적 가치(ethical value)와 도덕적 가치(moral value)의 통일성에 대해 설명하려고 노력할 것이다. 즉 잘 산다는 것이 어떤 것이며 잘 살고자 하는 사람은 다른 사람을 위해 무엇을 하고 무엇을 하지 말아야 하는지를 이론적으로 기술하려고 한다.

이처럼 윤리적 가치와 도덕적 가치가 상호 의존적이라는 발상은 삶의 방식을 제시하는 신조라고 할 수 있다. 그러나 동시에 그것은 거대하고 복합적인 철학 이론이기도 하다. 가치에 대한 지적 책임은 그 자체로서 중요한 가치다. 그러므로 이 책에서는 보통 한 권의 책에서 논의되기 어려운 매우 다양한 철학적 쟁점이 다뤄질 것이다. 각 장에서는 윤리 이론, 도덕 이론, 법 이론과 같은 전통적인 쟁점뿐 아니라 가치의 형이상학, 진리의 성격, 해석의 본성, 진정한 일치와 불일치의 조건, 도덕적 책임이라는 현상, 그리고 자유 의지의 문제까지 논의될 것이다. 지난 수십 년간, 그중에서도 영국과 미국의 학계 및 출판계에서 여우가 철학의 보금자리를 지배하고 있는 상황에서 내가 전반적으로 다룰 이 테제는 별로 인기를 끌지 못할 수도 있다.[2] 고슴도치는 지나치게 순진하거나 허풍선이, 때로는 위험스러운 존재로 비치고 있다. 나는 널리 퍼진 이와 같은 인식의 뿌리와 그 의혹을 해명해 주는 전제들을 파악하려고 노력할 것이다. 도입부인 이 장에서는 내가 그 뿌리를 무엇이라고 여기는지를 보여 줄 기본적인 로드맵을 제공하려고 한다.

미리 제시할 요약은 어떤 장에서 출발하든 그 장이 나머지 다른 부분들에 대해 갖는 함의들을 추적하는 가운데 전체를 아우를 것이다. 그러나 나는 이 책의 마지막 부분, 즉 정치적 도덕성과 정의를 출발점으로 삼음으로써, 특히 정치에 관심을 가진 독자들에게 이 책의 추상적인 철학 논의들이 그들이 가장 염려하는 문제에 접근하는 데 필수 단계임을 미리 이해시키는 것이 최선이라고 생각한다. 이런 식으로 요약의 출발점을 잡는 것이 철학의 보다 주류적인 쟁점들, 즉 메타윤리학이나 형이상학, 의미론에 더 관심이 많은 다른 독자들 역시 그들이 난해하다고 믿을 수도 있는 철학적 쟁점들에 담긴 실천적 중요성을 찾도록 고무할 것이라 기대한다.

정의

평등

다음 두 가지 지배 원리에 찬동하지 않는 정부는 정당성을 확보할 수 없다. 첫째, 정부는 자신이 지배한다고 주장하는 모든 이들의 운명에 대해 동등한 배려*를 표해야 한다. 둘째, 정부는 각 사람이 어떻게 자신의 삶을 가치 있게 만들 것인가를 스스로 결정할 수 있도록 그들의 책임과 권리를 온전하게 존중해야 한다. 이와 같은 지도적 원리들은 수용될 만한 분배 정의론, 즉 정부가 자신의 피지배자들에게 제공해야 할 자원과 기회를 규정하는 이론들 중 수용 가능한 것들의 경계를 설정해 준다. 내가 문제를 이런 식으로, 즉 정부가 해야 하는 것의 문제로 표현하는 것은, 어떤 분배든 그것이 공식적인 법과 정책의 결과이기 때문이다. 즉 정치적으로 중립적인 분배란 존재하지 않는다. 재능, 인성, 운(運)과 같은 개별적 특성들이 조합되었다고 할 때 한 개인이 자원과 기회의 측면에서 무엇을 얻게 될지는 그를 통치하는 곳의 법에 따라 달라진다. 따라서 모든 분배는 정부가 위와 같은 두 가지 근본적 원리, 즉 운명에 대한 동등한 배려 및 책임에 대한 온전한 존중과 관련하여 무엇을 어떻게 했는가를 밝힐 때 정당화된다.

자유방임의 정치 경제는 사람들이 자신의 상품과 노동을 원하는 만

---

* equal concern. 추상적이고 총체적인 의미로 쓸 때는 '(사람들에 대한) 평등한 배려'로 번역하고, 구체적이고 정량적인 의미로 쓸 때는 '(사람들의 운명의 중요성에 대한) 동등한 배려'로 번역함.

큼 그리고 가능한 만큼 사고파는 자유 시장의 결과를 그대로 허용한다. 이는 모든 이들에 대해 평등한 배려를 표하는 것이 아니다. 그러한 체계를 겪으며 가난해진 사람들은 누구라도 이렇게 질문을 던질 수 있다. "내 상황을 개선할 보다 규제적이고 재분배적인 법들이 있는데, 정부는 어떻게 작금의 체계로 나에게 평등한 배려를 표하고 있다고 주장할 수 있는가?" 이에 대해 자신의 운명은 자신이 책임져야 한다는 말은 답이 되지 않는다. 그러한 경제 속에서 사람들의 위치를 결정해 주는 많은 요인들에 대해 개개인은 책임질 수 없다. 유전적인 소질과 태생적인 재능에 대해 그들에게 책임을 물을 수는 없는 일이다. 사람들이 삶에서 접하는 행운과 불운도 그들이 책임질 수 있는 것은 아니다. 개인의 책임과 관련한 두 번째 원리 속에 정부가 그러한 태도를 취하는 것이 마땅하다고 해 줄 만한 근거는 어디에도 없다.

그러나 정부가 완전히 반대되는 선택을 한다고 가정해 보자. 사람들이 스스로 어떤 선택을 하든 정부가 그들의 부(富)를 동일하게 만들려고 한다. 즉 모노폴리 게임을 하듯 2~3년마다 모든 이들의 재산을 환수한 후 그것을 동일한 몫으로 재분배하는 것이다. 이는 자신의 삶을 무언가 중요한 것으로 만들어야 할 사람들의 책임을 존중하지 않는 행위다. 정부가 그러한 조치를 취할 경우, 사람들의 선택, 가령 일할 것인지 여가를 즐길 것인지에 대한 선택이나 저축할 것인지 투자할 것인지에 대한 선택은 그들 자신에게 아무런 개인적 결과를 가져오지 않기 때문이다. 자신의 선택이 다른 사람에게 초래할 비용을 염두에 두지 않는 사람은 책임성 있는 존재라고 할 수 없다. 내가 평생을 여가로 보내거나, 다른 사람들이 필요로 하는 것을 많이 생산하지 않는 직업에 종사하고 있다면, 그러한 선택이 부과하는 비용에 대해 나는 책임을 져야 한다. 즉 결과적으로 적게 가져야 한다.

따라서 분배 정의의 문제는 두 개의 방정식을 동시에 풀도록 요구한다. 우리는 평등한 배려와 개인의 책임이라는 지배적 원리를 모두 존중하는 해답을 찾기 위해 노력해야 한다. 그리고 그 답은 어느 한쪽의 원리도 훼손하지 않으면서 오히려 두 원리를 온전하게 충족시키는 매력적인 개념관(conception)을 각각의 원리에 대해 찾는 식으로 얻어져야 한다. 그것이 바로 이 책 마지막 부의 목표다. 여기에서 해답을 보여 주는 가상의 예를 하나 제시해 보겠다. 동원 가능한 자원이 모두 거래되고 입찰에 참여하는 사람이 모두 같은 액수의 화폐를 가지고 시작하는 최초의 경매를 상상해 보자. 경매는 매우 오랜 시간 진행되며 원하는 사람이 있는 한 계속 반복된다. 누구도 다른 사람이 얻은 자원의 묶음을 부러워하지 않는 상황이 되어야 경매는 종료된다. 이와 같은 이유에서 경매의 귀결인 자원 분배는 모든 이들을 평등하게 배려하는 결과를 낳는다. 이제 또 다른 경매를 상상해 보자. 이 경매에서 사람들은 포괄적인 보험 정책을 설계하고 선택한다. 시장은 각자가 선택한 보장 범위에 합당한 보험료를 책정하고 사람들은 이를 지불한다. 이와 같은 경매는 행운이나 불운이 가져올 결과를 제거해 주지는 않지만, 사람들이 자신의 위기관리에 책임을 지도록 만든다.

우리는 이 가상의 모델을 적용하여 실생활의 분배 구조를 구상해 볼 수 있다. 이 가상의 시장을 모델 삼아 조세 체계를 설계할 수 있는 것이다. 가령 사람들이 가상의 보험 시장에서라면 합당하게 지불할 만한 보험료와 흡사하도록 세율을 책정하는 것이다. 이 같은 방식으로 설계된 세율은 현재의 세율보다 상당히 가파른 누진성을 띠게 될 것이다. 또한 사람들이 합당하게 추구할 만한 보장 범위와 흡사하게 의료 보장 체계를 설계할 수도 있다. 그리고 그 결과는 보편적인 의료 보장 요구로 나타날 것이다. 그러나 현재의 메디케어*처럼 삶의 마지막 몇 개월

---

* medicare. 국영 연금 제도의 일부로서 운영되는 의료 보험으로, 연금 수급자에게 수혜 자격이 생기기 때문에 주로 65세 이상의 사람들을 수혜자로 하고 있는 미국의 연방 의료 보험 제도.

을 더 연명하는 데 막대한 액수를 지출하는 것은 정당화되지 않을 것이다. 그러한 종류의 보장에 요구될 엄청난 보험료를 지불하기 위해 사람들이 삶의 다른 시기에 유용할 자금을 포기하지는 않을 것이기 때문이다.

자유

정의는 자원 평등의 이론뿐 아니라 자유(liberty)의 이론 역시 요구한다. 그리고 그러한 이론을 구성할 때 우리는 자유와 평등이 충돌할 위험성을 의식해야 한다. 이 둘의 충돌은 불가피하다는 것이 이사야 벌린의 주장이었다. 17장에서 나는 그와 같은 위험성이 제거된 자유론을 주장할 것이다. 나는 자유로움(freedom)과 자유(liberty)를 구별한다. '자유로움'이란 정부의 구속을 받지 않고 원하는 것은 무엇이든 할 수 있는 능력을 말한다. 이에 반해 '자유'는 자유로움의 일부로서 정부가 구속할 경우 잘못을 범하는 것이 되는 부분을 말한다. 나는 일반적 자유로움의 권리를 인정하지 않는다. 대신 다른 근거에서 자유에 대한 권리를 주장한다. 사람들은 윤리적 독립성(ethical independence)에 대한 권리를 가지며 이 권리는 개인 책임의 원리로부터 나온다. 사람들은 보다 일반적인 권리인 자치의 권리가 요구하는 권리들을 지니며 여기에는 자유로운 표현의 권리가 포함된다. 자치의 권리 역시 개인 책임의 원리에서 나오는 것이다. 사람들은 또한 평등한 배려를 받을 권리에서 나오는 권리들을 가지며 여기에는 적정한 법 절차에 대한 권리 및 재산의 자유에 대한 권리가 포함된다.

자유를 이와 같은 도식으로 바라보면 앞서 기술했던 평등관과의 진정한 충돌은 제거된다. 두 개념관이 완벽하게 통합되기 때문이다. 즉 각각의 개념관은 동시에 풀어야 할 연립 방정식에 대한 동일한 해답에 의존하고 있다. 재산과 기회를 어떻게 분배하는 것이 모든 이에 대한 평등한 배려를 표하는 길인지를 결정하지 않고는 자유가 무엇을 요구하는지 결정할 수 없다. 이러한 설명에 의할 때, 정부가 당신에게서 무엇인가를 가져가는 것이 도덕적 근거에서 정당화될 수 있고 따라서 마땅히 보유할 자격이 있는 어떤 것을 당신에게서 빼앗는 것은 아니라고 한다면, 과세가 자유를 침해한다는 대중적 견해는 잘못됐다. 이런 식으로 자유의 이론은 훨씬 더 일반적인 정치적 도덕성 안에 뿌리박고 있으며 그 이론의 다른 부분들로부터 지원을 받는다. 이른바 자유와 평등의 충돌은 사라지는 것이다.

민주주의

그러나 정치적 가치들은 다른 측면에서도 충돌한다고 여겨진다. 한편에는 자유와 평등이 있고, 다른 한편에는 '통치에 평등한 존재로서 참여할 권리'가 있다고 할 때, 이 양편의 충돌이 바로 그것이다. 정치 이론가들은 이따금 후자를 '적극적 자유에 대한 권리'라고 부르면서 그와 같은 권리는 '소극적 자유'(내가 방금 기술했던 정부로부터 자유로울 권리)뿐 아니라 정의로운 자원 분배에 대한 권리와도 충돌할 수 있다고 말한다. 이러한 견해에 따르면, 다수가 부당한 과세 체계나 중요한 자유를 부정하는 조치에 찬성표를 던질 때 충돌은 현실화된다. 이와 같이 충돌이 존재한다는 주장에 대해 나는 다양한 민주주의관들을 구별함으로써 답한다. 말하자면 나는 다수결주의적 또는 통계적인 민주주의관과, 내가 동반자적 민주주의관이라고 부르는 것을 구별한다. 동반자적 민주주의관의 주장에 따르면, 진정으로 민주적인 공동체에서는 시민 각자가 평등한 동반자로서 참여하며 이는 그들이 단순히 평등한 투표권을 갖는 것 이상을 의미한다. 그것은 각각의 시민이 평등한 발언권을 가지며 그 결과에 대해 동일한 이해관계를 갖는다는 의미다. 내가 옹호하는 이러한 민주주의관에 따르면, 민주주의는 종종 정의와 자유에 대한 개인의 권리를 위협한다고 오해받음에도 불구하고, 실제로 이런 권리를 보호하라고 요구하는 것 역시 바로 민주주의 자체다.

법

정치철학자들은 정치적 가치 간의 또 다른 충돌, 바로 정의와 법의 충돌에 대해서도 역설한다. 그러나 법이 정의롭다고 보장해 주는 것은 아무것도 없다. 오히려 정의롭지 않은 법은 공직자와 시민에게 정의가 요구하는 것을 훼손하도록 요구하기도 한다. 19장에서 나는 이 충돌에 대해 다룰 것이다. 법을 도덕성과 충돌할 수도 있는 경쟁적인 규칙 체계로서가 아니라 그 자체 도덕성의 한 가지(branch)로 여기게 만드는 법의 개념관(conception of law)에 대해 기술할 것이다. 그와 같은 제안을 그럴듯한 것으로 만들기 위해서는 정의로운 결과뿐 아니라 절차적 정의, 공정한 통치의 도덕성이라고 불릴 만한 것들도 반드시 강조되어야 한다. 또한 도덕성 일반 역시 나무의 구조로서 이해되어야 한다. 즉 법은 정치적 도덕성의 한 가지인 것이다. 그리고 정치적 도덕성 자체는 보다 일반적인 개인적 도덕성의 한 가지이고, 개인적 도덕성은 다시 '잘 산다는 것'이 무엇인가에 대한 한층 더 일반적인 이론의 한 가지인 것이다.

이제 당신은 의혹을 하나 품게 되었을 것이다. 포세이돈에게는 프로크루스테스라는 아들이 있었다. 그는 손님이 오면 자기의 침대에 맞춰 그들의 몸을 늘이거나 잘라 냈다. 당신은 내가 프로크루스테스처럼, 위대한 정치적 미덕들에 대한 개념관을 그것이 서로 깔끔하게 들어맞을 때까지 늘이거나 잘라 내고 있다고 생각할지도 모른다. 그렇다면 나는 헐값에 통일성을 성취할 테고, 결국 무의미한 승리를 얻게 될 것이다. 그러나 나는 진정으로 내가 기술한 정치적 개념관들 각각을 확신의 시험에 부치려고 한다. 단지 어떤 이론이 우리가 동의할 만하다고 여기는 다른 이론들에 부합하기 때문에 건전한 이론이라고 말하지는 않을 것이다. 내가 발전시키고자 하는 통합된 개념관은, 적어도 숙고를 거친 후에는 그 각각의 개념관 모두가 그 자체로도 옳은 것으로 보이는 것들이다. 하지만 나는 독자적이고도 매우 강력한 주장도 하려고 한다. 나는 이 책 전반을 통해 정치적 도덕성에 있어 통합은 진리의 필요조건이라고 주장할 것이다. 갖가지 정치적 가치들에 대한 우리의 개념관이 진정으로 맞물리지 않는 한, 우리는 설득력 있는 개념관을 최종 확보했다고 할 수 없다. 여우야말로 너무 쉽게 승리를 얻고 있다. 오늘날 널리 칭송되고 있는 여우의 외견상의 승리야말로 공허한 것이다.

해석

통합이 진리의 필요조건이라는 결론에 이르기 위한 첫 번째 단계로 우리는 즉각적으로 제기되는 도전에 맞서야 한다. 앞에서 나는 다양한 정치적 개념들의 의미가 어떻게 주장되고 있는지를 대략적으로 그려 보았다. 하지만 내가 어떻게 평등이나 자유, 민주주의에 대한 어떤 개념관은 옳고 그와 경쟁하는 다른 개념관은 그르다고 말할 수 있겠는가? 정치적 개념이 무엇이고, 어떻게 그 개념의 적용에 대해 동의하거나 동의하지 않는다고 말할 수 있는지를 숙고하기 위해 우리는 잠시 멈춰 서야 한다. 만약 당신과 내가 '민주주의'를 말하면서 전적으로 다른 무엇인가를 의미하고 있다면, 민주주의가 시민들에게 동일한 지분을 가지라고 요구하는지에 대한 우리의 논의는 의미가 없다. 우리는 각자 다른 이야기를 하고 있을 뿐이다. 그렇게 되면 정치적 미덕들을 제대로 이해하자는 나의 주장은 특정 단어들을 어떻게 사용하자고 제안하는 진술에 그치고 말 것이다. 내가 옳고 다른 사람들은 틀렸다고 주장할 수 없게 되는 것이다.

우리는 다음과 같은 질문을 던져야 한다. 사람들은 언제 견해의 일치와 불일치가 진정한 것이 될 수 있도록 하나의 개념을 공유하는가? 어떤 개념들은 그 사례들을 식별할 때 사용되는 규준에 대해 일치를 보고 있기 때문에 개념을 공유한다. 물론 우리 모두가 경계선상에 있다고 여기는 사례들은 예외로 하고 말이다. 가령, 대체로 우리는 탁자 위에 몇 권의 책이 있는가에 대해서는 의견의 일치를 보는데 이는 우리가 이 문제에 답할 때 동일한 잣대를 사용하기 때문이다. 물론 우리가 이러한 문제에 언제나 의견이 일치하는 것은 아니다. 이따금씩 각자의 규준이 살짝 다르기 때문이다. 가령, 당신은 두꺼운 팸플릿을 책으로 간주하는 반면 나는 그렇지 않기 때문에 당신과 나는 견해차를 보일 수 있다. 이와 같은 특수한 경계 사례에서 우리의 견해차는 허상이다. 말하자면, 우리는 진정한 불일치를 겪고 있는 것이 아니다. 그러나 정의와 여타 정치적 개념의 경우는 사정이 다르다. 누진세가 정의로운 것인지에 대한 의견의 불일치는 비록 우리가 어떤 하나의 제도가 정의로운 것인지를 결정해 주는 올바른 규준에 대해 불일치를 겪고 있고 그 불일치가 어떤 경우에는 대단히 첨예한 경우라고 할지라도 진정한 불일치라 할 수 있다.

따라서 우리는 정치적 개념을 포함한 어떤 것들은 우리의 생각 속에서 다른 방식으로 공유된다는 점을 인정해야 한다. 즉 그러한 개념들은 우리에게 해석적 개념으로 기능하는 것이다. 우리가 해석적 개념을 공유하는 것은 그 개념이 등장하는 사회적 실천(social practices)과 경험을 공유하고 있기 때문이다. 우리는 해석적 개념들이 가치를 기술하고 있다고 여긴다. 그러나 우리는 그 가치가 무엇이고 어떻게 표현되어야 하는지에 대해 불일치를 겪으며, 이 불일치는 종종 두드러지기도 한다. 이러한 불일치는 우리가 공유하는 사회적 실천을 상당히 다르게 해석

36

한 데서 연유한다. 즉 우리는 그 사회적 실천에서 중심적인 또는 모범적인 특성으로 받아들여지는 것들을 가장 잘 정당화해 주는 가치들이 무엇인지에 대해 어느 정도 서로 다른 이론들을 갖고 있다. 이와 같은 구조는 자유, 평등, 그리고 그 외의 것들에 대한 우리의 개념적 불일치를 진정한 불일치로 만든다. 그러한 불일치는 사실에 대한 불일치나 사전적 또는 표준적 의미에 대한 불일치가 아니라 가치에 대한 불일치라 할 수 있다. 따라서 평등이나 자유와 같은 정치적 가치와 관련하여 어떤 특정한 개념관을 옹호하고자 할 때는 그 정치적 가치 자체를 넘어서는 가치들을 동원해야 한다. 자유에 대한 특정한 개념관을 옹호하기 위해 자유를 근거로 드는 것은 무기력한 순환이 될 것이다. 따라서 정치적 개념들은 서로 통합될 수밖에 없다. 그 어떤 개념관도 그것이 옹호되기 위해서는 다른 개념관과 어떻게 어울리고 부합하는지를 먼저 밝혀야 한다.

나는 8장에서 해석적 개념들을 보다 충실히 기술할 것이다. 7장에서는 해석적 개념의 기본적 문제들을 다룰 예정이다. 우리는 정치뿐 아니라, 대화, 법, 시, 종교, 역사, 사회학, 정신역학 등 수많은 장르에서 해석을 시도한다. 그런데 이 모든 장르에 합당한 일반적 해석 이론이 과연 존재할까? 만약 그렇다면 우리는 정치 특유의 개념들에 대한 해석의 기준들을 보다 더 잘 이해하게 될 것이다. 대중에게 널리 퍼진 일반적 해석 이론은 다음과 같이 기술할 수 있다. 해석은 언제나 저자나 창조자의 의도 또는 여타의 심리 상태 복원을 목표로 한다. 어떤 장르에서는 이런 이론이 잘 들어맞지만 다른 장르에서는 그렇지 않은 경우도 있다. 그래서 우리에게는 의도를 복원한다는 목표가 언제 그리고 왜 그럴듯한 것인지를 설명해 주는 보다 일반적인 해석 이론이 필요하다. 내가 제안하는 것은 가치에 기초한 일반 이론이다. 해석자들에게는 비평의 책임이 있는데, 법이나 시 또는 시대에 대한 가장 좋은 해석은 그 상황에서 그러한 책임을 가장 잘 실현하는 해석이다. 예이츠의 시 「비잔티움으로의 항해」에 대한 가장 좋은 해석은 시를 해석한다는 것의 가치에 대한 최선의 해명을 채택 혹은 상정하면서 그에 비추어 시의 가치가 드러날 수 있도록 읽는 해석이다. 그러나 시를 해석한다는 것의 가치가 무엇인지에 대해서는 해석자들 간의 의견이 불일치하기 때문에 그들의 책임 역시 불일치할 수밖에 없으며, 이러한 불일치로 인해 시 또는 어떤 해석 대상을 어떻게 읽어야 할 것인지에 대해서도 불일치하게 되는 것이다.

진리와 가치

결국 나는 정치적 도덕성은 해석에 의존하며 해석은 가치에 의존한다고 주장하는 셈이다. 내가 '가치의 객관적 진리'를 믿고 있다는 점은 이제 분명해졌을 것이다. 나는 어떤 제도들은 진정으로 부당하며 어떤 행동들은 진정으로 잘못됐다고 믿는다. 아무리 많은 사람들이 그렇지 않다고 믿더라도 말이다. 그러나 상반된 견해는 흔하다. 대단히 많은 철학자들이 그리고 역시 대단히 많은 다른 사람들 역시 가치가 어떤 신비로운 파악 능력을 지닌 인간 존재에 의해 발견되기를 기다리면서 '저 밖' 우주 속에 있다고 상정하는 것은 말도 안 되는 소리라고 생각한다. 그들은 가치 판단이 그와는 전혀 다른 방식으로 이루어져야 한다고 말한다. 말하자면 가치를 판단하는 사람들의 믿음이나 태도, 독립된 객관적 진리 같은 건 존재하지 않는다는 점을 받아들여야 한다는 것이다. 어떤 것이 정의롭다거나 부당하다, 옳다거나 그르다, 성스럽거나 사악하다라는 사람들의 주장을, 단지 그들의 태도나 정서 또는 다른 사람들에게 따르라는 권고 혹은 그들이 취하고 있는 개인적인 지향이나 자신들의 삶을 인도하기 위해 제안된 구성물의 표현이라고 이해해야 한다면서 말이다.

이러한 견해를 취하는 철학자들 중 스스로를 비관주의자나 허무주의자라고 생각하는 사람은 거의 없다. 오히려 그 반대다. 그들은 우리가 독립된 객관적 가치라는 신화를 포기하고 가치 판단이란 단순히 우리의 태도와 지향을 표현하는 것이라는 점을 인정할 때 완벽하게 좋은 삶, 그리고 지적으로도 보다 책임성 있는 삶을 살 수 있다고 상정한다. 그러나 이러한 논변과 사례는 그들이 정치보다는 사적인 삶을 염두에 두고 있다는 점을 드러내 준다. 물론 나는 사적인 삶과 관련하여 볼 때도 그들이 틀렸다고 생각한다. 9장에서 나는 우리의 존엄성은, 우리가 잘 살고 있는 것인가의 문제는 단지 우리가 잘 살고 있다고 생각하고 있는가의 문제가 아니라는 점을 스스로에게 인정하도록 요구한다고 주장할 것이다. 게다가 정치와 관련해서 보면 그들의 오류가 한층 더 분명하게 드러난다. 즉 우리 삶에서 그 어떤 측면보다 우리에게 가치에 대한 회의주의라는 사치를 용납하지 않는 것이 바로 정치다.

정치는 강제적이다. 우리의 행동이나 표결의 근거가 되는 도덕적 원리들과 여타의 원리들이 '객관적으로 참'이라고 상정하지 않는 한 통치자로서 또는 시민으로서 우리는 자신의 책임을 다할 수 없다. 공직자나 투표자가 스스로의 행동의 근거가 되는 정의의 이론으로 자신의 마음에 드는가를 꼽는 것은 훌륭한 자세가 아니다. 그러한 이론이 자신의 정서나 태도를 정확하게 표현하고 있다거나 인생 계획을 적절하게 말하고 있다고 선언하는 것 역시 마찬가지다. 또한 정치적 원리들은 자신이 속한 국가의 전통에서 이끌어 낸 것이며 따라서 그보다 더 거대한 진리 주장을 할 필요는 없다고 천명하는 것도 옳은 자세가 아니다.[3] 한 나라의 역사와 현재의 정치는 상충하는 원리와 변동하는 편견의 만화경이다. 따라서 국가의 '전통'과 관련한 어떤 공식도 해석일 수밖에 없으며 해석은 7장에서 주장되는 바와 같이 무엇이 '진정으로 참'인지에 대한 독립된 상정들에 뿌리를 둘 수밖에 없다. 물론 사람들은 어떤 정의관이 진정으로 참인지를 놓고 불일치를 겪을 것이다. 그러나 권좌에 있는 이들은 자신들이 말하는 정의관이 진정으로 참이라고 믿을 수밖에 없다. 따라서 '도덕적 판단이 진정으로 참일 수 있는가?'라는 오래전부터 철학자들이 던져 온 질문은 정치철학에서 근본적이고도 회피할 수 없는 질문이다. 정의에 대한 특정 이론을 옹호하려면 그 기획의 일부인 도덕적 객관성에 대한 모종의 이론 역시 옹호해야만 한다. 도덕적 객관성에 대한 모종의 이론 없이 그와 같은 일을 하려는 것은 무책임한 행동이다.

이제 나는 내가 옹호하는 견해, 즉 가치의 형이상학적 독립성(metaphysical independence of value)[4]을 요약하고자 한다. 철학적으로는 가장 급진적으로 보일 수도 있을 이 견해의 내용은 다음과 같다. 어떤 행위, 가령 재미 삼아 아기를 고문하는 행위는 단지 사람들이 그 행위가 잘못됐다고 생각하기 때문에 잘못인 것이 아니라, 그 자체로 익숙하게 또한 더할 나위 없이 일상적으로 잘못된 행위로 여겨져 왔다. 설령 그러한 행위가 잘못됐다고 생각하는 사람이 전혀 없다 할지라도 문제의 행위는 여전히 잘못된 행위가 틀림없으리라. 물론 당신이 생각하기에는 모종의 도덕적 주관주의가 더 그럴듯해 보일 수도 있다. 그러나 그러한 주관주의가 참인가 하는 것은 도덕적 판단과 논변의 문제다. 대부분의 도덕철학자들은 반대로 생각한다. 즉 그들이 '마음으로부터 독립된' 도덕적 진리라고 부르는 발상은 우리를 도덕의 바깥으로 데리고 나와 형이상학 속으로 들어가게 하며 키메라 같은 속성이나 개체, 즉 절반은 도덕적 성격을 지니면서(그렇지 않다면 그것들이 어떻게 마음으로부터 독립된 도덕적 주장을 참으로 만들 수 있겠는가?) 동시에 절반은 도덕적 성격을 지니지 않은(그렇지 않다면 그것들이 어떻게 도덕적 주장의 '근거가 될' 수 있거나 도덕적 주장을 객관적으로 참인 것으로 만들 수 있겠는가?) 어떤 속성 또는 개체가 '세계 속에' 존재하는지를 고찰하도록 한다는 것이다. 그들은 식민 철학을 강변하고 있다. 즉 가치 담론 안에 그것을 적절하게 지배할 과학의 대사관과 주둔군을 세우고 있다.

보통 사람들은 어떤 행위는 그 자체로 잘못된 것이라는 생각을 종종 도덕적 '사실'을 언급하는 식으로 표현한다. "고문이 언제나 잘못된 것이라는 점은 도덕적 사실이다." 이렇게 말이다. 그러나 철학자들이 그와 같은 무해한 언급을 일용할 양식으로 삼아, 사람들은 자기들의 애초의 도덕적 주장에 무언가 중요한 것을 더하는, 즉 도덕적 미립자나 속성(이를 '도덕 입자(morons)'라고 부르자.)에 관한 형이상학적인 주장 역시 하고 있는 것이라고 상정하게 될 때, 골칫거리가 생겨나게 된다. 그래서 그들은 내가 보기에는 전혀 터무니없는 철학적 기획을 공표한다. 그들의 말에 따르면, 도덕철학의 목표는 도덕 세계와 자연 세계를 '화해'시키거나, 우리가 자신의 삶을 살 때 취하는 '실천적' 시각과 우리 스스로를 자연의 일부로 연구할 때 취하는 '이론적' 시각을 제휴시키는 것이어야 한다. 또는 우리가 어떻게 그 키메라들과 '접촉'할 수 있는지를 보여 주거나, 접촉이 불가능하다면 우리 자신의 도덕적 의견들이 그저 우연적인 것이 아니라 건전한 것이라고 생각할 어떤 이유들이 있을 수 있는지를 밝히는 것이어야 한다. 이러한 거짓된 문제들과 기획들은 모든 면에서 수수께끼의 징후를 보인다. 스스로를 실재론자라고 묘사하는 이들은 이러한 기획에서 성과를 거두려고 노력하면서 도덕 입자와 우리들 간에 신비로운 접촉이 일어난다고 주장하기도 한다. 4장에서 나는 이러한 시도들에 대해 다룰 것이다. 스스로를 반실재론자라고 묘사하는 이들은 '세계' 속에 도덕 입자 같은 것은 없음을 밝혀냈다거나, 어쨌든 우리는 어떤 식으로든 도덕 입자들과 '접촉'할 방도가 없음을 밝혀냈다면서 우리가 스스로 가치를 만들어 내야 한다고 선언하는데, 이는 정말 괴상한 과제라 할 수 있다. 우리가 간단히 만들어 낼 수 있는 것이라면 그것이 어떻게 가치일 수 있겠는가? 이와 같은 시도들에 대해서는 3장에서 기술할 것이다.

우리가 가치의 독립성을 진지하게 수용하면 실재론자의 기획과 반실재론자의 기획은 모두 증발하고 만다. 우리가 가치의 독립성을 진지하게 수용하면 실천적 관점과 이론적 관점을 '화해'시키지 않아도 된다. 마치 어떤 시가 담겨 있는 책에 대한 물리적 사실이나 그 저자에 대한 심리적 사실을, 그 두 가지 사실을 모두 무시하는 시 해석과 화해시킬 필요가 없듯이 말이다. 도덕적 판단의 '마음으로부터의 독립성'을 뒷받침하는 논거 중 지성적으로 이해 가능한 것은 아무도 그 판단이 참이라고 생각하지 않더라도 그것은 여전히 참일 것이라는 점을 밝히는 도덕적 논변뿐이다. 그리고 그에 반대하는 논거 중 지성적으로 이해 가능한 것은 정반대의 주장을 뒷받침하는 도덕적 논변뿐이다. 6장에서 나는 도덕적 지식, 책임, 충돌에 대한 이론을 기술할 것이며 8장에서는 도덕적 진리에 대한 이론을 기술할 것이다. 이러한 이론들은 도덕의 내부에서 길어 온 것들이다. 다시 말해, 이들 자체가 도덕적 판단들이다. 이것이 바로 도덕철학에서 독립성이 의미하는 바다. 이는 자연스럽고 전적으로 익숙한 견해다. 우리가 생각하는 방식이 그와 같다. 이에 반대하는 논변치고 순환적이지 않은 것은 없다. 그러한 논변들은 모두 철학적 식민주의의 요구를 입론하기보다는 오히려 전제해 버린다.

이와 같은 독립성을 부정하는 철학자들은 도덕철학의 두 분야를 구별하라고 역설한다. 그들은 '도덕적 질문(questions of morality)'과 '도덕에 대한 질문(questions about morality)'을 구별한다. 도덕적 질문이란 가령 "정의는 보편적 의료 보장을 요구하는가?" 같은 것을 말한다. 반면 도덕에 대한 질문은 "정의가 보편적 의료 보장을 요구한다는 주장은 참일 수 있는가? 그렇지 않다면 그것은 단지 하나의 태도를 표현하는 것에 불과한가?” 같은 것을 가리킨다. 이 철학자들은 앞의 질문을 “실체적인(substantive)” 또는 “1층위(first-order)의” 질문이라고 부르고 뒤의 질문을 “메타윤리적인(meta-ethical)” 또는 “2층위(second-order)의” 질문이라고 칭한다. 그리고 메타윤리적인 쟁점들을 다루기 위해서는 도덕적 판단보다는 철학적 논변이 요구된다고 상정한다. 그런 후 그들은 앞서 언급되었던 두 진영으로 갈라진다. 실재론자들은 “도덕과 무관한 최선의 철학적 논변”에 따르면 도덕적 판단은 실로 객관적으로 참일 수 있다거나 사실적이라는, 또는 실재 혹은 그와 유사한 어떤 것을 기술하고 있다는 점이 드러난다고 주장한다. 반실재론자들은 최선의 논변*이 보여 주는 것은 어쨌든 정확히 그와는 반대라고 주장한다.(최근 또 다른 철학자들은 이 두 가지 견해가 진정으로 서로 다른지, 그리고 만약 그렇다면 그 차이를 어떻게 말해야 하는지에 대해 숙고한 바 있다.)[5]

가치의 독립성은 이 책의 보다 일반적인 테제, 즉 가치에 속하는 다양한 개념과 부문은 서로 연결되어 있고 상호 지지한다는 테제에서 중요한 역할을 담당한다. 앞서 언급되었던 철학자들의 힘겨운 질문들은 여우가 할 만한 답변을 조장하는 듯 보인다. 가치들이 도대체 어디에서 온단 말인가? 가치들은 진정 ‘저 밖’ 세계 속에, 최종적으로 본다면 그냥 그렇게 있을 뿐인 어떤 것의 일부로서 존재하는 것일까? 우리가 만약 이러한 질문들을 도덕적 판단 또는 가치 판단을 요구하는 질문들이라기보다는 실재의 근본적 성격에 대한 형이상학적 질문들로 이해한다면, 우리는 가치 다원주의로 향하는 길목에 어느 정도 깊이 들어선 것이다. 가치란 게 정말 ‘저 밖’에 존재하면서 감지되기를 기다리고 있으며 기체나 암석들처럼 저마다의 방식으로 날것 그대로인 그 무엇이라고 상정해 보자. 그렇다면 이러한 날것 그대로의 가치들이 고슴도

---

* 도덕과 무관한 최선의 철학적 논변.

치가 상상하는 상호 조정의 방식으로 언제나 깔끔하게 맞물려 있다고 생각할 이유는 없다. 오히려, 가치들은 충돌한다는 말이 보다 설득력 있다. 예컨대, 누군가에게 거짓말을 하는 것이 친절한 행위가 되는 경우나, 몇몇 사람들을 끔찍한 죽음으로부터 구하기 위해 다른 사람들을 고문할 수밖에 없는 경찰의 경우처럼 말이다.

이와 상반되는 형이상학적 견해 역시 동일한 결론을 초래한다. 그들은 이렇게 말할 것이다. "가치들이 '저 밖'에 있으면서 발견되기를 기다리고 있다고 생각하는 것은 미친 짓이다. 따라서 도덕적 판단을 참으로 만들어 줄 수 있는 것은 아무것도 없다. 가치는 발견되는 게 아니라 창안되는 것이다. 가치란 그저 존칭어로 금박을 입힌 호불호에 지나지 않는다." 이 경우에도 가치들의 거창한 통일성을 주장하는 것은 더욱 우스운 일처럼 보인다. 우리는 매우 다양한 것들을 원할 수 있고 또 실제로 원하고 있지만 그 모든 것들을 동시에 가질 수 없다. 결코 그럴 수 없다. 만약 우리의 가치들이 단지 영광스럽게 치장된 욕구들에 불과하다면, 규율되지 않고 모순 가득한 우리의 욕심도 그 속에 반영되어 있지 않겠는가?

그러나 가치에 대해 비(非)평가적인 2층위의 메타윤리적 진리 같은 건 없다는 나의 생각이 맞다면, 가치 판단들이 특수한 도덕적 개체들과 조응하기 때문에 참이라거나 조응할 만한 특수한 도덕적 개체가 없기 때문에 참이 아니라거나 하는 말은 믿을 수 없다. 가치 판단은 어떤 것과의 조응에 의해서가 아니라 그 판단을 옹호하기 위해 제시되는 실체적 논거에 비추어 참일 때 참인 것이다. 도덕의 영역은 논변의 영역이지 날것 그대로 존재하는 사실의 영역이 아니다. 그렇다면(앞서 생각되었던 것과는 반대로) 도덕의 영역 속에는 충돌이란 없고 오직 상호 지지만이 있다고 상정하는 것도 설득력 없는 말은 아니다. 또는, 같은 말이 되겠으나, 우리가 다루기 힘들다고 여기게 될 어떤 충돌이 있다고 하더라도 그런 충돌이 보여 주는 것은 가치의 비통일성이 아니라 가치의 보다 근본적인 통일성이며, 이러한 통일성이 문제의 충돌을 실체적 결과로 낳는다는 상정 역시 설득력이 없는 것은 아니다. 이러한 점들이 내가 5, 6장에서 옹호할 결론들이다.

우리는 독립성 테제를 어떻게 분류해야 할까? 독립성 테제는 어떤 철학적 분류함 속에 들어가는가? 그것은 도덕 실재론의 한 종류인가? 아니면 구성주의인가? 어쩌면 반실재론일 수도 있는가? 독립성 테제는 그 자체가 도덕과 무관한 형이상학적 이론인가? 또는 골치 아픈 형이상학으로부터 진정으로 벗어났다기보다 그것을 묵살할 뿐인 정적(靜寂)주의적인 이론 혹은 최소주의적인 이론인가? 이러한 이름표들 중 정확히 들어맞는 것은 없다. 아니, 정확히 말해 어떤 것도 들어맞지 않는다. 왜냐하면 그 각각은 가치 판단으로는 답을 얻을 수 없는 가치에 대한 중요한 철학적 질문들을 포함하고 있다는 잘못된 상정으로 얼룩져 있기 때문이다. 이 책을 읽어 나갈 때는 그러한 분류함들을 부디 잊어 주기 바란다.

책임

내가 주장한 것처럼 정의에 대한 성공적인 이론이 시종일관 도덕적인 한에는, 정의에 대한 첨예한 불일치 역시 끝까지 영원히 남아 있을 여지가 크다. 평등한 배려나 자유, 민주주의에 대한 서로 다른 견해 중 어떤 것이, 또는 옳고 그름이나 좋고 나쁨에 대한 서로 다른 의견 중 어떤 것이 최선 혹은 참된 것인가를 평결하기 위해 우리가 최종적으로 설 수 있는 중립적인 성격의 과학적·형이상학적 지평 같은 것은 존재하지 않는다. 그것은 우리가 또 하나의 중요한 도덕적 미덕, 바로 도덕적 책임성(moral responsibility)에 상당한 주의를 기울여야 한다는 의미다. 우리는 동료 시민들에게 일치는 바랄 수 없어도 책임은 요구할 수 있다. 따라서 우리는 책임의 이론을 발전시켜야 하는데, 이 이론은 우리가 사람들에게 "나는 당신에게 동의하지 않는다. 그러나 그 논변의 통합성은 인정한다. 나는 당신이 도덕적 책임을 다하려 했다는 점을 인정한다."라고 말하거나 "나는 당신에게 동의한다. 그러나 당신은 자신의 견해를 형성하는 데 책임을 다하지 않았다. 그것은 당신이 동전 던지기를 했거나 편향된 텔레비전 방송에서 들은 것을 믿어서 얻은 것이다. 당신이 진리에 도달한 것은 그저 우연에 불과하다."라고 말할 수 있게 할 만큼 충분한 힘이 있어야 한다.

우리는 도덕적 책임에 대한 그와 같은 이론을 도덕 인식론이라는 보다 거창한 이름으로 부를 수도 있다. 도덕적 진리란 어떤 인과적 방식을 통해 '접촉'할 수 있는 것이 아니다. 그러나 그럼에도 불구하고 우리는 도덕적 쟁점들에 대해 잘 생각할 수도 있고 잘못 생각할 수도 있다. 무엇이 잘된 생각이고 또 무엇이 잘못된 생각인지는 물론 그 자체로 도덕적인 문제다. 즉 도덕 인식론은 실체적인 도덕 이론의 일부다. 우리는 가치에 대한 전반적인 이론 중 일정 부분을 사용하여 다른 부분들에 대한 추론을 검증한다. 따라서 우리는 이론의 그 일정 부분이 나머지 다른 부분들에 대한 점검으로 기능할 수 있을 정도로 그 부분들과 충분히 거리를 두도록 주의를 기울여야 한다. 미리 제시되는 이 요약의 글에서 나는 이미 도덕적 추론에 대한 주요 주장을 예고한 바 있다. 즉 6장에서 나는 도덕적 추론이란 해석적일 수밖에 없다고 주장할 것이다.

우리의 도덕적 판단은 기본적인 도덕적 개념에 대한 해석이다. 그리고 우리는 그러한 해석들을 보다 광범위한 가치의 틀 속에 위치시켜 시험한다. 이렇게 위치시킴으로써 문제의 해석들이 우리가 다른 개념에 대한 최선의 개념관이라고 받아들이고 있는 것들과 부합하는지, 또 그것들에 의해 지지되는지를 검토하는 것이다. 다시 말해, 우리는 내가 기술했던 해석적 접근법을 일반화한다. 우리는 도덕적 개념과 정치적 개념 모두에 대해 그와 같은 접근법을 취할 수밖에 없다. 단지 정치적 도덕성만이 아니라 도덕성 전반이 해석적 기획인 것이다. 8장 말미에서 나는 플라톤과 아리스토텔레스의 도덕철학, 정치철학, 윤리철학을 해석적 접근법의 고전적이고 모범적인 실례로 제시할 것이다.

10장에서는 책임에 대한 나의 해명에 담긴 모든 것을 무의미하게 만들 만한 꽤 오래된 위협을 살펴볼 것이다. 우리에게는 자유 의지가 없기 때문에 책임 역시 있을 수 없다는 명백히 재앙적인 생각이 바로 그것이다. 나는 철학자들이 "양립 가능성주의자(compatibilist)"의 견해라고 부르는 것을 옹호한다. 이 견해에 따르면, 책임은, 무엇이 다양한 결정들을 인과적으로 발생시키며 결정들은 신경계에 어떤 결과를 낳는지에 대한 분별 있는 어떠한 가정과도 양립할 수 있다. 나는 자신의 행위에 대한 책임의 성격과 정도는 오히려 '잘 산 삶'이란 어떤 성격의 삶인가라는 윤리적(ethical) 문제에 의존한다고 주장한다. 여기에서뿐 아니라 이 책 전반에 걸쳐 나는 윤리와 도덕의 구별을 강조할 것이다. 어떻게 사는 것이 잘 사는 것인지에 대한 연구가 윤리라면, 도덕은 우리가 다른 사람들을 어떻게 대해야 하는가에 대한 연구다.

윤리

그렇다면 우리는 어떻게 살아야 하는가? 3부에서 나는 화가가 캔버스에 무언가 가치 있는 것을 만들어 내듯이 우리 각자에게는 마치 자신의 삶에 무언가 가치 있는 것을 만들어야 할 윤리적 책임이 있다고 주장할 것이다. 그리고 이러한 윤리적 책임이 객관적인 것임을 주장하기 위해, 가치에서의 진리를 다루는 1부의 권위에 의존할 것이다. 우리는 잘 살아야 한다는 점을 스스로 인정하기 때문에 잘 살고자 하는 것이지, 그 반대는 아니다. 4부에서 나는 우리가 다른 사람들에게 부담하는 다양한 책임과 의무는 자신의 삶에 대해 갖는 개인적 책임에서 나온다고 주장할 것이다. 다만, 다른 사람들에 대한 그와 같은 책임에 우리 자신과 타인을 불편부당하게 여겨야 한다는 요구가 포함되는 것은 오직 특수한 역할과 여건(주로 정치) 아래에서뿐이다.

삶에서 무언가를 만들어 낸다는 것을 우리는 잘할 수도 있고 못할 수도 있는 하나의 도전으로 여겨야 한다. 우리의 삶을 좋은 삶으로, 즉 하잘것없거나 볼품없는 삶이 아니라 진정성과 가치를 지닌 삶으로 만들고자 하는 포부를 모든 이해 관심 중에서도 으뜸으로 인정해야 한다. 특히 우리는 스스로에 대한 존엄성을 소중히 간직해야 한다. 정치적 수사 속에서 너무나 무기력하게 남용되면서 존엄성이란 개념은 바닥으로 떨어져 버렸다. 가령, 모든 정치가들은 존엄성이라는 관념에 입에 발린 찬사를 보내고 있으며 거의 모든 인권 협정들은 존엄성이라는 관념에 가장 휘황찬란한 자리를 하사하고 있다. 그래도 우리에게는 존엄성이라는 관념이, 그리고 그와 같은 기원을 지닌 자기 존중이라는 관념이 필요하다. 자신의 상황과 포부를 깊이 이해하기 위해서 말이다. 우리 각자는 삶에 대한 사랑과 죽음에 대한 두려움으로 터질 듯 충만하다. 모든 동물 중 분명히 부조리한 이 상황을 의식하고 있는 것은 오직 우리 인간뿐이다. 죽음이라는 작은 언덕 바로 아래 우리가 살면서 찾을 수 있는 가치는 오로지, 우리가 실제 그렇게 찾고 있듯이, 부사적인 가치*다. 우리는 삶의 가치(삶의 의미)를 잘 사는 것에서 찾아야 한

---

* '잘 산다'고 할 때의 '잘'과 같이 '어떻게'와 관련된 가치들.

다. 잘 사랑하고, 그림을 잘 그리고, 글을 잘 쓰거나 노래를 잘 부르는 것에서, 또는 다이빙을 잘하는 것에서 가치를 찾듯이 말이다. 삶에서 그 외의 영속적인 가치나 의미는 달리 찾을 수 없다. 그러나 부사적 가치는 충분한 가치이자 의미다. 사실 그것은 경이로운 것이다.

존엄성과 자기 존중은 (이것들이 무엇을 의미하는 것으로 드러나든) 잘 삶의 불가결한 조건들이다. 대부분의 사람들이 어떻게 살기를 원하는지 보면 이 같은 주장의 증거를 찾을 수 있다. 즉 사람들은 그들이 원하는 다른 것들*을 위해 싸울 때도 고개를 높이 들고 살기 원한다. 이렇게 보지 않으면 불가해한 것으로 여겼을 수치심과 모욕의 현상 속에서도 우리는 추가적인 증거를 발견하게 된다. 우리는 존엄성의 차원들을 탐구해야 한다. 이 요약문의 시작 부분에서 나는 정치의 두 가지 근본 원리를 기술했다. 우선, 정부는 자신이 다스리고 있는 사람들을 동등한 배려로서 대해야 한다는 요청이 있었다. 그리고 정부는 피지배자의, 이제 표현할 수 있는 것처럼, 윤리적 책임을 존중해야 한다는 또 하나의 요청이 있었다. 9장에서 나는 이 두 가지 정치적 원리에 유비될 만한 윤리적 원리들을 구성할 것이다. 사람은 누구나 자신의 삶을 진지하게 생각해야 한다. 즉 어떻게 사는가의 문제가 객관적으로 중요하다는 점을 받아들여야 한다. 또한 자신의 윤리적 책임 역시 진지하게 받아들여야 한다. 즉 윤리적 결정을 최종적으로는 스스로 내려야 할 권리를 주장하고 행사해야 한다. 이러한 원리들 각각은 많은 점에서 상세히 해명될 필요가 있다. 나는 그와 같이 필요한 해명의 일부를 9장에서 제시할 것이다. 그러나 훨씬 더 자세한 해명은 그 이하의 장들에서 앞서 언급했던 결정론 및 자유 의지를 논의하는 부분에서뿐 아니라 이 두 원리들을 적용하는 대목에서 제공될 것이다.

---

* 존엄성과 자기 존중 이외의 다른 것들.

도덕

철학자들은, 왜 도덕적이어야 하느냐고 묻는다. 어떤 철학자들은 좀 더 전략적인 질문을 던지기도 한다. 도덕에 전혀 관심이 없는 사람들을 어떻게 하면 개선시킬 수 있느냐고. 그러나 이 질문은 완전히 다른 방식으로 이해할 때 좀 더 유익하다. 즉 우리는 사람들이 이미 느끼고 있는 도덕의 호소력을 어떻게 해명할 수 있는가? 이는 유익한 질문이다. 왜냐하면 이에 답하는 것은 자기 이해를 개선시킬 뿐만 아니라 도덕성의 내용을 가다듬는 데도 도움을 주기 때문이다. 이는 우리가 만약 도덕적이라면 무엇을 해야 하는가를 보다 선명하게 볼 수 있도록 도와준다.

내가 제시한 방식에 따라 도덕을 존엄성의 윤리와 연결시킬 수 있다면, 우리는 위와 같이 이해된 철학자들의 질문에 유효한 답변을 제시하게 될 것이다. 자기 존중의 다른 차원들에 이끌리는 것과 마찬가지로 우리는 도덕에도 이끌리게 된다고 말이다. 나는 그러한 답변의 논거를 제시하기 위해 이 요약문에서 이미 언급했던 생각들 중 많은 것을 사용한다. 특히, 해석 및 해석적 진리의 성격, 윤리적 진리 및 도덕적 진리 모두가 과학 및 형이상학에 대해 갖는 독립성이 그것들이다. 그러나 내가 주로 의존하는 것은 '다른 사람들 안에 있는 인간성'을 존중하지 않는 한 '우리 자신의 인간성' 역시 적절하게 존중할 수 없다는 임마누엘 칸트의 테제다. 11장에서는 그와 같은 윤리와 도덕의 해석적 통합을 위한 추상적 기초를 제공한 후 그러한 기획의 실행 가능성에 대한 반론들을 검토할 것이다. 12, 13, 14장에서는 일련의 핵심적인 도덕적 쟁점들을 다룰 것이다. 자신의 존엄성을 적절하게 존중하는 사람은 언제 다른 이들을 도와야 하는가? 그러한 사람은 왜 다른 이들에게 해악을 가하면 안 되는가? 그러한 사람은 어떻게 그리고 왜 타인들 중 몇몇 이들에게 약속과 같이 의도된 행위를 통해 그리고 또한 그들과의 종종 비자발적인 관계를 통해 특수한 의무를 부담하게 되는가? 우리는 이 다양한 논제들의 뒤를 잇는 오래된 철학적 문제들과도 마주하게 된다. 누구를 도와야 할 때 인원수는 어떻게 고려하는가? 의도되지 않은 손해와 관련하여 우리는 어떤 책임을 져야 하는가? 누군가를 구하기 위해 다른 사람들에게 해악을 가하는 것이 언제 허용될 수 있는가? 왜 약속은 의무를 만드는가? 우리는 단지 어떤 정치적, 민족적, 언어적 혹은 여타의 공동체에 속한다는 이유만으로 의무를 갖게 되는가?

정치

4부는 위와 같은 식으로 5부로 넘어가면서 끝나고, 이 책은 내가 이 요약문을 시작했던 그 지점, 바로 정의에 대한 이론에서 마무리된다. 나의 논변은 앞서 전개되었던 것들로부터 정의에 대한 이론을 이끌어 낸다. 도입부에 해당하는 이 장에서는 나의 논변을 역순으로 제시함으로써 이 책의 여러 주제들이 서로 의존하고 있다는 점을 강조하고 싶었다. 15장에서는 많은 정치 철학이 주된 정치적 개념들을 해석적인 것으로 다루지 않는 병폐를 앓고 있다고 주장할 것이다. 그리고 나머지 장들에서는 그와 같은 오류를 바로잡고자 노력할 것이다. 나는 주된 정치적 개념들에 대해 앞서 요약했던 개념관을 옹호하고 있으며 그러한 개념관은 오직 성공적인 통합만이 주장할 수 있는 그런 종류의 진리성을 갖고 있다고 주장할 것이다. 마지막 장은 에필로그로서, 가치란 참된 것이며 나눌 수 없는 것이라는 주장을 존엄성이라는 렌즈를 통해 바라보면서 되풀이할 것이다.

바로 그래서 그랬다는 이야기*

나는 독자들에게 이하에서 제시될 추측들을 하나의 지성사(知性史)로서 진지하게 받아들이라고 청하지는 않겠다. 이하의 추측들은 지성사로서는 충분히 섬세하거나 상세하지 않으며, 또한 정확하지도 않다. 그러나 나의 설명은 독자들에게 지금까지 요약되었던 논변이 광범위한 역사적 이야기 속에서 차지하는 위치를 내가 어떻게 파악하고 있는지를 보여 줌으로써 나의 논변을 더 잘 이해하도록 도울 수 있다. 이 책의 에필로그에서 나는 같은 이야기를 간략하게 그리고 다른 방식으로 이야기한 뒤 하나의 도전을 덧붙일 것이다.

고대의 도덕철학자들은 자기 긍정의 철학자들이었다. 플라톤과 아리스토텔레스는 인간의 상황을 내가 파악했던 것과 같은 측면에서 바라보았다. 즉 우리에게는 살아가야 할 삶이 있고 우리는 그 삶을 잘 살길 원해야 한다는 것이다. 그들의 말에 따르면, 윤리는 우리에게 '행복'을 추구하라고 명한다. 쾌락을 일시적으로 불태우라는 뜻이 아니라 전체로서 파악된 성공적인 삶을 완수하라는 의미다. 도덕 역시 우리에게 명하는 것이 있다. 그것은 정의의 미덕을 포함한 일군의 미덕들 속에서 포착된다. 행복의 본성과 이러한 미덕들의 내용은 처음에는 모두 희미하다. 그래서 윤리와 도덕 양자의 명령에 모두 복종하고자 한다면, 우리는 행복이 진정으로 무엇이고 미덕들이 진정 요구하는 것이 무엇인지를 발견해야 한다. 이는 해석적 기획을 요구한다. 우리는 도덕에

---

* 원문은 a just so story. just so는 just so far, just so it happens라는 표현에서와 같이 '바로 들어맞게'라는 의미다. 그런 의미로 루드야드 키플링(Rudyard Kipling)이 동물들의 외양들의 유래를 설명하는 신화 연작을 "Just So Stories"('바로 그래서 그랬다는 이야기들'로 번역 가능할 것이다.)라는 제목으로 출간했다. 이후 just so story는 새로운 의미를 얻게 되었다. 생물의 형질에 대한 진화론적 설명이 입증도 반박도 어려운 성격의 추측, 짐작에 기대어 현상을 딱 들어맞게 설명하는 경우 이를 조롱할 때 쓰는 표현이 된 것이다. 여기에서는 저자가 자기 겸양의 차원에서 두 번째 의미로 이용한 것으로 보이나 키플링의 어법을 매개로 했으므로 키플링의 책 제목처럼 번역한다.

대한 최선의 이해가 윤리에 대한 최선의 이해로부터 흘러나오고 다시 또 그것이 윤리에 대한 최선의 이해를 정의하는 데 도움을 줄 수 있도록, 서로 잘 부합하는 행복의 개념관과 친숙한 미덕의 개념관을 파악해야 한다.

신에 심취한 초기 기독교 시대 및 중세의 철학자들도 동일한 목적을 갖고 있었다. 그러나 그들은 그것을 성취하는 명확한 공식을 제공받았다. 아니, 적어도 그렇게 생각했다. 잘 산다는 것은 신의 은총 속에서 사는 것이고, 이는 다시 신이 자연법으로 정립해 준 도덕법을 따르는 것을 의미한다고 말이다. 이러한 공식은 개념적으로 구별되는 두 가지 쟁점들, 즉 사람들이 어떻게 윤리적, 도덕적 믿음을 갖게 되었는가의 문제와 그들의 윤리적, 도덕적 믿음은 왜 올바른 것인가의 문제를 융합하는 운 좋은 결과를 낳는다. 신의 힘은 확신의 기원을 설명해 준다. 즉 우리는 신이 우리에게 직접적으로 혹은 우리 안에 그가 창조해 낸 이성의 힘을 통해 어떤 것을 계시했기 때문에 우리가 믿는 것을 믿는다. 신의 선함은 또한 그 확신의 내용을 정당화한다. 즉 만약 신이 우리의 도덕적 감각을 만들어 냈다면 우리의 도덕적 감각은 당연히 정확하다. 우리가 믿는다는 사실 자체가 믿음의 증거인 것이다. 따라서 성경과 신의 사제들이 말하는 것은 참일 수밖에 없다. 이러한 공식이 전적으로 순탄한 항해를 이어 갔던 것은 아니다. 무엇보다도 기독교 철학자들은 그들이 악의 문제라고 불렀던 것으로 인해 곤혹스러워했다. 만약 신이 전능하며 선함의 척도 그 자체라면, 이 세상에는 왜 그리도 많은 고통과 부당함이 있단 말인가? 그러나 그들은 그러한 수수께끼가 신학이 제공하는 틀 안에서 해결되는 것을 조금도 의심하지 않았다. 자기 긍정의 도덕이 굳건하게 통제하고 있었던 것이다.

뒤늦게 도래한 계몽기의 철학적 폭발은 오랫동안 세계를 지배하던 자기 긍정의 도덕을 종결시켰다. 영향력을 발휘했던 철학자들 대부분은 엄격한 인식론적 규율을 주장했다. 그들의 주장에 따르면, 우리가 자신의 믿음을 참으로 받아들일 수 있는 것은 우리가 왜 그러한 믿음들을 갖게 되었는지에 관한 최선의 설명이 그 믿음의 진리치를 보증해 줄 때뿐이다. 그리고 그러한 최선의 설명이 믿음의 진리치를 보증해 줄 수 있는 것은 오직 믿음이 수학에서처럼 거부할 수 없는 이성의 산물이거나 이제 갓 태어났음에도 불구하고 이미 경이로운 것이었던 자연과학의 경험적 발견에서처럼 자연 세계가 우리의 뇌에 가하는 영향의 결과라는 점이 밝혀질 때뿐이다. 이러한 새로운 인식론의 체계는 가치에 대한 확신에 즉각적인 문제를 던졌고 이 문제는 이후 철학에 도전이 되어 왔다. 우리의 도덕적 확신이 순수한 이성에 의해 요구된 것이거나 '저 밖' 세계 속에 있는 어떤 것에 의해 산출된 것이라는 점을 밝히지 않는 한 우리는 그것을 참이라고 생각할 자격이 없다는 것이다. 이로써 모든 정신적 구획을 가르는 지브롤터 해협이 탄생하게 되었다. 즉 가치를 진지하게 수용하려면 가치 이외의 어떤 다른 것이 그 가치를 뒷받침해 주어야만 하는 것이다.

기독교 철학자들 및 여타 종교의 철학자들은 이 새로운 인식론적 규율의 일부를 존중할 수 있었다. 이들은 확신을 뒷받침해 주는 어떤 것을 정말 '저 밖'에서 찾았기 때문이다. 그러나 그러기 위해서는 자연주의적 요건을 침해해야만 했다. 이 추가적 요건을 받아들였던 철학자들은 새로운 인식론적 규율이 보다 도전적인 것이라는 점을 깨달았다. 우리가 왜 절도나 살인을 잘못이라고 생각하는지에 관한 최선의 설명이 만약 신의 자혜로운 의지가 아니라 가령 서로의 고통에 동감하는 인간의 자연적 경향성이나 우리가 고안해 낸 관행적인 재산 및 안전의 체계가 주는 편의에서 찾아져야 한다면, 우리의 믿음에 관한 최선의 설명은 그 믿음의 정당화에 전혀 기여하는 바가 없다. 오히려 반대로, 우리의 윤리적, 도덕적 믿음의 원인과 그러한 믿음의 정당화 간의 불연속성 자체가 그러한 믿음이 실제로 참이 아니거나 적어도 우리가 그것을 참이라고 생각할 이유는 없다는 의혹의 근거가 된다.

스코틀랜드의 위대한 철학자 데이비드 흄은 세계의 상태에 대해 아무리 방대한 양의 경험적 발견이 이뤄진다고 해도 그와 같은 발견은 (그것이 역사의 과정을 드러내든 물질의 궁극적 본성 또는 인간 본성에 대한 진리를 드러내든) 당위(what ought to be)에 대한 추가적인 전제나 상정 없이는 당위에 대한 어떠한 결론도 정립할 수 없다고 선언한 것으로 널리 이해되고 있다.[6] 흄의 원리(나는 그러한 일반적 주장을 '흄의 원리'라고 부를 것이다.)는 극도의 회의주의적 결과를 초래했다고 여겨지기도 한다. 우리가 동원할 수 있는 지식의 양식만을 갖고는 어떤 윤리적, 도덕적 확신들이 참인지를 발견할 수 없다는 점을 시사하기 때문이라는 것이다. 내가 1부에서 주장하겠지만, 그의 원리는 실은 정반대 결론을 낳는다. 그의 원리는 철학적 회의주의를 붕괴시킨다. 집단 학살이 잘못이라는 것이 참이 아니라는 명제는 그 자체로 도덕적 명제이며, 만약 흄의 원리가 타당하다면 이 명제는 논리적 발견이나 우주의 기본 구조에 대한 사실적 발견에 의해 정립될 수 없기 때문이다. 제대로 이해하자면 흄의 원리는 도덕적 진리에 대한 회의주의를 뒷받침하는 것이 아니라 오히려 고유한 탐구 기준과 정당화 기준을 갖춘 별개의 지식 부문으로서 도덕의 독립성을 지지한다. 흄의 원리는 우리에게 계몽 시대의 인식론적 규율을 도덕의 영역에 적용하지 말라고 요구한다.

고대와 중세의 자기 이익관(conception of self-interest)은 자기 이익을 하나의 윤리적 이상으로 여겼는데, 이 역시 새로운 이른바 정교화(sophistication)의 또 다른 희생물이 되었다. 탈(脫)주술화와 그 이후의 심리학은 가면 갈수록 더 황폐해지는 자기 이익의 상(象)을 내놓았다. 홉스의 유물론에서부터, 벤담의 쾌락과 고통, 프로이트의 비이성(非理性), 경제학자들의 경제적 인간(homo economicus), 즉 자신의 모든 이익이 선호 곡선 속에 망라되는 그런 존재까지 말이다. 이러한 견해에 따르면 자기 이익은 사람들이 어쩌다 갖게 된 한 무더기의 우연한 욕망을 만족시키는 것을 의미할 뿐이다. 잘 산다는 것이 무엇인지에 대한 이 새로운, 그리고 보다 현실적인 것이라고 상정된 상은 서양에서 두 가지 철학적 전통을 낳았다. 첫 번째 전통은 19세기 영국과 미국에서 실체적 도덕철학을 지배하게 되었는데, 이 전통은 자기 이익에 대해 새롭지만 보다 초라해진 견해를 수용했으며 따라서 도덕과 자기 이익은 경쟁 관계에 있다고 선언했다. 이러한 전통이 주장하는 대로라면, 도덕은 자기 이익의 종속을 의미한다. 그것은 행위자 자신의 이익을 다른 누구의 이익보다 조금이라도 더 중요하게 여기지 않는 특유의 객관적 시각을 요구한다. 이것이 바로 자기 부정의 도덕이다. 이러한 도덕은 탈개인적 결과주의를 낳았으며, 유명한 예들로는 제러미 벤담, 존 스튜어트 밀, 헨리 시지윅(Henry Sidgwick)의 이론들이 있다.

유럽 대륙에서 훨씬 더 대중의 호응을 얻었던 두 번째 전통은 황폐할 대로 황폐한 이익의 상에 반기를 들었다. 그러한 상을 천한 것으로 여겼던 것이다. 이 두 번째 전통은 인간의 삶이 무엇이 될 수 있는가에 대한 보다 고귀한 상을 찾아, 관습과 생물학적 제약에 대항하여 투쟁할 자유로움이 인간 존재의 저변에 있음을 강조했다. 우리가 일단, 장 폴 사르트르가 표현하고 있듯이, 자연 세계 속의 대상과 자기의식적인 생명체의 구별을 이해하게 되면 파악하게 되는 그런 자유로움 말이다. 우리 자신은 자연 세계 속의 대상으로 파악되기도 하지만 동시에 자기의식적인 생명체이기도 하다. 우리의 실존은 우리의 본질에 앞선다. 우리에게는 후자에 대한 책임이 있기 때문이다. 즉 우리에게는 본성을 만들어 갈, 그리고 스스로 만들어 낸 그 본성에 따라 진정성 있게 살아갈 책임이 있다. 이 전통에서 가장 영향력 있는 인물이 되었던 프리드리히 니체는 서양 공동체의 관행에 의해 인정된 도덕은 자아의 종속을 요구한다는 점을 받아들였다. 그러나 그는 도덕은 그런 까닭에 우리에게 어떠한 주장도 할 수 없는 위조품으로 드러나고 만다고 주장했다. 삶에서 단 하나의 진정한 명령은 "사는 것(living)", 즉 독자적이고 경이로운 행위로서의 인간의 삶을 창조하고 긍정하는 것이다. 도덕은 창조적으로 살아갈 의지나 상상력을 결여한 이들에 의해 창안된 굴종적인 관념이라는 것이다.

근대의 두 가지 전통 중 첫 번째 것, 즉 자기 부정의 도덕은 자기 이익에 대한 관심을 잃었다. 자기 이익을 사람들이 우연히 갖게 된 욕망의 만족으로 취급했으니 말이다. 두 번째 전통, 즉 자기주장(self-assertion)의 윤리는 때때로 도덕에 대한 관심을 잃었다. 도덕을 아무런 객관적 가치나 중요성이 없는 단순한 관습으로 다루었으니 말이다. 가치의 두 부문들* 간의 해석적 통일성이라는 그리스의 관념(도덕 인정론의 도덕)은 매우 퇴화된 형태로만 생존했다. 17세기에 토머스 홉스(Thomas Hobbes)는 관습적 도덕이, 욕망의 충족이라는 비규범적 방식으로 새롭게 이해된 모든 이의 자기 이익을 증진한다고 주장했으며, 현대에도 그를 추종하는 이들은 게임 이론의 기법들을 사용하여 그와 동일한 주장을 다듬으며 옹호하고 있다. 그의 제안은 도덕과 윤리를 통일시키지만 양자 모두의 위신을 떨어뜨리고 있다. 그의 제안은 욕망으로서의 윤리라는 견해를 근본적인 것으로 여기면서 도덕은 단지 그 욕망에 봉사하는 기능을 하는 것으로만 취급한다. 그리스의 이상은 이와 매우 달랐다. 그리스의 이상에서 잘 산다는 것은 욕망의 충족 그 이상이었으며, 도덕적이 된다는 것은 타인의 삶에 대한 단순한 도구적 배려가 아닌 진정한 배려를 하는 것을 의미한다고 상정되었다. 근대의 도덕철학은 그와 같은 윤리와 도덕의 통합성의 이상을 포기한 것처럼 보인다.

---

* 윤리적 가치(어떻게 사는 것이 잘 사는 것인가에 대한 가치)와 도덕적 가치(타인을 어떻게 대해야 하는가에 대한 가치).

이상의 "바로 그래서 그랬다는 이야기"에서 지금까지 나는 칸트를 거론하지 않았다. 그러나 칸트의 역할은 복잡하면서도 중대하다. 그의 도덕철학은 자기 부정의 범례인 듯 보인다. 그의 견해에 따르면, 진정으로 도덕적인 사람은 오직 도덕법으로부터 동기를 부여받는다. 즉 그가 이성적으로 의도하기를 모든 사람들에게 평등하게 적용된다고 할 수 있는 법이나 준칙으로부터 말이다. 행위자의 이익이나 경향성에 의해서만 동기를 부여받은 행위는 어떠한 것도 도덕적으로 선하지 않다. 그 경향성이 심지어 동감이나 타인을 돕고자 하는 욕구와 같이 이타적인 것이라 해도 마찬가지다. 이러한 서술 속에는 행위자의 도덕적 동력이, 자신의 삶을 무언가 탁월한 것으로 만들고 삶이라는 과업을 잘해내려는 행위자 자신의 포부에서 나올 수 있다는 생각이 들어설 자리가 없어 보인다. 그러나 우리는 칸트가 바로 그러한 주장을 하고 있다고 이해할 수 있다. 최선의 이해에 의하면 그와 같은 주장이 바로 칸트의 도덕 이론 전반의 토대다.

칸트는 자신의 이론을 서서히 발전시켜 가던 중 한 단계에서 자유(freedom)는 존엄성의 본질적 조건이며(실로, 자유야말로 존엄성이며) 오직 도덕법의 입법과 그 법에 대한 복종에서 우러나오는 행위를 통해서만 행위자는 진정 자유롭게 될 수 있다고 주장했다. 따라서 자기 부정의 도덕으로 보이는 것이 보다 깊은 차원에서는 도덕 인정론의 도덕이 된다. 칸트에게서 윤리와 도덕의 통일은 선명하게 드러나지 않는데 이는 그러한 통일이 암흑 속에서 이뤄지기 때문이다. 즉 그가 예지계(noumenal world)라고 부른 곳에서 말이다. 우리는 예지계의 내용에 접근할 수 없다. 그러나 예지계야말로 존재론적 자유로움이 성취될 수 있는 유일한 영역이다. 우리는 칸트의 중대한 통찰을 그의 형이상학으로부터 구출할 수 있다. 즉 우리는 그것을 내가 칸트의 원리라고 부르는 다음과 같은 원리로 진술할 수 있다. 사람은 오직 그 모든 인간성의 형태들 속에 담긴 인간성 자체*를 존중할 때만 자신의 성공적인 삶에 불가결한 존엄성과 자기 존중을 성취할 수 있다. 이것이 바로 윤리와 도덕의 통일을 위한 기본 틀이다. 도덕의 과학 및 형이상학으로부터의 독립성을 기술하는 이 책 1부의 송가(頌歌)가 흄의 원리인 것처럼, 칸트의 원리는 도덕과 윤리의 상호 의존성을 보여 주는 3부와 4부의 송가다. 그 사이에 해석을 다루는 2부가 있고, 마지막으로 정치와 정의를 다루는 5부가 자리하고 있다.

---

* 자기 자신뿐 아니라 다른 모든 이들 속에 깃들어 있는 인간성 자체.

1부

독립성

2장 도덕에서의 참

과제

"가치, 즉 어떻게 살고 어떻게 서로를 대할지에 대해 논하려면 보다 중요한 철학적 논점에서부터 이야기를 시작해야 한다. 정직과 평등이 진정한 가치인가에 대해 이성적으로 생각하기 위해서는 가치라는 것이 존재하는가라는 별도의 사전적인 고려가 필요하다. 몇 명의 천사가 핀에 앉을 수 있는지를* 논하기 전에 천사가 실제로 존재하는지부터 논하는 것이 논리적이다. 선(goodness)이 존재하는지, 그것이 어떤 종류의 것인지도 묻지 않고 자기희생이 선인지를 고민하는 것 역시 똑같이 어리석다."

"가치에 대한 믿음(예를 들어 절도는 잘못이라는)은 참이거나 거짓일 수 있을까? 그렇다면 무엇이 그런 믿음의 진위를 규정할까? 그러한 가치들은 어디로부터 오는 걸까? 신으로부터? 신이 없다면? 가치가 실제

---

* 중세 스콜라 학파가 천사의 영적 존재성에 심취해 실제로 다투었던 문제로, 토마스 아퀴나스도 이에 대해 현답을 제시한 바 있는데, 중세 신학이 형식에만 매몰되었음을 보여 주는 예로 자주 논의된다. 저자가 상정하는 가상의 외적 회의론자도 '도덕에서 무엇이 참인가'라는 질문을 그런 유의 질문으로 폄하했을 것이다.

로 저 밖에 존재하며 종국적인 실재의 일부가 될 수 있을까? 그렇다면 우리 인간은 가치와 접속할 수 있을까? 하나의 가치 판단이 참이고 다른 가치 판단이 거짓이라면, 우리 인간은 무엇이 거짓이고 무엇이 참인지를 어떻게 발견할 수 있을까? 친구들 간에도 무엇이 옳고 그른지에 대해 의견이 다르며, 문화와 시대가 다른 경우 의견 차는 더욱 클 수밖에 없다. 우리가 옳고 타인은 그르다고 생각하는 것은 지나치게 오만한 태도가 아닐까? 어떤 중립적 관점에서 진실*이 종국적으로 검증되고 확립될 수 있을까?"

"이런 고민들은 가치 판단만을 되풀이한다고 해서 해소되지 않는다. 아기들을 재미로 고문하는 것이 잘못이라는 이유로 이 우주에 '잘못'이라는 것이 존재한다고 주장하는 것은 도움이 되지 않는다. 또는 영아 고문이 잘못임을 안다는 이유로 내가 도덕적 진실과 접속한다고 주장하는 것도 마찬가지다. 그런 주장은 질문을 유예할 뿐이다. 우주에 '잘못'이라는 것이 없다면 아기를 고문하는 것은 잘못이 아니다. 잘못에 대한 진실을 알기 전에는 영아 고문이 잘못임을 알 수 없다. 우주의 성격과 가치 판단의 위상에 대한 심오한 철학적 질문들은 무엇이 좋고 나쁜지, 옳고 그른지 또는 아름답고 추한지에 대한 질문들과는 명백히 다른 것이다. 이 철학적 질문들은 평범한 윤리적, 도덕적 또는 미학적 사유에 속하지 않으며 형이상학, 인식론 또는 언어철학과 같은 철학의 더욱 기술적인 부문에 속한다. 그렇기 때문에 도덕철학의 다음 두 부분을 준별하는 것이 중요하다. 무엇이 좋고 나쁜지, 옳고 그른지에 대한 평범한 1층위의 실체적 질문들은 가치 판단을 요구하고, 그 가치 판단에 대한 철학적인 2층위의 초윤리적 질문들은 추가적인 가치 판단이

---

* 원어 truth. "가치의 영역에도 객관적인 진실이 있다."라는 명제의 파격성을 상기시켜야 할 부분에서는 '진실'로 번역하고, 나머지 부분에서는 '진리'로 번역했다. 저자는 도덕에서의 참에 대해 "생태탕은 인사동 부산식당이 진리다."와 같은 대중적인 용례에서 보여 주는 수준을 초월하는 책임성을 갖기를 요구하고 있다.

아니라 완전히 다른 종류의 철학 이론을 요구한다."

사과하겠다. 앞의 세 문단에서 나는 독자들을 희롱했다. 위 인용문 중 나는 단 한 단어도 믿지 않는다. 나는 여우의 마음에 친숙한 철학적 입장을 개진했다. 이 입장은 이 책에서 탐구할 모든 주제들의 올바른 이해를 가로막았다. 1장에서 나는 이와 상반된 주장을 했다. 도덕을 포함한 가치들은 철학적으로 독립적이라고 말이다. 도덕적 진실과 지식에 대한 중요한 질문들에 대한 답은 그 진실과 지식 안에서 구해져야지 그 밖에서 구해질 수 없다. 가치에 대한 실체적 이론은 가치 세계에서의 진실에 대한 이론을 포함해야지 가치 세계에서의 진실에 대한 이론을 기다려서는 안 된다.

가치에 대한 진실은 분명히 존재한다. 이는 회피할 수 없는 명백한 사실이다. 무언가를 결정해야 하는 사람들은 어떻게 결정해야 하는가라는 질문을 피해 갈 수 없다. 그리고 여러 선택의 이유들을 평가하면서 답을 할 수밖에 없다. 이는 질문 자체가 의미론적, 필연적으로 그것을 요구하기 때문이다. 물론 아무 답도 하지 않는 것이 최선인 경우도 있다. 몇몇 불행한 사람들은 아무것도 하지 않는 것이 항상 최선이며 옳은 일이라는 더욱 극적인 답을 어쩔 수 없이 받아들이기도 한다. 하지만 이 답들은 보다 적극적인 답만큼이나 실체적이며 1층위적인 가치 판단들이다. 이 답들도 똑같은 논변을 거쳐야 하고 똑같은 방식으로 진실임을 자임한다.

여러분은 1장을 통해 내가 '윤리'나 '도덕'과 같은 중요한 말들을 어떻게 사용하는지 알았을 것이다. 윤리적 판단은 사람들이 잘 살기 위해서 어떻게 해야 하는가에 대한 주장이다. 각자의 삶에서 무엇이 되고 무엇을 성취할지를 목표로 해야 하는가에 대한 주장이다. 도덕적 판단은 사람들이 타인을 어떻게 대해야 하는가에 대한 주장이다.[1] 도덕적 물음과 윤리적 물음은 "무엇을 해야 할까?"라는 피해 갈 수 없는 질문의 피할 수 없는 차원들이다. 물론 항상 인지되지는 않지만 이 질문들은 피해

갈 수 없는 중요성을 지니고 있다. 내 행위의 상당 부분이 내 삶을 좋게 또는 나쁘게 만들고, 많은 경우 타인에게 영향을 주기 때문이다. 그러므로 나는 무엇을 해야 할까? 당신의 답은 부정적일 수도 있다. 어떤 삶을 살든 크게 다를 건 없으며 타인의 삶을 배려하려는 것은 바보 같은 짓이라면서 말이다. 하지만 이 과격한 견해를 개진한 데 대해 당신이 뭔가 이유를 댄다면 그 이유 또한 윤리적 또는 도덕적인 이유일 것이다.

이 우주에 무엇이 존재하는가에 대한 형이상학적 거대 담론들은 이 논쟁에 영향을 미치지 않는다. 사람들이 도덕에 대해서는 더할 수 없이 회의적일 수 있지만 그마저도 더 근본적인 차원의 가치의 본질에 대해서는 회의적이지 않은 덕분이다. 신이 없다는 이유로 도덕은 속임수라고 말하는 사람도 있을 것이다. 하지만 이러한 믿음은 이미 초자연적 존재에게 배타적 도덕적 권위를 부여하는 도덕론을 전제하고 있다. 바로 이것이 이 책 1부의 주요 결론이다. 나는 도덕적 또는 윤리적 회의주의를 거부하지 않으며 이 책의 다른 부분에서 이를 다룰 것이다. 그러나 나는 아르키메데스적 회의주의를 거부한다. 즉 자신의 회의주의의 근거가 도덕이나 윤리에 있음을 부인하는 회의주의 말이다. 나는 도덕적 진실을 외부적이며 초윤리적으로 살펴본다는 생각을 거부한다. 나는 도덕적 회의주의는 모두 도덕 안에 내재되어 있다고 주장한다.

이런 입장은 철학자들 사이에서 널리 받아들여지지 않는다. 철학자들은 앞의 인용문대로 생각한다. 즉 도덕에 대한 가장 근본적인 질문은 그 자체가 도덕적이라기보다 형이상적이라고 말이다. 철학자들은 우리의 일상적인 윤리적, 도덕적 신념이 또 다른 윤리적, 도덕적 신념 외에 그 무엇에도 터 잡고 있지 않다는 말을 그 신념의 패배로 받아들인다. 더 이상 아무것도 요구할 수 없다는 생각을 철학자들은 "화평주의(quietism)"라고 부른다. 이 단어는 마치 비리를 어두운 곳에 숨기려는 시도를 암시하는 듯하다. 나는 철학자들이 이러한 견해를 가진 것은 가치 판단이 무엇인지를 근본적으로 오해하고 있기 때문이라고 믿으며, 그렇게 주장한다. 그러나 이 견해들의 인기에 비추어 볼 때 상당한 투쟁이 있어야만 그 영향력에서 벗어나 다음의 당연한 명제가 받아들여질 것 같다. 즉 "무엇을 할 것인가?"라는 질문에 대한 여러 답들 중에는 틀림없이 옳은 답이 있다는 명제 말이다. 옳은 답이 정녕 아무것도 하지 않는 것이라 할지라도 말이다. 답을 요구하는 생생한 질문은 "도덕적 또는 윤리적 판단이 참일 수 있는가?"가 아니다. "어떤 도덕적 또는 윤리적 판단이 참인가?"이다.

도덕철학자들은 가끔 도덕적 또는 윤리적 판단이 참일 수 있다고 전제하는 권리도 성취의 대상이라고 답한다.(이들은 '성취(earn)'라는 단어를 특히 좋아한다.) 내가 희롱하려고 만든 문단들과 비슷한 종류의 논변을 구성해야 한다는 것이다. 즉 이 세상에 특정한 종류의 사물이나 속성이 존재함을 입증하는 비도덕적이고 형이상학적인 논변 말이다. 도덕적 속성을 띠는 입자 또는 '도덕 입자' 같은 것이 존재하여 그 속성이 도덕적 판단의 진실을 검증할 수 있어야 한다는 것이다. 하지만 실제로 특정한 도덕적 판단이 참이라고 생각할 권리를 성취하는 길은 단하나뿐이다. 그 길은 물리학이나 형이상학이 아니다. 낙태가 항상 잘못이라는 명제를 '참'이라고 부를 권리를 성취하려면, 그런 강력한 견해를 입증할 도덕적 논변이 필요하다. 그 외에 다른 길은 없다.

그러나 나의 바로 이 주장이 진실의 존재 가능성을 위한 '아전인수'라고 비판받아 왔는지도 모른다. 1부에서 나는 이 주장이 지적 사기가 아님을 입증할 것이다. 도덕 이론은 최근 수십 년 동안 매우 복잡해졌다. 내 생각에는 철학의 다른 어떤 분야보다 더 많은 '주의'들의 동물원을 탄생시켰다.[2] 1부가 가르고 나아갈 물길은 여럿이다. 이 장에서는 내가 **보통 사람들의 견해***라고 믿는 또는 여하튼 그렇게 부를 만한 입장을 개진할 것이다. 보통 사람들의 견해에 따르면 도덕적 판단은 참이나 거짓일 수 있고 이를 확립하려면 도덕적 논변이 필요하다. 이 장의 후반부에서 나는 보통 사람들의 견해에 대한 두 가지 회의주의가 어떻게 다른지를 자세히 논의할 것이다. 두 종류의 회의주의, 즉 완전히 비도덕적 전제에 터 잡은 외부적 회의주의와 그렇게 터 잡지 않아 도덕에 터 잡은 회의주의에 대해서는 이미 제시한 바 있다. 3장에서는 외부적 회의주의를 대면할 것이며, 4장에서는 도덕적 신념의 진위와, 그러한 신념을 갖는 이유에 대한 최선의 해설 사이의 관계에 대한 중요한 질문들을 다룰 것이다. 5장에서는 지금까지 나온 회의주의 중에서, 총체적인 형태로는 가장 위협적인 내적 회의주의를 다룰 예정이다.

보통 사람들의 견해

아기의 비명을 즐기려고 아기에게 핀을 찌르는 사람들은 도덕적으로 사악하다. 동의하지 않는가? 옳고 그름에 대해, 당신은 더욱 논란이 될 만한 다른 견해를 갖고 있을지도 모른다. 당신은 테러리스트로 의심받는 사람을 고문하는 것이 도덕적으로 옳지 않다고 생각할 수도 있다. 또 반대로 그 고문이 도덕적으로 정당하거나 필요한 일이라고 생각할 수도 있다. 당신은 이러한 신념이 참이라기보다는 옳다고 말하는 것을 더 자연스러워하면서도 그 신념이 진실을 전달한다고 생각하며 거기에 동의하지 않는 사람들은 오류를 범하고 있다고 생각한다. 핀으로 영아를 찌르거나 테러리스트를 고문하는 행위에 대해 실제로 아무도 반대하거나 혐오스러워하지 않아도 잘못이라고 생각할 것이다. 심지어는 당신 자신이 반대하거나 혐오스러워하지 않더라도 말이다. 당신은 아마도 도덕적 신념의 진실은 누군가의 사유나 감정에 좌우되지 않는다고 생각할 것이다. 이런 생각을 명확하게 하기 위해 당신은 심

---

* ordinary person's view. 책의 다른 곳에서는 ordinary view로 표기됨.

심플이 영아 고문은 '진실로' 또는 '객관적으로' 사악하다고 말할지도 모른다. 도덕적 진실에 대해 이런 태도를 보이는 것, 즉 최소한 어떤 도덕적 견해는 객관적으로 참이라는 태도를 보이는 것은 매우 흔한 일이다. 나는 그래서 이 태도를 '보통 사람들의 견해'라고 부르고자 한다.

　보통 사람들의 견해가 부정하는 것도 있다. 당신은 영아나 테러리스트 고문의 오류성이 과학적 발견의 문제라고 생각하지 않는다. 이 견해의 건전성을 입증할 수 있다고도, 실험이나 관찰의 방식으로 증거를 댈 수 있다고도 생각하지 않는다. 물론 실험이나 관찰을 통해 영아 고문의 결과로 나타나는, 예를 들어 물리적, 심리적 해악을 보여 줄 수는 있다. 그러나 같은 방식으로 이러한 결과를 초래하는 것이 잘못임을 입증할 수는 없다. 그러려면 일정한 도덕적 논변이 필요하다. 도덕적 논변은 과학적 또는 경험적 입증과는 차원이 다르다. 물론 도덕적 견해를 갖기 전에 당신이 자신이나 다른 누구와 도덕적 토론을 벌이는 것은 아니다. 그냥 어떤 행위가 잘못임을 알거나 직시할 뿐이다. 이것이 당신에게 그 행위들이 제시되거나 상상될 때의 첫 반응이다. 그러나 당신은 이런 종류의 '알기'가 일반적인 '알기'처럼 어떤 증거를 제공한다고 생각하지는 않는다. 창문을 넘어서는 침입자가 있음을 알면 당신은 이를 증거로 경찰의 개입을 주장할 것이다. 하지만 당신이 이라크 침공이 잘못이라는 것을 안다고 해서 그것이 타인들까지 당신에게 동의해야 하는 증거가 되지는 않는다. 차이는 자명하다. 도둑의 유리창 깨기는 당신이 그 행위를 보게 된 원인이며, 당신의 관찰은 실제로 그가 유리창을 깼다는 증거가 된다. 하지만 이라크 침공의 옳지 않음이 당신이 이라크 침공이 옳지 않다고 보는 것의 원인은 아니다. 침공에 대한 평가는 당신의 신념, 교양 그리고 경험에서 도출된 것이다. 어떤 이유로 당신이 스스로의 판단을 옹호하거나 더 주의 깊게 검토하고 싶다면, 당신은 '안다'는 것을 증거로 대지는 않을 것이다. 당신은 도덕적 논변을 준비해야만 한다.

누군가 당신에게 "도덕적 견해를 표명하는 것은 어떠한 의사 표현도 될 수 없다."라고 지적한다면, 다시 말해 도덕적 견해는 감정의 표현이나 태도의 투영 또는 앞으로 어떻게 살지를 선언하는 것일 뿐이며, 따라서 당신의 말이 참일 가능성을 인정하는 것조차 오류라고 지적한다면 당신은 혼란을 느낄 것이다. 당신은 이러한 지적에 대해, 고문이 옳지 않은 행위라는 견해를 선언할 때는 상대가 나열한 행위들의 전부나 일부도 같이 하고 있다며 수긍할 것이다. 진정성이 있는 한, 당신은 고문에 대해 반감을 표명하고 더욱 일반적인 도덕적 태도를 일부 내비친 것은 맞기 때문이다. 하지만 이러한 감정이나 결의의 표명은 고문의 오류성을 말한 것의 결과이지 그런 말하기를 대체하는 것은 아니다. 진심이 없이 신념이나 감정을 가장한다 해도 당신은 고문이 옳지 않다고 선언하는 것이며 그 말은 당신이 그 말의 진실을 믿든 믿지 않든 참인 것이다.

보통 사람들의 견해는 도덕적 판단을 액면 그대로 받아들이겠다는 결의다. 이라크 전쟁이 옳지 않다면 이라크 전쟁이 옳지 않다는 것은 사실이다. 즉 실제로 그러한 것이다. 보통 사람들의 견해로는 그 전쟁은 정녕 옳지 않다는 것이다. 극적인 표현을 좋아하고 정권 교체를 위한 전쟁이 항상 부도덕하다고 생각한다면, 당신은 그러한 전쟁의 옳지 않음은 이 우주에 고정되어 영원히 남아 있는 부속물 같은 것이라고 말할 수도 있다. 더욱이 보통 사람들의 견해로는, 남을 속이는 것이 옳지 않다고 생각하는 사람들은 그 견해 속에서 남을 속이지 않을, 그리고 남을 속이는 사람들을 싫어할 강력한 이유를 인지한다. 그러나 그 행위가 옳지 않다고 생각하는 것과 그 행위를 하기 싫어하는 것은 다르다. 생각은 판단이지 동기가 아니다. 보통 사람들의 견해로는, "무엇이 하나의 도덕적 판단을 참으로 만드는가?"라는, 도덕적 근거에 대한 일반적인 질문은 그 자체로 도덕적 질문이다. 신이 모든 도덕의 창조자인가? 모든 사람이 옳다고 하는 행위가 잘못일 수 있을까? 도덕은 시간과 장소에 따라 상대적인가? 한 나라나 상황에서 옳은 것이 다른 나라나 상황에서 옳지 않을 수 있을까? 이 질문들은 추상적이고 이론적이지만, 아무튼 도덕적 질문이다. 이 질문에 대해서는 선악에 관한 다른 질문들처럼 도덕적 양심과 신념에 따라 답해야 한다.

고민거리들

앞에서 소개한 견해와 전제를 나는 보통 사람들의 견해라고 부른다. 나는 대부분의 사람들이 무의식적으로 이러한 생각을 가지고 있으리라고 추정한다. 철학적 성향이 강한 사람이라면, 당신은 앞의 인용문이 제시한 철학적 과제들이 부담스러워 일정한 불안과 걱정 속에서 보통 사람들의 견해를 취할 수도 있다. 첫째, 당신은 이성적으로 상상 가능한 우주 속에 존재한다고 생각되는 사물과 속성의 종류에 대해 걱정할 수 있다. 물리적 세계에 대한 명제들은 (대륙들, 쿼크들, 성향들 같은) 물리적 세계의 실제 상황에 비추어 참이 된다. 가끔은 과학적 기기를 이용한 관찰을 통해 물리적 세계의 실제 상황에 대한 증거를 얻을 수도 있다. 이 증거는 물리적 세계에 대한 우리 입장의 근간을 이룬다. 그러나 우리의 입장을 참 또는 거짓으로 만드는 것은 물리적 세계 자체(쿼크가 실제로 어떤 스핀을 가지고 있는지)지 우리가 모으는 증거들이 아니다. 증거가 아무리 강력해도 결론은 틀릴 수 있다. 세계가 우리가 입증했다고 생각하는 방식으로 존재하지 않음은 엄연한 사실이다.

그러나 이런 친숙한 구분들을 도덕적 신념에 적용하려 하면 문제가 발생한다. 도덕적 사실은 무엇으로 만들어지는가? 보통 사람들의 견해는, 도덕적 판단은 역사적 사실이나 사람들의 견해 및 감정이나 그 외

물리적, 정신적 세계의 그 무엇 때문에 참이 되는 게 아니라고 주장한다. 그렇다면 무엇이 도덕적 판단을 참으로 만들 수 있는가? 이라크 전쟁이 비도덕적이라고 생각한다면, 당신은 그와 관련하여 다양한 역사적 사실들을 인용할 수 있다. 그 전쟁은 결국 엄청난 질곡을 초래하고 말았다거나 자명하게 불충분한 첩보를 근거로 개시되었다는 사실들은 당신의 판단을 정당화한다. 하지만 이 세계의 특별한 상태가 당신의 도덕적 판단을 참으로 만든다고는 상상할 수 없다. 예를 들어, 물리적 입자들이 물리적 판단을 참으로 만드는 것처럼 도덕 입자들의 구성이 그렇게 한다고는 상상할 수 없다. 당신의 판단의 증거가 될 만한 실제 세계의 특별한 상태는 상상 가능하지 않다.

둘째, 당신은 인간이 어떻게 도덕적 사실을 인지하거나 최소한 도덕적 진실에 대해 정당화된 믿음을 갖는지에 대해 앞의 것과는 또 다른 고민을 가지고 있을 수 있다. 보통 사람들의 견해는, 사람들이 물리적 사실을 인지하는 방식으로 도덕적 사실을 인지하지 않는다고 주장한다. 물리적 사실들은 사람들의 정신에 작용한다. 우리는 물리적 사실을 인지하고 이 사실의 증거를 인지한다. 우주학자들은 거대한 전파 망원경의 관측들을 고대에 우주 저편에서 방출된 전자파의 결과로 받아들인다. 심장 전문의들은 심전도 그래프의 모양을 심장 박동의 결과물로 받아들인다. 그러나 보통 사람들의 견해에서는 도덕적 사실이 인간의 정신에 아무런 인상을 남기지 못한다. 도덕적 판단은 색깔처럼 인식의 대상이 아니다. 그렇다면 우리는 어떻게 도덕적 진실에 접근할 수 있을까? 당신은 이라크 전쟁에 대한 당신의 주장을 어떤 사건들이 뒷받침하며 이 사건들이 그 전쟁의 도덕성 또는 비도덕성을 웅변한다고 가정하는데, 무엇이 그 가정을 정당화하는가?

이 두 개의 고민거리들, 그리고 앞으로 추가로 밝혀낼 고민거리들은 수세기 동안 고매한 석학들과 위대한 철학자들이 보통 사람들의 견해의 다른 측면까지 거부하도록 추동했다. 이 학자들을 나는 '회의론자들'이라고 칭할 것인데 도덕적 판단이 객관적으로 참일 수 있음을, 즉 누군가의 태도나 믿음에 관계없이 진실일 수 있음을 부인하는 사람들을 모두 포함하는 특별한 의미로 이 호칭을 사용하고자 한다. 이 회의주의의 세련되지 못한 형태 중 하나가 바로 서양 대학들의 신념 없는 학과들 사이에서 유행했던 '탈근대주의(post-modernism)'로서 예술사, 비교문학, 인류학 그리고 한때는 로스쿨들 사이에도 인기가 있었다.[3] 탈근대주의 신봉자들은 선악에 관해 우리가 가장 강하게 확신하고 있는 것들은 모두 이데올로기의 문양, 권력의 표지, 또는 그 지역에서 대면하게 된 말놀이의 규칙일 뿐이라고 선언한다. 물론 앞으로 보겠지만, 많은 철학자들의 회의주의는 더 섬세하고 창조적이다. 이 장의 나머지 부분에서 나는 도덕에 대한 철학적 회의주의의 서로 다른 버전들을 준별하고 이 부의 나머지 부분에서는 각 버전의 논거들을 집중적으로 살펴볼 것이다.

두 가지 중요한 구분

내적 회의주의와 외적 회의주의

나의 주장을 계속 이어 가려면 두 가지를 구분해야 하는데 여기에서는 그 구분을 자세히 설명하고자 한다. 첫 번째는 도덕에 대한 내적 회의주의와 외적 회의주의를 구분해야 한다. 나는 사람들의 도덕적 신념은 특별한 사안에 대한 명제들의 최소한 서로 연결된 체계 또는 느슨한 집합을 이룬다고 전제한다. 사람들은 다양한 추상의 차원에서 옳고 그름, 좋고 나쁨, 가치의 있고 없음에 대해 확신한다. 도덕적 쟁점으로 고민할 때 우리는 이 확신들을 끌어온다. 무엇을 하고 어떻게 생각할지에 대한 보다 구체적인 판단들을 검증하기 위해 우리는 더 추상적이고 일반적인 신념에 호소한다. 불행해서 이혼하는 것이 잘못인지를 자문하는 사람은, 사람들이 타인들에게 자신을 신뢰할 것을 요청한 경우 그 타인에 대한 책무, 예를 들어 자녀들에 대한 도덕적 책임 같은 일반적 문제들을 성찰할 것이다. 이 책임을, 자신의 삶으로 무언가를 성취해야 한다는 상충되는 책임이나 또 다른 타인에 대해 지고 있는 상충되는 책임과 저울질할 것이다. 이러한 성찰은 도덕 내부에 있다고 말할 수 있다. 성찰을 통해 도달하는 도덕적 결론들이 보다 일반적이고, 성격과 사안 면에서 그 스스로 도덕적인 더욱 일반적인 전제들로부터 도출되기 때문이다. 물론 이런 식의 도덕적 성찰을 할 때는 이혼이 자녀들의 복지에 미치는 영향처럼 보통의 무도덕적인 사실들도 고려한다. 그러나, 오로지 더욱 일반적인 도덕적 주장들의 구체적인 함의들을 끌어내기 위해서만 이 사실들을 이용할 뿐이다.

자신의 도덕적 사유에서 한발 물러나 사유 전체를 생각해 볼 수도 있다. 도덕적 가치의 문제가 아니라 자신과 타인의 도덕적 가치에 대한 외적 문제들을 제기해 보는 것이다. 여기에는 사회-과학적 문제들도 포함된다. 예를 들어 각자의 경제적 환경 등이, 우리가 다른 환경과 문화에서는 거부되는 도덕적 신념을 받아들이는 이유를 설명하는가와 같은 문제 말이다. 이 내적 문제와 외적 문제의 구분은 어떤 사유에 대해서도 준별될 수 있다. 우리는 수학적 명제를 그 학문의 학술적 실행에 대한 문제와 구별한다. 페르마의 정리가 입증되었는가는 수학의 내적 질문이다. 전보다 많은 학생들이 미적분을 공부하는가는 외적 질문이다. 철학자들은 이런 구별을 위해 다른 용어를 사용한다. '1층위의' 또는 '실체적' 문제들은 하나의 사유 체계 내에 있는 것이고 '2층위의' 또는 '메타적' 문제들은 사유 체계에 대한 것들이다. 영아 고문이 비도덕적이라는 것은 1층위의, 실체적 주장이고 그 견해가 보편적으로 신봉된다는 주장은 2층위의 또는 메타적 주장이다.

도덕에 대한 내적 회의주의는 1층위의 실체적 도덕적 판단이다. 구체적인 또는 응용 도덕적인 특정 판단들이 참이라는 것을 부인하기 위해 더욱 추상적인 도덕적 판단에 소구하기 때문이다. 외적 회의주의는 이와 반대로 도덕에 대한 2층위의 외적 명제들에 전적으로 의지한다. 어떤 외적 회의론자들은 내가 전에 언급한 대로, 역사적, 지리적 다양성에 비추어 보면 어떤 도덕적 견해도 객관적으로 참일 수 없다는 사회적 사실들에 의존하기도 한다. 가장 세련된 회의론자들은 앞에서 말했듯이 이 우주에 어떤 사물들이 존재할 수 있는가라는 형이상학적 테제들에 의지한다. 이들은 형이상학적 테제들을 도덕 내부의 판단이 아니라 도덕에 대한 판단으로 전제한다. 은유적으로 표현하자면, 내적 회의주의는 1층위의 실체적 도덕 내부에 존재하지만 외적 회의주의는 아르키메데스적이다. 즉 도덕을 초월한 지점에 서서 도덕을 밖에서부터 판단한다. 내적 회의론자들은 도덕에 대해 뿌리까지 회의적일 수 없다. 도덕적 주장에 대한 회의주의를 확립하기 위해서는 다른 일반적인 도덕적 명제를 전제해야 하기 때문이다. 이들은 도덕에 의지하여 도덕을 폄훼한다. 외적 회의론자들은 근원적으로 회의적이다. 이들은 도덕적 진실에 의지하지 않고 도덕적 진실을 폄훼할 수 있다.

오류 회의주의와 지위 회의주의

우리는 외적 회의주의 내에서도 오류 회의주의와 지위 회의주의를 구분해야 한다. 오류 회의론자들은 모든 도덕적 판단이 거짓이라고 주장한다. 그들은 보통 사람들의 견해가 도덕적 사물의 존재를 전제한다고 해석한다. 즉 우주에는 쿼크, 메손 등의 아주 작은 물리적 입자뿐 아니라 '도덕 입자'가 존재하여 영아 고문이 옳지 않다거나 정권 교체를 위한 불필요한 침공은 비도덕적이라는 명제들을 참으로 만든다는 것이다. 오류 회의론자들은 그런 도덕 입자 같은 건 실재하지 않는다며 영아 고문이나 이라크 침공이 비도덕적이라는 명제는 거짓이라고 선언한다. 이것은 내적 회의주의가 아니다. 자신의 권위를 세우기 위해 비현실적이더라도 어떤 도덕적 판단에 의지하고 있지 않기 때문이다. 이것은 외적 회의주의다. 가치 중립적인 형이상학에만 의지하기 때문이다. 그들은 도덕 입자들의 부재라는 형이상학적 주장에만 근거한다.

지위 회의론자들은 다른 방식으로 보통 사람들의 견해에 반대한다. 보통 사람들의 견해는 도덕적 판단을 사물이 실제 존재하는 방식의 묘사, 즉 도덕적 사실의 명제로 받아들인다. 지위 회의론자들은 도덕적 판단에 그런 지위를 부여하길 거부한다. 이들은 도덕적 판단을 실재의 묘사로 보는 것은 오류라고 믿는다. 이들은 묘사하기를, 기침하기, 감정 표현하기, 명령하기, 책임지기와 같은 행위와 구별하며 도덕적 견해의 표명은 묘사하기가 아니라 후자 그룹에 속한다고 판정한다. 지위 회의론자들은 오류 회의론자들과 달리 도덕이 처음부터 잘못 시작된 사업이라기보다는 잘못 이해된 기획이라고 믿는다.

지위 회의주의는 20세기에 빠르게 진화했다. 그 초판들은 투박했다. 에이어(A. J. Ayer)는 유명한 소고 『언어, 진리, 논리(Language, Truth, and Logic)』에서 도덕적 판단은 감정을 발산하는 기제와 다를 바 없다고 주장했다. 탈세가 잘못이라고 선언하는 사람은 단지 탈세에 야유를 보내고 있을 뿐이라는 것이다.[4] 지위 회의주의의 후기 버전들은 갈수록 정교해졌다. 리처드 헤어(Richard Hare)의 작업은 영향력이 있었는데 그는 도덕적 판단을, 포장되고 일반화된 명령으로 보았다.[5] "남을 속이는 것은 잘못"이라는 명제는 "남을 속이지 말라."라는 말로 이해되어야 한다는 것이다. 그러나 헤어에게 도덕적 명제로 표명된 호불호는 매우 특별하다. 그 내용이 보편적이어서 화자를 포함하여 그 명제가 전제로 한 상황에 처한 사람들 모두에게 적용되기 때문이다. 헤어의 분석은 그래도 지위 회의적이다. 에이어가 말한 감정의 증기 덩어리처럼, 그의 호불호 표명은 참이나 거짓이 될 수 없다.

이 초기 버전들은 회의주의를 적나라하게 드러냈다. 헤어는, 자신이 유대인으로 밝혀지면 자신에게도 제재를 가하겠다고 말하는 나치 당원은 도덕적 오류를 범하고 있지 않다고 주장했다. 20세기 후반에 외적 회의주의는 더욱 애매한 양상을 띠었다. 예를 들어 앨런 기바드(Allan Gibbard)와 사이먼 블랙번(Simon Blackburn)은 자신들을 "비인지주의자", "표현주의자", "투사주의자" 그리고 "유사실재론자" 등으로 칭함으로써 보통 사람들의 견해와 차별화했다. 기바드에게 도덕적 판단이란 삶의 계획에 대한 승인의 표명이며 "어떤 내용을 가진 믿음"이라기보다는 "감성, 태도 또는 보편적 호불호, 규범 승인의 상태 또는 계획의 상태"의 표명이다.[6] 블랙번과 기바드는 모두, 도덕적 판단을 이렇게 이해하는 표현주의자도 이성적으로 도덕적 판단의 참과 거짓을 논함은 물론 보통 사람들의 견해를 신봉하는 이들의 도덕적 담론을 흉내 낼 수 있음을 입증하기 위해 심혈을 기울인다. 하지만 이들은 어찌 되었든 도덕적 진실의 주장을 실재의 묘사와는 다른 행위로 취급한다.

내적 회의주의

실체적인 도덕적 진실의 주장에 의존한다는 점에서 내적 회의론자는 불완전한 오류 회의론자에 지나지 않는다. 내적 지위 회의주의란 없다. 내적 회의론자들은 회의주의의 범위가 서로 다르다. 어떤 내적 회의주의는 상당히 제한적이고 국부적이다. 많은 사람들은, 예를 들어 성인들의 성교 방법 선택에는 도덕적 논점이 없다고 생각한다. 이들은 특정한 성적 선택을 비난하는 판단은 잘못되었다고 생각한다. 이러한 제한적인 회의주의는 어떤 행위가 옳고 그른지에 대한 적극적인 견해에 근거하고 있다. 이들은 성인들 간의 합의된 성교의 세부 내용과 관련해서는 동성애든 이성애든 선악의 질료가 없다고 믿는다. 외교 정책에서의 도덕의 지위에 대해 내적 오류 회의주의를 표명하는 이들도 있다. 이들은 국가의 통상 정책이 도덕적으로 옳고 그를 수 있다는 전제가 말도 안 된다고 생각한다. 이들은 많은 사람들의 실체적 도덕적 판단(예를 들어 미국의 남미 정책은 가끔 부당했다.)들을 거부하며, 이를 위해 국가 공무원들은 항상 자국민의 이익만을 염두에 두고 행동해야 한다는 더욱 일반적인 도덕적 판단에 소구한다.

내적 오류 회의주의의 다른 버전은 훨씬 광범위하며, 어떤 버전은 반사실적(counterfactual)인 것들*을 제외하고는 모든 도덕적 판단을 거부할 정도로 거의 총체적이다(global). "신이 없으니 선악도 없다." 같은 인기 있는 견해는 총체적 내적 회의주의의 편린으로, 초자연적 의지가 적극적 도덕의 유일한 근거라는 도덕적 신념에 근거한다. 모든 인간 행위는 아무도 통제할 수 없는 선행 사건들에 의해 규정되기 때문에 도덕이 공허하다는 비교적 근래의 견해 역시 내적으로 회의적이며 사람들이 기피할 수 없는 행위에 대해 책임을 묻는 것은 불공평하다는 도덕적 신념에 근거한다.(이 인기 있는 도덕적 신념은 10장에서 다룰 것이다.) 현재 인기를 얻고 있는 또 하나의 견해는, 도덕은 문화에 따라 상대적이기 때문에 보편적인 도덕적 주장은 존재할 수 없다는 것인데 이역시 도덕이 특정 공동체의 관행에서 비롯된다는 신념을 근거로 하고 있기 때문에 내적으로 회의적이다. 또 하나의 총체적 내적 회의주의는 인간은 생각할 수 없을 만큼 광대하고 영구한 우주에서 믿을 수 없을 만큼 왜소하고 찰나적인 부분이며 우리의 행위는 도덕적으로든 어떤 방식으로든 아무런 의미가 없다는 것이다.[7] 물론 총체적 내적 회의주

---

* 확인된 사실이 아닌, 가정에 대한 명제를 의미함.

의가 의지하는 도덕적 신념은 반사실적이다. 즉 이 회의주의들은 자신들이 거부한 적극적 도덕적 주장들도 특정한 조건이 충족되면 유효하다고 가정한다. 예를 들어, 신이 존재한다거나, 도덕적 관습이 모든 문화에 걸쳐 통일되어 있다거나, 우주가 훨씬 작다는 조건들 말이다. 하지만 이 반사실적 믿음마저도 실체적인 도덕적 판단이다.

나는 여기에서는 어떤 형태의 내적 회의주의와도 다투지 않을 것이다. 내적 회의주의는 내가 입증하고자 하는 명제, 즉 도덕적 판단의 진실에 대한 철학적 의구심 자체도 실체적인 도덕 이론이라는 명제를 부인하지 않을 것이다. 내적 회의주의는 도덕적 판단에 참과 거짓이 있음을 부인하지 않을 뿐만 아니라 오히려 그것을 전제한다. 우리는 이 책 뒷부분에서는 내적 회의주의를 많이 다룰 것이다. 개인적, 정치적 도덕에 대한 나의 실체적 주장은 모든 총체적 내적 회의주의가 틀렸다고 전제하기 때문이다. 그러나 지금 최소한 간과되고 있는 중요한 차이를 우리는 인지해야 한다. 내적 회의주의와 불확실성(uncertainty)은 구분되어야 한다. 나는 낙태가 옳지 않은지 확신할 수 없다. 내가 듣기에 양측의 논변은 모두 합리적이고 따라서 어느 쪽이 더 강한지 모르겠다. 그러나 불확실성은 회의주의와 다르다. 불확실성은 기본 상태다. 어느 쪽으로든 강한 신념을 갖고 있지 않다면 나는 불확실한 것이다. 그러나 회의주의는 기본 상태가 아니다. 도덕은 낙태와 관련이 없다는 회의적 주장을 하기 위해서는 낙태에 대한 어떤 실체적 도덕적 입장만큼이나 강력한 논변이 필요하다. 회의주의와 불확실성의 중요한 차이는 5장에서 다시 다룰 것이다.

지위 회의주의의 매력

오류 회의주의와 지위 회의주의, 이 두 외적 회의주의는 모두 내가 앞서 언급한 생물학적 사회과학적 이론과 다르다. 예를 들어, 도덕적 믿음과 제도의 성립과 관련한 신다윈주의 이론들은 외적이지만 회의적이지 않다. 다음 견해들을 동시에 승인하더라도 일관성에 아무런 문제가 없다. (1) 고대의 초원에서도 살해에 대한 본능적 거부감은 생존 확률을 높이는 가치가 있었다. (2) 이 사실은 왜 살인에 대한 도덕적 비난이 역사와 문화를 넘어 널리 퍼져 있는지를 가장 잘 설명한다. (3) 살인이 도덕적으로 옳지 않다는 것은 객관적으로 진실이다. 앞의 두 주장은 인류학적 주장이고 셋째 주장은 도덕적이다. 이렇게 도덕적 주장과 인류학적 주장은 합체해도 충돌하지 않는다.[8] 외적 회의론자들은 인류학이나 생물학 또는 사회과학에 의지할 수 없다. 그들은 외적임을 자임하는 매우 다른 이론에 의지한다. 즉 우주에 무엇이 존재하고 사람들이 어떤 조건에서 인식의 능력을 갖게 되는가에 대한 철학적 이론에 의지한다.

내적 회의주의와 외적 회의주의는 어떤 면에서는 첨예하게 대립한다. 내적 회의주의는 도덕적 판단이 참이 될 수 있음을 부인하면 자멸하게 된다. 내적 회의주의는 그런 귀결을 가진 찬란한 형이상학에 의지할 수 없다. 외적 회의주의는 도덕적 판단이 참일 가능성을 용납하지 않는다. 모든 도덕적 판단은 거짓이거나 참이 될 수 있는 지위를 가지고 있지 않다는 걸 입증하고자 한다. 실체적, 도덕적 판단 중 하나라도 회의의 대상에서 면제하는 순간 외적 회의주의는 곧바로 자멸하게 된다.

외적 오류 회의주의와 내적 회의주의는 다르면서도 닮은 데가 있다. 내적 회의주의는 진지하다. 자신의 행동에 직접적인 함의를 가진다. 성적 도덕에 대한 내적 회의론자는 타인의 성적 선택을 비난할 수 없으며 도덕적 근거로 동성애 금지법안을 지지할 수도 없다. 신이 없어서 도덕이 죽었다고 믿는다면 악행을 이유로 타인을 배척할 수도 없다. 외적 오류 회의주의도 진지하다. 오류 회의론자는 이라크전을 싫어할 수 있지만 미국의 침공이 비도덕적이라고 주장할 수 없다. 그러나 외적 지위 회의론자는 자신들의 회의주의는 도덕적 주장과 논란에 대해 중립적이면서도 그 이론하에서는 타인에 대한 도덕적 비난에 누구보다 열정적으로 참여할 수 있다고 주장한다. 지위 회의주의에 따라, 도덕적 주장이 도덕적으로 황폐한 세상에 대한 감정의 투영이라고 가정하자. 우리에게 도덕적 신념의 지위는 이제 다르지만 그 내용은 변함이 없다. 테러리즘은 항상 나쁘다거나 어떤 경우는 정당화된다거나 하는 믿음을 유지하거나 또는 그 외에 우리가 가질 수 있는 다른 도덕적 견해를 계속 제시하거나 부정할 수 있는 것이다. 후기 지위 회의론자들은(이들을 회의론자라고 분류하자면) 우리의 신념이 객관적으로 참이라고 주장하는 것도 허용한다. 그들에 따르면 우리는 그런 주장을 할 때 단지 더 복잡한 태도들을 투영하는 것뿐이라고 자신에게 속삭인다는 것이다.(조용히 말해야 우리가 큰 소리로 말하는 것의 효과를 반감시키지 않는다.)

이 표면적 중립성이 지위 회의주의의 매력이다. 앞에서 내가 묘사한 철학적 과제들은 우리를 힘들게 한다. 도덕 입자는 존재하지 않는 것 같다. 그 외에도 우리의 도덕적 신념이 참이라는 담대한 주장을 위축시키는 이유는 또 있다. 즉 위대한 문화 다양성을 대면하면서 자신과 동의하지 않는 모든 사람들이 오류에 빠져 있다고 주장하는 것은 만용처럼 보인다. 그렇다고 오류 회의주의를 신봉할 수도 없다. 자살 폭파 부대, 인종 학살, 인종 차별, 강제 할례에 대해 도덕적 거북함이 없다고는 믿기 힘들다. 외적 지위 회의주의는 이렇게 갈등하는 사람들의 욕구를 채워 준다. 외적 지위 회의주의는 친절하게도 초교파적이다(ecumenical). 한편으로 그 신봉자들은 형이상학적으로 문화적으로 원하는 만큼 겸허하게 자신이 가진 도덕관의 궁극적 진실성 또는 다른 도덕관에 대한 우위를 포기하기도 한다. 이렇게 진실성이나 우위를 포기하면서 자신의 신념을 열성적으로 유지하기 때문에 인종 학살, 낙태, 노예 제도, 성차별 또는 복지 사기(welfare fraud)*를 예전처럼 활발히 비난하는 것도 허용된다. 신봉자들은 자신이 예전에 신봉하던 신념의 내용을 바꿀 필요 없이 그 신념의 지위에 대한 관점만 바꾸면 된다. 신봉자들은 자신의 신념이 외부의 현실을 반영한다고 주장하지 않는다. 그러나 그들은 예전과 똑같은 열정을 가지고 자신의 신념을 고수한다. 예전처럼 신념을 위해 싸우거나 죽을 준비가 되어 있지만 한 가지 차이가 있다. 그들은 자신의 도덕적 신념을 유지할 수도 잃을 수도 있다. 리처드 로티(Richard Rorty)는 이 정신적 상태를 '아이러니'라고 부른다.[9]

외적 지위 회의주의는 그러므로 학구적인 철학자들 사이에서는 총체적 내적 회의주의나 외적 오류 회의주의보다 더 인기가 있으며 이 지위 회의주의는 현대의 지성 생활을 오염시켰다. 그러므로 나는 이 형태의 회의주의에 집중하겠지만, 다음 몇 개의 장에서 모든 형태의 외적 회의주의를 다루면서 그 반대 입장, 즉 우리의 도덕적 견해가 참이라고 믿을 수 있는 외적, 무도덕적 근거가 있다는 입장도 다룰 것이다.(후자의 주장은 보통 철학적 '실재론(realism)'이라고 불리며, 이런 믿음을 가진 자를 나는 실재론자라고 부른다.) 그러나 철학은 가치 판단의 영역 밖으로 완전히 나가서 그 가치 판단을 탄핵하거나 입증할 수 없다. 내적 회의주의만이 회의적인 척할 수 있는 방법이다. 낙태가 사악하다거나 미국 헌법이 모든 인종적 우열을 금지한다거나 베토벤이 피카소보다 더 창조적인 예술가였다는 주장은 참도 거짓도 아닐 수 있다. 그러나 이러한 질문들에 정답이 없다면 그것은 가치 이전의 또는 탈가치적 이유 때문이 아니라 참도 거짓도 아니라는 것이 내적으로 정답이기 때문이며 이 정답 자체는 온전한 도덕적, 법적 또는 예술적 판단인 것이다.(이 가능성을 5장에서 탐구할 것이다.) 가치의 영역에 관한 한 우리는 뿌리까지 회의적일 수는 없다.

---

* 허위로 복지 혜택을 신청해서 받는 행위.

실망?

　나는 '보통 사람들의 견해'론자들을 잠시 고민하게 하는 두 가지 질문에 답하려고 했다. 즉 무엇이 도덕적 판단을 참으로 만드는가? 도덕적 판단이 참이라는 우리의 가정은 언제 정당한가? 첫 질문에 대해 나는, 도덕적 판단은 그것이 참이라는 적절한 도덕적 논변에 의해 참이 된다고 답하겠다. 물론 실제 참인 경우에 한해서다. 물론 이 답은, 무엇이 적절한 논변인가라는 또 다른 질문을 불러온다. 말하자면 적절성을 입증하기 위한 또 다른 도덕적 논변을 필요로 한다는 뜻이다. 도덕적 판단이 그 판단을 위해 제공된 논변에 의해 참이 된다는 것은 아니다. 또는 다른 도덕적 판단들과 일관되었다고 해서 참이 되는 것도 아니다. 나는 6장에서 정합성(coherence)은 참의 필요조건이지만 충분조건은 아님을 논증할 것이다. 여기에서 내가 지금까지 한 말 이상의 도움을 얻을 수는 없다. 도덕적 판단은 그것이 참이라는 적절한 논변에 의해 참이 된다.

　도덕적 판단이 참이라는 우리의 가정은 언제 정당한가? 나는, 그 판단을 참으로 만드는 논변이 적절하다고 우리가 생각하는 것이 정당하다고 여겨질 때라고 답하겠다. 즉 우리의 신념이 옳다고 생각하는 이유와 우리가 신념을 가지는 것이 정당하다고 생각하는 이유는 같다. 이런 생각은 독립적으로 검증될 수 없으니 도움이 안 될지도 모른다. 어쩌면 신문 한 부를 산 뒤 그 내용이 의심스러워 한 부를 더 사서 검증해 보려 했던 비트겐슈타인의 가상의 독자가 떠오를지도 모르겠다. 그러나 그는 무책임하게 행동한 것이고 우리는 책임 있게 행동할 수 있다. 우리는 자신이 도덕적 쟁점들을 올바른 방식으로 고려해 보았는지 물을 수 있다. 그 방법이란 무엇인가? 그에 대한 답을 나는 6장에서 제시할 것이다. 그러나 거기에서 나는 도덕적 책임에 대한 이론은 그 자체가 도덕적 이론임을 강조할 것이다. 도덕적 책임론은 그 이론으로 책임성을 검증하려던 바로 그 견해들처럼 전체적으로 도덕적 이론의 한 부분이다. 이유를 묻는 질문에 이렇게 답하는 것이 순환 논리적인가? 그럴 수 있다. 하지만 과학적 방법론으로 과학을 검증할 때 다시 과학에 의지하는 것보다 더 순환 논리적이지는 않다.

이 오래된 질문들에 대한 내 답을 듣고 많은 독자들은 실망할지도 모른다. 이런 반응을 보이는 것은 잘못 생각하거나 격려하기 위해서일 것이다. 첫째, 독자들은 오래된 질문이 다른 종류의 답변을 요구했다고 생각하여 실망했을 수 있다. 이 독자들은 도덕 밖으로 나가서 도덕적 진실과 도덕적 책임에 대해 무도덕적 설명을 해 주는 답변을 기대할 것이다. 하지만 그 기대는 혼동에 기초하고 있다. 도덕 그리고 다른 가치의 차원들이 독립되어 있음을 이해하지 못한 것이다. 무엇이 하나의 도덕적 신념을 참으로 만드는가 또는 하나의 도덕적 신념을 받아들인다면 그 이유는 무엇인가에 대한 이론은 그 자체가 도덕론이며 도덕적 전제나 가정을 수반하고 있다. 철학자들은 오랫동안 도덕적 이론이 아닌 도덕적 이론을 요구해 왔던 것이다. 그러나 진정한 도덕적 존재론이나 인식론을 세우고자 한다면 도덕의 내부에서부터 해야 한다. 그 이상을 원한다면? 나는 그렇게 묻는 당신이 원하는 그 이상이 무엇인지를 당신 스스로도 모른다는 것을 입증해 보이고자 한다. 내 답을 듣고 당신이 실망하기보다 분명히 알게 되기를 바란다.

둘째, 당신의 실망을 더 고무적으로 설명하자면 나의 답변이 너무 추상적이거나 압축적이기 때문일 것이다. 내 답들은 우리가 더욱 필요로 하는 도덕론을 지시할 뿐 그것을 설명하지는 않는다. 하지만 과학적 명제가 현실과 부합하면 참이라는 주장도 나의 두 가지 답보다 덜 순환 논리적이거나 불투명하지는 않다. 이 주장이 더 유용하게 들리는 이유는 단지 사실적 검증이라는 관념에 실체적 내용을 부여하는 거대하고 놀라운 과학을 배경으로 하고 있기 때문이다. 우리는 화학적 지식 한 편이 실제로 그런 재주*를 부리는지 판단하는 방법을 알고 있다고 생각할 뿐이다. 도덕적 존재론이나 인식론에도 똑같은 구조나 복잡성이 필요하다. 우리에게는 도덕이 적절한 논변으로 참이 된다는 날것 그 이상의 어떤 주장이 필요하다. 적절한 논변이 어떤 구조를 갖추어야 하는가에 대한 이론이 필요한 것이다. 우리에게는 도덕적 책임이라는 관념뿐 아니라 정의가 필요하다.

이것이 바로 2부의 과제다. 나는 우리가 도덕적 논증을 해석적 논증의 하나로 다루어야 하고, 우리의 도덕적 견해들을 토해 내는 거대한 가치의 체계를 최대한 광범위하게 설명할 수 있을 때에만 도덕적 책임을 정립할 수 있다고 주장한다. 이 해석적 목표는 적절한 논변의 구조도 규정할 것이다. 도덕적 책임도 정의할 것이다. 우리가 그렇게 세운 논변들이 적절하다고는 보장하지 못하겠다. 도덕적 참을 보장하지는 못한다. 하지만 그 정도의 광범위한 성찰 끝에 우리의 논변이 적절하다고 생각된다면 우리는 이 논변에 의지해 살아갈 권리를 얻은 것이다. 무엇이, 우리가 이 논변들이 참이라고 확신하지 못하도록 막아설 것인가? 그런 게 있다면 그것은 아마도 우리의 폭넓은 경험에 비추어 볼 때 무언가 더 해석적으로 우수한 논변이 존재할지 모른다는 예감일 것이다. 우리는 진실과 책임 간의 거리를 존중해야 한다. 하지만 그 거리를 설명할 때는 다시 좋은 논변과 더 나은 논변이라는 관념에 소구할 수밖에 없다. 우리가 얼마나 열심히 노력하든 우리는 도덕의 독립성으로부터 탈출할 수 없다. 도덕 밖으로의 탈출구를 찾으려는 모든 노력은 우리가 도덕이 무엇인지를 아직 모른다는 것을 재확인시킬 뿐이다.

---

* 사실적 검증.

3장 외적 회의주의

중요한 주장

1장에서 나는 도덕적 회의주의 자체도 도덕적 입장이라고 주장했다. 이 중요한 주장은 신랄한 비판에 직면할 것이다. 이 주장이 참이라면 외적 회의주의는 자멸한다. 외적 오류 회의론자는 모든 도덕적 판단은 객관적으로 거짓이라고 주장하고, 외적 지위 회의론자는 도덕적 판단은 참이 되려고 하지도 않는다고 주장한다. 각 회의론자의 주장 자체가 도덕적 판단이라면 이들은 모두 자기모순에 빠지게 된다. 자신의 철학적 입장이 진실임을 요구한다면 말이다. 내 주장의 도덕적 함의는 일반적으로도 중대하며 이 책에 전개될 주장들을 위해서도 중대하다. 도덕적 판단이 참이나 거짓일 수 있다고 주장하는 철학자들마저도 대부분 내 주장에 동의하지 않을 것이다.[1] 그러므로 난 이 주장을 설명하고 옹호하는 데 온 힘을 쏟을 것이다.

도덕적 속성의 존재 자체를 부인하는 철학적 명제가 스스로를 도덕적 주장이라고 고집하는 것이 너무 괴팍하게 보일 수 있다. 점성학이 헛것이라는 주장 자체는 점성학에 의거한 주장이 아니며 무신론 역시 종교적 입장은 아니지 않은가. 하지만 이 개념들을 어떻게 정의하는가에 따라 차이가 있다. '점성학적 판단'을 행성의 운행이 인생에 영향을 준다고 주장하거나 전제하는 것으로 정의한다면 점성학이 헛것이라는 명제는 그러한 영향을 부인하는 것이며, 그러므로 점성학적 주장이 되지 않는다. 그러나 우리가 '점성학적 주장'을 행성의 운행이 우리의 삶에 끼치는 영향에 대한 판단으로 정의한다면, 그러한 영향의 존재를 부인하는 명제도 점성학적 판단이 된다. 우리가 '종교적 입장'을 하나 이상의 신격체의 존재를 전제하는 것으로 정의한다면 무신론은 종교적 입장이 아니다. 하지만 종교적 입장을 신격체의 존부 또는 속성에 대한 견해로 정의한다면 무신론은 명확한 종교적 입장이다.

우주론은 사상의 영역이다. 더욱 넓게 이해하면 과학의 한 분야다. 우리는 이 영역에서는 무엇이 참이고 무엇인 거짓인지 물을 수 있다. 즉 우주론적으로 말하자면 무엇이 참이고 무엇이 거짓인가? 점성학과 신에 대한 회의주의는 이 질문에 대한 답을 미리 감지하고 있다. 이 답들은 우주에 어떤 힘들이 존재하는가에 대한 답이다. "우리는 무신론자이니 우주론적으로는 아무것도 참이 아니다."라고 말할 수는 없다. 우리는 무신론을 통해 그 영역 내부에서 무엇이 참인가에 대한 견해를 제공한 것이다. 도덕도 하나의 영역이다. 이 영역 내의 질문들은 이런 것들이다. 사람들은 자신의 욕구나 사상에 관계없이 타인에 대해 무조건적인 책임을 지고 있는가? 그렇다면 어떤 무조건적 책임을 지고 있는가? 누군가 부자는 가난한 사람을 도울 의무가 있다고 말한다면 이 논점들에 대해 입장을 취하는 것이다. 다른 사람은 빈곤은 자신의 책임이기 때문에 부자들에게는 그런 의무가 없다는 반대 입장을 취할 수 있다. 세 번째 사람은 두 번째 입장의 더욱 일반적인 형태로서, 도덕적 의무는 신만이 창설할 수 있는데 신은 없으므로 도덕적 의무란 존재하지 않는다고 주장할 수 있다. 네 번째 사람은 도덕적 의무라는 것을 구성할 수 있는 괴상한 물질은 존재하지 않기 때문에 도덕적 의무란 없다고 주장할 수 있다. 뒤의 두 명의 회의론자는 서로 다른 이유를 대지만 이들이 주장하는 현실은 같다. 이 서로 다른 회의론자들이 도덕적으로 주장하는 내용은 같다. 세 번째 사람뿐 아니라 네 번째 사람도 도덕적 주장을 하고 있는 것이며 그러므로 어떤 도덕적 주장도 참일 수 없다고 주장하면 모순에 빠진다. 비교해 보라. 우리는 유니콘이 없으니 유니콘의 모양이나 색깔에 관한 모든 주장은 거짓이라고 말할 수 있다. 하지만 그렇게 말해 놓고 유니콘에 대한 동물학적 명제가 모두 거짓이라고 말할 수는 없다.

1장에서 말했듯이, 도덕철학자들은 도덕적 판단과 도덕적 판단에 대한 철학적 판단 사이에 본질적인 구별을 유지하려는 경향을 보여 왔다. 러스 셰퍼랜도(Russ Shafer-Landau)는 다른 분야에서도 이 구별이 명백하다고 주장했다. "수학을 할 때 숫자의 존재론을 탐구하는 것이 아니듯, 우리는 신학적 논쟁과 멀리 떨어져서도 종교적 교의의 기본 전제들을 탐구할 수 있다."[2] 하지만 많은 수학철학자들은 우리가 숫자가 존재한다고 선언할 때 수학을 하고 있다고 믿는다.[3] 그리고 우리가 신이 없다고 주장할 때 우리는 종교적 분쟁에서 멀리 떨어져 있지 않다. 오히려 분쟁의 한가운데에 자리한다. 셰퍼랜도 같은 철학자가 염두에 둔 차이는 기껏해야 어법의 차이일 뿐이다. 가령 "자동차 사고 피해자들은 과실 행위자가 있어야 보상을 받는다."라는 명제와 "민사불법행위법*은 무과실 - 무책임 이론을 준수한다."라는 명제를 생각해 보자. 두 번째 명제는 사실 첫 번째 명제와 비슷한 명제들에 대한 것이면서도 그 스스로가 법적 판단이다. 우리는 이와 비슷하게 회의주의적인 도덕 이론을 더욱 자세한 도덕적 판단에 대한 이론으로 취급할 수 있

---

* 교통사고 등 불법 행위에 따른 손해 배상을 다루는 법 분야.

지만 그 이론 역시 도덕적 판단이다. 셰퍼랜드는 "우리는 문법책을 치우고도 문법적 능력이 선천적인지를 탐구할 수 있다."라고 말했다. 맞다. 선천성에 대한 후자의 질문은 생물학적이지 문법학적이지는 않다. 생물학적 입장은 무엇이 올바른 문법인지에 대한 견해와는 절대로 충돌하지 않는다. 하지만 도덕적 회의주의는 도덕적일 수밖에 없다.

어떤 철학자들은 내 주장에 오류가 있다고 주장한다. 내가 부정의 가능성을 거부하는 정신적 결벽에 빠졌다는 것이다.[4] 이들에 따르면, 외적 회의론자는 인간의 어떤 행동은 도덕적으로 요구되지도 금지되지도 않고 심지어는 허락되지도 않는다. 이 주장은 도덕적 입장을 거부하는 것이 아니라 도덕적 입장을 취하기를 거부한다는 것이다. 이들에 따르면 도덕적 회의주의가 도덕적 입장이라고 주장하는 내가 틀렸다.

다음과 같은 대화를 생각해 보자.

A: 낙태는 도덕적으로 나쁘다. 우리는 모든 상황에서 누구의 욕구나 사상에 관련 없이 낙태를 방지하고 비난해야 할 무조건적인 이유가 있다.

B. 내 생각은 반대다. 도덕적으로 낙태가 필요한 경우도 있다. 돈이 없는 10대 미혼모들은 낙태를 할 무조건적인 이유를 가지고 있다.

C. 둘 다 틀렸다. 낙태는 도덕적으로 요구되지도 금지되지도 않는다. 아무도 낙태를 하거나 하지 않을 무조건적인 이유는 없다. 낙태는 항상 허락되지만 절대로 요구되지는 않는다. 손톱 깎는 것과 같다.

D. 셋 다 틀렸다. 낙태는 도덕적으로 금지되지도, 요구되지도 또는 허락되지도 않는다.

A, B, C는 도덕적 주장을 했다. D도 그럴까? 무슨 뜻인지 이해하기 어려워 D에게 자세히 설명해 달라고 해 보자.

D는 이렇게 말할지 모른다. "존재하지 않는 것을 존재한다고 말하는

것은 거짓이다. 또는 참도 아니고 거짓도 아니다.(가끔은 나도 그렇게 생각하지만.) A, B, C는 모두 도덕적 의무가 존재한다고 전제한다. 하지만 그런 것은 존재하지 않으므로 이들 중 아무도 진실을 말하지 못했다." D는 도덕 입자 때문에 또는 그 부존재 때문에 자멸한 것이다. 도덕 입자가 있고 도덕 입자가 도덕적 주장을 참 또는 거짓으로 만든다면 우리는 도덕 입자가 쿼크처럼 색깔이 있다고 상상할 수 있다. 붉은색 도덕 입자가 근처에 있어야 어떤 행위가 금지된다거나 초록색 도덕 입자가 있어야 그 행위가 요구된다거나 노란색 도덕 입자가 있어야 그 행위가 허용된다는 식이다. 그래서 D는 그러한 도덕 입자는 존재하지 않으므로 낙태는 금지되지도, 요구되지도, 허용되지도 않는다고 주장한다. 또한 도덕 입자가 존재하지 않는다는 자신의 가정은 도덕적 주장이 아니라고 주장한다. D는 이것은 물리학 또는 형이상학적 주장이라고 한다. 그러나 그는 이 대화 상황을 완전히 잘못 이해하고 있다. A, B, C는 사람들이 특별한 종류의 이유들, 즉 무조건적인 이유들을 사람들이 가지고 있는가에 대해 주장했다. 아무런 의무도 존재하지 않는다는 D의 주장은 아무도 그런 종류의 이유를 가지고 있지 않다는 의미다. 그러므로 그는 부득이하게 도덕적 입장을 취한 것이다. C에게 동의하고는 C의 말이 거짓이라고, 또는 참도 거짓도 아니라고 말한다면 그는 자기모순에 빠지게 된다.

D는 이렇게 말할지 모른다. "A, B, C는 각각 도덕 입자의 존재에 의지하여 주장을 펼치고 있다." 그러나 A, B, C는 그렇게 하고 있지 않다. A가 도덕 입자의 존재를 믿는다 해도 그는 그런 입자의 존재나 색깔을 자신의 논거로 제시하지는 않을 것이다. 그는 매우 다른 종류의 논거를 가지고 있다. 예를 들어, 낙태는 인간 생명의 존엄성을 모독한다고 말이다. 하지만 A, B, C가 유별난 사람들이라서 D에게 너그럽게 도덕 입자의 존재를 논변으로 제시했다고 가정하자. 하지만 그렇다고 해

서 D에게 도움이 되는 것은 아니다. 중요한 것은 위 세 사람이 어떤 논거를 제시하는가가 아니라 그 논거의 귀결이 무엇인가다. 반복하자면, 각자는 사람들이 낙태에 대해 가질 수 있는 무조건적인 이유들에 대한 주장을 하고 있다. D의 다양한 논거들은, 그 논거가 무엇이든 위 세 사람의 주장과 같은 종류의 주장으로 귀결된다. D는 그러한 이유란 없다고 생각하며 그러므로 A와 B에게는 동의하지 않지만 C에게는 동의한다. D의 주장은 C의 그것보다 훨씬 더 보편적이지만 C의 주장을 포함하고 있다. 그는 도덕적 논쟁에서 하나의 입장을 취한 것이다. 이것은 1층위의 실체적인 도덕적 입장이다.

D가 이때 자신의 입장을 바꾼다. "A, B, C의 주장이 거짓이라는 게 아니라 이 주장은 진실도 허위도 아니다. 그들의 주장은 전혀 이치에 닿지 않는다. 나는 무조건적 이유의 존재를 주장하거나 부인한다는 것이 무슨 의미인지 그 자체를 이해할 수 없다. 나에게는 헛소리일 뿐이다." 사람들은 자주 명제가 어리석거나 자명하게 거짓이라는 의미로 "이치에 닿지 않는다."라고 말한다. D의 지금 명제가 그런 의미라면 그는 자신의 접근법을 바꾼 것이 아니라 단지 강조점을 바꾼 것이다. D의 말은 다른 어떤 의미일 수 있을까? D는 A, B, C가 공원 벤치에서 네모난 원을 보았다고 주장하는 것만큼이나 불가능한 주장을 하는 자기모순을 저지르고 있다고 말할지도 모른다. 그러나 D는 자신의 논거를 바꾸었지만 결론을 바꾼 것은 아니다. 그가 무조건적 이유란 있을 수 없다고 생각한다면, 그는 아무도 어떤 것에 대해서도 무조건적 이유를 가질 수 없다고 생각하는 것이다. 이 생각은 아직도 도덕적 입장이다. 다시 한 번 시도해 보자. 또 다른 가능한 의미는 다른 사람들의 말이 문자 그대로 이해 불가하다는 것이다. 타인들이 사용하는 개념을 자신이 이해할 수 없음을 인정하는 것이다. 타인들이 말하는 것을 자신이 이해하는 언어로 번역하지 못한다는 것이다. 물론 이 주장은 황당하다.

D는 당연히 A, B, C가 도덕적 책임에 대해 무슨 말을 하려는지 잘 알고 있다. 만약 이해하지 못한다고 주장한다면 그는 회의론자가 아니다. 자신이 이해하지도 못하는 언어로 회의론자가 될 수는 없다.

이 모든 것의 메시지는 명백하다. 사람들이 어떤 도덕적 책임을 가지고 있는가에 대해 말할 때 당신은 도덕적으로 볼 때 사물들이 어떤지를 말하는 것이다. 가치의 독립성을 벗어나는 방법은 없다. 지금 D의 아주 다른 방식의 답변을 가정해 보자. "낙태 논쟁의 양측 주장은 서로 너무 균형이 잡혀 있어서 낙태가 금지되거나 요구되거나 허용되어야 하는가라는 질문에 대한 옳은 답은 없다. 그러한 주장은 자신의 논거가 다른 주장들의 논거보다 강력하다고 전제하지만 그 전제가 잘못되었다." 5장에서 나는 정답에 대해 불확실한 것과 정답이 존재하지 않는다는 믿음(비결정성)의 차이에 대해 설명할 것이다. 이 새로운 공식에 따르면 D는 비결정성을 염두에 두고 있다. 그래서 그는 다른 입장들에 단순히 믿음이 가지 않는 것이 아니라 다른 입장들은 모두 틀렸다고 보는 것이다. 그의 입장은 명백히 실체적인 도덕적 주장이다. 그는 A, B, C에게도 동의하지 않는다. 세 명 모두와 달리 그에게는 네 번째 주장이 있기 때문이다. 그는 세 개의 도덕적 입장들의 설득력을 견주어 보고 어느 하나가 다른 것들보다 논거가 강력하다고 보지 않는다. 이것은 회의주의지만 내적 회의주의다.

흄의 원리

내 주장처럼 모든 도덕적 회의주의가 그 자체로 실체적인 도덕적 주장이라면, 외적 회의주의는 내가 말한 방식으로 스스로에 모순된다. 외적 회의주의는 내가 흄의 원리라고 부르는 도덕적 인식론의 원리를 위배한다. 흄의 원리란 세상에 대한 어떤 과학적 또는 형이상학적인 사실적 주장도 가치 판단의 은밀한 개입 없이는, 세상이 어떠해야 하는가에 대해 완전한 논거를 제시하지 못한다는 것이다. 내가 보기에 흄의 원리가 진실임은 자명하다. 그러나 다음과 같이 흄의 원리를 반증하려는 시도가 있다. "잭은 큰 고통을 느끼고 있는데 당신은 쉽게 그를 도울 수 있다. 그러므로 그 이유만으로도 당신은 그를 도울 도덕적 의무가 있다." 이것이 그 자체로 좋은 주장이 되려면 우선 좋은 주장의 기준에 관한 원칙이 있어야 한다. 그 원칙은 무엇일까? 귀납법이나 일반화는 과거에 당신이 도덕적 의무가 있었다는 도덕적 전제를 해야 하기 때문에 그러한 원칙이 될 수 없다. 연역법이나 의미론적 함의론(semantic entailment)도 원칙이 될 수 없다. 무언가가 더 필요하다. 바로, 좋은 도덕적 논증이란 무엇인가에 대한 숨겨진 전제나 가정처럼, 도덕적 힘이 주입된 무엇이다.

그렇다. 당신 바로 앞에서 누군가가 명백히 엄청난 고통을 겪고 있다는 것이 그 자체로 당신이 능력껏 그를 도와줄 이유인 것처럼 보인다. 그 이상 할 말은 없다. 그러나 당신이 그렇게 생각하는 이유는, 자신도 모르게 심대한 어려움에 처한 사람을 능력껏 도와줘야 할 일반적인 책임을 암묵적으로 받아들였기 때문이다. 당신이 그런 도덕적 전제에 의지하지 않고 있다고 천명했다고 하자. 당신은 이런 상황에서 고통스러워하는 사람을 도와줄 보편적 책임에 대해서 아무런 견해가 없다고 선언한다. 당신은 단순하게 바로 지금의 당신 앞의 고통에 대해서만 아무런 전제 없이 도덕적 책임을 부과한다고 주장한다. 하지만 그렇게 하면 당신의 주장은 자명하지 않고 불투명하게 되어 버린다.

어떤 철학자들은 다른 식으로 반대했다.[5] 그들은 흄의 원리가 무도덕적(nonmoral) 사실이 그 자체만으로 도덕적 주장을 수립할 수 없다는 흄의 원리에 동의한다. 하지만 그들은, 그렇다고 해서 무도덕적 사실이 도덕적 주장을 부인하지도 못한다고는 볼 수 없다고 말한다. 그러므로 단지 도덕적 주장을 부인만 할 뿐인 외적 회의주의는 흄의 원리에도 불구하고 그 자체로 성립한다는 것이다. 하지만 이런 구조 작업도 내가 주장하듯이 회의주의 그 자체가 도덕적 입장이라면, 실패할 것이다. 사람들이 남을 속이지 않아야 한다는 도덕적 주장을 부인하는 것은 이들이 그런 의무를 가지지 않는다는 도덕적 주장을 수립하는 것과 마찬가지다. 위 방식 외에도 흄의 원리는 다른 방식으로 공격당했지만 나는 이 공격들이 모두 실패했다고 본다.[6]

물론, 흄의 원리는 사회학, 심리학, 유인원학, 유전학, 정치학 그리고 상식과 같이 도덕을 사회적 심리학적 현상으로서 탐구하는 여러 학문 분야의 의미를 부인하지 않는다. 흄 자신의 기획의 일부로 보이는 도덕적 감성과 신념에 대한 자연사 역시 부인되지 않는다. 우리는 무엇이 존재하고 존재했는지를 공부함으로써 도덕과 우리 자신에 대해 많은 것을 알게 된다. 왜 어떤 도덕적 신념은 특정 문화와 사회 내에서 지배적인데 다른 문화나 사회 내에서는 그렇지 않은지, 어떤 다양한 영향력과 압력들이 이 신념을 사회적 규범으로서 확립시키는 데 유효한지, 아동들이 언제 그리고 어떻게 도덕적 주장과 징벌의 의미를 체감하는지, 왜 어떤 도덕적 주장들은 인류 전체에 보편성을 갖는지, 그리고 한 사회의 경제적 환경이 그 사회 속에 흐르는 도덕적 신념과 어떤 관계를 맺는지를 추론해 볼 수 있다.

이 질문들은 내가 해 온 것보다 훨씬 더 정교하게 제기되어 왔고 모두 중요하고 매혹적인 질문들이다. 하지만 우리가 지금 대면한 질문, 우리 대부분이 더욱 많은 관심을 가지는 질문과는 구별된다. 즉 "어떤 도덕적 견해들이 참인가?"라는 질문과는 말이다. 흄의 원리는 이 두 번째 질문에 적용된다. 도덕적 판단과 도덕에 대한 설명의 차이는 설명이라는 개념의 애매함 때문에 간과되곤 한다. 사람들은 도덕을 어떻게 설명할 수 있는지 묻는다. 이 질문은 방금 내가 묘사한 사실적 설명의 요구로 이해될 수 있다. 예를 들어 상위 유인원과 고대 인류에서 나타난 습행(practice)에 대한 신다윈주의적인 설명 같은 것 말이다. 다른 한편 이 질문은 도덕적 관행과 제도를 정당화할 것을 요구할 수도 있다. 정당화는 바로 사람들이 화난 목소리로 "네가 한 일을 설명해 봐!"라고 말할 때 염두에 두고 있는 바로 그것이다.

오류 회의주의

외적 회의주의가 그 자체로 도덕적 입장이라면 외적 회의주의는 자가당착에 빠지게 된다. 외적 오류 회의주의는 모든 도덕적 주장은 거짓이라고 주장하기 때문에 당장 취약점이 드러난다. 이에 대해 오류 회의론자들은 모든 적극적(positive) 도덕적 판단만이 거짓이라고 주장하는 방식으로 입장을 변경할지 모른다. 적극적 도덕적 판단이란 행동이나 승인의 기준을 제시하는 판단을 말한다. 어떤 행동은 도덕적으로 요구된다거나 금지된다거나, 어떤 상황이나 사람이 도덕적으로 좋거나 나쁘다거나, 어떤 사람은 도덕적으로 미덕이 있다거나 결함이 있다거나 하는 판단들이다. 이에 비해 소극적(negative) 도덕적 판단들은 어떤 상황이 좋지도 나쁘지도 않고 도덕적으로 중립적이라는 판단, 어떤 사람은 자신의 품성의 한 면에 대해 존경도 비난도 받아서는 안 된다는 판단 등을 말한다. 그러나 위에서 말했듯이 이것도 도덕적 판단이다. 법이 와인 마시기를 금지하지도 요구하지도 않는다는 명제가 법적 판단인 것처럼 말이다. 이렇게 수정된 오류 회의주의는 일종의 총체적 내적 회의주의가 된다. 예를 들어, 신만이 모든 도덕적 의무의 원천이 될 수 있으며 신은 존재하지 않는다는 이론과 같은 것이다. 오류 회의론자는 이 이론에 유사한 논거에 의지하고 싶을지도 모른다. 즉 도덕적 의무는 어떤 괴상한 실재에 의해서만 부과되는데 그러한 실재는 없다는 것이다. 나는 다음 장에서 이 이상한 주장을 다룰 것이다. 또는 오류 회의론자는 지금 다룰 두 개의 친숙한 논거들에 의지할지도 모른다. 우리는 이 논거들을 외적 회의주의가 아니라 내적 회의주의로서 검토해야 한다.

다양성

최근 들어 가장 걸출한 오류 회의론자인 존 매키(John Mackie)는 실체적 도덕적 판단은 사람들이 그중 무엇이 참인지에 동의하지 않기 때문에 모두 거짓이라고 주장했다.[7] 그의 사회학적 전제들은 대부분 옳다. 그러나 도덕적 다양성은 가끔 과장되어 있다. 즉 실제 역사 속에서 기본적 도덕적 사안들에 대한 견해의 수렴 정도는 놀랍고 예측 가능하다. 물론 사람들은 적극적 평등 실현 조치, 낙태 및 사회 정의와 같이 중요한 사안들에 대해서 동의하지 않으며 하나의 문화 내에서도 그러하다. 그렇다고 해서 우리에게 도덕적 의무나 책임이 없다고 할 수 있을까?

물론 자신이 보기엔 자명한 것을 타인들이 거부하는 지점에서 우리는 잠시 생각을 멈춘다. 나처럼 지적이고 감성적으로 보이는 타인들이 동의하지 않는데 어떻게 내가 옳다고 자신할 수 있을까? 물론 이런 견해차의 존재가 우리의 도덕적 신념이 오판이라는 논거가 될 필요는 없다. 우리는 우리의 도덕적 신념의 대중적 인기도를 그 신념의 참의 증거로 삼지 않는다. 대부분의 사람들이 거짓말이 때에 따라 허용되어야 한다고 생각한다는 사실이 그 생각이 참이라는 이유가 되지는 않는다. 그렇다면 왜 우리는 어떤 견해에 대한 동의의 부재를 그 견해의 반증으로 삼아야 할까? 매키와 다른 회의론자들은 이 합리적인 질문에 대해 딱 한 가지 답을 내놓는다. 다양성은, 도덕적 신념이 있다면 그 원인이 도덕적 진리는 아님을 보여 준다는 것이다. 도덕적 진리가 도덕적 신념의 원인이라면 훨씬 더 많은 사람들이 서로 동의할 것이라는 주장이다. 즉 수백만 명의 사람들이 유니콘을 보았다고 주장하지만 색깔, 크기 및 모양에 대한 동의가 거의 이루어지지 않는다면 우리는 그 목격담을 중시하지 않을 것이다. 실제로 유니콘이 존재하고 사람들이 보았다면, 그 생명체의 실제 특성이 사람들의 증언 사이에 더 많은 일치를 이끌어 냈을 것이다.

내가 다음 장에서 주장하듯이, 도덕적 진실이 도덕적 신념의 원인이 되지 못한다는 오류 회의론자들의 말은 옳다. 도덕적 진실과의 대면 따위보다는 사람들의 개인사가 도덕적 신념의 더욱 중요한 원인이다. 그렇다면, 이로부터 수렴과 다양성의 혼합을 기대하는 것은 당연하다. 사람들의 개인사는 인간 게놈부터 시작해서 서로 공통점이 많다. 어디에서든 어떤 상황에서든 사람들은 사익을 위한 살인은 옳지 않다고 생각할 가능성이 높다. 그러나 개인사는 차이점이 많다. 거주 환경, 경제, 종교의 차이는 도덕에 대한 견해차를 기대하도록 만든다. 어찌 되었든 다양성은 단지 인류학적 현실일 뿐, 그 자체로 모든 도덕적 판단이 거짓임을 입증하지 않는다. 사람들은 그 다양함 속에서도 무엇이 참인지를 판단해야 하고, 도덕적 참의 문제는 신념을 어떻게 정당화하는가의 문제지 수렴이나 분산을 어떻게 잘 설명하는가의 문제가 아니다.

도덕률과 동기

매키에 따르면, 실체적 도덕적 판단들은 하나의 엄청난 명제를 내포하고 전제하고 있다. 즉 사람들이 참인 실체적 도덕적 견해를 갖게 되면 그런 견해를 갖고 있다는 이유만으로 그 견해의 요청에 따라 행동할 동기를 갖는다는 명제 말이다. 예를 들어, 탈세하면 안 된다는 명제가 참이라면, 그 진실을 받아들인 사람은 자석에 이끌리듯 세금을 정확히 보고하려 한다는 명제다. 매키도 지적하듯이 이것은 '이상한' 결과다. 다른 분야에서 하나의 사실이 승인되었다고 해서 그것이 자동적으로 동기를 발생시키지는 않는다. 내 앞에 놓인 병에 독이 들어 있어도 상황에 따라 나는 주저 없이 마실 수도 있다. 도덕적 명제가 이런 면에서 유별나다면, 즉 도덕적 진실에 대한 믿음이 동기의 변화를 동반한다면, 도덕적 실재는 특별하고 독특한 자력을 가지고 있기 때문일 것이다. 매키는 "객관적 선"이라는 개념이 이상하다면서 "이에 따르면, 객관적 선을 아는 모든 사람들이 그 선을 찾는 이유는 그가 (또는 모두가) 그런 결과를 욕망하도록 애초에 구성되었기 때문이 아니라 그 결과가 어떤 흡인력을 가지고 있기 때문이라는 것이다. 이와 비슷하게 선악에 대해 객관적 원리가 있다면 악은 항상 사람들을 자신으로부터 멀리 밀어내는 힘을 동반할 것이다."[8]라고 말한다.

매키가 치명적이라고 믿는 이런 비유들을 어떻게 이해할지는 불분명하다. 우리는 그 자체로 사람들에게 도덕적 구속력을 미치는 도덕 입자는 없다는 점에 틀림없이 동의한다. 그러나 왜 그로부터 고문이 도덕적으로 나쁘지 않다는 명제가 도출된다고 생각해야 할까? 내가 앞에서 설명한 책임론, 즉 실체적 도덕적 견해는 그 견해가 어떤 도덕적 (그리고 동기를 발생시키는) 진실과 직접적 접촉해 성립된 것이 아닌 한 정당하지 않다는 이론을 따른다면 그런 결론에 도달할지 모른다. 이 이론은 다음 장에서 다룰 것이다. 그러나 어찌 되었든 도덕과 동기의 관계에 대한 사람들의 인식을 매키가 곡해한 듯하다. 그는, 사람들은 진실된 실체적 도덕적 판단이 사람들을 그 판단에 따라 행동하도록 이끈다고 믿는다고 주장한다. 그러나 사람들이 실제로 그렇게 믿는다면 그들은 실제로 괴상한 도덕적 힘의 존재를 믿는 것이 된다. 하지만 도덕적 신념과 동기의 자동적인 관계를 믿는 사람들은 이 관계가 거짓된

98

신념에도 적용된다고 믿는다. 예를 들어, 사다리 아래로 지나가면 안 될 도덕적 의무가 있다고 생각하는 사람은 사다리 아래를 지나가지 않을 것이라고 우리는 믿는다. 동기의 파고를 이끄는 것은 진실이 아니라 신념이다. 그러므로 괴상한 실재의 문제는 아니다.

도덕률과 이유들

외적 오류 회의주의에 대해 더 유력한 논변이 있다. 이 논변은 보통 사람들의 견해가 내포하는 중요한 가정을 지적하면서 전개된다. 즉 하나의 행위가 옳지 않다는 것은 사람들에게 그 행위를 기피할 무조건적인 이유, 즉 자신의 욕구나 호불호에 의지하지 않는 이유가 된다는 가정이다. 나는 도덕률과 이유 사이의 바로 이러한 관계에 의지하여 왜 지난번 가상 실험에서 D가 A에게 동의하지 않았는지를 설명했다. A는 사람들이 낙태를 용인하거나 방조하지 않을 무조건적인 이유가 있다고 믿는다. D는 무조건적인 이유는 없다고 믿으며 그래서 A는 틀렸다고 믿는다.

어떤 철학자들은 D의 입장은 이유를 가진다는 것의 의미에서 도출된다고 믿는다.[9] 이들에 따르면 이유를 갖는 것과 욕구를 갖는 것은 본질적으로 내재하는 연계성이 있다. 어떤 행위를 해서 만족시킬 진정한 욕구가 없다면 당신은 그 행위를 할 이유가 없다. (여기에서 욕구란 당신이 일관되게 생각하고 충분한 지식을 갖추더라도 계속 가지게 될 욕구를 말한다.) 무조건적인 이유의 개념(진정한 욕구에 대응하지 않더라도 유지하게 될 이유)은 있을 수 없다. 이들에 따르면, 도덕적 판단은 항상 무조건적 이유를 주장하거나 전제하므로 이 판단은 모두 거짓이다.

이유를 갖는다는 것을 그렇게 관념화하면, 스탈린은 자신의 동료들을 살려 둘 이유가 없었던 것이 된다. 하지만 그런 관념을 받아들여야 할까? 버나드 윌리엄스(Bernard Williams)가 바로 그런 이유관(觀)을 주장하며 이런 기준을 제시했다. 누군가 무엇을 할 이유를 가진다는 것은 그 이유가 최소한 그의 행위를 설명할 잠재성을 갖추었다는 것이다.[10] 당신이 기아 상태의 빈자를 돕길 원한다면, 나는 그 욕구를 원용하여 당신이 왜 유니세프에 기부했는지 설명할 수 있다. 그러나 빈곤 구제를 원하지 않고 기부도 하지 않는다면, 나는 당신이 빈자를 도울 이유를 가지고 있다고 말할 수 없다. 그 이유를 당신에게 귀속시켜도 당신의 행위를 설명할 수 없기 때문이다. 스탈린은 자신의 동료들을 살려 둘 욕구가 없었기 때문에, 우리는 스탈린이 동료들을 살려 둘 이유가 있다는 것으로 그의 행위를 설명할 수 없다. 그러므로 윌리엄스처럼 이유를 이해하면, 우리는 그가 동료들을 살려 둘 이유가 없었다고 인정해야 한다.

그러나 우리는 반드시 윌리엄스의 기준을 채택할 필요가 없고, 사람들이 자신의 욕구에 봉사하는 이유만을 가진다고 생각할 필요도 없다. 이유는 다른 방식으로도 이해할 수 있다. 즉 한 사람이 동료들을 살해하는 것이 그에게 좋을 때 (그리고 좋을 때만) 그가 그 행위를 할 이유를 갖는다고 이해할 수도 있는 것이다. 그렇다면 살인 경력이 실제로 그에게 좋지 않을 수도 있기 때문에 살인이 그의 목적과 부합한다고 해서 그가 살인할 이유를 가지는 것으로 귀결되지는 않을 것이다. 이 대안의 이유관은 윌리엄스의 기준을 자동적으로 지지하지도 배척하지도 않는다. 대안의 이유관은 또 하나의 윤리적 문제에 의존한다. 즉 일반적으로 그 사람에게 좋다는 것은 무엇인가? 이 새로운 이유관에서도 진정 한 사람에게 좋은 것은 결국 그의 욕구를 충족시키는 것일 수도 있다. 그렇게 되면 윌리엄스의 이유관으로 회귀한 것이 된다. 그러나 반대로 사람이 존엄성과 자존감을 가지고 사는 것이 좋은 것이며 스탈린이 뭐라고 생각했든 그의 만행은 그 자신에게 나쁜 것이었다고 생각할 수도 있다. 대안의 이유관은 이성성(rationality)의 질문을 윤리론적 질문과 연결 짓는다.

이유를 욕구에 자동적으로 연결 짓는 윌리엄스의 이유관과 그렇지 않은 이유관 중에서 어느 쪽이 옳은지를 어떻게 판단할 수 있을까? 또는 이 선택은 단지 이유라는 단어의 사용의 문제일까? 즉 '이유'라는 문구의 공식적 또는 올바른 사용법을 결정하는 문제일까? 그러나 그러한 공식적 또는 올바른 사용법은 없다. 우리는 어떤 경우에는 윌리엄스의 이유관에 부합하게 '이유'라는 말을 도구적으로 사용한다. 우리는 "스탈린이 그의 권력을 집중시키길 원했기 때문에 잠재적 경쟁자들을 살해할 이유를 가지고 있었다."라고 말한다. 그러나 우리는 그 반대의 방법으로 사용하기도 한다. 즉 "사람들은 항상 바르게 살아야 할 이유가 있다."라는 말은 절대 문법적인 오류가 아니다. 그렇다면 철학적 견해차는 단지 환상일 뿐일까? 즉 우리가 "이유를 가진다."라는 말을 여러 의미로 조리 있게 사용하는 한 철학자들의 견해차는 실재하지 않는 것인가? 선택이 오류 회의주의처럼 중요한 철학적 이슈와 아무 관련이 없을까? 그렇다면 왜 철학자들은 이것을 여태 몰랐을까? 왜 이 논쟁이 우리에게는 진정하고 중요하게 느껴질까?

논쟁이 환상이 아니라면, 즉 표준어법에 관한 것이 아니라면, 논쟁의 실체는 무엇인가? 8장에서 나는 일단의 개념들을 소개할 것인데, 이 개념들은 사람들이 개념의 최선의 해석이 무엇인가에 대해 다투면서도 다 함께 공유하는 이른바 '해석적 개념'들이다. 하나의 개념관이 다른 개념관보다 더 낫다고 주장할 때 우리는 왜 그 개념관이 거기에 담긴 가치를 가장 잘 포착하는지에 관한 이론을 세운다. 물론 이 개념적 이론들에 대해서는 논란이 많다. 그렇기 때문에 여러 개념관들이 일반 용도와 철학적 용도에 있어서 경합하는 것이다. "이유를 가진다."는 개념은 해석적 개념이다.[11] 최선의 개념관이 무엇인가에 따라 좌지우지되는 질문들(예를 들어 스탈린이 동료들을 숙청할 이유가 없었다.)에 답할 때, 일방적으로 '이유'의 정의를 선포해 버리고 그 정의로부터 해

답을 이끌어 내는 방식은 그 질문에 대한 효과적인 답이 아니다. 우리는 하나의 이성관(觀)에 부합하는, 다양한 종류의 가치들의 거대한 구조를 만들어 내야 한다. "이유가 있다."라는 명제의 특정한 이해나 개념관을 정당화하는 구조 말이다.

이 거대 구조는 사람이 "어떤 행위에 대해 그 행위를 할 이유가 있는가라는 질문에 대해 왜 신경 써야 하는가?"라는 질문에도 답해야 한다. 하지만 벌써 그것은 당위적인 질문이지 심리학적 또는 동기적인 질문이 아니다. 그가 신경 쓰는가가 아니라 신경 써야 하는가를 묻는 것이다. 한 사람이 원하는 무언가를 갖는 것이 자신에게 나쁜데도 그 사람이 그것을 할 "이유가 있다."라고 선언하는 것은 매우 결핍된 이성관일 것이다. 그런 이성관을 정당화하는 목적은 어디에도 없을 것이다. 그러므로 윤리론(사람들에게 무엇이 좋고 무엇이 나쁜가에 대한 이론)은 이유와 이성에 대한 성공적인 이론의 일부가 되어야 한다. 그렇다면 방금 내가 설시한, 이성성을 윤리에 결부시키는 대안의 이론은 더 우월한 윤리관이다. 이 책의 후반부인 3부와 4부에서, 나는 특정한 윤리론 그리고 윤리와 도덕의 해석적 연관성을 설파할 것이다. 그 부분에서의 내 주장이 옳다면 스탈린처럼 산 사람은 나쁜 삶을 산 것이다. 자신은 인식하지 못했어도 그의 삶은 나쁜 것이었다. 윌리엄스의 윤리론은 다르다. 그는 무엇이 사람들에게 좋고 나쁜지는 그 사람의 진정한 욕구에만 달려 있다고 믿었다. 그는 어떠한 객관적인 윤리적 또는 도덕적 진실도 부인했고 이 때문에 무조건적 이유를 부정했다. 나는 객관적 윤리적 진실이 존재하며 그러므로 무조건적 이유들도 존재한다고 믿으며 그렇게 주장할 것이다. 어찌 되었든 철학자가 무조건적 이유의 부존재를 전제하고 외적 오류 회의주의를 주장하는 것은 적절하지 않다. 그는 그 반대 방향으로 논증해야 한다. 즉 그는 윤리론에 대한 오류 회의주의를 독립적으로 포용한 후에야 무조건적 이유들을 부정할 수 있다.

지위 회의주의

두 가지 버전

앞에서 말했듯이, 지위 회의주의가 인기 있는 이유는 포기할 수 없는 신념을 포기하는 척하지 않아도 수용할 수 있기 때문이다. 나쁜 형이상학만 포기하면 되고 우리의 신념은 유지할 수 있는 것이다. 지위 회의론자와 그 반대자들 간의 기나긴 논쟁 그리고 지위 회의주의 분파들 간의 더 설득력 있는 논형을 위한 경쟁은 강단철학 내의 '메타윤리학'을 지배하고 있다. 이들의 문헌을 여기에서 거론하지는 않겠다. 대신 나는 다른 질문에 집중하고자 한다. 과연 지위 회의주의는 독자적이고 유지 가능한 입장인가?

지위 회의주의가 논박의 대상으로라도 유지 가능하려면 다음 두 가지 입장의 의미를 구별할 수 있어야 한다. 고문은 항상 잘못이라는 입장과 고문의 잘잘못은 누구의 태도와도 관계없는 객관적 진실의 문제라는 입장이다. 만약 두 번째 입장이 단지 첫 번째의 도덕적 판단을 단지 길게 풀어쓴 거라면, 아무도 일관성 있게* 두 번째 입장을 배제하고 첫 번째 입장만을 취할 수 없고 지위 회의주의는 시작부터 파산이다. 두 주장 사이에 과연 차이점이 있는지는 전혀 자명하지 않다. 누군가 고문은 잘못이라고 말해 놓고 자기의 말이 진실이 아니라고 선언하는 것은 당연히 어색한 일이다. 많은 회의론자들이 말하듯이 고문이 잘못이라는 제1차 입장은 단지 태도의 반영일 뿐 입장이 아니라고 주장하는 것 역시 도움이 되지 않는다. 만약 그렇다면 지위 회의주의 자체도 혹시 반대되는 태도의 반영일 뿐 철학적 입장이 아닐 수도 있는 것 아닌가?

바로 이것이 지위 회의주의가 풀어야 할 과제다. 나는 모든 지위 회

---

* coherently, 이 책 대부분에서는 '정합성'으로 번역했으나 여기에서는 '일관성'이 맥락에 부합하면서 대중적인 표현임.

의주의 분파들에게 이 과제가 치명적이라고 믿는다. 지위 회의론자들은 이에 대해 두 가지 상충하는 반론을 제기해 왔다. (1) 혹자들은 액면 그대로 도전을 대면한다. 그들은 두 가지 언어 행위(speech act)의 구분이 언어 관행 속에 충분히 확립되어 있다고 주장한다. 하나는 도덕적 신념을, 다른 하나는 그 신념이 진실임을 표현하는 것이며 그래서 첫 번째 언어 행위를 수행하면서 두 번째 언어 행위를 부인하는 것은 논리적, 감정적으로 모순이 없다는 것이다. 첫 번째 언어 행위는 감정이 감응적으로 1층위에 투사된 것이고 두 번째는 잘못된 2층위적 철학적 입장이라는 것이다. (2) 또 다른 지위 회의론자들은 두 언어 행위가 일상적 담론에서 나타날 때는 그러한 차이가 없다고 인정한다. 일상적 대화에서는 고문이 항상 잘못이라고 선언하고 자기 말의 진실을 부인하는 것은 자기모순임을 인정한다. 그러나 이들은 두 가지 작업 또는 두 가지 말놀이의 차이점에 천착한다. 바로 일반적 언사와 철학적 언사의 차이를 말한다. 이 두 번째 반박에 따르면 지위 회의론자들은, 자신을 철학적 말놀이 안에 위치 지음으로써, 일상 언사에서 사람들이 진실이라고 믿는 도덕적 입장들은 그 말놀이 안에서는 진실이 아니라고 말할 특권을 취득한다. 그리하여 지위 회의론자는 일상생활에서 고문은 잘못이며 그 오류성은 객관적 도덕적 진실의 문제라고 선언하면서도 철학적 언사에서는 두 입장 모두 도덕적으로는 무의미한 세계에 투사된 감정일 뿐이라고 주장할 수 있는 것이다. 언어 행위론에 근거한 지위 회의주의는 오랫동안 인기를 누렸고 도덕철학을 수십 년 동안 지배해 왔지만 점차적으로 방어하기 어려워졌으며 이제 "두 개의 말놀이"론이 유행한다. 두 가지 반론을 모두 살펴보자.

언어 행위 회의론자: 과제

내가 낙태에 대해 강연하고 있다고 하자. 나는 "낙태는 도덕적으로 잘못이다."라고 말한다. 그리고 숨을 고른 뒤, 이 문단에 제시된 다양한 주장들을 더한다. "나의 낙태론은 단순한 감정의 표현이 아니며 나 또는 타인의 원칙이나 계획을 설명하거나 표현하거나 투사하는 것이 아니다. 낙태의 부도덕성에 대한 나의 주장은 진정 객관적으로 참이다. 이 주장들은 누군가의 충동과 감정과는 거리가 있는 도덕의 명령이다. 내가 참이라고 생각하지 않거나 다른 누구도 참이라고 생각하지 않더라도 이 주장들은 참이다. 이 주장들은 보편적이며 절대적이다. 무엇이 근본적으로 옳고 그른가에 대한 보편적이고 영원한 진실 위에 세워진 우주라는 거대한 직조물의 한 부분이다. 독립적인 도덕적 현실로서의 실재에 대한 전언이며 실제 도덕적 사실을 언급한다."

내가 숨을 고른 후에 한 모든 말들을 '추가 주장'이라고 칭하자. 추가 주장은 정신과는 독립된 도덕적 진실을 점진적으로 더 강조하여 선언한다. 그러므로 이 안에 언어 행위 회의론자들의 주의를 끌 만한 어떤 경계해야 할 표지가 있을 것이다. 무언가 회의론자가 부인하고자 하는 주장이 있을 것이다. 그러나 나의 추가 주장은 그 스스로 도덕적 주장으로 보인다. 그렇다면 이것을 부인하는 것도 도덕적 주장이 된다. 내 주장이 내 감정의 투사라고 말하는 순간 그는 자신의 붓을 망치게 된다. 그의 철학적 주장 역시 감정의 발화일 뿐이니까.

자폭 없이 내 주장을 부인하려면 내 추가 주장들이 어떤 사실적 또는 형이상학적 테제를 적시하거나 전제한다고 이해해야 한다. 하지만 그렇게 하기는 힘들다. 내 추가 주장을 가장 자연스럽게 이해하는 방법은, 유별나게 열정적이긴 해도 이를 적확히 하나의 도덕적 주장으로 이해하는 것이기 때문이다. 낙태가 항상 그리고 심대한 잘못이라고 생각하는 사람은 열정적 순간에 "낙태가 항상 잘못이라는 것은 근본적인 도덕적 진실이야."라고 말할 것이다. 이는 자신의 실체적 입장을 강조하여 재표명한 것일 뿐이다. 다른 추가 주장들도 원래의 주장에 뭔가를 더한 것처럼 보이지만 단지 더 정교한 1층위적 도덕적 입장들로 대체한 것뿐이다. '객관적' 또는 '진짜'와 같은 부사를 도덕적 맥락으로 사용하는 사람들은 자신들의 견해를 특별한 방식으로 규정하려 한다. 즉 그런 수식으로 자신들의 견해는 '주관적'이거나 단지 축구나 겨자를 싫어하는 것과 같은 기호의 문제와는 다른 것임을 보여 주려는 것이다. 낙태가 객관적으로 잘못이라는 주장은 일상적 담론에서 나의 추가 주장과 등가다. 아무도 잘못이라고 생각하지 않아도 낙태는 잘못이라는 추가 주장 말이다. 이 추가 주장을 가장 자연스럽게 읽자면, 원래의 도덕적 주장의 내용의 강조이거나, 낙태가 사람들이 그렇게 생각할 때 또는 그렇게 생각하기 때문에 잘못이 아니라 그냥 자명하게 잘못임에 대한 강조인 것이다.

낙태가 보편적인 잘못이라는 나의 또 다른 추가 주장 역시 나의 도덕적 주장을 더욱 명료하게 한 것으로 이해될 수 있다. 내 견해로는 낙태가 모든 사람에게, 어떤 상황이나 문화 속에서도 또는 어떤 성격이라도 또는 어떤 윤리적 또는 종교적 배경에서도, 잘못이라는 주장을 드러내어 원론의 범위를 규명한다. 단순히 낙태가 잘못이라거나 객관적으로 그렇다고 말하는 것과는 다르다. 나는 낙태에 대한 사람들의 반응이 아니라 낙태 자체의 성격 때문에 낙태의 오류성이 객관적이라고 생각하면서도, 어떤 공동체 내에서는 낙태가 잘못이 아니기 때문에 그 오류성이 보편적이지 않다고 생각할 수 있는 것이다. 예를 들어 인간 생명의 숭고함을 완전히 다르게 개념화하고 있는 공동체의 경우다. 누군가 낙태의 오류성이 객관적일 뿐만 아니라 보편적이라고 말할 때는 그런 식의 조건이 붙지 않는다는 의미다.

낙태의 오류성이 절대적이라는 추가 주장은 어떨까? 가장 자연스러운 해석은 낙태가 원칙적으로 항상 오류라는 의미 외에도 그 오류성은 다른 상충하는 고려 요소들에 의해 압도되지 않는다는 의미다. 즉 산모의 생명이 위협받을 상황이라고 해서 낙태가 차악의 선택일 수는 없다는 의미다. 뒤에 나오는, 도덕적 진실이 독자적 '영역'에 있다거나 '저 밖'에 있는 우주의 '직조물'이라거나 하는 현란한 주장들은 어떨까? 사람들은 실제로 이렇게 말하지 않는다. 회의론자들이 공격 대상으로 고안한 것들이다. 그래도 우리는 사람들이 가질 수도 있는 생각으로 충분히 이해할 수 있다. 이전의 추가 주장들의 직설, 즉 낙태의 오류성은 누군가가 오류성을 믿는가와는 독립적이라는 주장의 과장된 그리고 은유된 반복으로 이해할 수 있다. 도덕적 사실을 말했지만 도덕 입자들의 존재를 강변하지 않으면서도 내 주장들이 주관적 기호의 표현이 아님을 강조하려 한 것이다.[12]

이렇게 재서술된 주장들은 외적 회의론자이고자 하는 사람에게 도움이 되지 않는다. 그가 이중의 하나라도 부인하면 그의 회의주의도 부인하게 되기 때문이다. 내 추가 주장에서 무언가 다른 것, 스스로 도덕적 주장이 아니면서도 그것의 부인이 회의주의적 함의를 가지는 무언가를 찾아야만 그는 외부적이면서도 회의론자가 될 수 있다. 나는 이를 의미론적 독립성(semantic independence)과 회의주의적 함의성(skeptical pertinence)의 쌍둥이 조건으로 명명하려 한다. 예를 들어 사람들이 모두 낙태의 부도덕성에 동의한다고 내가 가정하고 있다고 말하면 두 번째 조건을 충족하지 못한다. 나는 당연히 그렇게 가정하고 있지 않지만 중요한 것은 내가 그렇게 가정하고 있더라도 그 오류를 지적하는 것은 회의주의적 함의가 없다. 낙태에 대한 사람들의 견해가 서로 다르다고 해서 낙태가 그 자체로 항상 잘못이라는 내 주장에 대한 반론이 되지 못하기 때문이다. 독립성과 회의성이라는 쌍둥이 조건이 모두 충족되기가 불가능하다는 것을 직감한 독자도 있을 것이다. 회의주의적인 의미를 가진 테제는 외부적일 수 없다.

하지만 나는 여러 가능성을 다루어 본다. 그중 하나는 철학적 문헌에서 중요하게 다룬다. 내 추가 주장에 대해 회의론자는 심리학적 추정을 발견했다고 말할지 모른다. 즉 내가 낙태론의 진실성을 이해함으로써 낙태론을 입론했다거나, 낙태의 오류성에 대한 나의 결의의 최선의 설명은 진실과의 '접촉'이라는 것이다. 회의론자는 도덕적 진실이 인간의 뇌에 영향을 미치지 않는다고 주장하면서 이 가설을 부인할 수 있으며 이 부인은 그 자체로 도덕적 주장이 아니다. 독립성의 조건을 충족하고, 의미성의 조건을 충족하지 못하며, 회의주의적 힘이 없다. 이 주장에 대한 논점들은 복잡한데 다음 장 전체에서 다룰 것이다.

언어 행위 회의론자가 두 가지 조건을 모두 충족하면서 부인할 수 있는, 내 추가 주장에 명시되거나 내포된 주장이 또 무엇이 있을까? 이 중 세 가지 가능성만을 고려하고자 한다. 이 정도면 그의 탐색의 무모함을 보여 주기에 충분하다. 각 학설들이나 각 학자들의 세밀한 주장들을 자세히 설명하지 않겠지만 각주로 일부 대신할 것이다.

의미론적 표현주의

우선 의미론적 주장들을 옆으로 치워 놓자. 어떤 지위 회의론자들은 일반인들이 고문이 도덕적으로 잘못이라고 말할 때 그들은 자신들의 태도를 표명하는 것뿐이라고 주장한다. 고문이라는 제도에 대해 엄지손가락을 내렸을 뿐이라는 것이다. 이 의미론적 주장은 명백히 잘못되었다. 일반인들이 고문이 잘못이라고 말할 때는 고문이 잘못이라는 의미다. 그 이상 더 정확한 묘사는 없다. 회의주의 철학자들도 이를 의심하지 않는다. 즉 이들이 고안해 낸 의미론은 연극의 제2막에서 나온다. 회의론자들은 처음에는 도덕적 판단이 액면가로는 말이 되지 않아 기술되어야 할 내용이 없다고 했다가, 새로운 의미론적 이론을 제시하면서 도덕적 판단을 분별 있는 행동으로서 재정립한다. 그런데 우리가 이 극의 제1막 자체를 거부한다면 그다음 '재정립'의 막이 필요 없어진다. 어찌 되었든 이 장의 토론들은 이들 의미론적 쟁점에 따라 규정되지 않는다. 철학자가 2층위적 철학적 판단이라고 제시한 것이 사실은 1층위의 도덕적 판단이고, 이 1층위적 판단들이 모두 감정의 표출이라면, 우리는 철학자 자신의 활동에 대해서도 똑같은 입장을 취하면 된다. 우리는 연극의 제1막에만 신경 쓰면 된다.

다시 도덕과 동기에 관해

일부 언어 행위 회의론자들은, 내가 앞에서 언급했던 도덕적 판단과 동기의 밀접한 관계가 도덕적 판단이 믿음이 될 수 없고 그러므로 참이나 거짓이 될 수 없음을 입증한다고 주장한다. 믿음은 보통 스스로 동기를 제공하지 않기 때문이다. 아스피린이 통증을 완화해 주리라 믿는다고 해서 내가 아무 때나 아스피린을 복용하는 것은 아니다. 통증을 중단시켜야겠다는 독립적인 욕구가 생길 때에만 나는 복용 의사를 느낄 것이다. 그렇다면 도덕적 판단이 그 스스로 동기를 제공한다면 믿음이 될 수 없다는 것이다. 우리에게는, 도덕적 판단은 감정의 갑작스러운 표출이나 표현이라고 치부하는 제2막이 항상 필요하다. 항상 감정, 욕구 또는 계획이 거의 자동적인 동기를 제공한다.

단순해 보이는 이들의 논리에는 엄청난 복잡성과 세밀함과 의미들이 숨어 있다.[13] 첫 단계는 도덕적 믿음은 '다른 믿음과 달리' 필연적으로 동기를 부여한다는 선언이다. 내가 보기엔 이 주장이 경험적인지, 의미론적인지 또는 개념적인지가 불분명하다. 논쟁의 상당 부분은 예를 들면 '무도덕주의자들'의 존재 여부와 같은 문제에 규정된다. 즉 정신적으로 건전한 사람들로서 도덕적 신념을 가지고 있다고 주장하면서도 그 신념에 따라 행동할 의향이 전혀 없는 사람들 말이다. 이것은 그러한 성격의 사람들이 실제로 존재하고 몇 명이나 존재하는가에 대한 질문인가? 그 사람이 신념을 가지고는 있으나 그 신념을 무시할 뿐이라고 말하면 오류인가? 그것이 오류라면 동기의 보유는 도덕적 신념의 보유의 일부임을 간과한 개념적 오류인가? 또는 도덕적 신념의 보유 여부를 판단하는 언어적 규칙이 그러한 서술을 허락하지 않기 때문에 발생하는 의미론적 오류인가? 이 질문들을 놓고 고민할 때는 반드시 염두에 두어야 할 사람이 있다. 바로 자신의 결함을 상세히 논의하며 "악당이 되기로 마음먹고" 자신의 계획들을 "은밀하고 악하고 비열하다."라고 평가한 글루세스터의 리처드(Gloucester of Richard)다.[14] 그는 단순히 타인들이 악하다고 여긴 것을 하려 한 데서 그친 게 아니라 자신이 악독하다고 여긴 것을 하려 했다.

위 논리의 핵심인 제2단계는 수많은 가설들을 남긴 흄의 이름을 딴 또 다른 가설을 전제한다. 즉 도덕적 신념이 자동적으로 약간의 동기성을 내포하고 있다면, 이 신념들은 믿음을 표현하는 것이 아니라 욕구만을 웅변한다는 것이다. 하지만 이 가설은 구시대의 심리학에 갇힌 맹목이다. 우리는 사람들의 믿음을 평가할 때 그들의 행동을 고려한다. 전지전능한 선한 신을 믿으면서도 그 믿음을 조금도 행동으로 옮기지 않는 사람이나 모든 미신을 패악이라고 선언하면서 스스로는 사다리 아래나 검은 고양이 앞으로 걷지 않으려고 애쓰는 사람을 보자. 우리는 아마도 그의 믿음이 진실하지 않다고 말할 것이다. 그러나 신이나 마술에 대한 믿음은 진정한 믿음이 아니라거나 아무도 신을 믿지 않는다거나 미신을 거부하지 않는다고 말하지는 않을 것이다.

도덕적 판단이 믿음을 표명하지 않음에 대한 또 하나 잘 알려진 논거가 있다.[15] 믿음과 동기는 단지 요구의 방향이 다를 뿐 모두 세상과의 합일을 요구한다는 것이다. 믿음은 세상에 맞추려는 의도성이고 욕구는 세상이 욕구에 맞춰 주기를 의도하는 것이며, 도덕적 판단은 세상에 대해 합일을 요구하는 것이므로 믿음의 표명일 수 없다는 것이다. 그러나 이것은 새로운 질문만을 낳는다. 도덕적 판단이 믿음을 표명한다면 그래서 세상에 맞추려는 의도성이라면 모든 믿음이 세상에 맞추려는 의도성이라는 전제가 틀린 것이 된다. 모든 상황에서 도덕적 판단은 특정한 사실, 즉 도덕에 관한 사실에 부합하려는 의도성이다. 회의론자가 그 차이를 조작하여 믿음은 물리적이거나 정신적인 사실에 부합하려는 의도성이라고 규정한다면, 그 주장의 순환성은 더욱 명백해 보인다. 도덕과 동기에 대한 논쟁은 다시 한 번 엉뚱한 쪽으로 나아간다. 회의론자가 도덕적 판정이 믿음의 표명이 아니라는 걸 입증하려면 믿음의 대상 자체가 존재하지 않음을 보여 줄 수밖에 없다.

도덕적 의무에 대한 사람들의 신념과 그들의 행동 사이에서 자연스럽게 나타나는 연관성은 심리학적 고찰로 더욱 잘 해명된다. 우리는 왜 도덕적 이슈들에 관심을 가지는가? 내가 믿듯이, 우리가 잘 살기를 원하고 또 잘 살기가 도덕적 책임의 준수를 요구함을 인식한다면, 우리는 당위라고 여기는 것들을 이행할 동기를 매우 자연스럽게 가지게 된다. 물론 다 그런 건 아니다. 사악한 사람들은 리처드나 밀턴의 사탄처럼 잘못을 저지르면서 특별한 쾌락을 얻기 때문에 무엇이 잘못된 일인지 알고 싶어 한다. 사탄은 자신이 "치떨리는" 일을 하고 싶어 한다.[16] 자신의 견해가 어떻게든 다음 행위에 영향을 주기 때문에 도덕적 이슈들에 관심을 갖게 된다. 진정한 무도덕주의자(amoralist)가 실제 존재한다면 그에게는 아무런 도덕적 신념이 없어야 한다.

더욱 중요한 것은, 지금까지 살펴보았듯이 도덕적 판단이 믿음이 아님을 입증하려는 상술한 2단계 논리는 지위 회의론자를 구원할 수 없다는 점이다. 낙태에 대한 나의 첫 주장이 동기를 담지하고 있다는 이유로 믿음의 표명이 아니라면, 다른 모든 주장들도 믿음이 아니다. 모든 추가 주장들은 보통 동기를 담지하고 있기 때문이다. 낙태의 오류성이 우주의 고정 설비처럼 절대적이고 객관적이라고 주장하면서 친구들에게 권하는 것은 괴상한 짓이다. 그리고 나의 추가 주장들이 믿음의 표명이 아니라면 그 주장들은 거짓이 될 수 없다. 거짓이 될 수 없다면 언어 행위 회의론자들은 어떤 철학적 오류를 지적하겠다는 것인가? 무엇에 대해 회의적이란 말인가?

1차적 성질과 2차적 성질

언어 행위 회의론자는 나의 추가 주장들 속에서 또 다른 철학적 전제를 읽어 냈는지도 모른다. 철학자들은 사물에 내재하는 1차적 성질, 즉 주변에 의식이 있거나 지적 피조물이 없더라도 갖게 되는 성질과 2차적 성질, 즉 그런 피조물로부터 특정한 감정이나 반응을 끌어내는 능력을 의거하는 성질을 구별해 왔다. 예를 들어, 썩은 달걀의 역겨움은 2차 특질이라는 것이며, 이것은 대다수 또는 일반인에게서 역겨움을 유발하는 달걀의 능력으로만 이루어져 있다. 지위 회의론자는 나의 추가 주장이 도덕적 성질이 1차적 성질임을 강변하고 있다고 해석할지 모른다. 그런 해석에 따르면 이것은 나의 원래 주장과는 독립적이면서 회의론자가 부인할 수 있는 주장이 될 것이다. 썩은 달걀의 역겨움이 1차적 성질임을 부인하면서도 썩은 달걀이 역겹다고 믿을 수 있는 것처럼 회의론자는 낙태의 도덕적 오류성이 1차적 성질임을 부인하면서도 낙태가 사악하다고 믿을 수 있다. 하지만 이 전략은 나의 원래 주장으로부터는 독립성을 획득할지 몰라도 외부적인 무도덕적인 명제가 아니라 또 다른 1층위의 도덕적 주장에 의지하며, 바로 그 방식으로 독립성의 조건을 위반한다.

도덕적 오류가 2차적 성질이라는 명제는 1층위의 실체적 도덕적 판단이다. 사회과학자들이, 많은 사람들의 생각과는 반대로, 고문에 대한 생각이 대부분의 보통 사람들을 분노시키지 않음을 발견했다고 가정해 보자. 그래도 당신은 고문이 사악하다고 생각할 것이며, 도덕적 성질이 2차적 성질이며 고문의 오류성은 대다수 보통 사람들에게 분노를 유발하는 성향으로 이루어졌다고 믿는 사람은 바로 그 실체적 도덕 논점에 대해 당신과 의견을 달리할 것이다. 모든 보통 사람이 고문이 사악하다고 생각해도, 고문의 사악성에 대한 성향 의거적 설명은 도덕적으로 중립적이지 않다. 이 고문관(觀)은 단지 대부분의 보통 사람들이 고문에 특별하게 반응한다는 주장을 넘어서서 고문의 사악성은 그 반응으로만 구성된다는 주장을 포함하고 있고 이 추가 주장은 실체적이면서도 논란이 될 만한 가정적 또는 반사실적 명제를 낳는다. 어떤 가정적 또는 반사실적 명제들이 귀결되는가는 이 성향 의거적인 명제가 어떤 형식을 취하는가에 따라 달라진다. 특히 도덕적 성질들이 우리자신의 자연사에 의해 얼마나 멀리 어느 방향으로 펼쳐져 실재하는가에 따라 달라진다.[17] 그렇다고 해서 도덕적 성질들이 1차적이라는 뜻은 아니다. 그러나 1차적인가가 바로 실체적인 도덕적 논쟁의 대상이라는 뜻이다.

다른 말놀이?

리처드 로티

현재 상황은 이렇다. 지위 회의론자는, 도덕적 판단이 객관적 참과 거짓의 후보라는 주장을 거부하되 자신이 지지하는 1층위의 실체적 도덕 선언들을 부인하지 않아야 하며, 그럴 수 있어야 한다. 나는 두 가지 전략을 상상해 보았다. 첫 번째 전략은, 나의 추가 주장들은 모두 다른 종류의 언어 행위로서 그가 지지하는 1층위의 철학적 주장들과는 의미가 다른 2층위의 철학적 주장이라고 구별하는 것이며 지금까지 우리는 이 전략을 검토해 왔다.

이제 두 번째 전략을 살펴보자. 지위 회의론자가 내 추가 주장들을 거부하지 않고 포용할 수도 있다. 즉 이 주장들을 낙태에 대한 첫 주장의 반복이거나 변조로 받아들이는 것이다. 그에 따르면, 그의 회의주의는 완전히 다른 담론계에 속하는데 비트겐슈타인의 말을 빌리면 완전히 다른 말놀이에 속한다. 가상 인물들의 화법에 비유하여 그의 논리 구조를 살펴보자. 허구 세계의 게임 속에서는 맥베스의 부인이 맥베스와 결혼하기 전에 한 번 결혼한 적이 있다.[18] 완전히 다르게, 현실 세계의 게임에서는 맥베스 부인은 존재하지 않는 가상의 인물이며 셰익스피어의 상상물이다. 그러나 이 두 명제는 상충되지 않는다. 두 명제가 상충되지 않는 것은 다른 담론계에 속하기 때문이다. 그렇다면 지위 회의론자는 고문이 항상 그리고 객관적으로 잘못이라고 말할 때의 도덕 놀이와 도덕적 오류성이 존재하지 않는다고 말할 때의 현실 게임도 구별할 수 있다.

리처드 로티는 지위 회의주의 옹호론으로써 도덕적 또는 다른 가치 중심적 명제들뿐 아니라 명제 일반에 대해 이 논리를 개척했다. 그의 전형적 입장은 다음과 같이 정리된다.

산 얘기를 하면 좋아라들 하죠. 산에 대한 자명한 진실은 우리가 산 얘기를 하기 전부터 여기에 있었다는 거죠. 이를 거부한다면 당신은 '산'이라는 말을 사용하는 보통의 말놀이를 할 줄 모르는 겁니다. 이 말놀이의 효용성은 현실 그 자체(Reality as It Is In Itself)에 산이 존재하는가, 즉 사람들이 묘사하기 편한 방식과는 다른 방식으로 존재하고 있는가와는 별개의 것입니다.[19]

로티는 각각의 규칙을 가진 두 개의 말놀이를 상상했다. 우선 우리가 자주 참여하는 지리학적 말놀이다. 이 게임에서는 산은 존재하고, 사람이 있기 전에 존재했고, 사람이 없어진 후에도 존재할 것이며, 사람이 아예 탄생하지 않았다고 하더라도 존재했을 것이다. 여기에 동의하지 않는다면 당신은 지질학적 말놀이를 놀 줄 모르는 것이다. 그러나 아르키메데스적인 또 다른 철학적 게임에서는 다른 질문이 제기될 수 있다. 즉 산이 존재하는가가 아니라 "현실 그 자체"가 산을 포함하고 있는가. 로티에 따르면, 이 두 번째 게임에서는 산이 존재한다고 오도한 형이상학자는 현실 그 자체가 산을 포함한다고 주장하고 로티 같은 실용주의자들은 현실 그 자체는 산을 포함하지 않고 단지 사람들의 지질학적 게임에서만 산이 존재한다고 말하면서 논쟁이 발생한다.

하지만 로티의 전략은, 사람들이 일반적으로 산이 존재한다고 말할 때의 의미와 철학적인 느낌으로 산이 존재하지 않는다고 말할 때의 의미 사이에 차이가 없다면, 실패한다. 우리가 가상 인물에 대해 이야기할 때 수행하고 있는 특별한 게임을 인지하기는 어렵지 않다. 맥베스에 대한 모든 명제를 재구성함으로써 우리의 진의를 명료하게 만들 수 있기 때문이다. 예를 들어, 우리는 "우리가 셰익스피어가 역사적 진실을 서술하고 있다고 생각(가장)한다면, 우리는 맥베스 부인이 맥베스와 결혼하기 전에 다른 남자의 아기를 가졌다고 생각해야 할 것이다." 라고 말할 수 있다. 그리고 나는 표면적으로는 아무런 모순 없이 셰익스피어가 사실은 이 사건과 대화들을 모두 창작한 것이라고 부연할 수 있다.

로티의 "두 개의 놀이" 은유는 산의 존재에 대한 표면적인 대립을 비슷한 방식으로 해소할 수 있을 때만 그 가치가 인정된다. 즉 상충하는 주장 중 하나를 이해하는 방법을 제시하여 대립을 해소하는 것이다. 하지만 여기에서는 그렇게 할 수 없다. 로티가 산에 대한 명제들을 지질학 게임용과 현실 게임용으로 구분할 때 의미의 차이는 없다. 단지 현실이라는 글자를 Reality라고 대문자로 쓴 것으로 차이를 드러내려 했겠지만 이 장치는 무의미하다. "산들은 현실 그 자체(Reality as It Is In

Itself)의 한 부분이다."라는 명제와 "산은 존재하며 사람들이 있든 없든 그러하다."라는 명제는 의미상 아무런 차이가 없다. 우리가 그 문장에 독창적이고 특별한 의미를 부여하여 예를 들어 산이 우주의, 논리적으로 필수 불가결한 부분이라는 뜻으로 해석한다면 그 주장은 모든 비판적 또는 철학적 힘을 잃는다. 왜냐하면 어차피 아무도 산이 논리적으로 필수 불가결한 존재라고 생각하지 않기 때문이다. 이것은 언어 행위 회의주의에 대한 담론에서 다루었던 딜레마와 같은 것이다. 말놀이 회의론자가 나의 추가 주장이 첫 주장의 반복이 아님을 논증하여 독립성 조건을 충족시키면 그는 회의성* 조건을 충족시키지 못한다. 왜냐하면 보통 사람들의 견해에 대한 충분한 공격이 되지 못하기 때문이다.

표현주의자들과 유사실재론자들

로티는, 일상적인 판단과, 나의 추가 주장처럼 그가 거부한 철학적 주장들이 다른 말놀이에 속한다며 둘을 구분하려 했다. 하지만 우리는 지위 회의주의를 옹호하기 위한 "두 개의 말놀이" 전략의 새로운 버전을 구성할 수 있다. 이 버전은 일상적인 도덕적 판단과 나의 추가 주장들을 모두 1차적 실체적 도덕 견해라고 규정하여 하나의 말놀이에 포함시키고 지위 회의론자들에게는 그들이 끼어들 또 다른 특별한 철학적 세계를 만들어 준다.

이 버전의 이점은 자명하다. 선명한 지위 회의론자도 내 추가 주장들 모두 또는 최소한 더 자연스러운 주장들을 포용할 수 있도록 허용한다. 그는 잔인함이 진정으로 잘못이고 아무도 그렇게 생각하지 않더라도 잘못이며 이 모든 명제들이 자명하게 참이라고 동의할 수 있다.

---

* 원문인 pertinence 자체는 '관련성'으로 번역하는 것이 옳지만, 여기에서는 skeptical pertinence, 즉 회의적인 의미를 내포하고 있는가를 의미하므로 '회의성'으로 번역함.

그가 이렇게 말할 수 있는 것은 이 모든 명제들과 아마도 나의 더욱 화려한 추가 주장들을 도덕적 견해를 표명하는 일반적이고 일상적인 관행의 연장으로 받아들이기 때문일 것이다. 하지만, 다시 보면 그리고 바로 그런 이유로, 이 전략은 자멸하게 되어 있다. 지위 회의주의가 스스로를 펼칠 공간을 제공하지 않기 때문이다.

자칭 '투사주의자'가 철학 놀이를 하면서, 실제로는 도덕적 신념은 도덕적으로 황량한 외부 세계에 투영된 감정이라고 선언했다고 하자. 그리고 도덕 놀이를 하면서는 고문의 오류성은 불승인의 태도가 투영되었는지와 관련이 없다고 선언한다. 그에 따르면, 고문은 그에 대해 누가 어떤 태도나 감정을 가지든 잘못된 것이다. 그러고는 그는 바로 이 말 자체도 철학 놀이 안에서는 특정한 태도의 투영일 뿐이라고 선언한다. 그는 나의 추가 주장들도 모두 똑같이 다룰 수 있다. 도덕 놀이에서는 도덕적 진실은 영원하고 현실의 직조물의 한 부분이라고 적시하고는 철학 놀이에서는 바로 이 명제가 특별히 화사한 투영이라고 말한다.

이제 투사주의자는 내가 로티에게서 발견했던 난관에 빠진다. 그는 도덕 놀이에서 했던 주장과 철학 놀이에서 했던 주장이 일관적임을 입증해야 한다. 그러려면 우리가 가상 세계 놀이에서 하듯이 한 놀이에서의 명제를 표면적인 충돌을 해소하는 번역문으로 대체할 수 있어야 한다. 그러나 이것은 불가능하다. 그는 도덕 놀이에서의 명제를 도덕 놀이를 떠나지 않은 상황에서 오류성이란 단지 하나의 투영일 뿐임을 허락하거나 묵과하는 어떤 명제로도 대체할 수 없다. 오류성이 투영에 의존하지 않는다고 선언하거나 묵인함으로써 철학 놀이에서의 명제를 대체할 수는 없다. 그의 전략은 미소만을 남기고 사라진 체셔 고양이처럼 스스로를 삼켜 버렸다.(마이클 스미스(Michael Smith)는 이에 동의하지 않는다.)[20]

실제 철학자들도 이 자멸적인 "두 개의 놀이" 전략을 취하는가? 2장에서 나는 자신들을 '표현주의자' 또는 '유사실재론자'라고 칭하는 유명한 철학자들인 앨런 기바드나 사이먼 블랙번의 회의주의는 의혹의 여지가 있다고 말했다. 나는 이 둘 모두 보통 사람들의 견해를 회의적으로 본다고 생각한다. 그러나 두 사람은 이를 부인하고 자신들의 견해가 내 견해와 비슷하다고 제언한다.[21] 내가 허락하는 이상으로 그렇다고 한다. 그러므로 나도 내 주장을 좀 더 신중히 하고자 한다. 즉 나의 주장은 그들을 온전하게 회의적이라고 치부할 수 있다면, 그들은 그 회의주의를 옹호하기 위해 바로 두 번째의 "두 개의 놀이" 전략을 취하고 있다는 것이다.[22] 그러나 이 책의 목표는 다른 철학자들의 문헌에 대한 특정한 해석을 옹호하는 것이 아니므로 주해적(exegesis) 논점은 직접적으로 중요하지 않다.

구성주의

이제 아직 회의주의로 자주 분류되는, 매우 인기 있고 메타윤리론으로 알려진 이론을 살펴보자. 바로 '구성주의'다. 존 롤스가 자신의 유명한 저술 『정의론(A Theory of Justice)』을 칸트적 구성주의의 시연으로 규정하면서 최근 수십 년간 이 이론은 더욱 인기를 얻었다. 이 주장에 따르면 도덕적 판단은 구성되는 것이지 발견되는 것이 아니다. 이론적인 질문들이 아니라 실천적인 질문들에 답하기 위한 지적 장치들에서 나오는 것이다. 롤스는 칸트의 정언 명령을 예로 들었다. 칸트는 어떤 도덕 원리들을 우리뿐 아니라 만인이 따를 공리(maxims)로 추대할지를 자문함으로써 도덕적 판단을 구성할 수 있다고 했다.

하지만 도덕 및 정치철학자들 중에서 가장 유명한 예는 정언 명령이 아니라 사실 롤스 자신의 "원초적 입장"이라는 장치다. 롤스는 정치 공동체의 기본 구조를 위한 정의 이론을 확정하는 방법으로써 그 공동체를 구성하고자 모인 사람들이 경제적, 기술적, 심리학적 및 사회학적 지식은 높으나 자신들이 갖게 될 나이, 성별, 능력, 사회 경제적 지위, 관심, 욕구에 대해서 모르며 어떻게 잘 살까에 대한 윤리적 견해에 대해서도 모른다고 상상할 것을 주문했다. 롤스는 그 기이한 상황의 사람들은 두 개의 원리에 동의할 것이라고 주장했다. 특정한 자유에 우선순위를 두는 원리와 그 구조가 허용하는 한 경제적 최약자들의 상태를 최선으로 만드는 경제 구조를 요구하는 원리 말이다. 그러므로 롤스는, 현재의 우리 모두 이 두 개의 원리가 우리의 정치 공동체의 정의를 규정할 이유가 있다고 한다.

하지만 왜일까? 두 개의 상반된 답변이 가능하다. 우선 원초적 입장은 우리가 참이라고 믿는 기본적인 도덕 및 정치 원리들의 함의를 가늠해 보는 설명 도구일 수 있다. 원초적 입장은 이 기본적인 참 명제들을 그 구조 안에 구현한다. 나는 이렇게 독해하면서 이 설명 도구가 구현하는 기본 원리들이 평등주의적이라고 말한 바 있다. 강제력 있는 정치 공동체는 그 관할 아래 있는 사람들을 모두 동등한 관심과 존중으로 대해야 한다고 믿는다. 그렇다면 이를 위해 무엇이 필요한지를 실험해 보기 위해 참가자들이 서로를 다른 방식으로 대우할 근거가 전혀 없는 제헌 의회를 상상해 볼 수 있는 것이다.[23] 롤스는 나의 해석을 단호히 거부했다. "나는 정의는 공평함이라고 본다. 즉 자유롭고 평등한 사람, 질서 있게 조직된 사회, 정치적 정의관의 공적 역할 등과 같이 특정한 근본적이고 직관적인 사상들을 이상적 개념관으로 승화시키고, 이 근본적이고 직관적 사상들을 세대를 넘어 이어지는 공평한 협력 체계라는 더욱 기초적이고 광범위한 직관적 사회관과 연결 짓는 것이다."[24] 롤스는 이 문장에서 '직관'을 세 번 강조하는데, 내가 제안한 정의에 대한 기초적 원리는 부인하지만 원초적 입장이 특정한 도덕적 진실들을 전제하고 있다는 점에 동의함을 보여 준다. 내가 제시한 것과는 다르고 더욱 복잡한 진실들이지만 말이다. 다른 곳에서 그는 이 진실들 중의 하나를 떼어 내 강조했다. "다시 말하면 정의의 제1원리들은 하나의 인간관에서 도출되어야 하며, 공평성으로서의 정의 아래에서의 구성 절차에서 보여졌듯이, 그 개념관의 적절한 표현을 통해 발현되어야 한다."[25] 우리는 특정한 인간관이 이 역할을 할 수 있는 이유는 그 인간관이 옳기 때문이라고 믿으면 된다.

하지만 위의 서술은 롤스가 다른 기회에 발설한 매우 다른 해석과 일관성이 있다. (또는 그런 해석으로의 전진이다.) 여기에서는 뉘앙스는 무시하고 간단하게 내가 염두에 두고 있는 차이점을 강조하면서 이 해석법을 설명하고자 한다. 건전한 의지를 가진 사람들이 정치적 공동체에서 윤리적 도덕적 신념에 대해 의견이 다를 경우 엄청난 실천적 문제를 대면한다. 강제력 있는 국가 속에서 어떻게 이들이 상호 존중 속에서 함께 살아갈 수 있을까? 각자가 자신의 신념대로 이행하기를 국가에 요구한다면 국가는 칸트의 말대로 정치적 바벨탑이 되어 파괴될 것이다. 답은 자신들 사이에서 충분히 공유되는 순수 정치 원리들을 모아서 이 원리들에 소구하는 정치 헌법을 구성하는 것이다. 공동체의 구성원은 모두, 적어도 합리적이라면, 이 헌법이 "중첩적 합의" 내에 포함된다고 믿을 것이다. 즉 각자 일반적인 윤리, 종교 및 개인적 도덕적 신념들은 서로 다르더라도 이 신념들에 대해 각자가 믿는 진실에 의해 이 원리들이 지지되거나 최소한 배척되지는 않음을 볼 수 있을 것이다. 모두가 이 공통의 원리들에 따라 조직된 사회의 기본 구조를 받아들일 수 있고, 모두가 각자가 똑같은 정의 원리들을 승인하고 신봉한다는 의미에서 '질서가 잘 잡힌' 정치 공동체를 구성할 수 있다. 원초적 입장은 공유된 신념들을 적합한 설명 도구로 만들어, 상기한 두 개의 원리들과 같은 정의 원리들을 구현해 낸다. 현재의 우리 모두가 평화와 존엄 속에서 공존하고자 하는 열망이 있다면 이 원리들을 받아들여야 한다.

나는 원초적 입장에 대한 이 두 번째 해석 방식이 바로 구성주의적 접근의 예라고 생각한다. 이 사례를 통해 보이는 구성주의는 반드시 회의주의적이지 않다. 실은 가장 화려한 도덕적 '실재론'과 일관되기도 한다. 다른 모든 견해가 거짓이면서 혼자만 참인 명제의 존재를 부인하지 않는다. 그러나 그런 가정에 의존하지 않는다. 이 서술에서 원초적 입장에서 주물된 원리들은 참이라서 선택된 것이 아니라 널리 공유되기 때문에 선택되었다. 그러므로 이 해석에 따르면, 이 도구는 도덕적 진실에 대한 모든 종류의 회의주의와도 일관된다. 롤스는 적어도 가끔은 완전히 회의주의적인 견해를 승인하기도 했다. "그러나 추가하자면 구성주의적 이론에서 도덕적 진실에의 근사치와 같은 개념은 성립되지 않는다. 원초적 입장의 당사자들은 어떤 정의 원리들도 참이거나 옳다고 인정하거나 사전에 그렇게 주어졌다고 보지 않는다. 그들의 목적은 단지 자신들의 상황에서 자신들에게 가장 이성적인 개념관을 선택하는 것뿐이다. 이 개념관은 도덕적 사실에 대한 적당한 근사치로 여겨지지 않는다. 그렇게 채택된 원리들이 근사할 수 있는 도덕적 사실은 존재하지 않기 때문이다."**26** 롤스의 이해에 따르면, 구성주의는 그 스스로 회의주의를 지지하지는 않지만 도덕적 진실이 매혹적이고 세밀한 정치적 정의론에 필요하지 않음을 보여 준다. 구성주의는 보통 사람들의 견해를 직접 반박하지는 않으나 옆으로 치워 놓는다.

이런 주변화가 가능할까? 특별한 자아관(觀)처럼 널리 공유된 원리들은 어떻게 식별되는가? 자신의 사상이 발전하면서, 롤스는 특정 국가들의 역사와 정치 전통을 더욱 강조했다. 롤스는 특정한 실존 공동체 내에서 공유되는 원리들(예를 들어 북미와 유럽의 자유주의적, 후기계몽주의적(post-Enlightenment) 전통)을 찾으려 했지, 더욱 사해주의적인 헌법의 존재를 정당화하려 하지 않았다.[27] 하지만 사회학적으로 보이는 이런 방식으로는 롤스는 이마저도 성취를 기대하기 어려웠다. 모든 미국인들이 지금 무엇을 실제로 믿거나 성찰 후에 받아들일지에 대한 유용한 동의를 찾기는 난망했다. 종교 하나만 보아도 이 기획은 좌절된다. 많은 미국인들은 다른 종교를 가지거나 종교가 없는 사람들을 편안하게 포용할 수 있는 국가보다는 개인들의 종교적 견해를 반영하고 육성하는 국가의 건립이 더 중요하다고 믿기 때문이다. 다른 방향에서 접근하면 이 난점은 더욱 자명하다. 자유롭고 평등한 인간에 대한 어떤 견해가 두 개의 정의론 중 하나라도 발현시키면서 티파티 전당 대회에서도 채택될 수 있을까?

당연히 롤스는 중첩적 합의에 대한 사회학적 추구가 아니라 해석적 추구를 염두에 두었다. 롤스는 법과 정치 관행의 자유주의적 전통을 가장 잘 설명하고 정당화하는 개념관들과 이상들을 찾으려 했다. 이는 실현 가능한 기획이다.[28] 그러나 도덕적으로 중립적인 기획이 될 수는 없다. 하나의 정치 전통을 해석할 때는 그 정치 전통에 체화된, 역사와 관행의 날것의 통계들에 모두 부합하는, 매우 서로 다른 개념관 중 하나를 선택해야 하기 때문이다. '자유롭고 평등한' 시민들은 어떤 성질을 가져야 하는가 등이 이런 예에 속한다. 해석은 이 개념관 중에서 다른 개념관보다 우월하며 다른 개념관보다 더욱 만족스러운 정당화 이론을 제공하는 하나를 선택해야 한다.[29] 미연방 대법원의 현직 대법관들에게 미국 헌법사에 체화된 원리들을 설시해 보라고 하면, 아홉 개의 다른 답이 나온다. 요점은 하나의 해석론이 반드시 이상화되어야 한다는 것이 아니다. 이상화는 반드시 되어야 한다. 그러나 우리가 특정 도덕 이론을 참으로 받아들여 배경으로 삼지 않고는 어떤 이상화도 선택할 수 없다. 구성주의 전략은 틀림없이 한 종류의 회의주의를 옹호할 수 있다. 즉 수용 가능한 정의론은 수용하려는 공동체의 전통에 대한 적합한 설명에서 도출되어야 한다는 것 말이다. 이 회의주의는 공리주의처럼 영원히 모든 곳에서 적용되는 초월적 이론을 거부한다. 그러나 이 테제는 스스로 논란이 되는 도덕적 이론들에 근거할 것이고 외부적이 아니라 내부적 회의주의의 예가 된다. 롤스의 구성주의적 기획은 적어도 그가 염두에 둔 형태로는 성립 불가능하다.

그렇다, 메타윤리는 오류에 근거한다

2장에서 나는 일반적인 윤리 또는 도덕적 질문들을 1층위의 실체적 질문들이라 부르고 나머지 2층위의 질문들을 '메타윤리적'이라고 부르는 철학자들의 구별 방식을 설명했다. 이 방식을 따르면 도덕적 실재론과 외적 회의주의는 모두 메타윤리적 입장이다. 내가 옳다면, 이 구별 자체가, 적어도 메타윤리학이 전통적으로 개념화된 방식 아래서는 오류다. 물론 도덕적 판단에 대한 명제이면서도 그 스스로 도덕적 판단을 요구하지 않는다는 면에서 2층위적인, 인류학적으로 또 개인 또는 사회심리학적으로 흥미로운 질문들은 있다. 그러나 그런 종류의, 철학 특유의 질문은 없다. 특히 도덕적 판단이 참이거나 거짓일 수 있는가는 실체적으로 도덕적인 논점이지 별도의 메타윤리적인 논점이 아니다. 메타윤리는, (점성학에 비유하여 말했듯이) 메타윤리가 존재하는가를 메타윤리학적 질문으로 인정하지 않는 한 존재하지 않는다.

어떤 철학자들은 "당위적 사유를 벗어나서 당위적 사유를 설명하는 방법은 없다. 그러므로 '도덕적 판단이 참이거나 거짓일 수 있는지에 대한' 질문들에 대한 답이 성립 불가하다."라며 이를 이른바 "화평주의"라 명명한 메타윤리적 입장이라고 한다.[30] 이 결론을 이 책의 이 대목에서 도출할 수는 없을 뿐만 아니라 자신의 주장을 스스로 오도하는 것이 된다. 물론 특정한 도덕적 판단을 다른 도덕적 신념이나 전제에 의존하지 않고 (왜 특정인이 그렇게 판단하는가를 설명하는 것과 별도로) 정당화할 수는 없다. 그러나 이 불가능성은 도덕적 판단의 내용에서 도출되는 것이다. 그런데 우리가 가치의 세계에 갇혀 탈출하고 싶지만 불가능한 것처럼 말하는 것은 우리가 내연 화학을 설명할 때 사실 묘사의 세계에 갇혀 있다고 말하는 것만큼이나 어리석은 일이다. 후자의 명제는, 존재의 거대한 사슬을 찬양하며 자연 현상의 목적론적 설명을 희구하던 시대에는 불행한 제약으로 받아들여질지 모른다. 그러나 지금의 우리에게는 답답하지 않다. 마찬가지로 도덕적 판단이 참이거나 거짓일 수 있는가라는 질문에 대해 답이 불가능하다고 말하는 것도 맞지 않다. 오히려 우리는 그 반대를 입증한다. 즉 특정한 도덕적 판단이 참이거나 거짓인가에 대해서는 답을 용이하게 찾을 수 있다. "화평주의"라는 단어를 선택한다는 것 자체가 철학자들이 가치의 충분한 독립성을 인정하지 않는다는 증거다.

외적 회의주의는 철학의 지평에서 사라져야 하고 우리는 이를 회한해서는 안 된다. 그것 없이도 걱정거리는 많다. 우리는 잘 살기를 원하고 품위 있게 행동하기를 원한다. 우리는 우리의 공동체가 좋고 공평하기를, 우리의 법이 현명하고 정의롭기를 바란다. 이는 매우 어려운 목표들이다. 여기에 걸린 논점들이 복잡하고 난해하기도 하지만 이기주의가 길을 막아서기 때문이다. 우리가 열심히 신념을 추구할 때, 누군가 이 신념들이, 참이거나 거짓일 수 없다거나, 객관적일 수 없다거나, 인식의 대상이 될 수 없다거나, 말놀이의 수(手)라거나, 우리 감정 엔진의 분출이라거나, 맞을지 안 맞을지 시도해 보는 기획된 실험이라거나, 과거보다는 더 일탈적이거나 재밌거나 덜 지루한 사유로의 초대 정도라고 말한다면, 우리는 이 평가들은 모두 우리가 실제 대면한 과제들에 대한 의미 없는 딴지 걸기라고 답해야 한다. 도덕적 회의주의를 무시할 수 있다고 말하는 것이 아니다. 그 반대로 진정한 회의주의(내적 회의주의)이 위의 철학적 혼돈보다 훨씬 더 걱정스럽다는 것이다. 그 걱정은 나중에 하기로 한다.

4장 도덕률과 원인들

두 가지 중요한 논점들

당신에게 옳고 그름에 대한 견해를 갖도록 하는 것은 무엇인가? 이 견해들은 어디에서 오는가? 무엇이 당신의 머릿속에 이라크 전쟁이 부도덕하다고 생각하게 했는가? 또는 그렇지 않다고 생각하게 했는가? 이 질문들에 대해 최선의 답을 찾으면 당신의 견해나 생각은 더욱 정당화되는가? 아니면 더욱 비난받는가? 동일 선상에서 당신의 과학적 견해에 대해 질문을 받았다고 하자. 당신은 다음과 같이 재치 있게 답할 수 있다. 세계의 존재 방식이 세계의 존재 방식에 대한 나의 견해를 초래했다고. 금속 화학에 대한 과학자들의 견해는 실제 금속의 화학적 성분이 중요한 역할을 하는 인과 관계 속에서 성립된다. 금은 금에 대한 실험 결과를 초래하는 성질을 가지고 있다. 실험들이 그런 결과를 생산하기 때문에 공인된 과학자들은 금이 그런 성질을 가지고 있다고 믿는다. 공인된 과학자들이 그렇게 믿고 여러 방식으로 그렇게 말했기 때문에 당신도 그렇게 믿게 되었다. 이 인과 관계의 함의는 놀랍다. 즉 당신의 견해에 대한 최선의 설명은 그 견해를 정당화한다는 것이다. 설명과 정당화가 일치한다. 믿음의 최선의 설명이 그 믿음을 정당화한다.

　도덕에서도 설명과 정당화의 통일이 가능한가? 동성애자 결혼에 대한 도덕이 당신의 동성애자 결혼관을 초래했는가? 원인이 될 수 있는 도덕적 힘을 '도덕 입자'라고 폄훼함으로써 나는 이미 이에 대해 답을 제시했다. 내가 틀렸을 수도 있다. 많은 저명한 철학자들은 도덕적 사실이 사람들이 도덕적 견해를 갖는 원인이 될 수 있다고 생각한다. 그 이유와 방법에 대해서는 동의하지 않지만 말이다. 우리는 이들의 견해를 더 신중하게 살펴야 한다. 도덕적 진실과 도덕적 견해 사이에는 인과 관계가 없다는 나의 견해가 옳다고 가정하자. 그렇다면 당신의 동성애관은 우연의 결과물이 되는 것 아닌가? 도덕적 진실이 우주 '저 밖에' 있더라도 당신은 이 진실들과 '접촉'이 불가능함을 인정해야 하는 것 아닌가?

　나는 지금 두 개의 가설을 던졌다. 첫 번째 가설은 인과적 효과(CI, causal impact) 가설이다. 이에 따르면 도덕적 사실이 그에 부합하는 도덕적 견해를 사람들이 갖도록 하는 원인이 될 수 있다. 도덕적 실재론자들은 CI를 승인하며 외적 회의론자들은 CI를 거부한다. 나는 이 사안에서는 실재론자들이 틀렸고 외적 회의론자들이 옳다고 주장한다. 둘째 가설은 인과적 의존성(CD, causal dependence) 가설이다. CI가 참이 아닌 이상, 사람들은 도덕적 판단이 도덕적 진실에 대한 올바른 기록이라고 생각할 이유가 없다는 것이다. 외적 회의론자들은 이 두 번째 가설을 승인한다. 표면적으로는 많은 실재론자들도 이를 승인하는데 그렇지 않고는 CI를 옹호하려고 애쓰지 않기 때문이다. 나는 이 사안에서는 실재론자들과 외적 회의론자들 모두 틀렸다고 주장한다. 두 가설 사이에는 자명하면서도 중요한 차이가 있다. CI는 입자물리학, 생물학, 그리고 심리학처럼 과학적 사실을 주장한다. CD는 도덕적 주장이다. 즉 무엇이 도덕적 신념을 갖기에 충분한 이유인가에 대한 주장이다.

인과적 효과 가설

함의

적극적 평등 실현 조치 프로그램은 대학 입시나 채용에서 흑인과 소수 민족 지원자에게 우선권을 부여한다. 당신이 이 제도가 불공평하다고 생각한다고 가정하자.[1] 당신은 왜 그렇게 생각하는가? 이는 애매한 질문이다. 당신의 입장을 옹호하는 근거가 무엇인가라는 도덕적 논쟁을 요구하는 질문일 수도 있고, 똑같은 정치 문화에 속한 수많은 다른 사람들과 반대되는 입장을 가지게 된 인과 관계적 설명을 요구하는 질문일 수도 있다. 여기에서는 두 번째 질문에 집중하기로 하자. 심리학자, 사회과학자 또는 생물학자는 이 질문에 직업적인 답변을 할 수 있다. 당신의 기저 문화, 성장 배경 또는 이해관계로 설명할 수도 있고 더 나아가 그런 견해를 갖도록 조건을 부여한 유전자로 설명할 수도 있다. 그는 이런 방식의 설명이 당신이 그 견해를 갖게 된 이유에 대한 완전한 답이라고 가정한다.

당신은 같은 물음에 대해 또 다른 경합하는 답을 제시하고자 할 수도 있다. "나는 다른 사람들과 달리 과거부터 적극적 평등 실현 조치가 불공평하다고 인식하거나 직관해 왔기 때문에 적극적 평등 실현 조치가 불공평하다고 생각한다."라고. 어떤 철학적 실재론자들은 당신의 이런 답이 위의 과학자들의 답과 비교하여 경쟁력 있고, 합리적이고, 가끔 옳기도 하다고 믿는다. 이들 철학자들은 어떤 사람들은 도덕적 진실에 대한 감수성만으로 옳고 그름 또는 가치와 무가치를 판별할 수 있다고 생각한다. 이들에 따르면 사람들이 도덕적 진실을 인식하면 그 믿음의 원인에 대한 설명은 그렇게 믿는다는 사실 자체를 포함하지 않는 이상 완전하지 않다.[2]

만약 인과적 효과 명제가 합리적이고 설득력 있다면, 어떠한 총체적 도덕적 회의주의도 거짓이 될 것이다. 외부 세계에 대한 사람들의 믿음은 그들이 가진 믿음의 진실성에서 연유하는 경우가 많으며, 실제로 그럴 경우, 그 사실은 그들의 믿음의 진실성을 추인한다. 오늘 좀 전에 비가 내렸다고 믿는 이유에 대한 최선의 설명은 실제로 비가 왔다는 사실을 포함한다. 실재론자들이 이와 비슷한 방식으로 왜 당신이 적극적 평등 실현 조치가 불공평하다고 믿는가를 타당하게 설명할 수 있다면, 다시 말해 적극적 평등 실현 조치 자체가 잘못이기 때문에 당신이 그런 믿음을 갖게 된다고 입증할 수 있다면 신념을 정당화할 뿐만 아니라 그런 신념의 존재를 설명까지 하게 된다. 결국 흄의 원리가 거짓임을 입증할 것이다. 무언가가 두뇌가 어떤 상태에 이르는 원인이라는 것은 생물학적 사실의 문제다. 그런 생물학적 사실로부터 적극적 평등 실현 조치가 잘못임이 도출된다면, 흄의 원리는 배척되어야 한다.[3]

그러나 회의주의로부터 보통 사람들의 견해를 지키기 위한 전략으로서의 CI는 위험이 크다. 거꾸로 도덕적 사실이 도덕적 신념의 원인이 되지 못한다는 생각에 이르게 되어, 우리는 도덕적 사실이 있다고 믿을 이유가 없을 것이고 회의주의를 거부할 근거마저 잃게 될 위험도 감수해야 한다. 오늘 프랑스에서 비가 온다고 믿는다고 하자. 프랑스에서 아무리 비가 와도 그 사실이 당신의 믿음을 설명하는 데 아무런 역할을 하지 못한다. 갈릭(Gallic)* 비에 대해 아무런 지식이 없는 최면술사에게 최면을 당했을 수 있다. 그렇다면 실제로 그곳에서 비가 온다고 생각할 이유는 없다. 외적 회의론자들은 CI가 거짓이고 도덕적 사실이 존재한다 하더라도 사람들의 도덕적 신념을 설명하는 데에는 아무런 역할을 하지 못한다고 믿는다. 그들은, 그렇다면 내가 제시한 마지막 예에서 비가 온다고 믿을 이유 이상으로 도덕적 신념의 진실을 믿을 이유가 없다고 결론짓는다. 이 결론은 인과적 효과 가설을 거부할

---

* Gallic은 고대 프랑스 지역을 의미하는 말로, '프랑스 (문화) 특유의'라는 의미로 쓰임. 한민족을 '배달의 민족'이라고 부르는 것과 견줄 수 있음.

지에 달려 있다. 하지만 인과적 의존성 가설을 수용할지에 달려 있기도 하다.

신화

어떤 행위를 보자마자 그것이 잘못임을 깨닫게 되는 때가 있다. 아이를 때리는 사람을 보면 나는 즉각 그 행위의 오류성을 '직시한다.' 하지만 그것은 도덕적 사실이 도덕적 신념의 원인이 된 사례가 아니다. 이유 없이 고통을 가하는 행위가 잘못이라는 신념을 사전에 가지고 있지 않았다면 나는 아동 폭행의 오류성을 '직시하지' 못했을 것이다. CI는 바로 이 후자의 신념의 존재를 설명하려고 시도한다.[4] 우리는 CI를 신앙적 영감과 구별해야 한다. 많은 이들은 신이 무오류적인 도덕적 지능을 그들에게도 나눠 주었다고 믿지만, CI는 그런 신의 개입을 전제하지 않는다. CI는 도덕적 진실이 우리의 정신에 끼치는 더욱 직접적인 인과적 효과를 주장한다. CI는 내가 제시한 선명한 형태만으로도 직업적 철학자들 사이에서 한때 인기를 누렸다.[5] 도덕적 '통찰력'에 대한 친숙한 구호들을 너무 진지하게 받아들이는 비철학자들 사이에서도 영향력이 있었다. 더욱이, 최고의 철학자들 중 다수가 이 가설을 포기하지 않고, 도덕적 진실이 도덕적 믿음의 원인이 될 수 있다는 생각의 잔여 부분이나 잔상을 유지하고 있다. 그렇지 않으면 도덕적 믿음이 모두 우연이라는 공포스러운 결론을 대면해야 하기 때문이다.[6]

하지만 그런 인과 관계가 어떻게 기능하는지 우리에겐 단서의 그림자도 없다. 과학자들은 프랑스에서의 우천 상황이 어떻게 프랑스에서 비가 온다는 생각을 초래하는지를 가장 잘 설명하는 광학, 신경화학, 두뇌지형학을 이해하기 시작했다. 하지만 이 서술은 절대로 적극적 평등 실현 조치의 불공평성이 어떻게 불공평하다는 생각을 초래하는가에 대한 설명으로까지 연장되지는 않는다. 우주의 실재들과 두뇌의 기능에 대해 우리가 모르는 것이 엄청나게 많다고 전제하더라도, CI 가 어떻게 참이 될 수 있는지 상상하기조차 힘들다. 텔레파시와 비교해 보자. 아무리 집중하더라도 한 사람이 멀리 떨어진 다른 사람에게 사전에 약속된 생각을 가지도록 할 수 있다고 믿는 사람은 거의 없다. 이 가능성에 대한 우리의 생각을 바꿀 수 있는 몇 가지 발견들의 거친 윤곽을 상상해 볼 수는 있다. 통제된 실험 상황을 구성하여 이 현상을 부인하기 어렵도록 만들 수 있다. 달리 설명할 수 없는 상황이 대량 반복되는 것이다. 그 시점에서야 우리는 두뇌 외부의 전기장이 신경학자가 측정하고 기록할 수 있는 두뇌 속의 전기적 이동에 의해 초래됨을 발견하거나 최소한 추정할 수 있다. 텔레파시는 과학이 지금까지 실험하고 설명한 범위를 뛰어넘는다. CI는 그 이상이다. 우리는 이미 정신 현상의 인과적 힘을 믿는다. 감정이 생리학적 변화를 초래하여 하나의 생각이 다른 생각을 초래할 수 있음을 믿는다. 하지만 CI는 이런 현상에서조차 추론(extrapolate)될 수 없다. 정신적 또는 물리적 차원이 전혀 없는 도덕적 진실이 인과적 힘을 가진다는 것이다.

텔레파시는 그 물리적 기전을 몰라도 그 진실을 암시하는 증거가 있을 수는 있다. 그러나 CI의 진실을 입증할 증거는 그 기전을 모르는 상황에서 상상하기조차 힘들다. 인과적 주장들을 검증하는 방법으로 CI를 검증할 수는 없기 때문이다. 즉 반사실적 질문을 던지는 방법 말이다. 한 사람의 생각 때문에 호주의 누군가가 재채기를 했다는 주장을 검증하려면 그렇게 생각하지 않았더라도 그 사람이 재채기를 했을 것인가를 물으면 된다. 그러나 CI는 그런 방식으로 검증할 수 없다. 적극적 평등 실현 조치가 실제로는 불공평하다면, 우리는 모든 것이 똑같고 적극적 평등 실현 조치가 공평한 대안의 세계를 만들거나 상상할 수 없기 때문이다. 이것이 바로 철학자들이 도덕적 성질은 보통의 사실들 위에 '수반(supervene)'된다고 말할 때의 의미다. 도덕적 성질은 그 성질을 요구하는 사례를 구성하는 보통의 사실들을 변경하지 않는 한 변경할 수 없다는 것이다. 적극적 평등 실현 조치가 아무도 불행하게 만들지 않는다는 사실을 발견해도 당신은 적극적 평등 실현 조치가 불공평하다고 생각할 것인가? 이런 질문은 가능하다. 하지만 더 이상 그렇게 생각하지 않는다는 답변은 당신이 오류성과 고난을 연관시키는 도덕적 견해를 가지고 있음을 확인할 뿐이다. 적극적 평등 실현 조치가 불공평하지 않은데도 당신은 적극적 평등 실현 조치가 불공평하다고 생각할 것인가? 이런 비이성적인 질문을 던져 보아야만, 적극적 평등 실현 조치의 불공평성이 당신이 그 제도를 불공평하다고 생각하도록 만든다는 CI의 주장을 검증할 수 있다.

이 핵심적인 반사실적 질문 자체가 무의미하기 때문에, 당신의 신념이 도덕적 진실을 인지한 결과라는 설명을 검증할 방법이 없다. 과학자가 제공한 다른 설명들은 검증이 가능하다. 즉 당신의 개인사가 충분히 달랐다면 당신의 신념이 달라졌을 것인지를 물어보면 된다. 그리고 달라졌을 것이라고 생각할 타당한 이유들도 있을 수 있다. 그러나 당신이 제시한 '인지' 해명에 대해서는 상응하는 반사실적 가설을 제시할 수 없다. 도덕적 진실이 다르면 당신의 신념도 달라진다는 제안이나 상상은 그 자체로 불가능하다. 진실을 인지했다는 주장은 단지 신념을 강조하는 것일 뿐, 신념의 원인을 설명하지는 않는다.

CI는 신화다. 더욱이 의미 없는 신화다. 도덕적 진실이 신비로운 인과적 힘을 가지고 있다고 가정해도, 그 가정은 도덕적 신념을 정당화하는 데 도움이 되지 않는다. 이 믿음의 원천을 진실이라고 지목하기 전에 이와 별도로 우리는 우리의 믿음이 진실인지를 알아야 할 것이다. 이 요건은 타인의 도덕적 견해를 설명하려고 할 때 선명해진다. 당신은 적극적 평등 실현 조치가 불공평하다고 믿고, 당신의 친구는 완전히 공평하다고 믿는다고 가정하자. 그렇다면 당신은 친구의 믿음의 원인이 진실이라고 생각할 수는 없다. 친구의 믿음을 설명하려면 개인 사적 설명을 짜내야 한다. 완전하고 설득력 있는 설명의 예로 생래적으로 자유주의적인 가정 환경에서의 교육을 들 수 있다. 이제 당신이 갑자기 적극적 평등 실현 조치가 공평하다는 논변에 설득되어 마음이 바뀌었다고 가정하자. 이제 당신은 친구의 믿음이 진실이라고 믿지만 그의 믿음에 대한 당신의 설명을 탄핵할 아무 근거도 발견하지 못했다. 개인사적 설명은 전에도 타당했고 지금도 타당하다. 친구의 믿음이 발생한 기전에서 진실이 역할을 했다고 말할지도 모른다. 하지만 그래 봐야 CI는 어떤 설명에서도 불필요한 다섯 번째 바퀴일 뿐이다.

CI의 잉여성이 바로 CI에 대한 궁극적인 반론이다. 사람의 뇌에는 우리가 아직 상상하지 못한 감체가 있을 수 있고 우주에도 상상하지 못한 힘들이 있어 이 힘들이 사람들의 도덕적 신념의 원인이 될 수도 있다. 이러한 기전에 대한 최선의 설명은 목적론적일 수도 있다. 우주는 예정된 목표를 향해 진화하고 있고 자기의식이 있는 피조물들의 존재와 신념은 그 계획의 일환일 수도 있다. 과학자들이 이 힘들을 발견하여 측정할 수 있고 이 우주의 거대한 전략의 궤적을 예측할 수 있다고 하자. 과학자들에 따르면, 특정한 힘이 특정 세기로 계측되는 순간 그 지역 인근의 주민들은 도덕적으로 잘못된 일이 벌어지고 있다는 생각을 하게 된다고 하자. 이들은 그 행위가 왜 잘못인지를 설명하지 못한다. 단지 그들이 '보고' '직관하기에' 잘못된 것이라고 말할 뿐이다. 이 가설을 입증하기 위해 사람들을 그 힘으로부터 차단하는 보호복을 개발했다고 하자. 실제로 많은 사람들이 보호복을 입자 보호복을 입지 않은 사람들과는 다른 도덕적 신념을 표명하고 보호복을 제거하면 다시 마음을 바꿔 일반인들의 견해에 동의하게 된다고 하자. 그때 우리는 이 특별한 힘이 사람들이 도덕적 믿음을 갖게 한다고 결론 내릴 수 있다.

그러나 위의 서술은 이들의 도덕적 믿음이 진정함을 전혀 보여 주지 못한다. 이 힘이 도덕적 진실과 어떤 식으로든 등가라거나 도덕적 진실의 증거임을 보여 주지 못한다. 그러므로 아직 CI를 지지하는 것은 아무것도 없다. 어떻게 이 힘이 사람들 속에서 발생시키는 도덕적 신념이 진정한 신념임을 알 수 있을까? 보호복을 입고 도덕적 논점에 대해서 스스로 생각해 봐야만 그럴 수 있다. 이 힘들로부터 자유로운 상황에서 이 믿음들이 진정으로 참이라고 생각할 때만 그럴 수 있다.[7] 그렇게 되면 우리는 원래 상황으로 회귀하게 된다. CI의 과학적 입증 시도는 실제로 CI를 부정하게 만든다. 타인들의 마음속에 발생시키는 믿음이 참이라는 우리 자신의 믿음까지 그 힘이 발생시킨다고 생각할 수는 없다. 그렇다면 우리는 질문을 유예하게 된다. 우리는 어떤 방식으로든 CI를 관여시키지 않은 상태에서 도덕적 진실과 '접속'할 수 있다고 가정을 해야만 이 힘이 초래하는 믿음 중 어느 것이 참인지를 알 수 있을 것이다. CI는 그래서 의미가 없다. 분명히 말하건대, 이제는 러다이트(Luddite)처럼 목적론적 과정이나 새로운 힘의 존재에 대해 반기술적 성향을 가져야만 CI 가설을 부인할 수 있는 것이 아님이 명백해졌길 바란다. CI는 실재에 대한 오류가 아니다. 무엇이 도덕적 신념의 참에 대한 논거로 인정될 수 있는가에 대한 오류다. 도덕적 논거만이 그럴 수 있다. CI는 흄의 원리를 위반하기 때문에 오류인 것이다.

일부 도덕철학자들 사이에서는 도덕적 사안들에 대해 자신의 '직관'을 말하는 것이 유행이다. 이러한 용어의 사용을 이해하는 방법은 두 가지다. 우선 자신들이 직관이라고 부르는 명제가 참임을 어떻게든 인식했다는 뜻으로 이해할 수 있다. 그렇다면 그들은 직관을 자신의 신념이 참이라는 명제의 논거로써 제시한 것이다. 즉 목격자가 범죄 현장에서 피의자를 목격했다고 말하는 것과 마찬가지다. 또는 다른 무언가를 위한 논거라기보다는 자신들의 믿음을 단순히 설시하는 의미일 수도 있다. 나도 이 책에서 윤리적 도덕적 쟁점들에 대한 나의 믿음을 설시하여 당신의 동의를 얻어 내려 하고 당신이 가졌으면 하는 믿음을 상기시키려 한다. 6장에서 나는 이 믿음의 중요성에 대해 말할 것이다. 이 믿음은 무엇이 도덕적 또는 윤리적 책임성으로 인정되는가의 요건을 부분적으로 규정할 것이다. 하지만 그것은 나나 당신의 믿음에 대한 독립적 논거는 아니다.

인과적 의존성 가설

너무 빠르다?

CI는 외적 회의주의에 대한 공포에 의해 촉발되는데, 그 공포는 CD 가설에 의해 촉발된다. CD 가설은 도덕적 진실이 도덕적 견해의 원인이 될 수 없다면, 사람들은 자신들의 견해에 대한 안정적이고 책임 있는 근거를 갖지 못한다는 명제다.[8] CD의 오류성에 대해 신속히 제공할 수 있는 증거는, CD가 바로 자기 자신을 부정한다는 것이다. CD는 도덕의 영역에 한정되어 있지 않다. 지식에 대한 일반적인 주장으로만 이해 가능하다. CD에 따르면 (아마도 순수하게 논리학적인 믿음을 제외하고) 우리의 믿음이 그 믿음의 대상에 의해 촉발되지 않는다면 그 믿음은 신뢰할 만한 믿음이 아니다. 이 가설은 모순에 빠져 있다. 이 가설이 진실이라면, 우리는 그것이 진실이라고 생각할 이유가 없다. CD는 그 정의 자체로도 진실이 아니다. 즉 그 명제가 이용하는 개념의 의미에서 도출되지도 않는다. 우리가 도덕적 인과 관계를 이해하든 이해하지 못하든 철학적 인과 관계는 절대로 이해할 수 없다. 많은 철학자들이 CD가 진실임을 믿는다. 하지만 아무도 CD의 진실성이 CD가 진실이라는 그들의 믿음의 원인이 되었다고 생각하지 않는다. 또는 우주에

철학 입자 같은 입자가 존재하여 사람들의 마음에 인과적 힘을 가한다고 생각하지 않는다. 그렇게 생각한다면 그들은 도덕 입자의 존재를 부인할 수 없을 것이다. 그들은 CI를 인정해야 할 것이다.

많은 철학자들은 내가 제시한 방식의 논변을 불신한다. 많은 저명한 철학자들의 믿음을 너무 빨리 반증하는 것 같아 보이는 것이다. 오히려 나는 이 모순은 CD에 대한 결정적인 반증일 뿐만 아니라, 유용한 논변이라고 생각한다. CD가 왜 회의주의 논쟁 양측의 도덕철학자들에게 매력적인지를 우리가 설명하려면 도덕의 특유한 성질을 살펴보아야 함을 일깨워 주기 때문이다. 즉 철학적 논점들에 대해 고민할 때는 죽어 있다가도 실체적 도덕 논점들에 고민할 때는 살아나는 어떤 공포가 있다.

같은 논변이지만 조금 더 긴 버전도 있는데 이 역시 교훈적이다. CD는 인기 있는 회의주의들의 중심을 차지하지만, 도덕적 판단의 진실성에 대한 주장이 아니다. 직접적으로는 오로지 사람들이 어떤 판단을 믿거나 안 믿는 이유에 대한 주장이다. 우리는 여러 가지 이유들을 우리의 결정에 대한 타당한 이유로 받아들인다. 우리가 무엇을 타당한 이유로 인정하는가는 그 결정의 내용에 따라 달라진다. 특정한 판단, 예를 들어, '오늘 아침에 프랑스에 비가 왔는가?'에 대한 타당한 물리적 입증 이론은 그 자체가 물리학적 이론이다. 도덕적 판단의 타당한 이유에 대한 이론도 그 자체가 도덕적 이론이다. CD는 도덕적 영역에 적용될 때는 그 자체가 도덕적 주장이다. CD를 인정하려면 역시 이유가 필요하고 흄의 원리에 따르면 그 이유 역시 도덕적 이유이거나 도덕적 이유를 포함할 수밖에 없다. 우리는 그런 이유를 상상할 수는 있다. 예를 들어, 진실성과 대면하지 않고, 단지 자신의 개인사로밖에 설명될 수 없는 도덕적 판단에 따라 행동을 하는 것은 옳지 않다고 판단할 수 있다. 하지만 이 새로운 판단도 자기 자신을 부정하게 된다. 왜냐하면 이 새로운 판단도 어떤 진실과의 대면을 통해 얻은 것이 아니기 때문이다. 다시 말하지만, CD는 CD를 받아들일 근거들을 모두 부정한다.

창피한 이야기들?

개인사가 우리의 견해들을 가장 잘 설명하고 이 견해들의 진실성은 아무런 설명의 기능을 하지 못한다면, 우리는 어떻게 우리의 견해들에 대해 확신을 가질 수 있을까? 개인사는 확신의 원천이 되기 어렵다. 어제 당신은 카리스마 넘치는 적극적 평등 실현 조치 반대론자의 강연을 들을지 풋볼 경기 중계를 볼지를 선택해야 했다고 가정하자. 동전을 던져 뒷면이 나와서 강연에 갔는데 거기에서 견해가 바뀌었다고 가정하자. 이제 적극적 평등 실현 조치가 불공평하다고 생각한다. 동전 던지기는 당신의 현재 견해를 설명할 때 빼놓을 수 없는 부분이다. 창피하게 들린다. 그런데 당신은 당신의 견해에 반대하는 사람들에게 다른 논거들을 댈 수도 있다. 바로 강연에서 들은 논거들이다. 당신의 견해가 타당한 근거가 있는가는 그 근거들이 도덕적으로 타당한 이유인가에 달려 있다. 당신이 동전 던지기를 통해 그런 논거를 접하게 되었다는 것은 무관하다.

이 사례에서 당신은 논변에 설득되어 새로운 견해를 갖게 되었다. 그것이 중요한가? 더 이상한 이야기를 상상해 보자. 1년 전 당신은 적극적 평등 실현 조치가 당연히 불공평하다고 생각했다. 그러다가 그 문제를 재고할 기회가 있었고 갑자기 강력하게 느껴진 논거들에 설득되어 불공평하지 않다는 확신을 갖게 되었다. 그리고는 어느 화요일 아침 신문의 과학 지면에서 놀라운 발견에 대한 기사를 읽는다. 바로 스칼라토픽 브레인스캔을 받은 적이 있는 사람은 그 전의 견해와 관련 없이 스캔 이후에는 적극적 평등 실현 조치가 공평하다고 생각하게 된다는 기사다. 증거는 방대하고 결정적이다. 우연의 가능성은 없다. 당신도 재고해 보고 견해를 바꾸기 직전에 스칼라토픽 스캔을 했다. 이제 당신은 스캔을 받지 않았다면 견해를 바꾸지 않았을 것이라고 확신하게 되었다.

물론 당신은 견해를 바꾸게 한 논변들을 다시 살펴본다. 그 전보다 훨씬 더 엄격하게 검증해 본다. 양심적인 판사가 중요한 사건에서 새롭게 천명할 원리를 재검토하듯이 검토한다. 당신의 새로운 견해가 여러 종류의 차별이나 특혜의 공평성 또는 불공평성에 대한 당신의 보편적인 견해와 일관성이 있는지를 자문해 본다. 탐구의 망을 넓게 펼쳐 본다. 운동선수, 특기 소유자, 동문 자녀들을 위한 입시 특례들이 타당한지 당신의 생각을 자문해 보고, 예를 들어 당신 자신의 뇌 수술을 해 줄 의사를 선정할 때와 같은, 다른 분야에서의 차별에 대한 자신의 견해를 생각해 본다. 자신의 견해들을 더 높은 보편성의 단계로 조망해 보기도 하고 측면으로 관련된 다른 논점들을 통해 조망해 보기도 한다. 인종 차별은 도대체 왜 잘못인지 그리고 그 물음에 대한 답이 적극적 평등 실현 조치도 역시 배척하는지 묻는다. 당신은 이 복잡한 성찰 속에서 무언가 모순이 발견되기를 기대한다. 스캔은 아마도 대학 입시 적극적 평등 실현 조치에 대한 당신의 구체적인 견해만을 겨냥했을 것이고 결국 당신을 도덕적인 불합치 속에 남겨 놓았을 것이다. 하지만 오히려 당신의 새로운 견해는 이 모든 시험들을 견뎌 낸다. 도리어 과거의 견해가 더 보편적인 다른 견해들과 충돌한다. 이제 당신은 스캔의 효과가 생각한 것보다 더 광범위하고 편재적이라고 생각한다. 당신의 도덕적 신념 전체를 이동하여 모든 신념들이 새로운 적극적 평등 실현 조치관(觀)과 완전히 합일하게 되었다. 어떻게 재검토해 보든 모두 옳아 보인다.

이젠 어떡해야 할까? 우선 당혹스럽지만 그 이후에는 어떻게 반응해야 할까? 이 발견은 틀림없이 당신의 견해 자체나 견해에 대한 확신

중 하나에 어떤 영향을 미칠 것이다. CD가 옳다면야 재앙에 가까운 영향을 미치겠지만 사실은 아무런 영향이 없을 수 있다. 우선 당신은 스캔을 했다는 것을 후회하지 않을 것이다. 적어도 견해가 바뀌었다는 이유로는 후회하지 않을 것이다. 왜냐하면 과거의 당신이 옳았다고 생각할 이유가 이제는 전혀 없기 때문이다. CI를 포용하고 도덕적 진실이 도덕적 신념을 초래한다고 해도, 과거의 견해가 그러한 인과 관계의 결과인지는 알 수 없다. 진실성이 당신의 도덕적 견해를 초래했다고 믿을 이유는 단 하나, 당신의 신념이 참이라는 독립적인 믿음뿐이다. 이제 당신은 과거의 견해가 아니라 현재의 견해가 참이라고 생각한다. 스캔 전에 그 결과를 예측할 수 있었다면 그 이유로 스캔을 강하게 거부했을 것이다. 하지만 지금은 스캔을 후회하지 않을 강한 이유, 아니 스캔을 해서 다행이라고 생각할 이유가 존재한다.

새로운 견해가 옳다고 생각할 이유가 스캔 전에 과거의 견해가 옳다고 생각했던 이유보다 조금이라도 약한가? 그렇지 않다. 오히려 과거보다 이유가 더 강해졌다. 이제 당신은 과거의 이유들이 타당하지 않다고 생각하기 때문이다. 그렇다고 해서 이제 적극적 평등 실현 조치에 대한 책임성 있는 판단력을 잃었을까? 그렇지 않다. 브레인스캔이 도덕에 대한 논증력을 개선한다는 가설을 부인할 수는 없기 때문이다. 반대로 도리어 그 가설이 옳다는 증거도 있다. 스캔 전에는 많은 도덕적 문제들에 대해 착오가 있었고 이제는 논증을 더 잘하거나 잘한다고 생각할 수밖에 없다.

당신이 새로운 확신에 따라 행동한다고 해서 무책임하다고 할 수 있을까? 당신이 사는 주에서 적극적 평등 실현 조치를 금지하는 주민 투표가 곧 시행된다고 가정하자. 그 투표에 기권해야 할까? 심대한 부패나 어리석은 정책에 대한 반대표가 하나 줄어들기야 하겠지만 그 한 표가 결정적일 수도 있다. 당신의 믿음은 기권을 용납하지 않는다. 기권은 책임성이 없다. 무책임하다. 당신은 당신의 적극적 평등 실현 조치관이 지금 아무리 옳아 보여도 이제는 신뢰할 만하지 않다고 생각하여 기권할지도 모른다. 하지만 그러려면 신념의 성립 과정에 대한 이론이 필요할 텐데 신념이 신뢰할 만하지 않다고 규정하는 타당한 이론은 없다. 당신은 양측의 논변을 청취했고 언제 인종이 허용되는 기준인가에 대해 원리에 충실한 해법을 작성했고 이 원리들을 당신이 중요하다고 생각한 다른 신념이나 가상 상황들에 비추어 검증했다. 당신의 동료 시민들 누구보다 더 신중하게 고찰했다. 당신의 견해가 동료들의 견해보다 덜 신뢰할 만하다고 생각하는 근거는 무엇인가? 그들의 견해도 당신의 새로운 견해처럼 그들의 개인사를 반영한다. 그들의 견해는 당신의 견해보다 더 설득력 있는 인과 관계의 결과물이 아니다. 차이점은 당신의 개인사가 조금 더 기이하다는 것이지만 그 차이는 무의미하다.

이렇게 터무니없게 고안된 상황에서도, 즉 당신의 견해가 이렇게 우스꽝스럽게 우연적인 경우에도 그 우연성이 중요하다는 측면을 찾을 수 없다. 우리는 다음과 같은 의미에서는 모든 도덕적 견해가 우연적임을 인정하기를 두려워해서는 안 된다. 즉 그들의 삶이 충분히 달랐다면 그들의 믿음도 달라졌을 것이라는 의미에서 말이다. 이 책 이 부분의 교훈인 도덕의 독립성을 가슴으로 받아들였다면 그러한 인정 속에 담긴 독(毒)은 이미 제거되어야 한다. 도덕은 그 자신의 자격으로 일어서거나 넘어져야 한다. 도덕적 원리는 그 자신의 쾌로만 변호되기도 하고 탄핵되기도 하는 것이다. 나는 도덕적 신념에 대한 설명과 정당화의 차이를 설명하기 위해 심혈을 기울였다. 전자는 사실의 문제고 후자는 도덕의 문제다. 도덕적 책임은 도덕적 문제다. 도덕적 견해를 갖고 그에 따라 행동하기 위한 전제 조건이 무엇인지를 말하는 이론이 필요하다. 그것이 6장의 주제다. 어떤 도덕적 책임성 이론도 한 사람의 도덕적 입장이 그의 어떤 창피한 개인사에 의해 가장 잘 설명된다고 해서 비난받을 수는 없다. 그 입장 자체가 합리적이고 충분한 깊이가 있다면 말이다.

우리는 도덕적 책임에 대한 이론인 CD를 도덕적 명제, 즉 도덕적 인식론에 대한 명제로 평가해야 한다. CD를 승인하려면 CD를 위한 설득력 있는 도덕적 논변이 필요하다. 하지만 그것은 불가능하다. 자신의 도덕적 견해를 어떻게 검증했는가는 나중에 보겠지만 그가 그 견해를 책임감 있게 유지하고, 표명하고, 준수했는가를 평가함에 있어 의미가 있다. 그러나 그가 그 견해를 가지게 된 과정이나 견해를 검증한 방법에 대한 최선의 인과적 설명이 무엇인가는 의미가 없다.

신념과 우연

당신의 가장 심오한 도덕적 신념이 단지 우연에 의해 형성되었고 우연적으로만 참이라는 사실이 두렵지 않은가? 적극적 평등 실현 조치가 공평하고 당신이 그렇게 생각한다는 것은 전날 시계가 3시 15분에 멈춰 섰기 때문에 지금 시각이 3시 15분임을 정확히 맞춘 사람만큼만 운이 좋다고밖에 설명되지 않는다. 운이 좋다고 말하는 이유는, 당신이 어떻게 현재 입장을 가지게 되었는가에 대한 설명(당신은 동전을 던져 그 강연에 갔을 수도 있다.)은 그 입장의 진실성과는 아무런 관련이 없기 때문이다. 이것은 공포스러운 일일 수 있다. 즉 당신의 신념이 참인 것이 단지 우연이라면, 사람이 가질 수 있는 그렇게 많은 도덕적 신념들 가운데, 당신의 신념이 참일 가능성은 매우 희박해 보이기 때문이다.[9]

그러나 우리는 위에서 내가 바로 지금 뒤섞어 놓은 두 개의 질문을 구분해야 한다. 내가 어떤 신념을 가지는 것이 과연 우연일까? 나의 신념이 참이라는 것이 과연 우연일까? 전자는 설명의 문제이고 후자는 정당화의 문제이며, 각각에 대해 우연은 다르게 정의된다. 전자는 당신의 개인사가 달랐다면 당신의 견해도 달라졌을 것인가를 묻고 있다. 당신의 개인사가 다르지 않아야 한다고 요구하는 규정론을 차치한다면, 답은 당연히 '예'다. 적극적 평등 실현 조치 강의에 가지 않았다면, 당신을 설득시킨 강연을 듣지 못했을 것이다. 더 보편적으로는 당신이 매우 다른 도덕적 환경에서 자라났다면 당신들 중 대다수의 도덕적 신념은 아마도 달라졌을 것이다. 총기 규제가 독재라고 생각할지 모르고 불신자들을 죽여야 할 도덕적 의무가 있다고 믿을지도 모른다.

그러나 우리의 도덕적 신념뿐 아니라 조금이라도 이론이 간여된 믿음은 같은 방식으로 모두 우연적이다. 내가 부모를 일찍 여의고 근본주의자 가정에 입양되었다면 지구가 45억 년이라는 믿음 대신 신이 최근에 우주를 창조했다는 매우 다른 믿음을 가졌을 수 있다. 물리 세계에 대한 나의 믿음도 모두 그런 우연성으로부터 자유롭지 않다. 어떤 믿음이 대중적으로 인기 있다고 해서 내가 그 믿음을 가지고 있다는 사실이 조금이라도 덜 우연적이 되지는 않는다. 나의 철학적 믿음들도 마찬가지다. CD 가설을 승인하는 철학자들 다수도 그들이 선택한 철학과와 다른 학교에서 대학원 공부를 했다면 다른 믿음을 가졌을지 모른다. (그러나 믿음의 우연성이나 우연성의 중요성을 과장해서는 안 된다.)[10]

후자는 다른 의미의 우연성을 호명한다. 참인 명제를 믿는 것은 그런 믿음의 이유가 타당하지 않을 때만 우연이다. 그래서 시간을 정확히 맞춘 사람의 믿음이 우연인 것이다. 동전을 던져 뒷면이 나왔다는 이유로 적극적 평등 실현 조치를 공평하다고 믿는다면 그 믿음이 참이라고 하더라도 같은 이유로 우연이다. 우연을 이렇게 정의한다면, 우리의 도덕적 신념이 우연적이지 않게 참인가는 그 자체로 커다란 도덕적 물음이다. 도덕적 논점에 대한 진실을 밝혀낼 합리적인 기획이 가능한가? 그렇다면 그 계획은 무엇인가? 이 물음에 대한 답 자체가 전체적인 도덕 이론이 된다. 내가 6장에서 주장하듯이 사유의 계획된 방법이 있다면 그리고 당신이 그 방법을 따랐다면 그렇게 검증된 당신의 신념들이 참이라는 것은 우연이 아니다.

혹자는 내가 속임수를 쓴다고 반론할 수도 있다. 즉 우리의 신념 중 일부, 예를 들어 설득력 있는 도덕적 논증에 대한 신념들 같은 것들이 참이라고 가정하지 말고, 대부분의 신념들이 거짓인 항아리에서 무작위로 뽑는다고 상상하고 우리의 도덕적 신념이 참일 가능성을 측정해야 한다는 것이다. 그 항아리에서 뽑은 믿음 중 하나라도 참일 가능성은 얼마나 될까를 물어야 한다는 것이다. 하지만 이는 재앙이라 할 만큼 왜곡된 문제 제기다. 논증은 제비뽑기가 아니다. 도덕적 신념이 항아리에서 뽑은 구슬이라고 할지라도 참인 명제를 뽑을 확률을 측정할 수 없을 것이다. 우리가 수학적 믿음을 항아리에 넣는다고 해도 말이다.

우리는 몇몇 신념들이 참이라고 가정한 후에야 다른 신념들에 대해 참이라는 판단 또는 참일 확률에 대한 판단을 내릴 수 있고 그런 가정 후에는 다른 신념들의 참 여부는 판단이나 유추의 문제지 우연적인 것이 아니다. 제비뽑기에 대한 비유는 없어진다. 중요한 방법론적 물음은 항상 정도의 문제다. 즉 무엇을 또는 얼마나 참이라고 가정해야 나머지에 대한 판정을 내릴 수 있을 것인가의 문제다. 도덕적 신념이 참인 조건에 대해 아무런 가정을 하지 않고 모든 도덕적 신념이 참일 확률을 묻는 것은 의미가 없다. 모든 도덕적 견해가 참일 확률이 모두 동등하다는 것 역시 하나의 도덕적 견해며 미친 견해다. 도덕적 논증에 필수 불가결한 견해들만이라도 우선 전제를 한다면 다른 견해들이 우연적으로 참이라는 생각은 증발해 버릴 것이다. 우연에 대한 공포는 전염성이 있지만 가치의 독립성을 완전히 받아들이지 않은 상태에서의 증상들 중 하나일 뿐이다. 도덕이 허공 속의 무로 부유하지 않으려면 인과적 질서에 포용되어야만 한다는 생각의 증상들 중 하나일 뿐이다.

통합된 인식론

CD 가설은 아르키메데스적 인식론의 한 부분이며 아르키메데스적 인식론은 그 개념부터 잘못되어 있다. 지식의 조건이 완전히 추상적일 수는 없다.[11] 모든 사유는 무언가에 대한 사유이며 그 사유의 타당성과 합리성은 사유의 대상에 의존하게 된다. 과학에서의 책임성은 대부분 증거에 반응하는 것이며 어떤 사실의 증거가 되려면, 그 증거가 그 사실이 존재하기 때문에 존재하는 경우에만 가능하다. 그래서 CD는 과학에서는 타당성이 있다. 하지만 도덕처럼 증거가 아니라 논변의 영역에서는 무의미하다. 아르키메데스적 인식론은, 인식론이 다른 견해들 속에 그리고 함께 자리해야 하기 때문에 실패하는 것이다. 추상적 인식론과 구체적 믿음은 서로 부합하고 지지해야 하며 절대로 어느 한쪽이 다른 한쪽에 대한 거부권을 가져서는 안 된다.

우리에게는 통합된 인식론이 필요하다. 즉 우리는 무엇이 참인지를 결정하는 방법론을 검증하기 위해서 무엇이 참인지를 가정해야만 한다. 예를 들어, 과학적 방법론은 광학과 생물학에 대한 믿음이 참이라고 전제하는데 그 광학과 생물학은 다시 과학적 방법론에 의해 추인된다. 지적 구조 전체가 서로 부합하고 같이 서 있다. 우리의 다른 신념들보다 어떤 인식론적 공리에 우선권을 부여하는 것은 착오다. 마찬가지로 구체적 신념과 상호 지속적으로 발전시켜야 할 일반적 인식론에 앞서는 우선권을 구체적 신념에 부여하는 것도 중대한 착오다. 우리에게 믿음의 길을 열어 달라고 인식론에 요구해서는 안 된다. 점성학은 인과적 주장을 하지만(예를 들어, 행성의 공전 궤도가 새로운 멋진 사람들을 조우하게 될 시각에 미치는 영향) 그러한 믿음에 대한 과학을 구성하기 위해 우리가 발전시켜 놓은 인과적 설명의 요건들에 부합하지 않는다. 과학과 점성학 모두를 포용하는 통합된 이론과 견해들을 도출하는 것은 불가능하며, 천 가지 이유로 우리는 점성학을 포기해야 한다.

종교적 신념의 대중적 인기는 통합된 인식론에 대한 더욱 어려운 도전이다. 사려 깊은 사람들도 종교의 이름으로, 존중받을 믿음의 조건에 대한 일반적 견해들에 대해, 예외를 파낸다. 이 예외들은 '기적'에 의존한다. 예를 들어 뇌가 없이도 영원히 존재하며 어떠한 사물이라도 창조할 수 있는 절대무한의 힘을 가진 정신이라는 근본적인 기적을 포함한다. 종교철학자들은 이 기적들을 일반적 인식론에 포용하기 위해 대단히 정교한 시도들을 해 왔다. 어떤 이들은 우리가 발전시키고 개념화한 과학적 방법론으로 종교가 주장하는 기적들을 설명하려 했다. 다른 이들은 반대로 일반적 인식론이 개조되고 확장되어 종교적 경험과 기적의 승인을 포용해야 한다고 주장했다. 두 가지 노력 모두 통합된 인식론의 필요를 인정한다.

신의 존재에 대해 최근 인기를 끈 논거인 지적 설계론은 첫 번째 전략의 한 사례다.[12] 이에 따르면 원초적인 생명체들은 더 이상 환원될 수 없을 정도로 복잡하여 그 구조가 조금이라도 다르면 생존할 수 없다. 즉 더 간단한 생명체로부터 진화되었을 가능성이 없다. 결국 이 생명체들은 아브라함의 신과 전통적으로 동일시되던 특질들을 갖춘 초자연체가 창조했을 수밖에 없다. 나는 이 주장이 과학적으로 약하다고 믿는다.[13] 하지만 과학적이라고 인정될 수 있는 방법으로 창조의 기적을 설명하려는 주장인 것은 맞다. 즉 어떤 현상들에 대한 최선의 인과적 설명이 종교적 가설의 포용을 강제함을 보여 주려는 것이다. 지적 설계론자들은 과거에는 신이 지구와 생명체를 꽤 최근에 7일 만에 만들었다고 생각하는 사람들이었다. 이들의 지적 설계론으로의 전향은, 이들이 "젊은 지구 이론"으로 칭하는 '창조론'이 과학적 증거가 아니라 성서적 권위에 근거한다는 이유로 공공 학교 교과에서 배제한 법원 결정들에 의해 당연히 가속화되었다.[14] 또는 무엇이 타당한 논증인가에 대한 그들의 일반적 견해들과 종교를 합치시키고자 하는 충동 때문에 전향을 서둘렀을 수도 있다.

종교와 통합적 인식론을 화합시키려는 두 번째 전략을 택한 철학자들은 우리가 무엇을 어떻게 지각하는가라는 이론은 우리가 믿을 수밖에 없는 모든 현상들에 대응해야 한다고 주장한다. 수억 명의 사람들은 자신의 삶이 방대하고 다양한 종교적 경험을 포함한다고 믿는다. 그들은 이승의 신에 대한 초월적 인식을 성취했다고 믿는다. 이미 알려진 논변으로 그들의 신념이 반증되지 않는 한 그들의 경외감은 그들의 종교적 신념의 충분한 근거라고 한다. 그들은 자신의 지각이 환상이 아니고 참임을 독립적으로 입증할 수 없다. 날것 그대로의 지각 자체의 권위와는 독립적인 논변 말이다. 이 철학자들의 견해에 따르면 이 지각의 유효성을 부정하지 않고 액면 그대로 받아들이는 것이 낫다. 왜냐하면 우리는 질문을 유예함으로써만(아르키메데스적 인식론을 고집함으로써만) 이 지각들을 부정할 수 있기 때문이다.[15]

나는 이 논변이 이 장의 내용과 연관된 이유로 실패했다고 생각한다. 종교적 신념의 유효성이 지각에 대응되는 인식 능력의 존재에 의존한다면, 널리 알려진 난점들이 한꺼번에 발생한다. 우리에게 친숙한 (오감에 의해 전달되는) 지각들을 하나의 통합된 인식론에 포용할 수 있는 것은 생물학, 물리학, 화학이 우리의 감각의 작동 방법을 설명하여 이 지각들의 신뢰성을 검증하기 때문이다. 물론 이 서술에는 일말의 순환성이 있다. 즉 우리는 감각 작용을 검증하는 데 동원하는 생물학, 물리학, 화학의 원리들을 다시 감각 작용을 이용해 검증한다. 하지만 이러한 유의 순환성은 사상의 영역 전체를 횡단하여 신념과 인식을 통합한다. 바로 이것이 통합적 인식론의 의미다. 하지만 반대로, 우리가 어떤 특별한 종교적 형식의 지각을 믿는다고 단정해 버리면, 그 순간 그 지각을 전달한 능력에 대한 우리의 믿음과 그 능력의 작동 방법에 대한 보편적인 설명을 통합할 길을 잃게 된다. 우리가 지각 능력을 임시변통으로 인정한다면, 타인들에 대해서도 유령을 지각하거나 망자와 대화할 수 있는 특별한 능력을 인정할 수밖에 없다.

더욱이 종교적 신념이 지각에 의존한다면 종교적 견해의 다양성은 어떻게 설명할 수 있을까? 그렇게 많은 신자들과 불신자들이 다 착오에 빠져 있음을 어떻게 설명할 수 있을까? 어떤 사람들은 다양성과 오류의 내적 설명을 믿는다. 즉 신은 신이 선택한 자들에게만 은총을 내린다는 것이다.[16] 하지만 이것은 인지의 주장을 옹호하는 방법이 되기에는 너무 폐쇄적으로 순환적이다. 즉 일반적 인식론과 종교적 믿음을 통합하지 못한다. 우리는 질문을 덜 유예하는 설명법을 필요로 하는데 어떤 이들은 타인이 갖지 못한 능력을 가졌다는 무용한 주장 외에는 하지 못한다. 이 능력을 갖지 못한 사람들은 진짜 신자들이 '본' 것을 '보지' 못한다는 것 외에 다른 결함의 증거들을 갖고 있는가?

이 질문들이 바로 전통적으로 CD 가설을 폄하할 때 동원되던 질문들이다. 통합된 인식론은 적극적 평등 실현 조치의 공평성과 불의성이나 낙태의 사악함과 지혜로움을 '직관'할 수 있는 특별한 도덕적 능력을 사람들에게 용납하지 않는다. 그러나 CD 가설이 거짓이므로 CI 가설에 의지하지 않고도 우리는 도덕적 신념의 책임성을 옹호할 수 있다. 그렇다면 종교적 지각 능력을 전제하지 않고 종교적 신념의 합리성을 옹호할 수 있을지도 모른다. 그러나 종교적 신념은 통합적 인식론 내에서 지위를 획득해야 할 무거운 부담을 져야 하지만 도덕적 신념은 이 부담을 지지 않는다. 도덕적 신념은 그 자체로 아무런 인과적 주장을 하지 않는다. 물론, 물리적 사회적 그리고 정신적 세계에 대한 인과적 가설이 특정한 도덕적 주장을 정당화할 때 필연적으로 출현한다. 적극적 평등 실현 조치에 대한 타당한 찬반론 모두 그 제도의 결과를 무시할 수 없고 이 결과들의 증거는 관련된 과학의 요건을 충족해야 한다.

그러나 도덕적 판단의 정당화는 절대로 비범한 인과 관계에 소구하지 않는다. 도덕은 기적을 필요로 하지 않는다. 이와 달리 기존의 종교적 신념들은 물질과 생명의 창조와 자연의 작용에 대한 비범한 인과적 주장들에 의해 관통된다. 이 인과적 주장들은 대부분 종교들이 과거에 그리고 현재에 매력을 유지하는 데 필수 불가결한 요소다. 신봉자가 지각에 소구하여 자신의 인과적 주장을 변호하든 그 주장의 다른 원천들을 통해 변호하든, 그는 자신의 주장을 이루는 인과적 주장들을 정당화해야만 하는데 기적, 즉 모든 통합적 인식론에서 반드시 출현하는 인과적 기제에 대한 예외를 우회할 방법이 없다. 지적 설계론 운동이, 신다윈주의가 종의 기원을 설명할 수 없음을 입증한다 해도, 그렇다면 초자연적 설계자 가설은 어떻게 종의 기원을 설명할 수 있는지를 입증하는 독립적이고 부담스러운 과제를 대면해야 한다.

결국 통합적 인식론은 두 개의 독재를 경계해야 한다. 우선 개별적 지적 영역의 내용에 무감한 아르키메데스적 야심의 독재 그리고 구체적인 신념(신, 유령 또는 무엇이 옳고 그른지에 대한 신념)에 대한 교조적 집착의 독재이다. 후자의 경우 우리가 그 신념의 영역에서 보통 신뢰할 만한 믿음을 성립하는 과정의 최선의 설명에 대해 임시변통의 예외를 요구한다. 그러나 나는 결국에는 통합적 인식론을 찾으려는 정직한 노력에서는 날것 그대로의 불패의 신념이 결정적 역할을 해야 한다고 본다. 가장 지속적인 성찰 후에도 결국 그냥 믿는 도리밖에 없는 명제들이 있을 수 있다. 그때 우리는 이 명제들을 불신하는 척하지 말고 왜 이런 난점에도 불구하고 이 명제들을 믿는 것이 정당한지를 설명하기 위해 투쟁해야 한다. 패배할지도 모르지만 투쟁이 기만보다 낫다.

깊은 종교적 신념을 가진 사람들의 상황이 바로 그런 것 같다. 이들은 자신의 신앙과 그 신앙의 인과적 주장들이 어떻게 일반적인 인과론과 부합하는가에 대한 설명이 없더라도 자신의 신앙을 포기하지 않는다. 당신이 무언가를 지속적으로 믿을 수밖에 없다면, 믿는 것이 좋을 것이다. 하지만 그것은 당신이 믿는다는 사실 자체가 그 믿음이 참이라는 증거라서 그런 것이 아니라 당신은 신념을 결정적으로 부정하는 논변을 생각해 낼 수 없기 때문에 신념이 약해지지 않는 것이다. 시작도 끝도 확신이다. 통합성을 위한 투쟁은 그 사이에 있다.

도덕적 진보?

CI 가설과 CD 가설을 폐기할 때 우리는 독립적으로 중요한 다른 신념들도 상실하는가? 크리스핀 라이트(Crispin Wright)는 하나의 우려를 제기했다.[17] 인과적 힘에 대한 주장들을 모두 포기하면 우리는 도덕적 진보를 더 이상 매력적으로 설명할 수 없게 된다. 즉 인간의 감성과 도덕적 진실 사이의 장애물이 점진적으로 제거되는 과정으로 설명할 수 없게 된다. 물론 도덕적 진보라는 현실을 부인할 필요는 없다. 노예 제도가 잘못이라고 믿고 대다수의 사람들도 같은 견해를 가지고 있음을 아는 사람은 적어도 노예제가 광범위하게 실시되고 옹호되던 시대 이후로 일반인들의 도덕적 여론이 나아졌다고 생각할 것이다. 이런 충분한 사례들을 더 찾는다면 더욱 야심 차게, 도덕적 여론이 모든 면에서 나아졌다고 주장할 수도 있다. 이렇게 간단한 비교만으로 우리가 얼마나 많은 진보를 주장할 수 있을지는 우리 자신의 도덕적 신념들과 상응하는 신념들의 현재와 과거의 분포에 대한 사회학적 그리고 역사적 믿음들에 따라 결정될 것이다.

물론 우리는 우리가 진보라고 규정한 일들이 왜 일어났는지는 설명할 수 있다. 개인사적 설명이 왜 과거의 오판이 구시대적인지를 밝혀

줄 수 있다. 즉 노예제를 옹호한 사람들은 거짓된 경험적 믿음을 가지고 있었거나 노예제를 떠받치던 경제가 변화되었을 수 있다. 다른 설명도 가능하다. 신이 도덕적 지식의 원천이라고 생각하면 신이 점진적으로 더 많은 자신의 자식들을 자신의 도덕적 계획 속에 포용하는 과정으로 설명할 수 있다. 공리주의자들은 고난을 겪는 사람들의 평등주의적 원리에 대한 열망이 그러한 원리에 저항하는 사람들의 열망보다 강하기 때문에 도덕적 오류가 점진적으로 사라진다고 설명할 수 있다.[18]

그런데 이런 인과적 역사적 설명은 나의 도덕적 진보론을 추인하지 못한다. 도덕적 진보론은 노예제가 잘못이라는 우리 자신의 확신에 의존하고 있다. 또, 과거의 영향력이 사람들을 오도했다거나 노예제가 신에 대한 모독이라거나 경제가 더 나은 상황을 만들었다는 주장들은 이 확신을 지지한다기보다 그 주장들 속에 이미 가정되어 있다. 그러므로 그런 설명들이 제시된다고 해서, 과거 세대가 우리가 지금 '직시하는' 도덕적 진실을 보지 못하고 있다는 설명보다 더욱 강한 확신을 도덕적 진보에 대해 부여하지 못한다. CI 가설이 진실이라도 우리의 상황은 더 나아지지 않는다. 우리는 현재의 견해가 발전이라는 독립적인 판단을 내려야만 도덕적 진실이 진보에 기여했다는 설명을 할 수 있고, 이미 이 독립적인 판단은 그 자체로 진보의 의미를 내포하고 있다.

5장 내적 회의주의

유형론

총체적 내적 회의주의는 오랫동안 학계에 중대한 영향력을 행사해 왔다. 고대 철학자들은 이를 반드시 옹호하거나 배격해야 할 중요한 입장이라고 생각했다. 윤리학에 적용되면 절망의 신념이 된다. 삶이 아무런 가치도 의미도 없다는 신념인데 이 책에서 내가 주장하듯이 어떤 가치도 이 공포스러운 결론에서 벗어날 수는 없다. 맥베스의 말처럼 삶은 아무것도 의미하지 않는다고 선언할 정도의 소진적인 내적 회의주의에 한 번 빠지면 나올 수는 있어도 부인하지는 못한다. 나는 이 절망적인 형태의 회의주의를 내가 할 수 있는 유일한 방식으로 대면하고자 한다. 즉 9장에서 인간 생명이 가질 수 있는 종류의 가치를 제안하는 것이다. 나는 이를 부사적 가치라 부르는데, 중대한 도전에 '어떻게' 대응하는 것이 좋은 수행(good performance)인가라는 의미를 가지기 때문이다.

이 짧은 장에서 나는 내적 회의주의를 반박하기보다 설명하기에 집중할 것이다. 2장에서 나는 내적 회의주의의 예들을 들었다. 이 예들은 소극적 도덕적 판단들이다. 즉 지도하려 하지도 요구하지도 않는다. 예를 들어, 서로 동의한 성인들이 어떤 방법으로 성교하든지 그에 대해 아무런 요구도 비난도 하지 않는다는 의미에서 소극적이다. 어떤 내적 회의주의적 명제들은 다른 형식을 띠기도 한다. 특정한 행위가 금지되지도 요구되지도 않는다기보다는 금지될지 요구될지에 대해 정답은 없다고 선언한다. 예를 들어, 낙태의 오류성도 그런 식으로 비결정적이다.

　내적 회의주의의 명제들은 외적 회의주의를 의도하는 명제들과 구별되어야 한다. 3장에서 길게 검토했던 견해, 즉 1차적 실체적 도덕적 판단들은 정신과 독립된 도덕적 진실이 아니라 감정이나 태도의 투영이라는 견해는, 도덕적 판단이 참이거나 거짓일 수 없다고 주장한다. 이 비결정론은 명백히 실체적 도덕적 주장이다. 양측의 논변이 우월을 가리기 힘들어 낙태에 대해 정답이 없다고 믿는 사람이라도 도덕에 대한 보통 사람들의 견해에 귀의해 다른 많은 도덕적 명제들이 정정당당하게 참이거나 거짓이라고 생각할 수 있다.[1]

　비결정론은 윤리나 도덕 밖의 가치의 영역에서 더욱 친숙하고 내 생각에는 더 설득력이 있기까지 하다. 뛰어난 미감과 신경을 가진 사람들이 두 병의 와인을 비교 평가하려 한다고 가정해 보자. 이들은 틀림없이 둘 중의 하나가 더 낫다고 주장하며 언제라도 어느 것이 나은지 말해 주고자 한다. 그러나 어떤 와인들은 하나가 다른 하나보다 더 낫지 않으면서도 정확히 동질은 아닐 수도 있다. 이런 경우를 "동격(on a par)"이라 말할 수 있다.[2] 또는 극단적으로 회의적인 견해로 와인의 좋고 나쁨은 완전히 주관적이며 와인 애호가들의 컬트에도 불구하고 객관적 평가는 있을 수 없다고도 할 수 있다. 이때는 둘 중 어느 와인이 더 나은가라는 질문에 정답이 없고 단지 누가 어느 와인을 더 좋아하는가라는 다른 질문에 대해서만 답이 있을 뿐이라고 말할 수 있다.

　'정답이 없는' 무도덕의 사례를 두 가지 더 살펴보자. 영국의 시골에서는 주말 놀이 중 하나로 '최고' 목록을 만들어 이를 가지고 논쟁을 벌이곤 했다. 최고의 운동선수는 누구인가? 도널드 버지일까, 데이비드 베컴일까? 최고의 정치인은 마르쿠스 아우렐리우스일까, 윈스턴 처칠일까? 최고의 예술가는 피카소일까, 베토벤일까? 질문 자체가 성립하지 않는다는 점이 매력적이다. 즉 그렇게 다른 과제, 역할, 맥락을 횡단하여 자질이나 성과를 비교하는 것은 의미 없는 일이다. 유일하게 이성적인 판정은 자질과 성과는 비교 불가하다는 것이다. 피카소는 베토벤보다 우월하지도 열등하지도 않았지만 그렇다고 똑같이 위대하지도 않았다. 그들은 동격이었다.

미 연방 대법원이 5 대 4로 결정하기 전까지 법조인들은 미국 헌법 제2 수정 조항이 휴대용 총기를 집에 보관할 권리를 일반 시민들에게 보장하는지를 두고 논쟁했다.[3] 양측에 인기 있는 논거들이 있었고 지금도 그러하다. 많은 법조인들과 법학도들은 이 질문들에 하나의 정답이 있다는 생각은 착오라고 말하고 싶은 유혹을 느꼈다. 다른 정치적 유권자 세력들과 다른 헌법 이론학파들에게 호소하는 다른 답들이 있을 뿐이라는 것이다.

도덕에 대한 내적 회의주의는 첫째 상호 동의한 성인들 사이에서는 모든 성교가 허용된다는 유의 소극적 도덕적 판단뿐 아니라, 둘째 도덕적 판단이 비결정적이거나 도덕적 비교는 불가하다는 판단까지 포함할 수 있다. 그리고 위의 두 가지와 구별되는 세 번째 내적 회의주의는 도덕적 충돌이다. 많은 이들은 안티고네가 자신의 오빠를 매장할 의무와 매장하지 않을 의무를 모두 가지고 있었다고 생각하며 그녀가 무슨 행동을 했던 잘못이라고 생각한다. 이들은 안티고네가 둘 중 어느 의무를 가지고 있는가는 참도 아니고 거짓도 아니지만 두 가지 의무를 모두 가지고 있는가는 참이라고 생각한다.[4] 충돌론은 논의의 완전성을 위해 포함시켰다. 충돌론도 도덕이 현장을 지도하지 못한다는 명제를 부인하는 한 내부적으로 회의적이다. 이들은 앞으로의 나의 논의에 특별한 문제를 발생시키는데 충돌은 나중에 다루기로 한다.

비결정성과 기본 상태

이 장에서는 나는 주로 "정답은 없다."라는 비결정론과 비교 불가론을 주로 다룰 것이다. 정답이 없다는 답이 타당할 때는 언제인가? 놀랍게도 많은 이들은 바로 도덕, 윤리, 예술, 법과 같은 가치의 영역에서는 비결정성이 기본 상태(default judgment)라고 답한다. 세심한 조사 후에 도덕적, 미적, 윤리적 또는 법적 논쟁의 어느 한쪽에 더 설득력 있는 논거가 나타나지 않으면 그 물음에 답이 없다고 가정하는 것은 이성적이다. "낙태가 나쁜 일인가?"라는 물음에 압도되었다고 가정하자. 기분에 따라 어떤 논거나 비유들은 낙태가 나빠 보이도록 만들고 다른 논거나 비유들은 나빠 보이지 않도록 만든다고 가정하자. 이 두 개의 논거와 비유 조합들 중에서 어느 쪽이 더 나은가에 대해 안정적인 감(感)이 없다고 고백하자. 그렇다면 기본 상태 테제에 따라서 이 물음에는 정답이 없다고 결론지어야 한다. 이러한 접근법은 도덕적 주장을 입증하기 위해서는 어느 쪽으로든 실체적 논거가 필요한데 비결정론이 그러한 논거를 찾지 못한다는 것만으로 입증된다고 가정한다. 실체적 주장은 스스로에 대한 논거가 필요하지만 비결정론은 논거의 부재만으로 입증된다는 것이다.

비결정성이 기본 상태라는 테제는 로스쿨 강의에도 자주 이용된다. 강사들은 어떤 법적 주장에 대해 찬성론과 반대론을 구사한 후 보통 학생들의 환호 속에서 정답은 없다고 선언한다. 그러나 이 기본 결정 테제는 명백한 오류다. 바로 불확실성(uncertainty)과 비결정성(indeterminancy)이라는 반드시 구별되어야 하는 두 가지 다른 입장을 혼동하고 있기 때문이다. 불확실성의 고백은 이론적으로 실체적인 주장에는 이르지 않는 소심한 주장이며 오히려 불확실성이 기본 상태다. 논쟁의 모든 측면의 논거들을 검토하고 성찰해도 한쪽의 논거가 다른 쪽보다 강력하게 느껴지지 않는다면 나는 더 이상 아무것도 하지 않고 "나는 불확실하다, 나는 이 사안에 대해 아무런 입장이 없다."라고 선언할 수 있다. 다른 견해를 가지도록 설득되지 않았다는 것 이상으로 아무런 실체적인 논거를 필요로 하지 않는다. 하지만 이 측면에서 비결정성은 불확실성과 다르다. "명제가 참인지 거짓인지 불확실하다."라는 말은 "참일 수도 있고 거짓일 수도 있다."라는 말과 일관되지만 "명제가 참도 거짓도 아니다."라는 말은 그렇지 않다. 불확실성이 고려되면, 비결정성이 기본 상태라는 테제는 소멸된다. 불확실성이 기본 상태라면 이와 확연히 다른 비결정성은 기본 상태가 될 수 없다.

불확실성과 비결정성의 구별은 이론적으로뿐 아니라 실천적으로도 필수적이다. 불확실성에는 보통 침묵이 어울리지만 불확실하지 않고 비결정적이라는 확신을 진정으로 가진 사람에게는 전혀 어울리지 않는다. 가톨릭 교회는 예를 들어 태아가 생존권이 있는 사람인지에 대해 불확실한 사람도 낙태를 반대해야 한다고 선언했다. 태아가 사람으로 밝혀지면 낙태는 끔찍한 일이 되기 때문이다. 하지만 태아가 사람인지는 비결정적이라고 확신하는 사람을 설득할 수 있는 비슷한 논리는 없다. 어느 쪽으로의 주장도 그에게는 옳지 않다. 물론 그는 다른 이유로 어느 한 가지 입장을 취할 수 있다. 사람들이 너무 낙태에 대해 분노하고 있다는 이유로, 자신이 보기에는 이들은 낙태의 인격성을 오도하고 있지만, 낙태가 법으로 금지되어야 한다고 말할 수도 있다. 또는 국가가 실체적 입증이 없이 자유를 제약하는 것은 부당하기 때문에 낙태는 법적으로 허용되어야 한다고 말할 수도 있다. 하지만 그 쟁점에 대해 불확실한 사람이 빠진 침묵과 고민에 같이 빠질 이유는 없다.

불확실성과 비결정성을 구별하면, 비결정론에 대해서도 실체적 주장만큼이나 실체적인 논거가 필요함을 알 수 있다. 두 가지 와인 중에 우열이 없으며 그렇다고 동급도 아니라는 판단을 어떻게 입증할 수 있을까? 또는 베토벤이나 피카소 중 더 나은 예술가가 있다거나 버지나 베컴 중에 더 나은 운동선수가 있다는 주장이 오류임을 어떻게 입증할 수 있을까? 와인, 예술 또는 스포츠에서의 훌륭함에 대한 실체적 이론이 필요할 것이다. 당신도 나처럼 발튀스보다는 피카소가 더 훌륭하며, 좀 더 어려운 비교겠지만 브라크보다도 더 훌륭하다는 식의 예술적 가치에 대한 비교를 할 용의도 있고 능력도 자임할 것이라고 가정하자. 나와 당신은 베토벤이 로이드 웨버보다는 나은 작곡가라고 생각한다. 우리는 특정 예술가들을 비교하는 것은 원칙적으로 비이성적이지 않다고 생각한다.

나는, 브라크도 중요한 화가지만, 모든 것을 고려해 보면 피카소가 더 훌륭하다고 생각한다. 여기에 이의를 제기하면, 나는 내 견해를 다음 여러 가지 방법으로 옹호할 수 있다. 피카소의 독창성, 창의성, 그리고 장난기에서 심오함까지를 아우르는 포용성 등을 지적할 수 있다. 물론 예를 들어 큐비즘에 대한 더욱 서사적인 접근과 같은 브라크 작품의 미덕들도 인정하면서 말이다. 예술적 가치는 복잡한 주제이며 나의 주장은 모든 면을 포괄하는 것이기 때문에, 논점은 복잡한 토론을 용납한다. 대화가 금방 싱거워지지는 않을 것이다. 페트루스(Petrus)가 라피테(Lafite)*보다 훌륭한 귀족성을 가지고 있다는 주장을 다툰다면 몰라도. 나는 당신을 지속적인 토론을 통해 피카소와 브라크에 대해 당신을 설득할 수도 있고 그렇지 못할 수도 있으며 당신도 마찬가

---

* 프랑스 와인의 종류.

지다. 그러나 어느 한쪽이 다른 쪽을 설득하지 못했다면 나와 당신은 각자의 입장을 견지할 것이다. 당신을 설득하지 못한 것이 실망스럽긴 해도 그 사실이 나의 견해를 반증하지는 않는다.

하지만 피카소가 베토벤보다 더욱 뛰어난 천재인지를 나에게 묻는다면 나의 답은 매우 다를 것이다. 나는 한쪽이 다른 쪽보다 낫다는 명제도 둘의 성가가 같다는 명제도 거부할 것이다. 피카소와 베토벤은 모두 뛰어난 예술가였고 이 둘을 비교하는 건 불가능하다고 말할 것이다. 물론 나는 왜 피카소와 브라크는 우열을 가리고 피카소와 베토벤은 그렇게 하지 않는지 차이점을 해명해야 할 것이다. 차이점은 같은 시기나 같은 장르의 예술가들을 비교하는 기준이 널리 공유되고 있어서가 아니다. 그런 기준은 없고 그런 기준이 옳은 기준이라는 보장도 없다. 차이점은 문화적 사실적 사실에 근거할 수는 없으며, 이성적이라면 예술적 성과와 평가의 본질에 대한 더욱 일반적이고도 아마도 상당히 이론적인 전제들에 근거해야 할 것이다. 나는 피카소와 베토벤에 대한 나의 판단을 그렇게 옹호할 것이다. 나는 예술적 성취는 예술적 전통과 과제에 대한 대응의 문제라고 믿으며 그렇기 때문에 하나의 장르 내에서의 비교가 장르 간의 비교보다 그리고 동시대 예술가들의 비교가 다른 시대 예술가들의 비교보다 더 세밀하게 이루어질 수 있다고 믿는다. 나는 셰익스피어가 야스퍼 존스보다 더 훌륭한 창조적 예술가라고 믿고 피카소가 비발디보다 더 그렇다고 믿지만 다른 장르의 최고점에 있는 자명한 천재들에 대해서는 정확히 우열을 가릴 수 없다고 믿는다. 이 입장은 자명하게 안정된 입장은 아니며 마음이 바뀔 수도 있다. 하지만 그것이 나의 현재 입장이다. 확신하건대, 당신이 자신의 입장을 밝힌다면 나와는 그 입장이 매우 다르리라.[5]

이제 비결정론을 윤리학이라는 더욱 결과론적인 영역에서 고찰해 보자. 사람들은 일생을 바꿀 중요한 결정들과 대면할 때 그들이 겪을 여러 종류의 삶의 가치에 대해 궁리한다. 젊은 여성이 로스앤젤레스에서 공익 변호사로서 촉망받는 커리어를 추구할지 이스라엘의 키부츠로 이주할지를 결정해야 한다고 가정하자. (물론 다른 여러 선택지도 있겠지만 여기에서는 두 가지밖에 없다고 가정하는 것이다.) 그녀는 궁금한 것들이 많을 것이다. 매일매일 어느 쪽의 삶이 더 즐거울까? 나중에 돌아봤을 때 어느 쪽이 더 만족스러울까? 어느 자리에서 더 성공을 이룰까? 어느 자리에서 남을 더 많이 도울 수 있을까? 그녀에겐 이 모든 각각의 물음에 대한 정답이 불확실하겠지만, 정답을 선정하는 방법에 대한 정답도 불확실할 가능성이 높다. 그녀가 대면한 것은 불확실성이지 비결정성이 아니다. 양쪽 다 보람된 삶이며 어느 삶이 더 낫고 어느 삶을 선택해야 할지에 대해서는 정답이 없다고 많은 사람들은 생각할 것이다.[6] 그녀가 그냥 선택해야 한다고. 이 견해가 옳을 수도 있다. 그러나 이 견해가 기본 상태로서 옳은 것은 아니다. 이 견해도, 모든 것을 고려했을 때 최선의 삶은 이주에서 찾을 수 있다는 다른 견해만큼 실체적인 논거가 필요하다. 추구할 가치들은 많고 한 번의 삶에 모든 가치를 추구할 수는 없다는 사실을 원용하는 것만으로는 실체적 논거라고 할 수 없다. 그런 사실을 인정한다 해도 철학자들에게는 지난한 추상적 논점으로서 그리고 일반인들에게도 고통스러운 실천적 논점으로서, "결국 어떤 선택이 최선인가?"라는 물음은 남게 된다.

여기에서 기본 상태에 대한 고민이 와인, 운동선수, 예술가들의 이상한 비교에서보다 더 강하게 제기되지 않는다. 위의 덜 중요한 사례들에서 비결정성이 어떻게 옹호될 수 있을지에 대해서는 감이 있다. 이 책의 뒷부분은 우리가 살아가면서 대면하는 윤리적 과제들을 논의하면서 윤리 분야에서의 비결정성을 옹호하는 논거를 제시할지도 모른다. 특정한 삶의 방식이 가지는 부사적 가치는 삶이 다른 가치들과 연관하는 방식에 의해 규정되는데 누군가 키부츠에서의 삶이 창조하는 가치가 미국의 빈곤법 활동을 통해 창조하는 가치와 비교 불가하다는 확신을 주는 실체적 이유들을 제시할지도 모른다. 그렇다면 이 이유들은 (위의 덜 중요한 사례들에서의 이유와) 별로 다르지 않다.

어찌 되었든 어떤 삶이 최선일지에 대해 사람들이 불확실해하는 상황에서 비결정론을 위한 실체적 논거가 항상 존재한다고 전제하기는 너무 이르다. 그러므로 윤리적 비결정론을 천명한 철학자들이 불확실성에서 비결정성으로의 전이에 대해 그렇게 적은 논거만을 내놓는 것은 의아스러운 일이다. 커리어나 삶을 좌지우지하는 중요한 결정들을 대면하는 사람들은 대부분 이 편안한 생각을 하지 않는다. 삶을 바꾸는 결정들을 우리는 불확실성, 두려움, 피곤함 또는 우리가 어떻게 결정할지는 모르나 어떻게 결정할지가 엄청나게 중요하다는 공포감 등의 다양한 감정을 갖고 대면한다. 이런 생각들은 많은 이들에게 끔찍하다. 그런 생각이 착오에서 비롯되었다면(그들의 물음에 정답이 진정으로 없다면) 비결정론 학파의 철학자들이 왜 그런지를 설명해 준다면 매우 큰 도움이 될 것이다.

이제, 어려운 법적 질문에는 정답이 없다는, 학계 법조인들 사이에서 인기를 얻고 있는 주장을 살펴보자.[7] 윤리에서도 그렇듯이 법에서도 이것이 기본 상태는 아니다. 정답 부재론은 법적 주장(한쪽의 논변을 더욱 강하게 만드는 논거가 존재하지 않는다는 주장)이며 어떤 법 이론이나 법 개념에 근거해야 한다. 어떤 법 이론은 정답 부재론을 지지할 것을 자임한다. 즉 투박한 법실증주의 유파는 과거 법관들의 결정만이 법적 근거들을 창출하며 해당 논점에 대해서는 어느 편에도 과거의 공식 결정이 없다고 말할 것이다. 특정 사례들에서 비결정성을 입증하는 것처럼 보이는 더 복잡하고 타당한 법 이론들도 있다. 그러므로 법만 보더라도 비결정론은 불확실성의 고백과는 달리 실체적 이론을 요구하는 것으로 읽힌다. 그리고 내 입장에서는 그런 실체적 이론을 만들기가 얼마나 어려운지도 보여 준다. 정답 부재론을 지지하는 투박한 법실증주의에 매력을 느끼는 사려 깊은 실무가들은 거의 없다. 어찌 되었든 논란이 되는 법적 질문에 대한 정답의 부재가 자명하다고 주장하는 많은 현대 법학자들은 법실증주의나 비결정론을 위한 실체적 법적 논거를 제공하는 다른 이론을 믿어서 그러는 것이 아니다.[8] 이들은 그냥 비결정성이 기본 상태라고 전제한다.

마지막으로 도덕에 대해 살펴보자. 우리는 지금 도덕적 충돌을 다루고 있지 않다. 낙태 금지론과 낙태 허용론 사이에 논거의 우열이 없고 그렇다고 논거가 동급도 아니라는 주장을 다루고 있다. 이 강력한 주장은 어떻게 옹호될 수 있을까? 평론가들은 자주 낙태관은 어떤 비유(낙태가 살인이라든가)에 설득되는가에 따라 결정된다고 말한다. 탓할 수 없는 논평이다. 그러나 많은 논평가들은 비유에 우열이 없는 것은 당연하다는 듯이 부연한다. 이 다음 주장은 어떻게 옹호될 수 있을까? 논쟁의 대상이 되는 수십 개의 논점들을 아무리 완전하고 창의적으로 검토해도 한쪽이 다른 쪽보다 아주 조금이라도 또는 차이가 있다는 논란이라도 불러일으킬 만큼이라도 우월하지 않다는 선험적인(a priori) 입증을 하기 위해서는 무엇이 필요할까? 와인, 예술가, 운동선수들의 비교처럼 쉬운 사례들에서는, 올바른 미학, 운동학 이론이 이성적 판단의 폭을 한정하여 피카소와 베토벤의 우열을 가리려는 시도가 어리석음을 입증할 수 있다. 하지만 올바른 도덕론이 그럴 수 있다는 것은 명백하지 않다. 오히려 선험적으로는 타당한 도덕론이 낙태의 허용 여부에 대한 토론이 어리석음을 입증할 수 있을 것 같지 않다.

고집 센 사람들은 어떤 심오하고 난해한 논란에서 하나의 입장이 더 우월하다고 믿는 사람들을 폄하하길 좋아한다. 당파주의자들이 "사안을 결정짓는 사실"이나 "유일한 정답"이 없다는 명백한 진실을 무시하고 있다고 비난한다. 그런 비난을 하기 전에 이들은 자기들의 주장 역시 실체적이며 그 주장에 대해 실체적인 논거가 있는지, 만약 그렇다면 이 역시 불명확하거나 설득력이 없거나 또는 본능이나 날것 그대로의 주장에 의존하고 있다고 비난받는 것은 아닌지에 대해 생각할 여유를 두지 않는다. 절대적인 자신감이나 명료함은 바보들과 광신자들의 특권이다. 남은 우리들은 최선을 다할 뿐이다. 성찰과 충분한 고려 뒤에 어느 실체적인 입장이 더 타당하게 느껴지는지 선택할 수밖에 없다. 그런 입장이 없다면 그때 우리는 진정한 기본 상태, 즉 비결정성이 아니라 불확실성에 정착할 수밖에 없다. 과거의 경고를 반복한다. 나는 도덕과 윤리에 대한 내적 회의주의 중 하나만을 반박하려 한다. 어느 날 밤 홀로 죽음이 거의 손에 닿을 정도로 가까이 왔을 때 그 무엇도 의미가 없을 것이라는 끔찍한 느낌의 내적 회의주의에 대해서는 아무 말도 하지 않았다. 어떤 말도 그 순간에는 도움이 되지 않는다. 새벽을 기다릴 수밖에 없다.

2부

해석

6장 도덕적 책임성[*]

책임성과 해석

의제(議題)

요약해 보자. 도덕은 사고(思考)의 독립적인 영역이다. 그 자체가 하나의 도덕 원칙인 흄의 원리는 건실하다. 즉 모름지기 어떤 도덕 주장을 지지하거나 공박하는 논변이라면 추가적인 도덕적 주장 또는 가정들을 포함하거나 전제하지 않으면 안 된다. 그러므로 도덕 회의주의의 형태 중에서 일리 있는 유일한 형태는 내적 회의주의인데, 이것은 도덕 신념이 진리[**]를 추구한다는 것을 부인하려 하지만 거기에 의존한다. 그러므로 어떤 도덕 주장들은 객관적으로 참이라고 하는 '실재론' 중에서 유일하게 일리 있는 것은, 이를테면 탈세는 잘못이라는 등의 구체적 도덕적 주장은 참이며 설령 아무도 탈세를 비난하지 않았더라도 참이리라고 하는 실체적인 논변이다. 만약 우리가 그러한 실체적인

---

[*] 이 장의 번역은 이동민 선생님께서 협업해 주심.
[**] 이 책의 1부에서는 'truth'를 "가치의 영역에도 객관적인 진실이 있다."라는 명제의 파격성을 살리고 '진리'의 국문 용례가 가져올 수 있는 혼돈을 막기 위해 '진실'로 번역했다. 여기 2부부터는 저자의 원래 의도를 더욱 살려 '진리'로 번역한다.

도덕 주장 중 어느 하나를 받아들이는 우리의 이유들이 타당하다고 믿는다면, 우리는 진리와 '접촉하고' 있으며 그런 진리성이 우연은 아니라고 생각해야 한다.

어떤 독자들은 이러한 도덕의 독립 선언 속에서 더 깊은 형태의 회의주의만을 발견할지도 모른다. 회의주의에 대해서까지 회의적일 정도로 깊은 회의주의 말이다. 그러나 여기에는 어떠한 회의주의도, 심지어 회의주의에 대한 회의주의도 없다. 독립성 테제는 어느 누구도 결코 도덕적 의무나 책임을 갖지 않는다는 결론을 내릴 자유를 당신에게 허락한다. 그 무엇이 이보다 더 깊은 형태의 회의주의일 수 있을까? 당신은 이 도덕 논변을 통해서가 아니라 아르키메데스적인 형이상학이나 사회학을 통해서 이런 극적으로 회의적인 결론에 이르는 것을 지적으로든 다른 어떤 식으로든 더 선호하는가? 또는 도덕 입자에 관한 어떤 아르키메데스적인 플라톤주의를 통해서 사람들에게 실제로 도덕적 의무가 있다는 정반대 결론에 이르는 것을 선호하는가? 당신은 이렇게 생각할지도 모른다. '그렇다, 만약 그럴 수 있다면 나는 내 신념에 대해 지금보다 더 큰 확신을 가질 수 있을 테니까.' 하지만 당신은 그럴 수 없을 것이다. 당신의 신념 중 어느 것이 도덕 입자에 의해 참이 되는지를 알려면 당신은 그중 어느 것이 참인지를 오로지 평범한 도덕 논변을 통해 결정해야만 하기 때문이다.

이상의 결론들은 중요하다. 즉 보통 사람들의 견해가 사리에 맞고 그 견해에 대한 외적 비판자들은 그렇지 못하다는 것이 입증되었다고 나는 생각한다. 하지만 그 이상은 전혀 아니다. 철학자가 아닌 사람들에게는 우리의 제한적 결론이 조금도 놀랍지 않을 것이다. 그들을 고민스럽게 만드는 것은 과연 도덕 주장들이 참일 수 있는지가 아니라 어떠한 도덕 주장이 참인가 하는 것이다. 즉 우리가 생각에 대해 타당한 이유를 가질 수 있는지 여부가 아니라 그렇게 생각할 타당한 이유를 실제로 갖고 있는지 여부가 문제인 것이다. 이 문제와 씨름하는 많은 사람들과 일부 철학자들은 리트머스 시험 막대 같은 것을 발견하기를 희망한다. 즉 타당한 도덕 논변의 판별 기준이되 논란이 되는 하나의 도덕 이론을 미리 전제함으로써 결국 스스로 답하려 하는 문제의 논점을 회피해 버리지 않는 그런 기준을 바라는 것이다. 만약 지금까지 제시되었던 이 책의 논변이 타당하다면, 그러한 희망은 합리적인 희망이 못 된다. 우리의 도덕 인식론, 즉 도덕적 문제 사항들을 둘러싸고 이루어지는 타당한 추론에 관한 우리의 설명은 아르키메데스적 인식론이 아니라 통합적 인식론이어야만 하며, 그러므로 그것은 그 자체가 하나의 실체적, 1층위적 도덕 이론일 수밖에 없다.

우리는 언제나 일종의 순환 논리를 범한다. 내가 지닌 도덕 신념의 정확성을 판별하기 위해서는 추가적인 도덕 신념들을 동원하는 것 말고는 다른 방법이 없다. 예를 들어 내가 탈세를 잘못이라고 생각하는 이유가 타당한 것은 내가 타당한 논변에 의지하고 있을 때다. 물론 우리의 고민에 대한 지나치게 투박한 묘사다. 즉 우리는 논리의 순환이 이보다는 더 넓은 반경을 그리기를 희망한다. 그러나 내가 만약 나와 급격하게 다른 도덕 의견을 지닌 누군가를 대면한다면, 그가 이성적이라면 수용할 수밖에 없는 어떤 이유나 논변을 내가 가지고 있으리라고 장담할 수 없다. 나는 나의 의견이 참이고 그의 의견은 거짓임을 그에게 증명해 보일 수 없다.

그러나 나는 가끔 더 중요한 것을 그에게 그리고 나 자신에게 납득시킬 수도 있다. 즉 내가 내 견해에 도달하고 이에 따라 행하면서 책임 있게 행동했다는 것이다. 도덕 신념에서 정확성과 책임성*을 구별한다

---

* responsibility/responsibly: 드워킨은 다음 절에서 이 단어들의 의미를 상세히 설명한다. 일단 responsibility는 '도덕적 책임성'으로, responsibly는 '책임성 있게'로 번역하기로 하고, 번역어 선택에 관한 역자의 해명은 다음 절의 해당 대목으로 미룬다.

는 것은 내가 보통 사람들의 견해라고 일컬었던 견해가 지니고 있는 하나의 추가적인 측면이다. 적극적 평등 실현 조치에 관한 나의 견해는 동전을 던져서 정한 것은 옳게 되고 면밀하게 성찰해서 정한 견해는 그르게 될 수 있지만, 첫째 경우에는 책임성이 없고 둘째 경우에는 책임성이 있다. 정확성과 책임성의 차이가 3인칭 시점에서는 곧바로 알아볼 수 있게 드러난다. 나는 당신의 신념들이 심각하게 잘못되었다고 판단하면서도 당신이 그 신념들을 충분히 책임 있게 형성했음은 인정할 수도 있다. 이러한 차이가 1인칭 시점에서는 상당히 흐려진다. 즉 나 자신이 낙태가 잘못이라고 실제로 믿지 않는 한 내가 낙태가 그르다고 믿을 때 스스로 책임성이 있다고는 생각할 수 없는 것이다. 하지만 이런 시점에서 보는 경우에도 위의 두 덕목은 서로 다르다. 즉 낙태가 그르다는 확신이 스스로 충분한 성찰을 거쳐 그 결론에 도달했다는 확신보다 더 클 수 있을 것이다. 또는 그 반대일 수도 있다. 즉 나는 내가 그 문제를 두고 온당하게 숙고했다는 것에는 만족하지만 스스로 도달한 결론에 관해서는 여전히 주저할지도 모른다. 실제로 내가 그 문제를 두고 힘닿는 데까지 숙고했다는 데에는 만족하지만 어떠한 결론을 내릴지에 관해서는 전혀 확신이 없을 수도 있는 것이다.

도덕 문제들에 관해 어떠한 방법으로 숙고할 것인가라는 중대한 문제(도덕 인식론의 문제)는 도덕적 책임성이라는 통상적인 개념을 고찰함으로써 가장 잘 다룰 수 있다. 이 장에서, 그리고 더 넓게는 2부에서, 나는 책임성의 중핵은 통합성이며 도덕적으로 책임성 있는 사람의 인식론은 해석적이라고 주장할 것이다. 나의 결론들을 미리 요약해 두는 것이 유용할지도 모르겠다. 우리는 모두, 거의 우리 삶이 시작되는 시점부터 배움 없이 얻어진 도덕 신념들을 갖고 있다. 이 도덕 신념들은 대체로 개념들에 실려 있으며, 이 개념들의 기원과 발전은 인류학자와 지성사가들이 탐구하는 문제들이다. 우리는 이 개념들을 부모와 문화로부터, 그리고 어느 정도는 유전적인 종적(種的) 기질을 통해 물려받는다. 어린아이 시절 우리는 대체로 공평함이라는 생각을 동원하며, 이후 더 정교하고 특화된 다른 도덕적 개념들을 습득하고 동원하게 되는데, 관대함, 친절함, 약속의 준수, 용기, 권리, 의무 등이 그것이다.[1] 얼마 후 우리는 자신이 지닌 도덕적 개념 목록에 정치적 개념들을 추가한다. 즉 법, 자유, 민주적 이상들을 거론하게 되는 것이다. 실제로 우리는 생활 속에서 가족, 사교, 영리, 정치 등의 여러 다양한 도덕적 난제들에 직면할 때 훨씬 더 세부적인 도덕 의견들을 필요로 한다. 우리는 이런 견해를 그 자체로는 성찰하지 않은 추상적 개념들로부터 해석해 낸다. 우리는 무반성적으로 각 개념들을 여타의 개념들에 비추어서 해석한다. 해석은 가치들을 뜨개질하듯 결합해 내는 것이다. 각각의 구체적인 해석들은 우리가 진정으로 포용하는 가치들의 체계 내에서 서로를 지지하여 전반적 통합성을 달성하는 만큼만 도덕적으로 책임성이 있는 것이다. 우리가 그러한 해석적 기획에서 실패한다면(여기에서 완전하게 성공하기란 불가능해 보인다.) 우리는 온전히 신념에 따라 행하지 못한 것이며, 따라서 온전히 책임을 진 것도 아니다.

이것이 이 장에 주어진 과제다. 만약 이 장의 결론들이 타당하다면 우리는 새로운 질문들을 던질 필요가 있다. 공정성이나 관대함이나 정의에 대한 하나의 해석이 다른 해석보다 더 나은 것이 되게 만드는 것은 무엇인가? 하나의 도덕적 개념에 대한 최선의 (또는 참인) 해석 같은 것을 상정한다는 것이 말이 되는가? 7장에서 나는 이 질문들을 더 넓은 맥락 속에 자리매김하는 방식을 통해 접근할 것이다. 우리의 연구 대상은 해석 일반이다. 즉 도덕에서의 해석만이 아니라 문학, 역사, 법을 포함하는 해석적 장르들 전반에 걸친 것이다. 나는 어떤 사건이나 성취나 제도 등에 담긴 의미를 추구하는 이러한 해석적 과정이 과학적 조사와는 중요한 점들에서 서로 다르다고 주장한다. 만약 그렇다면, 그리고 도덕 추론은 도덕적 개념들에 대한 해석이라고 이해하는 것이 최선의 이해라고 하는 나의 주장이 옳다면, 우리는 도덕적 추론을 별개의 독자적인 종류로 취급하기보다는 훨씬 더 일반적인 해석적 방법의 특수한 사례로 취급하는 편이 좋을 것이다.

8장에서 우리는 도덕으로 되돌아올 테지만 초점은 달라질 것이다. 만약 도덕적 추론이라는 것이 도덕적 개념들을 해석하는 일이라면, 우리는 해석의 본성뿐 아니라 해석의 대상이 되는 개념들의 본성도 더 잘 이해할 필요가 있다. 나는 어떤 개념들을 규범적 논변을 통해서가 아니면 그 본성이 해명될 수 없는 해석적 개념들이라고 일컬음으로써 특별한 것으로 취급해야 한다고 주장한다. 만약 그렇다면, 도덕철학은 그 자체가 하나의 해석적 기획이다. 나는 플라톤과 아리스토텔레스의 도덕 이론들을 그런 해석적 기획으로 이해되는 도덕철학의 고전적 실례로 제시하면서 2부를 마감할 것이다.

책임성의 유형들

책임성은 우리의 지적 삶 전체에 꼭 필요한 개념이다. 그러나 다루기가 까다로운 개념인데, 우리가 '책임(responsibility)'과 '책임성 있는(responsible)'이라는 단어를 아주 다양하고 쉽사리 혼동되는 방식으로 사용하기 때문이다. 우선 우리는 덕성으로서의 책임성을 사람과 사건 사이의 관계로서의 책임과 구별해야 한다. 덕성의 의미로 이야기할 때, 우리는 누군가의 특정 행위에 대해 책임 있게 또는 무책임하게 처신한 것이라고 말하거나,(그가 그 제안을 거절한 것은 책임 있는 행동이었다.) 또는 그가 책임 있게 처신하는 것은 그다운 일이라고 말한다.(그는 대체로 매우 책임성 있는 또는 무책임한 사람이다.) 관계적 의미로 이야기할 때, 우리는 누구누구가 어떤 사건이나 결과에 대해 책임이 있다 또는 없다고 말한다.(회사의 흑자 전환은 오로지 그의 책임이었다.) 우리는 덕성의 의미로 쓰이는 책임성도 다시 그 유형들을 추가적으로 구별하여 사용한다. 즉 지적, 실천적, 윤리적, 도덕적 책임성을 구별하는 것이다. 과학자가 자신이 한 계산들이 맞는지 점검하지 않는다면 그는 지적 책임성이 결여된 것이다. 작가가 자신이 써 놓은 글이 담긴 파일들을 백업해 두지 않는다면 그는 실천적 책임성이 결여된 것이다. 아무런 목표도 없이 사는 사람은 윤리적 책임성이 결여된 것이다. 유권자가 특정 부통령 후보가 섹시하게 느껴진다는 이유로 그 후보에게 투표한다면 그는 도덕적 책임성이 결여된 것이다. 정치 지도자가 명백히 불충분한 첩보에 의거하여 국민을 전쟁으로 내몬다면 그는 네 가지 방식 모두에 걸쳐서 무책임한 것이다.

우리는 관계적 책임성도 그 안에서 여러 가지로 구별을 하여 사용한다. 어떤 사람의 행위가 어떤 사건에 대한 최선의 인과적 설명 속에서 어떤 역할을 담당한다면 (또는 중요한 역할을 담당한다면) 그는 그 사건에 대해 인과적으로 책임이 있다고 말할 수 있다. 만약 내가 눈먼 거지의 돈을 훔치려고 그를 밀쳤다면 또는 내가 딴 데 정신 팔다가, 술에 취하거나 정신 착란 상태에서, 아니면 심지어 그냥 우연히 그와 부딪쳤다면, 나는 그가 입은 상해에 대해 인과적으로 책임이 있을 것이다. 하지만 다른 누군가가 나를 그 거지 쪽으로 밀었을 때는 그렇지 않은데, 그 경우에는 나의 행위로 인하여 그가 상해를 입은 것이 아니기 때문이다.(나의 몸은 인과 연쇄의 일부이지만, 나는 그렇지 않다.) 만약 어떤 사항에 주의를 기울이거나 그것을 돌보는 일이 누군가의 의무라면 그는 그 사항에 대해 '소임상의 책임(assignment responsibility)'이 있는 것이다. 방에서 맨 나중에 나가는 사람은 전등을 끌 책임이 있으며, 하사관은 자신의 소대에 대해 책임이 있다. 누군가가 어떤 사건에서 비롯된 모든 손해를 복구, 보상 또는 부담할 의무를 져야 한다면 그는 그 사건에 대한 '배상 책임(liability responsibility)'이 있는 것이다. 나는 스스로 부주의한 운전으로 야기한 손해에 대해 배상 책임이 있으며, 고용주는 자신이 채용한 피고용인이 야기한 모든 손해에 대해 배상 책임이 있을 수도 있다. 끝으로 인과적 책임, 소임상의 책임, 배상 책임 등은 모두 '평가적 책임(judgment responsibility)'이라는 것과 구별되어야 한다. 만약 누군가의 어떤 행위를 칭찬과 비난의 어떤 척도에 따라 평가하는 일이 적절하다면 그에게는 그 행위에 대한 평가적 책임이 있는 것이다. 거지 앞을 그냥 지나치면서 아무것도 주지 않는 행위에 대해 나는 평가적 책임이 있지만, 다른 누군가가 나를 거지 쪽으로 밀어서 생기는 피해에 대해서는 그렇지 않다. 관계적 책임의 이런 상이한 의미들은 개념적으로 서로 독립적이다. 즉 고용자는 피고용자들의 과실로 손해가 야기되었을 때 설령 그 손해에 대해 고용자에게 인과적 책임도, 평가적 책임도 없다 할지라도 배상 책임은 있을 수 있는 것이다.

이 장에서 우리가 고찰하는 것은 덕성으로서의 도덕적 책임성이다. 이 덕성의 한 가지 측면에서부터 시작해 보자. 도덕적으로 책임성 있는 사람들은 무원칙한 방식이 아니라 원칙 있는 방식으로 행동한다. 즉 자기 신념들에 반하기보다는 그에 근거하여 행동한다.[2] 이것은 무슨 의미인가? 익숙한 문제가 하나 있는데, 이 문제는 나중에 논의하고 일단은 무시하겠다. 도덕적 책임성에 관한 어떠한 설명이든 어느 지점에선가는 철학자들이 자유 의지의 난제라고 부르는 것과 마주할 수밖에 없다. 만약 누구나 스스로 내리는 모든 결정이 자기가 아무런 통제력도 발휘할 수 없는 선행 사건들에 의해 전적으로 결정된다면, 만약 자연법칙들에 대한 완전한 지식과 더불어 어떤 사람이 태어나기 전의 세계 상태에 대한 완전한 지식이 있어서 이에 의해 컴퓨터가 그 사람이 평생 동안 내리는 모든 결정들을 예언할 수 있다면, 도덕적 책임성은 언제나 하나의 환상일 뿐, 신념을 근거로 이루어지는 행위와 다른 이유로 이루어지는 행위를 구별한다는 것은 어불성설이라고 여겨질 수도 있을 것이다. 모든 사람은 자신이 생각하고 행하도록 운명 지어진 대로 생각하고 행하는 것이며, 이것으로 문제는 끝이다. 나는 10장에서 이 난제와 마주할 것이다. 우리는 평가상의 책임을 두 가지 관점에서 평가할 수 있다. 하나는 사람들이 살아가는 체험적 삶 내부로부터의 관점인데, 이에 따르면 이 관점에서는 불가피한 사실, 즉 사람들한테는 당장 새로이 내릴 결정들이 있다고 하는 사실을 액면 그대로 받아들이게 된다. 다른 하나는 한층 아르키메데스적인 과학적 관점인데, 이에 따르면 사람들의 체험적 삶은 인과적 설명을 찾아야 할 대상인 데이터의 일부에 불과한 것으로 취급된다. 10장에서 나는 평가적 책임이 현안일 때에는 첫째 관점이 적절하다고 주장할 것인데, 이 장의 나머지에서도 그렇게 전제한다.

도덕적으로 책임성 있는 행위

책임지지 않기의 방식들

사람이 스스로 공언하는 원칙에 따라 행하지 않는 방식들을 세어 보자. 가장 분명한 방식은 '진심이 없을 때'다. 실제로는 끌리지 않는 원칙들, 즉 자신의 편의를 도모하는 데 방해가 된다면 전혀 따를 의향이 없는 원칙들을 따르는 양 가장하면서 자기 나라를 전쟁으로 몰아넣는다면 그는 그야말로 진심이 없는 것이다. 그는 자기를 정당화하면서 제시하는 원칙들을 입으로만 떠들 뿐이다. 자기 합리화는 좀 더 복잡한 현상이다. 즉 어떤 사람이 진정으로 자기 행동이 어떤 원칙에 의해 규율된다고 믿지만 실은 이 원칙이 그가 취할 행동의 실제적인 결정을 설명하는 데 아무런 실효성 있는 역할도 하지 않는다면, 그는 은연중에 자기 합리화를 하고 있는 것이다. 그는 복지 시책에 종지부를 찍겠다고 약속하는 정치인들에게 지지표를 던지면서 "사람들은 각자 자신의 운명에 대해 책임을 져야 한다."라고 정당화한다. 그러나 이 원칙은 다른 경우들에서는 그의 행동을 이끌지 못한다. 예컨대 그는 자기가 선출해 놓은 정치인들에게 자기가 종사하고 있는 산업에 대한 구제금융 조치를 취해 달라고 호소한다. 그의 행동을 실제로 결정하는 것은 자신의 이익이지 다른 사람들의 삶이 지닌 중요성을 인정하는 어떠한 원칙도 아니다. 그가 천명한 신념으로부터 우리는 공평함을 기대할 수는 없는데, 그는 스스로 내세우는 원칙들이 자신의 이익에 도움이 되는 경우에만 따르기 때문이다.

도덕적 책임성이 훼손될 수 있는 방식은 그 밖에도 여러 가지다. 추상 수준이 매우 높은 도덕 원칙들을 충실하게 고수하는 사람이라도 이 추상적 원칙들이 구체적 사안들에 적용되는 방식을 결정할 때는 자기 이익이나 다른 유사한 요인에 굴복할 수 있다. 그는 예방적 전쟁은 절대적으로 필요한 경우가 아니라면 언제나 부도덕하다고 생각하지만, '필요한'이라는 단어가 이 맥락에서 무엇을 의미하는지는 성찰해 본 적이 없을 수도 있다. 예컨대 '예방 전쟁이 국가를 절멸로부터 구하기 위하여 필요한 경우'라는 의미인지, 또는 어쩌면 반대쪽 극단에 해당하는 것으로서 '국가를 그 시민들의 생활 수준을 악화시킬 무역 분쟁에서 보호하기 위해 필요한 경우'라는 의미인지에 관해서 말이다. 그의 신념은 비록 모호할지라도 특정 외교 정책을 지지할지 여부를 결정하는 데 어떤 역할을 할 수도 있다. 그러나 그 역할은 더 치밀하거나 관련된 신념들에 의해 보완되는 원칙인 경우에 하게 될 역할만큼 온전하거나 중대할 수는 없다. 그가 신봉하는 원칙이 엉성하면 그 추상적 원칙보다는 그의 개인사를 이루는 다른 어떤 부분(어쩌면 소속 정당만큼 단순한 것)이 그의 행동을 설명하는 데 그 추상적 원칙보다 더 실효성 있는 역할을 할 수도 있다.

도덕적 분열증은 책임성이 훼손되는 또 다른 방식이다. 어떤 사람은 모순되는 두 가지 원칙을 신봉한다고 느끼며, 둘 중 어느 것이든 어느 순간 자기 마음속에 떠오르는 원칙에 굴복한다. 심지어 이것이 자신의 이익과 더 안정적인 자기 성향에 위배되는 것이라도 말이다. 예컨대 부자가 된 사람들한테는 스스로 획득한 재산을 간직할 자격이 있다고 생각하면서 동시에 한 공동체에서 안락을 누리는 구성원들한테는 동료 시민들 중 가장 궁핍한 사람들을 돌보는 데 힘을 보탤 의무가 있다고도 생각하는 사람의 경우다. 그는 부를 누릴 자격이 있는 부자들 쪽으로 마음이 갈 때는 감세를 지지하지만, 가엾은 빈자들 쪽으로 마음이 갈 때는 감세에 반대한다. 그는 도덕적으로 무책임하다. 즉 그의 행동은 공평한 것이 아니라 자의적이고 변덕스러운 것이다.

그 정도로 분명하게 분열증적인 사람들은 극소수이지만, 거의 모든 사람이 눈에 잘 띄지 않는 미묘한 방식으로 모순된 언행을 저지르는데 이는 도덕의 구획화를 통해 이루어진다. 우리는 다음과 같은 사항들에 대해 나름의 신념을 갖고 있다. 즉 대(對)중동 정책, 전쟁을 정당화하는 타당한 근거, 전쟁 수행 중에 허용되는 행위, 길거리에서의 정당방위, 낙태, 사형 제도, 공정한 재판, 지역 경찰의 적절한 직무 수행 방식, 자기 행위의 결과에 대해 각자가 져야 할 개인적 책임의 성격과 한계, 공동체가 지닌 집단적 부의 공정한 분배, 애국심, 친구에 대한 충정과 그 한계, 개인적 용기의 본성, 성공적이고 훌륭한 삶을 사는 데 재산, 지식, 경험, 가족, 성취 등이 지니는 중요성 등. 우리는 이 모든 것에 관해 각각 신념을 갖고 있으며, 우리의 신념은 국부적으로는 진심과 실효성이 있는 것일 수도 있다. 우리는 이 신념들이 각기 (해당 문제와) 직접적인 관련성이 있는 경우에는, 예컨대 이라크 침공이 부도덕한가, 세금을 올리거나 내려야 하는가, 스키를 배워야 하는가라는 질문을 자신에게 던지는 경우에는, 그 신념에 따라 행동할 수 있다. 하지만 한 걸음

물러서서 바라보면 우리가 지닌 신념들의 정합성은 단지 국부적인 것일 뿐, 하나의 구획을 규율하는 원칙이나 이상들이 다른 구획을 규율하는 원칙이나 이상들과 상충하거나 최소한 결절된 상태임을 깨닫게 될 수도 있다.

충돌의 잠재성의 정도는 우리가 설정하는 구획들이 얼마나 협소한가에 달려 있다. 나는 이라크 전쟁에 대해 강한 신념을 갖고 있을 수 있지만, 만약 그것이 다른(예컨대 코소보나 보스니아에서의) 군사적 침략에 관한 신념들과 부합하지 않는다면, 이라크에 관한 견해들은 부시행정부에 대한 반감이나 나의 당적에 의해 설명될 개연성이 더 높다. 진심된 신념에 따른 투표 행위로 나타내는 도덕적 책임성도 얄팍한 것에 불과할 수 있는 것이다. 더욱 미묘하고 논쟁의 여지가 있는 모순들이 등장하는 것은 우리가 한층 커다란 범주들에 횡단하여 신념들을 비교해 볼 때다. 앞에서 말했듯이 우리는 가족과 친구들에 대한 특별한 의무와 그 한계에 대해 직관과 신념을 지니고 있다. 우리가 개인으로서 가족과 친구들의 안녕에 표하는 관심은 낯모르는 사람들에 표하는 관심보다 더 클 수도 있으며 더 커야 한다. 그러나 그런 특별한 관심에는 한계가 존재한다. 즉 우리가 낯선 사람을 자신 또는 친밀한 사람들에게는 용납하지 않을 심각한 상해의 위험 속으로 몰아넣는 것은 허용되지 않는다. 이 한계는 우리의 도덕적 신념이다. 하지만 우리는 정치적 정책들에서는 그 신념들을 배신할 수도 있다. 우리는 자기 나라 시민들에게는 겪게 하지 않을 상해와 부정의의 위험 속으로 외국인들을 몰아넣는 일을 옳다고 생각할 수도 있는데, 많은 미국인들이 관타나모 만의 수감자들을 대우하는 우리의 방식에 찬성했던 일이 바로 그런 짓이었다.

어쩌면 모순적일 수도 있는 이러한 신념들은 개인적 신념과 정치적 신념의 경계를 넘나든다. 이제 서로 훨씬 멀리 떨어져 있는 것처럼 보이는 범주들에 대한 신념들을 고찰해 보자. 정치적 덕성과 개인적 덕성에 관한 신념들을 예로 들겠다. 테러리스트의 흉악무도한 행위들은 자유와 안보 사이에 새로운 균형점을 찾을 필요가 있음을 보여 준다는 이야기가 자주 들려온다. 평상시 형사 소송에서 존중되는 개인적 권리들은 테러의 위협으로부터 좀 더 안전을 확보하기 위해 축소되어야만 한다는 것이다. 그런데 이런 의견이 개인적 용기의 성격 및 가치에 대해 우리가 지닌 신념들과 부합하는가? 용기라는 것은 원칙을 존중하기 위해서는 증대된 위험을 감수할 것을 요구한다는 신념 말이다.

이제 한층 더 멀리 떨어져 있는 구획들로부터 끄집어낸 신념들에 주목해 보자. 정치적 정의와 개인적 기준을 예로 들겠다. 내가 자기의식적으로 또는 본능적으로 공리주의적인 분배 정의론을 신봉한다고 가정하자. 이에 따르면 정의는 공동체를 총계상 더 부유하거나 행복하게 만드는 것과 같은 어떤 집단적 사회적 목표를 증진하는 데 달려 있다. 하지만 나 자신은 나의 개인적인 포부와 계산에 따라 부(富)나 행복을 높이 평가하지 않는다. 즉 나는 어떤 성취들은 내 삶을 보다 성공적인 것으로 만드는 데 행복보다 훨씬 더 중요하다고 생각할 수도 있는 것이다. 또는 내가 공동체의 부를 수령자의 노동 능력이나 의지와 상관없이 평등주의적으로 재분배할 것을 주장한다고 가정해 보자. 나는 사람들의 근면성과 노동 성향은 그 자체가 사회적 조건들에 의해 창조되며 그러므로 누구든 단지 게으르다는 이유로 품위 있는 삶을 거부당하는 것은 온당치 않다고 말한다. 하지만 나는 나 자신을 비판할 때는 사뭇 다른 기준을 채택한다. 즉 나는 나태와 맞서 싸우고, 스스로 하기로 했던 일을 완수하지 못할 때면 자신을 책망한다.

원칙들의 외견적 충돌이나 구획화의 이런 다양한 예들은 물론 하나하나 재검토할 필요가 있다. 충돌은 추가적인 성찰이나 논의를 통해 해소될 수도 있다. 나는 다음과 같이 생각할 수도 있고 추가적인 숙고

끝에 다음과 같이 판단할 수도 있다. 즉 발칸 제국과 이라크에서의 (군사적) 개입에 관한 나의 견해가 차이 나는 것은 두 지역이 처한 정치적 상황의 차이에 따라 정당화된다고. 정계 공직자들이 시민들에게 지고 있는 책임은 우리가 개인으로서 가족에게 지고 있는 책임과 다를 뿐 아니라 더 크다. 용기와 무모함은 서로 다른 것이고, 이에 비추어 볼 때 우리가 테러 용의자들을 대우하는 방식은 비겁한 것이 아니다. 어떤 정의 이론이 기초로 삼는 안녕 및 책임에 관한 가정들은 그 이론을 신봉하는 사람들이 자신의 사적인 삶에서는 수용하지 않을 가정들인 경우에도 타당한 것일 수 있다 등으로 말이다. 만약 내가 실제로 그렇게 생각하거나 성찰 끝에 그렇게 판단한다면, 나의 도덕적 인격은 애초에 보였던 모습보다 더 복잡해지고 더 큰 통일성을 띠게 된다.* 하지만 반드시 그렇게 되는 것은 아니다. 오히려 추가적인 성찰을 하다 보면, 외견상 충돌하는 내 신념들을, 비슷한 사안들을 구별해 내는 원칙들을 통해 하나로 통합하지 못할 수 있다. 만약 그렇게 된다면, 나는 자신의 도덕적 책임성에 추가적인 결함을 발견한 셈이다. 즉 적어도 일부 상황에서 내가 다른 사람들을 대우하는 방식이 심원한 신념이 아니라 다른 무엇(어쩌면 자기 이익, 아니면 순응주의 또는 그저 지적인 나태함)으로 가장 잘 설명된다면, 나는 도덕적 책임성이 요구하는 타인에 대한 존중을 거부한 셈이다. 결국 나는 타인을 원칙 있게 대우하지 않은 것이다.

여과 장치들

우리는 책임성에 대한 이런 다양한 위협들을 하나의 은유 속에서 요약할 수 있다. 실효성 있는(무엇을 할지에 일정한 영향력을 발휘하는) 도덕 신념들이 한데 결합하여 의사 결정을 빈틈없이 걸러 내는 하나의

---

* '애초에 보였던 모습'이란 위에서 거론되었던 '외견적 충돌'과 '잠재적 충돌'의 상태를 가리킴.

178

필터가 된다고 생각해 보라. 진심이 없는 신념들과 자기 합리화는 실효성이 없어 그 필터에서 배제되지만, 추상적, 상호 모순적, 구획화된 신념들은 실효성이 있으므로 필터에 포함된다. 당신의 개인사는 어떠한 실효성 있는 신념들이 그 필터의 일부가 되는지를 설명해 준다고 가정해 보자. 즉 당신의 개인사는 왜 하필 당신이 다른 개인사를 지닌 다른 사람들이 형성한 신념들과 다른 신념들을 형성하게 되었는지를 설명해 준다. 또한 개인사는 당신이 지닌 그 밖의 갖가지 성향들과 태도들(정서, 선호, 취향, 편견)도 설명해 주는데, 이런 것들도 역시 당신의 결정에 영향을 미칠지도 모른다. 도덕적 책임성은 이런 영향력들이 실효성 있는 신념들의 필터를 거침으로써 그 신념들에 의해 검열을 받고 조형되기를 요구한다. 마치 필터를 통과한 빛이 검열을 받고 조형되듯이 말이다.*

진심이 없는 신념과 자기 합리화는 그 필터 속에서 아무런 역할도 하지 못한다. 실효성이 엉성한 신념들은 어느 정도의 역할은 하지만, 성긴 조직 때문에 여과 기능이 불완전하다. 만약 내가 예방적 전쟁은 필요한 경우가 아니라면 잘못이라는 믿음만 갖고 있고, 거기에서의 필요함이 무엇을 의미하는지에 관한 더 세부적인 신념들은 갖고 있지 않다면, 어떤 전쟁을 지지 또는 반대할지의 결정은 소속 정당이나 정치적 야심과 같은 개인사를 여과 없이 반영할 것이다. 부자들이 스스로 벌어들인 것을 간직할 자격이 있다는 견해와 공동체가 빈자들을 돕기 위해 필요한 일을 할 의무가 있다는 견해처럼 노골적으로 서로 모순되는 신념들은 아무리 각각이 진심으로 신봉되더라도 여과 효과를 거의 내지 못한다. 구체적인 경우에 두 견해 사이의 선택을 결정하는 것

---

* 드워킨이 도덕적 신념들의 '필터'라는 은유를 통해 말하고자 하는 것은 롤스의 '원초적 상황(original position)'이 하는 역할과 유사한 것임. 롤스는 원초적 상황이 실천 이성의 요건들을 모형화한(model) 것이라고 설명함.

은 원칙이 아니라 여과되지 않은 다른 영향일 것이기 때문이다. 이렇게 노골적으로 변덕스럽지는 않더라도 상호 충돌이 구획화 속에 은폐되어 있는 신념들도 마찬가지로 실효성이 없다. 구획화는 부문들을 정의하고 구별할 때 여과되지 않은 영향 요인들이 결정적인 역할을 할 수 있도록 방치하기 때문이다. 도덕적 인격 부문들 사이의 비일관성은 타인들에 대한 진정한 존중과 배려가 아닌 무심함을 표출하며, 추가적 검토를 해 보면, 원칙에 따른 구별이 아닌 자의적인 차별을 방치함을 알 수 있다.

도덕적 책임성은 각자의 반성적 신념들을 힘닿는 데까지 조밀하고 실효성 있는 필터로 만들기 위해 노력하기를 요구하며, 그리하여 자신의 개인사 전체로 이루어진 더 일반적인 인과적 체계 내에서 그 신념들이 최대한 큰 힘을 행사하도록 할 것을 요구한다. 이는 우리가 신념들 사이에서 철저한 가치 정합성을 추구할 것을 요구한다. 그것은 또한 우리가 정합성 있는 신념들 속에서 진정성을 추구할 것을 요구한다. 즉 우리는 역시 우리의 개인사에서 유래하는 모순적인 동기들 사이에서 고민에 빠져 있을 때 필터의 역할을 하기에 충분하게 우리를 굳게 사로잡는 신념들을 찾아야 하는 것이다. 우리 신념들은 애초에는 형태가 제대로 갖추어지지 않고 구획화되어 있으며 추상적이고 그러므로 조직에 빈틈이 많다. 책임성은 우리에게 애초에 가장 호소력이 있거나 자연스러워 보이는 신념들을 비판적으로 해석하기를 요구한다. 즉 애초에 호소력이 있다고 느껴지는 이 신념을 통합성과 진정성이라는 두 목표에 부합하는 여러 방식으로 이해하고 세밀화할 것을 요구하는 것이다. 우리는 각 신념들을 힘닿는 데까지 서로에 비추어, 또한 우리에게 삶을 사는 알맞은 방법이라고 자연스럽게 느껴지는 것에 비추어 해석한다. 이런 식으로 우리는 실효성 있는 필터의 폭을 넓히면서 동시에 빈틈을 좁혀 촘촘하게 만드는 것을 목표로 삼는다. 이 책의 나머지 많은 분량은 우리가 그러한 책임성의 기획을 어떻게 수행할 수 있을 것인지에 대한 예시다.

책임성과 철학

나는, 온전하게 책임성 있는 사람이 있다면 그의 정신생활을 어떻게 그려 볼 수 있을까를 기술하려는 것이지, 책임성 있는 사람의 도덕현상학을 기술하려는 것이 아니다. 하지만 지금쯤이면 분명해졌겠지만, 책임성의 목표는 설령 우리가 의식적으로 이를 달성하려 해도 완전하게 달성하기는 불가능할 것이다. 우리 의지를 둘러싸고 있으면서 예외 없이 실효성을 발휘하고 한결같이 어우러짐의 기쁨을 주는, 조밀하고 상세하며 잘 교직(交織)되어 있고 완전하게 정합적인 신념의 필터를 만들 것을 바랄 수는 없다. 그것은 칸트가 염두에 두었던 완벽하게 선한 의지를 지닌 사람이나 달성할 수 있는 일일 텐데, 그렇게 이지적이고 상상력이 풍부하고 선한 사람은 존재하지 않는다. 그러므로 우리는 도덕적 책임성을 언제나 진행 중인 과업으로 여겨야 한다. 즉 도덕적 통합성과 진정성을 적절한 이상으로 수용하고 그것을 달성하기 위해 합리적인 노력을 경주하는 사람이 있다면 그는 책임성 있는 사람이다. 원칙적으로 그러한 노력은 개인적인 노력이어야 하는데, 이는 각 개인이 지닌 애초의 신념들이 다른 사람의 신념들과 항상 어느 정도씩은 다를 뿐 아니라, 그 신념들을 자신의 것으로 정착시킨 본인만이 그 진정성을 측정할 수 있기 때문이다. 하지만 모든 사람이 도덕적 책임성의 본격적 기획이 요구되는 철학적 성찰에 참여하리라 예상하는 것은 터무니없는 생각이다. 그러므로 도덕적 해석은 대단한 중요성을 띠는 다른 허다한 일들처럼 사회적 편제와 분업의 문제이기도 하다.

이후의 장들에서 강조되듯이, 누구든지 자기 나름의 책임성을 추구하는 과정에서는 해당 공동체의 언어와 문화, 그리고 이것들이 허락하는 대화적 탐구와 집단적 사색의 기회 등이 불가피하고도 불가결한 역할을 수행한다. 도덕 및 정치철학자들은 공동체의 그러한 문화 속에서 수행할 나름의 역할이 있다. 널리 공유되지만 분화되어 있는 도덕적 성향들, 반응들, 포부들, 전통들로부터 자기의식적이고 명료한 가치와 원칙의 체계를 구성해 내고자 노력하는 일이 그들에게(물론 그들에게만은 아니지만) 맡겨지는 역할이다. 그들은 이론을 더 추상적이면서 동시에 더 상세하고 더 광범위하면서 동시에 더 크게 통합된 상태로 만들면서, 도덕과 윤리의 친숙한 부류들과 부문들 사이에 걸쳐 있는 연관 관계들을 수립하고 모순점들을 제거하려고 노력해야만 한다. 이리하여 비슷한 전반적인 도덕적 태도들을 공유하는 철학자들의 학파는 함께 협력하여 자신들과 같은 전반적 태도들을 지닌 사람들에게 책임성의 요구에 관한 모형을 제공하기를 바랄 수도 있다. 이를테면 자유주의적 책임성의 모형 같은 것 말이다. 다른 사람들에게도 그 모형들은 귀중한 가치를 지닌다. 이들이 성찰적이고 도덕적 책임성에 호의적이라면, 이들 역시 이미 동일한 전반적 가치들을 신봉하고 있거나 그들이 그런 통합된 방식으로 제시되는 그 가치들 속에 새삼 매력을 발견할 것이기 때문이다. 심지어 특정한 철학적 모형을 거부하는 사람들도 그 모형의 구조들 속에서 도덕적 책임성이 그들의 신념들로부터 무엇을 요구할지를 발견할 수 있다.

그런 식으로 도덕철학은 사람들에게 영향을 미칠 수 있다. 도덕철학은 사람들을 개인으로서 더 책임성이 있게 만들 수 있다. 동네 바보 같은 회의론자들은 이른바 철학의 기만을 조롱한다. 즉 그들에 따르면 도덕철학자는 도덕적 직관이나 교육적 배경이 다른 상태에서 출발하는 어떤 사람의 생각도 결코 바꿔 놓지 못한다. 이는 어리석은 주장이다. 철학자라면 누구나 자기 말에 귀 기울이는 사람을 반드시 설복시키고 만다는 정반대의 주장만큼이나 어리석다. 아마 진실은 그 중간 어디쯤에 있을 테고, 그것이 중간 어디인지를 어림짐작하는 데만도 부질없이 장대한 경험적 프로그램이 필요할 것이다. 그런데 지금 우리가 철학의 몫으로 상정하고 있는 역할은 어쨌든 그런 불평으로부터는 자유롭다. 이 역할이 사람들의 생각을 근본적으로 돌려놓는다는 어떠한 주장도 하지 않기 때문이다. 믿기 어렵게도 철학이 단 한 사람의 의견이나 행동도 극적으로 바꾸지 못한다고 해도 철학은 수행해야 할 중요한 역할이 있다. 즉 하나의 공동체나 문화는 그 자신의 고유한 도덕적 책임성이 있는데, 각 공동체나 문화의 집단적 제도들은 그러한 책임성을 실현하는 성향을 보여야 한다는 것이다. 아테네인들이 어떻게 생각했든 상관없이, 역사는 소크라테스를 아테네의 빛나는 명예로 만들었다.

철학의 포부를 이해하고 그 공적을 판단하는 일은 진리의 공간보다는 책임성의 공간에서 더 쉽게 이루어질 수 있다. 예컨대 칸트의 도덕철학은 그런 식으로 가장 잘 이해된다. 존 롤스에 따르면 칸트는 자신이 도덕적 의무들에 관해 지금껏 알려지지 않은 새로운 진리들을 발견했다고는 생각지 않았다.[3] 정언 명령에 관한 칸트의 다양한 정식들은 내가 기술한 책임성 기획의 정신에 충실한 것이었다. 보편화 가능성이 우리 행위 준칙의 진리성을 판별하는 기준이라고 하기는 어렵다. 상이한 행위 주체들은 보편화 가능성의 요건에 부응하는 상이한 도식들을 내놓을 것이다. 하지만 보편화 가능성은 책임성의 평가 기준 또는 최소한 그러한 기준의 중요한 부분인데, 책임성이 요구하는 정합성을 그것이 제공해 주기 때문이다. 그것은 또한 책임성이 요구하는 진정성을 평가하는 기준이기도 하다. 즉 우리는 어떤 준칙의 보편성을 상상할 수 있을 뿐 아니라 의욕할(will) 수도 있어야 한다고 칸트는 말했다. 대부분의 사람들에게 정치는 그들에게 가장 중요한 도덕적인 무대와 도전 가운데 하나다. 따라서 공동체의 정치철학은 그 공동체의 양심의 주요한 부분이며 집단적인 도덕적 책임성의 상당 부분을 구성한다.

위의 마지막 몇 문단은, 누군가 친절하게 피하라고 경고해 준 대로 오해될지도 모르겠다.[4] 나는 도덕철학자들은 보통 사람들보다 더 정확한 도덕적 분별력을 갖고 있다는 당연히 잘못된 주장을 하는 것이 아니다. 철학자가 맡은 임무가 더 명시적이기는 하지만, 철학자가 내리는 구체적 판단들의 감수성이 반드시 더 뛰어난 것은 아니다. 평범한 도덕적 판단이라고 해서 철학이 없는 것도 아니다. 좋고 나쁨, 옳고 그름에 관한 일반인들의 의견은 더 구체적인 다수의 도덕적 개념들이 어떻게 상호 관련되어 있는지에 관한 대체적으로 직관적인 이해를 반영한다. 이렇게 가정하지 않고는 도덕적 견해의 일치와 불일치를 설명하기가 왜 어려운지를 나는 8장에서 밝히려 할 것이다.

책임성의 가치

그렇게 이해되는 책임성을 완전하게 달성하기는 불가능하다. 그런데도 왜 책임성이 중요한 문제란 말인가? 물론 우리 개개인에게는 책임성이 중요하다. 자기가 의당 해야 하는 대로 행하는 데에 관심을 두는 사람은 누구나 원칙에 따라 정합성 있게 행하려고 노력해야만 한다. 하지만 남들이 책임성 있게 행위하는 데에는 왜 관심을 둔단 말인가? 우리는 사람들이 무엇을 하는지에 관심을 둔다. 즉 우리는 그들이 올바르게 행하기를 바란다. 그런데 이와는 별도로 왜 우리는 그들이 신념에 따라 행하는지, 다른 어떤 이유 때문에 행하는지에 관심을 두어야 한단 말인가? 두 개의 민주 국가에 지도자가 한 명씩 있고, 이 두 지도자가 모두 자기 나라를 이끌고 중동에서 전쟁을 일으킨다고 상상해 보자. 두 사람 모두 자기 행위의 목적이 포악한 독재자로부터 억압받는 국민을 해방시키는 데 있다고 말한다. 한 지도자는 진심이 있는 사람이다. 즉 그는 강대국에게 억압받는 인민을 해방시킬 의무가 있다고 믿을 뿐만 아니라, 그 나라 국민들이 억압받고 있다고 생각하지 않았다면 자기 나라를 전쟁에 휘말리게 하지 않았을 것이다. 다른 지도자는 진심이 없는 사람이다. 즉 그는 해당 지역의 석유 자원에 대한 자국의 지배력 강화가 중요하다고 생각하기 때문에 전쟁을 일으킨다. 그가 어떤 도덕적 의무에 호소하는 것은 겉치레에 불과하다. 만약 자기가 공격하는 나라가 독재자에 의해 억압받는 상태가 아니었다면 그는 다른 구실을 꾸며냈을 것이다.(상당히 투박한 이 묘사가, 실제 정치인들을 염두에 둔 것이 아니라고 첨언할 필요는 없을 것이다.) 앞의 지도자는 설령 그르게 행했을지라도 책임성 있게 행했다고 이야기되며 뒤의 지도자는 책임성 있게 행하지 않았다며 경멸의 대상이 된다. 왜 이런 차이가 그토록 중요한 것일까?

사람들이 충동적으로 또는 자기 자신의 편협한 이득 때문에 행하지 않고 일정한 원칙을 엄격하게 따른다면 실제로 옳은 일을 행할 개연성이 더 높다고 생각하려는 유혹을 느낄 수 있다. 그러나 그런 가정은 정당화되지 않는다. 즉 타당한 신념보다는 잘못된 신념이 더 많다. 게다가 때로는 잘못된 원칙에 따라 행하는 사람이 그저 원칙을 가장하면서 행위하는 사람보다 더 위험하다. 즉 후자의 사람들은 자신에게 이득이 될 때만 그르게 행하므로 정치적 응징이나 형사적 소추의 공포를 느끼게 함으로써 손쉽게 억지할 수 있다. 그런데도 우리는 왜 진심을 그 자체로서 소중한 가치라고 칭송하는가? 진심이 없는 사람들이 옳은 경우는 오로지 우연에 의해서만 가능한 반면에 진심이 있는 사람들이 옳은 경우는 그들이 도덕적 진리에 의해 인도되고 있기 때문일까? 우리가 그렇다고 말할 수는 없다. 우리는 인과적 영향 가설을 거부했다. 아무리 진심이 있는 사람들의 신념들이라고 해도 그것들이 인과적으로 도덕적 진리의 하류에 자리 잡고 있는 것은 결코 아니다.

진심 어린 지도자의 행동이 강대국의 도덕적 의무에 관한 그 자신의 소신에 의해 야기되었다고 일단은 가정해 보자. 도덕 신념은 진심이 없는 지도자의 행동에 대한 어떠한 인과적 설명에서도 전혀 등장하지 않는다. 설령 등장한다고 가정해도, 신념의 인과적 역할이 인과 관계 전체를 모두 소진할 수도 없고 특별하게 심오할 수도 없다. 한편 진심이 있는 지도자가 왜 침공에 나섰는지는 그의 신념을 거론함으로써 설명할 수 있다. 하지만 그다음으로 우리는 그가 다른 수많은 사람들이 지닌 다른 신념들이 아니라 왜 하필 그런 신념을 지니게 되었는지를 묻지 않을 수 없고, 이 질문에 답하다 보면 결국은 앞에서 기술했던 확대된 개인사 또는 개인사의 더 정밀한 세부 사항에 대한 추정으로 귀결될 것이다. 다시 말해 충분히 먼 곳까지 인과 연쇄를 거슬러 올라간다면, 우리는 진심이 있는 사람과 없는 사람들의 행동을 설명하는 데서 문화, 교육, 유전자, 심지어 어쩌면 자기 이익 등이 최종적으로는 거의 동일한 역할을 한다는 것을 깨닫게 되는 것이다. 만약 진심이 있는 지도자가 다른 문화나 가족 속에서 교육받았더라면, 또는 그의 유전자 배열이 달랐다면, 그는 얼마든지 강대국에게는 다른 국민의 일에 간섭하지 않을 의무 또는 심지어 그들을 포악한 독재자에게서 구출하지 않을 의무가 있다고 생각했을지도 모른다. 그러므로 진심이 있는 지도자의 행동과 위선적인 지도자의 행동은 서로 평행을 이루는 심원한 인과적 기원을 공유하고 있다. 한쪽 경우에서는 인과적 경로가 종착점에 다다라서 신념의 필터를 통과하고 다른 쪽 경우에서는 그러지 않는다는 것이 왜 그토록 중요하단 말인가?

7장에서 나는 도덕과 윤리의 연관성을 제안할 것이다. 요약하면, 우리가 다른 사람들에 대해 행할 때 도덕적 신념을 따르려는 이유는 바로 우리 자신의 자기 존중(self-respect)이 그렇게 요구하기 때문이다. 자기 존중이 이를 요구하는 이유는, 우리가 모든 사람의 삶이 객관적으로 동일하게 중요하다고 인정하지 않는다면 우리 자신의 삶을 일관되게 객관적으로 중요하게 다룰 수 없기 때문이다. 우리는 다른 사람들이 그러한 인간성의 근본 원칙을 수용할 것을 기대할 수 있으며 실제로도 기대한다. 이것이 문명의 기초라고 우리는 생각한다. 하지만 우리는 그 원칙이 추가적으로 어떠한 도덕적 신념들을 함축하는지에 관해 많은 사람들이 우리와 매우 다른 결론들을 끌어내고 있음을 안다. 4부와 5부에서 나는 그 함의들을 밝히는 상세한 하나의 견해를 옹호할 것인데 이 견해는 지금도 논쟁의 대상이고 앞으로도 계속 그러할 것이다. 예컨대 그러한 근본 원칙은 정치 공동체의 부가 대체적으로 평등하게 분배되기를 요구한다고 믿는데, 이조차도 현재 미국인 사이에서는 받아들이는 사람이 소수에 불과하다. 공동체성과 시민성(civility)은 그럼에도 불구하고 높은 수준의 관용을 요구한다. 즉 우리와 견해가 다른 모든 사람을 도덕적 낙오자로 취급할 수는 없는 것이다. 모든 인간 삶의 동등한 중요성은 수용하지만 그것의 실제 의미에 대해서는 선의의 견해차를 보이는 사람들의 견해를 존중하지 않으면 안 된다. 하지만 그들이 이 장에서 논의되었던 책임성의 부담을 수용하는 경우에 한해서 존중해야 한다. 그런 경우에만 비로소 그들이 위의 동등성을 정말로 수용하는 것이기 때문이다. 그런 경우에만 비로소 그들이 옳든 그르든 간에 동등성의 요구*와 일관되게 행하려고 노력하는 것이다.

책임성을 독자적인 덕성이자 요구 사항이라고 취급함으로써 가장 크게 혜택을 보는 사람들은 해당 공동체의 가장 취약한 구성원들일 것이다. 사람들이 일반적으로 찬동하는 원칙의 혜택을 모든 사람에게 부여하지 않는 경우 고통을 받을 개연성이 가장 높은 사람들이 바로 그들이기 때문이다. 그러나 책임성을 강조함으로써 도덕적 다양성에도 불구하고 기본적 존중을 공유하는 공동체 안에 산다면, 모든 사람들이 한층 널리 분산된 방식으로 혜택을 입는다. 이러한 혜택은 정치에서

---

* 모든 인간 삶의 평등한 중요성이라는 인간성의 근본 원칙이 실제에서 구체적으로 무엇을 의미하고 무엇을 요구하는지에 관한 각자의 신념들.

특히 중요한데, 정치라는 것은 강제적이며 거기에 걸려 있는 이해관계가 예외 없이 중대하고 가끔은 목숨을 다툴 정도이기 때문이다. 공직자들에게 자신의 원칙들로 말미암아 행할 것을 기대할 수는 없지만 그들 자신의 원칙들로 말미암아 행할 것을 기대할 수는 있다. 부정부패, 정치적 사익 추구, 편파성, 정실주의, 변덕의 의혹이 있을 때 우리는 도둑맞는 느낌을 받는다. 피통치자들이 통치자들로부터 마땅히 받아야 할 무언가를 도둑맞는다고 느끼는데, 그것은 바로 만인에 대한 평등한 배려를 표현하는 책임성이다. 책임성의 이러한 사회적, 정치적 가치들은, 앞에서 말했듯이 도덕적 책임성을 위협하는 것처럼 보이는 추가적인 가정에 의해 조금도 손상되지 않는다. 즉 심지어 진심이 있는 사람들의 신념도 진리와의 마주침에 의해서가 아니라 다양하고 우연한 개인사에 의해서 인과적으로 설명된다고 가정해도 책임성의 가치들은 전혀 손상되지 않는다.

책임성과 진리

증거, 논거, 근거

도덕적으로 책임성 있는 사람들은 진리를 획득하지 못하더라도 진리를 추구한다. 그런데 책임성에 관한 해석적 설명은 그러한 추구를 방해한다고 여겨질지도 모르겠다. 책임성은 정합성(coherence)과 통합을 추구한다. 그러나 어떤 철학자들의 생각에 따르면 도덕에 관한 진리는 온통 충돌과 타협으로 가득하다. 즉 도덕적 가치들은 다원적이며 비교할 수 없기 때문이다. 따라서 정합성을 고집하다 보면 우리를 엄존하고 있는 충돌로 이끈다고 그들은 말한다.[5]

그러므로 책임성은 잘못 발상된 것인가? 나는 이 장을 시작하면서 책임성을 진리와 구별했다. 이제는 이 두 가지 덕성이 어떻게 연관되어 있는지를 고찰할 차례다. 4장에서 인과 영향 가설에 반대하는 논변을 전개하던 중 나는 철학자의 용어를 하나 사용하여, 도덕적 속성들이 평범한 속성들에 '수반된다'고 말했다. 이제 그것이 무엇을 의미하고 무엇을 함축하는지에 관한 이야기를 보태야겠다. 물리적, 심리적 세계에 관한 판단들은 다음과 같은 의미에서 있는 그대로 참일 수가 있다. 이제, 한 가지만 제외하고는 그 현재적 구성물의 모든 세부 사항까지 우리들의 세계와 똑같은 또 하나의 세계를 상상해 보자. 즉 이 세계에서 당신의 책상 위에 놓여 있는 펜은 검정색인데, 그 세계에서도 그 밖의 모든 점에서 동일한 사람이 그 밖의 모든 점에서 동일한 책상을 갖고 있으되, 다만 그 위에 놓여 있는 펜은 파란색이라고 가정하는 것이다. 두 세계 내에는 모든 점에서 똑같은 두 개의 펜에 다른 색깔이라는 결과를 초래한 그 어떠한 것도 존재할 필요는 없다. 이와 같은 물리적 사실들은 혼자 떨어져서도 성립할 수 있다. 바로 그것들이 있는 그대로 참일 수 있다는 말의 의미다.

그러나 도덕적 판단을 비롯한 가치 판단들에서는 사정이 다르다. 가치 판단들은 있는 그대로 참일 수가 없다. 즉 만약 두 세계가 어떤 가치에 관한 점에서 서로 다르다면, 두 세계는 가치 평가적이지 않은 다른 어떤 점에서도 역시 서로 달라야만 한다. 「피가로의 결혼」이 그 세계에서는 졸작이라는 점 또는 아기를 장난삼아 고문하는 것이 그 세계에서는 도덕적으로 허용된다는 점 외에는 이 세계와 똑같은 또 하나의 세계란 있을 수 없다. 만약 가치 판단이라는 것이 가치 입자를 지각하는 문제라면 실제로 그런 세계가 존재할 수도 있다. 그럴 경우에는 도덕적 판단들이 있는 그대로 참일 수 있다고 상정하더라도 전혀 이치에 어긋나지 않을 것이다. 한쪽 세계에서는 참인 도덕적 판단들이 그 밖의 모든 점에서 똑같은 딴 세계에서는 거짓이 되는 상황도 두 세계의 도덕 입자 구성이 다르다면 가능하다. 그러나 도덕 입자 또는 그 존재만으로도 가치 판단을 참이게 만드는 그런 것은 전혀 존재하지 않는다. 가치들은 우리가 어둠 속에서 마주칠지도 모르는 바위 같은 것이 아니다. 가치들은 그냥 단단하게 버티고 서 있는 그런 것이 아니다.

어떤 가치 판단이 참일 때에는 그것이 참인 이유가 반드시 있어야 한다. 그것이 그냥 참일 수는 없다. 하지만 과학에서는 꼭 그렇지는 않다. 과학자들이 목표로 삼는 것은 가능한 한 가장 근본적이고 망라적인 물리학, 생물학, 심리학의 법칙들을 찾는 일이다. 그러나 거의 짐작할 수 없는 미래의 어느 시점에 이르면 추가적인 설명 가능성이 소진되리라는, 즉 어느 시점에 이르면 "세상은 그냥 그렇게 생겨 먹었어."라는 말이 맞는 이야기가 될 가능성(또는 어쨌든 이런 생각의 취지)을 우리는 받아들이지 않을 수 없다. 그런 말은 아직 너무 이른 것일 수도 있고 곧 오류라고 판명될 수도 있다. 과학자들은 어느 날 자신들이 찾는 포괄적인 원리들, 어쩌면 물리적인 모든 것을 설명해 주고 아울러 생물학과 심리학까지 포괄하는 어떤 물리학 법칙 같은 것을 발견할 수도 있다. 아니면 통일적 원리들을 찾는다는 것이 발상부터가 잘못된 일로 판명될 수도 있다. 우주는 최종적으로는 질서정연하지 못한 것일지도 모른다. 즉 아인슈타인의 말처럼, 신은 우주의 우아함을 도모할 기회를 놓쳤을지도 모른다. 세상이 어떻게 생겨 먹어야 했던 하나의 방식이 있을 수도 있다. 또는 어쩌면 그렇지 않고 다르게 생겨 먹을 수 있었을지도 모른다. 이 모든 것은 두고 보면 알 수 있는 문제일 수도 있고 혹은 아닐 수도 있겠는데, 이는 지적 생명체의 생존과 진보에 달려 있는 문제이겠다.

어쨌든 세상이 그냥 어떻게 생겨 먹은 하나의 방식이 있고 그러므로 설명에는 이론적으로 끝이 있다는 생각에는 일리가 있다. 일반인을 청중으로 삼아 행해진 양자전기역학 강의에서 물리학자 리처드 파인만(Richard Feynman)은 이렇게 말했다. "제가 이야기하고 있는 것을 여러분이 이해하지 못한다고 생각할지도 모를 그다음 이유는, 제가 여러분에게 자연이 어떻게 작동하는지를 묘사하고 있지만, 여러분은 자연이 왜 그런 식으로 작동하는지를 이해하지 못하리라는 것입니다. 하지만 실은 그것을 이해하는 사람은 아무도 없습니다. 저는 왜 자연이 이런 별난 방식으로 움직이는지를 설명할 수 없습니다. …… 그래서 저는 여러분이 자연을 그냥 있는 그대로 받아들일 수 있기를 바랍니다. 부조리한 대로 말입니다."[6]

도덕철학자가 그런 식으로 말하는 것을 상상할 수 있겠는가? "저는 여러분에게 도덕이 어떻게 작동하는지(누진적 소득세는 사악하다는 것)를 말씀드리겠습니다. 하지만 왜 그런 세금이 사악한지를 이해할 수 있는 사람은 아무도 없습니다. 여러분은 도덕을 그냥 있는 그대로 이해해야 합니다. 부조리한 대로 말입니다." 도덕이 요구하는 것을 왜 요구하는지 묻는 일은 언제나 적절하며, 도덕이 그냥 그러하다고 말하는 것은 결코 적절하지 않다. 물론 그냥 그러하다는 것 이상으로는 할 수 있는 말이 많지 않은 경우도 아주 흔하다. "고문은 그냥 그른 것이다. 거기에 관해서는 더 얘기할 게 없다."라고 말할 수도 있다. 그러나 이는 성마름이거나 상상력의 결여일 뿐이다. 즉 그것이 표시하는 것은 책임성이 아니라 그 반대의 것이다.

외골수 철학자들은 실제로 자신의 도덕 의견을 자명한 공리의 체계 형태로 제시하기도 한다. 예컨대 어떤 공리주의자들은 무엇이든 장기적으로 볼 때 불쾌감을 상회하는 쾌감의 최대 잉여를 산출하도록 행해야 한다는 극히 기본적인 의무로부터 우리의 모든 의무들이 도출된다고 이야기한다. 그러나 다른 철학자들이 명백해 보이는 반증 사례들을 제시함으로써, 예컨대 이렇게 기본적 의무라고 상정되는 바에 따르면 다른 무수한 사람들에게 가해지는 작은 불편을 피하기 위해 하나 또는 소수의 무고한 사람에게 극심한 고통을 가해야 할지도 모른다는 점을 지적함으로써 분란을 일으키자 이 공리주의자들은 왜 자신들의 원칙이 그러한 결과를 초래하지 않을 것인지 설명하려고 노력했다.[7] 또는 그들은 그러한 결과를 초래하지 않도록 그 원칙을 수정하려고 노력하기도 하고, 자신들의 원칙이 그런 매력 없는 결과를 초래하더라도 이를 고수하는 것은 다른 어떤 이유 때문에, 이를테면 모든 인간 삶의 평등한 중요성을 존중하기 위하여, 정당화된다고 주장하기도 한다. 그들이 이렇게 말하는 일은 없다. "우리 원칙이 그런 결과를 초래한다는 것은 참으로 유감스러운 일이지만, 바로 그런 게 인간 세상 아닙니까. 우리의 원칙은 그냥, 우연히, 참이라니까요." 행여 그들이 그런 식으로 말하는 것을 듣는다면 우리는 오싹함을 느낄 것이다. 심지어 매우 추상적인 도덕 원칙에 대해서도 그것을 뒷받침하는 근거를 요구하는 일은 사리에 맞는 일이며, 어떤 상황에서는 근거를 제시하려고 노력하지 않는다면 무책임한 일이 될 것이다. 철학자들이 '직관'을 주창하는 버릇은 다시 한 번 우리를 오도할 수도 있다. 순수하게 본다면 그것은 신념의 표명에 불과하다. 또는 신념에 대해 이유를 제시할 능력이 없음을 시사하는 것일 수도 있다. 그러나 그런 주장이 이유가 존재할 가능성을 부정하는 뜻으로 사용되거나 그렇게 이해되거나 해서는 안 된다.

이제 같은 논지를 또 하나의 다른 개념차를 통해 전달해 보겠다. 우리는 형식적이든 비형식적이든 과학*에서는 명제들을 위한 증거(evidence)를 추구하고, 가치 세계에서는 명제들을 위한 논거(a case)를 제시한다. 증거는 어떤 추가적 사실의 그럴 법함(어쩌면 극도의 그럴 법함)을 알려 주는 신호이다. 그러나 증거는 그 추가적 사실을 성립시키는 데에 또는 그것이 참이게끔 만드는 데에 기여하지 않는다. 증거

---

* 형식과학은 수학과 논리학을 가리키고, 비형식과학은 경험과학을 가리킴. 드워킨은 양자를 하나로 묶고 이를 가치 세계와 대비시키고 있음.

가 신호로써 알려 주는 그 추가적 사실은 완전히 독립적이다. 즉 그것은 참으로 별개인 또 하나의 사실이다. 만약 멀리 떨어진 은하계의 어떤 행성에 물이 존재한다면, 거기에 물이 존재한다는 명제는 참이다. 그 명제를 참이게끔 만드는 것, 즉 그 진리성의 근거를 제공해 준다고 말할 수도 있는 것은 거기에 있는 물이다. 우리는 분광 촬영 데이터의 형태로 그 진리성의 증거를 갖고 있을지도 모르지만, 그 증거가 그 명제를 참이게끔 만들었다고 생각한다면 어리석은 잘못일 것이다.

하지만 도덕적 판단의 경우에는 그와 같은 구별을 할 수가 없다. 우리가 미국의 이라크 침공을 부도덕하다고 생각하고, 부시 행정부가 그릇된 첩보에 의존함으로써 비난받을 만한 과실을 범했다는 점을 논거의 일부로 제시한다고 가정해 보자. 만약 우리가 옳다면, 부시 행정부의 과실은 우리가 다른 어떤 방식으로 입증할 수 있을지도 모르는 어떤 추가적인, 부도덕하다는 독립적인, 사실의 증거가 아니다. 그것은 그 전쟁을 부도덕하게끔 만드는 것의 일부이다. 이러한 구별은 법에서 손쉽게 예증된다. 검사가 배심원단 앞에 지문을 공개할 때 그는 피고인이 현장에 있었다는 증거를 제시하고 있는 것이다. 검사가 특정한 항변이 법적으로 인정되지 않음을 보이기 위해 어떤 선판례를 인용할 때 그는 해당 결론을 뒷받침하는 논거를 제시하고 있는 것이다. 선판례는 추가적이고 독립적인 법적 사실의 증거가 아니다. 만약 검사의 논거가 타당하다면, 그가 인용하는 선판례는 그의 주장이 참이게끔 하는 데 기여한다.

내가 제시했던 첫째 구별은 둘째 구별을 설명해 준다. 가치 판단들은 있는 그대로 참일 수 없기 때문에, 가치 판단들이 참인 것은 오직 어떤 논거에 의해서만 가능하다. 법이 특정한 항변을 허용치 않는다는 판단이나 이라크 침공이 부도덕했다는 판단이 참인 것은 법이나 도덕에서 그것을 뒷받침하는 충분한 논거가 존재할 때만 가능하다. 흄의 원리를 전제로 할 때, 그러한 논거는 반드시 선판례 구속성의 올바른 이해에 관한 또는 정치적 공직자들의 책임들에 관한 추가적 가치 판단들을 담고 있어야 한다. 게다가 그러한 추가적 가치 판단들 중에서 있는 그대로 참일 수 있는 것은 하나도 없다. 그것들이 참인 것은 각각을 뒷받침하는 어떤 추가적인 논거가 제시될 수 있을 때에만 비로소 가능하다. 그리고 그 추가적 논거는 법과 비난에 관한 또 다른 수많은 판단들로 나뉠 것이며, 이 수많은 판단들도 그 자체로 적나라하게 참일 수는 없고, 만약 참이라면 이를 보이기 위하여 또 다른 추가적 논거가 필요하다. 이러한 정당화의 과정이 어떻게 끝이 날 수 있겠는가? 누구든 현실 속의 인간이 어떤 도덕적 판단을 정당화하려고 시도한다면, 그가 아무리 정력적이고 성실하다 해도 그 시도는 시간이나 상상력의 고갈 때문에 머지않아 끝이 나고 말 것이다. 그러고 나면 그는 자신이 그 도덕적 판단의 진리성을 '본다'고 말하는 것 이상으로는 말할 수가 없다. 그런데 도덕적 정당화가 더는 말할 것이 없기 때문에 끝날 수밖에 없는 것은 언제란 말인가? 도덕적 정당화는 그 자체로 있는 그대로 참인 어떤 으뜸가는 근본 원칙의 발견으로, 세상이 그냥 어떻게 생겨 먹었는지에 관한 어떤 토대적 진술로, 끝날 수는 없다. 도덕 입자는 전혀 존재하지 않으며, 따라서 그러한 원칙은 전혀 존재하지 않는다.

그러므로 우리가 할 수 있는 최선의 답변은 다음과 같다. 즉 만약 논변이 논변 자신에 부응하는 때가 오기는 한다면, 논변이 끝나는 것은 그때다. 여기에서 우리는 내가 앞서 사용했던 은유를 부연 설명해 볼 수 있겠다. 당신이 만약 자신의 모든 도덕 신념들을 조직화해서 당신의 의지를 감싸고 있는 하나의 이상적으로 실효성 있는 필터로 만든다면, 그 신념들은 상호 연관되고 상호 의존하는 원칙들 및 생각들의 광범한 체계를 형성할 것이다. 당신이 그 네트워크의 어느 한 부분을 옹호하고자 한다면 이는 여타의 어떤 부분을 인용함으로써만 가능할 것이며, 그렇게 어찌어찌하다 보면 결국 당신은 모든 부분들을 각각 여타의 부분들에 의거하여 정당화해 낸 셈이 될 것이다. 이라크 전쟁을 규탄하는 당신의 입장을 정당화하는 작업에는 그런 식으로 엄청나게 광범한 설명 가운데 이런저런 지점에서 여러 가지 원칙들에 대한 호소가 포함될 것이며, 개인적 문제들에서의 주의 태만, 덕성으로서의 신뢰성, 악덕으로서의 비밀주의 등에 관한 원칙들, 나아가 이들 각각의 신념을 정당화한다고 알려져 있는 추가적인 원칙들 등등, 호소해야 할 대상은 거의 끝이 없을 것이다. 어떤 도덕적 판단이 참이라면 언제나 그 진리성은 무한하게 많은 여타 도덕적 판단들의 진리성 속에 있다. 그리고 전자에 해당하는 도덕적 판단의 진리성은 후자에 속하는 모든 도덕적 판단들 각각의 진리성이 성립하는 데 기여하는 일부가 된다. 자명한 공리적 토대들 위에 세워진 도덕 원칙들의 위계질서 같은 것은 전혀 존재하지 않는다. 즉 우리가 우리의 존재론으로부터 도덕 입자를 추방할 때는 그런 위계질서의 존재 가능성을 배제하는 것이다.

우리는 신념의 네트워크가 얼마나 광대하다고 상상해야 할까? 도덕은 단지 가치의 한 부문, 마땅한 것이 무엇인지에 관한 신념의 한 차원에 불과하다. 우리는 또한 이를테면 아름다운 것이 무엇인지, 그리고 잘 사는 것이 무엇인지에 관한 신념들도 지니고 있다. 도덕 자체도 부문들을 갖고 있다. 즉 우리는 개인적 도덕을 정치적 도덕으로부터 구별하며, 의무와 옳고 그름의 도덕을 미덕과 악덕의 도덕과 구별한다. 어떤 행위가 도덕적으로 옳거나 그르다는 주장, 또는 누군가가 유덕하거나 악덕하다, 무언가가 아름답거나 추하다, 어떤 삶이 성공적이거나 성공적이지 못하다는 주장을 제시할 때 우리가 호소할 수 있는 신념들의 범위에는 한계가 있을까? 적극적 평등 실현 조치의 불공정성을 주장하는 논거에는 도덕적 판단뿐 아니라 심미적 판단도 포함될 수 있을 것인가? 삶을 사는 옳은 방식을 주장하는 논거에는 우주의 자연적 진

화에 관한, 또는 인간 안에 있는 동물적인 생물학적 유산 등에 관한 주
장들이 포함될 수 있을 것인가?[8] 그런 것이 포함되면 안 되는 어떠한
개념적 또는 선험적 이유도 나는 알지 못한다. 어떤 도덕 신념을 뒷받
침하는 논변이라고 간주될 수 있는 것이 무엇인지는 실체적인 문제이
다. 즉 우리는 여러 가치 부문들 간의 어떠한 연관 관계들이 적절하고
호소력이 있어 보이는지를 지켜봐야 한다.

가치에서의 충돌?

그런데 우리가 구성해 낸 해석들 안에서는 정합성뿐 아니라 충돌 또
한 발견될 수 있지 않을까? 몇 가지 구별이 필요하다. 우리는 첫째로
가치와 요망 사항을 구별해야 한다. 가치는 심판적 힘을 갖는다. 우리
는 마땅히 정직해야 하고 몰인정해선 안되며, 만약 몰인정하거나 부
정직하다면 우리는 나쁘게 행동한 셈이다. 반면에 요망 사항은 우리가
원하는 것이지만, 그것을 갖지 못한다고 해서 잘못을 저지르는 것은
아니다. 또는 원하는 만큼 많이 갖지 못하는 경우도 마찬가지다. 요망
사항들은 거의 언제나 충돌한다. 즉 나는 레모네이드도 좋아하고 레몬
파이도 좋아하지만 갖고 있는 레몬은 하나뿐이다. 하나의 공동체는 최
고 수준의 안보, 최상의 교육 제도, 가장 효율적인 운송망, 최상의 보건
등을 원한다. 하지만 예산이 빠듯해서 여유가 없다.

심각하고 중요한 문제는 가치들이 서로 충돌하는지 여부다. 가치들
은 흔히 요망 사항들과 충돌한다. 우리는 테러리스트들로부터의 안전
을 분명 원하지만, 그러한 안전을 향상시키기 위해 취해질 수도 있는
어떤 조치들은 자유나 명예를 훼손할 것이다. 그런 종류의 외견적 충
돌 가운데 어떤 것들은 추가적인 검토에 따라 해소될 수도 있다. 자유
를 좀 더 이해하고자 한다면 자유가 안보를 향상시키는 조치들 때문에
훼손되는 것이 절대 아님을 깨닫게 될 수도 있다. 하지만 때로는 추가

적인 검토가 충돌을 강화하기도 한다. 즉 테러 용의자들이 고문을 당할 때 해당 국가의 명예는 확실히 희생당하는 것이다. 그렇지만 이런 경우에 도덕적 충돌은 전혀 존재하지 않는데, 도덕은 어떠한 안보이건 우리의 불명예를 통해 얻어지는 것은 포기할 것을 요구하기 때문이다.

도덕적 충돌(두 가지 가치의 충돌)이 지금 우리가 고민하는 문제다. 리처드 팰론(Richard Fallon)은 이와 관련하여 한 가지 난처한 상황을 묘사한다.[9] 동료 교수 한 사람이 당신에게 자기 책의 초고를 읽고 평을 해 달라고 부탁했는데, 읽어 보니 졸작이다. 솔직히 평하면 당신은 몰인정한 사람이 되고, 그러지 않으면 부정직한 사람이 된다. 두 가지 문제가 제기된다. 첫째, 그렇다면 결국 당신이 어찌해야 하는가라는 문제에 대해서는 어떠한 정답도 없다는 결론이 나오는가? 이런 상황에서는 정직을 택해야 한다는 논거가 친절을 택해야 한다는 논거보다 설득력이 더 강하지도 더 약하지도 않다는 결론이 나오는가? 둘째, 설령 이 문제의 정답이 있다 해도, 당신은 어떻게 행동하든 상관없이 필연적으로 어떤 도덕적 가치를 훼손시킬 수밖에 없는가? 이런 상황에서는 모든 것을 고려할 때 옳은 일인 쪽을 행하더라도 (그와 동시에) 뭔가 바람직하지 못한 일을 행하는 결과에 이르게 되는가? 인정과 정직은 정말 충돌하는가?

첫 번째 문제는 5장에서 다루었던 논점들을 제기한다. 나는 앞에서 불확실성을 비결정성과 구별하는 일의 중요성을 강조했는데, 바로 그러한 구별이 지금 이 대목에서 필수 불가결하다. 물론 이런 상황에서 당신에게는 몰인정과 부정직 중 어느 쪽이 더 나은지 또는 어쩌면 덜 나쁜지 불확실할 수도 있다. 하지만 당신이 어느 쪽도 더 낫지 않다는 대안적 결론을 택한다면 당신이 그것을 뒷받침하는 근거를 가질 수 있을지 나로서는 짐작할 수가 없다. 있는 그대로의 도덕 사실이란 것은 어디에도 존재하지 않는다. 내가 말했듯이 도덕적 추론이란 차곡차곡

쌓인 가치에 관한 일련의 신념들에 의지한다는 것을 의미하며, 이 신념들 각각은 또 다른 그러한 신념들에 의지할 수도 있다. 당신이 아무리 오랫동안 해당 문제와 씨름하더라도 왜 일정한 상황에서 충돌하는 가치들을 놓고 행하는 하나의 선택이 다른 선택보다 도덕적으로 더 나은지 그 이유를 결코 발견하지 못하리라고 생각할 근거가 있을까? 발견될 수 있는 이유는 애당초 존재하지 않는다는 훨씬 더 야심 찬 가설을 뒷받침할 근거가 있을까?

두 번째 문제로 넘어가 보자. 여기에 정말 충돌이 있기는 한 것일까? 정직과 인정은 정말, 심지어 이따금씩 충돌하는 것일까? 만약 내가 이 책에 나오는 가치의 통일성에 관한 나의 주된 주장을 유지하고자 한다면, 나는 충돌을 부정해야만 한다. 나의 주장은 그저 따로 떨어져 있는 도덕적 판단들을 롤스의 반성적 평형(reflective equilibrium) 상태에 이르게 할 수 있다고 하는 것이 아니다. 그런 것은, 설령 우리가 가치들이 충돌한다는 것을 인정할지라도, 가치들 간의 어떤 우선순위를 택하거나 개별 사안에서 충돌을 처분하기 위한 어떤 일련의 원칙들을 택하거나 한다면 해낼 수 있는 일이다. 내가 옹호하고자 하는 것은 그러한 처분이 필요한 진정한 가치의 충돌이 전혀 없다고 하는 한층 야심 찬 주장이다. 팰론이 제시한 것과 같은 사안에서 우리가 인정과 정직 사이에서 갈등하고 있다고 말하는 것은 자연스럽다. 그에 대해서는 나도 견해를 같이한다. 하지만 왜 그것이 자연스러워 보이는지에 관해서는 우리 사이에 견해차가 있을 수 있다.

여기 그것이 왜 자연스러워 보이는지를 설명해 주는 한 가지 방식이 있다. 도덕적 책임성은 결코 완전하지 않고, 따라서 우리는 개념들을 사용해 가면서 끊임없이 그것들을 재해석한다. 설령 우리가 추구하는 통합을 달성할 수 있을 정도로 충분하게 개념들을 다듬어 내지 못했더라도 우리는 그것을 나날이 부려 먹을 수밖에 없다. 몰인정과 부정직의 개념에 대한 우리의 실천적인 이해는 대부분의 사안에서 충분히 통용될 수 있다. 즉 이에 기대어 우리는 두 가지 악덕을 식별하고, 또 선의가 있다면 그 악덕을 무리 없이 회피할 수 있다. 하지만 이 사안에서처럼 때로는 그런 실천적인 이해가 우리를 상반되는 방향으로 끌어당기는 듯 보일 때도 있다. 이 단계에서는 외견적 충돌이 있다는 말로 이를 시인하는 것 외에는 달리 뾰족한 수가 없다. 하지만 그렇다고 해서 그 충돌이 심층적이고 진정한 것이라는 결론이 나오는 것은 아니다. 방금 나는 두 가지 문제를 구별했다. 어떻게 행동하는 것이 옳은 일인가? 외견적 충돌이 정말 실재하는가? 이 문제들이 내가 제시한 구별에서 시사되는 만큼이나 상호 독립적일 수는 없다. 첫 번째 문제는 우리가 추가적으로 생각을 진전시킬 것을 요구하며, 우리가 추가적으로 생각을 진전시키는 방법은 두 가치들에 대한 우리의 관념을 추가적으로 다듬어 내는 것이다. 우리는 책의 저자에게 진실을 말해 주는 것이 정말 몰인정한 일인지를 묻는다. 또는 듣는다면 그에게 이익이 되고 감춘대도 아무에게도 이익이 되지 않는 이야기를 저자에게 말해 주는 것이 정말 부정직한 일인지를 묻는다. 우리가 어떻게 할지를 결정하는 사색의 과정을 어떤 식으로 묘사하든지 간에, 이런 것들이 실질적으로 우리가 직면하는 문제들이다. 우리는 딜레마를 해결하기 위해 개념들을 재해석한다. 즉 사색은 파편화가 아닌 통일성을 지향한다. 어떤 결정을 내리든 우리는 자신의 도덕적 책임성에 관한 더 통합된 이해를 향하여 한 걸음 내디딘 셈이다.

이런 설명 방식에 따르면, 외견적 충돌이 불가피하기는 해도 실체가 없는 허상이고 일시적인 것에 불과하기를 우리는 희망할 수 있다. 우리는 외견적 충돌을 하나씩 사안별로 대면하지만, 그것을 제거하는 쪽으로 작용하는 개념적 재조정을 통해 그것과 대결한다. 다른 설명 방식을 취한다면 어떻게 이야기할 수 있을 것인가? 이런 설명 방식을 생각해 보자. 즉 "도덕적 충돌은 실재하고, 이를 부인하는 어떠한 이론도 도덕 현실과는 맞지 않는다. 일단 우리가 인정과 정직의 본성을 이해하면, 우리는 이와 같은 사안에서 양자가 그냥 실제로 충돌한다는 것을 알게 된다. 이 충돌은 불완전한 도덕적 해석에 의해 생기는 허상이 아니다. 그것은 분명한 사실의 문제다." 그런데 여기에서 분명한 사실이라고 상정되고 있는 것이 도대체 세상 어디에 존재한단 말인가? 도덕적 주장들은 적나라하게 참일 수가 없기 때문에, 인정과 정직이 그냥 이런 또는 저런 내용을 가진 것일 수는 없다. 지겹도록 반복하지만, 이들 덕목이 그냥 무엇인지를 고정해 놓는 도덕 입자라는 것은 존재하지 않는다. 그 개념들이 단순한 언어 관행 때문에 엄밀하고 상호 충돌하는 내용을 갖게 되는 것도 아니다. 도덕적 개념들은 (내가 이미 이들을 가리켜 일컫게 된 대로) 해석적 개념이다. 이 개념들의 올바른 사용법은 해석의 문제이며, 그것을 사용하는 사람들은 최선의 해석이 무엇인지에 관해 견해차를 보인다. 실제로 많은 사람들은 당신이 동료 교수에게 진실을 말해 주는 것이 인정스러운 행위라고 생각한다. 또는 듣기 좋은 말만 하더라도 이런 상황에서는 부정직한 일이 아니라고 생각한다. 이렇게 생각하는 사람들이 언어상의 실수를 범하고 있는 것은 아니다.

또 다른 설명 방식도 가능성이 있다. 가치들에 대한 최선의 해석은 이유가 있어서 가치들이 충돌하기를 요구하고 있는 것일지도 모른다. 즉 우리가 때로는 어떤 가치를 훼손시켜 다른 가치에 이바지할 수밖에 없다는 식으로 가치들을 이해한다면 가치들이 우리의 기본적인 도덕적 책임성에 가장 잘 이바지할지도 모른다는 것이다. 가치들이 충돌하는 것은 그냥 가치들이 충돌하기 때문이 아니라, 가치들이 서로 충돌하도록 개념화될 때 우리에게 가장 유용하기 때문이다. 이것은 생각해 볼 수 있는 견해이며, 어쩌면 누군가 이것을 그럴듯해 보이게 만들 수 있을지도 모른다. 하지만 이것이 충돌이란 그냥 우리가 인정할 수밖에 없는 완강한 사실이라는 것을 입증해 주지는 않을 것이다. 그것이 제공해 주는 것은 다른 방식으로 가치들을 조화시키는 하나의 해석일 것이다. 충돌을 한층 심층적인 차원에서 이루어지는 협동 작업이라고 표현함으로써 말이다.

우리에게 진리가 필요한가?

우리는 본격적인 가치 총화론(value holism)의 산기슭에 도달한 셈이다. 고슴도치의 신조인 가치 총화론에 따르면 모든 참된 가치들은 하나의 그물 조직을 이루며 서로 맞물려 있다. 즉 무엇이 좋은지, 옳은지, 아름다운지에 관한 우리의 신념들 각각은 그러한 각각의 가치 영역 안에 있는 우리의 다른 신념들 각각을 뒷받침하는 데 일정한 역할을 한다는 것이다. 도덕의 진리를 추구하는 것은 신념의 찬동을 받는 정합성을 추구함으로써만 가능하다. 어떤 신념이 우리의 다른 신념들에 부합하고 통일성을 이룬다는 이유만으로 우리 스스로 그 신념을 받아들이려는 의욕을 일으킬 수는 없다. 우리는 동시에 그 신념을 믿기도 해야 하며, 아니라면 우리가 실제로 믿는 것과 부합하는 다른 어떤 신념을 찾아야 한다. 마찬가지로 스스로 믿는다고 여기는 신념들이 서로 부합하지 않는다면 그에 만족하며 머물러서는 안 된다. 반드시 우리가 믿는 것이면서 동시에 서로 부합하는 신념들을 찾아야 한다. 이는 내가 말한 대로 하나의 해석적 과정인데, 그것이 가치의 각 부분과 가닥을 여타의 가닥들과 부분들에 비추어 이해하고자 노력하는 일이기 때문이다. 이를 온전하게 해낼 수 있는 사람은 아무도 없으며, 우리 모두가, 심지어 함께 협력하더라도, 썩 잘해 내리라는 보장도 전혀 없다.

내가 의도하는 것은 어떠한 종류의 상대주의도 아니다. 도덕 의견은 그것을 참이라고 생각하는 사람들한테만 참이라고 시사하는 것도 아니다. 내가 기술하고자 하는 것은 형이상학이 아니라 방법, 즉 당신이 만약 진리를 의제로 삼는다면 어떻게 진행해 나가야 하는가이다. 책임성 있게 추론하며 자기 소신에 신념을 갖고 있다는 점에서는 차이가 없는 두 사람도 무엇이 옳고 그른지에 관해서는 서로 다른 결론에 이르게 마련이다. 하지만 그들은 무엇이 옳고 그른지를 찾는 올바른 방식과 그릇된 방식이 있다는 믿음은 공유할 것이다. 제3자는 그렇게 공유되는 믿음에 이의를 제기할 수도 있다. 즉 제3자는 두 사람의 견해가 차이를 보인다는 사실이야말로 획득할 진리가 존재하지 않음을 나타내는 징표라고 생각할 수도 있다. 그러나 이것은 종류가 다르지 않은 제3의 입장, 평가 대상이 될 제3의 도덕적 자세일 뿐이다. 아마도 제3의 논쟁자가 앞의 두 사람을 설득하여 그들이 공유하는 믿음을 버리도록 만들 수는 없을 것이다. 그렇다면 그는 앞의 두 사람과 똑같은 처지에 놓인 셈이다. 인근에 놓여 있는 철학적 피난처란 존재하지 않는다. 우리는 자신이 책임성 있게 믿는 것을 각자 믿을 수밖에 없다. 우리는 모두 흡사 가지 끝에서 몸을 내밀고 있는 듯 위태로운 처지다. 비록 서로 같은 가지는 아니라도 말이다.

그렇다면 도대체 왜 진리를 운위하는 것인가? 진리를 거두어들이고 책임성만을 이야기하면 왜 안 된단 말인가? 사람들은 어떤 도덕적 견해를 두고 이야기할 때 그것이 참이라고 말하는 쪽보다는 "그것이 내게는 참이다." 또는 "나한테는 그것이 맞다."라고 말하는 쪽을 더 편안하게 여기는 것 같다. 후자의 화법은 때로는 회의주의적인 고백이라고 간주되기도 하지만, 진리 대신에 책임성을 주장하는 것이라고 이해하는 편이 더 낫다. 이 장의 앞부분에서 나는 도덕철학의 가치는 진리에의 기여보다는 책임성에의 기여에 더 많이 의존한다고 말했다. 그렇다면 왜 진리를 완전히 단념하지 않는가? 우리는 그저 논변들을 제시하고 비판하는 것으로만 일관할 수도 있다. 그래도 결과적으로는 진리를 추구하고 주장하는 것과 다르지 않다. 진리라는 어휘를 사용할 때 항상 수반된다고 여겨지는 반발들을 불러일으키지 않으면서도 말이다.

하지만 그런 평화를 위해 우리는 적잖은 대가를 치를 것이다. 진리에 관심이 없다고 명시적으로 선언하는 일은 회의주의로 간주될 것이고, 그렇게 되면 1부에서 적발했던 온갖 혼동들이 조장될 것이다. 진리를 견지하는 것은 한층 긍정적인 가치도 갖는다. 이 영역의 가장 심층적인 철학적 과제를 우리에게 상기시킨다. 즉 경험적이거나 논리적이기보다는 해석적인 탐구도, 어떠한 증명도 허용치 않고 어떠한 수렴도 약속지 않는 탐구도, 성취해야 할 유일한 성공이 존재한다는 생각을 이해시켜 내는 과제 말이다. 외적 회의주의는 그러한 생각에 아무런 위협이 되지 않는다. 내적 회의주의는 그러한 생각을 착취한다. 5장에 언급된 포도주의 사례에서처럼 말이다. 우리는 해석적 탐구에서 유일한 성공의 의미를 파악해야 할 뿐만 아니라 또한 그것을 성취하기 위해 분투하지 않으면 안 된다.

어쩌면 상식적으로 더 용이하게 수렴을 기대할 수 있는 영역이 과학이기 때문에 진리라는 어휘는 과학에서 더 적절한 것처럼 보인다. 하지만 한 가지 지적해 둘 것이 있다. 만약 우리가 과학에 있어 철저한 실재론자라면, 도덕이나 다른 해석 장르들에서는 전혀 위협이 되지 않는 각별하게 심원한 종류의 오류를 범할 위험에 처하게 된다는 것이다. 과학에서는, 만약 물리 세계가, 우리가 그렇게 존재한다고 생각할 이유가 있는지와 관계없이, 실재한다면 우리는 복구가 불가능한 오류에 빠져 있는 것일지도 모른다. 우리의 믿음이 틀렸다는 증거를 전혀 찾을 수 없어도 우리의 믿음은 틀릴 수 있는 것이다. 예컨대 다른 어떤 우주에서 벌어지는 일에 관해, 또는 우리 우주가 소멸하기 전까지 우리에게 빛이 도달할 수 없을 정도로 멀리 떨어져 있는 곳에서 벌어지는 일에 관해, 근본적이고 교정이 불가능한 오류에 빠져 있는 것일지도 모른다. 그러나 도덕에 관한 진리는 최선의 논거에서 제시되는 바로 그것이기 때문에, 우리의 도덕적 신념들이 복구가 불가능할 정도로 잘못되어 있을 수는 없다. 우리의 문화나 교육이나 기타 개인사적 요인들 때문에 우리가 최선의 논거를 알아보지 못할 수도 있다. 그러나 다른 개인사를 지닌 사람들이라면 최선의 논거를 발견하고 인식할 가능성도 충분히 있을 것이다. 도덕적 진리는 언제나 인간 능력이 미치는 범위 내에 있는 반면에 과학적 진리는 언제나 그런 것은 아닐 수도 있다.

끝으로 한 가지 밝혀 둘 것이 있다. 앞에서 나는 아르키메데스적인 2층위적 메타윤리학을 비난했다. 그러므로 나는 도덕에서의 진리에 관한 이러한 예비적 소견들 자체가 아무리 추상적이라 해도 1층위적 도덕 이론의 한 부분으로 이해한다고 말해야겠다. 진리에 관한 나의 주장들은 이 장에서 제시된 도덕적 책임성의 실체적 이론으로부터, 또한 그 자체가 도덕적 책임성에 관한 하나의 입론인 흄의 원리로부터 도출된다. 그렇지만 나의 소견들은 예비적인 것에 불과하다. 우리는 도덕에서의 진리라는 생각을 더 진전시켜 보다 실체적으로 탐구할 필요가 있다. 우리는 앞으로 나올 논의 속의 여러 지점에서 그런 작업을 수행할 것이다. 맨 먼저 해석이 무엇인지에 관한 더 폭넓은 탐구를 할 텐데, 이것이 바로 다음 장의 과제다.

7장 해석 일반[*]

해석적 진리?

　여러분은 이 텍스트를 읽으면서 나를 해석하고 있다. 역사가들은 사건과 시대를 해석하고, 정신분석가들은 꿈을, 사회학자들과 인류학자들은 사회와 문화를, 법률가들은 서류를, 비평가들은 시와 희곡과 회화를, 사제와 랍비들은 성스러운 경전을, 그리고 철학자들은 다툼을 일으키는 개념들을 해석한다. 이러한 해석 장르들은 저마다 외견상 서로 다른 매우 다양한 활동의 장이 되고 있다. 법률가들은 계약, 유언, 법률, 일련의 판례, 민주주의, 헌법 정신 등을 해석한다. 즉 그들은 이런 각각의 해석 활동에 적합한 방법들이 여러 다른 분야들에서 어느 정도까지 유효한지를 놓고 논쟁을 벌인다. 예술과 문학 분야의 비평가들은 다음과 같은 매우 다양한 주장들을 해석이라고 간주한다. 예를 들어, 예술의 가치는 도덕적 교훈에 있다, 피에로 델라 프란체스카의 「그리스도의 부활」은 기독교적이라기보다는 이교도적인 그림이다, 샤일

---

[*] 이 장의 번역은 이동민 선생님께서 협업해 주심.

록의 딸 제시카는 자신이 유대인인 것이 싫어서 자기 아버지를 배신했다, 와 같이 말이다.

이 장에서 우리는 해석 일반을 고찰한다. 모든 해석 장르와 유형들은 중요한 특성들을 공유하는데, 이 특성들 덕분에 해석은, 인식 전체를 양분하는 이분법 속에서 당당하게 과학의 옆자리를 차지하는 온전한 파트너의 위상을 갖는, 지적 활동의 거대한 두 영역 가운데 하나로 간주된다. 나는 다음과 같은 질문들에 답하고자 한다. 해석에는 획득될 진리가 있는가? 우리가 미국 수정 헌법 제1조에 대한 어떤 법률가의 해석, 예이츠의 「어린 학생들 속에서」에 대한 어떤 비평가의 독법, 미국 혁명이 갖는 의미에 대한 어떤 역사가의 이해 등이 참이고 이와 충돌하는 모든 해석들은 거짓이라고 말하는 것이 사리에 맞는가? (또는 어떤 것은 가장 건전하거나 가장 정확하고 그 나머지 것들은 덜 건전하거나 덜 정확하다고 말할 수 있는가?)

아니면 우리는 이 대상들에 대해 참이거나 거짓인 해석은 없고, 심지어 가장 정확하거나 가장 덜 정확한 해석이라는 것도 없으며, 단지 상이한 해석들만 있을 뿐이라고 말해야만 하는가? 만약 해석에 진리가 (또는 유일한 성공이) 존재한다면, 이 진리는 (또는 유일한 성공은) 무엇을 본령으로 삼는가? 예이츠의 시나 헌법전에 대한 하나의 독법을 참이거나 건전한 것으로 만들고 다른 독법들을 거짓이거나 부실한 것으로 만드는 것은 무엇인가? 해석에서의 진리와 과학에서의 진리 사이에는 뭔가 중요한 차이가 존재하는가? 이러한 탐구의 거대한 영역들은 모든 것을 망라하는 이원론이라는 나의 거창한 주장을 충분히 정당화할 수 있을 정도로 상이한 구조를 갖는가? 해석에 관한 진리는 내적 회의주의의 형태를 취할 수 있는가? 유일한 진리라고 할 수 있는 것이 있다면 그것은 유일하게 옳은 해석이란 없고 단지 서로 동등한 한 무리의 해석들만 있을 뿐이라는 것인가?

물론 우리가 위에서 거론한 외견상 이질적인 모든 장르들을 기술하기 위하여 '해석'이라는 단일한 단어를 사용한다는 것 자체가 이 장르들이 어떤 중요한 특성을 공유하고 있음을 확증해 주는 것은 전혀 아니다. 이 장르들을 연결하고 있는 것은 비트겐슈타인이 "가족 유사성"이라고 부른 것에 불과할 수도 있다. 즉 어쩌면 법적 추론은 법률가들이 법률을 해석한다는 말을 적절한 것으로 만들어 주는 어떤 특성을 일상적 대화 속의 해석과 공유하고 있고, 역사학적 논변은 역사가들이 역사적 사건들을 해석한다는 말을 적절한 것으로 만들어 주는 또 다른 어떤 특성을 대화적 해석과 공유하고 있지만, 그럼에도 법적 추론과 역사학적 논변은 양자 모두를 해석의 사례로 만들어 주는 특성을 아무것도 공유하고 있지 않을 수도 있는 것이다.[1] 언어는 흔히 그런 식으로 사람들을 오도한다. 즉 우리가 해석 일반이라고 유용하게 일컬을 수 있는 것은 아무것도 없을 수도 있다.[2]

분명 해석 행위 일반이라고 할 수 있는 어떤 것, 즉 어떤 특정 장르 속에서가 아니라 추상적으로 이루어지는 해석 행위라는 것은 존재하지 않는다. 당신이 책을 읽고 있는 동안 당신이 마주하고 있는 벽에 갑자기 색색으로 번쩍이는 점들이 나타나고, 누군가 당신에게 그 점들을 해석해 달라고 요청한다고 상상해 보자. 당신은 그 점들이 어떻게 생겨났는지에 관한 잠정적인 가정들 없이는 시작조차 할 수 없을 것이다. 당신은 그것을 외계에서 왔을지도 모르는 암호화된 통신문이라고 여겨야 할지, 또는 어떤 예술가가 설계한 광선 쇼, 어린이를 위한 그림 수업용 견본, 아니면 다른 이런저런 목적을 위해 다른 어떤 식으로 창조된 것이라고 여겨야 할지를 결정해야 할 것이다. 그 연후에야 비로소 당신은 하나의 해석을 구성하는 데 착수할 수 있을 것이다. 즉 어쨌든 해석이라는 것을 하려면 그 전에 특정한 해석 장르를 정해야 한다는 것이다. 이렇게 말한다면 상이한 장르들 사이에는 공통점이 거의 없다는 말처럼 들릴지도 모르겠다. 하지만 이와는 상반되는 한 가지 중요한 징후가 있다. 우리의 결론들을 진술할 때 우리는 어느 해석 장르에서나 의도 또는 목적의 언어를 사용하여 이야기하는 것이 자연스럽다고 느낀다. 우리는 어떤 시나 희곡에 나오는 한 구절의 의미나 의의, 특정한 법률에 나오는 어떤 조항의 취지, 특정한 꿈을 낳은 동기들, 어떤 사건이나 시대를 형성시킨 야망이나 상호 이해 등에 관해 이야기하는 것이다.

양가 감정

우리는 1부에서 사람들이 자신의 도덕적 판단을 비롯한 가치 판단들에 대해 특징적으로 나타내는 양가 감정(兩價感情)을 몇 차례 거론한 바 있다. 우리는 자신의 도덕적 신념들이 참이라고 생각하지 않을 수 없지만, 우리 가운데 많은 사람들은 또한 그 도덕적 신념들이 정말로 참일 수는 없다고 하는 정반대의 생각이 드는 것도 어찌할 수 없는 것처럼 보인다. 이와 동일한 현상은 해석 전체에 걸쳐 발견된다. 해석이 건전하거나 부실함, 맞거나 틀림, 참이거나 거짓임이 가능하다고 여기는 것은 해석자들의 특징적인 모습이다. 우리는 어떤 사람들이 우리를, 예이츠를, 르네상스를, 또는 물품 매매법을 잘못 해석하고 있다는 이유로 그들을 비난한다. 즉 이런 모든 해석 대상들 각각의 의미를 찾아내거나 놓치거나 할 진리가 존재한다고 상정하는 것이다. 우리는 정확한 해석과 이와는 다른 어떤 방식으로 훌륭한 해석을 구별한다. 예컨대 어떤 음악가는 글렌 굴드의 베토벤 소나타 연주를 들으며 커다란 기쁨을 느끼면서도, 그 소나타에 대한 해석으로서는 굴드의 연주가 억지스러운 곡해라고 생각할 수도 있다. 어떤 미국 법률가는 미국 연방 헌법의 평등 보호 조항이 주정부가 빈곤 지역 학생들의 교육에 부유 지역만큼의 예산을 투입할 의무를 진다고 해석되기를 바라면서도 그 조항이 그렇게 해석될 수 없다는 데에는 동의할 수도 있을 것이다.[3]

사실 맥락에 따라서는 해석자가 유일한 진리를 주장한다는 것이 기묘하게 들릴 수도 있다. 「햄릿」에 대한 새로운 해석을 제시하는 연출가나 배우는 자신의 해석만이 올바르고, 다른 모든 접근법은 틀렸다고 주장할 필요는 없다. (그리고 그렇게 하지 않는 편이 낫다. 「햄릿」을 무대에 올리는 가장 훌륭한 방식이 단 하나만 있는 것은 아니라는 생각은 내가 이 장 뒷부분에서 논하는 바와 같이 고전의 연출 방식에 대한 성공적인 내적 회의주의의 한 가지 예다.) 하지만 그 희곡을 이해하는 데에 일생을 바친 어떤 비평가가 필생의 역작을 끝맺으면서 자기 연구는 수많은 흥미로운 접근법 중 하나일 뿐이고 다른 접근법들도 똑같이 유효하다는 말을 덧붙인다면 이것도 기묘하기는 마찬가지일 것이다. 회의주의가 기묘할 뿐만 아니라 터무니없어 보이는 상황도 있다. 판사가 형사 피고인을 감옥에 보내거나 사형을 선고하면서, 또는 민사 사건의 피고에게 막대한 배상금을 물리는 판결을 내리면서, 이와 상반되는 판결을 요구할 다른 식의 법 해석도 자신의 판결과 똑같이 유효하다고 시인하는 내용을 판결문에 쓴다고 상상해 보라. 또는 어떤 친구가 당신한테 부담스러운 약속을 지키라고 요구하면서, 당신이 했던 말에 아무런 약속도 담겨 있지 않다고 하는 상이한 해석도 당신 말의 의미를 밝히는 똑같이 옳은 해석이라고 시인한다고 상상해 보라.

　그래서 적어도 대부분의 경우 해석의 현상학(해석이 해석자에게 어떻게 느껴지는지)에는 해석이 진리를 목표로 삼는다는 느낌이 포함되어 있다. 과거의 저명한 비평가 F. R. 리비스(F. R. Leavis)는 비평에서 진심(sincerity)이 요구됨을 강조하고, 진리를 목표로 삼는 일이 핵심이라고 말했다. "진정한 비평적 판단은 바로 그 본성상 언제나 개인적인 것 이상을 지향한다. …… 본질적으로 비평적 판단은 '이건 이렇습니다, 그렇지 않습니까?'라는 형태를 띤다."[4] 그에 필적할 만한 영향력을 지녔던 비평가 클린스 브룩스(Cleanth Brooks)는 이렇게 말했다. "내 생각에는, 현직 비평가가 시에 대한 자신의 독법과 '참된' 독법의 간극을 상기하는 것은 그 경우가 아무리 잦아도 지나치지 않다. …… (그러나 참된 독법을 항상 구사하는 이상적 독자란 존재하지 않을지라도, 비평가 스스로 이상적 독자라는 관점을 채택하는 전략 이외의 — 옮긴이) 다른 대안들은 절망적이다. 한 사람의 독법이 다른 사람의 독법과 동등하게 훌륭하다고 이야기하든지 …… 아니면 제시되어 있는 다양한 독법들의 최소 공약수를 취해야 하니 말이다."[5]

그럼에도 불구하고, 우리 중 일부가 자신이 지닌 도덕 신념들의 진리성을 전면적으로 주장하기를 거북해하는 것과 마찬가지로, 우리 중 다수는 자신의 해석적 판단들이 진리라는 주장을 무제한적으로 펴기를 거북해한다. 예컨대 어떤 판사의 판결문에서 방금 내가 상상했던 말을 발견한다면 많은 법률가들은 충격을 받겠지만, 동시에 그들은 법철학자들이 어떤 법률 조항이나 판례에 대해 언제나 단 하나뿐인 최선의 해석이 존재하며 다른 모든 해석들은 틀렸다고 주장할 때에도 마찬가지로 난감해한다. 그들은 그런 전면적인 주장을 회피하는 말투를 선호한다. 예컨대 어떤 학구적인 법률가는 비록 평등 보호 조항에 대한 특정한 해석이 자신에게는 최선으로 보이지만 다른 사람들은 견해를 달리한다는 것을 스스로 알고 있고, 그래서 올바른 해석이 오직 하나만 존재한다거나 자신과 견해를 달리하는 사람들은 틀렸을 뿐이라고 말할 수 없을지도 모른다.[6] 이런 기괴한 형태의 이야기는 전혀 사리에 맞지 않는다. 만약 자신이 생각하기에 하나의 해석이 최선이라면 이와 상반되는 해석들은 마찬가지로 자신이 생각하기에는 열등한 것인데, 그런 해석들 가운데 어떤 것은 그렇지 않다고 주장한다면 이는 자기모순을 범하는 것이 되기 때문이다. 그렇지만 앞뒤가 맞지 않는 그런 진술들이 널리 유행한다는 것은 많은 사람들이 해석의 진리 추구적 지위에 관해 느끼는 불확실함을 여실히 보여 준다.

물론 외적 회의주의는 항상 우리를 유혹한다. 즉 어떤 비평가들은 한 편의 시나 희곡을 대하는 올바른 독법이 단 하나만 존재하는 것은 결코 아니며 상이한 사람들에게 우연히 호소력을 갖게 되는 상이한 독법들만이 존재한다고 이야기하곤 한다. 그들은 자신의 회의주의적인 태도가 저명한 비평가들도 흔히 견해의 불일치를 보인다는 사실에 의해 정당화된다고 생각한다. 그러나 외적 회의주의는 법과 도덕에 대해서만큼이나 예술에 대해서도 모순적이다. 일단 우리가 불확실성을 비결정성과 구별하는 데 주의를 기울인다면, 회의주의적인 해석적 주장(이를테면 시나 법률 조항을 독해하는 하나의 옳은 방식이란 절대 존재하지 않는다는 주장) 자체가 하나의 해석적 주장임을 깨닫게 된다. 완전한 해석적 회의주의는 내적일 수밖에 없으며, 결국 영웅적으로 야심 찬 이론에 의해서나 겨우 구제될 수 있을 극히 야심 찬 주장인 셈이다. 이렇게 해석에서의 양가 감정과 도덕 신념에서의 양가 감정 사이의 현저한 유사성은 6장에서의 주장을 보강해 준다. 즉 도덕적 추론은 해석적이라는 주장 말이다. 이 유사성은 이 장이 즉각 풀어야 할 과제도 제시한다. 6장에서의 진리와 책임성에 관한 기술이 어떻게 도덕적 해석뿐 아니라 해석 일반에도 적합한지, 그리고 어떻게 더 광범하거나 협소한 영역에서 발견되는 양가 감정을 설명하는지를 나는 보여 줄 것이다. 나는 또한 내가 기술했던 다른 문제들과 도전들에도 응답해야 한다.

대부분의 해석자들은, 적어도 어떤 분위기 아래에서는, 자신의 해석적 판단들이 참 또는 거짓일 수 있다고 가정한다. 그런데 그러한 진리성이나 허위성을 구성하는 것은 무엇일까? 그리고 하나의 진리성으로부터 어떻게 다른 것이 거짓이라는 결론이 나올 수 있단 말인가? 단순히 뭔가 다른 것에 관한 것이라는 결론이 아니고 말이다. 허다한 장르에서 해석자들은 도달하는 결론에서뿐 아니라 그 결론에 도달하기 위해 사용하는 방법에서도 현저하게 차이를 보인다. 예를 들면 문학 해석에서는 날마다 새로운 비평가 부족들이 등장하여 스펜서(Edmund Spencer)나 케루악(Jack Kerouac)을 읽는 완전히 다른 (그리고 더 나은) 방식을 주장한다. 정신역동적(psychodynamic) 독법, 모든 것이 텍스트 안에 있다는(all-within-the-text) 독법, 독자 반응적(reader response) 독법, 문화적 신화(cultural myth) 독법, 마르크스주의와 여성주의적 독법 등도 제공된다. 우리는 과연 이런 부족들이 벌이는 경쟁을 이해할 수 있는가? 정말 교수직 승진이나 권력을 위한 경쟁이 아니라 정확성을 위한 경쟁일까? 혹시 각각의 부족이 추구하는 것은 서로 다른 기획이고, 따라서 의사들과 자산관리사들 사이에 경쟁이 존재할 수 없듯이 그들 사이에도 경쟁이 존재하지 않는다고 이야기해야 하는 건 아닐까? 어쨌든 학자들 간의 충돌은 그들이 동일한 문제에 답하고자 노력하고 있을 때에만 가능하므로, 학자들 자신은 서로의 견해가 일치하지 않아 흔히는 격렬하게 다투고 있는 듯 보일지라도, 이들 또한 의사와 자산관리사의 경우처럼 답하려고 던져 놓은 문제들이 상당히 다른 것이라고 말이다.

해석의 현상학은 다른 난제들도 제기한다. 우리는 하나의 시에 대한 특정한 독법에 감명을 받으면서도, 즉 그것이 옳다고 느끼면서도 다른 견해를 지닌 다른 사람들 앞에서 자신의 견해를 옹호하기 위해 할 수 있는 말이 전혀 없는 경우도 많다. 즉 그저 이런저런 구절을 가리키면서 상대방이 생각을 바꾸기를 기다리는 것 말고는 할 수 있는 말이 전혀 없는 것이다. 어떤 장르들에서 해석은 언표(言表) 불능의 특징을 띤다. 우리는 어떤 소나타의 연주나 어떤 희곡의 연출이 옳고 그것이 그 작품에 실제로 담겨 있는 것을 끌어낸다고 느끼지만, 이 느낌은 왜 그것이 옳은지를 설명할 수 있는 우리의 능력을 훨씬 넘어선다. 게다가 어떤 장르에서는 어떤 식으로든 자기의식적인 정당화를 시도한다면 해석을 망칠 것처럼 느껴지는 경우도 있다. 옳다고 보이는 해석이 정확히 왜 옳은지를 음악가가 조금이라도 세부적으로 설명해 보려고 한다면 생기가 사라져 버릴지도 모른다. 어쩌면 그는 정말 이것이 무엇을 의미하든지 간에 그냥 음악이 그에게 그리고 그를 위해 말하도록 내버려두어야 할 것이다. 우리는 흔히 그런 식의 은유와 의인화에 의지한다. 즉 우리는 옳은 해석이 책 속에서 튀어나온다거나 해당 소나타가 스스로 어떻게 연주되어야 할지를 지시한다거나 또는 능숙하고 예민한 해석자가 예술 작품이 의미하거나 말하는 바를 그냥 '알아본다'고 말한다.

그런데 이러한 망설임과 명쾌하지 못한 은유들에도 불구하고 해석 특유의 진리 추구적이고 쟁론적인 현상학이 사라지는 것은 아니다. 만약 해석자들이 그들의 전형적인 특징, 즉 진리를 주장하고 단지 차이를 넘어서는 대립을 상정한다는 특징을 보이지 않는다면, 해석이라는 지적 활동의 성격은 근본적으로 달라질 것이다. 그러므로 우리가 느끼는 언표 불능성, 즉 말로 표현할 수 없다는 느낌은 난감한 문제다. 그것은 진리와는 그다지 어울리지 않기 때문이다. 만약 우리의 직감이 옳다면, 그래서 예이츠나 평등 보호 조항에 대한 어떤 독법이 정말로 다른 독법보다 더 나은 것이라면, 우리가 그 이유를 왜 설명할 수 없단 말인가? 도덕적 판단과 마찬가지로 해석적 판단은 있는 그대로 참일 수 없다. 샤일록의 딸 제시카가 자기 아버지를 배신하는 것이 그녀 스스로 유대인임을 부끄러워하기 때문이라는 것은 추가적 설명 없이 그냥 있는 그대로의 사실일 수 없다. 만약 그것이 참이라면 왜 그것이 참인지에 대한 어떤 추가적인 설명이 있어야만 한다. 도대체 세상 무엇이 그것을 참으로 만들 것인가?

심리 상태

결코 만만치 않지만 피할 수 없는 이 질문에 대한 한 가지 답변이 일부 해석자들에게는 해석적 장르들 전반에 걸쳐 강력한 설득력이 있다고 여겨져 왔다. 그것은 해석이 심리 상태에 의거한다는 친숙한 이론이다. 즉 어떤 해석적 주장들이 참일 때 그것을 참으로 만드는 것은 한 사람 또는 더 많은 사람들의 정신적 상태에 관한 실제적 또는 반사실적(counterfactual) 사실들이다. 예를 들어, 셰익스피어가 제시카의 대사를 저술할 때 갖고 있던 의도나 가정에 근거하여 제시카가 스스로 유대인임을 싫어했다고 해설하는 것이다. 평등 보호 조항을 만든 19세기의 입법자들이나 그들을 대표로 삼았던 국민들이 모든 인종별 할당제를 금지한다고 믿었기 때문에 평등 보호 조항을 그렇게 해석하는 것이다. 만약 미국 혁명을 추동했던 이상이 자유가 아니라 산업이라고 해석한다면, 이는 그 극적인 사건에서 중심적 역할을 했던 아주 많은 사람들이 산업을 어떤 식으로든 염두에 두고 있었기 때문이다.

해석적 주장을 참으로 만드는 정신적 상태는 이 견해에 따르면 단순할 필요도 없고 심지어 그 상태의 소유자들에게 명백할 필요도 없다. 셰익스피어의 의도는 잠재의식 속에 있었을 수 있다. 의회에서 수정 헌법 제14조를 채택했던 의원들은 적극적 평등 실현 조치로서의 인종별 할당제에 관해 생각해 본 적이 없었을지도 모른다. 단지 의원들이 이를 생각해 보았더라면 그들은 그렇게 되기를 원했으리라는 반사실적인 추측만 참일 수 있다. 산업이 거대한 혁명의 동기라는 주장은, 공유된 생각을 지니고 있음을 전혀 의식하지 못하는 수천 명의 상이한 사람들이 지녔던 수백 가지 매우 상이한 생각들에 근거하고 있는지도 모른다. 하지만 결국 하나의 해석적 주장을 참으로 만드는 것은 모종의 심리 상태이며, 만약 이것이 아니라면 어떤 것도 그렇게 하지 못한다.

이러한 '심리 상태'론의 인기는 특별히 설명하지 않아도 될 것이다. 해석적 주장들의 진리성이 평범한 종류의 사실에 의존하기 때문이다. 그러므로 만약 이 이론이 성공한다면 그것은 해석적 진리라는 생각을 둘러싼 것으로 보이는 신비를 풀게 된다. 극작가가 의도를 지닌다는 데에는 신비로울 것이 전혀 없다. 어쨌든 사람은 누구나 의도를 지니니 말이다. 또한 심리 상태 이론은 왜 모든 해석 장르들에서 의미와 목적들을 거론하는 일이 자연스럽게 느껴지는지도 설명해 준다. 여기에서 문제가 되는 의미와 목적들은, 이 견해에 따르면, 바로 해석들을 참으로 만드는 정신적 상태를 소유한 사람들의 의미와 목적들이다.

그렇지만 만약 우리가 심리 상태 테제를 모든 장르들에 들어맞는 일반적 해석 이론으로 간주한다면 그 테제는 명백한 실패작이다. 일반적으로 일상적인 대화의 해석에 관해서는 그 테제가 맞다. 친구가 당신에게 하는 말을 당신이 바르게 이해했다면, 그것은 본질적으로 친구가 당신에게 그렇게 말하면서 당신에게 그것을 이해시키려고 의도했기 때문이다. 그러나 심리 상태에 의거한 이론은 어떤 장르에서는 분명히 틀린 것이며, 또 어떤 장르에서는 극히 논란의 대상이 되는 동시에 설득력이 없다. 역사 해석에서 그것은 전혀 설득력이 없어 보인다. 즉 현재 시점에서 미국 혁명이 상업적 이해관계에 지배되었다고 보아야 하는지, 정치적 이상에 지배되었다고 보아야 하는지 여부가 당시의 주요 관여자들 또는 관련 주민들 일반이 마음속에 어떠한 생각들을 품고 있었는지에 달려 있다고 여기는 것은 어리석은 짓이다. 오늘날 세련된 법률가들 사이에서는 어떤 법률에 대한 올바른 해석이 이를 제정했던 입법자들의 정신적 상태에 달려 있다고 보는 것은 말도 안 된다는 생각이 널리 공유되고 있다.[7] 법률가들이 특정 법률이 어떻게 해독되어야 한다고 생각하는지를 설명하면서 '법률의 의도(statutory intention)' 같은 것을 거론하는 것은 사실이다. 그러나 그들이 "법률의 의도"라는 말을 통해서 의미하는 것이 과거 입법자들이 표결할 때 염두에 두었던 바일 수는 없다. 많은 입법자들은 자신이 표결하는 안건인 법률들을 이해하지 못하며, 이해하는 입법자라고 해도 그들을 움직이는 것은 어떤 법률가가 그들이 제정한 법에 담겨 있다고 여길지도 모를 원칙이나 정책들만큼이나 자기 자신의 정치적 동기들(선거구민, 재정적 후원자들, 또는 당 지도자들의 환심을 사는 것)인 경우가 많다.

　문학이나 예술적인 장르에서는 '저자의 의도'에 의거한 해석 이론이라고 불리는 이론이 유행한 시대도 있었고 인기를 얻지 못한 시대도 있었다. 예술의 의의나 가치에 관한 초기의 설명들에서는 그것이 담당하는 역할이 거의 또는 전혀 없었다. 예컨대 플라톤도 아리스토텔레스도 예술의 모든 가치는 모방에 있으며, 따라서 예술 작품을 이해한다는 것의 본질은 오직 그것이 모방하는 것이 무엇인지를 식별해 내는 데 있다고 생각했다. (2000년이 지난 후에 햄릿은 예술은 자연의 거울이라고 말했다.) 저자의 의도에 의거한 이론은 19세기와 20세기 초에, 특히 낭만주의자를 자처했던 비평가들 사이에서 인기를 누렸다. 하지만 그 후에는 지속적으로 공격의 대상이 되었고, 영향력이 매우 컸던 비평가들에 의해 "의도론적" 오류("intentional" fallacy)라고 지적한 것을 기초로 삼는다고 하여 오늘날에는 일반적으로 배척되고 있다.[8] 한층 새로운 견해에 따르면, 일단 저자가 자신의 작품을 세상에 발표하고 나면, 그 작품이 무엇을 의미한다고 이해되어야 하는지에 관해서는 다른 이들보다 더 많은 권위를 갖지 못한다. 폴 리쾨르(Paul Ricoeur)의 멋진 표현을 빌리면, "최초의 독자"에 지나지 않게 된다.[9] 해석에 대한 성공적인 이론은 심리 상태론이 누리는 인기와 단점을 모두 설명해 줘야 한다. 즉 왜 심리 상태론이 어떤 장르에서는 그토록 자연스럽게, 어떤 장르에서는 친숙하지만 논란이 되며 또 어떤 장르에서는 부적합하게 보이는지를 설명해 주어야만 한다. 또한 심지어 심리 상태론이 배제되는 장르에서도 여전히 우리가 해석적 결론들을 '뭔가의 의미'에 관한 주장으로서 제시하는 것이 자연스럽게 느껴지는 이유도 설명해 주어야만 한다.

가치에 의거한 이론

해석의 성공적인 이론은 위태로운 균형을 달성해야 한다. 그것은 해석에서 진리의 의미와 가능성도 설명해야 하지만, 아울러 그 진리의 언표 불능성과 함께 진리가 어디에 놓여 있는지를 둘러싸고 벌어지는 친숙하지만 해소될 수 없는 의견 충돌도 설명해야 한다. 회의주의도 단순성도 도움이 되지 않는다. 아직은 개략적이고 암시적인 방식으로 제시하는 데 불과하지만, 나는 이제 이 장에서 옹호하고자 하는 해석 이론을 정식화하여 제시하고자 한다. 해석은 사회적 현상이다. 지금 우리 식으로 해석을 하는 것은 우리가 동참할 수 있는 해석적 관행들이나 전통들이 존재하기 때문에 가능하다. 내가 앞에서 열거했던 장르들로 해석을 구획하는 것도 이 관행들이다. 우리가 어떤 법률이나 시나 시대 등의 의미에 관해 논하는 것은 다른 사람들이 그렇게 하고 있기 때문에 가능한 일이다. 즉 그들은 우리가 "평등 보호 조항은 적극적 평등 실현 조치를 허용한다." 또는 "맥베스 부인은 과거에 결혼한 적이 있었다 또는 없었다."라고 이야기할 때 우리가 주장하고자 하는 바가 무엇인지를 이해하고 있다.

이러한 사회적 관행들은 진리 추구적 성향을 갖는다. 우리가 뭔가에 대한 해석을 내놓는 모든 경우에, 다른 사람들은 우리가 진리라고 스스로 여기는 바를 진술하며 또 그런 것을 진술하고 있다고 이해한다. 우리는 이러한 해석적 관행들을 의미 없는 의식이라고 여기지 않는다. 즉 우리는 평등 보호 조항의 범위나 맥베스 부인의 성적(性的) 이력에 관한 견해들을 형성하고 제시하고 옹호하는 일이 뭔가 가치 있는 것에 이바지하며 또 마땅히 그리되어야 한다고 가정한다. 우리는 해석자로서 그 가치를 증진할 책임을 받아들인다. 그러므로 우리가 특정한 대상이나 사건을 해석할 때, 우리는 우리가 동참하고 있다고 여기는 장르 속의 해석적 관행을 해석하고 있는 것이기도 하다. 즉 우리는 우리가 보기에 해당 장르의 온당한 목적, 즉 그 장르가 실제로 제공하고 있고 제공해야 하는 가치를 찾아냄으로써 그 장르를 해석하는 것이다.

그러므로 도덕이 철두철미하게 도덕적인 것과 마찬가지로, 해석은 철두철미하게 해석적이다. 이는 해석의 성공(해석 대상의 의미에 관한 진리를 획득하는 것)은, 해석 대상과 관련성이 있는 해석적 관행의 목적을 최선으로 실현하는 것이다. 그러므로 해석은 분석적으로는 세 단계를 포함한다. 첫째, 우리는 사회적 관행들을 해석한다. 우리가 스스로 문학적 해석이 아닌 법적 해석에 참여하고 있다고 판단하듯이, 관행을 개별화하여 성격을 규정한다. 둘째, 우리가 앞에서 유관하다고 확인한 장르 또는 하위 장르에 한 묶음의 목적들을 귀속시키고, 셋째, 이 목적들을 최선으로 실현하는 것이 무엇인지를 찾으려고 노력함으로써, 우리는 해석을 하는 것이다. 모든 단계에서 그러하지만 특히 뒤쪽의 두 단계에는 회의주의가 들어설 여지가 있다. 하나의 장르가 어떠한 가치에 이바지하는가 또는 무엇이 그 가치에 최선으로 이바지하는가라는 질문에 대해서는 어떠한 정답도 존재하지 않는다는 견해 말이다. 이 장 뒷부분에서 그러한 가능성에 관해 다시 거론하겠지만, 지금 여기에서 중요한 것은 회의주의적 견해란 또 하나의 상이한 해석일 뿐이라는 점을 지적하는 일이다. 회의주의적 견해는 자신이 반대하는 모든 실체적 해석들과 마찬가지로 가치에 관한 가정들에 의존하고 있다.

특정한 해석 공동체가 이런 다양한 판단들 속에서 보여 주는 수렴 또는 발산의 수준에 따라서 해석이 해당 공동체 안에서 융성하는지 또는 단순한 차이의 그것으로 증발하는지가 결정된다. 요구되는 수렴이 가장 큰 곳은 첫째 단계다. 만약 이를테면 무엇이 문학 해석이고 무엇이 아닌지에 대해 상당한 합의가 없다면, 문학 해석에서 진정한 견해 차가 나타나기란 불가능하다. 둘째 단계에서 요구되는 수렴은 셋째 단계에서보다 더 크다. 즉 만약 법률가들이 제정법의 해석은 정치적 활동이라는 점에 견해를 일치시키지 않는다면, 제정법의 해석이라고 인정될 만한 것은 그 무엇도 존재할 수 없다. 해당 관행이 유지되려면 각각의 단계에서 어느 정도의 일치가 필요한지가 선험적으로 고정되어 있지는 않다. 어떠한 정도의, 어떠한 종류의 불일치가 용인될 수 있는지는 사후적으로만 발견된다. 오직 합의와 대립의 특정한 관행이 유익한 결실을 낳는 상태를 유지하는지, 아니면 쟁론의 모래밭에 빠져드는지 여부를 판단함에 의해서만 이루어진다.

나는 가치에 의거한 해석 이론의 골격만을 제시하는 이런 개략적인 설명이 난해해 보일지 모른다고 경고했다. 하지만 사례들을 통해 이론을 상세화하기 전에 어떻든 이런 골격이라도 손에 쥐고 있으면 결국은 도움이 되리라고 믿는다. 여기에서 두 가지는 당장 해명이 필요하다. 첫째, 어떠한 해석적 장르를 막론하고 그 장르의 경계나 목적에 관해 자기의식적으로 명시적인 이론을 갖고 있는 해석자는 별로 없다. 학문에 종사하는 일부 해석자들은 실제로 그런 이론을 갖고 있지만 말이다. 대부분의 해석자들은 스스로 해석 행위를 하는 동안 또한 이를 통해, 일련의 암묵적인 가정들을 별다른 성찰 없이 축적해 간다. 이 가정들은 해석자 특유의 교육과 훈련 때문에 속하게 된 하위의 해석적 문화에서 의심 없이 통용되는 유사한 가정들을 단순히 반영하는 것일 수 있다. 이는 내가 기술했던 언표 불능성을 설명하는 데 도움이 된다. 즉 누군가에게는 어떤 해석이, 비록 그 스스로 근거를 상세하게 설명할 수 없을지라도, 마치 해석 대상 속에서 "있는 것을 그저 보는" 일인 양 설득력 있어 보일 수 있는 이유를 설명하는 데 말이다.

나는 해석자가 법률이나 시를 해석하면서 어떤 자기의식적인 가치론적 전략을 채택하고 있다거나 의식적으로 더 광범한 어떤 관행을 해석하고 있다고 가정하는 것은 아니다. 나는 가치론을 하나의 재구성으로서 제안하는 것이지 그들의 사유에 대한 심리적인 묘사를 제안하는 것이 아니다. 가치론적 기술은 해석자가 해석적 주장을 지지하거나 반대함에 있어 그 해석자가 내렸다고 볼 수 있는 물밑의 가정들을 수면 위로 끌어올린다. 이 가정들은 해석적 주장들 속에 획득할 진리가 존재한다고 하는 그들의 직관적 느낌을 해명해 준다.

둘째, 해석자의 판단을 온전히 재구성해도, 해석자가 자신의 장르에서의 해석이 갖는 의의에 관해 훈련과 경험을 통해 갖게 된 느낌을 단일한 명쾌한 준칙으로 환원시킬 수는 없을 것이다. 내가 해석자의 가정들을 묵시적인 하나의 묶음이라고 표현했던 이유가 여기에 있다. 장르를 막론하고 해석자가 실제로 특정한 해석적 주장을 옹호하는 하나의 완전한 논거를 명시적으로 제시하고자 한다면, 그는 미리 상세하게 제시할 수는 없고 설명 과정에서 발전시킬 수밖에 없는 배경 신념들의 복잡한 그물에 의존해야 할 것이다. 우리는 하나의 장르에 속하는 모든 해석자들이 찬동할 단일한 배경 가정을 제시할 수 있을지도 모른다. 이를테면 음악 연주란 예술 작품이 생기를 되찾도록 해당 작품을 재현한다는 목적에 이바지하는 것이라고 말할 수도 있다. 하지만 잠시 위안을 주는 수준의 그러한 표현은 그것이 포착하고자 하는 바의 복잡성을 지워 버린다. 그러므로 특정한 대상이나 사건에 대한 특정한 해석이 하나의 관행의 가치를 최선으로 실현한다는 판단은 언제나 매우 복잡한 주장이며, 이 때문에 해석의 본래적으로 논란적인 성격은 가중된다.

이러한 이야기는 아직도 매우 추상적이다. 그래서 법적 관행에서 가져온 예를 간편하게 하나 제시해 보려 하는데, 이는 이 장르에서 해석의 구조가 비교적 명료하기 때문이다.[10] 제정법 해석의 목적은 해당 공동체의 통치를 더 공정하고 현명하고 정의롭게 만드는 일이다. 이러한 묘사는 제정법을 해석할 때 법률가와 법관들이 행하는 일과도 부합한다. 그것은 법률 해석이라는 관행을 대략적으로 정당화하며, 법률에 대한 해석들 중 어느 것이 가장 성공적인지를 결정하는 데 적합한 기준을 역시 매우 대략적으로 시사한다. 하지만 그것은 실제에서 도움이 되기에는 너무 추상적이다. 서로 경쟁하는 해석들 사이에서 법률가들이 실제로 선택을 하려면 자신들의 실행이 지닌 가치에 관한 더 정교하고 복합적인 진술들에 의존할 수밖에 없다.

그들은 이를테면 정부 기관들과 시민 사회 사이에서 정치적 권위를 어떻게 배분하는 것이 최선인지를 결정해야 한다. 이 질문은 적어도 미국 법률가들에 대해서는 다시 추가적이고 더 일반적인 민주주의 이론의 문제들과 마주하도록 강요한다. 예컨대 선출되지 않은 법관들이 논란적인 법률에 대해 의미론적으로 가능한 해석들 가운데 어느 것이 최선의 법을 산출할지 판단할 권한을 어느 정도까지 가져야 하는지를 이론이나 직감에 의지하여 가정하거나 결정해야 한다. 이러한 각각의 추가적 문제들은 다시 한발 더 나아간 추가적인 문제들을 함축하며, 이 문제들을 다루려면 정치 및 도덕 이론으로 더 깊이 들어가는 탐험이 요구되는데, 이 탐험은 법률가들을 애초의 문제였던 법률로부터 훨씬 더 먼 곳으로 이끌어 간다. 그러므로 특정한 법률들에 대한 최선의 해석이 무엇인지를 둘러싸고 법률가들 사이에 존재하는 의견 대립은, 이러한 확장과 정교화를 둘러싸고 물밑에 있으면서 흔히 인식되지 않는 의견 대립들의 징후다. 민주주의의 최선의 관념을 둘러싸고 대립되는 견해를 갖고 있는 법률가들은 이런 이유로 평등 보호 조항 또는 심지어 통일상법전(Uniform Commercial Code)에 대한 최선의 해석을 둘러싸고도 견해가 불일치할 공산이 크다.

이제 거론하고자 하는 또 하나 기억해 둘 만한 예는 앞서 들었던 것과는 아주 다르고 더 구체적이다. 2009년 《뉴욕 서평(New York Review of Books)》의 한 지면에는 18세기 프랑스 화가인 앙투안 와토(Antoine

Watteau)에 대한 비평적 해석의 역사적 변화를 검토하는 글이 실렸다.[11]
와토의 작품에 대한 비평가들의 인식은 몇 세기 동안 인상적인 변화를
겪었다. 처음에 와토는 경쾌하고, 환희에 차고, 장난스럽고, 심지어 여
성스럽다며, 완고한 태양왕의 문화적 억압으로부터 쾌락을 추구하는
파리 사람들이 얻은 열광적인 해방의 표현이고, 로코코 양식으로 넘어
가는 가교라고 찬미되었다. (그리고 나중에는 같은 이유로 배척되었다.) 이
후 한층 엄격한 19세기에 들어 새로운 정설이 확립되었다. 즉 이제 와
토는 전혀 장난스럽지 않았고, 오히려, 20세기 저명한 비평가의 말을
빌리면, "강건하고 사내다운" 그의 회화 작품들은 고립과 우울에 흠뻑
젖어 있었다. 이 기사가 서평 대상으로 삼은 최근의 책에서 비평가는
"와토의 그림들을 비평가 자신이 현재 살고 있는 세계 속에 담그는 한
편 그 역의 공정도 진행하고자 한다. 이 과정에서 와토 자신이 지닌 새
로움의 요소는 이후 잇따라 나타났던 여러 버전의 현대성에 의해 도금
(鍍金)된다. …… (광대 '질'을 그린 그의 작품*은) 1830년대 파리 무언 광
대극의 부활 현장으로, 그리고 마르셀 카르네의 위대한 1945년도 영
화 「천국의 아이들」**에서 그 부활이 재연되는 현장으로 우리를 이끌
고 간다. 1880년대 세잔과 1차 세계대전 후 피카소의 광대들과의 회화
적 교감의 현장으로는 말할 것도 없고. 이들은 와토가 무엇을 하고자
했는지에 관한 더 넓은 이해의 시각을 제공한다. …… 「질」은 모더니즘
특유의 불안감을 암시하고 있다."[12]

이러한 상충하는 해석들의 만화경은 와토의 예술적 의도들을 둘러
싸고 이루어진 혁명적 발견들을 반영하는 것이 아니다. 단순히 후대
의 비평가들이 같은 그림 속에서 선대 비평가들이 놓쳤던 것을 발견했

---

* 1718~1719년경에 그려진 유화 「질(Gilles)」을 말함. 로코코 시대에 유행한 이탈리아 희극의 주인공을 맡은
친구를 그렸다고 알려져 있음.
** 프랑스 영화감독 마르셀 카르네(Marcel Carné, 1906~1996)가 1945년 나치 점령 치하에서 만든 영화. 루이
필리프(1830~1848 재위) 치하 파리의 무언 광대극장을 배경으로 한 걸작 영화임.

222

다고 이야기하는 것도 도움이 되지 않는다. 오히려 비평가들이 상이한 것들을 보았다는 것도 설명이 필요한 사항의 일부다. 분명한 것은 여러 세대의 비평가들이 각자 '와토가 무엇을 하고자 했는지'를 둘러싸고 자신이 옳고 다른 이들은 심각하게 틀리다고 여겼다는 것인데 이를 우리가 이해하고자 한다면, 정작 연구 대상은 화가의 생각과 포부에 대한 비평가들의 탐색이 아니라 예술의 가치가 어디에 놓여 있는지와 그 가치를 창조하는 데서 그들 자신이 맡고 있는 역할에 대한 비평가들의 이해다.

중요한 구별들

협동적, 설명적, 개념적 해석

법적인 사례가 가치에 의거한 해석론의 개략적인 묘사를 뚜렷이 예증할 것이다. 우리는 해석 안의 명시적이거나 암묵적인 세 가지 요소들을 구별함으로써 하나의 해석을 재구성할 수 있다. 첫째는 해석이 속한 관행이나 전통을(예를 들어, 제정법의 해석 또는 헌법의 해석) 준별하는 것, 둘째는 관행의 목적에 관한 일련의 가정들(의회와 법원 간에 권한을 배분하는 민주주의 이론), 셋째는 특정 해석이 그런 목적적 가정들을 어떠한 대안보다도 더 잘 실현한다고 하는 주장이다. 여전히 개략적인 이러한 설명은 여러모로 인위적이다. 즉 예컨대 그것은 단계들 사이에 이루어지는 상호 작용을 무시한다. 평등 보호 조항의 의미와 요청에 관한 나의 이해는 민주주의 내에서 헌법의 제약이 갖는 역할에 관한 나의 이해로부터 도출되는 데 그치지 않고 그것에 영향을 주기도 한다. 해석은 전체론적이다(holistic). 즉 도덕철학자가 구체적 도덕 의견들과 추상적 정당화 원칙들을 통합하기 위해 그 각각을 통합의 달성에 필요한 대로 재해석하듯이, 해석자도 비록 대개는 의식하지 못하지만 배경적 가치들과 구체적인 해석적 통찰들의 통합을 추구한다. 모종의 놀랄 만한 희곡 독법이 너무나 의외의 큰 일깨움(이를테면 햄릿 왕의 시해는 부정(不貞)한 사랑을 들킨 이들의 필사적인 정당방위 행위였다는 것)[13]을 준다고 느낀 나머지 그러한 독법을 불가능하게 할 어떠한 추상적인 문학 해석론도 거부하기에 이를 수 있다.

그렇다 해도 개략적 윤곽은 중요하다. 우리가 해석에서의 가치와 해석의 기준의 중대한 연관성에 초점을 맞추도록 해 주기 때문이다. 가치에 의거한 설명은 우리가 매우 다르다고 생각했을 수도 있는 두 가지 질문 사이의 경계선을 희미하게 만든다. 하나의 법률이나 시나 그림 같은 어떤 대상의 의미는 무엇인가? 이 대상은, 그 자체로서 또는 우리에게, 어떠한 종류의 가치가 있는가? 가치에 의거한 설명은 첫째 질문에 대한 답변을 둘째 질문에 대한 답변에 민감하게 조응하도록 만든다. 이 설명에 따르면, 가치들의 다양한 혼합체에 대한 해석자의 이해가 변화하듯이, 장르를 막론하고 해석자의 구체적인 해석적 의견들도 마찬가지로 변화한다. 최근 한 문학 이론 및 비평 선집의 공동 저자들은 2500쪽이 넘는 수록 문헌들을 요약하면서, 문학의 성격 및 가치에 관한 이론들과 문학을 읽는 방법에 관한 이론들 사이에 이러한 연관성이 있음을 보고하고 있다.

문학 이론들과 독해 이론들은 서로 근친성이 있다. 예를 네 가지 들어 보자. 첫째, 문학을 잘 만들어진 예술적 객체라고 보는 형식주의적인 생각은 읽기가 치밀한 시적 스타일의 꼼꼼한 해설이자 가치 평가라고 보는 관념에 조응한다. 둘째, 시가 천부적 재능을 지닌 관조자의 영혼이 표현된 것으로 간주될 때 시는 시인의 내면적 발전에 초점을 맞추는 전기적(傳記的) 비평 방법을 유도한다. 셋째, 치밀한 역사적인 상징주의적 작품들은 읽기를 주석이나 암호 해독으로 보는 이론을 전제한다. 넷째, 사회적인 텍스트나 담론으로 파악되는 문학은 문화적 비판을 요구한다. 문학 이론들을 해석 이론들에서 분리할 수는 있지만, 양자는 흔히 서로 손잡고 작업한다.[14]

가치적 해석론은 이러한 입론을 상이한 해석 장르 전반으로 확장한다. 이는 각각의 해석 장르나 개별적 해석이 노정하는 것처럼 보이는 여러 유형의 가치 사이에 존재하는 추가적이고 중대한 차이를 구별할 것을 장려한다. 가치 해석론은 예컨대 협동적, 설명적, 개념적 해석의 경우들을 구별할 수 있게 해 준다. 협동적 해석에서는 해석 대상의 저자가 하나의 기획을 개시해 놓았고 해석자가 이를 진전시킨다고 가정한다. 대화의 해석은 거의 언제나 협동적이며, 문학 및 예술적 해석도 대체로 협동적이다. 청자 또는 독자는 전형적으로 자신을 화자나 저자에 의해 개시된 기획에 참여하는 파트너라고 여긴다. 즉 전자의 사람들은 후자의 사람들이 전달하고자 의도하는 바를 성공적으로 전달받는 것을 목표로 삼는다. 사르트르는 "창작은 읽히는 과정에서 비로소 완성되는데, 예술가는 자신이 시작한 것을 완수하는 일을 다른 사람에게 맡길 수밖에 없기 때문이다."[15]라고 말했다. 법 역시 협동적이다. 판사는 자신이 해석하는 법률들을 만든 정치가들과 동일한 목적인 정의(正義)를 목표로 삼는다고 여긴다. 심지어 판사가 자신의 역할이 정치가들의 역할에 전적으로 종속된 것이라고 여기는 경우에도, 그러한 종속은 자신이 정치가들과 공유하는 정의라는 전반적인 목표에 의해 정당화된다.

설명적 해석이 전제하는 것은 이와는 다르다. 즉 해석자가 해석 대상의 창조자와 파트너 관계를 이루는 것이 아니라, 각각의 사건은 그 해석자가 수용자로 삼는 청중에게 특정한 의의를 갖는다는 것이다. 역사학적, 사회학적, 정신역동적 해석은 대개 설명적 해석의 사례들이다.

프랑스 대혁명이나 홀로코스트의 의미에 관한 이론을 세우는 역사학자는 자코뱅 당원이나 나치 당원들과 파트너 관계에 있지 않다. 대신에 그는 자신이 수용자로 삼는 사람들에게 그러한 시대와 사건들이 갖는 의의를 찾으려고 노력한다. (한편) 개념적 해석은 또 다른 가정에 의해 조직된다. 즉 해석자는 정의나 진리 같은 개념의 의미를 추구하는데, 이 개념은 저자들 개인에 의해서가 아니라 그 개념의 소유자인 공동체에 의해서 창조되고 재창조되어 온 것이고, 이 공동체에는 해석자도 창조자의 한 사람으로서 포함된다고 가정된다. 다시 말하면 개념적 해석에서는 협동적 해석과 설명적 해석을 특징짓는 창조자와 해석자의 구별이 사라지는데, 이는 해석자가 해당 개념들을 원하는 대로 자유로이 사용할 수 있기 때문이 아니라, 자신이 옳다고 믿는 해석관에 따른 해석자의 개념 사용이 최소한 알아챌 수 없을 만큼 미세하게라도 미래의 해석자들이 직면하게 될 해석적 문제에 변화를 가져올 것이기 때문이다. 나는 이 책 앞부분에서 행위 주체가 어떤 이유를 갖는다는 개념을 설명하면서 개념적 해석을 언급했다. 개념적 해석에 대해서는 8장에서 더 상세하게 다룰 것이다.

협동적 해석에서는 해석자가 해석 대상들에 부여하는 가치와 그 대상들을 해석하는 행위에 부여하는 가치 사이에 직접적 연관성이 존재한다. 해석자는 하나의 대화, 법률, 시, 그림이 지닐 수 있고 또 지녀야 한다고 믿는 가치를 실현하려는 저자의 시도에 동참해 있다고 여긴다. 그가 어떻게 해석하는지는 해석 행위에 부여하는 가치에 따라 달라진다. 부정적인 비평가는 이 과정을 한 걸음 더 진전시킨다. 그는 자신이 협동을 성공으로 이끌 수 없다고 주장한다. 저자의 산출물은 해석자가 목표로 삼아야 하는 종류의 가치를 실현할 수 없다는 것이다. 즉 화자가 자신의 의미를 혼란스러운 구문 속에 숨겨 놓았다든지, 의회 법률 기초자의 텍스트가 누가 봐도 부당한 것을 명령한다든지, 시가 구제 불능일 정도로 진부하다든지 하는 식으로 말이다. 이런 판단들에서 가정되는 것은, 해석자가 스스로 해석하는 대상을 가능한 최선의 것으로 보이도록 만들었으며, 그럼에도 그것이 자기 생각에는 그다지 훌륭하지 못하다는 것이다.

　가장 영향력 있는 문학 비평가들은 보편적으로 찬사를 받는 걸작들을 다룸으로써 당연히 실패보다는 성공에 자신의 기량을 집중하며, 그렇게 일컬어질 만한 자격(that title)을 정당화하는 데 특정한 문학적 탁월성의 기준들에 의존한다는 것을 숨김없이 드러낸다. 내가 앞서 언급했던 두 비평가는 해석에서의 진리를 매우 강력히 역설했는데, 이 두 사람의 유사점과 차이점을 고찰해 보자. 리비스와 브룩스는 그런 진리의 소재를 심리 상태에 의거하여 설명하는 것을 정면으로 거부한다는 점에서 차이가 없었다. 즉 그들은 시의 의미와 가치를 저자의 전기(傳記)나 저자의 직접적인 설명에 의존하지 않고 텍스트 안에서 찾아야 한다고 주장했다. 그러므로 그들은 모두 그런 의미에서 형식주의자였다. 그러나 브룩스는 내용과 형식 사이의 어떠한 구별도 배척했고 문학이 "환언적 뜻풀이(paraphrase)"에 굴복해야 한다는 생각을 비난했다. 반면 리비스는 스스로 예술에서의 "도덕적 진지성"이라고 부른 것의 필요성을 강조했다. 이러한 강조는 리비스가 소설가들의 성취에 대해 매긴 등급에서도 드러난다. (오스틴(Austen), 엘리엇(Eliot), 제임스(James), 콘래드(Conrad), 로런스(Lawrence)만이 '위대한' 영국 소설가들의 축에 들며, 그 이유는 리비스 자신이 영국 언어의 특별한 "도덕적 전통"이라고 부른 것을 그 소설가들이 가장 잘 표현했기 때문이라고 그는 말했다.) 또한 그 소설들에 대한 리비스의 해석적 독해에서도 분명하게 드러난다. 예컨대 리비스는 『여인의 초상』의 대체적인 성격을 "도덕적 우화"라고 호기롭게 규정하는가 하면, 워버튼 경이 다른 '윤리'를 가졌을 영국 아가씨한테는 (미국 아가씨인) 이사벨 아처한테 했던 것처럼 "촛불을 켜 드리겠다(light your candle)"라는 제안을 하지 않았으리라는 것과 같은 세밀한 의견들을 자신 있게 내놓았다.[16]

문학에서의 위대성을 가늠하는 브룩스와 리비스의 시각차는 예이츠에 대한 그들의 상이한 독법에서 생생하게 드러난다. 리비스는 예이츠의 시가 도덕적으로 부정확하다고 보았기 때문에 그의 시 가운데 위대한 작품이 별로 없다고 보았다. 그러나 브룩스는 예이츠에게서 니체를 발견했기 때문에 그를 뛰어난 시인이라고 생각했다. 리비츠가 예이츠의 「어린 학생들 속에서」가 "확신에 차고 저항할 수 없는 진리의 힘"[17]을 지니고 있으므로 그의 몇 안 되는 위대한 시에 속한다고 여겼다는 대목과 브룩스가 이 시를 논하는 대목[18]을 비교해 보라. 그리고 이 두 사람의 독법을 예이츠의 전기 작가인 로이 포스터(Roy Foster)의 독법과 비교해 보라. 포스터는 자기 연구를 시작하면서 예이츠가 워터포드의 성 오트란 학교를 시찰했던 일이 그의 교육 이론에 미친 영향을 서술한다. 예이츠는 이 주제로 행한 상원 연설에서 이 시찰을 "한 번이 아니라 여러 차례" 언급했으며, 시찰 몇 주 뒤에 「어린 학생들 속에서」를 썼다. 포스터는 예이츠가 한 학생을 보고 떠올린 "레다의 몸"*이 그의 연인이었던 모드 곤(Maud Gonne)의 것이었음을 확신한다. 그녀는 불행한 어린 시절을 겪었으며 이제는 예이츠처럼 (늙어서) "볼이 움푹 팬" 상태였던 것이다. 포스터의 기술에 따르면 이 시에는 "정치적 함의"가 있으며 또한 "고전적 교육 이론들에서 전형적으로 나타나는 철학적 세계관에 대한 부적절한 접근법[19]을 주제로 하고 있다."

수십 년 전에 이미 브룩스는 이런 두 가지 생각을 모두 예견하고, 그렇게 보아서는 안 된다고 경고했다. 그는 그 시가 교육에 관한 어떤 "추상적 명제"가 아니라는 것은 거론할 가치도 없다고 단언했으며, 레

---

* 그리스 신화에 나오는 레다는 스파르타 왕의 부인으로, 백조의 모습으로 구애한 제우스와의 사이에서 헬렌을 낳음.

다의 몸을 곤과 동일시하는 것은 작품을 망가뜨리는 오류고 이는 "전기적(傳記的) 편견의 위험"[20]에 기인하는 것이라고 생각했다. 한편 아주 다른 부류의 비평가인 노드롭 프라이(Northrop Frye)는 예술 작품의 가치와 의미가 작품 안에 완비되어 있다는 브룩스를 비롯한 "신비평가들"의 신조를 완전히 부정했다. 프라이는 문학이 위대함에 이르려면 원형적인 문화적 신화들을 효과적으로 활용해야 한다고 주장했다. (그는 햄릿에 나오는 묘파기꾼의 장면을, 사랑과 죽음을 극적으로 연결시키는 리베스토드* 신화의 재연으로 여겼다.)[21] 예이츠의 시 「비잔티움으로의 항해」를 리비스는 죽음에 대한 낙관주의와 비관주의를 결합하는 명상으로 읽었고, 포스터는 "지상의 천국보다는" "창조 행위에의 예술적 몰입"에 열중하는 작품으로, 프라이는 "희극적" 비전의 뛰어난 사례로 읽었다.[22]

협동적 해석에서 설명적 해석으로 눈을 돌리면, 가치의 귀속이 여러 차원에서 작동하고 있음을 보게 된다. 역사가가 하나의 사건을 설명할 때는 특정한 역사적 행위자들에게 목적들을 귀속시키는 방법에 의할 수도 있다. 이를테면 사라예보에서 황태자의 피살에 반응하는 오스트리아 외교관들에게 말이다. 또는 이와는 아주 다르게, 사람들의 개별적인 의도들에 관해 아무리 기술하더라도 대체할 수 없는 어떤 집합적 의도를 다수의 사람들에게 귀속시키는 방법에 의할 수도 있다. 이를테면 아메리카 식민지인들이 독립하려고 한 이유는 정치적 야망이 아닌 경제적 야망 때문이라고 설명하는 것이다. 그러나 역사에 대한 각 역사가의 일반적인 접근법(역사가가 어떤 식의 목적의 귀속을 중요하다거나 의미 있다고 생각한다면 바로 그런 귀속법)은 역사 해석의 취지와 가치에 관한 그 자신의 관념에 의존한다. 역사가들은 과거를 현재

---

* "리베스토드(Liebestod)"는 '사랑의 죽음'이라는 뜻. 리하르트 바그너의 「트리스탄과 이졸데」에서 나온 말이며 곡명이기도 함.

가 이해할 수 있는 것으로 만들려고 애쓰지만, 정보나 기록의 어떤 측면이 그 목적에 가장 잘 이바지하는지에 대해서는 서로 다르게 이해한다.[23]

허버트 버터필드(Herbert Butterfield)가 휘그적 역사 해석이라고 명명한 것에 대해 내놓았던 논박은 그러한 견해차를 더할 나위 없이 잘 보여 주는 예다.[24] 버터필드는 이렇게 단언했다. "(휘그적 역사 해석이 취하는 현재 중심적 관점에서는 모든 것을 내려다보는 산꼭대기 요새에서처럼 방어 논리를 펴기에 유리하다는 점을 이용하여)* 휘그적 역사가는 각 사건들이 세월의 흐름을 통해 관찰될 때 합당한 비중을 얻게 된다고 말할 수 있다. 그는 사건들은 그 궁극적 결말에 의해 판단되어야 하며, 우리가 그러한 결말을 더 멀리 추적할 수는 없으므로 적어도 현재 시점까지는 추적해야 한다고 말할 수 있다. 그는 과거의 이런저런 사건이 우리에게 관련성이나 의의를 지니는 것은 오직 20세기와의 관계 속에서라고 말할 수 있다."[25] 그리고 버터필드는 자신의 견해를 대비시킨다. "기독교와 이교 신앙의 싸움을 어떤 힘들의 작용이라고 이해하는 것, 말하자면 그것을 추상적으로 논의하는 것은 어렵지 않다. 그러나 훨씬 더 탐구적인 것은 그 싸움을 개인과 사람들의 상호 작용으로 보는 것이고 ······ 훨씬 흥미로운 것은, 우리가 출발점으로 삼았던 일반적 진술이 구체적 사건들로 나타나는 것을 추적하여 어떻게 세부적으로 다양하게 스스로 분화하는지를 발견하는 것이다. 역사가는 바로 이 길을 따라 우리를 일반적 관념들의 세계로부터 벗어나게 한다."[26]

두 역사가가 '탐구적'이거나 '흥미롭다'고 여기는 대상의 차이(토머스 매콜리(Thomas Macaulay)는 도덕적 훈계로서의 거대 관념들에 매혹되었고 버터필드는 그저 그 자체로서 흥미롭다고 스스로 느낀 사소한 세부 사항들에

---

* 버터필드의 원문을 참고하여 옮긴이가 보충했음.

230

매혹되었다고 하는 차이)에 따라서 각자가 역사 속에서 발견하는 것, 각자가 시대와 사건들의 '의미'라고 여기는 것들이 형성된다. 버터필드는 휘그 역사가들이 종교 전쟁이 야기한 고통에 무지했다고 말했다. 이는 거의 확실하게 사실은 아니고(그들이 어떻게 그럴 수 있겠는가?) 단지 아무리 유감스러운 고통일지라도 그 전쟁사가 우리에게 갖는 가치에 아무런 교훈적인 기여를 할 수 없으리라고 생각한 것일지 모른다. 마르크스주의 역사가들은 이와는 또 다르다. 즉 그들은 영국 마르크스주의자들이 "아래로부터의 역사"라고 불렀던 것, 즉 가난하고 억압받는 사람들의 관점에서 역사를 서술했다. 그런 시각은 역사 유물론의 어떠한 가정에 의해서도 설명될 수 없으며, (적어도) 온전히 설명될 수 없다. 그것은 억압의 역사에 주의를 집중하는 것이 더 나은 사회를 위한 전투에 도움이 되리라고 가정할 때 더 잘 설명된다. 만약 역사가가 역사는 대중의 손에서 무기가 될 수 있다고 생각한다면, 이 생각은 그에게 역사에서 무엇을 중요하게 보아야 하는지를 가르쳐 줄 것이다.

독립성, 상보성, 경쟁

그런데 제한된 수준에서나마 해석의 실행과 태도를 올바로 다루려면, 우리는 또 다른 일련의 차이를 식별할 필요가 있다. 동일한 대상이나 사건에 대해 두 가지 다른 해석이 있을 때 우리는 다음의 경우들을 구별해야 한다. 바로 각 해석이 상대편의 해석을 수용할 수도 부정할 수도 있기 때문에 서로 독립적인 경우, 각 해석이 상대편 해석의 정확성이나 중요성에 이의를 제기함 없이 스스로 상대편의 해석에 통찰을 추가한다고 여기기 때문에 서로 상보적인 경우, 그리고 각 해석이 상대편의 해석에는 이런저런 점에서 결함이 있다고 가정하는 주장을 제시하기 때문에 서로 경쟁적인 경우를 말이다. 어떤 예술 작품의 발생 내력에 대한 인과적 설명(예를 들어 해당 화가가 기부자의 초상을 숭배자의 그것처럼 그리고 색채의 구성에서 값비싼 코발트블루 색깔을 잔뜩 사용하도록 의뢰를 받았다는 것)은 이를테면 그 작품이 성격상 종교적이다 또는 아이러니하다는 등의 해석적 독해로부터도 본질적으로 독립적일 것이다.

카를 융(Carl Jung)은 예술가가 어떠어떠하게 쓰거나 그리는 이유에 관한 심리적 설명은 위와 동일한 방식으로 해석으로부터 독립적이라고 생각했다. "시인이 작업하는 소재와 그것을 다루는 독특한 방식은 필시 자기 부모와의 사적(私的)인 관계로까지 그 기원을 추적할 수 있겠지만, 이를 통해 우리가 그의 시를 이해할 수 있는 것은 아니다."[27] 하지만 로렌스 올리비에*가 연기한 햄릿은 모든 동작과 어조에서 특정한 정신역동적 해석을 반영했다. 즉 이 유명 배우는 자기 시대의 다른 많은 사람들처럼, 프로이트를 왜 셰익스피어가 내실(內室) 장면을 실제로 그렇게 썼는지를 추정하는 데뿐 아니라 내실 장면이 무엇을 의미하는지를 판정하는 데에도 원용했는데, 올리비에의 해석이 상충적이기보다는 상보적인 것이라고 볼 수도 있지만(이러한 가능성은 나중에 논의할 것이다.) 그의 해석은 관객에게 그 희곡의 저자가 아니라 희곡 자체를 가르치려 했음이 분명하다.

특정한 작품에 대한 두 가지 다른 해석들이 서로 독립적인지, 상보적인지, 상충적인지를 어떻게 구별할 것인가? 「어린 학생들 속에서」에 대한 포스터의 독법에서 의도하는 것이 브룩스나 리비스의 독법과 같은 비(非)전기적 독법에 단지 정보를 추가하려는 것인지, 아니면 그들의 독법보다 더 나은 독법을 제공하려는 것인지를 어떻게 구별할 것인가? 이는 그 자체가 해석의 문제이며, 물론 여기에서의 해석은 예이츠에 관한 것이 아니라 이들 여러 비평가에 관한 것이다. 이와는 다른 예를 살펴보자. 널리 알려진 셰익스피어 비평가인 도버 윌슨(J. Dover

---

* Laurence Olivier(1907~1989). 영국의 배우이자 연출가로 셰익스피어 연기로 유명함.

Wilson)은 "셰익스피어와 그의 관객들이 볼링브로크*를 왕위 찬탈자로 여겼다는 점"[28]에는 다툼의 여지가 없다고 주장했다. 그에 따르면 이런 이유로 「리처드 2세」는 정당성 있는 질서에 대한 변호로 읽혀야 하며, 이러한 독법은 이 희곡의 "전체적인 어조와 강세에 비추어 볼 때 명백"하다. 한편 스티븐 그린블랫(Stephen Greenblatt)**은 스스로 "신역사주의"라고 부른 운동을 대변하는 가운데 도버 윌슨의 독법을 비판했는데, 이는 그린블랫이 튜더 시대의 정치적 견해에 관한 도버 윌슨의 이해를 의심했기 때문이 아니라,(비록 엘리자베스 1세의 견해는 도버 윌슨과 달랐던 것으로 보인다고 말하기는 했으나) 신비평가도 아닌 도버 윌슨이 고전 작품에 대한 올바른 해석은 세월이 흘러도 변치 않고 고정되어 있다(즉 상황이 변화함에 따라 마찬가지로 변화를 겪는 사회적 구성물이 아니라 예술가가 특정 시점에 생산했던 것)고 가정했기 때문이다. 그린블랫의 견해는 달랐다. 그가 생각하기에 해석들은 "텍스트에 본래적으로 내재하는 것이 아니며, 예술가, 관객, 독자들에 의해 구성되고 끊임없이 다시 그려진다. …… 이런 점에 비추어 본다면 장르 연구는 문화 시학(the poetics of culture)에 대한 탐구다."[29] 그래서 그는 도버 윌슨이 1939년 바이마르에서 이 희곡에 관한 강연을 했다는 사실의 중요성을 거론한다. 정당성은 있지만 허약한 정부를 변호하는 일이 그때는 여전히 무척 적실해 보였을 것이다.

우리는 「리처드 2세」에 대한 최선의 해석을 둘러싸고 그린블랫이 도버 윌슨과 정말로 견해차를 보이고 있는 것은 아닐지도 모른다는 유혹을 느낄 수도 있다. 그가 종사하고 있는 기획은 상이한 것이고, 따라서 그의 작업은 독립적이거나 어쩌면 상보적인 것이지 상충적인 것은 아

---

* Henry of Bolingbroke(1367~1413). 플랜태저넷 왕조의 마지막 국왕인 사촌 리처드 2세를 폐위하고 랭커스터 왕조를 연 헨리 4세.
** 1949~ . 미국의 문학비평가. '문화시학'을 주창한 신역사주의의 창시자.

니라고 말이다. 심리 상태에 의거한 문학 해석 유파를 지지하는 또 한 사람의 저명한 비평가 E. D. 허시(Hirsch)는 하나의 예술 작품이 그 독자에게 지니는 의의(significance)라고 자신이 부르는 것과 의미(meaning)를 구별한다. 전자는 물론 시간과 장소의 변화에 따라 변화하지만, 허시가 생각하기에 후자는 고정되어 있다.[30] 도버 윌슨의 강연 주제는 「리처드 2세」의 의미였고, 그린블랫의 주제는 그 작품의 의의였으되 도버 윌슨과 그의 강연에 참석한 바이마르의 청중에게 지녔던 의의를 포함하는 것이라고 말하면서, 두 비평가 사이에 정말로 견해차가 있는 것은 아니라고 말할 수 있을지도 모른다. 그러나 이것은 해결책이라고 할 수 없다. 그런 식의 독법이 유혹적일 수는 있어도 그린블랫을 그렇게 읽을 수는 없다. 분명 그의 생각에 따르면, 한때 유행했지만 이제는 그가 옹호하는 신역사주의에 의해 대체되어야 할 기존의 해석 방법들은 이런저런 측면에서 그저 사회사와는 구별되는 해석으로서 유효한 것이 아니라 사회사와 불충분한 연관 때문에 잘못 해석되는 것이다. 포스트모더니즘, 해체주의, 비판적 여성주의 해석, 그리고 여타 모든 자잘한 신생 담론도 마찬가지다. 이들은 양립 가능성에 안주하지 않고 굳이 싸움을 건다.

　이러한 싸움은 무엇을 둘러싸고 벌어지는 것일까? 그린블랫이 자신이 속한 새로운 비평가 족속이 그저 과거와 다르게가 아니라 그보다 더 낫게 할 수 있다고 생각하는 것은 무엇인가? 이는 어려운 물음이자 그동안 간과된 물음인데, 여기에 답하려면 가치에 의거한 해석 이론이 필요하다. 브룩스나 리비스나 포스터나 허시나 도버 윌슨이나 그린블랫이 표명하는 기획들은 서로 너무나 다르기 때문에, 그들이 따르는 해석 방법은 동일한데 도달하는 결론은 상이하다고 이야기할 수 있는 여지는 없다. 이 비평가들이 사용하는 방법들을 비교하는 것만으로는 충돌을 발생시키지 않는데, 이는 융이 자신의 심리학과 누구든 다른 비평가의 해석 사이에 충돌이 없다고 본 것과 마찬가지다. 견해차가 성립할 수 있는 공간을 마련하려면 내가 재구성된 해석의 둘째 단계라고 불렀던 것, 즉 비평가들이 스스로 공유하고 있다고 여기는 관행에 대해 귀속시키는 가치들에 초점을 맞출 필요가 있다.

하나의 해석 유파는 일단의 해석자들이 하나의 광범한 관행에 스스로 동참해 있다고 여기며 그 관행의 의의에 대해서도 동의함으로써 탄생한다. 창작과 마찬가지로 비평에도 전통이 존재하기 때문이다. '시인들은 자신들이 해석하는 그리고 그 해석을 통해 소급적으로 형성하는 어떤 전통의 일부로서가 아니면 시를 쓸 수 없다.'라는 T. S. 엘리엇의 언급은 비평가들에게도 해당되는 이야기다.[31] 문학비평가들은 자신들의 직능을 가치로 가득 찬, 따라서 책임으로 가득 찬 하나의 전통으로 본다. 그들은 그 가치가 무엇이며 그러므로 자신들이 어떠한 책임을 지고 있는지에 관해 의견 대립을 보인다. 신비평가들은, 의사가 전공을 바꾸듯이 자신들이 종사할 하나의 새로운 직무를 선택했던 것이 아니다. 그들은 문학비평의 전통 속에서 하나의 책임이 관건이라고 보았다. 즉 문학과 특히 시를 재료로 삼아 다른 기법들이 할 수 있었던 것보다 웅대한 뭔가를 만들어 낼 책임을 발견했다. 그들은 비평이라는 오랜 관습이 그 실행자들에게 요구하는 바를 더 잘 이해하는 데에 자신들의 방법들이 더 적합하다고 생각했다. 마르크스주의 비평가들은 동일한 전통 속에서 이와는 매우 다른 책임을 발견한다. 프레드릭 제임슨(Fredric Jameson)에 따르면, 마르크스주의적 해석에서 "개별 텍스트는 하나의 상징적 행위로서 그 형식적 구조를 그대로 유지한다. 하지만 그런 상징적 행위의 가치와 성격은 이제 심대하게 수정되고 확대된다. 이러한 다시 쓰기를 통해, 개별적 발화나 텍스트는 계급들 간의 본질적으로 투쟁적이고 전략적인 이데올로기적 대치 속에서 이루어지는 하나의 상징적인 하나의 수(手)가 된다."[32]

바로 이것이 해석의 유파 및 유행의 크고 작은 차이들을 심층적으로 설명해 주는 원동력이다. 즉 해석이라는 관행에 대한 책임의 존재에는 동의하면서 그 책임이 지금 무엇을 요구하는지는 다르게 전제하는 것이다. 판사들, 역사가들, 문학비평가들은 모두 자신이 책임들, 이런저런 장르의 전통에 의해 주어진 역할들을 지니고 있다고 여긴다. 그들의 책임론은 각자의 책임론에 의거하여 그들의 해석론만큼이나 창조적이며 또한 그보다 훨씬 더 분명하게 상호 충돌한다. "근대 비평은 절대주의 국가에 맞서는 투쟁으로부터 탄생했다."라는 마르크스주의 비평가 테리 이글턴(Terry Eagleton)의 주장을 다른 거의 모든 해석법의 대표자들의 비평사관(史觀)과 대조해 보라.[33] 해석 유파들의 단순한 차이를 넘어서는 대립의 성립은, 그들의 논변들을 이렇게 더 깊게 해석적으로 재구성했을 때에야 비로소 가능하다. 비평가들이 자신과는 대립한다고 여기는 다른 비평가들을 거론하면서 직접 하는 말을 우리가 진지하게 받아들일 때에야 비로소 그들의 상이한 기획과 스타일 안에 어떠한 독립성과 상충성이 존재하는지를 판단할 수 있다. 그럴 때에야 비로소 우리는 「햄릿」에 대한 융의 설명이 프로이트적인 해석으로부터 갖는 독립성을, 그리고 종교 전쟁들에 대한 휘그적 이해와 마르크스주의적 이해 또는 「리처드 2세」에 대한 전통적 해석과 수정주의적 해석의 진정한 충돌을 간파할 수 있다.

　이와 비교하여 법에서는 해석 유파들 사이의 심층적 충돌이 어떠한지 살펴보자. 우리가 앞에서 보았던 것과 유사한 양상들을 가장 분명하게 볼 수 있는 것은 판사들에게 초점을 맞출 때인데, 이는 판사들이 법의 유일한 해석자여서가 아니라(분명히 그렇지 않다.) 변호사, 교수, 시민의 경우보다 판사들의 경우에 책임과 전통 모두가 더 분명하기 때문이다. 유스티니아누스 1세에서부터 국제형사재판소에 이르기까지 서양의 사법 재판이 거쳐 온 역사는 판사들이 자기 자신의 책임들에 관해 제시하는 해석에서 적지 않은 다양성을 보여 준다. 오늘날 우리가 '기계적' 또는 '개념적' 법리학이라고 부르는 것이 그 역사 이야기의 일부를 이루며, 사법적 겸양,* 법 현실주의, 사회 정책, 경제적 효율성, 해석적 분석과 같은 더 현대적인 해석 유파들과 그 뒤를 잇는 모든 유파들을 포함한다. 재판 이론에서 이런 유파들의 경쟁 관계가 다른 해석 장르들 속에서의 경쟁보다 더 잘 보이는 것은 사법 재판의 제도적 요구와 결과는 변함없는 가운데 법 해석 유파들이 변천을 보이기 때문이다. 그러나 다른 장르들에서의 해석적 역할들에 대한 개념 관들에서 지금 일어나고 있는 변천들은 책임에 대한 해석과 재해석의 유사한 양상을 보여 준다. 역사가에서는 휴 트레버 로퍼(Hugh Trevor-Roper)에서 에릭 홉스봄(Eric Hobsbawm)으로, 언론인에서는 월터 리프먼(Walter Lippman)에서 에드워드 머로(Edward R. Murrow)를 거쳐 헌터 톰슨(Hunter Thompson)으로, 미술비평가에서는 버나드 베런슨(Bernard Berenson)에서 스베틀라나 앨퍼스(Svetlana Alpers)와 마이클 프리드(Michael Freed)에 이르는 변천 말이다.

앞에서 언급한 해석 유형들의 다양한 차이점과 그들의 관계가 지닌 중요성을 지나치게 과장해서는 안 된다. 어떤 비평가의 저작을 어느 칸에 집어넣는지는 중요하지 않다. 산만한 분류의 문제들을 추구하거나 비평가들이 어느 정도까지 정말 서로 대립하는지를 판정하지 않더라도 좋은 해석은 혜안을 열어 줄 때가 있다. 하지만 때로는 차이를 구별하는 것이 혼동을 피하기 위해 또는 우리가 놓쳤을지도 모르는 진정하고 중요한 의견 대립을 찾아내기 위해 필수적이다. 근년에 대학들과 특히 로스쿨들에서는 자칭 '비판적'인 다양한 해석 유파들이 번성하고 쇠퇴했다. 월트 디즈니의 작품에 대한 비판적 여성주의의 해석들

---

* judicial deference. 입법부나 행정부에는 민주적 대표성 또는 정책적 문제에 관한 전문성이 있다는 가정 아래 사법부가 자신의 독자적인 판단을 자제하고 입법부나 행정부의 결정을 존중하여 추종하는 것.

은 미니 마우스가 전형화되고 있고 미키에 무조건적으로 종속되어 있다고 지적한다.³⁴ 이는 언뜻 보기에는 협동적 해석이 아닌 설명적 해석의 일환인 듯하다. 여성주의 비평가들은 자신을 미적 탐구를 함께하는 디즈니의 파트너라고 여기지는 않는 게 분명하다. 그들은 자신이 스스로 대중문화의 중대하고 유해한 측면이라고 여기는 것, 즉 그것이 지닌 성차별적 기반과 숨겨진 영향들을 폭로하고자 한다. 그렇지만 의인화된 동물들의 천진난만함에서 매력을 발견하는 한층 관습적인 비평에 대해 이 저술가들이 느끼는 분노를 우리가 간과할 수는 없다. 그들의 견해에 따르면, 성차별을 무시하는 것은 중요하고 전통적인 비평적 책임의 방기이며 무시되는 대상의 영속화에 일조하는 행위다.

미국 로스쿨들에서 '비판법학(Critial Legal Studies)'이라고 불렸던 것의 성쇠는 동일한 현상을 훨씬 잘 보여 주는 사례다. 자칭 '비판가들'은, 법이 사회적, 영리적 상호 작용을 규율하기 위해 개인적, 정치적 도덕 원칙들의 정합적인 집합을 안출하려고 노력하는 법 공직자의 산물이라는 널리 퍼진 가정의 허구성을 밝히기 위해 부심했다. 비판가들은 법리가 도덕적, 정치적 원칙의 영향에 의해서가 아니라 자신들의 이익을 추구하는 권력 집단에 의해 만들어진다고 보고, 법리에 내재한 모순의 폭로를 목표로 삼았다. 이는 설명적 해석이다. 즉 법이 어떻게 발전했는지에 대한 특정한 설명 속에서 현대적인 의의를 갖는다. 그런 식으로 이해될 때의 비판법학은 스스로 종래의 협동적 해석과 경쟁 관계에 있다고 생각해야 할 이유가 전혀 없었다. 협동적 해석은 법의 인과적 원천에 관한 한 비판가들의 주장이 충분히 참일 수 있을지라도 그 법에 이런저런 더 큰 정도의 통합성과 원칙을 부과함으로써 법을 개선하는 것을 목표로 하기 때문이다. 오히려 이 두 가지 기획이 상보적이라고 생각하는 것도 얼마든지 가능할 것이다. 즉 법리의 기원들을 탈신비화하고 그다음으로는 개명된 해석을 통해 법리가 더 나은 목적에 이바지하도록 만든다고 하는 두 가지 작업을 모두 추진함으로써 법을 개선한다는 목표 아래에서 말이다. 탐욕에서 입법의 원인을 찾는 일과 탐욕이 저지되게끔 그 법률을 해석하는 일은 충돌하지 않는다. 장밋빛 안경은 전자도 방해하고 후자를 포기하는 것에도 일조한다.

그러나 비판법학은 거기에 합류한 신참자들이 "자유주의적 숭법주의(崇法主義)"라고 불렀던 것과 자신이 경쟁 관계에 있다고 여겼을 뿐 아니라 이를 떠들썩하게 떠벌렸다. 이 전투는, 일찍이 내가 어쩌면 자비롭지 않게 시사했던 대로, 해석과 설명의 미숙한 혼동을 반영하는 것이었을지도 모른다.[35] 그렇지만 이 학자들이 취했던 대결 태도는 법학 연구의 온당한 책임에 관한 한층 심원한 판단을 반영하는 것이었을 수도 있다. 만약 탈신비화하는 설명적 해석의 온당한 목표가 의견과 실천을 근본적으로 변화시키는 데 있다면, 이 목표를 가장 잘 달성하는 방법은 협동적 해석의 옷을 걸치는 것일지도 모른다. 즉 자기가 바꾸려는 관행을 가능한 최악의 모습으로 해석하는 것인데 물론 이때 그 모습이 가능한 최선의 모습이라고 주장하면서 더 나은 모습으로 그리려는 어떠한 시도에도 맞설 필요가 있다. 그런 독법은 분명 비판법학을 자유주의적 숭법주의의 적으로 만든다.

해석적 회의주의

앞에서는 외견상의 독립성 또는 상보성에 가려 있지만 실제로는 경쟁 관계에 있는 사례들을 열거했다. 이와는 반대로 외견상 모순되는 듯 보이는 해석들을 실제로는 상보적이거나 독립적이라고 생각하는 쪽이 더 속 편한 경우도 종종 있다. 이런 식으로 우리는, 해석에서 획득할 유일한 진리가 존재한다는 피할 수 없는 느낌과 그런 진리를 논란이 되는 사안들에서 실제로 주장할 때 느끼는 거북함의 긴장을 해소할 수 있을지도 모른다. 우리는 유일한 진리란 존재하지 않는다는 것이 유일한 진리라고, 예술 작품은 판이하게 다른 독법들을 허용할 수 있을 때 더 위대하다고 스스로 이야기하면서, 수많은 면들로 깎여 있는 다이아몬드라는 진부한 비유에 호소한다. 그러나 이런 전략이 성공하는 경우는 드물다.

직접적인 경쟁을 회피하려는 시도 중 하나가 상대주의인데, 이는 해석의 올바른 기준은 해석의 유파나 공동체에 따라 상대적이라고 하는 입론이다. 만약 그렇다면 서로 모순되어 보이는 상이한 해석들은 실은 모순되지 않는데, 해석들이 저마다 상이한 기준에 따라 판단되어야 하기 때문이다. 이런 견해를 표현하는 비평가이자 칼럼니스트인 스탠리 피시(Stanley Fish)의 다양한 정식들을 살펴보자. 그가 한때 논한 바에 따르면, 시가 지닌 어떤 중요한 측면들은 시간적으로만 인식될 수 있어, 독자는 일련의 연속적 반응들을 일으키는데 어떤 것들은 읽기가 진행되어 가면서 취소되거나 수정된다. "따라서 밀턴의 소네트 세 편의 경우에, 실제로 일어나고 있는 것이 무엇인지는 망설임이나 구문론적 미끄러짐의 순간(syntactic slide)에 달려 있다. …… 형식주의적인 분석에서는 그런 순간이 인정되지 않기 마련인데, 평평하게 펴져서 (용해될 수 없는) 고갱이가 되어 버렸거나 시간적 현상이 지닌 가치를 발견할 능력을 결여한 절차를 거치면서 소거되어 버렸기 때문이다."[36] 이 논변 속에 회의주의적인 것은 전혀 없다. 오히려 여기에서는 "구문론적 미끄러짐" 같은 "시간적 현상"이 지닌 힘을 인정하지 않는 분석은 객관적 가치 가운데 뭔가를 필연적으로 놓치게 된다고 주장된다.

그런데 (책으로 출판된 상태로 볼 때) 같은 에세이 뒤쪽에서 피시는 스스로 "자기 소모적"이라고 칭한 행위를 통해 이 모든 것을 철회했다. "나는 이 에세이의 앞부분에서 암암리에 제시했던 주장들을 포기할 수밖에 없다. 거기에서 나는 (공간적이기 때문에) 나쁜 모델이 실제로 일어나고 있는 것을 억압해 버렸다고 주장했지만, 나 자신의 원칙에 따르면 '실제로 일어나고 있다.'라는 개념은 그저 또 하나의 해석일 뿐이다." 물론 그것은 그냥 또 하나의 해석일 뿐이다. 하지만 그것이 왜 더 나은 해석이 아닌지는 아직 분명치 않다. 또는 왜 더 못한 해석이 아닌지도 말이다. 하나의 시는 읽기에 의해 창조되며 그러므로 특정한 읽기로부터 독립적인 텍스트는 전혀 존재하지 않고 특정한 독자로부터 독립적인 읽기도 전혀 존재하지 않는다고 피시는 말하지만, 이렇게 이야기하는 것은 도움이 되지 않는다. 만약 논지를(다른 방식들도 존재하지만) 그런 방식으로 표현하자는 유혹이 들어온다면, 이제 우리는 이렇게 질문할 수밖에 없다. 왜 특정 독법은 더 나은 시를 창출하여 해당 독자가 더 나은 독자임을 보여 주지 않는가?

더 뒤쪽에 가서 피시는 전면적으로 회의주의적인 답변을 제시하는 것처럼 보였다. 그는 자신의 읽기 방식을 하나의 "허구"라고 부르면서 이렇게 선언했다. "내가 만드는 허구는 해방을 준다. 그것은 옳아야 할 (유지할 수 없는 기준) 의무로부터 나를 해방시키며 단지 흥미롭기(환상뿐인 객관성에 전혀 의거하지 않고도 충족될 수 있는 기준)만을 내게 요구한다." 하지만 다시 뒤쪽에 가서 그는 그 마지막 진술을 "내가 썼던 것 중에 가장 유감스러운 문장"이라면서, '상대주의'를 함축한다는 이유로 그것을 부정했다.[37] 그러나 그 뒤에 곧바로 그는 해석에서 옳고 그름의 기준들은 상대적이라고 선언한다. "공동체의 목표와 가정들"에 따라서 말이다. 우리는, 그러한 상대주의의 진술도 역시 그저 또 하나의 해석일 뿐, 왜 그것이 참인지를 물을 필요가 있다. 왜 한 공동체의 목표와 가정이 다른 공동체의 목표와 가정보다 더 낮단 말인가? 왜 그것들이 가능한 최선의 것이 아니란 말인가? 만약 그것들이 최선의 것이라면, 그저 해당 공동체에 관해서만 올바른 것은 아니다. 그것들은 그냥 올바른 것이며, 다른 공동체의 목표와 가정은 잘못된 것이다. 피시는 이러한 가능성을 부정한다. 즉 그는 상대주의를 주장하는 것이다. 하지만 그에게는 이런 내적 회의주의의 입장을 옹호할 적극적인 논변이 필요하며, 나로서는 그런 논변을 발견할 수 없다. 우리가 그저 해석 유파들의 다양성이라는 낯익은 사실 속에서 그런 논변을 발견할 수는 없다. 또는 아무런 해석적 가정들 없이도 해석을 평가할 수 있는 아르키메데스적 발받침대는 존재하지 않는다는 사실 속에서 그런 논변을 발견할 수는 없다. 그런 것들에 의지한다면 1부에서 검토한, 실패한 외적 회의주의 논변들로 되돌아가게 될 뿐이다.

하지만 문학 해석에서 내적 회의주의를 옹호하는 타당한 적극적 논변들이 존재한다는 것을 내가 부정하는 것은 아니다. 비평가가 하나의 방법으로만 한 편의 시를 읽어야 하는 것은 아니라고 주장할 때 그는 자신이 그 시를 더 위대한 작품으로 보이게 하고 따라서 자신의 비평적 책임을 더 잘 이행한다고 생각할 수도 있다. 앞에서 나는 「비잔티움으로의 항해」에 대한 리비스의 독법을 거론했는데, 거기에는 이런 대목이 나온다. "영혼은 그 자신을, 그리고 충만한 삶에 관한 자신의 이미지들을 강렬하게 심문하지만 아이러니가 되지 않는 답은 어떤 것도 찾지 못한다. …… 애매성은 본질적이고 부인될 수 없는 것이다. 노인들을 위한 나라가 아닌 나라를 향한 동경, 아니면 그 반대로 설정된 영원한 것을 향한 동경, 이 가운데 어느 것이란 말인가? 시인은 답할 수 없었으리라. 어떻든 그 질문은 그의 것이 아니라 우리의 것이다."[38] 이 시를 읽으면서 리비스는 이 경우에는 애매성을 해소하기보다는 애매성에 의존하는 이해 방식이 도덕적 진지성에 최선으로 이바지한다고 생각한다. 다른 예이기는 하지만 미하엘 하네케(Michael Haneke)*의 영화 「히든」과 「하얀 리본」은 추가적인 예를 제공한다. 이 두 편의 영화에는 모두 범죄가 나오지만 범인의 정체는 밝혀지지 않는다. 범인이 누구인 가에 대해 실제로 아무런 답도 존재하지 않는다는 것, 이 경우에 허구 의 세계는 역사에 관한 실재론자의 관점으로 본 현실의 세계에서라면 가능하지 않은 방식으로 불완전하다는 것, 이것이 (반드시 그럴 필요는 없지만) 이 영화들에 대한 최선의 해석일지도 모른다.

나는 또 하나의 다른 사례를 이미 언급했다. 과거에 여러 차례 공연 이 이루어졌던 고전 작품을 공연하는 일은 그 자체가 해석의 하위 장 르 가운데 하나이며, 모든 공연이 저마다 해당 작품에 관한 모종의 새 로운 주장을 제시한다는 것이 그러한 하위 장르의 취지 가운데 일부 임은 명백하다. 물론 이런 식으로 이해한다고 해서 존중받는 희곡이나 음악 작품에 대한 눈에 띄게 조악한 독법을 내놓는 것이 허용되는 것 은 아니다. 하지만 새로운 「햄릿」 공연을 선보이는 연출가가 자신의 해 석이 상이한 모든 해석들과 경쟁 관계에 있으며 그 해석들보다 우월 하다고 생각할 필요는 없다. 그의 해석이 다른 이들이 보여 준 적 없는 인물이나 시성(詩性) 또는 다른 문학이나 회화 예술과의 연계성 또는 당대의 정치적, 사회적 의의를 보여 준다면, 그리고 그러한 해석이 텍 스트에 의해 적절하게 뒷받침될 수 있다면, 그것으로 충분하다. 이 관 문을 통과하는 일도 결코 녹록지 않으며, 그렇게 하려고 시도하는 연 출가 중 실제로 성공하는 사람은 소수에 불과하다. 그러나 어쨌든 상 보성은 이런 하위 장르에서는 이미 추정되어 있는 바다. 이 장르의 독 특한 덕목으로서 요구되는 적절한 독창성이라는 요건은, 어떠한 연출 가도 자신의 독법이 유일한 진리라고 주장한다면 잘못이리라고 하는

---

* 1942~ . 오스트리아의 영화 감독이자 시나리오 작가.

우리의 생각을 정당화해 준다.

　이상의 예들은 본보기일 뿐이다. 문학 해석을 비롯하여 기타 예술에 대한 해석에는 성공적인 회의주의의 예들이 수없이 존재한다. 그러나 이들은 모두 외적 회의주의가 아닌 내적 회의주의의 사례들이며, 그 가운데 어떤 것도 회의주의를 무차별적으로 또는 당연한 것으로 정당화해 주지 않는다. 어떤 예술 작품에 대한 해석들이 서로 갈릴 때에는, 어느 각도에서 보아도 반짝거리도록 깎은 다이아몬드의 면들을 본다고 하기보다는 충돌을 본다고 하는 것이 더 낫고 유익한 진단인 경우가 많다. 여기에서 후자가 더 유익하다는 것은 그것이 우리에게 충돌의 근원을, 더 깊은 차원에서 작동하고 있는, 비평의 책임들에 대한 서로 갈리는 이해 방식들 속에서 찾아내도록 요구하기 때문이다.

원초적 번역

　내적 회의주의라고 주장되는 것의 예를 하나 더 들어야 하겠는데, 우리가 고찰했던 예들에 비해 철학자들에 의해 훨씬 많이 연구되는 것이다.[39] 이것은 예술이나 법에서 끌어낸 것이 아니라, 실제에서는 드물지만 철학에서는 화젯거리가 되는 하나의 해석 장르로부터 끌어낸 것이다. 즉 우리가 처음에는 조금도 이해하지 못하는 언어로부터의 번역이다.* 만약 그런 언어를 사용하는 사람들을 만난다면, 우리는 그들의 행태를 광범위하게 조사한 뒤 번역을 시도할 수 있다. 우리는 그들이 사용하는 단어들에 믿음과 희망들의 묶음들을 대응시키고 그리고

---

* "원초적(radical) 번역"이라는 용어는 바로 이렇게 어떠한 사전적(事前的), 예비적인 이해도 지니지 못한 채로 이루어지는 번역임을 나타내는 말임.

그들이 하는 말을 그러한 배경에 비추어 이해하려고 노력함으로써, 그 단어들에 의미를 귀속시킨다. 하지만 동일한 행태에 대해서도 거의 언제나 갖가지 매우 상이한 묶음들을 통한 설명은 가능한 법이다. 즉 만약 이 사람들이 무엇을 참이라고 생각하는지 또는 이들이 무슨 일이 일어나기를 바라는지에 관한 우리의 견해를 바꾼다면, 우리는 그들이 하는 말에 매우 상이한 의미들을 귀속시킬 것이다. 수많은 상이한 묶음들 각각은 전체적으로 보면 모두 그들의 행태에 똑같이 잘 부합할지도 모른다. 이 문제에 관한 윌러드 콰인(Willard Quine)의 연구는 언어철학에 대단히 큰 영향을 끼쳤는데, 그는 이 점을 이렇게 표현했다. "한 언어에서 다른 언어로 번역하기 위한 편람들은 모두 언어 성향의 총체와 부합하면서도 상호적으로는 부합하지 않는 서로 갈리는 방법으로 작성될 수 있다. 한 언어의 어떤 문장에 대한 각자의 번역문으로서 다른 언어의 문장을 제시할 때 편람들은 무수한 지점에서 서로 갈릴 것이며, 저마다 제시하는 문장들은 아무리 느슨한 등가성일지라도 그럴듯한 종류의 등가성은 서로 전혀 지니지 못하는 상태에 놓여 있을 것이다."[40]

이런 이유로 우리는 회의주의적인 결론에 이끌릴 수도 있다. 원초적 번역의 문제에 대해서는 정답은 존재하지 않으며 상이한 답들이 있을 뿐이라고 말이다. 철학자들은 상이한 방식으로 이런 취지로 이야기해 왔다. 이를테면 의미 같은 것은 전혀 존재하지 않는다, 또는 번역은 본질적으로 비결정성을 띤다고 말이다. 하지만 이런 회의주의적인 주장들은 우리가 행태의 의미에 대한 최선의 이해가 무엇인지를 판단할 때는 날것의 행태적 사실들에 유일하게 부합하는 한 묶음의 귀속 관계들이 무엇인가라는 질문에 의거해야만 한다고 가정한다. 여기에서 비결정성이 주장되는 것은 여러 개의 묶음들이 그런 날것의 사실들에 똑같은 정도로 잘 부합하기 때문이다. 그러나 원초적 번역은 협동적 해석의 한 종류라고 볼 때 가장 잘 이해된다. 즉 우리는 통상적으로 대화를 촉발하는 매우 다양한 목적들을 위하여 해당 언어의 사용자들과 대화하는 중이라고 상상한다. 그러므로 해당 언어와 그 사용자들에 대해서, 그 목적을 달성하는 데 필요해 보이는 가정들을 하는 것이 합당하다. 그런 가정 없이는 어떠한 유익한 의사 전달이나 상호 작용의 기획도 어차피 무망해지는 그런 가정들 말이다.

우리는 도널드 데이비슨(Donald Davidson)이 제안하는 자비와 정합성의 원칙들을 그런 관점에서 이해할 수 있다.[41] 우리는 우리가 이해하고자 하는 언어의 사용자들이 우리와 동일한 논리를 채용하고 그들의 믿음이 모든 경우에 반드시 참은 아닐지라도 대체로 참이라고 가정한다. 그런 가정들에 입각하지 않는다면 번역의 목적들이란 무의미할 것이기 때문에, 우리는 그러한 기초 위에서 일을 진행한다. 하지만 심지어 이러한 경우에도, 우리가 이 제약들을 수용하면서도, 동일한 언어에 대해 뚜렷하게 상이한 두 가지 원초적 번역을 내놓는다고 가정해 보자. 각기 모든 증거들과 부합하는 믿음, 바람, 의미의 두 가지 묶음들을 말이다. 이들은 서로 경쟁 관계에 있다. 만약 우리가 하나를 '올바르다'고 분류한다면, 다른 하나는 올바르지 않다고 생각할 수밖에 없다. 그 하나는 모든 것을 고려할 때 더 나은 것일까?

이런 문제가 제기될 때면 언제나 그렇듯이, 우리는 주의 깊게 불확실성을 비결정성으로부터 구별해야 한다. 우리가 비결정성이라는 적극적 결론을 내릴 자격을 얻으려면, 해석이 이바지해야 하는 목적들이 다양하다는 전제 아래서, 서로 갈리는 번역들 중에 우리가 선택할 것이 아무것도 없다고 생각해야 할 어떤 적극적인 이유를 먼저 밝혀내야 한다. 실제로 서로 다른 번역자들은 원초적 번역에서의 실제적 요구들을 충족하는 면에서 대단히 높은 획일성을 달성해 왔다. 이것은 불확실성과는 구별되는 비결정성이 드문 일임을 시사할지도 모른다.[42] 만약 우리가 이런 종류의 해석에서 이루어지는 성공이란 단지 날것의 행태적 사실들에 부합함만을 의미한다고 상정한다면, 물론 우리는 달리 생각하게 될 것이다.

아마도 데이비슨은 다음과 같이 말하면서 바로 그러한 가정을 했던 것 같다. "해석자가 접근 가능한 증거를 총체적으로 동원하더라도 그것은 해당 언어 사용자에 관한 유일무이한 진리 이론을 결정지어 주지 않는데 …… 가능한 증거를 모두 동원하더라도 그것이 수용 가능한 이론들을 하나로 좁혀 주지는 않기 때문이다." 하지만, 그가 주장했던 대로, 해석에는 부합성 이외에 다른 것도 존재한다. 그가 비록 "우리가 원한다면 해석 또는 번역이 비결정적이라고 말해도 된다."라고 인정했지만, 그 비결정성은 목욕물 온도는 화씨로 측정할 수도 있고 섭씨로 측정할 수도 있다는 것에 비유되었다.**43** 즉 그는 행태상의 정보 자료들에 부합하는 서로 다른 귀속 관계의 묶음들이 엄청나게 많을지라도, 우리의 실제 목적들에 이바지하는 해석적 전략들은 대개 그 묶음들을 몇 개 안 되는 묶음으로 줄일 것이고 이렇게 남은 묶음들 간의 차이는 용어상의 차이에 불과하리라고 생각한 게 틀림없다. 만약 이것이 참이라면, 콰인이 염두에 두었던 의미에서의 비결정성은 거의 없을 수도 있다. 아마도 "그럴듯한 종류의 등가성은 서로 전혀 지니지 못하는 상태에 놓여 있"으면서 똑같은 정도로 타당한 그런 해석들에 우리가 흔하게 직면하는 것은 아닐 것이다.

가치에 의거한 설명: 요약

가치에 의거한 해석론은 내가 이 장 앞부분에서 설정했던 성공적 해석 이론을 위한 조건들을 충족하는가? 가치에 의거한 해석론은 충분히 일반적이다. 즉 내가 열거한 해석 장르 모두에 걸쳐 두루 적용될 것을 자임한다. 그것은 또한 특정한 장르와는 떨어져서 해석 행위 일반이라고 일컬어질 수 있는 것이 전혀 존재하지 않는 이유를 설명해 준다. 만약 특정한 해석적 주장의 성공이 특정 장르에서의 해석 행위의 가치에 관한 성공적인 설명에 의존한다면, 내가 해석의 첫째 단계라고 부른 단계에서 그 장르가 특정되거나 전제되기 전에는 당연히 해석이 시작될 수 없다. 번쩍이는 광선을 하나의 메시지로 해석하는 것은 그것을 예술적 표현이라고 해석하는 것과는 그 취지가 현격하게 상이하다.

가치에 의거한 설명은 또한, 일반적 해석 이론이라면 반드시 그래야 한다고 내가 말했듯이, 저자의 심리 상태의 역할이 왜 그토록 자주 논란이 되는지도 설명해 준다. 저자의 심리 상태는, 해당 장르의 해석이 추구하는 가치에 대한 최선의 설명에 의해 의미가 주어질 때, 그리고 그러한 경로를 통해 의미를 갖게 된다. 대화에 대한 해석은 화자의 의도에 지배되는데, 이는 대화에서 해석 행위의 취지는 거의 언제나 그러한 의도들의 전달이기 때문이다. (반면에) 법적 해석은 입법자들과 기타 공직자들의 실제 정신 상태에 지배되지 않는데, 이는 법률과 기타 법적 정보 자료를 해석하는 행위의 목적에 대한 최선의 이해는 그 공직자들이 생각이나 의도 대부분을 무의미하게 만들기 때문이다. 문학 해석에서 저자의 의도는 종종 논란이 되며 저자의 의도에 비평가들이 부여하는 중요성 역시 오르락내리락하는 등 변동을 보인다. 이는 어떤 예술 작품의 가치가 어느 정도까지 저자가 받은 영감과 해당 작품 속에서 이루어지는 그 영감의 구현에 달려 있는지가 비평가들 사이에서 논란이 되기 때문이다.

저자의 의도를 중시하는 전통이 특히 강했던 19세기 초에 그 전통의 옹호자들은, 저자의 의도가 해석을 지배해야 하며 오직 이런 방식을 통해서 문학의 진정한 가치가 실현될 수 있다고 했다. 콜리지(Coleridge)의 주장을 보자.

"시란 무엇인가?"라는 물음과 "시인은 무엇인가?"라는 물음은 이중 어느 하나의 물음에 대한 답변이 다른 하나의 물음에 대한 해답 속에 포함되어 있을 정도로 거의 같은 물음이다. 시란 시인의 천재성 그 자체에서 탄생하는 특성이고, 이 시인의 천재성이 시인 자신의 마음에 비쳐지는 이미지와 사상, 정서를 북돋우고 수식하기 때문이다. …… 시인은 하나하나를 종합적이고 마술적인 힘으로 서로 혼합하고 (말하자면) 융합시키는 기풍과 조화적 통일의 정신을 널리 퍼뜨리는데, 우리는 오로지 이러한 힘에 대해서만 상상력이라는 명칭을 사용해 왔다.[44]

시인과 시에 관해 이렇게 "춤꾼과 춤은 하나"라는 낭만주의적인 견해를 신봉하는 사람에게 비평의 취지는 그러한 상상력의 재능을 온당하게 시야 내로 들여오는 데 있다고 어찌 가정하지 않을 수 있겠는가? 그러나 톰 스타퍼드(Tom Stoppard)는 비평가의 역할에 대해 이와는 매우 대조적인 견해를 표명했다. 그는 비평가란 마치 세관 검색원처럼, 짐을 싸면서 그런 것을 집어넣지 않았다고 진실로 주장하는 저자일지라도 그 존재를 스스로 시인하지 않을 수 없는 많은 것을 작품 속에서 찾아내는 사람이라고 했다.[45] "최초의 독자"의 역할과 중요성에 관한 또 다른 견해들은 비평 활동의 가치에 관한 또 다른 가정들을 반영한다. 이들 가운데 다수는 저자의 천재성을 전혀 다른 것의 하위에 둔다. 즉 고아 또는 오브제 트루베(objet trouvé)*처럼 그 자체로서 평가되는 예술 작품, 동시대 독자에게 제공되는 놀람의 기회들, 도덕적 교훈 또

---

* objet trouvé는 found object, 즉 자연물 또는 예술적 목적으로 만들어진 것이 아닌 인공물이지만, 변형이 가해지지 않은 상태 그대로 미적 가치가 발견되어 예술적 대상으로 인정되는 것을 말함.

는 새로운 시대의 사회적, 정치적 의식 등을 더 중시하는 것이다. 해석이 무엇을 위한 것인지에 관한 견해가 변천함에 따라, 저자의 권위는 올라갔다가 떨어지고 죽었다가 다시 태어난다.

가치에 의거한 설명은 내가 제기했던 다른 문제들에도 답을 준다. 그것은 우리가 해석에서의 진리에 관해 도처에서 발견하는 양가 감정을 설명해 준다. 의견 대립은 분명히 존재하지만 그 원천은 거의 언제나 불분명하고 법이나 예술이나 문학이나 역사에 관한 매우 다양한 명표되지 않은 가정들 속에 묻혀 있어서, 이 가정들은 좀처럼 겉으로 드러나는 법이 없이 고유의 취향, 훈련, 문화적 사회화, 충성심, 습관 등이 이러저러하게 결합하여 초래되는 결과로서만 설명될 수 있다. 어떤 시나 그림을 이런 식으로 또는 저런 식으로 '본다'는 말을 자연스럽게 입에 올리는 것은 놀라운 일이 아니다. 판단이란 흔하게 또한 필연적으로 그러한 느낌을 준다. 물론 그렇다고 해서 우리가 직면한 해석적 문제를 둘러싸고 하나의 배타적인 진리만이 있다고 주장하거나 법률 또는 그림을 자신과 같은 식으로 보지 않는 이들은 오류에 빠져 있다고 주장한다면 이는 사려 깊은 사람들이 보기에 오만한 짓으로 여겨질 것이다. 하나의 옳은 해석이란 존재하지 않고 다만 수용할 만하거나 책임성이 있는 상이한 해석들이 있을 뿐이라고 말하는 것이 더 현실적이고 겸손해 보인다.

하지만 바로 그런 말이야말로 우리가 정직하다면 해서는 안 되는 말이다. 왜냐하면 그것은 우리가 믿는 것 또는 믿을 수 있는 것이 아니기 때문이다. 되풀이해서 말하건대, 「햄릿」에 대한 새로운 독법을 두고 수년간 애쓰는 학자가 자신의 여러 가지 해석적 결론들과 이와는 모순되는 다른 학자들의 결론들이 유효성 면에서 하등의 차이가 없다고 믿을 수는 없으며, 대립하는 해석들과 비교해서 전혀 더 낮지 않고 다만 상이할 뿐이라고 스스로 믿는 법 해석에 의거하여 누군가를 감옥에 보내는 판사는 그 자신이 감옥에 가야 마땅할 것이다. 가치에 의거한 설명은 우리가 그 모든 복합성과 논란, 언표 불능성에 직면해서도 진리에 관해 지니고 있는 확신을 구제한다. 만약 해석자들이 자신들의 작업에서 성공이 무엇인지가 가치의 이런저런 복합적 그물에 의해 규정된다는 것을 받아들인다면, 어떠한 해석의 사안에서나 이러한 가치들이 확인될 수 있고 그 가치들이 다른 해석들보다 특정한 하나의 해석에 의해 더 잘 추구될 수 있다는 그들의 믿음은 합당한 것일 수 있다. 거꾸로, 만약 해석자들이 어떤 것에 대한 하나의 해석이 최선이라고 생각하게 되었다면, 해당 작업에서 성공이 무엇인지를 규정하는 기준을 그 해석이 충족시킨다고 하는 그들의 생각도, 설령 그들이 그 기준을 그다지 또는 조금도 상세하게 명표할 수 없을지라도, 역시 합당한 것일 수 있다. 그러므로 그들은 해석에서 객관적 진리가 존재한다고 생각할 수 있다. 하지만 물론 그들이 가치에서 객관적 진리가 존재한다고 생각하는 한에서만 그러하다. 이 책의 1부에서 제시된 논변은 지금 진행 중인 2부의 논변을 위한 필수적인 토대였다.

우리는 이미, 사람들이 스스로 찬성하는 해석을 주장하는 일이 오만한 짓이 아니라고 생각하는 데 도움을 주는 책략을 언급한 바 있다. 과학적 주장들은 참 또는 거짓인 반면에 해석적 판단들은 이와는 다른 무엇이라고 그들은 말한다. 해석적 판단들은 건전하거나 건전하지 않은, 또는 더 합리적이거나 덜 합리적이거나, 기타 그런 유의 어떤 것이다. (그런데) 이런 구별들은 공허하다. 물론 우리는 과학적 판단들에서는 '참이다'가 찬동의 기능어로 사용되어야 하고 해석적 판단들에서는 '가장 합리적이다'가 찬동의 기능어로 사용되어야 한다고 규정할 수도 있다. 하지만 그런 규정은 무의미하다. 우리가 그것의 효용을 전혀 주장할 수 없기 때문이다.[46] 예컨대 우리는, '참이다'는 객관성을 가리키는 반면 '가장 합리적이다'는 단지 주관성을 가리킨다든지 또는 '참이다'는 인지적 판단을 표시하는 반면 '가장 합리적이다'는 이런저런 형태의 비인지적 표현을 표시한다든지 하는 식으로 그런 구별을 한층 친숙한 다른 어떠한 구별 위에 모사해 낼 수 없다. 오히려 해석적 판단들에서 찬동의 용어로 이용될 어떠한 대안도, 그것이 우리가 생각하는 바에 부합하고자 한다면, '참이다'가 진정으로 의미하는 그것을 지시해야 할 것이다. 즉 유일한 성공을 의미해야 할 것이다. 과학적 판단과 해석적 판단 사이의 중요한 차이들이 반영하는 것은 두 가지 판단의 내용에 들어 있는 차이들이지, 한쪽은 진리의 자격이 있지만 다른 쪽은 자격이 없다는 것이 아니다.

과학과 해석

과학적 판단과 해석적 판단의 내용에 들어 있는 그러한 차이들이란 무엇인가? 나는 이 장을 시작하면서 해석이 과학과 어떻게 다른지를 질문했다. 철학자, 역사가, 사회과학자는 탐구를 두 종류로 나누는 하나의 거대한 구별을 제안해 왔다. 즉 일부 철학자들이 설명과 이해라고 불러 온 것이 그것이다.[47] 이 구별이 근본적이라고 믿는 사람들은 자연과학은 목적들을 상정하지 않는 설명을 추구하는 반면, 인문적 분과들에 속하는 역사학과 사회학은 목적을 통한 이해를 추구한다고 생각한다. 이 장에서 제안한 것은 동일한 구별의 다소 상이한 형태다. 나는 이해란 해석을 의미한다고 여긴다. 해석은 과학과 다른데, 해석은 그 주장들을 표현하는 어휘에서뿐 아니라 그 성공을 판정하는 기준들에서도 목적적이기 때문이다.

우리의 출발점은 모든 탐구의 본래적 목표와 정당화 목표를 구별하는 일이다. 우리의 탐구 주제가 무엇이든, 예컨대 블랙홀이든, 1차 세계대전의 원인이든, 케이맨 제도*의 인구통계학이든, 예이츠 시의 애매한 구절이든 언제나 우리의 본래적 목표는 뭔가에 관한 진리를 발견하는 것이다. 만약 우리에게 이 목표가 없다면, 우리는 탐구하고 있는 것이 아닐 것이다. 그런데 우리는 또한 탐구의 정당화 목표들을 확인할 수 있다. 즉 이것들은 그런 진리를 발견하려는 노력을 정당화해 준다고 우리가 믿는 목표 또는 목적들이다. 우리는 예컨대 의학 연구는 질병을 예방하고 치료하기 때문에 정당화된다고 믿는다. 우리가 과학의 정당화 목표들이라고 여기는 많은 것들은 그런 식으로 실용적이다. 즉 농생물학 연구는 더 많은 사람을 먹여 살리리라 약속하기 때문에 정당화되며, 전자 제품 연구는 사람들이 원하는 오락과 번영을 제공할 것이기 때문에 정당화된다.

그렇지만 과학의 정당화 목표들이 언제나 그렇게 즉각적으로 실용적인 것은 아니다. 우리가 우주론을 연구하는 동기는 그 신비로움이 주는 매력, 우리 우주의 역사가 지닌 드라마 자체가 불러일으키는 흥분에 있다. 이것은 실용적인 목표는 아니지만 그럼에도 불구하고 하나의 정당화 목표인데, 거기에 포함되어 있는 포부가 진리를 향할 뿐만 아니라 우리에게 근본적 중요성을 띠는 앎의 대상이라고 여겨지는 뭔가에 관한 진리를 향한 것이기 때문이다. 우리는 아프리카에 2파운드 또는 그 이상의 무게가 나가는 바위가 몇 개나 있는지를 알아내려고 애쓰지 않는다. 만약 우리가 그런 노력을 기울인다면 그 연구의 본래적 목표는 그 문제에 대한 진실을 발견하는 일일 것이다. 하지만 우리가 그런 노력을 기울이지는 않는데, 이는 그 연구가 실용적 목표와 이론적 목표를 불문하고 어떠한 정당화 목표에도 이바지하지 않을 것이기 때문이다.

---

* 세 개의 섬으로 이루어진 카리브 해의 영국령.

정당화 목표들은 과학에서 명백하게 중요한 역할을 담당한다. 그것들은 과학자들이 어떠한 문제들에 답하려고 노력하며 정부나 재단들이 어떠한 연구들에 자금을 대는지를 설명해 줄 뿐 아니라, 우리가 허다한 중대한 과학적 주장들이 그렇듯이 확실성에 크게 미치지 못하는 이런저런 진리 주장에 만족할 시점이 언제인지도 설명해 준다. 하지만 이런 중요한 효과들에도 불구하고 우리는 결코 과학의 정당화 목표들과 본래적 목표들을 뒤섞어서는 안 된다. 특히 진리를 발견하는 일의 성공을 판정하는 기준이 무엇이든 정당화 목표들이 그런 기준의 일부를 이룬다고 상정해서는 안 된다.[48] 우리는 우주의 광막함에 매료되어 우주론을 연구할 수도 있지만, 빅뱅 이론의 진리성이 우리를 매료하기 때문에 연구하는 것은 아니다. 강을 건너고 싶다는 우리의 생각은 다리가 언제 버텨 내거나 무너지는지를 예언해 주는 원리들의 진리성을 뒷받침하는 논거의 일부가 될 수 없다. 이와 다르게 생각한다면 과학적 진리와 우리가 그 진리를 원하는 이유들 사이에 없어서는 안 되는 구별을 무너뜨리게 될 것이다. 정당화 목표들이 진리와 아무 관련이 없다는 것은 우리 과학의 원리적 구조를 이루는 일부(우리가 자신의 정당화 목표들을 달성하고자 한다면 반드시 이해해야 하는 사항의 일부)다. 몇몇 위대한 철학자들이 주장했듯이, 과학에서 진리와 목적의 이런 중대한 분리는 어떤 더 높은 추상 수준에서의 인간 목적들을 반영하고 거기에 이바지하는 것일 수도 있다.(다음 장에서 그러한 가능성에 관해 언급할 것이다.) 하지만 그러한 추정은 그 구별의 중요성에 이의를 제기하기보다는 오히려 그것이 옳음을 확인해 준다.

해석은 이와 현격하게 다르다. 해석의 세계에서는 정당화 목적이 성공의 핵심에 자리한다. 만약 가치에 의거한 설명이 옳다면, 어떤 해석 장르에서의 성공을 판정하는 기준은, 내가 기술했던 방식으로, 해당 장르에서 해석 행위가 지닌 의미에 대한 최선의 이해에 의존하게 된다. 해석에서는 정당화 목표들과 본래적 목표들이 융합된다고 이야기할 수도 있을 것이다. 해석자는 이러한 목적들과 이를 뒷받침하는 가치들에 관한 가정들을 세우거나 또는 그냥 지니고 있으며, 비록 흔히 명표되지 않고 인식되지 않지만 그럴지라도, 이 가정들에 따라서 해석자들이 어떠한 해석적 주장들을 수용하고 어떠한 주장들을 거부하는지가 결정된다.

탐구의 거대한 두 세계인 과학과 해석에 놓인 이런 커다란 차이는 앞의 장들에서 우리가 지적했던 과학과 도덕의 차이들 가운데 몇 가지와 어울리고 그것들을 설명해 준다. 과학적 주장들과 달리 해석적 명제들은 날것 그대로 참일 수가 없다. 즉 그것들은 스스로도 날것 그대로 참일 수 없는 가치 체계에 의존하는 어떤 해석적 정당화에 의거해서만 참이 될 수 있다. 주 정부들이 미성년자에게 운전면허증 발급을 거부하는 것이 평등 보호 조항에 대한 최선의 해석에 따르면 위헌이라는 것은, 그냥 세상이 실제로 어떻게 생겨 먹었는지의 문제와 마찬가지로 모든 법률가들의 생각과 관계없이 참일 수는 없다. 또는 「비잔티움으로의 항해」가 영국 제국주의에 대한 공격이라는 것도 왜 그러한지에 관한 더 심층적인 설명이 아무것도 있을 수 없을지라도 참일 수 없는 것이다. 하나의 해석은 어떤 추가적인 사실에 대한 증거가 아니다. 참인 해석적 주장이 참인 것은 그것을 받아들일 이유가 그 반대 주장을 받아들일 이유들보다도 더 나은 것이기 때문이다. 이것이 바로 우리가 어떤 위대한 비평가의 추론을 재구성할 때 가치의 사슬이 아니라 가치의 그물이라는 말을 사용할 수밖에 없는 이유다.

해석은 속속들이 전체론적(pervasively holistic)이다. 해석은 매우 다양한 종류의 판단이나 경험에서 이끌어낸 매우 다양한 종류의 수많은 가치들과 가정들을 결합하여 엮어 내며, 하나의 해석적 주장 속에 등장하는 가치들의 그물 조직은 어떠한 지배와 종속의 위계질서도 받아들이지 않는다. 이 그물 조직은 신념에 대한 도전을 하나의 전체로서 대면한다. 만약 어느 것이든 하나의 가닥이 바뀌면, 그 결과는 국부적으로 심한 충격을 줄 수도 있다. 하나의 시나 그림에 대해 누군가가 갖는 차선의 해석은 그가 갖는 최선의 해석과 근본적으로 다를 수 있으며, 셋째 해석이 첫째 해석과 조금밖에 차이가 나지 않는데도 훨씬 나쁜 것이라고 여겨질 수도 있다. 사실 설득력 있는 일부 철학자들은 과학도 역시 전체론적이라고 주장한다. 과학도 콰인의 표현대로, 경험의 시험대를 하나의 전체로서 마주하기는 마찬가지라는 것이다.[49] 그들의 말에 따르면, 물리 세계에 관한 믿음이 지금 아무리 확립되어 있고 의심할 수 없다고 보일지라도, 만약 우리가 지금 지니고 있는 다른 모든 믿음들을 포기하고 물리 세계를 완전히 다른 어휘로 다시 기술하고 설명한다면, 물리 세계에 관한 현재의 믿음 가운데 포기할 수 없을 믿음은 하나도 없다.

하지만 과학에서의 전체론이라는 것을 만약 우리가 받아들인다고 해도, 그것은 거의 전적으로 학술적이고 수동적인 것이다. 그것은 거의 모든 사람의 실제적 삶에서 아무런 역할도 할 수가 없다. 일상적인 실행에서 우리가 물리학과 식물생태학, 그리고 어느 정도까지 인성이 유전자에 의존하는지 등에 관해 숙고하는 방식은 올곧게 선형적(linear)이다. 우리는 우리가 공히 당연시하는 헤아릴 수 없이 많은 동일한 믿음들로부터 새로운 믿음들을 추론하며, 우리가 공히 인정하는 설득력과 한계들을 지닌 증거에 기초를 두고 추론한다. 우리가 믿음을 획득하고 변경하는 일은 거의 모두 점진적으로 이루어진다. 우리가 가설을 검증할 때 해당 가설들만 도전을 받는 것이지 그 밖의 다른 것은 전혀 아니라고 전제한다. 이것이 언제나 참인 것은 아니다. 이론물리학이나 기초생물학의 더욱 추상적인 분야에서는 그것이 참이 아니다. 새로운 증거는 이미 확립되어 있다고 여겨졌던 상당히 많은 사항들에 대한 의심을 불러일으킬 수 있다. 스티븐 호킹(Stephen Hawking)이 블랙홀은 결국 정보를 파괴하지 않는다고 말하고, 과거 흥미로웠던 평행 우주 이론들이 갑자기 자취를 감추어 버린다고 가정하자.⁵⁰ 하지만 우리가 실제로 마주하는 세계에 관해 한 사람의 책임성 있는 과학자의 생각과 다른 사람의 생각 사이의 차이, 즉 다른 사람들은 거부하고 있는 논란이 되는 견해를 그가 받아들이고 있기 때문에 생겨나는 차이는, 그들 모두가 동의하는 것과 비교해 보면 대개 작은 차이다. 해석에서는 사정이 매우 다르다. 즉 현저하고 의미 있게 다른 가치들을 소유한 문학 비평가들이나 헌법 전문가들은 해석적 신념들의 매우 광범위한 영역에 걸쳐 대립할 공산이 크다. 우리는 이 장에서 그런 종류의 지렛대 작용이 존재한다는 증거를 충분히 보았다. 해석에서는 전체론이 수동적이지 않고 매우 능동적인 것이다.

과학과 해석 사이의 이러한 차이를 인식하게 되면 자신의 해석이 진리라고 주장하면서 느끼는 거북함을 설명하는 데도 추가적으로 도움이 된다. 해석에서 결여되어 있는 것은 과학에서 견고함의 느낌을 주는 바로 그것이다. 날것 그대로의 진리가 가능하다는 점은 우리의 형이상학적인 확신을 엄청나게 끌어올린다. 물론 우리가 세계에 관한 진리를 획득했다는 확신이 아니라(실제로 우리는 날것 그대로의 진리라는 생각이 매우 심층적인 만회 불가능한 종류의 오류가 가능하게끔 만든다는 것을 지적한 바 있다.) 획득할 진리가 존재한다는 확신 말이다. 반면에 해석의 경우에서처럼 어떠한 진리도 날것 그대로일 수 없을 때, 그런 확신이 주는 안락함은 사라져 버린다. 해석적 논거의 건전성에 대한 의심은 우리가 자동적으로 배제해 버릴 수는 없는 심층적인 내적 회의주의의 가능성을 상기시킨다. 최선의 논거란 존재하지 않고 따라서 정답은 없다는 입장의 가능성을 말이다. 과학의 정당화 목표들이 진리와 관련이 없다는 사실은 과학에 견고함을 조성하는 또 하나의 원천이다. 과학의 정당화 목표에 대한 견해차들은 과학적 진리라고 여기는 것을 확정하는 데서 아무런 역할도 하지 못한다는 점은 주지의 사실이기에, 우리가 이 영역에서 견해의 수렴을 기대할 수 있는 것이다.

이와 반대로 해석에서는 정당화 목적과 포부에서의 차이가 자동적으로 방법상의 차이가 된다. 논변은 이러한 차이로부터 차단되어 있지 않고 오히려 그러한 차이에 의해 성형된다. 그러므로 수렴은 미심쩍은 것으로 여겨지고, 실제로 수렴이 일어난다면 그것은 우발적인 것이다. 과학의 선형적 성격은 안락함이 조성되는 또 하나의 원천이다. 즉 새로이 제기되는 주장이나 가설을 둘러싸고 벌어지는 논쟁은 위협적이지 않은데, 심지어 추상적인 분야들에서도, 모래성의 건설은 부인할 수 없이 확고한 기반이라고 여겨지는 것 위에서 이루어지기 때문이다. 이와는 반대로 해석의 능동적 전체론이 의미하는 것은 확고한 기반이라는 것이 전혀 존재하지 않는다는 것, 심지어 우리의 해석적 결론들이 불가피해 보이는 경우에도, 우리가 생각하기에 달리 생각할 것이 정말 아무것도 없는 경우에도, 여전히 그런 확신의 언표 불능성이 우리를 따라다닌다는 것이다.

우리는 우리의 해석적 신념들이 지닌 무형성(airiness)과 우연성(contingency)의 느낌을 벗어날 수 없는데, 이는 다른 사람들이 우리로서는 생각할 수 없는 것을 실제로 생각하고 있다는 것, 그리고 그들을 납득시키기 위하여 우리가 동원할 수 있는, 또는 우리를 납득시키기 위하여 그들이 동원할 수 있는, 논변의 지렛대가 전혀 존재하지 않는다는 것을 우리가 알고 있기 때문이다. 우리의 이질적인 확신들을 틀림없이 조화시켜 주는 실험 같은 것은 전혀 존재하지 않는다. 하지만 그럼에도 우리에게 남겨진 것은 불확실성일 뿐 허무주의는 아니다. 만약 당신이 그 이상을 원한다면(만약 당신이 해석적 회의주의의 결정타를 원한다면) 당신은 그것을 옹호하는 논변을 펼치지 않으면 안 되는데, 그러나

258

당신의 논변들은 지금 당신이 불만을 느끼고 있는 적극적 논변들과 똑같은 정도로 무형성을 띠고, 똑같은 정도로 논란이 되며, 똑같은 정도로 남들에게는 설득력을 발휘하지 못할 것이다. 그러므로 또다시 모든 것은 결국은 당신이 실제로, 그리고 책임성 있게, 생각하는 바에 달려 있다. 이는 당신의 생각이 그것을 옳게 만들기 때문이 아니라, 그렇게 생각할 때, 당신이 그것을 옳은 방식으로 생각하기 때문이다.

8장 개념적 해석*

의견 대립은 어떻게 가능한가?

도덕 추론은 해석이지만, 협동적 해석이나 설명적 해석은 아니다. 도덕 추론은 앞 장에서 분류한 셋째 유형인 개념적 해석이다. 사람들은 합리성, 정직, 믿음직함, 예의, 품위, 책임성, 무자비, 비열, 둔감, 교활, 잔인성 등 매우 다양한 도덕적 개념들은 물론이고 정당성, 정의, 자유, 평등, 민주주의, 법 등 특별한 정치적 개념들을 함께 발전시켜 왔다. 우리는 정직, 합리, 무자비, 잔인이 무엇인지에 대한 해석들, 또는 정부의 어떠한 행위가 정당한지, 법의 지배가 어떤 때에 위반된 것인지에 대한 해석들을 통해 자신의 도덕적 인격을 발전시킨다. 개념적 해석에서는 저자와 해석자의 차이가 사라진다. 즉 우리는 우리 각자와 해석 대상을 함께 창조해 온 것이다. 철학의 오랜 역사 중 많은 부분은 개념적 해석의 역사다. 철학자들은 자신이 연구하는 개념들을 훨씬 더 자기의식적이고 전문적인 방식으로 해석하지만, 그들은 또한 자신이

---

* 이 장의 번역은 이동민 선생님께서 협업해 주심.

해석하는 대상을 창조하는 데 일조하기도 한다.

이 절의 제목은 분명히 기묘하게 들릴 것이다. 물론 우리는 도덕과 정치에 관해 의견이 일치하기도 대립하기도 한다. 의견이 일치하기 때문에 이런저런 사회 운동과 정치 운동에 동참하며 의견이 대립하기 때문에 쟁투를 벌인다. 그런데 이것을 가능하게 만드는 것이 무엇인지 잠시 생각해 보자. 같은 소리로 들리지만 다른 의미를 지닌 많은 말들이 있고, 이러한 언어적 사실 때문에 우습게도 가짜 일치가 생겨날 수 있다. 만약 당신과 내가 내일 뱅크(bank)에서 만나기로 의견의 일치를 보았는데 당신은 강 가장자리를 뜻한 반면에 나는 돈을 쌓아 두는 장소를 뜻한다면, 우리 사이의 일치는 허상이다. 또한 우리는 도덕적 개념들을 표현하기 위해 사용하는 말에 상이한 의미를 부여하는 것처럼 보이기도 한다. 예를 들어 누진세가 부정의한가 여부를 둘러싸고 의견이 대립된다고 여길 때, 부정의를 판별하는 기준은 서로 매우 다른 것으로 밝혀질 수도 있으며 반드시 그렇게 밝혀질 것이다. 나는 어떤 법이 자유로운 시장 경제의 결과를 교란한다면 부정의한 것이라고 생각할 수도 있고 당신은 법이 고통의 총량을 증가시킨다면 부정의한 것이라고 생각할 수도 있다. 그렇다면 이런 경우 우리 사이의 외견적 대립은 뱅크의 사례에서처럼 왜 허상이 아니란 말인가?

개념의 유형들

도덕적 쟁점에 대한 진정한 의견의 일치와 대립을 설명하려면 우리가 공유하는 방식에 따라 개념의 유형을 구별해야만 한다. 방금 열거한 도덕적, 정치적 개념들은 모두 내가 '해석적'이라고 부를 유형의 예들이다. 어떤 개념의 올바른 용법이 그 개념의 역할에 대한 최상의 정당화에 규정된다고 여김으로써 그 개념의 집단적 사용 행태가 가장 잘 설명될 수 있다면, 그 개념은 하나의 해석적 개념이다. 내가 이 복잡한 관념을 최선으로 상세하게 설명할 수 있으려면 먼저 해석적이지 않은 개념들, 예컨대 뱅크, 책, 정삼각형, 사자 등의 개념들을 우리가 어떻게 공유하는지 설명해야겠다.

우리가 사용하는 개념 중 어떤 것들은 이런 의미에서 규준 의존적 (criterial)이다. 즉 우리가 개념의 실례들을 식별하는 데 동일한 기준을 사용할 때, 하지만 오직 그런 때에 한해서, 우리는 개념을 공유하는 것이다. 정삼각형을 예로 들면, 그 실례들을 식별하는 데에 하나의 특정한 판별 기준(세 변의 길이가 같은 삼각형)을 사용할 때 사람들은 정삼각형의 개념을 공유한다. 그러나 하나의 개념을 이런 방식으로 공유하는 사람들은 어떤 상황에서는 그 올바른 용법에 관한 헛된 의견 대립에 빠지기도 한다. 정삼각형에 관해 우리가 공유하는 기준은 엄밀하지만, 다른 규준 의존적 개념의 적용에 관해 우리가 공유하는 기준들은 그렇지 않다. 만약 우리 모두와 친구 사이인 사람이 탈모를 겪고 있는데, 비록 실제로 그의 머리숱이 얼마나 되는지에 관해서는 의견이 일치할지라도 그가 지금 대머리인지에 관해서는 의견이 불일치한다고 여겨진다면, 우리의 외견적 불일치는 허상이며 또는 우리가 때때로 이야기하듯 단지 용어상의 불일치다. 당신은 두꺼운 팸플릿을 책으로 간주하는데 나는 책으로 간주하지 않는다면, 탁자 위에 놓인 책이 몇 권인지에 관한 우리의 외견적 불일치는 허상이다. 대머리와 책의 개념은, 사람들이 그 적용의 올바른 기준에 관해서는 대체로 의견이 일치하지만 각자가 주변적이라고 여기는 적용 범위에서는 의견이 다르기 때문에, 모호한 규준 의존적 개념들이라고 말할 수도 있다. 표준적 사례들에서 동일한 기준을 사용하기 때문에 우리는 그런 경우에 개념을 공유하고 있는 것이라고 이야기하든, 또는 우리가 사용하는 개념들은 동일한 개념으로 취급해야 할 정도로 아주 사소하게 다를 뿐이라고 이야기하든, 어느 쪽이든 말이 된다. 취지는 동일하다. 즉 불일치가 진정한 것일 때 그것을 진정한 것으로 만드는 것은 우리 기준들의 동일성이라는 것이다.

그런데 우리의 모든 개념들이 일치와 불일치를 가능하게끔 만드는 방식을 설명하려면 그 개념들 모두를 규준 의존적 개념으로 취급할 수는 없다. 당신과 나는 이를테면 피카딜리에서 우리가 마주치는 동물이 사자인지 여부를 둘러싸고 의견이 불일치하는데, 결국 나는 그 크기와 모양에 따라 사자를 식별하고, 당신은 사자 특유의 행동이라고 스스로 믿는 바에 따라 사자를 식별하는 것으로 밝혀진다. 나는 우리가 만난 동물이 사자처럼 생겼기 때문에 사자라고 이야기하고, 당신은 그것이 으르렁거리는 소리 대신에 강한 억양의 영어 소리를 내기 때문에 사자가 아니라고 한다. 우리는 매우 상이한 기준을 사용하고 있지만 그래도 우리는 정말로 의견이 불일치하고 있다. '뱅크' 사례에서처럼 완전히 상이한 것들에 관해 말하고 있는 것이 아니다. 우리의 불일치는 사자의 개념이 모호하기 때문에 허상인 것도 아니다. 대머리 사례에서는 일단 우리의 기준들이 일정한 범위에 걸쳐 상이하고 그 범위에 우리의 경계선들이 모두 포함된다는 것을 수용하고 나면, 우리는 정말로 불일치하고 있는 것은 아니라는 것에 동의하게 된다.[1] 그러나 사자 사례에서는, 우리가 매우 상이한 식별 기준을 사용한다는 것을 이해하게 된 후에도, 우리는 이러한 불일치가 진정한 것이라고 주장한다. 리츠 근처에 서 있는 짐승이 눈에 보이는 모습대로 정말 사자인지 여부에 관해 우리는 의견이 여전히 불일치한다.

규준 의존적 개념이 아니라 (오늘날 많은 철학자들이 일컫는 대로) '자연 종(natural-kind)' 개념이라고 말할 수밖에 없는 개념도 있다.[2] 철학자들 사이에 이견이 있는 이런 개념들의 정확한 성격을 거론하느라 시간을 지체할 필요는 없으나, (매우 개략적이지만 지금 우리에게는 충분한 수준에서 말하자면) 자연 종들은 화학 합성물이나 동물의 종(種) 같은 본성상 고정된 하나의 정체성을 지니는 물체이며, 사람들이 하나의 자연 종 개념을 사용해 동일한 자연적 종류를 지칭하는 경우에 그 개념을 공유하는 것이라고 말할 수 있다. 실례를 식별하는 데에 상이한 기준을 사용하고 또 자신들이 그렇게 한다는 것을 아는 경우에도 사람들은 동일한 자연적 종류를 지칭할 수 있다. 당신과 나는 '사자'가 하나의 독특한 생물학적 종류를 가리킨다고 가정하며, 사자의 생물학적 본질이 무엇이든 우리가 만났던 짐승이 그것을 지니고 있다면, 당신이나 내가 통상 사자를 식별하는 데 사용하는 기준을 충족하든 못하든 그것은 사자라고 가정한다. 만약 당신이 DNA를 이해한다면, 그리고 만약 우리가 보았던 생물이 사자의 DNA를 지녔다는 검사 결과가 나온다면, 당신은 아마 말을 하는 사자의 존재를 인정하기 위해 자신의 의견을 변경할 것이다. 규준 의존적 개념들은 그런 식으로 작동하지 않는다.『모비 딕』인쇄본의 분자 구조에 관해 그 어떤 것을 발견해 내든, 그것으로 그것이 책이 아니라고 당신을 납득시키지는 못할 것이다.

규준 의존적 개념이나 자연 종 개념 중 어느 한쪽이 다른 쪽의 특수한 사례일 뿐이라고 볼 수는 없다. 겉모습과 상관없이 누가 대머리인지를 최종적으로 결정하는 대머리의 본질적 본성이란 존재하지 않는다. 우리는 비트겐슈타인의 지적을 받아들이지 않을 수 없다. 즉 개념은 도구이며 우리의 개념적 도구함에는 상이한 종류의 도구들이 들어 있다는 것이다. 하지만 규준 의존적 개념과 자연 종 개념은 분명 중요한 어떤 점을 공유하고 있다. 사람들이 어떤 개념을 언제 적용할지를 (주변적이라고 그들이 동의하는 사례들의 경우를 제외하고) 최종적으로 판정하기 위한 하나의 결정적인 판별 기준(일종의 판정 절차)을 수용하지 않는 한 사람들은 둘 중 어느 종류의 개념도 공유하는 것이 아니다. 일단 모든 관련 사실들에 관해 동의가 이루어지고 나면 적용에 관한 진정한 불일치는 배제된다. 만약 어떤 동물이 사자라고 역사적으로 지칭되어 온 생물학적 종에 속한다거나 속하지 않는다는 데에 동의하는 경우에도 그것이 '사자임(lionhood)'에 관해 의견이 불일치한다면, 우리는 사자의 개념을 공유하고 있는 것이 아닐 것이다.

개념의 공유를 위한 이러한 조건, 즉 우리가 그 개념을 적용하기 위한 하나의 이상화된 판정 절차를 공유하고 있다는 것은 우리가 공유하는 모든 개념들에 유효하게 적용되는가? 그렇다고 하는 가정이 근래의 많은 법철학을 지배해 왔다. (그리고 내가 보기에는 망쳐 왔다.)[3] 사실 우리는 최소한 개념의 추가적인 한 가지 부류, 즉 하나의 결정적 판별 기준에 관한 의견이 일치하지 않음에도 우리가 공유하고 있는 개념의 부류를 인정해야 한다. 우리가 논의하는 해석적 개념들이 그것이다.[4] 우리가 이런 개념을 공유하는 것은, 일단 여타의 모든 관련 사실들에 동의하고 나면 그 개념들의 적용에서 일치를 보이기 때문이 아니라, 그 개념들의 올바른 적용은 그 개념들이 등장하는 관행들에 대한 최선의 해석에 의해 정해진다는 공동의 이해에 의해서다.

해석적 개념들

패러다임들

사람들은 어떤 개념들은 어떤 가치나 반가치(disvalue)를 지칭한다고 여기되, 그 가치의 성격이 어떻게 규정되고 식별되어야 하는 데 관해서는 의견이 불일치하면서도 관련된 사회적 관행에 공히 참여한다. 정의의 개념과 여타 도덕적 개념들은 우리에게 그런 방식으로 작동한다. 우리는 이것들이 가치라는 것에 대체로 동의하지만, 이들 가치의 정확한 성격에 관해서는 의견이 일치하지 않는다. 우리는 어떤 행위를 정의롭거나 부정의한 것, 옳거나 그른 것, 자유의 침해 또는 예의 없는 행위로 만드는 것이 무엇인지에 관해 의견이 일치하지 않는다. 또한 우리는 그 개념이 올바르게 사용되었을 때 어떤 반응이 요구되거나 정당화되는지에 관해서도 의견이 일치하지 않는다. 그러나 우리는 스스로 그 개념의 패러다임적 실례들과 그런 실례들에 대한 적절한 패러다임적 반응 사례들에 관해서는 그 개념을 공유하고 있는 타인들과 논박하기에 충분할 정도로 의견이 일치한다. 그 가치를 어떻게 성격 규정하는 것이 공유된 패러다임들을 가장 잘 정당화하는지에 대한 논박 말이다.[5]

예를 들면 우리는 다른 영역에서의 커다란 불일치에도 불구하고, 정부가 근면한 빈자들이 생산한 부에 대해 게으른 부자들을 위해서만 쓰일 세금을 부과한다면, 또는 어떠한 범죄도 저지르지 않았다고 알려진 누군가에게 유죄를 선고하고 처벌을 가한다면 부정의할 것이라는 데 의견이 일치한다. 그런 패러다임에 관해서는 우리 사이에 의견이 충분히 일치하기 때문에, 우리 각자는 그 패러다임 상황에 대한 우리의 판단을 정당화하는 정의론이나 정의관을 제안할 수 있고 타인들도 이를 정의론이나 정의관으로 인정할 수 있다. 이러한 이론들은 현격하게 상이할 수도 있기 때문에, 패러다임들 너머로 나가면 각 이론이 허용하는 개념의 적용법은 달라진다. 하나의 해석적 개념을 공유한다는 것은 규준 의존적 개념과 자연 종 개념이 그러하듯 분명 일치에 의존한다. 그러나 해석적 개념의 경우에 요구되는 일치의 종류는 매우 다르다. 특정 상황이 개념의 사례인지를 판단하는 절차에 관한 일치가 아니다. 오히려 해석적 개념의 공유는 실례에 관한 매우 크고 전적으로 통제 불가능한 견해차와 양립할 수 있다. 그것은 또한 그 개념을 공유하는 사람 중 일부가 그 개념이 어떤 가치를 표현한다는 것을 전면적으로 부정하는 사태와도 모순되지 않는다. 어떤 개념(순결, 예절, 애국심)

에 의해 표현되고 있는 내용에는 아무런 가치도 없다고 선언하는 이가 있다면, 그는 그것이 가치 있다고 여기는 사람들 사이에 그 개념의 패러다임에 대한 폭넓은 일치가 있음을 전제해야만 한다. 그러지 않는다면 허구성을 폭로하는 그의 논변은 발붙일 데가 없다.

해석적 개념에 대한 이런 일반적인 설명을 더 엄밀하게 만들려고 애쓰는 것은 잘못된 일이다. 즉 어떤 개념을 특정 공동체에게 해석적인 것으로 취급하기 위해 그 공동체 내에서 패러다임에 관한 일치가 어느 정도로 또는 얼마나 상세하게 요구되는지를 정확하게 이야기할 수는 없다. 하나의 개념이 해석적이라고 전제할 때 공유가 허상이라고 선언하는 반대 전제하에서보다, 그 개념의 기능에 대해 더 나은 이해를 얻게 되는지 여부는 그 자체가 하나의 해석적 문제다. (예컨대 자유주의 사회의 수사학 속에서 작동하는 민주주의 개념이 인민 민주주의 국가에서 동원되는 민주주의 개념과 동일한 개념인지 여부는 적어도 열려 있는 해석적 문제다.) 심지어 매우 근본적인 불일치마저도, "불일치를 보이는 사람들은 단일한 해석적 개념을 공유하되 그 성격에 관해서는 불일치한다."라는 가설로 설명될 수 있다. 또는 "그 불일치는 뱅크에서 만나자는 데 관한 우리의 일치처럼 허상이다."라는 대안적 가설이 더 좋은 설명인지도 해석적 문제로 남는다. 우리는 7장에서 협동적 해석 또는 설명적 해석의 첫 단계는 해당 해석적 문제가 속하는 장르를 식별해 내는 일이라고 했다. 개념적 해석에서도 이에 상응하는 기초 단계가 존재한다. 즉 하나의 개념을 해석적이라고 취급한다는 것은, 관행에 대한 이런 방식의 이해가 외견적 일치나 불일치를 허상으로 간주하는 반대 해석에서보다 해당 관행을 더 잘 해석한다고 가정한다. 여기에서도 해석은 철두철미하게 해석적이다.

정의의 사례에서는, 공유된 해석적 개념인가, 허상의 불일치인가, 라는 이러한 두 갈래 전제 가운데 어느 쪽이 더 설득력이 있는지 고민할

게 없어 보인다. 우리가 정의를 둘러싸고 사회 운동과 정치 운동을 벌이고 심지어 전쟁을 벌이면서까지 투쟁할진대, "우리가 그 용어를 써서 의미하는 바가 무엇인지를 숙고해 보기만 하면 실제로는 불일치의 대상이 될 게 아무것도 없음을 깨닫게 될 것"이라는 진술은 명백하게 오류다. 우리는 정의라는 해석적 개념을 공유하고 있기 때문에, 극히 다양한 정치철학자들의 이론이 그 개념에 대한 경쟁적인 개념관이라는 것을 인식할 수 있다. 공리주의를 비롯한 결과주의를 신봉하는 철학자들은 정의를 요구하는 주장들이 등장하는 관행들을 해석할 때 그 관행들이 사회 일반의 행복 또는 다른 바람직한 목표를 겨냥한다는 상정에 의거한다. 칸트주의 전통에 속하는 정치철학자들은 매우 상이한 해석들을 제시한다. 보편적 의료 보험에 관한 논의를 펴는 정치가들 중에 세련된 정치철학자가 거의 없으며, 그들의 논변도 자기의식적으로 해석적이지는 않다. 그러나 살펴보면 각각의 논변이 드러내는 정의 이론들을 식별하고, 이 이론들이 제도, 사람, 행위들을 정의롭다거나 부정의하다고 일컫는 공유된 관행들에 대한 해석이라고 그들의 논변을 재구성할 수 있다. 만약 이렇게 할 수 없다면, 우리는 우스꽝스러워 보이는 것, 즉 우리의 정치적 논변 가운데 가장 격렬하고 열정적인 논변이 바보 같은 오해에 불과하다는 것을 받아들여야만 할 것이다.

그런데 정의에 관한 해석적 논변이 협소한 순환 논법을 벗어날 수 있을까? 7장에서 가치에 의거하는 해석론을 설명하기는 상대적으로 쉬웠는데, 이는 거기에서 고찰한 해석의 대상들(시, 법률, 시대) 그 자체는 가치들이 아니기 때문이다. 법률이 평등의 가치에 이바지한다는 상정에 의거하여 법률을 해석하는 데에는 순환 논법이 전혀 포함되어 있지 않다. 그런데 도덕적 개념은 그 자체가 가치를 가리킨다. 정의에 관한 관행 속에 잠재해 있는 가치를 정의 개념 자체에 호소하는 무익한 방법에 의하지 않고서 어떻게 식별할 수 있단 말인가? 나는 그 해

답을 6장에서 도덕적 책임성을 논의하는 가운데 이미 제시해 두었다. 우리가 어떤 정의관을 옹호하는 수단은 정의 개념의 관행과 패러다임을 우리의 정의관을 지지하는, 여타 가치들의 더 광범한 네트워크 안에 위치시키는 것이다. 여타의 가치들을 탐험하면서 우리 논변을 이렇게 확장시키는 일은 내가 이야기했듯 논변이 자기 자신에 부응할 때까지 원칙상 계속할 수 있다. 만약 여기에 순환 논법이랄 게 있다면 그것은 가치의 전 영역에 걸쳐 있는 총체적인 것이다. 이것이 제도적 도덕철학과 정치철학의 방법, 즉 예컨대 사회 계약(the social contract) 또는 이상적 관찰자(the ideal observer)의 방법이다. 이 장의 말미에 가서 나는 플라톤과 아리스토텔레스의 도덕 이론과 정치 이론 속에서 더 확장된 예를 제시할 것이다. 하지만 바라건대 가장 설득력 있는 예증이라고 밝혀질 것은 이 책 후반부, 특히 11장에서 시작되는 도덕적 개념에 대한 분석과 15장에서 시작되는 정치적 개념에 대한 분석에서 자리 잡고 있다. 즉 해석적 개념이라는 관념은 이 책 전체를 관통하는 주제 속에서 중요하고 명백한 역할을 수행하고 있는 것이다. 바로 가치의 통일성 말이다.

개념과 사용법

규준 의존적 개념, 자연 종 개념, 해석적 개념 사이의 구별은 사람들이 개념을 사용하고 거기에 반응하는 방식에 의해 정당화되지만, 이러한 구별은 사용법에 대한 해석이지 그 자체가 사용법의 일부는 아니다. 민주주의의 개념을 사용하는 사람들 중에 "민주주의가 무엇인지는 그 개념의 패러다임에 대한 최상의 정당화를 제공하는 정치 이론이 어느 것인지"에 달려 있다는 말에 동의하는 사람은 거의 없을 것이다. 대부분의 사람들은 자기가 이 문제에 대한 규준 의존적인 또는 상식적인 설명에 의지한다거나 아무것에도 의지하지 않는다고 주장할 것이다.

하지만 그렇다고 해도 우리가 그들의 행태를 설명하기 위해서는 해석적 개념이라는 관념이 필요하다. 즉 그들은 왜 지금과 같은 방식으로 민주주의 이론을 지지하거나 반대하는가, 그리고 특정 정부가 민주 정부인지에 관한 그들의 일치와 불일치는 왜 그들이 분명 상정하듯이 진정한 것인가를 설명하기 위해서는 말이다. 사람들은 자기 생각의 여타 부분들을 정당화하는 데 필요한 암묵적인 이론적 구조를 항상 인식하고 있지는 못하며 심지어 자주 인식하고 있는 것도 아니다.

사람들은 책, 사자, 정의에 관해 이야기하면서 스스로 여러 종류의 개념들을 사용하고 있다는 것을 인식하지 못한다. 그들은 개념이라는 개념, 더구나 개념의 유형이라는 개념, 규준 의존적, 자연 종, 해석적 개념이라는 개념 등을 지니고 있을 필요가 전혀 없고, 실제로 대부분의 사람들은 이런 개념들을 지니고 있지 않다. 이런 것들은 철학자들의 관념으로서, 실행에서는 인식되지 않지만 그 관행을 이해하는 과정에서 그것이 하는 역할에 의해 정당화되는 것이다. 지적인 영역의 구조를 조직하는 개념에 대한 우리의 설명은 그 자체가 그 영역에 대한 해석이자, 그 영역을 특징짓는 탐구, 성찰, 논변, 전략 들을 이해하기 위한 장치다. 그러므로 어떤 의미에서 모든 개념은 해석적이다. '대머리'라는 개념이 규준 의존적인 동시에 모호하다는 것을 판정하려면 '대머리'에 관한 관행을 해석해야만 하기 때문에, 그것이 규준 의존적인 동시에 모호하다는 것마저도 하나의 해석적 사실이라고 말할 수 있을지도 모른다.[6] 그렇지만 내가 해석적 개념이라고 부르는 개념은 단지 그런 의미에서만 해석적인 것이 아니며, 그 개념을 사용하는 사람들이 그것이 등장하는 관행들을 해석하고 있다고 이해할 때 가장 잘 이해된다고 하는 추가적인 의미에서 그러하다. 이러한 묘사 속에는 충분한 여유 공간이 존재하므로, 한 집단의 구성원들이 특정한 해석적 개념을 공유하고 있다고 말할 정도로 패러다임에 관해 충분히 동의하는지가 불확실하거나 심지어 비결정적이라고 여겨질 수 있을지도 모르는 곤란한 사례들도 있을 수 있다.

만약 어떤 해석적 개념이 무엇인지를 사람들 대부분이 이해하지 못한다면, 그런데도 그들이 사용하는 개념이 해석적이라고 주장하는 것은 왜 중요한가? 답변의 일부는 내가 여태껏 여러 차례 말했던 것 속에 명시적으로 들어 있는데, 우리는 사람들이 어떻게, 그리고 왜 의견의 불일치를 보이고 논쟁을 벌이는지를 기술할 뿐만 아니라 이해하기도 원한다는 것이다. 우리는 그들 사이의 불일치가 진정한 것인지 알기를 원한다. 그런데 우리는 또한 우리 자신의 논변을 인도하기 위해서도 해석적 개념을 인식할 필요가 있다. 이 책의 남은 지면 대부분은 해석적 개념을 탐구한다. 이것들이 어떠한 종류의 개념인지, 그러므로 우리에게 어떠어떠한 종류의 논변이 필요한지를 이해한다면 우리가 평가상의 책임(judgmental responsibility), 좋은 삶, 도덕적 책무, 인권, 자유, 평등, 민주주의, 법 등에 대한 개념관을 구성하고 시험하는 데 도움이 될 것이다. 그에 대한 이해는 또한, 이들 각 개념에 대한 최선의 개념관은 왜 여타 개념에 대한 개념관에 의존하는 동시에 이바지해야만 하는지를 설명하는 데에도 도움이 될 것이다.

개념이 자리를 옮길 때

어떠한 개념을 막론하고 특정 개념을 우리가 구별한 유형 중의 하나에 속하는 것으로 분류한다는 것은 해석적인 결론이므로, 동일한 개념으로 보이는 개념이 갖는 모든 용법에 대해 그 분류가 유효할 필요는 없다. 일반적으로 '책'의 개념을 규준 의존적 개념이 아닌 다른 것으로 취급한다면 기괴한 일이 될 것이다. 등이 평평하게 제본된 팸플릿을 책으로 간주할지를 둘러싼 거의 모든 불일치는 아무리 뜨겁게 다투어지더라도 바보 같은 용어상의 불일치이지, 책의 개념이 등장하는 관행에 대한 최선의 해석을 둘러싼 깊이 있는 불일치가 아니라고 우리는 여길 것이다. 그렇지만 평소에는 규준 의존적인 개념이더라도 어떤 상황에서는 그 개념에 대한 참신한 해석이 적절하거나 심지어는 필요한데, 이런 상황에서는 그 개념이 분명 규준 의존적이 아니라 해석적인 것으로서 기능하기 때문이다. 대머리인 사람들에게 특별한 소득세 면제 자격이 부여된다고 선언하는 법률이 있다고 상상해 보자. 이 바보 같은 법률은 대머리라는 문제를 진정한 해석적 문제로 바꾸어 놓을 것이다. 즉 공직자, 변호사, 판사들은 대머리에 대한 (꼭 머리카락 수에 의거한 정의가 아닌) 모종의 극히 인공적인 정의를 고안해 내야 할 것이고, 그러기 위해서는 그런 면제의 정치적 의미를 가장 잘 이해할 수 있게 해 줄 정의가 무엇인지를 물어야 할 것이다. 바보 같은 정도가 덜한 예들은 더 그럴듯한데, 예를 들어 책에 대한 판매세나 부가가치세를 면제해 주면서도 '책'의 정의는 내려놓지 않은 법률을 생각해 보자. 평소에는 규준 의존적인 개념들이 그런 식으로 법 안에 삽입되면 해석적이 되는 경우는 흔하다.[7]

게다가 상황에 따라서는, 평소에는 자연 종 개념으로 기능하는 개념들을, 가치가 실려 있지 않기 때문에 해석적이지는 않지만 다른 어떤 방식으로 경쟁의 대상이 되는 것으로 취급해야만 한다. 오늘날 확립되었다고 여겨지는 바에 따르면, 동물과 광물이 속하는 종류를 정하는 요소는 이 자연적 종류들의 가장 기본적인 생물학적·화학적 속성들, 즉 동물의 DNA와 금속의 분자 구조이며, 그 밖의 다른 어떠한 가정으로도 우리 관행들을 이해할 수 없다. 우리 앞에 어떤 동물이 있는데, 만약 내가 이미 유전학을 섭렵했고 그 짐승이 고양이의 DNA를 갖고 있음을 알고도 그것이 아주 몸집이 큰 고양이가 아니라 몸집이 작은 사자라고 주장한다면, 여기에서 밝혀지는 것은 사자가 무엇인지를 내가 오해했거나 당신과 내가 '사자'를 이야기할 때 호소하는 개념이 서로 다르거나 둘 중 하나일 것이다. 그러나 DNA와 분자 구성이 동물이나 금속의 종류를 결정한다는 가정은 과학이 이룩한 성취이며, DNA의 경우에는 비교적 최근의 성취다. 전문가들은 이 속성들이 적용을 둘러싼 문제들을 해결해 준다고 여기는데, DNA나 분자 구조야말로 자연적 종류가 지닌 외양을 비롯한 여타 특성들에 대해 입수 가능한 가장 포괄적인 설명을 제공해 주기 때문이다.[8] 전문가들은 사람들이 실례들을 식별하는 데 사용하는 기준들이 상이한데도 왜 실제로 식별되는 결과는 동일한 동물이나 금속인지를 그런 식으로 설명한다.

하지만 우리는 그런 가정을 흔들지도 모를 추가적인 과학적 발견들을 상상해 볼 수 있다. 새로 발명된 어떤 방사선이 동물의 세포를 변화시키되 무작위로 변화시키는 것이 아니라 다른 어떤 동물의 DNA에 의해 만들어지는 세포로 변화시킨다고 상상해 보자. 이때 동물학자들은 이 현상을 보고하는 두 가지 방식 중에서 선택을 해야 할 것이다. 그들은 동물의 종류는 자기 부모로부터 물려받는 DNA에 의해 정해지며 따라서 그 방사선은 사자의 DNA를 변화시킨다고 가정할 수도 있고, 아니면 동물의 종류는 그 자체의 DNA에 의해 시시때때로 결정되며 따라서 그 방사선은 사자를 고양이로 변화시킨다고 가정할 수도 있다. 그러므로 과학자들이 내리는 선택들과 어떤 짐승이 사자인지에 관해 그들이 취하는 견해는 적어도 일시적으로 분열될 수도 있다. 그리하여 만약 그들의 논변이 동물학의 확립되어 있는 분류 실행들을 지속시키는 가장 유용한 방식에 관한 논쟁의 형태를 띤다면, 사자의 개념이 일시적으로 뭔가 자연 종 개념보다는 해석적 개념과 같은 것이 되어 버렸다고 말하더라도 무리는 아닐 것이다.

규준 의존적 개념들도 경쟁의 대상이 될 수 있다. 최근 세계 천문학자 대회에서 행성의 개념이 다시 정식화되었던 일을 생각해 보자.[9] 이 개념은 평상시에는 규준 의존적이다. 행성들은 자연적 종류물이 아니다. 그러므로 명왕을 행성이라고 부를 것인지 여부는 자의적인 명령에 따라 결정되고 어쩌면 상이한 천문학자들에 의해 상이하게 결정될 경계선상의 쟁점으로 취급될 수도 있을 것이다. 그러나 명왕성을 행성이라고 부르는 이미 정착되어 있는 관행은 "일관성을 추구하려면 태양계에 속하는 수많은 시시한 천체들도 역시 행성이라고 불러야 할 것"이라는 발견과 충돌을 일으켰다. 그래서 천문학자들은 행성 지위(planethood)에 대한 어느 개념관이 행성과 다른 천체들을 구별하는 천문학자들의 용법과 가장 잘 부합하는가? 라는 입법적인 태도를 채택했고, 그 문제를 놓고 세계가 주시하는 가운데 일주일간 논쟁을 벌이는 와중에 신문 헤드라인들은 날마다 입장 변화를 발표했으며 도박업자들이 명왕성의 운명에 따른 배당률을 공시했음은 말할 것도 없다. 결국 명왕성은 지위가 강등되었고, 우리 손자의 눈에 비친 천문학자로서의 내 지위가 필연적으로 강등된 것을 포함하여 다양한 결과들이 초래되었다. 이제 행성의 개념은 갓 형성된 일련의 새로운 기준들과 함께 다시금 규준 의존적 개념인 상태다. 하지만 그것은 말하자면 잠깐의 다른(different) 국면을 통과했다.

도덕적 개념들

도덕적 개념들은 해석적 개념이다. 이 주장은 도덕철학과 정치철학에 대해 매우 중대한 의미를 지닌다. 그것은 예컨대 "철학자들이 정의, 자유, 도덕, 용기, 법에 대해 이 이상(理想)들의 실체적 가치나 중요성과는 무관한 중립적인 '분석'을 제공할 수 있다."라는 인기 있는 생각이 왜 잘못되었는지를 설명하고자 한다. 그것은 '메타윤리학'이 잘못된 발상에서 비롯된 기획이라는 나의 견해를 뒷받침한다. 그러므로 이런 강력한 주장에 어떻게 저항할 수 있을지 살펴보는 것이 현명한 일이다.

정치가들과 철학자들은 부정의의 실례에 관해 의견이 불일치한다.

그들은 누진세가 부정의한가와 같은 문제들이, 머리가 벗겨지기 시작한 사람은 이미 대머리인가의 문제처럼 주변적이거나 경계선상에 있는 문제라고 생각하지 않는다. 한쪽에서는 누진세를 정의의 확고한 요구 사항이라고 여기는 반면, 다른 쪽에서는 그것을 명백하게 부정의하다고 말한다. 그들은 일단 자신들의 기준이 서로 얼마나 다른지를 알고 나면 그들의 불일치가 진정한 것이 아님을 인정하자는 유혹에 빠지지 않는다. 따라서 하나의 해석적 결론으로서, 정의를 비롯한 도덕적 개념은 해석적이라고 상정하는 것이 그럴듯해 보인다.

하지만 이런 표면적 사실에도 불구하고, 사람들이 어떤 높은 추상 수준에서는 옳은 기준에 관한 의견이 실제로 일치하기 때문에 정의는 규준 의존적 개념이라고 하는 반론을 제기할 수도 있다. 그런데 얼마나 높은 추상 수준에서 말인가? 존 롤스는 그의 저서에서, 정의에 관해 의견이 불일치하는 사람들일지라도 "기본적 권리와 의무를 할당하는 데 개인들 간의 어떠한 자의적인 차별도 행해지지 않을 때, 그리고 규칙들이 사회생활의 이득에 대한 상충하는 요구들 간의 적절한 균형점을 결정해 줄 때 제도가 정의롭다는 데 의견이 일치한다."[10]라고 말한다. 그렇지만 그런 매우 추상적인 수준에서조차도 사람들이 기준에 대해 실제로 의견이 일치하는지는 전혀 분명치 않다. 예를 들면 세상의 이런저런 지역에서는 성직자들에게 권위와 특혜를 제공하는 방식으로 신을 숭상하지 않는 정치 제도는 부정의하다는 것이 대중적 견해다. 이 견해가 이의를 제기하는 상황은 자의적 차별이 행해질 때가 아니라 필요한 차별이 행해지지 않을 때이며, 그 불평 속에는 사회생활에서 창출되는 이득의 타당한 분배에 관한 어떠한 요구도 담겨 있지 않다.

정의 개념을 공유하는 사람들 사이의 합의를 우리가 어떠한 추상적인 어구로라도 하나는 묘사해 낼 수 있는지 불분명하다. 그러나 설령 우리가 그런 것을 찾아낸다 해도, 그러한 합의가 정의나 부정의를 식별하기 위한 어떤 판정 절차를 묘사해 주지는 않는다. 오히려 그것은 추가적인 외견적 불일치를 가리킬 뿐, 이후 그 불일치가 지닌 진정한 불일치로서의 성격에 대해서는 설명이 이루어져야 한다. 예컨대 롤스의 제안을 수용한다면, 우리는 정의에 관해 의견이 불일치하는 사람들 모두가 수용하는, 어떠한 차별이 '자의적'이고 무엇이 이득의 '타당한' 균형점인지를 결정해 주는 기준들을 찾아내야 한다. 그런 기준은 전혀 존재하지 않는다.

이와는 다른 침로를 시도해 볼 수 있을지도 모른다. 우리는 정의에 관해 의견이 불일치하는 사람들도 정의와 더 기본적인 도덕적 판단 간의 연관성에 관해서는 의견이 일치하기 때문에 실제로는 적용 기준을 분명 공유하고 있다고 말할 수도 있다. 무엇이 정의롭고 부정의한지에 관한 불일치들은 실은 어떠한 종류의 정치 제도들이 좋거나 나쁜지, 또는 공직자나 기타 사람들이 마땅히 어떠한 방식으로 행위하거나 하지 말아야 하는지에 관한 불일치다. 이런 견해에 입각하면, 우리는 실제로 정의 개념 없이 살아가면서 직접적으로 어떤 제도가 마땅히 수립되거나 되지 말아야 하는지 또는 폐지되거나 되지 말아야 하는지 등에 관해 논할 수 있다. 이런 해법에서 야기되는 한 가지 난점은 명백하다. 즉 사람들은 제도들이 존재해야 한다거나 존재하지 말아야 한다고 생각하는 이유로서 정의의 이유들이 아닌 이유들을 갖고 있다. 따라서 공직자들이 마땅히 누진세를 폐지해야 하는지에 관한 모든 논변을 그 제도의 정의로움에 관한 논변으로 취급할 수는 없는 동시에, 우리가 염두에 두고 있는 개별적 논변들의 특유함을 정의 개념을 재도입하지 않고도 설명할 수 있는지 전혀 명백하지 않다. 오히려 그렇게 하는 것은 불가능해 보인다. 그런데 훨씬 더 근본적이고 관련성이 큰 난점이 있다. 즉 이 전략은 핵심을 회피하고 있는데, 왜냐하면 좋음, 나쁨, 의무, 마땅히 해야 하거나 하지 말아야 하는 것 등의 매우 추상적인 도덕적 개념들 자체가 규준 의존적 개념이라고 가정되고 있기 때문이다.

그러니 정의처럼 복합적인 도덕적 개념들은 잠시 제쳐 두고, 가장 일반적이고 추상적인 것을 포함해서 우리 도덕적 개념들 가운데 하나라도 규준 의존적인 것으로 이해될 수 있는 것이 있는지를 물어보자. 언뜻 보기에 그렇게 이해될 수 있는 것은 하나도 없다. 좋은 것 또는 마땅히 일어나야 하는 것에 관해 의견이 불일치하는 사람들은 그러한 불일치를 처리하기 위한 결정적 기준을 공유하고 있지 않음이 명백하다.[11] 그럼에도 불구하고 뭔가에 대해 권위 있는 또는 무조건적인 이유가 존재할 때는 언제나 그것을 마땅히 해야 한다는 데 사람들이 실제로 동의한다는 이유로 이 개념들은 규준 의존적이라고 말할 수 있을까? 아니다. 그래 봐야 문제를 뒤로 더 멀리 물려 놓을 뿐이며, 그다지 멀리 물려 놓지도 않는다. 무엇이 무조건적인 행위 이유인지 또는 권위 있는 행위 이유인지를 판정하는 기준에 관해 사람들의 의견은 불일치한다. 공유된 기준을 결과를 통해 특정하려고 시도하는 것도 도움이 안 될 것이다. 예컨대 사람들은 뭔가 좋은 것은 증진되거나 보호되어야 한다는 데 동의하므로 좋음의 개념을 공유하고 있다고 이야기하는 것도, 어떤 행위가 그릇된 것이라면 누구든 그런 식으로 행위하는 사람은 비난이나 처벌을 받아야 한다고 이야기하는 것도 도움이 되지 않으리라는 것이다. 사람들은 심지어 그런 명제들에 동의하지도 않을 것이며,(어떠한 종류의 증진이나 보호나 비난이나 처벌이 요구되는가라는 물음을 던지는 순간 모든 외견적인 동의는 사라져 버린다.) 마땅히 보호되거나 증진되거나 처벌되어야 하는 것을 판정하기 위한 기준은 물론 공유하지 않는다. 게다가 뭔가를 증진시킬 이유에는 그것의 좋음 말고도 많은 이유들이 있으며, 누군가를 비난할 이유에는 그 사람의 나쁨 말고도 많은 이유들이 있다. 정의의 사례에서와 마찬가지로, 증진이나 비난의 도덕적 이유들에서 특유한 것이 무엇인지를 도덕적 어휘를 사용하지 않고서 특정할 방법은 어디에도 없다.

그렇다면 옳은 것 또는 좋은 것에 관한 일치나 불일치를 설명하기 위해 이 개념들을 규준 의존적인 것으로 취급하려는 노력은 가망이 없어 보인다. 그렇지만 우리는 또 다른 가능성을 언급한 적이 있다. 어쩌면 이런 추상적 개념들을 규준 의존적 개념이 아닌 자연 종 개념으로 취급할 수 있을지도 모른다는 것이다. 이에 대해 설명해 보겠다. 일부 도덕철학자들은 좋음의 어떤 독특한 속성(우주의 실제 재고 목록이라고 그들이 부르는 것 속에 나타나는 어떤 속성)이 존재하며, 그러므로 도덕 논변은 이 독특한 속성을 어디에서 찾을지에 관한 것이라고 믿는다. 이들 중 어떤 사람들은 이 속성을 적어도 일부 인간들이 직관 능력을 통해 지각할 수 있는 어떤 '비자연적인' 속성(도덕 입자의 문제)이라고 상정한다. 또 어떤 사람들에 따르면 그것은 우리가 평범한 방식으로 지각하는 '자연적' 속성이다. 4장에서 나는 이 두 가지 견해 모두와 그 기초가 되는 인과적 영향 가설을 거부하는 이유들을 제시했지만, 그것들이 제기하는 문제들로 되돌아가는 것이 도움이 될지도 모르겠다.

두 가지 견해는 모두 도덕적 개념들을 사실상 자연 종 개념인 것으로 취급한다. 그 견해에 입각하면, 좋음(goodness)은 사자임(lionhood)과 같은 것이다. 우리는 특정한 동물이 사자인 (또는 사자가 아닌) 것은 그것이 사자의 본질적 본성을 제공해 주는 속성을 (그것이 무엇이든 간에) 지니고 있기 (또는 지니고 있지 않기) 때문이라고 말한다. 이렇게 말하는 사람들 대부분은 그러한 속성이 무엇인지를 전혀 알지 못하고 그러므로 이런저런 동물이 사자인지 여부에 관해 의견이 불일치할지도 모른다. 그래서 이 새로운 입론에 따르면, 자본주의가 좋은 (또는 좋지 않은) 것은 그것이 좋음의 자연적 또는 비자연적 속성의 본질을 제공해 주는 속성을 (그것이 무엇이든 간에) 지니고 있기 (또는 지니고 있지 않기) 때문이라고 이야기하는 것이 사리에 맞을지도 모른다. 이렇게 이야기하는 사람들은 그러한 본질이 무엇인지에 관해 의견이 불일치할 것이다. 그들은 그것이 자연적 속성인지 비자연적 속성인지에 관해, 그리고 만약 전자라면 그것이 어떠한 자연적 속성인지에 관해, 의견이 불일치한다. 그러나 이 새로운 전략에 따르면, 이것이 자본주의의 좋음에 관한 그들의 불일치가 진정한 것이 아님을 의미하는 것은 아니다.

하지만 이 새로운 전략은 성공하지 못하는데, 사람들이 자연 종 개념을 공유하는 것은 어떠한 대상들이 그 개념에 해당하는 것인지에 관해 그들의 의견이 대부분 일치할 때 비로소 가능하기 때문이다. 당신과 내가 어느 동물이 사자인지를 규정해 주는 어떤 본질적 속성이 존재한다는 데에는 의견이 일치하지만 그 본질적 속성이 무엇인지에 관해서뿐 아니라 우리 동물원과 그림책 속에 있는 동물 중 어느 것이 사자인지에 관해서도 일관되게 의견이 불일치한다고 가정해 보자. 이것은 우리가 완전히 상이한 동물을 지칭하는 데에 '사자'를 사용하고 있다는 점, 그리고 피카딜리에 있는 짐승에 관한 우리의 불일치는 결국 허상이라는 점을 시사할 것이다. 우리가 사자를 식별해 내라고 요청받았을 때 특정 사례에 관한 우리의 불일치는 그 밖의 사례에서는 대체로 의견이 일치하는 경우에 비로소 진정한 것이다. 언어철학자들은 이런 현상을 역사적으로 설명한다. 즉 '사자'라는 명칭은 역사에 의해 특정한 동물학적 종류에 귀속되었고, 그리하여 '그것'이 본질적 본성을 지니고 있다고 사람들이 상정할 때 그들은 사람들이 그 명칭으로 불러 온 동물 종류를 지칭한다는 것이다.[12] 이러한 설명은 기준에서가 아닌 실례에서의 수렴을 전제로 한다. 즉 사람들은 무엇이 사자인지를 판정하는 데 상이한 기준을 사용할지도 모르지만, 어느 동물이 사자인지에 관해서는, 적어도 여타의 관련 사실들이 알려진 뒤에는, 의견이 대체로 일치한다. 그러나 어느 대상이나 사람들이 좋은지 또는 어느 행위가 그른지에 관한 우리의 의견은 대체로 그리고 일관되게 일치하지는 않는다. 어림도 없는 일이다. 이 도덕적 개념들이 공유되고 있다고 이야기해도 될 정도로 패러다임들에 관해서는 충분한 일치가 존재한다. 그러나 그런 최소한의 일치는 여타의 모든 관련 사실들에 관해 의견이 일치된 연후에도 불일치가 존속하게 되는 수많은 중대한 사례들을 남겨 놓는다.

그렇다면 우리는 도덕적 개념들이 해석적이라는 것을 받아들여야만 한다. 하지만 그러한 결론을 회피하려는 최종적 시도가 하나 있어 여기에 소개한다. "우리는 도덕의 매우 추상적인 어휘들(좋음의 개념과 우리가 마땅히 해야 하는 것의 개념)을 원초적인 개념, 다른 뭔가를 통해 정의될 수는 없는 개념이라고 이해해야 한다. 우리는 모두 뭔가가 좋다거나 옳다 또는 누군가가 뭔가를 마땅히 해야 한다는 말이 무엇을 의도하는지를 아주 잘 알고 있으며, 다만 우리 모두가 동의하는 판별 기준을 상세하게 제시함으로써 이 개념들을 정의 내리지 못할 뿐이다. 노랑이라는 말이 무엇을 의미하는지를 우리는 모두 알고 있으며 따라서 어느 과일이 노랑인지에 관해 의견이 불일치할 수 있음과 꼭 마찬가지로, 우리가 뭔가가 좋다고 말할 때 무엇을 의미하는지를 우리는 모두 알고 있으며 따라서 자본주의의 승리가 좋은 것인지에 관해 의견이 불일치할 수 있다." 이러한 최종적 논변도 역시 실패한다. 물론 우리 모두는 뭔가가 좋다 또는 뭔가를 마땅히 해야 한다고 말할 때 그 말이 무엇을 의미하는지 알고 있다. 우리의 질문은 이것이다. 즉 우리 모두가 동일한 것을 의미한다는 것을 참이게끔 만들어 주는 것은 무엇인가? 동일한 것을 의미한다고 우리 모두가 생각한다고 말하는 것으로는 충분치 않다. 우리는 우리가 어떻게 옳을 수 있는지를 설명하지 않으면 안 된다. 우리가 '노랑'이라는 말을 써서 동일한 것을 의미한다고 상정하는 것은 우리가 노랑이라고 식별하는 대상들이 동일한 대상이기 때문이며, 의견이 불일치할 때에는 빛이나 감각 기관에 관한 주의를 환기시킴으로써 그 이유를 설명할 수 있다고 생각한다. 하지만 도덕적 개념의 경우에는 그렇지 않다. "도덕적 개념은 해석적이기 때문에 정의될 수 없다."라고 이야기하는 것은 잘못이라는 말을 덧붙여야겠다. 도덕철학과 정치철학은 우리가 차차 보게 되듯이 대부분 그런 개념들을 정의하고자 하는 노력이다. 도덕적 개념의 정의는 언제나 도덕적 해석의 하나이기 때문에, 어떤 유용한 정의도 불가피하게 논란적일 수밖에 없다고 말하는 것이 맞겠다.

상대주의?

위의 논변들은 새로운 상대주의의 위협을 낳는가? 정의나 정직, 그밖에 내가 해석적이라고 불렀던 개념들을 사용하는 관행들은 지역에 따라 서로 다르다. 우리는 인종 차별이나 성차별을 부정의의 패러다임 사례라고 보지만, 정의가 그러한 차별을 용인하거나 심지어 요구한다고까지 생각하는 문화도 있다. 그러면 이런 관행들에 대한 최선의 해석도 그에 상응하여 서로 다를 것이고, 따라서 미국 오하이오 주의 톨레도에서 정의의 요구에 대한 최선의 개념관인 것이 이란의 수도 테헤란에서는 최선의 개념관이 아닐 수도 있다는 결론이 나오지 않을까? 만약 정의가 해석적이라면, 우리는 여성에 대한 조직적인 차별이 관행적으로 행해지는 문화 속에 사는 사람이 그러한 차별이 부정의하지 않다고 말할 때 아무런 잘못도 범하지 않는 셈이 된다는 것을 우려할 수도 있다. 우리는 그의 해석이 자기가 속한 공동체의 관행에 대해서는 맞는다고 생각할 수도 있다. 법적 관행에서 나타나는 유사한 양상들은 이런 생각을 떠올리게 만든다고 보일 수도 있다. 법적 관행은 상이한 정치 공동체에서 상이하게 나타나며, 사람들의 법적 권리와 의무도 물론 그러하다. 만약 정의가 해석적 개념이라면, 정의에 관해서도 사정이 마찬가지면 왜 안 된단 말인가?

이런 우려를 이해하는 데만 해도 하나의 선행 문제가 가로놓여 있다. 전 세계에 걸쳐 그토록 상이하게 나타나는 다양한 실행들을 왜 모두 동일한 개념인 정의 개념을 둘러싸고 수립된 관행이라고 가정해야 하는가? 이 지역들의 대부분에서는 영어 단어 justice가 사용되지 않는다. 즉 우리가 그곳 사람들의 관행들을 정의에 관한 관행이라고 상정하는 이유는 그들이 사용하는 일정한 단어가 우리가 그 단어를 사용하여 상기시키는 가치를 상기시킨다고 상정하기 때문이다.(설령 그들이 justice와 같은 소리가 나는 어떤 단어를 실제로 사용하더라도, 우리가 동일한 가정을 하는 것은 물론이다.) 하지만 만약 그 관행들이 정말 그토록 상이하다면, 무엇이 그러한 번역을 정당화해 주는가? 왜 그들에게는 정의 개념이 전혀 없다고 말해서는 안 된단 말인가?

따라서 상대주의의 위협은 그들의 개념이 우리의 개념이라는 가정을 정당화하기에 충분한 구조적 유사성을 전제한다. 그들은, 부정의하다고 우리가 판단하는 수많은 행위들을 일컬을 때 '부정의하다'라고 우리가 번역하는 단어를 사용해야 하고, 자신들이 부정의하다고 지칭함으로써 초래되는 결과들이, 우리가 뭔가를 부정의하다고 일컬을 때의 결과들과 충분하게 유사한 것이라고 상정해야 한다. 그렇지 않다면 우리의 번역은 잘못된 번역이다. (7장에 나오는 원초적 번역에 관한 논의와 비교해 보라.) 우리가 위협을 상정하려고만 하더라도 인식할 수밖에 없는 그런 구조적 유사성은 그 위협을 또한 해소한다. 우리는 다른 문화들이 정의에 관해 제기하는 실체적 주장들 상당수를 잘못된 주장으로 치부할 수 있다. 즉 우리가 공유하는 귀속과 반응의 패러다임에 대한 최선의 정당화에 의해 거부되는 것이다. 우리는 이런 공유된 패러다임과 구조에 대한 어떠한 정당화가 적절한 것인지를 스스로 판단해

282

야만 한다. 이를테면 성차별을 인정하는 정당화는 어떤 것도 적절하지 않을 것이다. 그들은 정의 개념을 우리와 함께 공유하지만 그 개념을 심각하게 오해하고 있다. 적어도 우리가 그렇게 상정할 수 있다는 점에는 무리가 없다. 이러한 이야기 속에 상대주의는 전혀 없으며, 단지 그들 쪽에서 범하는 오류가 있을 뿐이다.

우리의 번역 작업이 실패하는 경우라면 어떨까? 우리는 어떤 언어 공동체 속에서 우리가 '정의'라고 합당하게 번역할 수 있는 단어를 하나도 찾지 못하고, 그 공동체가 그 개념을 갖고 있지 않다는 결론을 내린다. (하지만) 그들의 행태가 심각하게 부정의할 수도 있다는 것은 여전히 참이다. 부정의하게 행위하기 위해서 반드시 정의의 개념을 갖고 있을 것이 요구되는 것은 아니다. 이런 다른 가닥의 이야기 속에도 상대주의는 전혀 없다.

법에서는 왜 사정이 다를까? 우리와는 다른 지목 제한(zoning regulations)을 채택한 나라들이 법의 개념을 잘못 이해했고, 따라서 그들의 생각과는 달리, 조지 왕조 시대의 건물을 헐어 버리는 일은 우리나라에서와 마찬가지로 그들 나라에서도 실제로 불법이라고 우리는 왜 이야기하지 않는 것일까? 법과 정의에 대한 어떠한 개념관이든 그것이 그럴듯한 개념관이라면, "지방 정부의 결정은 법이 무엇을 요구하는지를 정할 때는 힘을 갖지만 무엇이 정의롭고 부정의한지를 정할 때는 그런 힘을 갖지 못한다."라고 상정해야 하기 때문이다. 상이한 법 이론들은 지방 정부의 결정들이 지니는 힘을 상이하게 이해한다. 하지만 어떤 권능 있는 이론도 그것들이 도덕에서 이루어지는 결정일 때보다는 법에서 이루어지는 결정일 때 더 큰 힘을 인정한다. 심지어 법이 도덕의 한 분과라고 이해하는 경우에도(나는 19장에서 이렇게 주장한다.) 우리는 법이라는 분과와 그 영역의 여타 분과 사이에 존재하는 이런 불가결한 구별을 받아들여야만 한다.

진리

진리를 둘러싼 불일치

나는 철학자들이 관심을 쏟는 다수의 개념들은 해석적 개념으로 취급하는 것이 최선이라고 주장했다. 도덕적, 정치적 개념뿐 아니라 다른 방식으로 철학자들에게 도전을 걸어오는 개념들도 마찬가지다. 진리의 개념에 관한 논쟁은 철학자들 사이에서 끊이지 않는 것 같다. 그 개념은 그들의 이론과 논쟁에 등장하는 대로 해석적 개념인가? 분명 우리는 진리가 무엇인지에 관해 그리고 무엇이 진리인지에 관해 의견이 불일치한다. 이런 불일치 중 일부는 철학적인 것이다. 나는 도덕적 판단들이 참일 수 있는지에 관해 일부 외적 회의론자들과 의견이 불일치한다. 그리고 물론 사람들은 한층 세속적인 수천 가지 방식으로 늘 진리에 관해 의견이 불일치한다. 클레오파트라가 카이사르와 잤다는 것, 또는 우리 우주가 대폭발로 시작되었다는 것, 글렌다우어*가 바보였다는 것, 이라크 침공이 비도덕적이었다는 것 등이 참인지에 관해서 말이다. 이런 다양한 철학적 불일치와 한층 세속적인 불일치들이 분명 그래 보이는 대로 진정한 것이라면, 철학자들을 비롯해 사람들은 진리의 개념을 공유하고 있어야만 한다. 그런데 그들이 과연 그렇게 하고 있는가? 어떻게 말인가?

이제 이런 질문들을 제기할 때가 되었다. 1부에서 나는 도덕적 주장들이 객관적으로 참일 수 있음을 논했다. 지금 2부에서 나는, 더 일반적으로, 해석적 판단들이 참일 수 있음을 논해 왔다. 나는 해석적 판단의 진리 조건들, 그리고 이들이 과학적 주장의 진리 조건들과 어떻게 다른지를 진술하고자 노력했다. 진리는 처음부터 계속 나의 주제였다.

---

* Owain Glendower(1359?~1416?). 헨리 4세에 반란을 일으킨 웨일스의 호족.

하지만 만약 외적 회의론자들과 내가 진리 개념을 공유하고 있지 않다면, 이 긴 논의들은 바보 같고, 뱅크에 관해 우리 사이에 있었던 사이비 일치처럼 허상적이다. 7장에서 나는 해석적 판단을 '참'이라고 부르기를 주저하는 사람들은 그 대신에 '가장 합리적인(reasonable)'이나 '가장 수용할 만한(acceptable)' 같은 다른 단어를 쓸 수도 있다고 말했다. 하지만 그들이 용어는 달라도 동일한 개념을 사용하고 있으리라고 말할 권리가 내게 주어졌을까?

진리는 정의될 수 없는 원초적 관념이라는 것이 오늘날 인기 있는 견해다.[13] 하지만 (좋음의 사례에서 보았듯이) 그것은 이 문제들에 대한 유용한 응답이 아니다. 철학자들을 비롯해 그 밖의 사람들이 동일한 원초적 개념을 공유하고 있는지 여부를 우리는 물을 필요가 있다. 그들은 그 개념을 적용하기 위한 기준을 공유하고 있지 않다. 즉 '참'이 도덕이나 수학 같은 특정 영역에서의 명제들에 적절하게 사용되고 있는지 여부를 판정하기 위한 기준을 말이다. 그들은 크리스핀 라이트(Crispin Wright)가 진리에 관해 했던 "진부한 말들"에 관해서는 의견이 일치할지도 모른다. 즉 예컨대 눈이 하얗다는 명제는 오직 눈이 하얀 경우에만 참이라든지, 또는 명제는 해당 사실들을 정확하게 보고하고 있는 경우에 참이라는 것에 관해서 말이다.[14] 하지만 이런 진부한 말들은 그들이 던지는 질문들에 답하기 위한 판정 절차들을 산출하지 않는다. 철학자들은 어떠한 종류의 사실들이 존재하는지에 관해 의견이 일치하지 않는다.

나는 조금 전에 진리 개념의 세속적 사용과 철학적 사용을 구별했다. 만약 전자에만 주목한다면, 우리는 세칭 '축소적' 진리론에 끌릴지도 모른다.[15] 이 이론에 따르면, 어떤 명제를 참이라고 주장하는 것은 그저 그 명제를 반복하는 것이다. 샘은 대머리다, 물은 아래로 흐른다, 이유 없는 고문은 나쁘다 등을 참이라고 부르는 것은 그저 샘은 대머리다, 물은 아래로 흐른다, 이유 없는 고문은 나쁘다라고 말하는 것이다. 따라서 이런 맥락에서 진리는 규준 의존적 개념으로 기능한다고 말할 수 있을지도 모르는데, 이는 우리 모두가 하나의 판정 절차에 동의하기 때문이다. 즉 만약 사태가 그에 관한 어떤 진술의 주장과 일치한다면 그 진술을 참이라고 일컫는 것이 맞는다고 하는 절차 말이다. 사태가 어떠한지를 진술할 때 우리가 사용하는 개념들 자체는 규준 의존적 개념일 수도, 자연 종 개념일 수도, 해석적 개념일 수도 있다. 위의 예들을 보면 세 가지가 모두 나온다. 하지만 진리 자체는 규준 의존적인 채로 남아 있다고 생각할 수도 있다.

하지만 진리에 관한 철학적 논쟁들 속에 이런 진리론을 취할 수는 없다. 예컨대 도덕적 주장들이 참일 수 있는지 여부에 (또는 과연 축소적 진리 이론이 맞는지 여부에) 관한 논쟁들 말이다. 세속적 용법에서는 진리의 본성에 관한 모든 고민은 일단 우리가 그 잉여성을 이해하고 나면 사라져 버린다. 진리가 무엇인지는 고민할 필요가 없다. 우리가 관심을 두는 것은 오직 샘의 두피, 물의 행태, 그리고 이유 없는 고문이 나쁜지의 여부다. 그러나 철학적 맥락에서는 진리가 여전히 주의가 집중되는 초점이다. 우리는 진리의 본성에 관한 우리의 관심을 다른 무엇에 관한 관심으로 이전시킬 수 없다. "도덕적 판단들은 참일 수 있다."라는 문장은, 도덕적 판단이 참인 경우에 그리고 오직 그 경우에는 맞는 말이지만 전혀 유용성이 없는 이야기다. 철학자들이 도덕적 판단이 참일 수 있는지 여부에 관해 의견이 불일치하는 것은 그들이 진리가 무엇인지에 관해 의견이 불일치하기 때문이라는 사실에는 변함이 없다.

만약 진리를 해석적 개념이라고 이해할 수 있다면 우리는 진리의 본성에 관한 철학적 논변들을 구제할 수 있다. 우리는 철학자들이 제안해 온 상이한 진리 이론들을 힘닿는 데까지 해석적 주장으로 취급함으로써 그 이론들을 다시 정식화해야 한다. 우리는 진리의 추구와 성취를 가치라고 여기는 매우 다양한 관행들을 공유하고 있다. 진리를 말하는 것은 좋다 또는 심지어 진리를 아는 것은 좋다라고 언제나 예외 없이 간주하지는 않지만, 양자 모두가 좋다는 것이 우리의 기본적인 가정이다. 이런 관행들에서 진리의 가치는 버나드 윌리엄스가 포괄적으로 진실함(truthfulness)의 가치라고 부른 다양한 다른 가치들과 교직(交織)되어 있다.[16] 여기에는 정확성, 책임성, 진심, 진정성이 포함된다. 진리는 또한 다른 다양한 종류의 개념들과도 교직되어 있는데, 두드러지게는 실재(reality)의 개념과 교직되어 있고, 믿음, 조사, 탐구, 단언, 주장, 인식, 명제, 단언,* 진술, 문장 등의 개념들과도 교직되어 있다. 우리는 이 개념들 모두(진리 개념들의 부류 전체)를 통틀어 해석해야 하며, 각 개념과 여타 개념들의 관계 아래에서, 그리고 진리 및 진실함의 가치들에 관한 기본적인 가정들 아래에서, 사리에 맞는 각 개념의 개념관을 찾기 위해 노력해야 한다.

그러므로 익히 알려진 철학적 진리론들은 개념들과 관행들을 모두 합친 이 거대한 네트워크를 얼마나 잘 해석하는가에 따라 평가되어야 한다. 예컨대 한때 유행했던 상응론(correspondence theory)은 상응과 실재에 대한 교직된 개념관들을 구성함으로써, 진리를 실재와의 상응이라고 취급하는 일이 (그저 진부한 의미가 아닌) 실질적인 해석적 의미를 얻게 하려는 시도라고 보아야 한다. 만약 성공적이라면 이 개념들에 대한 그러한 해석은 여타 진실성 관련 개념들에 대한 성공적인 해석도 제공해 줄 것이다. 그것은 예컨대 진심(sincerity)의 가치에 관한 윌리엄스의 설명들을 뒷받침해 줄 것이다. 만약 적절하게 다듬어진다면 그러한 해석은 또한 그것이 적용되는 영역들 안에서 진리와 인과 관계의

---

* 원문에서 '단언(assertion)'이라는 단어가 반복되는데 이는 의도된 것은 아닌 듯함.

친숙하고 직관적인 연관성이 갖는 합당한 의미도 밝혀 줄 것이다. 즉 목성이 가장 큰 행성이라는 명제는 목성이 가장 큰 행성인 경우에 참이라는 데 그치지 않고 목성이 가장 큰 행성이기 때문에 참이라고 하는 것의 의미 말이다.

그러나 진리를 상응과 연관시키는 것은 쉽지 않은 기획임이 밝혀졌다. 예컨대 어떤 부정문 명제("카이사르는 마지막 날 밤에 카스카와 저녁을 들지 않았다.")나 복합문 명제("만약 카이사르가 카스카와 저녁을 들었다면 음모를 발견했을 것이다.")가 상응한다고 여겨질 만한 뭔가가 실재 속에 존재함을 입증하려면 어지간한 재주 가지고는 안 된다. 게다가 상응의 실질적이고 적절한 어떠한 의미도 특정하기 어렵다는 것이 밝혀졌다. 어떻게 명제들이 어떤 것과 상응한다고 여겨질 수 있겠는가?

하지만 당분간은 (우리가 그렇게 믿어서가 아니라, 설명을 위한 하나의 예로서) 이러한 문제들이 해결되었다거나 해결될 수 있다고 가정하자.[17] 부정문과 복합문 명제를 비롯한 명제들에 상응하는 실재를 생성시키는, 상응과 실재에 대한 개념관들을 철학자들이 제시할 수 있다고 가정해 보자. 그러면 우리는 다음과 같은 중요한 해석적 질문들에 직면한다. 우리는 (그것이 무엇으로 밝혀지든) 최선의 상응론에 의해 진리 개념의 전부가 남김없이 논해진다고 보아야 하는가? 아니면 우리는 최선의 상응론이 진리 개념들과 관행들에 대한 한층 더 추상적인 해석을 (또는 다른 어떤 특정한 탐구 영역에) 적용한 결과물이라고 보아야 하는가? 바로 그 한층 더 추상적인 해석이 수학이나 도덕 같은 다른 영역들에 적용되면 상응론이 아니라 전혀 다른 이론을 산출할지도 모른다면서?

우리는 7장에서 심리 상태에 의거하는 해석 이론이라는 인기 있는 이론을 논의할 때 이와 유사한 질문과 마주했다. 나는 두 가지 견해를 구별했다. 첫째 견해에 따르면, 이 인기 있는 이론에 의해 해석이 남김

없이 논해지며, 그러므로 해석에서의 진리란 언제나 시인이나 입법자의 의도 같은 이런저런 심리 상태와의 상응의 문제일 뿐이다. 그렇다면 법이나 역사 같은 해석적 장르에서 흔히 있는 일처럼 그것을 참이게끔 만들 수 있는 심리 상태가 전혀 존재하지 않을 때에는 어떠한 주장도 참이라고 말할 수 없다는 결론이 내려질 것이다. 이에 맞서는 둘째 견해에 따르면, 심리 상태에 의거하는 이론은 대화적 해석 같은 어떤 특정한 협동적 해석 장르들에서만 유효하다. 그것이 그러한 장르들에서 유효한 것은 더 폭넓은 범위의 장르들에도 들어맞는 더 추상적인 해설(나는 이것을 '가치론'이라고 불렀다.)이 해당 장르들에 적용된 덕분이다. 나는 둘째 견해를 옹호했다. 심리 상태에 의거하는 이론은 일부 장르들에서는 혜안을 주지만 다른 장르들에 적용하면 들어맞지 않으며, 어느 장르가 그러하며 왜 그러한지를 설명해 주는 것은 더 추상적인 이론인 '가치에 의거하는 이론'이다.

나는 이제 진리 이론들에 관해 그와 동일한 구별을 역설하고자 한다. 첫째로 우리는 진리에 관한 상응론(또는 이에 맞서는 정합론 같은 이론)에 의해서 진리 개념의 전부가 남김없이 논해진다고 여길 수도 있을 것이다. 즉 어떠한 영역에 있는 어떠한 종류의 판단이든 그것이 참이라고 간주되려면 충족해야 하는 조건들이 그 이론에 의해 진술된다고 말이다. 그리고 나면 우리는 선택된 배타적인 진리관이 전혀 적용되지 않는 모든 외견적 지적 활동의 영역을 "진리-적격성"이 없는 영역으로 강등시키게 될 것이다. 예컨대 수학 또는 도덕이 그런 영역에 해당할지도 모른다. 아니면 둘째로 우리는 진리 및 이와 관련된 관념인 실재, 객관성, 책임성, 진심됨 등등에 대한 어떤 매우 추상적인 개념을 정식화하려고 노력할 수도 있다. 이 개념은 우리가 진리 주장들이 역할을 하고 있는 영역들 안에서의 진리를 설명해 줄 후보로서 덜 추상적인 다른 이론들을 구성할 수 있도록 해 줄 것이다.

만약 둘째 전략을 택한다면, 우리는 잉여론, 상응론, 정합론, 실용주의적 이론을 비롯해서 철학자들이 제안해 온 다양한 진리 이론들이 어떤 더 추상적인 진리 이론을 어떤 특정 영역 또는 영역들에 적용하려는 시도라고 볼 것이다. 우리가 저자 의도설을 모든 해석 장르들에 걸쳐서가 아니라 일부 장르들에서 유효한 해석적 진리론의 후보로 취급하는 것과 똑같이 말이다. 그리하여 진리 이론가는 자신의 이론이 그런 더 추상적인 이론을 과학 같은 하나의 특정 영역에 적용하는 최선의 방도를 제공한다고 주장할 수도 있을 것이다. 자신이 지지하는 이론이 과학에서 성공적이라는 이유로 그 추상적 진리 관념을 다른 영역들에 적용하는 방도로서도 당연히 성공적인 것이라고 주장하지는 않으면서 말이다.

획일적인 첫째 전략이 그동안 인기를 끌어 왔다. 철학자들은 과학에 잘 들어맞아 보이는 진리론들을 제시한 뒤, 이를테면 도덕은 그 이론에 입각하면 진리-적격성이 없다고 선언했다. 1부에서 우리는 그런 전략의 치명적 난점을 발견했다. "고문이 그르다는 것은 참이 아니다."라는 명제는 고문이 그르다는 것에 대한 부정 이외의 것으로는 이해할 수 없는데, 그러한 부정은 그 자체가 하나의 도덕적 판단에 대해 진리-적격성에 머물지 않는 진실성이 인정되기를 주장하는 것이다. 또한 "고문이 그르다는 것은 참도 거짓도 아니다."라는 한층 뒤틀리고 기묘한 명제도 "고문이 그르다고 믿는 사람들은 그르다."라는 도덕적 판단에 대해 진실성이 인정되기를 주장하는 것 이외의 것으로는 이해할수 없다. 우리는 이런 역설을 회피하기 위한 다양한 방법들을 고찰하고 배척했다. 우리는 내가 이중 말놀이 전략이라고 부른 것을 비롯해 외견상 더 세련된 형태의 회의주의를 언급했다. 그러나 이것들은 실패하고 마는데, 왜냐하면 이들은 "어떠한 담론도 실은 (또는 근본적으로는, 또는 설명적이거나 철학적인 수준에서는) 진리와 어울리지 않는다."는 것을 부정할 수 있는 여지를 전혀 남겨 두지 않기 때문이다. 따라서 진리 이론을 위한 두 가지 전략 가운데 첫째 전략은 실패로 끝난다.

우리는 둘째 전략을 택해야만 한다. 이것은 처음부터 명백한 이점을 지니고 있었다. 이 전략은 진리와 진실함의 개념들이 현재 중요한 역할을 하고 있는 훨씬 광범한 범위의 관행들에 들어맞는다. 진실함의 관념 속에 모여 있는 진심됨, 진정성, 지적 책임성 등등의 일련의 덕성은 물리과학과 심리학의 영역에 국한된 것이 아니다. 이 덕성들은 도덕, 법, 그리고 다른 해석 장르에서도 똑같이 중요하다. 그러므로 첫째 전략은 좋지 않은 해석 전략에 빠진 것처럼 보이는 셈인데, 즉 해석 자료의 방대한 부분을 처음부터 무시하는 해석을 추구한다는 것이다. 반대로 둘째 전략은 우선 모든 자료에 주의를 기울이는 데서 시작한다.

하지만 우리가 만약 진리 주장이 기본적으로 등장하는 (과학, 수학, 철학, 그리고 가치의) 모든 장르에서 유효하다고 생각할 수 있을지도 모를 매우 추상적인 최고위 수준의 진리 이론을 제시할 수 있다면, 둘째 전략을 옹호하는 더 설득력 있는 주장을 펼 수 있을 것이다. 어쩌면 그것이 절대적으로 필요한 일은 아닐 것이다. 어쩌면 우리는 넓은 범위에 걸쳐 있는 해석적 개념으로서의 진리를 연구할 때 어떠한 전반적인 추상적 정식도 없이 영역별로 나타나는 패러다임에 주의를 기울이는 데 의존할 수 있을지도 모른다. 이 장 앞부분에서 나는 정의의 사례에서 그것이 가능한 일이라는 것을 변호했다. 그렇지만 진리 개념에 대한 모종의 매우 추상적인 진술, 즉 어떠한 지적 영역과도 독립적이고, 상이한 영역에서 진리를 추구하기 위한 규준들이 상이함에도 불구하고 왜 그것들이 모두 진리를 추구하기 위한 규준인지를 설명해 주는 모종의 정식을 찾아내는 것은 유익한 일이다.

그러한 진술은 7장에서 논의되었던 가치 의거적 해석론보다 훨씬 더 추상적이어야 하는데, 왜냐하면 후자의 이론은 해석에서의 진리에 관한 이론이고, 따라서 그 자체가 훨씬 더 추상적인 진리 이론이 해석의 전체 영역에 적용된 것으로 보아야 할 것이기 때문이다. 하지만 그런 최고도로 추상적인 진리 이론이 전적으로 형식적이거나 진부한 것일 수는 없을 것이다. 만약 우리가 그런 이론을 정식화할 수 있다면, 그 이론은 우리의 진리 추구적인 관행과 모든 영역에 걸쳐 있는 그와 연관된 관행에 부합하면서 그 관행들을 정당화해 주어야 할 것이다. 이는 엄청난 요구이며, 그것을 어떻게 충족시킬지를 나는 알지 못한다.

여기 잠정적이고 불완전한 하나의 제안이 있다. 탐구와 진리를 서로 짝이 되고 교직되어 있는 개념들이라고 여김으로써 앞 장에서 했던 것처럼 진리를 탐구의 본래적 목표라고 유용하게 성격 규정하고, 이를 통해 적합한 하나의 최고도로 추상적인 이론을 수립할 수 있을지도 모른다. "진리란 탐구의 도전에 대한 유일하게 성공적인 해법으로 간주되는 것"이라는 진술을 가장 추상적인 성격 규정으로 제안할 수 있을 것이다. 다음으로 각 영역에 맞추어 재단된 더 구체적인 성공 이론들을 찾아내 상이한 각 영역에 적합한 진리의 더 구체적인 규격들을 구성할 수 있을 것이다.[18] 이 상이한 이론들은 큰 상자 속에 작은 상자가 계속해서 끼워지는 식으로 겹겹이 포개질 것이다. 가치 의거설은 해석의 전 영역에 걸쳐 성공을 해명하는 이론의 후보일 것이고, 6장에서 기술했던 도덕적 책임성 이론은 가치 의거설이 도덕의 더 구체적인 해석 영역에 적용된 결과의 후보일 것이다. 성공에 관한, 따라서 진리에 관한, 다른 하나의 이론이 과학에 대해 제시될 것이다. 7장에서 제시했던 구별(연구의 성공이 해석에서는 목적에 의해 정의되어야 하지만 과학에서는 목적에서 분리되어야 한다는 것)은 매우 추상적인 수준에서 진리관들을 구별해 주겠지만, 도덕 영역의 진리관과 과학 영역의 진리관은 둘 다 가장 추상적인 수준에서 바라본 진리에 대한 개념관일 것이다.

이런 개략적인 이야기들은 찰스 샌더스 퍼스(Charles Sanders Peirce)가

진리에 대해 한 이야기 가운데 많은 것들을 최소한 상기시켜 준다.[19] 하지만 우리는 일찍이 퍼스가 말한 것처럼 "진리란, 언제나 또는 단지, 우리로 하여금 자신의 이런저런 욕구를 만족시킬 수 있도록 해 주는 것"이라고 말해서는 안 된다.[20] 그런 이야기는 어떤 사안들, 즉 우리가 다루는 문제가 "무엇이 우리를 만족시켜 줄 것인가"의 문제인 경우에는 맞지만 일반적으로 맞는 것은 아니다. 퍼스의 진술은 자신의 실용주의가 지닌 추상의 수준을 잘못 지목하고 있기 때문에 경솔한 것이었다. 그의 진술은 자신의 실용주의를 상응론, 정합론, 해석적 이론, 또는 이런저런 다른 종류의 이론과 경쟁하는 진리 이론으로 취급한다. 그의 실용주의는 그런 더 특수한 여타 이론들 가운데 어느 것이 이런저런 특정 영역에 적합한 옳은 것인지를 어떻게 결정할지에 관한 더 추상적인 지시라고 이해하는 것이 더 나은 이해인 것 같다. 그러한 독법은 "실용성 있게 작동하지 않는다는 것이 실용주의의 문제"라고 하는 오랜 농담을 해독한다. 적어도 퍼스의 손에서 만들어질 때 실용주의는 그 스스로가 아니라 특유하게 비실용적인 다른 덜 추상적인 이론을 우리에게 추천함으로써만 "실용성 있게 작동"하도록 예정되어 있었다. 어쨌든 과학에서 진리 개념들에 가치를 부여하는 관행들은 "과학에서 진리란 유용한 것, 또는 기쁘거나 흥미롭거나 반어적인 것"이라고 하는 모든 주장을 단호하게 배제하고 있다. 이를 인식하게 되었다는 것은 인간이 이룩한 중요한 성취다.

회의주의 재론

만약 위와 같은 제안을 따르려면, 우리는 5장에서 기술한 비결정성들을 포함해 내적 회의주의의 다양한 형태들 역시 탐구의 도전에 대한 유일하게 성공적인 해법(의 후보)들로 취급할 수 있어야만 한다. 그 장에서 나는 매우 상이한 시대에 매우 상이한 장르에서 활동한 위대한 예술가들의 상대적 우월성에 관한 주장들은 그릇된 판단이라고 말했다. 예술적 가치에 관한 최선의 설명에 따르면 이 위대한 예술가들이 똑같은 가치가 있다는 주장을 포함하여 그런 식의 어떠한 주장도 인정될 수 없다고 나는 말했다. 그것이 내적 회의주의인 것은 예술적 가치에 관한 긍정적인 이론에 의존하고 있기 때문이다. 유머의 개념에 관해서도 동일한 구석이 있는 견해를 취할 수 있을지 모른다. 뭔가가 즐거움의 기미조차 불러일으키지 않는데도 정말 웃기는 것일 수 있다는 것은 우습게 느껴질 것이다. 우리는 뭔가를 유머로 치부하는 판단에 객관적 진리성이 인정되기를 주장한다면 잘못일 것이라는 결론을 내릴지도 모른다.[21]

이제 그러한 내적 회의주의가 내가 방금 스케치한 최고도로 추상적인 진리 이론과 어떻게 조화되는지를 살펴보아야 한다. 진리 주장들이 익히 등장하는 모든 영역 속의 진리 주장들을 액면 그대로 취한 뒤, 다음으로 시초적인 질문으로서, 특정한 영역이 탐구를 중심으로 조직되어 있는 것으로 이해될 수 있는지 여부를 묻는다. 만약 그렇다면, 다음으로 그 탐구에서의 성공에 관한 최선의 이론이 "그 탐구의 유일하게 성공적인 정점(culmination)은 전혀 존재하지 않는다."라는 가정을 지지해 주는지 여부를 고찰한다. 일반적으로든 해당 관행의 이런저런 부분 또는 측면에 걸쳐서든 말이다. 이 질문을 해당 탐구 영역 내부에서 실체적인 것으로 취급하므로 문제가 되는 회의주의는 오직 내적 회의주의뿐이다. 바로 앞 장에서 나는 이러한 예를 제시했다. 어떤 연출가가 「햄릿」의 새로운 공연을 계획하고 있다. 그는 이렇게 물을 수도 있을 것이다. 이 희곡 전체 및 각각의 대사에 대한 해석으로서 언제 어디에서든 이 희곡의 모든 공연을 이끌어야 할 해석은 어느 해석인가? 또는 그는 이렇게 물을 수도 있다. 이 희곡에 대한 나 자신의 반응들, 내가 동원할 수 있는 출연진과 자금, 내가 작업하는 시간과 장소, 그리고 이

근방에서 이루어진 이 희곡의 최근 공연들 등의 조건 아래에서, 지금 나를 이끌어야 할 해석은 어느 해석인가? 나 자신이 보기에는, 그 장에서 내가 제시했던 이유들 때문에, 고전 작품을 무대에 올리는 새로운 공연의 적절한 목표들에 관한 최선의 이론은 이 질문들 중 첫째 질문에 대한 유일한 정답은 전혀 없음을 보여 준다. 하지만 동일한 그 이론은 둘째 질문에 대해서는 유일한 정답이 엄연히 존재한다고 주장할지도 모른다. 설령 그 정답이 무엇인지 연출가가 전혀 확신하지 못하더라도 말이다. 물론 고전 작품을 무대에 올리는 새로운 공연의 타당한 목표들에 관한 나의 견해는 그른 것일 수도 있으며, 이 경우에는 정답에 관한 나의 견해들도 역시 그른 것일 것이다. 여기에서는 모든 것이 실체적이며, 그러므로 모든 것이 작용력을 갖는다.

진리와 방법

우리의 접근법은 또 하나의 중대한 측면에서 다르다. 전통적인 설명들은 모든 영역에 걸쳐 유효하도록 제시되는 진리 이론들과 주제에 따라 상이할 수밖에 없는 적절한 조사 방법론 사이에 명확한 구분선을 긋는다. 이와는 반대로 우리의 접근법은 두 가지 이론 사이에 오직 추상성 정도의 차이만을 인정한다. 우리는 진리 개념에 대한 거의 형식적이고 최고도로 추상적인 정의, 예컨대 탐구에서의 유일한 성공이라는 정의에서 시작한다. 진리에 대한 거의 형식적인 그런 설명을 특수한 영역들에 적용할 때 우리는 더 구체적인 이론들을 산출하며, 이것들은 추가적인 특수화를 통해 각 영역 및 하부 영역에 맞는 별개의 방법론적 편람들로 변화된다. 예컨대 우리가 매우 추상적인 정식을 물리 과학에 적용하여 더 구체적인 결과로서 상응론을 얻는다면, 그 더 구체적인 이론은 이미 과학적 방법론의 원소들을 제공하고 있을 것이다. 이를테면 물리 세계에 관한 명제들의 증거는 그 명제들을 참으로 만드는 사실들에 의해 직간접적으로 초래된 것들로 국한된다는 규칙 말이다. 과학적 방법에 대한 모든 더 상세화된 설명이나 특수 이론(예컨대 입자물리학 또는 생물과학에 맞는 특별한 이론)은 또한 어떤 진리 이론이 더 상세하게 특수화된 것이다.

진리로부터 방법에 이르는 이러한 진행은 해석의 영역들에서도 똑같이 유효하다. 어떤 해석 장르를 위한 진리 이론과 그 장르에서의 건전한 방법에 관한 주장을 옹호하는 더 상세화된 이론 사이에는 명확한 단절이 전혀 없고 오직 추상성 정도의 차이가 있을 뿐이다. 문학 해석에서의 심리 상태에 의거한 진리 이론은 특정 비평가의 「어린 학생들 속에서」 독법의 더 추상적인 형태다. 6장에서 나는 도덕적 진리와 도덕적 책임성의 구별을 강조했다. 그러나 나는 또한 도덕적 책임성을 위하여 요구되는 해석적 추론이야말로 도덕적 진리를 획득하기 위해 우리가 기댈 수 있는 최선의 희망이라고도 이야기했다. 이제 나는 그러한 연관성을 다소 다른 방식으로 표현할 수 있겠다. 도덕적 책임성론은, 도덕적 진리론이 적절하게 구체적으로 특수화된 이론이어야 하며, 도덕적 판단이 진실일 가능성에 관한 모든 회의주의는 도덕적 책임성의 발휘를 통해 적극적으로 획득되어야만 한다. 이는 이 책에서 지금쯤이면 낯익은 곡조가 되었을 내용을 되풀이하여 말하는 또 하나의 방식일 뿐이다. 진정한 도덕적 회의주의는 모두 내적 회의주의일 수밖에 없다. 하지만 이제 우리는 그러한 결론에 다른 방식으로 도달하고 있다. 도덕에서의 진리가 무엇인지에 대한 최선의 개념관을 모색하는 연구를 통해서 말이다.

이러한 논변 속의 그 무엇도 "진리는 언제나 우리에게 달려 있다."라고는 암시조차 하지 않는다. 그런 것은 이미 "진리란 탐구에서의 성공"이라는 가장 추상적인 정식에 의해 배제되어 있다. 과학 영역에서든 해석 영역에서든 우리가 주장하는 진리 속에는 선택적이거나 소심하거나 최소주의적이거나 화평주의적인 것은 아무것도 없다. 진리를 둘러싸고 철학적 논변을 펼칠 때 우리가 서로 다른 차원의 얘기를 하고 있는 것도 아니다. 우리는 실제로 분명 의견이 불일치한다.

적어도 플라톤이 『메논(Menon)』에서 문제를 확인한 이래, 철학자들은 "분석의 역설"에 관해 고민해 왔다. 그들은 진리, 인과 관계, 정의 같은 친숙한 개념들을 분석하고자 하는데, 그들이 의존하는 수단은 각 개념이 의미하는 바를 우리에게 알려 주는 것이다. 하지만 만약 그들이 성공한다면, 그것은 우리의 개념이기 때문에, 그들은 우리가 이미 알고 있는 것만을 알려 주는 셈이다. 따라서 분석이 올바르다면 그 분석은 정보성이 없다. 해석적 개념들이라는 관념은 이러한 역설을 해소시킨다. 해석적 개념에 대한 성공적인 개념관은 진정 새로운 것이다.[22]

두터운 개념과 얇은 개념

우리는 주된 논의로 되돌아온다. 나는 정의, 정직, 배신, 우정의 개념 같은 도덕적 개념들은 해석적이라고 말했다. 즉 우리가 사례들에 관한 의견의 일치와 불일치를 설명할 때에는 공유된 적용 기준을 찾는 데 의존하는 것이 아니라 이 개념들이 등장하는 공유된 관행들을 상정하는 데 의존한다. 우리는 이들 개념에 대한 개념관을 해석을 통해 발전시킨다. 우리는 심지어 가장 추상적인 도덕적 개념들('좋은 것'의 개념과 '마땅히 해야 하는 것'의 개념)도 해석적이라고 상정한다. 좋은 것 또는 옳은 것에 관한 논쟁이 어떻게 진정한 것인지를 달리 설명하는 방법은 전혀 없다.

그런데 해석이라는 관념이 이런 매우 추상적인 도덕적 개념들과는 순조롭게 들어맞지 않는 것처럼 보일지도 모른다. 우정(친구의 유죄를 입증하는 증거를 경찰에게 건네주는 사람은 비난을 받아야 하는지)에 관한 우리 의견의 불일치를 우정에 대한 상이한 해석의 반영이라고 여기는 것은 분명히 사리에 맞는다. 하지만 좋음(goodness)과 의무(duty)

를 그런 식으로 생각하는 것은 이상해 보인다. 우리에게 가난한 사람들을 도울 책무(obligation)가 있는지에 관한 논변을 의무가 무엇인지에 대한 최선의 이해를 둘러싼 논변이라고 생각하는 것은 이상하다는 것이다. 이러한 차이는 다음과 같은 사실, 즉 매우 추상적인 도덕적 개념들의 적용에 관해 의견이 불일치할 때 우리가 해석하는 대상은 규모가 더 작고 초점이 더 좁게 모인 하나의 실행이 아니라 범위가 정해지지 않은 대규모 집합을 이루는 실행들이라는 사실을 반영한다.

버나드 윌리엄스는 도덕적 개념들의 두 부류에 "두터운"과 "얇은"이라는 명칭을 붙이면서 양자가 근본적인 차이를 가지고 있다고 보았다. 그는 도덕적 옳음과 그름, 마땅히 해야 하는 것과 하지 말아야 하는 것 등의 관념을 얇은 개념이라고 불렀는데, 왜냐하면 이들은 거의 무제한적인 범위의 행위 또는 사태들에 결부될 수 있는 칭찬이나 비난의 매우 추상적인 전달 수단이기 때문이다. 우리는 거의 모든 인간 행위에 관해 그것이 도덕적으로 요구된다거나 그르다고 지적으로 이해 가능하게 말할 수 있다. 반면에 두터운 도덕적 개념에서는 그것이 표하는 칭찬이나 비난과 더 구체적인 사실적 기술이 혼합되어 있다. '용감함', '관대함', '잔인함', '믿을 만함' 등은 두터운 개념이다. 이들은 각기 특정한 종류의 행태를 칭찬하거나 비난하면서 또한 기술한다. 따라서 두터운 개념들은 각기 일정한 종류의 행위에만, 즉 그런 특정 종류의 칭찬이나 비난을 받을 만한 후보라고 말할 수 있을지도 모르는 행위에만 적용되는 것이 합당하다. 자선 행위가 도덕적으로 그르다고 말하는 것은 터무니없기는 하지만 최소한 지적으로 이해 가능하다. 자선 행위가 비겁하다고 말하는 것은 (아주 특별한 맥락에서가 아니라면) 지적으로 이해하는 것조차 불가능하다.

일부 철학자들은 얇은 도덕적 개념과 두터운 도덕적 개념의 구별을 오해해 왔다. 어떤 이들은 그것의 중요성을 폄하했고 어떤 이들은 과장했다. 어떤 철학자들은 분석을 통해 그 구별을 제거해야 한다고 주장해 왔다. 비겁의 개념 같은 두터운 개념은 하나의 혼성물로 이해해야 한다고 그들은 말한다. 즉 그것은 비겁한 행위를 식별하기 위한 동일한 기준을 따르는 사람들에 의해서만 공유되는 올곧게 규준 의존적인 개념과, 그러한 행위는 그르다고 하는 감정적 비난이 결합되어 있다는 것이다.[23] 이는 심각한 오해다. 두터운 개념을 해부함으로써 규준 의존적인 기본 개념 같은 것을 적발할 수는 없다.

우리 모두가 어떤 행위를 사실적으로 '비겁하다'고 기술하는지에 관해서는 의견이 일치하고 우리가 과연 그런 행위를 못마땅해하는지와 얼마나 못마땅해하는지에 관해서만 의견이 불일치한다는 것은 참이아니다. 또한 '비겁함'을 해부하여 다른 어떤 사실 기술적 개념(이것에 해당할 수 있는 것은 무엇일까?)과 부정적인 감정적 비난의 합성물이라고 상정할 수 있는 것도 아니다. 어떤 사람을 용감하다 또는 예의없다, 잔인하다, 관대하다라고 일컫는 것이 온당한지 여부는 단순히 그 사람이 어떻게 행동해 왔는지에만 달려 있는 것이 아니라 그의 행위가 지닌 도덕적 감응성(moral valence)에 대한 판단에도 달려 있다. 용감함, 요령, 잔인함, 관대함이 무엇을 의미하는지, 이 용어들에서 기술되고 있는 것이 어떠한 행위여야 타당한지를 판정하려면 해석이 필요하다. 어떤 사람이 용감함이나 예의라고 판단하는 것을 다른 사람은 무모함이나 부정직이라고 부르니 말이다.[24]

또 어떤 철학자들은 그 구별이 도덕 이론 내부의 중요한 분열들을 나타낸다고 여긴다. 예를 들어 윌리엄스는 오직 두터운 개념들에 관해서만 도덕적 지식이 가능하다고 주장하면서, 오직 이 개념들만이, 개별 공동체의 구성원들이 그에 관한 지식을 주장할 수 있기에 충분할 정도로 해당 공동체의 관행들 속에 체화되어 있고 그 관행들에 의해 의미가 부여되고 있기 때문이라고 했다.[25] 오늘날의 많은 철학자들은 일정한 두터운 개념들의 중요성을 강조하기 때문에 자신들을 "덕성 이론가(virtue theorists)"라고 칭한다. 그들은 그런 식으로 자신들의 일반적 접근법을 수적으로 우세한 다른 도덕철학자들의 접근법과 구별하기를 희망한다. 예를 들어 얇은 개념들에 관한 일반 이론을 제시하는 후자의 철학자들로는, 도덕적 의무에 관한 형식적인 설명을 옹호하는 칸트주의자들, 그리고 도덕이 우리에게 언제나 추구하기를 요구하는 선(good)을 정의하는 데 열중하는 결과주의자들이 있다. 하지만 실제로 두 종류의 개념은 어느 쪽도 다른 쪽보다 더 근본적이라거나 더 중심적이라거나 더 큰 정도로 지식의 문제라고 말할 수가 없을 정도로 기능상 상호 관련되고 상호 의존하고 있다. 다른 한쪽이 없다면 어느 쪽도 있을 수 없다. 우리는 얇은 개념들을 결론으로 사용하여 전반적인 도덕적 판단을 표현하지만, 그 판단을 근거 지을 논거로서 제시되는 것은 설령 있더라도 많지 않다. (반면에) 두터운 개념들은 얇은 개념들이 전제하기는 하지만 제시하지는 않는 논거를 제공하는 경우가 많다.

그 차이는 대극적(polar)인 것이 아니라 정도의 차이다. 도덕적 개념들은 두터움의 정도가 상이하며, 각 개념은 상이한 맥락에서 상이한 정도의 두터움을 지닌다. 많은 상황에서, 어떤 사람이 했던 약속을 본인에게 상기시키면서 제시하는 실체적 논거는 그가 배신을 저질렀다고 비난하면서 제시하는 것보다 훨씬 더 많을 테지만, 어떤 상황에서는 더 적을 것이다. 덕성 개념은 가장 두터운 도덕적 개념 축에 들지만, 이들 역시 두터움의 정도는 상이하다. 어떤 사람이 관대하다 또는 예의 있다고 말하는 것은 그가 좋은 사람 또는 덕스러운 사람이라고 말하는 것보다는 정보성이 있지만, 격식에 얽매인 사람이라고 말하는 것보다는 정보성이 없다. 의무와 책무라는 개념은 보통 얇은 개념이라고 여겨지지만, 좋은 것 또는 용납될 수 없는 것이라는 개념보다는 두터운 개념이며, 누군가에게 의무나 책무가 있다고 선언하는 것은 거기에 담겨 있는 요구를 뒷받침하는 적어도 개괄적인 종류의 어떤 논거를 짐작게 하는 신호가 된다. 즉 약속, 임무 인수 또는 역할이나 지위상의 어떤 특별한 책임 같은 것을 암시하는 것이다. 정치적 도덕의 낯익은 개념들 역시 두터움의 정도가 다양하다. 어떤 조세 제도를 '부정의하다'고 평가하는 것은 단순히 그것이 도덕적으로 '문제가 있다'고 선언하는 것보다는 말해 주는 바가 많지만, 그것을 '가혹하다'고 일컫는 것보다는 말해 주는 바가 적다.

두터운 개념과 얇은 개념이라는 두 종류의 개념은 어느 쪽도 다른 쪽보다 도덕에 더 중심적이거나 더 중요한 것이 아니다. 이들은 같이 있어야 인식될 수 있는 단일한 체계를 구성하는 부분들이다. 때로는 어떤 행위를 두고 배신이다, 경솔하다, 잔인하다, 부정직하다, 품위 없다, 인색하다, 불합리하다, 싸구려다, 하찮다, 불공정하다, 경멸적이다라고 말하기보다는 그냥 분명 그르다고 말하는 편이, 또는 어떤 사람을 두고 관대하다, 용기 있다, 고상하다, 사심 없다라고 말하기보다는 성품이 좋다라고 말하는 편이, 관용어나 관행이나 맥락상 더 자연스러운 경우도 있다. 반면에 때로는 더 구체적인 비난이나 주장이 더 자연스러워 보이는 경우도 있을 것이다. 둘 중 어느 경우든, 더 구체적인 판단은 또는 더 추상적인 판단은, 결코 등장하지는 않을지라도 무대 옆에 대기 중인 것이다. 어떤 행위를 불합리하다고 또는 요령 없다고 말하면서 동시에 그 행위가 그렇기 때문에 최소한 어느 정도는 이런저런 방식으로 그릇된 것이기도 하다고 시사하지는 않는다면, 그런 말은 대개 무의미하다. 어떤 것을 그르다고 또는 어떤 사람을 나쁘다고 하면서 왜 그런지 적어도 운을 떼 주는 더 정보성 있는 묘사가 동반되지 않는다면, 그런 말은 대개 기만적이다. 구체적인 개념과 추상적인 개념은 모두 도덕의 레퍼토리 속에서 담당할 그리고 교환할 배역이 있다.

서로 다른 두터움을 지닌 도덕적 개념들 덕분에 생기는 융통성은 다양한 방식으로 유용하다. 상이한 두터움을 지니는 개념들 덕분에 우리는 예컨대 한시적 고려들을 총괄적 판단들과 구별할 수 있다. 우리는 비록 누군가 어떤 경우에 잔인하게 행동했을지라도 그것은 그때 그가 해야 할 옳은 일이었다고 말할 수 있을지도 모른다. 또는 비록 그가 한 행위는 이기적이었을지라도 그는 그렇게 할 권리가 있었으며, 따라서 아무에게도 불평할 권리가 없다고 말이다. (나는 이런 주장들에서 시사될지도 모르는 가치의 충돌이 진정한 것인지를 6장에서 논의했다.) 더 얇은 개념들은 우리가 곤란한 사안 또는 어느 한쪽으로 기운다고 보기가 매우 어려운 사안에 관한 도덕적 결론을 진술하고 싶을 때 특히 적절하다. 우리는 예컨대 친구의 중대한 범죄를 신고하지 않는 사람이 옳은 일을 하는 것이기는 하지만, 만약 그가 신고했더라도 배신을 저지른 것은 아니었으리라고 이야기하고 싶을 수도 있다. 얇은 개념들은 또한 도덕적 이유와 어떤 경우에 품을 수도 있는 다른 종류의 이유들을 대비시키고 싶을 때에도 유용하다. 그런 경우에는 도덕적 이유들을 어떻게든 더 상세하게 특정할 필요가 없다. "나는 이것이 그르다는 것을 알지만 그것을 하지 않고서는 견딜 수가 없다!"[26] 이 모든 방식을 비롯하여 다른 수많은 방식으로, 도덕적 경험은 결론적인 도덕적 개념들과 정보성 있는 도덕적 개념들의 차이에 반영되어 있고 그 차이에 의해 조율된다.

그러므로 현대 도덕철학자들이 대단히 지속적으로 주의를 기울여 왔던 얇은 개념들 중 일부(옳음과 좋음의 개념)가 더 두터운 개념들만큼 외견상 해석적이지 않다는 것은 도덕 및 도덕 추론에 관한 해석적 이해를 가로막는 장애물이 전혀 아니다. 옳음과 좋음의 개념은 분명 해석적인 것으로 기능하지만(그렇지 않다면 우리가 그 개념들의 어휘를 사용하면서 보이는 의견의 불일치가 이렇게 명백할 수는 없을 것이다.) 그것들이 요구하는 해석은 최소한 첫 단계에서는 다른 개념들에 초점이 맞추어져야만 한다. 왜냐하면 더 얇은 개념들은 결론을 내리지만, 그들 자신이 논변으로서 시사해 주는 바는 많지 않기 때문이다. 논변이 필요할 때면, 우리는 더 두터운 개념들 또는 합리성과 정의처럼 두터운 개념들 중 상대적으로 더 얇은 것들을 해석함으로써, 매우 얇은 개념들로만 차려입다가 만 결론들을 복원할 근거들을 찾아낸다.

플라톤과 아리스토텔레스

도덕적 개념들은 해석적이기 때문에, 일상적 도덕 추론과 본격적 도덕철학은 모두 해석 활동이다. 이러한 가설은 우리가 과거의 영향력 있는 도덕철학자들을 더 잘 이해하는 데 도움을 주는가? 나는 앞으로 이 책의 이런저런 단계에서 특정 철학자들의 논변들을 논의함으로써 이 질문에 답하려고 노력할 것이다. 나는 여기에서 우선 해석적 도덕철학을 보여 주는 고전적이고 명백하며 특별히 유익한 예들을 논의하겠다.

플라톤과 아리스토텔레스는 자신들의 도덕 이론과 정치 이론을 구축할 때 지혜처럼 우리가 특유하게 개인적이라고 여기는 것들에서 정의라는 위대한 정치적 덕성에까지 걸쳐 있는 덕과 악덕에 대한 해석을 중심에 두었다. 그들의 논변은 능동적으로 전체론적이다. 그들은 각자 상당히 다른 두 단계로 전개되는 정교한 해석적 논변을 제시한다. 첫째, 그들은 자신이 논의 대상으로 삼은 각각의 덕과 악덕을 분석하기 위해 각각에 대한 개념관을 구성했는데, 그것은 여타의 것들에 대한 자신이 지지하는 개념관에 의존하면서 그것들을 강화해 주는 것이었다. 즉 그들은 이 덕들을 상호 지지하는 도덕적 가치들의 네트워크를 형성하고 있는 것으로 제시했다. 그다음 둘째 단계로, 그들은 그러한 도덕적 개념들의 네트워크와 윤리의 상호 연관성을 찾아냈다.[27] 그들은 도덕적 가치들에 대한 자신의 개념관이 올바르다고 주장하면서, 그러한 개념관을 통해 이해되는 도덕적 가치들을 체현하는 삶이야말로 "에우다이모니아(eudaimonia)"라는 존재 상태를 제공하기에 가장 적합하다고 했다. 현대 영역자들은 "에우다이모니아"를 전형적으로 '행복'이라고 칭하지만 '좋은 삶'이라고 부르는 것이 나을지도 모르는데, 좋은 삶이란 사람들이 그렇게 살려고 노력해야 자기 자신에게 가장 이익이 되는 삶이다.

테렌스 어윈(Terence Irwin)은 플라톤의 초기 대화편에 나오는 소크라테스의 논변들은 해석적이지 않았다고 주장했다.[28] 초기 소크라테스의 방법에서는 개별 덕성들에 대한 정의가 성공적이라면 그것은 환원적인 것이리라고 상정되었다. 즉 성공적인 정의는 덕을 단지 사실 기술적으로만 성격 규정하리라는 것이다. 예를 들면 초기 대화편에 나오는 올곧은 사람들 가운데 하나는 용감함에 대한 환원적인 정의를 내놓는다. 그의 말에 따르면 용감함이란 위험에 직면해서도 꿋꿋함을 유지하는 것이다.[29] 초기 소크라테스는 자기한테 환원적 정의를 제시하고자 하는 사람들의 모든 시도가 불충분함을 보여 주지만, 자기 나름의 환원적 정의를 제시하지는 않는다. 오히려 그는 자신에게는 그런 것을 구축할 능력이 없다고 반복적으로 이야기한다. 반면에 『국가(Republic)』에 나오는 소크라테스는 각각의 덕에 대한 개념관을 제시하는 일에 무척 적극적인데, 그러나 그는 환원적이어야 한다는 구속은 포기해 버리고 해석적인 방식을 채택했다.

소크라테스는 용기, 절제, 지혜, 정의에 대한 개념관을 제시하는데, 이들 개념관이 보여 주는 바에 따르면 이 덕들은 각기 서로 뚜렷하게 구별되지만("앎은 모든 덕으로 구성되기 때문에 모든 덕은 하나"라는 초기 소크라테스의 생각은 거부된다.) 그럼에도 그들은 상호 의존적이어서 각각의 덕에 대한 정의는 여타 덕들의 가치에 대한 호소를 포함하게 된다. 예컨대 용기는 절제와 동일한 것이 아니지만, 용기는 절제와 무관한 방식으로 정의될 수 없다. 하지만 먼저 트라시마코스(Thrasymachos)에 의해, 다음으로는 글라우콘(Glaucon)과 아데이만토스(Adeimantos)에 의해, 서로 다른 방식으로 표현되고 있는 『국가』의 거대한 과제는 소크라테스로 하여금 내가 구별했던 해석의 둘째 단계로 나아가게 한다. 그는 정의와 행복의(전자 속에 모여 있는 도덕적 덕들과 후자의 윤리적 포부의) 연관성, 즉 누구든 정의로운 사람이라면 어떤 부정의한 사람보다 더 행복할 수밖에 없게 되는 연관성을 찾아내도록 요청받는다.

플라톤은 자신의 정의에 대한 관념과 좋은 삶에 대한 관념을 서로 무관한 방식으로 구성한 후 그다음에 이들의 상호 의존성을 발견한 것이 아니다. 그는 당시에 보통 이해되고 있던 것처럼 정의가 행복을 제공해 준다고는 주장하지 않았다. 오히려 그는 트라시마코스가 행복이라고 여기는 것은 진정한 행복이 아니라고 말했다. 플라톤의 정의관은 현저하게 직관에 반한다. 그는 정의 개념을 분석하여 거기에 주체가 지닌 영혼의 상태가 포함되도록 한다. 그가 모색하는 것은 정의로운 행위에 대한 설명이 아니라 정의로운 사람에 대한 설명이다. 그는 우선 정의로운 사람은 타인에게 마음을 쓰는 사람이 아니라 "자기 현존의 좋음"에 마음을 쓰는 사람이라고 규정한다. 물론, 누구든지 해석적 접근법을 사용하는 철학자라면 그래야 하듯이, 플라톤은 자신의 정의관이 하나의 정의관으로 인정되기에 지나치게 반직관적이지는 않음을 보여 주려 애쓴다. 그는 개명된 "자기 증진"이 어떻게 사람에게 타인의 안녕에 대한 관심을 불러일으키는지를 설명하려고 노력한다. 앞으로 보게 되듯이, 칸트를 비롯한 다른 많은 철학자들도 매우 유사한 전략을 따라 왔다. 플라톤의 논변에 설득력이 없을 수도 있지만(어윈은 그의 논변에 대한 유력한 반론들을 논의하고 있다.) 그의 논변을 이끄는 것이 해석적인 전략임은 분명하다.

플라톤의 해석적 논변은 다차원적이다. 그것은 정의와 행복뿐 아니라 용기와 절제에 관한 설명도 포함하고 있다. 게다가 그것이 목표로 삼는 각각의 덕에 대한 개념관들은 서로 위계 있지 않고 상호 지지적이다. 그는 행복론에서 시작하여 이에 들어맞도록 덕성론을 만들어 내는 것이 아니다. 오히려 그의 행복론은 처음에는 반직관적이어서 덕성에 맞게 해석적 조정을 거쳐야만 최종적으로 정당화될 수 있다. 행복이 영혼의 질서 상태임은 당연하지 않다. 그것은 쾌락과 여타 친숙한 행복의 요소들을 고려하지 않는 것처럼 보인다. 그래서 플라톤은 자신의 행복론이 사람들이 보통 그 이름으로 추구하는 것에 걸맞은 해석임을 보여 주려는 추가적인 과제에 임하지 않을 수 없다. 그러므로 그는 해석의 네트워크를 훨씬 더 넓게 확장하여, 거기에 『국가』 제9권과 이후 『필레보스(Philebus)』에서 제시되는 쾌락에 대한 설명을 포함시켜야만 한다.[30] 이 설명은 쾌락이, 단지 사람들이 희구하는 경험이 아니라 좋은 삶의 부분에 불과하지만, 그러면서도 불가결한 부분임을 보여 준다. 이 놀라운 전체 구축물은 성공적이든 아니든 상관없이 해석으로서의 도덕을 보여 주는 하나의 패러다임이다.

아리스토텔레스의 『니코마코스 윤리학(Etika Nikomacheia)』도 역시 해석적 방법을 보여 주는 훌륭한 사례다. 아리스토텔레스는 덕성에 대해 설명하기 시작하면서 그 각각을 두 악덕 사이의 중용으로 위치시킨다. 용기가 요구하는 바를 이해하려면 비겁한 것과 무모한 것 둘 모두와 대조시켜야 하고, 절제의 의미를 이해하려면, 음식, 술, 성애를 향한 비이성적 충동에 대한 과도한 관심인 무절제와, 그런 것들에 대한 지나친 무관심인 둔감함과 대조시켜야 한다는 식이다. 중용의 학설은 해석적 장치다. 개념적 해석은 보통, 아리스토텔레스도 하듯이, 해당 덕의 인식이 어떻게 다른 가치의 증진에 도움이 되는지를 보여 주는 방법으로 그 덕의 개념관을 옹호한다. 중용의 학설이 작업하는 방식은 이와 다르다. 그것은 그 덕과 사전 인지된 두 개의 악덕에 대한 병렬적인 설명을 구성하는 방법으로 그 개념관을 옹호하는데 이는 처음에는 해당 덕의 개념관을 유예하는 것처럼 보일 수도 있다.

덕을 두 악덕 사이의 중용으로 묘사하는 것은 해석적인 결론이 아니라 해석을 인도하는 전략이다. 해석적 과제는 두 악덕 사이에서 덕이 차지하는 외견상의 중간적 위치를 해명해 주는, 덕성론을 찾아내는 일이다. 우리가 이 일을 해내기 위해 골디락스 품목* 같은 것을 밝혀내는 데 의존할 수는 없다. 무절제에는 너무 많이 있고 둔감함에는 너무 적게 있으며 절제에는 딱 적정량이 있는 셈이 되는 어떤 것이 그것이라고 하면서 말이다. 절제는 덕이고 무절제는 악덕인데, 이는 무절제한 사람이 절제 있는 사람보다 더 많은 즐거움을 삶에서 취하기 때문이 아니라, 그가 그릇된 것에서 즐거움을 취하기 때문이다. 그러므로 우리가 유예 전략을 유지할 수 있는 유일한 방법은 무한정 즐거움을 취할 만한 올바른 것들을 밝혀내고 다음으로는 즐거움을 조금만 취해도 (또는 많이 취하면) 그릇된 것들을 밝혀내는 것이다.

아리스토텔레스는 이렇듯 옳은 것과 그른 것을 밝혀내는 과정에서 다른 매우 많은 인접 개념들을 등장시켜 활용한다. 즉 일부 주석가들이 미적 개념이라고 여기는 곱다(fineness)는 개념과 짐승 같다(bestiality)는 윤리적 개념이 그 예다. 이렇게 괄호를 치는(bracketing) 장치는 그의 해석적 도구들 가운데 하나일 뿐이다. 그는 각각의 덕을 삼각 구도 속에 배치하기 위해 그와 관련되는 악덕의 친숙한 의미에 의존할 뿐 아니라 탐구 대상인 덕과 교차되는 다른 덕들에 호소하기도

---

* '골디락스 품목'이란 동화 속 주인공 골디락스가 곰 세 마리가 사는 집에 들어가 곰들의 여러 가지 물품들을 이용하려고 선택할 때, 넘치는 것, 모자란 것, 적정한 것 중에 매번 셋째 것을 택했다는 이야기에서 나온 비유적 표현임.

한다. 그래서 용감한 사람은 비겁한 사람이 두려워하는 것은 두려워하지 않지만, 불명예와 치욕은 정당하게 두려워한다. 심지어 외견상으로는 관계가 없는 시민적 긍지와 책임 같은 덕들도 용기를 설명하는 데 등장한다. 용감한 사람은, 항해 중에 닥치는 죽음의 위협 같은 자연적 위협들에 직면할 때는 몰라도, 시민으로서 자기 공동체를 위해 싸울 때는 심지어 가망이 없는 전투에서도 꿋꿋하게 자리를 지킨다. 시민에게는, 불명예에 대한 두려움이 "덕에 의해 야기된다. 그 원인이 수치심, 뭔가 고운 것(명예)에 대한 욕구, 그리고 수치스러운 비난에 대한 혐오 등에 있기 때문이다."[31]

개별 덕성에 관한 아리스토텔레스의 논의는 개념적인 도덕적 해석의 첫째 단계에 해당한다. 그것은 도덕적 개념들에 관심을 집중한다. 그의 논의는 둘째의 윤리적 단계를 제공하는 더 일반적인 선행 논의를 배경으로 한다. 덕에 관한 그의 논의는 먼저 "에우다이모니아"는 가장 완전한 덕에 따른 활동, 완전한 삶으로 성취됨을 주장한 뒤에야 비로소 시작된다. 그의 말에 따르면, 덕 있게 사는 것은 좋은 삶의 필요조건이지만, 충분조건은 아니다. 덕 있는 삶도 프리아모스*가 트로이에서 겪은 것과 같은 커다란 불운 때문에, 또는 가난 때문에 망쳐질 수 있기 때문이다. 비록 덕 있는 삶일지라도 가난이나 끔찍한 불운에 의해 저주받은 삶을 좋은 삶이라고 할 사람은 아무도 없을 것이다. 그러나 부유하고 행운을 누리고 자기 삶에 최대한 만족하는 사람이, 평범한 관점에서 보면 완벽하게 행복하겠지만, 그럼에도 아리스토텔레스의 개념관에 따른 행복은 갖지 못할 수도 있는데, 이는 그가 덕이 있는 활동을 하며 삶을 살지 않기 때문이다.

아리스토텔레스가 덕과 행복 사이에 수립하는 연관성은 플라톤에서

---

* 트로이의 최후의 왕.

의 그것과 똑같이 해석적이다. 그것은 다차원적이며, 위계적이기보다는 상호 지지적이다. 우리가 행복(좋은 삶)을 어떻게 이해하는지는 각각의 덕을 어떻게 이해하는지에 달려 있으며, 후자는 다시 우리가 여타의 덕들을 각각 어떻게 이해하는지에 달려 있다. 그런데 우리가 덕들을 어떻게 이해하는지는 또한 행복이 무엇인지에 대한 독립적인 이해의 영향을 받는다. 아리스토텔레스는 자신의 덕성론을 부단히 점검하기 위해서, 그렇게 이해되는 덕에 따라 사는 삶이 통념적 견해, 특히 '현명한 사람들'의 견해에서 행복하거나 성공적인 삶으로서 승인될 것인지를 묻는다.(예컨대 행복에서 쾌락이 하는 역할에 대한 그의 설명을 보라.[32]) 이 마지막 요건은 해석의 나사를 한 번 더 돌리는 셈이라 할 수 있다. 우리가 만약 현자들은 그 자신이 덕이 있기 때문에 특별히 덕을 잘 판단한다고 가정한다면 말이다. 아리스토텔레스의 논변이 순환 논법이라고 비난한다면 심각한 오해인데, 이는 그 논변이 광범한 관점에서 순환적이지 않기 때문이 아니라, 바로 그런 순환성이 그 논변의 실패가 아닌 성취이기 때문이다.[33]

마지막으로 우리는 아리스토텔레스가 특별히 중요하다고 여기는 추가적인 해석의 차원에 유의해야 한다. 그는 행복을 더 잘 이해하고 따라서 덕을 더 잘 이해한다는 기획은 추상적인 이론적 탐구가 아니라 행위를 목표로 삼는 탐구라고 선언하며, 여기에서 행위는 주로 정치적 행위라고 한다. 『니코마코스 윤리학』은 정치학적 탐구라고 그는 말한다. 우리가 행복을 이해할 필요가 있는 것은 좋은 국가를 건설하기 위해서이며, 좋은 국가란 사람들이 좋은 삶을 살 수 있게 하고 좋은 삶을 살도록 북돋워 주는 국가이다. 다시 한 번 이것은 일방통행식의 연관이 아니다. 우리가 좋은 정부를 좀 더 잘 이해하려면 바로 이 좋은 정부가 북돋울 행복과 덕을 잘 이해해야 한다. 하지만 또한 우리가 덕을 더 잘 이해하고 따라서 행복을 더 잘 이해하려면 다른 방향으로도 생각을 해야 한다. 어떠한 개인적 품성들이 우리가 좋다고 상정하는 종류의 국가 안에서 좋은 시민이 되는 데 기여하는지를 물어야 하는 것이다. 정치는 아리스토텔레스의 해석적 분석에 셋째 단계를 추가해 준다. 정치는 결국 우리에게도 마찬가지 역할을 하게 될 것이다.

3부

윤리

9장 존엄성*

도덕은 닫혀 있나?

　플라톤과 아리스토텔레스는 도덕을 하나의 해석적 장르로 다루었다. 그들은 먼저 도덕적, 정치적 주요 덕목 및 의무의 진정한 성격을 보여 주기 위해 서로를 연계한 다음 이러한 덕목과 '행복'이라고 축약되는 폭넓은 윤리적 개념에 연계했다. 1장에서도 말했듯이 나는 '윤리'와 '도덕'이라는 용어를 특별한 방식으로 사용한다. 도덕적 기준이 우리가 타인을 어떻게 다루어야 할지를 규정한다면 윤리적 기준은 우리가 각자의 삶을 어떻게 살아야 할지를 규정한다. 우리는 다른 많은 이들처럼 '윤리'와 '도덕' 또는 두 용어 모두 이 차이를 무시하고 폭넓은 방식으로 사용할 수 있다. 즉 도덕은 내가 윤리라고 칭한 것을 포함하고 그 반대도 마찬가지인 방식이다. 그렇다면 우리는 다른 용어들 사이의 차이점을 인정함으로써, 자신의 좋은 삶에 대한 욕구가 타인에 대한 배려를 정당화하는지 물어야 할 것이다. 이런 다른 용어들은, 플라톤과

＊ 이 장의 번역은 연세대학교 법학전문대학원 김정오 교수님께서 협업해 주심.

아리스토텔레스의 주장이 의미했듯이, 우리의 도덕성이 우리 자신의 행복으로 귀결되는 방식으로 도덕적 원리들이 해석되어야 한다는 흥미로운 생각을 더욱 발전시켜 줄 것이다.

이 장에서는 그 해석적 프로젝트를 시작한다. 우리는 윤리적 기준 (잘 사는 것이 무엇인가에 대한 개념관)을 찾아, 그 기준이 도덕적 개념의 해석을 예인해 줄 수 있는지 알아본다. 물론 겉으로는 장애가 있다. 이 전략은 도덕적 책임성을 우리 자신에게 최선이 되는 방식으로 해석하는 것이고 그러한 목표는 도덕의 정신에 반하는 것처럼 보인다. 도덕은 도덕성이 가져오는 혜택에 의존해서는 안 되기 때문이다. 하지만 우리는 이 반론을 익숙한 철학적 구별로 대응해 볼 수 있다. 즉 도덕적 원리들의 내용은 절대적이어야 하지만 그러한 원리들의 정당화 이론은 그러한 원리들의 수범자들의 장기적 이익에 지속적으로 호소할 수 있다는 것이다.

예를 들어 거짓말이 단기 이익에 부합하는 경우에도 거짓말을 금지하는 원리를 받아들이는 것이 모두의 장기 이익에 부합할 수 있다. 사람들이 각자의 단기 이익에 맞게 거짓말을 하기보다 이런 종류의 자기 부정적 규칙을 받아들이면 모두가 혜택을 본다. 그러나 이러한 작전은 흡족하지 않아 보인다. 우리는 우리가 도덕적이어야 하는 이유가 우리의 장기적 이익 때문이어서는 안 된다고 믿기 때문이다. 도덕적 원리의 근거와 정의는 모두 그 이익이 장기적이라 할지라도 우리의 이익과는 독립적이어야 한다는 엄숙한 입장에 우리는 끌린다. 덕성은 그 자체가 덕성에 대한 보상이어야 한다. 우리는 의무를 이행하면서 어떠한 혜택도 요구해서는 안 된다.

그러나 이러한 엄숙주의는 우리가 도덕의 해석적 이해를 추구하는 데 심대한 장애를 가한다. 엄숙주의는 내가 플라톤과 아리스토텔레스의 논의에서 구별해 낸 첫 단계는 허용하지만 두 번째 단계는 허용하지 않는다. 우리는 우리의 특유하게 도덕적인 신념들 속에서 통합을 시도해 볼 수 있다. 우리는 우리가 인정하는 도덕적 의무, 책임, 덕성을 열거하고 이 신념들을 해석적 질서, 즉 이러한 이념들이 서로를 강화하는 네트워크로 수렴할 수 있다. 아마도 우리는 공리주의 원리와 같이, 구체적인 요청이나 이상을 정당화하는 매우 일반적인 도덕적 원리들을 찾을 수 있다. 또는 반대 방향으로 진행할 수도 있다. 즉 매력적으로 느껴지는 매우 일반적인 도덕 원리들을 먼저 찾은 후에 우리가 승인하는 구체적 신념들이 이 원리들과 부합하는지를 보는 것이다. 그러나 이 전체적인 해석을 그보다 더 큰 가치의 체계 안으로 포섭시킬 수는 없다. 우리는 우리의 도덕적 신념들을 인간이 가지고 있는 다른 목표나 열망들에 비추어 정당화하거나 검증할 수 없을 것이다.

이는 실망스러운 일이다. 우리는 우리의 도덕 내에서 통합을 추구하지만 진정성도 추구해야 한다. 진정성은 우리에게 도덕 특유의 고려들을 벗어나 어떤 형태의 도덕적 통합이 우리의 인격과 삶에 대한 우리의 욕구와 부합하는지 질문할 것을 요구한다. 엄숙주의는 그 질문을 가로막는다. 물론 6장에서 보았듯이 우리가 진정성 있고 옳다고 믿는 도덕적, 정치적 그리고 윤리적 가치들을 완전히 통합하기는 어렵다. 그렇기 때문에 책임성은 계속되는 사업이며 완성된 과제가 아니다. 그러나 우리는 더 넓은 체계를 탐구함으로써 그 사업을 더욱 확대할 수 있다.

엄숙주의는 다른 방식으로도 실망을 준다. 철학자들은 왜 사람들이 도덕적이어야 하는지를 묻는다. 우리가 엄숙주의를 받아들이면, 우리는 "도덕이 그렇게 요구하기 때문이다."라고 답할 수밖에 없다. 물론 그것이 완전히 부당한 답은 아니다. 정당화의 체계는 한계점에 있어서는 항상 순환 논리적이며 도덕이 자신을 스스로 정당화한다는 것, 즉 도덕이 그것을 요구하기 때문에 도덕적이어야 한다는 것도 과도하게 순환 논리적인 것은 아니다. 그럼에도 도덕적이어야 하는 이유를 철학자들이 파헤친 것은, 부담스러운 도덕이 우리는 원치도 않고 무너져 내리길 바라지만 항상 힘들고 고통스럽게 넘어야 할 산처럼 단지 "거기에 있다."는 이유만으로 우리의 삶에 그러한 권위를 발휘하는 것이 이상하다고 생각했기 때문이다. 도덕이 우리에게 제약일 뿐 가치는 없는 그런 부정적인 방식이 아닌 다른 방식으로 인간의 목적과 욕망들과 연결되어 있다고 생각했으면 한다.

그래서 나는 도덕이 절대적이라는 뿌리치기 어려운 생각들을 새롭게 이해하고자 한다. 도덕적 원리를 따르면 누군가의 또는 모두의 욕구를 단기 또는 장기적으로 충족시킨다는 이유로 그 원리를 정당화할 수는 없다. 욕망이 개명된 욕망이거나 인간 본성에 내재한 보편적인 욕구라 할지라도 욕망의 존재는 도덕적 의무를 정당화할 수 없다. 그렇게 이해하면 도덕이 우리의 이익에 봉사할 필요가 없다는 것은 단지 흄의 이론의 귀결일 뿐이다. 플라톤과 아리스토텔레스가 그랬고 지금 우리의 작업이 제안하듯이 윤리와 도덕을 결합시키는 것은 금지되지 않는다. 이 작업 아래에서는 윤리는, 단순히 사람들이 심리학적으로 우연히 또는 필연적으로 원하게 된 것 또는 자신의 이익으로 삼은 것을 의미하지 않고 하나의 이상을 의미하기 때문이다.

우리는 무엇을 개인적 목표로 삼을 때 타인에 대해 가진 책무감, 의무감, 책임감들과 부합하고 이들을 정당화할지를 명제화해야 한다. 이러한 묘사는 칸트의 도덕 기획과 부합하는 것처럼 보이며 이에 대해서는 아래에 더 설명할 것이다. 형이상학적 자유로움에 대한 칸트의 개념관은 그의 도덕 이론에 대해 지배적인 정당화 근거로 작용하는 윤리적 이상으로 가장 찬란히 빛난다. 우리의 해석 작업이 덜 정초적(foundational)인 이유는 단지 자명하게 더 전체적이기(holistic) 때문이다. 우리는 도덕적 개념들의 해석을 예인할 만한 좋은 삶의 개념관을 찾고 있다. 그러나 우리는 이 작업의 일환으로서 좋은 삶의 해석을 예인할 수 있는 도덕적 개념을 원하기도 한다.

물론 타인의 고난을 대면하는 사람들은 그들을 돕는 것이 자신의 삶을 더 이상적으로 만들지에 대해 보통 묻지 않는다. 그들은 고난 자체 또는 어떤 의무감에 감화될 수도 있다. 철학자들은 이 차이가 의미가 있는지를 논쟁해 왔다.[1] 아이에게 도움이 필요할 때 도움이 필요하니까 도와야 할까 아니면 돕는 것이 의무이기 때문에 도와야 할까? 사실 두 가지 동기 모두가 함께 작동할 수 있고, 세련된 심리 분석은 여러 다른 동기들도 찾아낼 수 있을 것이며 특정 상황에서 어떤 동기가 지배적인지를 말하기는 어렵거나 불가능할 수 있다. 나는 그 차이가 별 의미가 없다고 믿는다. 의무감의 발로라고 하여 폄하될 일도 아니지만 자신의 악행이 타인의 삶에 미치는 영향을 고민하는 것이 비난받을 만큼 이기적인 일도 아니다. 사람들이 가끔 말하듯이 "내가 그랬다면 난 날 용서하지 않았을 거야."라고 말하는 것은 그렇게 나르시스적인 것이 아니다. 어쨌든 이러한 심리와 품성의 문제는 우리와 관련이 없다. 우리의 질문은 완전히 다른 것이다. 즉 우리가 우리의 도덕적 책임들을 확정하고 비평하고 정당화하려 할 때 과연 도덕의 요구와 인간의 최선의 열망이 서로 강화할 수도 있다고 가정하는 것이 사리에 맞는가이다.

홉스와 흄은 각자 익숙한 도덕 원리들을 단순히 심리학적으로 정당화하려 한 것이 아니라 윤리적으로 정당화한 것으로 읽힐 수 있다. 홉스가 제시한 윤리학은 흡족하지 않다. 최소한 우리 대부분에게 생존은 좋은 삶의 충분조건이 아니다. 흄의 감성이 윤리로 전환되기에 더 적합하지만 경험에 따르면 타인의 욕구에 감수성이 있는 사람들도 자신의 자연스러운 감성이나 행동 성향만으로 도덕적 또는 윤리적 고민들을 해결하지 못한다. 흄의 윤리학을 더 일반적인 공리주의 원리로 확장시키는 것도 도움이 되지 않는다. 우리 모두가 각자의 이익을 타인의 이익보다 중시해야 한다는 이념은 많은 철학자들에게 도덕의 매력적인 근거였다.[2] 그러나 자신의 좋은 삶을 살기 위한 전략이 될 수는 없다.

종교는 종교적인 사람들에게 올바른 방법으로 '도덕의' 정당화 근거로서의 윤리를 제공한다. 친숙하고 도덕적인 경전의 해석 속에서 우리는 풍부한 증거들을 찾을 수 있다. 이들은 좋은 삶은 신을 존경하고 즐겁게 하는 것이라 믿고 어떤 책임관(觀)이 신을 가장 존경하고 가장 즐겁게 하는가에 따라 자신의 도덕적 책임을 해석한다. 하지만 이런 사유 구조는 경전을 명시적이고 세세한 도덕규범으로 받아들이는 사람들에게만 윤리와 도덕의 통합에 도움이 된다. 많은 종교인들이 그렇듯이 신이 단지 타인에 대한 사랑과 자비를 명령한다고 생각하는 사람들은 그 명령에서 도덕이 무엇을 요구하는지 찾아낼 수 없다. 어쨌든 나는 경전이 구체적인 도덕적 지령들을 담고 있다는 생각에 의존하지는 않을 것이다.

좋은 삶과 잘 산다는 것

우리가 홉스와 흄의 윤리관을 거부하고 종교적 윤리관에 유혹되지 않으면서도 도덕과 윤리를 통합하고자 한다면 우리는 잘 산다는 것이 무엇인지를 다른 방식으로 기술해야 한다. 잘 산다는 것은 자신이 원하는 것을 갖는다는 것 이상이다. 좋은 삶을 갖는다는 것은 우리의 비판적 이익, 즉 우리가 가져야 하는 이익의 문제다.[3] 그러므로 좋은 삶이 무엇인지는 판단하고 논쟁해야 할 문제다.[4] 도덕은 자신의 삶을 좋은 삶으로 만드는 최선의 방법인가? 도덕의 요구와 좋은 삶에 대한 대중적 개념에 영합한다면 그렇지 않을 것이다. 도덕은 심히 곤궁한 자에게 담배 광고 회사 취직을 거부하라고 요구할지 모른다. 그가 그 회사에 취직해서 성공했다면 대부분의 사람들이 보기에 그는 더 좋은 삶을 산 것이다.

물론 해석적 관점은 이러한 관습적인 이해의 제약을 받지 않을 것이다. 우리는 비도덕적이거나 저급한 행위가 거의 항상 행위자의 삶이 더 나쁜 삶으로 귀결될 수밖에 없도록 좋은 삶을 개념화할 수도 있다. 그러나 그런 시도는 실패할 것이다.[5] 도덕적 책임성의 매력적인 개념관은 가끔 커다란 희생을 요구하기도 한다. 우리에게 생명을 걸거나 포기할 것을 요구할 수도 있다. 비도덕적으로 살았다면 창조적, 감정적, 물리적 그리고 다른 모든 측면에서 번창하여 오랫동안 평안하게 살았을 사람이 그렇게 사는 대신 끔찍한 불행을 감수했다고 해서 좋은 삶을 살았다고 말하기는 어려울 것이다.

하지만 우리는 상당히 다르지만 더 희망적인 생각을 좇을 수 있다. 그러려면 윤리 내에서도 도덕에서는 이미 친숙한 구별을 해내야 한다. 바로 의무와 결과의 차이, 옳은 것과 좋은 것(the right and the good)의 차이를 말한다. 우리는 잘 산다는 것과 좋은 삶을 구분해야 한다. 이 두 성과는 다음과 같이 연관되면서도 구별된다. 잘 산다는 것은 좋은 삶을 살기 위해 노력함을 말하며 그 한계는 인간의 존엄성뿐이다. 잘 산다는 것과 좋은 삶을 갖는다는 것은 해석적 개념들이다. 우리의 윤리적 책임성은 이 둘의 적절한 개념화를 포함한다.

각각의 이러한 근본적인 윤리적 이상은 다른 이상을 필요로 한다. 좋은 삶의 중요성은 좋은 삶을 만드는 것이 잘 사는 것에 기여함을 인지하지 않고는 설명이 불가능하다. 우리는 자의식을 가진 동물로서 욕구, 본능, 취향 그리고 선호를 가지고 있다. 우리가 이 욕구들을 충족시키고 그러한 취향에 봉사하려 하는 것은 이상한 일이 아니다. 우리가 비판적인 의미에서 좋은 삶을 원하는 것은 이상하게 보일 수 있다. 욕구가 충족되든 충족되지 않든 우리가 자랑스러워할 수 있는 삶 말이다. 이러한 열망은, 우리가 잘 살아야 할 책임을 가지고 있음을 인정할 때 그리고 잘 사는 것이 단순히 쾌락적이지 않고 비판적으로 좋은 삶을 창조하는 것이라고 믿을 때만 해명이 된다.

혹자는 이 책임이 누구에 대한 책임이냐고 물을 수 있다. 우리 자신에게 그런 책임이 있다고 답하는 것은 왜곡이다. 책임의 수혜자는 보통 책임의 수인자를 해방시킬 권한이 있다. 그러나 우리는 잘 살아야 할 책임으로부터 우리를 해방시킬 수 없다. 명시적으로 공식화되고 인정된 적은 없지만 우리는 자신의 삶의 방식을 통해 우리 대부분이 승인하고 있는 하나의 사상을 인정해야 한다. 삶을 살아가야 할 자의식을 가진 피조물로서의 존재 그 사실 자체만으로 우리는 잘 살아야 한다는 것이다. 가치 있는 것이 맡겨졌을 때 뭔가를 해야 하는 것처럼 우리는 잘 살아야만 한다. 우리가 잘 사는 것은 나 자신이나 타인에게 중요한 것이 아니라 그냥 중요하다. (이러한 객관적 중요성에 대해서는 이장의 뒷부분에서 다시 이야기할 것이다.)

우리는 잘 살아야 할 책임이 있고 잘 사는 것이 중요하기 때문에 비판적으로 좋은 삶은 가치가 있는 것이다. 이러한 주장들은 물론 논란이 되는 윤리적 판단이다. 어떤 삶이 좋거나 잘 산 것인가에 대해 나의 윤리적 판단도 논란이 될 소지가 있다. 친분도 도전도 성과도 없이 죽을 날만을 기다리며 지루하고 통속적인 삶을 산 사람은 좋은 삶을 살았다고 할 수 없다. 본인이 좋은 삶을 살았다고 생각하고 삶을 완벽하게 즐겼어도 마찬가지다. 그가 놓친 쾌락들을 열거하는 것만으로는 왜 그가 그 삶을 후회하는지 설명할 수 없다. 즉 그에게는 놓친 쾌락이 없을 수도 있고 어쨌든 지금 아쉬워하는 쾌락도 없을 수도 있다. 그가 후회하는 것은 그가 무언가에 실패했기 때문이라고 말할 수밖에 없다. 즉 삶에 대한 자신의 책임에 대해 실패했다는 것이다.

잘 사는 것에는 어떤 가치가 있는가. 삶과 예술에 대한 비유는 많이 이루어지지만 많이 폄하되기도 한다. 낭만주의자들은 예술 작품처럼 우리가 우리의 삶을 살아야 한다고 했다. 이제 우리는 이 비유가 너무 와일드(Wilde)적이라고 의심한다. 즉 삶 속에서 우리가 찾아야 하는 가치가 마치 그림에서 발견하는 소중한 가치들과 같은 것이라고 생각하기 때문이다. 섬세한 감수성, 복잡한 형식 또는 미술사 자체의 미세한 해석과 같은 미(美), 즉 유미주의자의 가치들 말이다. 삶에서 이런 가치들을 찾는 것은 어리석다. 그러나 그런 이유로 이 비유를 공격하는 것은 비유의 핵심을 놓치는 것이다. 이 비유의 핵심은 창조된 것의 가치와 창조하는 행위의 가치의 관계다. 위대한 예술품에 가치를 두는 궁극적인 이유는 예술품이 우리의 삶을 증진시켜서가 아니라 예술적 도전에 맞선 수행(performance)을 체화하고 있기 때문이다. 우리가 잘 산 삶을 경배하는 것은 그 결과물로서의 서사 때문이 아니다. 만약 그렇다면 소설로도 충분할 것이다. 그 이유는 삶이 제시하는 도전에 맞선 수행을 체화하고 있기 때문이다. 삶의 최종적 가치는 부사적이지 형용사적이지 않다. 그것은 수행의 가치이지 행위를 빼고 남는 것이 아니다. 찬란한 춤사위나 다이빙의 기억이 희미해지고 파문이 사라진 후 남는 그 수행 자체의 가치다.

우리는 다른 개념차를 인지해야 한다. 사물의 산물로서의 가치(product value)는 그 사물의 객체로서의 가치이며, 그것의 생산 과정이나 그 사물의 다른 과거들과는 관련이 없다. 그림도 산물로서의 가치를 지니고 있고 주관적이거나 객관적일 수 있다. 그림의 형식적 아름다움이 객관적 가치를 구성한다면 그림을 보는 사람들을 즐겁게 하거나 소장가들로부터 높이 평가받는다는 것은 주관적 가치를 의미한다. 기계적으로 완벽한 그 그림의 모사품은 똑같은 미적 가치를 가진다. 그 그림의 주관적 가치는 결국 그 그림이 모조품인지 알려져 있는가에 달려 있다. 즉 그 그림이 진품이라고 생각하는 사람에게는 진품으로서의 주관적 가치가 있다. 하지만 진품은 모조품에는 없는 객관적 가치를 가지고 있다. 즉 수행으로서의 가치(performance)를 가진 창조적 행위를 통해 탄생되었다는 의미에서의 가치를 말한다. 예술 창작을 하려는 예술가에 의해 창조되었다는 것이다. 이 물체가 놀라운 것은 놀라운 행위의 결과물이기 때문이다. 그것이 기계적 모사품이라거나 황당한 우연에 의해 만들어진 것이라면 그렇게 놀라울 것이 없다.

한때는 추상화에 대해 침팬지도 그릴 수 있겠다고 폄하하는 유행이 있었다. 사람들은 수십억의 유인원들이 무작위로 타자를 하면 『리어 왕』이 나올 수도 있는지 점치기도 했다. 침팬지가 우연히 「푸른 기둥(Blue Poles)」*을 그리거나 『리어 왕』의 문구들을 타이핑했다면, 그 결과물들은 굉장한 주관적 가치를 가질 것이다. 많은 이들이 그 결과물들을 소유하거나 보고 싶어 할 것이다. 하지만 이들은 전혀 수행 가치를 가지고 있지 않다. 수행 가치는 그 수행 가치가 투여된 사물들과는 독립적으로 존재한다. 위대한 그림이 파괴되면 산물로서의 가치는 없어지지만 그 창조의 사실은 남아서 수행 가치는 보존된다. 파울로 우첼로(Paulo Ucello)의 작품들이 플로렌스의 홍수로 심각할 정도로 훼손되었다 해도 그 업적의 가치가 사라지지는 않는다. 레오나르도 다빈치의 「최후의 만찬」이 사라져도, 그 창조의 놀라움은 줄어들지 않는다. 음악 연주나 발레는 대단한 객관적 가치를 갖지만, 만일 그것이 기록되거나 영상으로 제작되지 않는다면 그 산물적 가치는 즉시 없어진다. 즉흥 연극이나 재즈 콘서트 같은 행위들은 절대로 반복될 수 없다는 찰나적 유일성에 그 가치가 있다.

이 세계가 그 삶이 있었기 때문에 더 나은 곳이 되었다는 식의 삶의 긍정적 기여는 산물로서의 가치로 간주할 수 있다. 아리스토텔레스는

---

* 잭슨 폴락(Jackson Pollock)의 추상화.

이성을 행사하고 지식을 획득하면서 명상하는 삶이 좋은 삶이라고 생각했다. 플라톤은 질서와 균형을 통해서 획득되는 조화로운 삶을 좋은 삶이라고 생각했다. 두 개의 고대 사상 중 어느 것도 뭔가 기여하는 삶이 훌륭한 삶이라고 말하지는 않는다. 대부분의 의식적이고 조리 있는 사람들도 비슷한 견해를 가지며 그런 방식의 기여에 의미를 두지 않는다. 이들 중 많은 사람들은 신이나 신들의 사랑에 헌신하는 삶이 최상의 삶이라고 생각한다. 그리고 그러한 견해에 동조하지 않는 사람들을 포함하여 많은 이들은 세습된 전통에 따라 향응, 우정 및 가족에게서 만족을 느끼는 삶이 최상의 삶이라고 생각한다. 이 모든 형태의 삶은 그러한 삶을 원하는 대부분의 사람들에게 주관적 가치를 가진다. 즉 그들에게 만족을 가져다준다. 그러나 우리들이 그러한 삶들을 객관적으로 좋은 것으로 생각하는 한, 즉 그러한 삶 속에서 만족을 발견하기를 원하는 것이 사리에 맞는 한 중요한 것은 수행으로서의 가치이지 산물로서의 가치가 아니다.[6]

철학자들은 그들이 삶의 의미라고 부르는 것에 대해 추론했었다. (이제 그것은 신비 종교인들이나 코미디언들의 몫이 되었다.) 대부분의 사람들은 삶 속에서, 그 삶이 어떤 기여(impact)를 통해 의미를 얻는다고 전제할 만큼의 산물로서의 가치를 찾지는 못한다. 물론 어떤 사람들의 삶들이 없었다면, 페니실린이 그렇게 빨리 발견되지 않았을 수도 있으며, 『리어 왕』이 결코 쓰이지 않았을 수도 있다. 그렇지만 만일 우리들이 삶의 가치를 그 결과에 따라 평가한다면, 소수를 제외한 대부분의 사람들의 삶은 아무런 가치가 없을 것이다. 또 그 소수의 삶들의 위대한 가치도(예를 들어 템스 강가의 극장에 못질을 한 목수) 우연이었을 뿐이다. 거의 모든 이들의 삶에서, 무엇이 진실로 훌륭했는가에 대한 어떤 그럴듯한 시각에서도 기여는 거의 의미가 없다.

의미 있는 삶을 이해하려면 낭만주의자들의 비유를 대면해야 한다.

우리는 자연스럽게 예술가는 원재료에 의미를 부여한다거나 피아니스트가 자신이 연주한 곡에 새로운 의미를 부여한다는 식으로 말한다. 우리는 잘 사는 것을 삶에 의미를(이름을 붙여야 한다면 윤리적 의미) 부여하는 것이라고 생각할 수 있다. 그것이야말로 유일하게 죽음이라는 공포와 현실에 맞설 수 있는 삶의 의미다. 바보 같은 소리로 들리는가? 너무 감성적인가? 당신이 작은 일을 잘했을 때, 예를 들어 곡 하나를 잘 연주하거나, 배역 하나를 잘 연기하거나, 손재주 하나를 잘 부리거나, 커브 공 하나를 잘 던지거나, 멋진 찬사를 읊어 내거나, 시 한 수를 잘 짓거나, 하룻밤의 사랑을 잘했을 때 당신의 만족은 그 자체로 완전하다. 그것은 삶 속에서의 성취들인 것이다. 삶도 '잘 살기'라는 예술 안에서 고유한 가치를 지닌, 그것 자체로 완전한 성취일 수 있지 않겠는가?

　제약이 하나 있다. 나는 잘 사는 것이 좋은 삶을 위해서 노력하는 것을 포함한다고 이야기했지만, 그것이 반드시 나쁜 삶의 가능성을 최소화하지는 않는다. 사실 우리가 높이 평가하는 인품의 성격들은 우리가 별도로 판단하기에 최상의 가능한 삶을 살 수 있도록 계산되어 있지 않다. 우리는 자발성, 스타일, 진정성 및 담대함, 즉 자기 자신에게 어렵거나 때로는 불가능한 과업을 부여하는 것에 가치를 부여한다. 우리는 이러한 속성과 덕성을 계발하고 실천하는 것이 삶을 좋게 만드는 것의 일부라고 말함으로써 잘 살기와 좋은 삶의 두 개념을 합치하고자 하는 유혹을 받는다. 하지만 그것은 너무 환원주의적이다. 만일 곤궁한 상태에 있는 어떤 이가 야심적이지만 위험천만한 직업을 선택해 스스로 곤궁을 자초했다는 사실을 안다면, 우리는 그가 그러한 위험을 감수한 것이 옳았다고 쉽게 생각할 수 있다. 그는 매우 드물지만 대단한 성공을 위해서 노력했기 때문에 더 나은 삶을 살았을 수도 있는 것이다. 논란 없이 존경받고 성공할 수 있었던 한 예술가가(만일 이름이 필요하다면, 쇠라) 스스로를 고립시키고 곤궁하게 하고 자신의 일에 몰두

할 것을 요구하는 완전히 새로운 방향으로 나아가 그의 결혼과 우정을 희생하고 예술가로서도 성공하지 못하게 될 경우를 생각해 보자. 더욱이 만일 성공하더라도, 쇠라가 그랬듯이 그 성공이 그의 생전에 인정받을 것 같지는 않다고 가정하자. 우리는 다음과 같이 말하고 싶을 것이다. "만일 그가 그렇게 살아 낸다면, 비록 혹독한 대가를 치르겠지만 그가 시도하지 않았던 것보다 훨씬 나은 삶을 살게 될 것이다. 왜냐하면 인정받지 못하는 큰 성취도 삶을 좋은 것으로 만들기 때문이다."

하지만 그가 그러한 성취도 이루어 내지 못한다고 가정해 보자. 그가 생산한 것이, 물론 새롭지만, 자신이 어차피 그려 냈을 더 통속적인 작품보다 못하다고 가정해 보자. 만일 우리가 담대함을 하나의 가치로서 매우 높게 평가한다면, 우리는 뒤돌아보았을 때 그가 옳은 선택을 했다고 생각할 수 있다. 시도는 실패했고 그의 삶은 시도한 것만도 못하게 나빠졌다. 그러나 모든 윤리적인 측면을 생각해 볼 때, 이러한 시도는 옳은 일이었다. 물론 이 이야기가 매우 극단적인 예라는 것에는 동의한다. 굶주린 천재들이 철학적으로 유사한 사례가 되겠지만 그런 예는 많지 않다. 그렇지만 우리는 이 사례를 수백 가지 형태로 변형할 수 있다. 예를 들어, 위험성이 높지만 극적인 발명을 추구하는 기업가들, 또는 위험의 극단으로 자신을 들이미는 스키어들 등등 말이다. 그러나 잘 사는 것이 어떤 경우에는 더 나쁜 삶을 선택하는 것일 가능성은 인정해야만 한다. 잘 사는 것은 가능한 가장 좋은 삶을 살 기회를 극대화하는 것이 아니다. 윤리는 도덕만큼 복잡하다.

나쁜 것(Being Bad)과 도덕적 운

윤리적 책임은 도덕적 책임만큼 절대적이다. 그것이 바로 우리가 잘 살지 못한 것에 대해서 후회할 뿐만 아니라 그 때문에 스스로를 비난하는 이유다. 시드니 카튼(Sidney Carton)*이나 이반 일리치(Ivan Illyitch)**의 절망은, 카튼의 경우 불운에 대한 자기 연민이 아니라 허약함과 나태함에 대한, 일리치의 경우에는 치명적인 윤리적 오판에 대한 자아비판이었다. 우리는 단지 좋은 삶이 발생하거나 발생하지 않을 수도 있는 수동적인 용기(容器)가 아니다.

그렇지만 나쁜 삶을 살았다는 것(having a bad life)이 반드시 잘 살지 못했다는 것(not having lived well)을 의미하지는 않는다. 이 구별은 좋은 삶과 잘 살기라는 두 이상을 구분하면서 나타나는 가장 중요한 귀결이다. 위에서 말했듯이 어떤 이는 담대하게 도전했다가 실패함으로써 잘 살았음에도 불구하고 나쁜 삶을 살 수도 있다. 일반적으로, 잘 살고도 나쁜 삶을 살 수 있는 이유는 삶의 좋고 나쁨이 전적으로 그 자신의 결정이나 노력에 달려 있지 않고 결정적으로 그의 환경이나 운에 의존하기 때문이다. 만일 그가 혹독한 가난이나 천대받는 인종, 또는 중증 장애를 지니고 태어났거나 일찍 죽었다면, 그의 삶은 자신이 어찌할 수 없는 방식으로 장애를 겪은 것이다. 그리고 그 구별은 다른 방식으로 구성될 수 있다. 어떤 사람은 매우 좋은 삶을 살지만, 전혀 잘 살지 못할 수도 있다. 성취, 정제, 교양, 쾌락 등 특별히 훌륭한 삶으로 우리를 감동시킨 메디치가의 한 군주를 살펴보자. 그런데 그가 그런 삶을 살 수 있었던 건 대규모 살상과 배신으로 점철된 경력 덕분이었다고 하자. 만일 우리들이 잘 사는 것이 그저 좋은 삶을 사는 것이라고 주장한다면, 우리는 한편으로는 기괴하게도 "그가 결국 잘 살았다."라고 말하거나, 다시 살펴보건대 그의 부도덕성이 그의 삶을 원래보다 훨씬 더 나쁘게 만들었기 때문에 그의 삶은 좋은 삶이 아니었다고 말

---

* 찰스 디킨스의 소설 「두 도시 이야기(A Tale of Two Cities)」에서 동료를 위해 목숨을 희생하는 주인공.
** 레프 톨스토이의 동명 소설의 주인공.

해야 한다.

후자를 선택하면, 우리는 조금 전에 우리가 받아들일 수 없어 폐기했던 견해, 즉 부도덕성이 항상 그리고 반드시 삶을 더 나쁘게 만든다는 견해를 복원하는 것이 된다. 우리의 군주는 어떤 좋은 삶의 기준 아래에서도 자신의 도덕적 책임을 양심적으로 준수했으면 살았을 삶보다 더 좋은 삶을 살았다. 그러나 그렇다고 해서 잘 살았다는 것은 아니다. 그는 자신의 윤리적 책임을 저버렸다. 즉 범죄를 저지르지 않았어야 했고 그랬다면 살게 되었을 덜 화려한 삶에 만족했어야 했다. 따라서 비록 그가 부도덕했기 때문에 더 나은 삶을 살았지만, 우리는 '잘 살기'는 더 못했다고 말할 수도 있다.

좋은 삶과 잘 살기라는 두 이상을 구분하는 것은 많은 철학자들을 고민에 빠트렸던 또 하나의 현상을 설명하는 데 도움이 된다.[7] 우리는 자신의 잘못 없이 행하게 된 심각한 해악에 대해 참회의 부담을 질 수밖에 없다. 오이디푸스는 아버지를 죽이는 줄도 모르고 자기 아버지를 죽였기 때문에 스스로 눈을 파냈다. 자신이 몰던 버스로 12명의 어린이를 죽인 스쿨버스 운전자는 비록 자신의 운전에 잘못이 없었고 그 사고가 누구의 잘못도 아니라도, 여생을 특별한 슬픔을 안고 살 것이다. 이것은 그 사건에 대한 슬픔, 즉 그 사건을 신문에서 읽는 사람이 느끼는 그런 탈개인적인 슬픔이 아니라 개인적인 슬픔이다. 그것은 특별한 슬픔이다. 왜냐하면 그 버스를 운전한 사람이 바로 그 자신이기 때문이다. 어떤 철학자들은 이것을 단순히 나쁜 운이 아니라 나쁜 도덕적 운이라고 불렀다. 그 운전자는 깊은 회한을 느낄 가능성이 높다. 그렇게 느끼지 못한다면 도덕적 감수성에 결함이 있는 것이다.

죄책감이 단지 잘못에서만 기인한다고 믿는 사람들에게 이러한 현상은 불가사의한 것이다. 칸트의 말을 빌리면 나쁜 의지가 없다면 어떤 것도 도덕적으로 나쁜 것이 아니기 때문이다. 우리들은 위에서 말한 구별을 통해서 이 불가사의를 해결하면서도 '도덕적 운'의 특별한 힘을 인정할 수 있다. 잘 살았는가는 스스로의 잘못 없이 초래한 해악에 의해서 영향을 받지는 않지만, 나의 삶이 얼마나 좋은 것이었는가는 상당한 영향을 받는다고 가정하는 것은 이치에 어긋나지 않는다. 아니 그러한 가정은 매혹적이다. 나는 결백했으나 다른 사람이 불의를 저질러 내 삶이 엉망이 됐다고 슬퍼할 수 있는 것처럼, 나의 결백한 행위가 없었다면 비극이 일어나지 않았을 것이라는 사실 때문에 나의 삶이 엉망이 됐음을 우리는 슬퍼할 수 있다. 잘 살았는지 잘못 살았는지를 물을 때 죄책감은 잘못을 따르지만, 삶이 얼마나 좋았는가를 물을 때 회한은 운을 따른다.

　좋은 삶과 잘 사는 것의 구분은 또 다른 고대의 문제를 다루는 데에도 도움이 된다. 당신이 죽은 후 일어난 사태가 당신의 삶의 질에 영향을 미칠 수 있는가? 아킬레스가 헥토르의 시체를 끌고 트로이의 성벽을 세 번이나 돌았을 때 프리아모스에게 그것은 나쁜 일이었다. 그러나 그것이 헥토르에게도 나쁜 일이었나? 당신이 죽은 뒤에 당신의 자녀들이 행복하다면, 그것이 당신에게 좋은 일인가? 당신의 책이 모두 파손되었다면, 당신에게 나쁜 것인가? 사후의 운명이 사람들에게 중요하다고 전제하지 않는다면, 그에 대해 사람들이 왜 그리 깊은 관심을 가지는지 이해할 수 없다.[8] 그러나 그것은 어리석어 보인다. 왜 그것을 신경 써야 한단 말인가? 바로 여기에서 우리의 구분이 도움이 된다. 사람들이 잘 살았는가는 그들이 생을 마감한 이후 발생한 사태에 영향을 받지 않는다. 화가가 그림을 잘 그렸는지 여부는 그의 작품들이 미술 시장에서 받는 평가 이상으로 영향을 받지 않는다. 그러나 누군가가 좋은 삶을 살았는가 하는 것은 그의 사후에 그 삶의 성취나 열망을 증진시키거나 축소시키는 무언가에 영향을 받는다. 삶의 좋고 나쁨은 사후에도 영고성쇠를 거듭한다.

나는 앞에서 잘 살기와 좋은 삶은 서로를 필요로 한다고 말했다. 그러나 우리의 메디치가 군주는 이 이상들이 서로 반대되는 조언을 속삭일 수 있음을 보여 준다. 그렇다면 둘 중 어느 것이 더 근본적으로 윤리적인 책임인가? 잘 살기이다. 더 좋은 삶을 살기 위해 덜 잘 사는 것은 윤리적으로 무책임한 일이다. 더 나쁘게 산 값으로 이룩한 삶의 좋음에 대해 만족하거나 자랑스러워해서는 안 된다. (존 롤스가 경제학자들 사이에서 유행시킨 개념을 이용하자면) 잘 살아 낸 삶의 가치는 좋은 삶의 가치보다 사전적으로(lexically) 앞선다고 말할 수 있다.[9] 그러나 삶의 좋음은 그 자체로 독립적인 가치다. 당신의 삶이 좋았다면 기뻐해야 한다. 그 삶을 이루기 위해 남을 속였다면 그래서는 안 된다. 운이 안 좋았거나 다른 사람들이 당신을 속였기 때문에 당신의 삶이 좋지 않았다면 회한을 느껴야 한다.

두 가지 윤리적 원리들

잘 사는 것과 좋은 삶을 구분하는 것은 하나의 가설을 위한 것이라는 점을 기억하자. 우리는 도덕성이 좋은 삶의 필수 조건이라는 가정으로 윤리와 도덕을 하나의 해석 체계로 통합할 수는 없다. 하지만 적어도 도덕성이 잘 살기의 필수 조건이라는 가정은 받아들일 수 있다. 그러나 명제를 한 방향으로만 확립하는 것, 즉 사람들이 자신의 도덕적 의무를 존중하지 않는 한 잘 사는 것이 아니라는 명제만을 확립하는 것은 별로 도움이 되지 않는다. 매력적인 명제이긴 하지만 도덕적 의무의 내용을 규명하는 데 도움이 되지는 않는 것이다. 이 명제 아래에서 윤리적 책임은 도덕적 책임에 의존하지만, 그 반대는 아니다. 쌍무적인 해석적 연관만이 그렇게 할 수 있다. 만일 내가 제시한 연관이 이 해석적 기획에서 어떤 유용한 목적에 기여하려면, 그 연관은 단순히 합병(incorporation)의 문제가 아니라 통합(integration)의 문제여야 한다.

　나는 그 차이를 설명하고자 한다. 좋은 것과 잘 사는 것 간의 실체적 연관에 관해서 우리가 취할 수 있는 견해는 두 가지다. 잘 사는 것이 도덕적인 것을 요구한다고 생각할 수도 있고 따라서 우리의 군주는 그가 할 수 있었던 것만큼 잘 살지 못했다고 생각하면서, 도덕의 내용은 도덕 그 자체에 대한 성찰을 통해서만 규명되며, 잘 살기의 측면이나 다른 차원들에 의해서 규명되지 않는다고 생각할 수 있다. 다시 말해 잘 살기와 도덕성의 연관이 도덕이 요구하는 바에 영향을 미치지 않는 상황에서 잘 사는 것이 도덕성을 포함한다고 생각할 수 있다. 아니면 도덕의 내용을 적어도 부분적으로는 윤리적 책임의 독립적인 특성에 의해서 결정되는 것으로 취급할 수도 있다. 즉 우리들 자신에 대한 윤리적 책임이 부분적으로는 타인에 대한 도덕적 책임에 의해서 정해지는 것처럼, 우리의 도덕적 책임이 부분적으로는 우리의 윤리적 책임에 의해 정해진다고 가정할 수 있다. 두 번째 견해에 비추어 볼 때, 도덕과 윤리는 앞의 장들에서 살펴본 바와 같이 해석적 방법으로 통합된다.

　대부분의 종교는 신앙의 핵심적인 가치들에 대해 첫 번째 견해를 취한다. 이들의 주장에 따르면, 잘 사는 것은 신(神)들에 대한 헌신을 요구한다. 하지만 이들은 그러한 신들의 본성이나 위상이, 잘 살기가 신앙을 포함한다는 사실로부터 추론된다는 점을 부인한다. 좀 더 분명하게 표현하면, 신앙이 잘 살기의 일부를 구성하도록 하려면 신이 어떠해야 하는가를 물음으로써 신의 본성에 대한 우리의 이해를 발전시킬 수 있다는 점을 부인한다. 신은 존재하는 그 자체이며, 그가 누구이고 무엇인가를 발견하고자 노력하고 그 발견에 따라 행동하는 것이 우리 자신의 삶에 대한 책무라는 것이다. 그것은 마치 우리가 과학적 사실에 대해 취하는 입장과 비슷하다. 이미 언급했듯이 과학에서 우리는 진리를 추구한다는 내적 목적 그 자체와 그 진리를 추구하는 외적 이유를 엄격하게 구분한다.[10] 우리는 우주의 구조를 이해하는 것이 잘 사는 것의 일부라고 생각하지만, 유치한 실용주의자이거나 미친 사람이 아닌 이상, 그 구조를 어떻게 이해해야 우리들의 잘 살기에 도움이 될 것인지 물음으로써 우주의 구조를 정하지는 않는다.

많은 사람들은 예술의 가치에 대해 같은 견해를 취한다. 우리에게는 예술에서 훌륭한 것을 발견하고 그 경이로움을 찬양할 책임이 있다. 한 작품을 음미하는 것이 우리들의 삶을 더 낫게 하기 때문에 그것이 아름답다고 가정하거나, 무엇을 경외하는 것이 우리에게 좋은지를 고려해서 그 작품의 미를 식별해 내고 분석할 수 있다고 가정하는 우를 범하지 않도록 조심해야 한다. 이 견해에 따르면, 잘 사는 것은 예술을 포함하지만, 그것과 통합되지는 않는다. 이는 논쟁을 부를 만한 견해다. 나는 이것과 완전히 다른* 내 견해를 7장에서 소개했다. 즉 예술 작품의 의미와 가치는 그 작품을 평가하고 해석하려는 타당한 이유에 의존한다는 것이다. 나는 도덕과 마찬가지로 예술은 윤리적 허브와 연결된다고 생각한다.

만일 도덕적 가치들이 윤리적 책임에 포함(incorporate)되어 있다기보다는 통합(integrate)되어 있다고 보는 것이 최선의 해석이라면, 우리는 그 통합을 이용해서 도덕적 신념들을 보다 강력하게 해석적으로 탐구할 수 있다. 그러나 그러한 통합을 획득하려면, 우리는 최소한 처음에는 그 자체로서 타인에 대한 의무의 문제가 아닌 것으로 보이면서 그러한 의무들에 영향을 미치고 영향을 받는, 잘 살기의 설득력 있는 측면이나 차원을 발견해야 한다. 나는 쌍둥이처럼 연결되어 있는, 자기 존중과 진정성이라는 이념 속에서 그 해석의 지렛대를 발견할 수 있다고 믿는다.

---

* 원문의 "not wholly different"는 오타로 보임.

나는 잘 살기의 근본적인 요건을 구성하는 두 가지 원리를 소개하고자 한다. 이전 저서에서는 이와 관련이 있는 다른 원리들을 정치적 원리로서 소개했다. 나는 그 정치적 원리를 1장에서 명시했고 다음 장부터 이 원리들을 이용할 것이다.[11] 하지만 여기에서 나는 그 원리를 윤리적 원리로서만 소개할 예정이다. 첫 번째 원리는 '자기 존중의 원리'라고 명명하겠다. 각 사람은 자기 자신의 삶을 진지하게 받아들여야 한다. 자신의 삶이 낭비된 기회가 되지 않고 성공적인 수행이 되는 것이 중대한 문제임을 그는 받아들여야 한다. 두 번째 원리를 나는 '진정성의 원리'라고 부르겠다. 각 사람은 자신의 삶에서 성공의 요건들을 식별해야 할 특별하고 개인적인 책임을 가지고 있으며, 그는 자신이 승인한 일관된 서사를 통해서 그 삶을 창조해야 할 개인적인 책임을 진다.

　이 두 원리들은 인간의 존엄성에 대한 하나의 개념화를 제시한다. 즉 존엄성은 자기 존중과 진정성을 요청한다. 두 원리를 구별하는 것이 인위적으로 보일 수도 있고 각각은 반대의 이름으로 불릴 수도 있다. 자신의 삶이 가치 있어야 함을 중요하게 생각하지 않는 한, 자신이 삶의 중심에 둘 가치를 선택하는 것이 중요하다고 생각할 수 없다. 그렇지 않다면 왜 자신이 식별해 낸 가치를 통해서 자신의 정체성을 정립하려 하겠는가? 그리고 당신이 창조한 것이 가치 있다고 생각하지 않는 한, 살아가면서 가치 있는 어떤 것을 창조했다고 생각할 수 없다. 당신은 어떤 문화적 또는 종교적 전통에 귀의하는 것이 적어도 당신에게는 성공의 올바른 길이라고 생각할 수도 있다. 그러나 그것은 당신이 생각한 것이어야만 한다. 다른 사람이 당신에게 그렇게 살도록 요청해서가 아니라는 말이다. 그럼에도 불구하고 나는 두 원리를 분리해서 논의하겠다. 왜냐하면 두 원리는 상이한 철학적 문제를 제기하기 때문이다.

두 개의 원리에 대해 제시한 전체적인 제목에 관해 미리 한마디만 해 두겠다. 존엄성 개념은 남용되기도 하고 과용되기도 했다. 인권 협약들과 헌법들에서 자주 나타나고 정치 정강에서는 훨씬 무차별적으로 나타난다. 비논리적 주장이나 감정적 공격에 별다른 생각 없이 동원되기도 한다. 예를 들어 태내 유전자 수술 반대 운동을 하는 사람들은 의사가 태아의 병이나 결함을 치유하지 않는 것을 인간 존엄성에 대한 모독이라고 부른다.[12] 하지만 이런 남용 때문에 중요한 생각 또는 친숙한 이름을 포기하는 것은 창피한 일이다. 우리는 합리적으로 명백하고 매력 있는 존엄성의 개념관을 준별하는 작업에 도전해야 한다. 나는 지금 설명한 두 개의 원리들을 통해 이를 달성하고자 한다. 동의하지 않는 사람들도 있을 것이다. 존엄성은 나의 긴 논변에 나타나는 여러 개념들처럼, 해석적인 개념이기 때문이다.

이 책 후반부에서 우리는 존엄성 개념을 통해 도덕의 내용을 규명해 볼 것이다. 즉 타인의 존엄성을 모독하는 행위는 잘못이다. 토머스 스캔런 같은 다른 철학자들은 반대쪽으로 추론해야 한다고 주장한다. 즉 도덕적으로 잘못된 행위이므로 존엄성에 대한 모독인 것이다.[13] 이 차이가 존엄성 개념이 구체화된 후에는 얼마나 중요할지 확신이 서지 않는다. 스캔런은 예를 들어 합리적으로는 누구도 거부할 수 없는 원리에 따라 비난받을 만한 행위는 잘못된 것이라고 믿는다. 하나의 원리가 자기 삶의 내재적 중요성을 부인한다거나 자신이 지향해야 할 가치를 자신이 스스로 선택할 자유로움을 부인하는 것이 항상 그리고 자동적으로 그가 그 원리를 거부할 이유가 된다면, 나의 입장과 스캔런의 입장은 하나로 수렴된다. 내가 전체를 조직화하는 개념으로 존엄성을 이용하는 것은 널리 공유되는 윤리적 원리들을 하나의 결합어에 포함시키려는 우리의 해석적 기획을 수월하게 만들기 때문이다.

자기 존중

이 두 원리의 매력은 너무 추상적으로 기술되어 있어 당연해 보일지 모르지만, 그것들이 윤리적 명령으로서, 즉 잘 사는 것의 구체적인 조건으로 어떤 실질적 구속력을 가지는지는 불분명하다. 먼저 자기 존중부터 시작하겠다. 이 원리는 나에게 잘 사는 것의 객관적 중요성을 인정하도록 요구한다. 즉 어떻게 살 것인지 고민하지 않는 것은 실수임을 인정하라고 요구한다. 단순히 인간은 내재적이고 동등한 가치를 갖고 있다는 정설(定設)을 반복하려는 것은 아니다. 이 정설이 의미하는 바가 무엇인지는 명확하지 않다. 만일 우리가 그것을 산물로서의 인간의 가치에 관한 주장으로 이해한다면, 우리는 그 주장을 거부해야 한다. 걸작 그림이 지금보다 많아지면 이 세계가 더 좋아진다는 식으로, 인간이 더 많이 존재한다고 세상이 더 좋아지는 것이 아니다. 이 정통주의적 주장이 각자의 삶이 똑같은 수행 가치를 갖는다는 뜻이라면 이 역시 잘못된 것이다.

현실에서 동등 가치 원리는 윤리적 원리가 아니라 사람들이 어떻게 대우받아야 하는가에 관한 도덕적 원리로 이해되고 있다. 그 원리에 따르면 모든 인간의 삶은 불가침적이며, 그 누구의 삶도 다른 사람의 삶보다 덜 중요하게 취급되어서는 안 된다는 것이다. 인간 생명의 동등 가치에서 보다 적극적인 요청을 도출하는 철학자들도 있다. 예를 들어, 부유한 국가에 사는 사람들이 비참할 만큼 가난한 다른 나라 사람들을 돕기 위해 희생해야 한다고 주장하는 것이다. 우리의 기획은 지금 살펴보고 있는 존엄성의 원리와 다른 도덕 원리를 연계하는 것이지만, 그것은 다음 장들에서 다룰 것이다. 자기 존중의 원리는 다르다. 그것은 그 자체로 도덕적인 주장이 아니다. 그것은 사람들이 자신의 삶에 대해 가져야 할 자세를 제시한다. 사람들은 자신이 잘 사는 것이 중요하다고 생각해야 한다. 자기 존중의 원리는 우리가 우리의 삶을 그러한 소중함을 가지고 다루기를 요구한다.

스티븐 다월(Stephen L. Darwall)은 인정 존중과 평가 존중의 유용한 차이를 밝혀냈다.[14] 평가 존중은 상대의 성품이나 성과에 대해 보이는 존중이고 인정 존중은 상대가 단순히 사람이기 때문에 보여야 하는 존중이다. 존엄성이 요구하는 자기 존중은 평가 존중이 아니라 인정 존중이다. 간혹 자신의 성격과 경력에 완전히 만족하는 사람도 있는데 이들은 바보다. 우리는 몇몇 가엾은 사람들처럼 자신에 대한 평가 존중을 완전히 잃을 수도 있다. 그러나 그렇다고 해서 자신에 대한 인정 존중을 잃지는 않는다. 사실 자신에 대해 인정 존중이 있기 때문에, 즉 우리의 성품과 성과가 중요하다고 믿기 때문에 우리가 무엇이고 무엇을 했는가에 대한 우리의 절망이 의미를 갖는다.

모든 사람이 자기 존중을 갖고 있는 것처럼 행동하는 것은 아니다. 시드니 카튼은 구원될 때까지 녹아내리는 촛농* 옆에서 술로 생을 허비했다. 그러나 우리들 대부분은 자신을 존중하는 것처럼 행동한다. 다들 어떻게 최선으로 살 것인가에 관해서 나름대로 생각을 갖고 있으며, 적어도 변덕스럽게라도 그 생각에 맞추어 살려고 노력한다. 물론 살면서 날마다 자신의 삶에 수행 가치를 부여하거나 잘 사는 것의 중요성에 대면한다고 자의식적으로 생각하는 사람은 없다. 대부분의 사람들은 이러한 생각들을 거의 의식하지 못하며, 설령 그들이 이런 생각에 빠져 많은 시간을 보낸다고 해서 삶이 나아지는 것도 아니다. 삶을 가장 잘 해석하려면 (즉 우리가 어떻게 살고 무엇을 느끼는지를 이해하려면) 적어도 각자의 삶의 중요성에 대해 그리고 어떤 성과가 삶에 수행 가치를 부여할지에 대해 분명치는 않지만 강력한 인식을 전제해야만 한다.

---

* 원문 'Winding Sheet'는 촛농과 염포 모두를 의미함. 「두 개의 도시 이야기」에서 잠든 카튼 옆에 초가 녹아내리는 장면이 카튼이 맞이할 죽음을 암시함.

나는 당신이 그것을 인식하고 있다고 전제한다. 즉 당신이 자신의 삶이 어떻게 펼쳐질지에 대해 중요하게 생각한다는 것이다. 삶의 성공이 중요하다고 생각하기 때문에 당신의 삶이 성공하기를 바란다. 거꾸로가 아니다. 나의 전제가 옳은가? 당신이 어떻게 사는가가 단지 주관적으로만 중요하다는 반대의 전제, 즉 당신이 잘 살기를 원하기 때문에 당신이 잘 사는 것이 중요하다는 전제에 비추어 과연 당신은 사는 방식을 그럴듯하게 해석할 수 있는가? 우리는 이 중요한 문제에 주의를 기울여야 한다.

당신은 "나는 잘 사는 건 신경 쓰지 않아. 최대한 즐길 거야. 나의 모든 결정과 계획은 그쪽으로 맞추어져 있어. 우연히 내가 즐기는 것 중의 하나는 다른 사람들을 돌보고 개인적인 성취를 이루는 거야. 즐기지 않았다면 난 절대로 그 일을 하지 않았을 거야. 하지만 잘 살기? 그게 뭔지는 모르겠지만 나에게 독자적인 의미는 없어."라고 말할지 모른다. 답하기 어려운 말이라는 건 누구나 잘 알고 있다. 쾌락은 대부분 배고픔처럼 독립적인 정신 상태가 아니다. 보통은 우리가 살아야 하는 방식으로 살고 있다는 확신에서 비롯되는 현상이다.[15] 물론 쾌락만을 위한 쾌락도 존재한다. 예를 들어 육체의 쾌락은 섹스나 식도락처럼 어떤 면에서는 다른 동물들과 공유하는 쾌락이다. 하지만 (섹스나 식도락을 포함한) 대부분의 쾌락들은 순수한 감각의 전율, 즉 그러한 감각의 원인에 대해 독립되어 있는 그러한 전율이 아니다.[16] 쾌락은 그냥 얻어지는 것이 아니다. 쾌락은 어떤 것에서 얻어지는 것이다. 그리고 우리가 얻는 쾌락은 그것에서 쾌락을 얻는 것이 좋다는 생각에 달려 있다. 물론, 어떤 쾌락은 "음탕하기 때문에", 다시 말해 즐겨서는 안 된다는 것을 알기 때문에 즐기기도 한다. 대개 쾌락이라는 현상은 어떤 방식으로든 윤리적 감성과 합체되어 있다.

이러한 사실을 아주 극적으로 (그리고 때로는 코믹하게) 보여 주는 예들이 있다. 말하자면, 특정 부류에 속하고 싶어서 아주 세련되고 값비싼 음식을 좋아하려고 노력하는 사람들이 있다. 게다가 강도 높은 쾌락을 주는 활동에 쉽게 빠지는 사람들에게조차도 대부분의 쾌락은 보다 복잡한 미적 평가에 기생한다. 스키의 스릴을 묘사하는 스키어의 이야기를 들어 보라. 그는 엔도르핀의 흐름을 이야기하는 것이 아니라, 그 활동 자체의 육체적, 시각적 감동을 이야기한다. 철학자들은 그누구도 사건과 동떨어진 쾌락을 원하지 않는다는 사실을 즐겨 지적한다. 진정한 스키어라면 그의 뇌 속으로 더 많은 쾌락을 주입하는 실험용 기계에 두 시간 동안 연결되어 있는 것을 마다하고 진짜 슬로프 위의 한 시간을 기꺼이 택할 것이다.[17] 그렇다. 어떤 사람들은 자신이 쾌락주의자라고 생각한다. 그들은 쾌락을 잘 찾고 그렇게 찾은 쾌락을 잘 세공하는 것이 잘 살기의 척도라고 생각한다. 어떤 이들은 충분히큰 쾌락을 발견하지 못했기 때문에 자신의 삶이 잘못되었다고 생각한다. 이런 '삶의 의미를 좇는' 쾌락주의는 잘 살기가 중요하다는 생각에 대한 대안이 아니다. 그것은 단지 무엇이 잘 살기인가에 대한 서글프게도 널리 회자되는 답변일 뿐이다. 그렇지 않다면 즐기지 못한 쾌락에 대해 아무런 회한이 없어야 할 것이다. 이 회한은 실패에 대한 회한으로서만 존재 가능하다.

그런데 당신은 내 질문에 대해 더 퉁명스럽게 답할 수 있다. 즉 당신은 당신이 하는 대로 할 뿐 아무런 이유도 없다고. 당신은 삶이 어떤 의미가 있다거나 삶에 옳고 그른 길이 있다고 생각하지 않는다. 어쩌다 보니 특정한 방식으로 살기를 원하게 되었을 뿐이다. 또한 당신은 우연히 캐슈넛을 좋아하게 되어, 누가 주기만 하면 거부하지 못할 정도로 좋아한다. 당신 삶의 전반적인 계획과 기획의 목표는 더 많고더 큰 캐슈넛이다. 삶을 이렇게 저급하고 원초적이고 주관적으로 해석하는 것이야말로 내가 제안했던 더 장엄한 해석에 대해 대안을 제시한다. 하지만 당신은 정말 그것을 받아들일 수 있는가? 당신의 선택과 스타일링을 제어하는 전체적인 자기 이미지가 있지 않은가? 심지어는 마티니를 마실지 맥주를 마실지의 선택마저도 제어하는 그것 말이다. 당신은 "그렇다. 그런 자기 이미지를 가지고 있다. 나는 견과류 같은 것들을 좋아하고 어떤 방식으로 살기를 원한다는 것을 알게 되었다."라고 말할지 모른다. 하지만 그것은 당신이 원하는 것의 일부일 뿐이다. 그런 대답은 사람의 자기 개념화가 무엇인지를 오해하는 데서 나온다. 자기 이미지(자신의 정체성의 선택)가 비판적인 역할을 수행하는 것은 단지 우리가 좋아하게 된 것들이 아니라 우리가 경외하고 타당하다고 생각하는 것들로 구성되었기 때문이다. 이 이미지 자체도 비판적인 판단이다. 우리는 메뉴에서 무작위로 선택하는 것이 아니라 어떤 기준을 충족하고자 한다. 당신은 삶에 어떤 역할을 하는 비판적 태도를 갖고 있지 않은가? 예를 들어, 당신은 때때로 자부심, 수치심, 회한 등을 느끼지 않는가? 이러한 비판적 태도들은 어떻게 사는가가 중요하며 삶 속에서 가치를 창조할 개인적 책임이 있다고 생각하는 사람들에게만 의미가 있다. 그것은 특정한 종류의 삶을 그저 우연하게 원하게 된 사람에게는 의미가 없다. 그는 회한을 쌓을 기반 자체가 없다.

이러한 비판적인 태도들이 당신의 감정적인 삶에 중요한 역할을 한다는 것은 바로 당신이 삶에 대한 조악한 해석을 배제하고 보다 야심찬 해석을 승인한다는 것이 된다. 사실, 비판적 태도는 거의 모든 사람들의 삶 속에 스며 있다. 나는 그러한 것들이 당신의 삶에 중요하다고 전제할 것이다. 그것들은 언제든 표면화될 수 있다. 하지만 임종의 시점에서 바라볼 때 비판적 태도들은 가장 극적으로 작동한다. 사람들은 그들이 키운 자녀들, 참전 경력, 또는 평판을 자랑스럽게 회상한다. 베토벤은 죽기 전에 "그래도 우리가 음악은 조금 만들었다."라고 말했다고 한다. (실제로 그랬는지는 모르지만 가능성은 있다.) 다른 이들은 놓쳐 버린 기회, 쾌락, 경험 등으로 회한에 가득 차기도 한다. 때로는 그러한 회한은 너무 강렬해 자기 자신에 대한 채찍질이 되기도 한다.

나는 두 가지 예를 들었다. 원하는 모든 것을 가지고 있다고 생각했던 이반 일리치는 자신이 잘못된 것들을 원했다는 것을 깨닫고 잘못을 바로잡기에는 너무 늦었다는 사실에 경악했다. 시드니 카튼에게 그것은 너무 늦은 것이 아니었다. 아주 예외적인 우연 덕분에 그는 자신이 해 왔던 것보다 훨씬 더 좋은 일을 할 수 있게 되었으며 그로써 삶의 구원을 얻을 수 있었다. 삶에 대한 관심이 오로지 견과류를 좋아하는 것인 사람은 이해하기 어려운 일이다. 비판적 태도들은 우리들이 삶을 어떻게 살아가는가가 단지 주관적으로만이 아니라 객관적으로도 중요하다는 사실을 받아들일 때에만 이해될 수 있다. 우리는 우리의 책임*을 오해하고 이를 어겼을까 봐 두려워하며, 우리가 그것을 충족했다고 믿을 때 자부심과 평온함을 갖고 "우리의 삶이 의미를 갖게 되었다."라고 말한다.

물론 이 모든 것을 회의적인 눈으로 보는 것이 가능하다. 즉 내가 주장하는 객관적인 중요성이 신화에 불과하며, 대부분의 사람들이 느끼는 자부심, 회한, 수치심, 조바심, 구원 등은 단지 그러한 신화의 일부에 불과하다고 이야기할 수도 있다. 그런 고집에 이끌린다면 1부의 교훈을 기억하라. 당신의 윤리적 회의는 아르키메데스의 외적 회의일 수 없다. 그것은 내적 회의일 뿐이며, 이 허무주의를 지지하기 위해서는 다른 사람이 자신의 직관을 지지하기 위해서 필요한 만큼이나 강력한 일련의 가치 판단이 요구된다. 다른 사람이 가진 윤리적 책무에 대한 확신을 이 우주에 존재하는 어떤 실재에 대한 형이상학적 논변이나 잘 살기의 의미에 대한 견해의 다양성에 대한 사회학적 논변으로 뒤집

---

* 자기 존중이 요구하는 책임.

을 수는 없다. 그렇게 하면 외적 회의주의의 오류를 되풀이하게 될 것이다. 우리는 두 영역에서 내적으로 회의적인 논변이 필요하다. 우리의 삶이 의미를 갖기 위해 무엇이 참이어야 하는가에 관한 적극적 주장 그리고 왜 이러한 조건들이 결코 충족될 수 없는가에 관한 소극적 논변이 말이다. 그렇게 획득한 회의주의는 그 자체로 존엄하다. 맥베스는 자신이 초자연적인 마법사의 손에 사로잡혀 있다는 것을 깨달았을 때 내적 회의주의(여생에 대한 무관심)를 획득했다. 당신이 맥베스와 같은 정신 상태에 있지 않기를 기대한다.

진정성

이제 존엄성의 두 번째 원리로 돌아가 보자. 비록 평판은 엇갈리지만 나는 그 원리를 진정성의 원리라고 이름 붙였다. 한 유명한 수필에서 라이오넬 트릴링(Lionel Trilling)은 진심됨(sincerity)과 비교하며 진정성을 비난했다.[18] 하지만 그는 그 이상(理想) 자체가 아니라 대중들이 그 이상을 감상적이고 특유하게 진정성 없이 사용하는 것을 염두에 두었다. 사람들은 별생각 없이 "나 자신을 발견해야 한다."라고 말하고 "자신의 가장 내밀한 감정들을 느껴야 한다."라고 말한다. 푸른 눈의 음유시인은 송가의 형태로 자신만의 길*을 갔다고 노래했다. 그러나 이보다 더 진정한 진정성의 모습은 문학 속에 그리고 많은 가장 중요한 철학 저술들 속에서 완전히 비감상적인 형태로 비중 있게 나타난다. 진정성은 가장 뛰어난 현대 철학자들, 예를 들어 키르케고르, 니체, 그리고 사르트르 및 자칭 실존주의자들의 많은 작품 속에서 중심적인 위

---

* 노래 「마이 웨이」.

치를 차지하고 있다. 그리고 셰익스피어의 악인들이나 광대들, 리처드 3세, 이아고, 파롤레스 그리고 피스톨* 등은 갑작스럽고 적나라한 진정성의 독백 속에서 자기의 실체를 인식하고 승인하는 존엄성의 순간을 획득한다.

진정성은 자기 존중의 다른 면이다. 자신을 존중하기 때문에 당신은 잘 살기가 삶 속에서 자신을 표현하는 것, 자신과 자신의 상황을 고려할 때 옳다고 여겨지는 방식으로 살기를 추구하는 것이라고 판단한다. 이것은 하나의 지배적인 야망이나 고정된 가치의 위계질서에 대한 복속일 필요도 없다. 우리가 품성이라고 부르는 것일 수도 있고 또는 니체가 스타일이라고 부르는 것일 수도 있다. 아무 생각 없이 관습이나 타인의 기대나 요구로부터 도출된 것이 아닌 것으로서 자신의 상황에 적절하다고 여겨지는 존재의 방식이다.[19] 반드시 독특하거나 독창적일 필요는 없다. 중요한 것은 각자가 다른 사람들과 매우 다른 삶을 사는 것이 아니라, 각자가 자신의 상황과 자신이 적절하다고 생각하는 가치들의 결에 어긋나지 않고 그 결에 부응하여 사는 것이다. 그리고 이러한 삶의 방식은 전통에의 복무로 표현될 수도 있다. 이러한 삶의 방식은 아이를 사랑하고 부양하고 교육하면서 아름답게 표현될 수도 있다. 또는 너무 제약이 많아 선택이 매우 한정된 삶에서 표현될 수도 있다. 또는 외부에서 보기에는 완전히 관습적이고 지루해 보이기까지 한 삶을 통해 표현될 수도 있다. 진정성은 젊은 시절에 그려진 로드맵이나 연구된 계획을 요구하지도 않는다. 우리들은 줄거리를 좇기보다는 그것을 찾으면서 살아갈 때, 우리가 행한 것들을 해석하면서 품성이나 스타일을 발견할 수 있다. 사르트르는 그것을 "실존적 정신 분석"이라고 불렀다.[20]

---

* 순서대로 셰익스피어의 희곡 「리처드 3세」, 「오셀로」에 등장하는 악인 그리고 「끝이 좋으면 모든 게 좋아」, 「헨리 4세」에 각각 등장하는 광대.

진정성에 대한 이러한 설명을 엘리트적이라고 말해선 안 된다. 도리어 높은 학력, 상상력, 감수성 또는 부의 혜택을 받은 사람들만이 진정성 있는 삶을 산다고 가정하는 것이 엘리트적이다. 진정성의 승인은 항상 성찰되는 삶과 같은 터무니없음을 필요로 하지 않는다. 어느 누구에게도 자신의 삶이 부사적 가치가 있다거나 그 가치를 추구할 의무가 있다고 명시적으로 인정하라고 요구하지도 않는다. 텔레비전 화면에 지쳐 있는 사람들이 무언가 다른 일을 하면서 삶에 더 많은 가치를 부여할 수 있을지를 고민하는 경우는 극소수다. 그러나 진정성에는 몇 가지 중요한 요건이 있다. 우선 품성의 개인적인 이해와 행위의 기준과 이상에 대한 복무를 요구한다. 이에 따라 자신의 어떤 행위들은 자기 배신임을 인정할 것을 요구한다.

책임

나는 6장에서 덕성으로서의 책임성과 관계로서의 책임을 구분하고 각각의 책임의 다양한 형태들을 준별해 냈다. 존엄성의 제2원리는 내가 덕성으로서의 책임성을 가질 것과 적절한 경우 관계로서의 책임도 받아들이도록 요구한다. 나 자신의 판단에 책임이 있다고 간주하지 않는 한 나는 내 행위를 나의 성격과 품성에서 나온 나 자신의 것으로 간주하지 않는다. 자신의 실수에 대해 부모나 타인 또는 사회 전체를 비난하거나, 자신의 행위에 대한 책임을 면하려고 어떤 형태의 유전적 규정론을 읊어 대는 사람은 존엄성을 결여한 것이다. 존엄성은 자신의 행위를 소유하도록 요구한다. "모든 책임은 내가 진다.(The buck stops here.)"는 것은 윤리적 책임성의 중요한 부분이다.

진정성이 내 행위에 대한 배상 책임을 얼마나 요구하는가는 더욱 복잡한 문제다. 내가 수인했거나 내게 떨어진 재정적 부담의 전체나 일부를 타인이 부담해 줄 것을 요구하는 것은 언제 타당한가? 내가 사고로 일할 능력이 없어지거나 비싼 의료 시술이 필요해진 경우 돈이 필요할 수도 있고, 일하는 대신 모래사장을 다듬는 데 소일하거나 나의 신을 위한 기념비를 짓기로 결심하여 돈이 필요할 수도 있다.[21] 윤리적 책임에 대해 내가 이해한 바에 따르면, 내가 어떤 경우에는 타인의 도움을 요구하고 어떤 경우에는 요구하지 않는 것이 부당한 일인가? 선택만 하는 것이 아니라 그 선택의 결과를 받아들이고 사는 것이 잘 살기의 요건이라면, 내가 암에 걸려서 발생한 필요와, 일을 하지 않기로 선택해서 발생한 필요를 구분할 이유가 있을까? 나의 요구가 생존적인지(도움을 받지 않으면 굶는다거나) 영적인지가 중요한가? 내가 나 자신을 넉넉히 먹여 살릴 수 있는지 아니면 내가 증오하는 지루한 직업을 영위해서만 그럴 수 있는지가 중요한가? 앞으로 보겠지만 이러한 질문들은 우리가 타인에게 무엇을 빚졌는가라는 도덕적 질문과 분배 정의에 대한 중요한 정치적 질문 속에서 그 대응 질문들을 찾을 수 있다. 그러나 이것들 역시 윤리 특유의 질문들이다.

윤리적 독립성

진정성에는 또 하나의 차원이 있다. 존엄성은 우리가 타인과의 관계에서 무엇을 성립해야 하는지를 규정한다. 우리는 독립성을 추구해야 한다. 영향력이나 설득당하는 것을 피하라는 말이 아니다. 완전히 새로운 라이프스타일을 발명할 수는 없다. 우리는 어느 시점에서든 팔레트에서 색을 고르듯 다양한 경우의 수가 선택될 수 있도록 윤리적 가치들이 제공되는 윤리적 문화 속에서 살고 있다. 우리는 이들 가치 사이에 존재하는 과거의 위계질서를 재편할 수도 있고,(우리는 예의보다는 잔인한 정직함을 중요시하는 사람들이 될 수도 있고 성적(sexual) 금욕주의처럼 타인들이 폄하하는 개인적 가치들에 집착할 수도 있다. 그러나 브루클린에서 중세 기사의 삶을 사는 것은 불가능하다. 그 삶은 특정한 사회적 그리고 정치적 배경을 필요로 하며 그런 배경은 흔적조차 충분히 남아 있지 않다. 우리의 설화, 문학 및 광고 속에 살아 있는 삶을 어떻게 살지에 대한 견해와 선례들은 우리의 삶 속에 스며 있다.) 이 견해와 선례들이 창조하는 환경 속에서 태어나고 그러한 환경 속에서 자녀들을 기른다. 적어도 내가 살아 있는 동안에는 이 환경은 매우 빨리 변화했다. 1960년대 후반과 1970년대 초반에 가능했고 경배되던 라이프스타일은 그전에는 경배되지도 않았고 거의 가능하지도 않았다. 이러한 라이프스타일은 지금도 거의 가능하지 않으며 경배되지 않는다.

영향력에서 자유로울 수 있는 사람은 없지만 영향력에 지배되는 것은 거부해야 한다. 이 차이는 매우 중대한 윤리적 의미를 갖고 있다. 진정성은 이런 측면에서 매우 관계적인 개념이다. 한 사람의 진정성은 자연이나 환경의 제한과 타협하지는 않는다. 예를 들어 운동 능력이 없어서 또는 세금이 너무 무거워서 또는 기술적으로 낙후된 공동체에 살아서 자신이 가장 원하는 방식으로 살지 못한다고 하여 진정성이 덜한 삶을 사는 것은 아니다. 팔레트 위의 색깔이 많지는 않겠지만 그 색깔들로 디자인한 삶은 완벽히 진정하다. 다른 사람이 아닌 자신이 디자인한 삶으로서 말이다. 다른 한편 만일 다른 사람들이 몇 가지 선택들이 가치 없다고 여겨 그 선택들을 금지한다면, 아무리 그의 선택 폭이 넓다 해도 그는 진정하게 사는 것이 아니다. 존엄성의 파괴는 제약에서 오는 것이 아니라 강탈에서 온다. 진정성은 어떻게 사는 것이 최선인가에 대한 결정을 그 삶의 소유자가 내릴 것을 요구한다.

진정성은, 적어도 몇몇 철학자들이 이 변화무쌍한 개념을 이해한 것과는 달리 '자율성(autonomy)'이 아니다. 이들은 자율성의 요구를 단지 정치적 또는 자연적 환경의 총합이 몇 가지 선택을 남겨 놓는 것이라고 전제한다. 이 견해에 따르면, 정부가 그 공동체의 문화를 조작하여 몇 가지 삶의 방식들을 금지하거나 제약하더라도, 선택의 여지가 남아 있다면 그 사람의 자율권이 위협받는 것이 아니다. 하지만 존엄성의 제2원리에 의해 정의된 진정성은 선택의 제약 자체만큼이나 제약의 성격과 깊이 연관되어 있다. 잘 산다는 것은 삶을 어떻게든 디자인하는 것일 뿐만 아니라 윤리적 가치에 대한 판단에 따라 디자인하는 것이다. 자신의 삶이 보여 줘야 하는 가치와 목표에 대한 판단이 다른 사람의 판단에 의해 대체된다면 그의 진정성은 손상을 입게 된다.

윤리적 독립성의 원리는 명백한 정치적 함의를 지니고 있고 나는 이를 17장에서 식별해 내고 탐구할 것이다. 그러나 지금은 그 원리의 윤리 특유적인(distintly ethical) 중요성, 즉 잘 사는 것이 요구하는 개인적 존엄성을 보호하는 데 그 원리가 수행하는 역할을 강조하고자 한다. 그 원리가 형법이나 다른 형태의 국가의 강제에 의해 성취되거나 위협받는다는 것은 강제가 분명하다. 다른 환경에서 영향력과 복종을 구별하기 위해서는 보다 미묘한 구분이 요구된다. 존엄성을 소중히 여기는 사람은 자신의 윤리적 판단을 사회적, 정치적 보복에 대한 공포에 따라 타협해서는 안 된다. 물론 타인의 기대에 맞춰 사는 것이 잘 사는 것이라고 스스로 판단할 수는 있지만 그 결정은 자신의 확신에서 나와야지 나태나 공포에서 비롯되어서는 안 된다.

어떤 정통 신앙들은 제사장이나 경전이 신의 의지를 오류 없이 전달한다고 여긴다. 그들은 잘 사는 것보다 종교적 확신이 더 중요하다고 선언한다. 그러한 윤리 체계를 강제적으로 부과하는 신정(神政)적 공동체들은 그 나라 국민의 삶의 진정성을 훼손한다. 이에 반해 자유주의적 정치 공동체에서 교회의 윤리적 권위에 복종하는 사람들은 자발적으로 그렇게 한다. 그러나 이들의 신봉도 지나치게 기계적이고 생각 없는 것이라서 삶의 다른 부분을 관통하거나 형성하는 것이 아니라면, 또는 만일 그들의 종교가 서사적 에너지의 원천이기보다는 의례적이거나 사교적 혹은 자기 찬양일 뿐이라면, 진정성이 없다고 볼 수 있다.

불신자를 비난하고 텔레비전 전도사들의 지시에 따라 투표하는 것 외에 그리스도의 자비라고는 찾아볼 수 없는 근본주의 기독교인들은 그들의 신앙이 강제되지는 않았지만 진정성이 없는 삶을 살아간다.

진정성과 객관성

진정성을 설파한 현대 철학자들은 객관적 가치의 가능성은 열정적으로 부정한다. 그들은, 가치는 단지 윤리적으로 적막한 세계에 인간의 의지를 부과함으로써 창조될 수 있다고 주장한다. 그러나 그런 전제 아래에서는 왜 우리들이 진정성에 가치를 부여해야 하는지 이해하기 힘들다. 그냥 어떤 사람들은 진정성을 좋아하고 자신들의 삶에 서사적 구조를 부여하기를 좋아하기 때문일까? 그러나 이러한 주장은 불충분하고 허약하다. 윤리적 책임은 도덕적 책임만큼 절대적이다. 우리들은 진정성이 단지 취향이 아니라 필수적인 덕성이며, 진정성이 없는 삶은 뭔가 잘못되었다고 생각한다. 우리는, 진정성이 단순히 몇몇 사람들이 가지고 있는 취향을 넘어서는 객관적 의미를 갖고 있다고 생각한다.

실제로, 우리의 보편적인 신념은 더 많은 무언가를 전제한다. 우리의 삶 속에서 올바른 가치들을 추구해야 한다고, 그저 어떠한 서사가 아니라 옳은 서사를 추구해야 한다고 전제한다. 그렇지 않으면 우리들은 삶의 원리가 일관성만 있다면(coherent),* 예를 들어 평계도 없이 끈질기게 나태하기만 한 삶을 포함하여 어떠한 삶을 선택해도 윤리적으로 용납된다. 여기에서 예술적 가치에 대한 비유가 다시 유용하다. 우리는 예술품의 통일성(integrity)**을 그것의 가치에 필수적인 것으로 꼽지만, 통일성을 다른 가치들과 단절된 가치라고 여기지는 않는다. 그

---

* coherent는 '정합성'으로 번역되어야 하나, 여기에서는 일반인들의 삶의 태도를 다루는 대목이므로 대중적인 어감을 살려 '일관성'으로 번역함.
** 다른 곳에서는 '통합성'으로 번역했으나 예술 분야에서 쓰일 때만 이렇게 번역함.

렇게 하지 않으면, 우리는 평범한 단조로움과 뛰어난 복합적 통일성을 서로 구별할 수 없다. 이것은 윤리에서도 마찬가지다. 우리는 삶에 서사를 부여하는 데 일관성을 추구하지만, 동전 던지기가 아니라 의식적인 판단에 의해 승인된 일관성이어야 한다. 니체는 가끔 가치에 있어서 허무주의자로 이해되지만 자신은 어떤 삶이 다른 삶보다 더 낫다는 것을 전혀 의심하지 않았다. 사실 그는 진정 위대한 삶을 산 세 사람만을 알고 있다고 했는데 그중 한 사람이 그 자신이었다.[22]

그러므로 진정성의 주창자들이 왜 객관적 가치의 인식 가능성을 거부하기에 고심했는지, 왜 객관적 가치를 신화로 치부하며 진정성을 대안으로 제시했는지 의아하다. 나는 이것을 이 책 1장의 "바로 그래서 그랬다는 이야기"에서 설명했다. 계몽주의와 후기 계몽주의 철학자들은 종교 시대의 형이상학 일부를 계승했다. 이들은 사람들이 가치를 신봉하게 되는 과정을 설명하면서 그 가치들이 맞는 것으로 인정될 때만 가치들이 객관적이 될 수 있다고 생각했다. 종교는 바로 그런 방식으로 가치의 객관성을 입증했지만 세속적인 철학자들은 그 입증에 등을 돌렸다. 니체는 신은 죽었다고 말했으며, 다른 사람들은 입증은 신의 도움이 없이 이루어져야 한다고 주장했다. 그들은, 오로지 자연주의적 설명만이 왜 사람들이 그러한 확신을 갖고 있는지 설명할 수 있다고 주장해 놓고는 그러한 설명들 중 어떤 것도 그러한 확신들을 정당화할 수 없다는 점을 인식했다. 따라서 그들은 모든 객관적인 가치를 거부할 수밖에 없었다.

그러나 그들은 사람들의 삶 속에 들어 있는 '가치'라는 피할 수 없는 현상을 거부할 수 없었다. 그래서 바로 이 가치를 희구하는 인간들 스스로가 의지와 천명의 행위로서 자신들을 위해 가치를 창조한다고 선언했다. 그렇지만 이러한 전략은 실패한다. 애초에 이 전략을 호명한 현상의 제 값어치를 따져 주지 못하기 때문이다. 우리는 가치를 발명하는 것이 아니라 우리의 삶을 창조하며 단지 가치를 향해 창조한다. 그렇지 않다면 이들 철학자가 칭송하는 진정성을 향한 투쟁은 메마르고 의미도 없어진다. 우리는 가치가 우리의 의지나 생각과 독립적으로 존재한다는 전제를 적어도 우리의 생각 속에서만큼은 피할 수 없다. 따라서 비록 우리는 진정성을 찬양함에 있어 철학자들을 따를 수 있지만, 이들의 특별한 외재적 회의주의는 받아들일 수 없다. 신념에 대한 설명과 그 신념의 정당화 사이에서 연관성을 무너뜨린 이상, 우리는 그 실패한 전략을 따를 필요가 없다.

종교적 근성

대부분의 사람들에게 잘 산다는 것은 특정한 상황에서의 삶, 즉 자신의 상황, 말하자면 역사, 연고, 지역, 지방, 가치 및 환경에 적합하게 사는 삶을 요구한다. "오로지 연결하라."라는 에드워드 포스터(Edward Forster)의 유명한 경구는 윤리에서 가장 큰 공명을 얻는다. 사람들은, 하나의 사건이나 행위가 더 큰 이야기나 작품 속에 위치 지어지면서 의미를 갖는 방식으로, 예를 들어 한 장면이 전체 연극에서 의미를 찾거나 하나의 활곡선이나 대각선이 전체 그림 속에서 의미를 찾듯이, 자신들의 삶도 의미를 갖기를 원한다. 우리가 시, 그림, 음악에서 인용의 복잡성을 찬양하는 것은 그것이 주는 배움만을 또는 그런 배움까지 찬양해서가 아니라(그 안에 분리된 것들보다는) 그 안에 체화된 것들의 아름다움 때문이다. 우리의 삶에서도 마찬가지다. 우리는 연관의 중요성을 '윤리적 인수'라는 개념 속에 담을 수 있다. 윤리적 인수들이란 상황의 특질들을 말하는데, 정치적 연고, 국적, 민족적 또는 문화적 배경, 언어 공동체, 지방 및 지역, 종교, 교육, 그리고 우리가 원하는 한 삶을 통해 반영하고 체화할 수 있는 연관들을 포함한다. 사람들은 그러한 연결의 중요성을 천명할 때, 예를 들어 그들의 국적 또는 민족의 혈통이 그들에 대해 어떤 의무를 부여한다고 말한다.

비슷한 상황에 처한 사람들은 이들 윤리적 인수에게 다른 순서의 우선순위를 부여할 것이며 어떻게 살 것인가에 대해서도 당연히 다른 생각을 갖게 될 것이다. 그러나 이들 각각의 인수들이 더 넓은 영역을 더 조밀하게 관통하면, 각 인수가 다른 인수들과 더 많이 엮일 것이고, 이 인수들을 반영하는 삶의 의미는 그만큼 더욱 커질 것이다. 아마도 많은 이들에게 가장 넓고 보편적인 인수는 우주관일 것이다. 이들이 자주 하는 언급에 따르면 우주는 '우리보다 큰' 어떤 힘을 담지하고 있고 우리는 어떻게 해서든 이 힘을 준거로 살아가길 원한다는 것이다. 토머스 네이글은 이러한 폭넓게 관통하는 연관에 대한 욕망을 "종교적 근성"이라고 칭한다.[23]

전통적인 의미로 종교적인 사람들은 그 힘을 자기들의 신 안에서 찾는다. 어떤 이들은 천당과 지옥을 믿을 뿐만 아니라 신이 이승에서도 자비를 베풀고 벌을 내릴 힘이 있다고 믿는다. 그러나 종교를 자신의 삶 속에서 중요하게 다루는 많은 사람들은 덜 도구주의적인 입장을 취한다. 옥스퍼드 대학교의 사감과 학생이 전교 조정 경기에서 자기 기숙사 팀의 성공을 신께 기원할 때 실제로 신의 개입(적어도 이렇게 통속적인 차원에서의 개입)을 믿는 것은 아니다. 그들은 단지 이런 기회들을 통해 자기 삶의 방식 속에서 자신들의 종교적 신념을 공표하고 싶은 것뿐이다.

네이글은 이런 욕구의 세속적인 형태를 묘사한다. 그에 따르면, 불신자들도 우주가 자신에게 무언가를 요구한다고 생각한다. 무신론자들도 다음과 같은 극적인 질문을 대면한다. "인간은 어떻게 그와 우주와의 관계 전체를 개인의 삶에 반영할 수 있을까?" 무신론자는 세 가지 답을 준비하고 있다. 첫째는 폄하다. 그런 시도를 하지 않아도 삶이 불완전하지 않다는 것이다. 둘째는 인본주의다. 이 답은 각 개인의 삶을 우리 종 전체의 연혁 속 또는 생명이 그 미약한 시작에서 진화해 나가는 역사 속 하나의 사건으로 치부한다. 세 번째 답은 더욱 장중하다. 이 답은 생명, 특히 인간 생명을 우주의 자연적 진화라는 거대한 이야기의 한 부분으로 치부한다. 이 가장 장중한 답은 비교 대상이 없을 만큼 우리를 흥분시키며 어떤 무신론자들에게도 이 우주 속에 세속적이지만 어떤 목적의 궤적을 상정할 유혹을 던진다. 생명과 생명체가 의식의 탄생이라는 결정적 사건을 노정하는 궤적 말이다.

두 개의 커다란 질문이 생긴다. 첫째, 사람들은 왜 이렇게 거대한 상상 속의 의미를 자신의 삶에 부여하는 작업 속에서 가치를 찾아야 하는가? 자신의 삶을 초월적이지만 무관심한 신에 대한 찬양으로 보든, 또는 무의식적인 전 우주적 드라마 속의 한 사건으로 보든 사람들은 어떤 이익을 얻는가? 둘째, 사람들은 이렇게 부여된 의미를 자신의 삶을 통해 어떻게 반영할 수 있을까? 어떻게 각자가 이것을 '자신의 삶 속으로' 끌어들일 수 있을까? 나는 첫 질문에 대한 답을 제안했다. 우리는 자의적으로 살기를 원치 않으며 연관성 있게, 즉 각자의 상황에 맞게 살고자 한다. 우리의 상황이 전 우주적 드라마를 배경으로 하고 있다면 그 지고한 배경을 인정하는 것이 가장 적절한 답이 된다. 물론, 그 드라마가 우리 삶의 '산물로서의 가치'에 기여한다고 생각할 수는 없다. 우리의 의식은 아마도 이 우주 덕분일지도 모르며 아마도 우주의 가장 위대한 성과일 것이다. 그러나 우리의 성과는 아니다. 우리와 우주와의 연관 속에서 찾는 가치는 부사적이어야 한다. 즉 '수행으로서의 가치'라야 한다. 우리의 이 작은 역할을 인정하는 것은 잘 살기의 한 요소다.

이렇게 되면 네이글의 두 번째 질문이 중요해진다. 세속적인 우주의 궤적을 인정한다고 해서 어떻게 우리 삶의 방식이 바뀔까? 아마도 덜 장엄한 인수들은 삶을 쉽게 변화시킬 것이다. 유대인들은 무신론자도 종교적인 휴일을 준수하며 매주 이루어지는 의식과 식생활 규범을 준수한다. 그들은 그렇게 하여 종교가 없더라도 자신들이 숭상하는 문화적 전통에 속할 수 있다고 말한다. 네이글이 상정하는 두 번째 답, 인본주의도 역시 우리의 사는 방식을 바꿀 수 있다. 인본주의는 자연 보존과 기후 변화에 대한 우리의 관심을 고양시킬 수 있다. 네이글의 해석에 따르면, 니체는 더욱 극적인 결과를 고집했다. 그는 우리의 기존 가치들을 생물학적 유산을 더 잘 반영하는 가치(예를 들어, 권력)들로 대체하여 진화 속에서 우리의 자리를 보여 주어야 한다고 주장했다. 인간 본성에 대해 추상하는 도덕 철학자들은 (무언가 더 큰 것에 대한 —옮긴이) 접속을 똑같이 갈망한다. 동정심이라는 자연적 현상과 같은 사실은 그 자체로 우리가 어떻게 살아야 할지에 대해 어떤 결론도 제시하지 않는다. 그러나 가시성의 윤리는 그 연결점을 제공한다. 인간 본성이 있다면, 그 본성을 의도적으로 표명하는 방식으로 사는 것은 우리의 상황에 접속하는 또 하나의 통로이며 이들 철학자에게는 자의적인 삶으로 빠지지 않는 방법이다.

그럼 우주는 무엇인가? 이 기나긴 우주사에서 우리 시대에 의식을 가진 생명체가 나타난 것이 우연한 사고가 아니라 펼쳐지는 중인 계획의 일부라고 생각하면 마음이 편할지는 모르겠다. 그러나 이 발견이 우리 삶의 방식을 어떻게 바꿀 수 있을까? 우주에는 우리의 예배를 받을 사원이 없다. 이 발견은 아마도 과학 특히 우주학에 대한 우리의 관심을 키울 것이다. 우주가 원리에 따라 진화해 왔고 인류는 이 진화의 성과물이라고 믿는 사람들은 아마도 최고 과학자들의 생각에 대해 최소한 외부자적 이해라도 확보하려고 노력할 것이다. 마치 수많은 사람들이 지금 상업적으로 개발되었듯이 자신들의 가족사에 강렬한 관심을 갖는 것과 마찬가지로 말이다. 나는 '우리 밖의 더 큰 힘'에 대한 세속적 믿음이 대부분의 사람들에게 주로 갖게 되는 윤리적 중요성은 특유한 삶의 방식을 규정하는 것이라기보다 어떠한 삶도 자의적일 수밖에 없다는 공포스러운 생각을 피할 수 있게 해 주는 것이라고 본다. 우주가 그냥 우연히 이러저러하다면, 가장 근본적인 차원의 설명을 통해서도 목적도 계획도 없다면, 우리가 상황의 더 구체적인 인수들에 적절히 대처하는 방식으로 자기 삶에 가치를 부여한다는 것은 부조리해 보일 수 있다. 한 사람 또는 한 종(種)의 역사는 그 자체가 가장 자의적으로 발생한 우연인데 이에 대응함으로써 어떻게 부사적인 가치라 할지라도 뭔가 가치를 창출할 수 있을까? 네이글은 비관적으로 끝맺는다. 궁극적으로 질서가 없다면 "우주에 대한 질문은 없어지지 않을 것이고 인본주의는 너무 한정적인 답이다. 결국 우리에게 남은 것은 부조리뿐이다."

그러나 왜 그렇게만 생각할까? 우주에 아무런 의미도 없다고 생각해 보자. 그렇게 생각하지 않을 이유는 없다. 결국, 통합적인 자연법칙을 찾기 위한 부단한 탐구의 끝에 존재하는 것은 결국, 무엇이 존재했고 무엇이 존재하는가에 대한 날것의 사실들뿐이다. 그렇다면 우리는 네이글의 질문을 무시하거나 거부할 필요가 없다. 단지 같은 방식으로 답하면 그뿐이다. 물론 어떤 거대한 법칙의 존재를 가장하면서 살고자 하는 것은 부조리한 일이다. 하지만 그러한 가장을 하지 않고 살아가는 것은 무엇이 부조리한가? 우주의 의미에 부합하여 살아가는 가치가 부사적이라면, 즉 접속이 중요한 것이라면, 우주에 의미가 없다고 치고, 전 우주적 무의미함에 부합하여 살아가는 것도 우주의 목적에 부합하여 살아가는 것만큼 가치 있는 것 아닐까? 우주적 의미와 가치가 없다면 아무도 가치나 의미를 만들 수 없다는 것은 사실이 아니다. 영원한 계획자가 없다 해도 우리가 계획자들이다. 우리 자신의 존엄성을 그리고 우리가 창조하고 인내할 좋은 삶과 나쁜 삶을 생생히 인식하는 인간 계획자들이다. 우리가 예술가나 음악가의 창조물에서 가치를 찾는 똑같은 방식으로 우리 스스로가 존재의 우연성에 대응하여 창조한 것에서 가치를 찾을 수는 없는 것인가? 왜 가치가 물리학에 의존해야 하는가? 이런 관점에서 보면 도리어 윤리적 가치가 영원성에 의존한다는 가설, 윤리적 가치의 근거가 우주학에 의해 부인될 수 있다는 가설이 부조리한 것이다. 이 가설은 흄의 원리를 위반하고자 하는 끝없는 유혹의 연속선 위에 있을 뿐이다. 우리는 이제 도덕철학 그리고 윤리철학의 가장 심오한 논점들을 거론했다. 가치는 과학에 비해 얼마나 취약한가? 부조리함의 원천과 성격은 무엇인가? 이에 대해서는 10장을 보기 바란다.

10장 자유 의지와 책임

책임에 대한 두 가지 위협

나는 지금까지 책임에 대해 다양한 방법과 형태로 언급했지만 책임이라는 것 자체가 존재하지 않는다는, 철학자들 사이에 인기 있는 견해는 백안시했다. 사람들은 자신의 행동을 통제할 수 있을 때만 행동에 대해 책임을 느낀다. 표준 철학 용어에 따르면 사람들은 자유 의지를 가지고 있고 자유 의지에 따라 행동했을 때만 책임을 느낀다. 누군가 당신을 눈먼 걸인에게 밀어서, 또는 최면술사가 당신에게 최면을 걸어 당신이 걸인의 구걸 통에 든 돈을 훔쳤다면 당신은 그 피해에 대해 책임이 없다. 많은 철학자들과 수백만의 사람들은 이렇게 겉으로는 순진한 관찰에 근거하여 윤리와 도덕의 크고 중심적인 부분을 완전히 해체할 수 있다고 믿는다. 이들은 '자유 의지의 부재'에 근거한 반론을 다음과 같이 전개한다.

"사람들은 모르지만 자신의 행위를 실제로 통제하지 못한다. 행동은 그들의 통제를 벗어나 두뇌에 작용하는 힘과 사건에 의해 복합적으로 초래되기 때문에 그들의 의지는 절대로 자유롭지 못하다. 자신이 실제

354

로 한 일과 달리 무언가를 할 수 있었다는 주장은 절대로 사실이 아니다. 실제로 사람들의 결정은 과거의 사건들로부터 초래될 뿐만 아니라 자신들의 책임이라고 생각하는 행위들을 초래하지도 못한다. 책임은 환상일 뿐이며 이들의 행위에 대해 사람들을 비난하거나 처벌하는 것은 부당하다."

내가 지금 언급한 다양한 현상들에 이름을 붙여 놓는 것이 유용하겠다. 우리가 결정하면서 느끼는 친숙한 의식적인 사건을 나는 '결정 (decision)'이라고 부른다. 나는 여기에 숙고를 거친 반성적이고 신중한 결정뿐 아니라 어떤 일을 하기 위해서 매분마다 내리는 반성적이지 않은 결정들도 포함하고자 한다.[1] 아마도 당신이 이 책을 읽기로 했을 때는 반성적인 결정을 내렸겠지만 이 책을 읽기 위해서 반성적이지 않은 결정들만으로 충분했기를 바란다. 나는 '규정론'은 반성적이든 반성적이지 않든 모든 결정이 결정자의 통제 밖에 있고 통제를 앞서는 과정과 사건들에 의해 완전히 결정된다는 입장으로 이해한다. '부수현상주의(epiphenomenalism)'는 더 회의적이다. 부수현상주의는, 신경과 근육의 작동으로 이어지는 인과 사슬에서 결정이라는 것 자체가 나타나지 않는다는 주장이다.[2] 부수현상주의는 어떤 행위를 하기로 결정했다는 내부적인 느낌은 그 행위를 실제로 초래하는 육체적 그리고 생물학적 사건들의 부수 효과일 뿐이라고 전제한다. 예를 들어 이 문자의 마지막 단어를 타이핑하는 행위로 귀결된 일련의 물리적 행위들이 사실은 내가 어떤 문자를 실제로 타이핑할지를 시시콜콜하게 결정하기 전에 시작되었다고 생각한다. 그 물리적 행위들은 내가 어떤 단어를 선택할지를 망설일 때 또는 망설이고 있다고 생각할 때 이미 시작된 것이다. 모든 의식적인 결정이 단지 부수 현상에 불과하다면, 그 결정을 초래한 나의 부분은, 이를 '의지'라고 부르든 뭐라고 부르든, 결과를 통제한다고 볼 수 없다. 아무 효과도 없는, 레버를 당기고 수증기를 뿜는 오즈

(Oz)의 사기일 뿐이다.

규정론과 부수현상주의는 모두 사실일 수 있다. 내게는 이 이론들을 과학적으로 판단할 능력이 없다. 두 이론 중 어느 것도 진실로 입증되지 않았다. 모든 것이 가능하다. 매주 화요일마다 뇌 지도, 물리학, 화학에 대해, 간과된 염색체에 얹혀 있는 강력한 대립 유전자에 대해, 그리고 이것들과 우리의 정신생활 사이의 관계들에 대해 새로운 발견들이 나온다. 디너파티 때마다 개코원숭이들의 성생활 논리, 침팬지의 종교 생활, 당신의 뇌 아래에 도사리고 있는 또다른 파충류의 뇌, 그리고 13장에서 논의할 열차 문제의 신다윈주의적 해석들에 대해 새로운 추측들이 나온다. 우리의 손자 손녀들은 어떤 논의를 하게 될지 상상도 되지 않는다.

논점들

자유 의지 논쟁은 아마도 교과서 밖으로 나가 대중의 독서와 상상에 진입한 철학적 주제 중 가장 인기가 높을 것이다. 자유 의지는 모든 곳에서 성의 있는 추상(speculation)의 대상이 된다. 이에 대한 철학적 문헌은 그 자체로 방대하며 공포스러울 정도로 복잡하다.[3] (특히 영향력 있으면서도 상충하는 입장으로는 토머스 네이글과 피터 스트로슨이 있다.)[4] 그들의 문헌은 세 가지 논점들을 엮어 다루고 있는데 우리는 세심하게 이를 구분할 줄 알아야 한다. 첫째, 사유와 행위의 인과 관계론이다. 사람의 행위는 사람들이 통제하지 못하는 선행 사건들에 의해 완전히 규정되는가? 그렇지 않다면, 일부 행위가 사람들의 통제를 역시 벗어난 우연적인 물리적 또는 생물학적 사건들에 의해 초래되는가? 또는 인간 정신의 특정한 능력인 '의지'가 그 능력의 발현 외에는 아무런 원인도 없는 의도적인 주체성(agency)을 행사할 수 있는가? 이 문제들을 '과학적' 문제라고 부르자. 많은 철학자들은 이런 지칭이 부적절하다고 생

356

각한다. 이 철학자들은 위의 질문들 중에서, 인간 의지가 자발적인, 원인이 없는 원인으로 기능할 수 있는가라는 질문은 생물학이나 물리학의 문제가 아니라 형이상학적 문제라고 생각한다. 토머스 네이글은 마지막 가설, 즉 행동의 완전한 설명이 물리적 또는 생물학적 선행 설명이 없는 의지의 행위로 시작될 수 있다는 가설에 대해 이해 불가하다는 입장이지만 거부할 수 없다고도 생각한다.[5]

'자유로움(freedom)'이라고 불리는 논의들도 이 문헌에서 이루어진다. 어떤 상황에서 사람은 자신이 원하는 대로 자유롭게 행동하는가? 그의 자유로움은 묶여 있거나 갇혀 있는 등의 외부적 제한에 제약될 때만 침범되는가? 또는 정신 질환이 있을 때인가? 또는 자신이 원하는 대로 자신의 입맛을 통제하거나 바꿀 수 없을 때인가? 또는 올바른 이성과 진정한 도덕이 요구하는 대로 행동할 수 없을 때인가? 또는 자신의 통제 밖에 있는 선행 사건들이나 영향력 아래에서 사람의 선택이나 행위가 필연적일 때 자유로움은 항상 환상일 뿐인가? 신의 의지가 자신의 행위에 대해, 원인 없는 원인으로 기능할 때만 그는 자유로운가?

마지막으로 우리가 다루려는 주제들도 문헌에 나타난다. 즉 평가상 책임의 문제. 언제 사람의 행위를 그 자신이 또는 타인이 비판적으로 평가하는 것이 적절한가? 예를 들어 언제 스스로 자긍심 또는 죄책감을 갖거나 타인이 행위자를 칭송하거나 비난하는 것이 적절한가? 그가 행위의 대상이라기보다는 행위의 주체일 때인가? 또는 예를 들어 최면에 걸리기보다는 스스로 판정을 내릴 때인가? 또는 자신의 의지가 자신의 행위에 대한 원인 없는 원인일 때뿐인가? 책임에 대한 이런 질문들은 9장에 칼처럼 공중에 매달려 있었다. 나는 사람들은 잘 살아야할, 즉 자신의 삶으로 무언가를 성취할 윤리적 책임을 정초적으로 가지고 있으며, 잘 사는 것은 자신의 삶에 대해 적절한 결정을 내리는 것의 문제라고 주장했다. 그러나 아무도 자신의 결정에 책임이 없다면,

잘 살거나 못 산다는 개념 자체가 의미가 없다. 어떤 결정도 삶을 잘 또는 잘못 살도록 하지 못하기 때문이다.

이제 경험적 탐구나 철학적 추상을 통해서만 답할 수 있는 과학적 또는 형이상학적인 첫 문제군과 독립적인 윤리적, 도덕적 문제들인 책임에 대한 마지막 문제군 사이의 커다란 논리적 결절을 이해할 차례다. 흄의 원리는 1부에 적용되었듯이 윤리적 맥락에도 충직하게 적용되므로, 책임에 대한 어떤 결론도 첫 번째 문제들에 대한 답에서 도출될 수 없다. 첫 번째 논의에서 세 번째 논의로의 유추는 추가적인 평가상의 전제를 요구한다. 자유 의지 담론은 내 판단에는 이 전제를 충분히 다루지 않았다. 아마도 철학자들은 윤리적, 도덕적 원리들이 당연히 이 결절을 연결할 수 있다고 믿었는지 모르겠다. 나는 당연하지는 않다고 생각한다.

둘째 문제군(자유로움)은 다른 두 개의 문제군들로부터 독립적이지 않다. 사람들이 자유로운가에 대한 문제는 모두 과학적 또는 윤리적 문제의 포장이다. 어떤 사람들은 '자유로움'을 단순히 비규정론의 의미로 이용한다. 규정론이 오류가 아닌 이상 사람들은 자유롭지 못하다는 의미다. 다른 사람들은 책임의 의미로 사용한다. 사람들이 자신의 행위에 대해 평가상의 책임이 있는가 없는가에 따라 자유롭기도 하고 그렇지 않기도 하다는 의미이다. '자유로움'의 두 가지 어법 모두 오류는 아니다. 즉 언어적으로, 규정론이 참이므로 사람들이 진정으로 자유롭지는 않다는 명제나 규정론이 참이라 해도 외부 제약이 없을 때 사람들이 진정으로 자유롭다는 명제에는 하자가 없다. 그러나 이런 맥락에서의 자유로움 담론은 유용하지 않고 혼란을 초래한다. 나는 자유 의지에 대한 논쟁을 다루면서도 이 장에서 자유로움을 많이 논의하지 않을 것이다.

자유 의지와 책임에 대한 고전적 담론은 거의 항상 윤리보다는 도덕적 논점에서 시작한다. 환영이나 정신 질환에 시달리는 사람의 행위를 비판하는 것이 옳은가? 강압을 받거나 불행한 성장 환경 때문에 행동한 경우에는? 이런 장애들이 있는 경우 죄를 범한 사람을 감옥에 넣는 것이 공평한가? 이 질문들과 예상되는 답변들은 규정론의 예정되는 효과들을 예비한다. 모든 이들의 행동이 정신 질환자의 행동이 규정되듯이 통제 불능의 힘에 의해 규정된다면, 누군가를 비난하는 것은 정신 질환자를 비난하는 것처럼 불공평하다. 나는 다른 시작점을 제안하려 한다. 즉 사람들이 어떻게 그리고 왜 자신들이 한 행위에 대해 스스로 책임을 지는가를 탐구하자는 것이다. 어떤 경우에 책임을 지지 않거나 져서는 안 되는가에 대해서도 마찬가지다. 즉 윤리가 아니라 도덕에서 출발하자는 것이다. 이 또 다른 시작점은 이 장을 이 책의 일반적인 전략과 부합하게 만든다. 이 시작점은 더 고전적 접근법이 무시하도록 유도하는 무언가 중요한 것에 집중할 수 있게 해 준다. 3인칭이 아니라 1인칭에서 시작함으로써 우리는 선택과 마주할 때의 기분에 집중할 수 있다.

성패의 결과(Stakes)

6장에서는 책임의 양태와 다양함을 구별했다. 거기에서 우리는 책임의 미덕, 즉 책임성에 집중했다. 이제 우리는 관계적 책임의 한 형태에 관심을 집중하고 있다. 한 사람의 행동을 비판적인 행위의 기준에 비춰 칭송할 것인가 비난할 것인가 평가함이 적절하다면 그는 평가상의 책임(judgmental responsibility)을 가지고 있는 것이다. 여기에서 추가적인 용어가 유용하다. 자유 의지 담론은 철학자들을 두 진영으로 구분한다. 양립 가능주의자들은 평가상의 책임도 규정론과 일관성이 있다고 보며 양립 불가주의자들은 그렇게 생각하지 않는다. 어떤 양립 불가주의자들은 낙관적이다. 그들은 과학적으로든 형이상학적으로든 행동이 항상 행위자의 통제를 벗어난 과거의 사건에 규정된다고 보지 않기 때문에 평가상의 책임에 진정성이 있다고 본다. 다른 양립 불가주의자들은 비관적이다. 이들은 모든 행위는 과거의 사건에 의해 규정되며 누구에게든 평가상의 책임을 부여하는 것은 적절하지 않다고 본다. 비관적 양립 불가주의는 옳을 수 있는가?

처음부터 우리는 이를 믿을 수 없다는 점을 인지해야 한다. 애인이 배신했다거나 노예 제도가 노예들에게 유익하다는 명제를 믿기 어렵다는 의미만이 아니다. 우리가 행동에 대해 책임이 없다고 이성적으로 확신하기 어려운 이유는 어떤 결정이 더 좋은 결정인지에 대한 판단 없이는 어떤 성찰적 판단도 할 수 없기 때문이다. 우리가 걸인을 지나친 후, 오래전부터 그 사람을 무시할 운명이었다고 확신하게 되었다고 하자. 그렇다고 해도 걸인 곁을 지나는 순간에 우리가 뭔가 결정을 내릴 수 있다는 점을 부인할 수는 없다. 우리는 우리로부터 자신을 들어 올려서 스스로의 결정을 내려다볼 수는 없다. 우리는 결정을 내려야만 한다. 우리는 자신의 행동 속에서 잠시 정지하여 무슨 일이 생길지 지켜볼 수는 있다. 그러나 그렇게 하면 아무 일도 일어나지 않을 것이며 그것은 중지하기로 우리가 결정했기 때문이며 결국은 어떻게든 다른 일을 하기로 결정하게 될 것이다.

반복하지만 지극히 평범한 사안이 아닌 이상 우리는 선택의 좋고 나쁨이 있다고 전제한 후에야 선택을 내린다. 우리는 선택이 자기비판의 대상이라고 전제하고서야 선택을 내린다. 우리는 "내가 뭘 해야지?"라는 생각을 "나는 어떤 결정을 내려야 하는가?"라는 생각으로부터 분리해 낼 수 없다. 이것은 도덕적 또는 윤리적 비판이 될 필요도 없고 그런 경우는 드물다. 우리는 순수하게 도구주의적 입장에서 자신을 비판할 수 있다. 예를 들어, 만나는 모든 걸인들에게 돈을 줄 자원이 있는가? 그러나 어쨌든 우리는 선택을 당위적인 기준에 비추어 볼 것이며 그 과정에서 이런저런 행동의 이유들을 고려하지 우리의 행동을 기침이나 무의식적 경련인 것처럼 다루지는 않을 것이다.

선택한 뒤에는 우리의 결정을 그렇게 다룰지도 모른다. 예를 들어 우리가 걸인을 무시할 운명이었고 따라서 비판받거나 후회할 일은 없다고 말이다. 그러나 지금 우리를 위협하고 있는 명제, 즉 우리에게 평가상의 책임이 없다는 명제는 그 이상을 주장하고 있다. 우리의 결정이, 멈출 수 없는 기침처럼 처음부터 비판적 평가로부터 면제되어 있다는 것이다. 하지만 우리는 행동하면서 이를 믿을 수가 없다. 1인칭에서 결정이라는 행위 자체는 평가상의 책임을 자임한다. 이 연결은 내부적이며 결정의 원인에 대한 어떤 전제 조건들로부터도 독립적이다. 비관적 양립 불가주의는 이성적으로 안정적인 입장이 아니다. 우리가 믿을 수 없는 것을 믿도록 요구한다. 우리가 이를 믿는 것처럼 행동하지 않으면서도 믿을 수 있다고 가장할 수도 있겠다. 하지만 그것은 내 말의 요점을 놓친 것이다. 즉 우리가 믿는 것처럼 행동하는 방법이 없다. 그러므로 그런 믿음을 우리가 자임할 수도 없다.

3인칭에서는 어떨까? 비관적 양립 불가주의를 수용하면 타인을 평가할 수 있을까? 내가 말했듯이 철학자들은 보통 3인칭 판단에 집중한다. 양립 불가주의자들은 규정론이 참이라면, 누구든 그의 행위에 대해 비난하거나 처벌할 수 없다고 주장한다. 갈렌 스트로슨(Galen Strawson)의 과장법에 따르면 신이 누구를 지옥으로 보내든 불공평하다.[6] 양립 불가주의자들은 그렇다고 해서 다른 윤리적 또는 도덕적 판단들을 배제하지는 않는다고 주장한다. 이들에 따르면, 범죄자가 비난 가능성이 없는데도 도덕적 잘못을 저질렀다거나 나쁜 성품을 가지고 있다고 선언할 수 있다. 이들에 따르면, 한 사람이 주의 깊게 또는 부주의하게 행동했다거나 어떤 상태가 다른 상태보다 더 낫다고 생각할 수 있다. 나는 이게 모두 틀렸다고 생각한다.[7] 도덕은 통합된 기준의 체계(web)다.

개별적으로 배제되어도 나머지가 유지되는, 분리 가능한 모듈의 집합체가 아니다. 평가상의 책임은 모든 도덕적 직물의 씨줄이다.

내 행동이 규정되었음을 수용하고도 나에게 평가상의 책임이 없음을 내가 믿을 수 없다면, 나는 타인의 행동이 규정되었다는 이유만으로 그에게 평가상의 책임이 없다고 추정할 근거가 없다. 어떤 변호사들과 범죄학자들은 사람들은 자신들의 행위에 대해 책임이 없기 때문에 죄와 벌 같은 전통적 형법을 폐기하고 치료로 대체해야 한다고 믿는다.[8] 이들은 자기모순에 빠져 있다. 아무도 평가상의 책임이 없다면, 기소된 범죄자들에게 책임을 묻는 공직자들도 자신들의 행동에 책임이 없는 것이며, 이 공직자들의 행동이 불공평하다고 여기는 것도 잘못이다. 물론, 나 역시 범죄학자들이 공직자들의 잘못을 지적한 행위를 잘못이라고 지적할 수 없다. 범죄학자들도 책임이 없기 때문이다. 물론 나 자신도 책임이 없으니 범죄학자들이 잘못이라고 말하는 나도 잘못이 없다. 이렇게 계속된다. 이 반복되는 무의미(recursive nonsense)가 어떠한 의미라도 있다면 그것은 우리가 이 반복의 돌쩌귀로 기능하는 명제, 즉 우리 모두 평가상의 책임이 없다는 명제를 믿을 수 없다는 것이다.

난점은 또 있다. 규정론이 모든 평가상의 책임을 소멸시킨다면, 우리의 이성적 책임도 소멸시켜야 한다. 문헌을 읽고 실험해 보고 10년을 성찰해서 규정론이 참이라고 선언했다고 해서 우리가 더 책임성 있게 행동하는 것은 아니다. 두 개의 주사위를 던져서 모두 6이 나오는 것과 다를 바 없기 때문이다. 비관적 규정론이 참이라면, 비관적 규정론을 믿는 것이 지혜롭다고 생각하는 것조차 책임성 있는 일이 아니다. 믿는 것 외엔 선택이 없었기 때문이다.

삶을 찾아가는 60억의 인물들

책임 체계

아무도 비관적 양립 불가주의를 믿지 않는다는 사실이 그 자체로 양립 불가주의에 대한 반론은 아니다. 화살이 과녁에 도달하지 못한다는 제노의 '정리'를 믿지는 않더라도 우리는 왜 그 정리가 거짓인지 설명해야 한다.[9] 아마 우리는 믿지 못하는 것을 믿지 않을 적당한 이유를 못 찾을 수도 있다. 그런 정합성의 부재가 우리의 운명인지도 모른다. 일관되고 해석적으로 만족스러운, 평가상의 책임에 대한 이론이 존재하지 않을지도 모른다. 그러나 실제로 그런지는 우리가 탐구하고 있는 윤리적 도덕적 논점들에 달려 있다. 우리가 내리는 결정들의 원인이 그 결정들에 대한 평가상의 책임에 영향을 주는 것은 당연하다. 그러나 문제는 '어떻게'다. 우리는 그 연결 고리를 규정하는 윤리적 원리를 찾고 있는 것이다.

우리는 평가상의 책임이 소멸되거나 완화될 때에 대한 보편적인 생각에서 출발해야 한다. 평가상의 책임에 대한 일반적인 유통 방식을 상기해 보자. 우리가 그 개념을 매일매일 이용하는 방식 말이다. 의도적인 행동은 내적 삶이 있다. 즉 행동할 때 의도적임을 느낀다. 우리는 무언가를 의도한 후 실행한다. 최종 결정의 순간이 있다. 주사위가 던져지는 순간, 행동하겠다는 결정이 결정된 행동과 만나는 지점이 있다. 의도적 행동에 대한 그 내적 감각은, 윤리적 도덕적 경험에 필수적인, 능동태와 수동태의 구별을 표창한다. 우리는 자신이 한 일에 대해 평가상의 책임을 느끼지 자신에게 일어난 일에 대해 느끼지 않는다. 과속에 대해서는 책임을 져도 번개 맞는 것에 대해서는 책임을 지지 않는다. 우리의 복잡한 책임관(觀)은 이 날것 그대로의 개념을 세공하면서 정해질 것이다.

우리는 사람들이 보통 행동할 때를 행동 당할 때뿐 아니라 타인의 통제 아래 행동할 때와도 구분한다. 예를 들어, 최면이나 고도의 정신 통제 기술 또는 지적 장애나 정신 질환의 피해자들의 경우다. 정신 통제의 경우, 결정은 행위자의 판단이나 의도가 아니라 통제자의 판단과 의도를 반영한다고 우리는 말한다. 지적 장애의 경우, 행위자는 자신의 판단과 의도에 따라 행했지만 책임 부여에 필수적인 어떤 능력이 부재하여 행위자에게 책임을 지울 수 없다고 우리는 말한다.

우리는 그러한 두 가지 능력을 식별해 낸다. 첫째, 사람들에게 책임을 묻기 위해서는 그 사람이 세계, 타인의 정신 상태 및 자기 행동의 개연성 있는 결과에 대해 참인 판단을 할 수 있는 최소한의 능력을 갖고 있어야 한다. 총이 사람들을 해칠 수 있다는 사실을 이해하지 못하는 사람에게 살인의 책임을 물을 수는 없다. 둘째, 사람들에게 책임을 묻기 위해서는, 통상적인 정도로 자신의 당위적 인격에 부합하는 결정을 내릴 능력이 있어야 한다. 당위적 인격이란 자신의 욕망, 선호, 신념, 애착, 충성 대상, 그리고 자아상을 말한다. 진정한 결정은 의도적이어야 하며 자신의 최종 결정을 욕망, 계획, 신념 또는 애착에 일치시킬 수 없는 사람들은 책임성 있는 행동을 할 수 없다.

여기에서 간단히 정리한 책임의 체계는 9장에서 묘사된 윤리적 기회에서 핵심적 역할을 한다. 잘 살기는 옳은 결정 내리기의 문제다. 얼마나 잘 살았는가는 우리가 얼마나 옳은 결정을 많이 내렸는가이다. 하지만 모든 결정이 중요한 것은 아니다. 우리는 책임의 체계에서 중요한 능력들, 즉 참인 믿음을 가지거나 자신의 가치에 맞는 결정을 내릴 능력들을 갖추기 전에 했던 행동들은 따지지 않는다. 또는 우리가 그런 능력을 상실했을 때(우리가 나중에 그러한 사실 여부를 판단할 수 있는 입장에 있다면) 내린 결정들도 따지지 않는다. 후자의 결정들은 적어도 우리의 삶이 얼마나 좋았는지에 대한 판단과 연관이 있다. 정신 이

상이나 심한 강박관념에 사로잡혔던 시간들은 좋은 삶을 위협한다. 그러나 그 사람이 잘 살았는지 그렇지 못했는지를 판단할 때 이런 온전치 못한 결정들은 평가에서 배제된다. 삶의 상당 기간을 정신적 무능력 상태에서 산 사람은 윤리적 의미에서는 살지 않은 것이나 마찬가지다. 심하게 망가진 삶을 인내한 것에 대해 동정할망정 그를 비난하지 않으며 그 스스로도 정신이 회복된 뒤에 자기 자신을 비난할 것이라고 기대하지 않는다.

이렇게 추상적으로 묘사된 책임의 체계는 그다지 논란의 대상이 되지 않는다. 최소한 폭넓게 수용된다. 체계의 상당 부분은 더 자세하게 규정될 때 논란이 인다. 예를 들어, 맹목적 분노로 인한 충동을 거부하지 못하는 사람, 또는 심대한 불이익의 위협 때문에 자신의 신념에 반하게 행한 사람, 또는 텔레비전의 폭력적 장면들 때문에 선악관이 망가진 사람에게 평가상의 책임을 지울 것인가에 대해 사람들은 견해차를 보인다. 수긍할 만한 책임론은 왜 추상적 책임 체계가 많은 사람들에게 수용되는지와 언제 그리고 왜 체계의 세부는 논란이 되는지를 모두 설명할 수 있어야 한다.

통제의 두 가지 개념관들

책임 체계는, 우리가 추구하는 윤리적 원리들, 즉 우리가 내리는 결정들의 원인과 그에 대한 우리의 책임을 연결시키는 원리들을 보이지 않게 체화하고 있다. 어떤 원리들을 말하는가? 이 질문은 이 책에서는 이제 친숙해졌을 해석적 질문이다. 우리의 질문은 이것이다. 어떤 윤리적 도덕적 원리들이 이 체계 전체를 가장 잘 정당화하는가? 양립 불가주의에 대한 최강의 반론도 이런 식으로 수립될 수 있고 이런 접근법이 보편화되어 있다고 나는 생각한다. 우리는 책임이 우리 행동의 궁극적 원인들에 터 잡도록 하지 않고는 평가상의 책임에 대한 통상의 확신들을 정당화할 수 없다.

우리는 그 주장을 검증해야 한다. 상상의 실험을 같이 해 보자. 규정론이 이치에 맞고 참임을 우리가 발견했다고 하자. 즉 우리의 생각과 행동이 모두 스스로 통제할 수 없는 선행 사건, 힘 또는 상황에 의해 필연적으로 되어 버렸다. 이 발견은 책임 체계의 의미를 어떻게 훼손하는가? 이 발견이 우리가 실제 살아가는 방법을 바꾸지는 못할 것임을 우리는 알 수 있다. 첫 충격 이후에도 우리는 이전에 살던 식으로 살게 될 것이다. 우리는 대본대로 움직이는 줄 알면서도 대본의 내용을 모르는 연극 속의 등장인물과도 같다. 루이지 피란델로(Luigi Pirandello)의 『작가를 찾는 6인의 등장인물』의 변조 같은 것이다. 우리는 창조자인 자연이 결정한 대로 살 수밖에 없다. 그러나 그래도 우리는 살아야 한다. 피란델로의 등장인물들처럼 매분 무엇을 해야 할지 결정해야 한다. 우리는 최선의 이유가 무엇이며 무엇을 요구하는지 결정해야 한다.

이런 삶의 방식이 부조리하다고 생각해야 할까? 달리 살 방법이 없는데도? 그렇다면 우리는 책임성이라는 버릇을 버릴 수 없는 니코틴 중독자나 알코올 의존증자와 같은 존재인가? 이 상황을 우리는 많은 철학자들을 현혹했던 다음의 관점에서 볼 수 있다. 즉 책임 체계는 우리가 우리의 행동을 통제할 때만 책임이 있음을 보여 준다는 관점이다. 우리가 주도권을 쥐고 있을 때만 우리의 삶에 윤리적 가치를 부여하거나 거부할 수 있다는 것이다. 그래서 우리의 책임 체계는 최면이나 정신 이상 상태에서의 행동에 대해 책임을 요구하지 않는다. 규정론이 참이라면, 우리에게는 주도권이 없다. 그러므로 어떻게 해도 그러한 가치를 창조할 수 없다. 우리는 줄을 자신이 당기는 척하고 있는 꼭두각시다.

이 관점은 너무 성급하다. 이 주장은 책임에 통제는 필연이라는 전제에 의존할 뿐 아니라 통제의 특별한 해석에 의존하고 있다. 이 해석은 사람의 결정이 규정론이 모든 행위에 적용된다고 믿는 외부의 힘에 규정되면 그 결정자는 통제를 상실했다고 전제한다. 나는 이를 통제의 '인과적'인 해석이라고 지칭할 것이다. 왜냐하면 각 결정의 궁극적으로 시원적인(originating) 연혁적 원인에 따라 평가상의 책임 소재를 결정하기 때문이다. 이에 따르면 우리가 통제하고 있다고 말할 수 있는 때는 행위에 대한 인과적 설명이 우리 자신의 의지까지에만 추적할 수 있을 때뿐이다. 자연의 법칙을 통해 우리의 행위를 설명할 수 있는 그 이전의 상황이나 사건까지 추적할 수 있는 때는 우리가 통제하고 있다고 말할 수 없다.

통제의 의미에 대해서는 대안의 해석이 있다. 이 다른 관점에서는, 행위자는 자신이 결정을 대면하고 만들고, 타인이 그 결정을 대신하거나 타인을 통해 내리지 않고 또 행위자가 외부 세계를 제대로 인식하고 자신의 당위적 인격, 즉 익숙한 욕망, 야심과 신념에 따라 결정을 내릴 수 있을 때, 행위자가 통제를 하고 있다고 본다. 이는 능력에 따른 통제관(觀)이다.

이 두 통제관은 책임 체계에 대해 각각 다른 원리를 윤리적 정초의 후보로 제공한다. 즉 인과적 통제 원리와 능력에 따른 통제 원리다. 전자는 책임에는 반드시 인과적 통제가 따라야 한다고 주장하고 후자는 능력에 따른 통제가 따라야 한다고 주장한다. 많은 철학자와 비전공자들은 당연히 인과적 원리가 바른 것이며 능력에 따른 통제관은 회피적이라고 보고 있다.[10] 이 두 원리의 차이는 더 심오하다. 이 원리들은 매우 다른 자연관에 근거하며, 말하자면 평가상의 책임 소재지를 다르게 획정하고 있다.

인과적 이론은 행위자의 상황에 대한 행위자 자신의 일반적인 이해에서 벗어나 책임의 문제를 본다. 인과적 이론은 우리의 일상에서 후퇴하여 상황을 전지적 관점에서 볼 것을 요구한다. 이 관점에서 우리의 정신생활은 자연 세계의 맥락 안에 있다. 결정이라는 과정을 우리의 내장 기능처럼 설명할 것을 요구한다. 책임에 대한 윤리적 판단을 인과 관계에 대한 과학적 판단에 결부시킨다. 능력의 원리는 반대로 책임을 개인의 관점에서 진행된 삶의 괄호 안에 위치 짓는다. 능력의 원리는 윤리의 독립성을 전제로 한다. 즉 우리의 의식적인 결정들은 원칙적으로 그 자체로 핵심적, 독립적으로 중요하며 그 중요성은 어떤 인과적 설명에 의존하지 않는다. 피란델로의 등장인물이라고 할지라도 우리의 결정 자체는 진정한 사실이며 잘 사는가의 문제는 그 결정이 얼마나 좋은 결정인가에 달려 있다.

위의 두 원리들은 상충한다. 하나가 참이면 다른 하나는 거짓이다. 우리는 통제 원리에 호소함으로써 능력 원리를 퇴출시킬 수 없다. 능력의 원리가 거짓이라는 근거를 들어 사람들이 규정된 대로 한 행동에 대해 책임을 질 수 없다고 말하는 것은 문제 해결을 유예하는 것이다. 또 능력 원리에 기대어 인과 원리를 퇴출시킬 수도 없다. 결정의 윤리적 중요성은 상황에 의해 결정되는 것이지 그 결정의 인과적 연혁에 의해 결정되지 않으므로 인과 원리*가 거짓이라고 말하는 것 역시 문제를 유예하는 것이다. 우리는 더욱 밀도 있는 논변을 필요로 하며 이 논변은 해석적일 수밖에 없다.

능력의 원리에 대해 해석적 변론을 해 보겠다. 내 생각으론 능력의 원리가 우리의 다른 윤리적 철학적 견해에 더 잘 부합한다. 이에 반해 인과적 원리는 해석적으로 고아에 가깝다. 인과적 원리가 왜 윤리의 일부분이 되어야 하는지에 대해선 어떤 이유도 찾거나 만들어 낼 수 없다. 물론 이런 논변이 궁극적인 해결책은 아니다. 해석은 결국 신념에 의존하며 두 원리 사이에서 한 사람의 선택은 논변을 초월하는 더욱 심오한

---

*원문에는 '통제 원리'라고 되어 있으나 오류인 듯함.

태도와 성향을 반영할 것이다. 9장에서는 이와 매우 관련된 논점을 대면한다. 이 우주가 우연의 산물이라면 삶은 부조리한 것인가? 이 논점과 우리가 탐구하고 있는 평가상 책임의 문제는 서로 거울에 비친 상과 같다. 두 사안 모두 윤리학의 과학으로부터의 독립 여부에 달려 있다.

한 철학자가 양립 가능주의 진영에 가담할지 양립 불가주의 진영에 가담할지는 두 개의 통제관 중 어느 쪽을 선택할지 그리고 결국 윤리가 얼마나 독립적이라고 생각하는지에 달려 있다. 그리스의 극작가들은 능력설을 전제로 했다. 즉 영웅들은 신이 그들의 행위를 초래했어도 책임을 져야 했다.[11] 아리스토텔레스, 홉스, 흄 그리고 유수의 현대 철학자 중에는 토머스 스캔런이 능력설을 따랐다.[12] 흄은 통제 여부는 행위자가 자신이 원할 때 다르게 행동할 수 있느냐에 달려 있다고 말했다.[13] 흄의 입장은, 규정론이 참이라면 행위자가 다른 것을 원하고 싶어도 원하지 않았을 것이라는 비판을 당한다.[14] 그러나 그것은 핵심을 놓친 말이다. 흄은 윤리적으로 독립적인 태도를 승인한 것이다. 스캔런은 책임의 '심리학적' 정의를 제안하고 '양립 불가주의자들'에게 왜 그 정의가 문제인지를 밝혀 보라고 도전한다.[15] 그러나 많은 현대 철학자들은 인과설을 믿는다.[16] 이들은 행위자의 의사와 행위에 대해 완전한 외부적 인과적 설명이 가능하다면 평가상의 책임은 없다고 생각한다.

이 심오한 의견 충돌에는 더 깊은 차원이 존재한다. 9장에 설명된 윤리적 책임론은 다음과 같은 근본적 가설에 의존한다. 즉 인간 생명은 그것이 살아진 방식 속에서 가치가 있다는 것이다. 이 가설은 우주 속에서 자의식을 가진 피조물의 특별함을 전제한다. 즉 이 피조물들은 그들을 둘러싼 균질한 물리적 존재들과는 다르다는 것이다. 하지만 왜 특별한가? 수십억의 사람들은 그 특별한 중요성을 종교에서 찾는다. 이들에 따르면 신이 자유 의지를 사람들에게 준 것은 기적과도 같은 은혜다. 또는 최소한 우리의 운명이 영혼 없는 기계성에 의해 규정되는 것이 아니라 혼자서 우리를 자신의 모습으로 만들어 낸 절대자에 의해 규정된다는 것이다. 그러나 계몽신학 또는 무신론은 대부분의 철학자들에게 이러한 도피로를 차단했다. 계몽 시대 물리학마저도 그 위협을 증폭시켰다.

우리는 새로운 종류의, 자연의 질서로부터의 독립을 소망할 수 있다. 두 가지 가능성이 있다. 첫째, 우리의 결정과 행위가 실제로 물리학적 그리고 생물학적 세계의 인과 관계로부터 자유롭기를 바라는 것이다. 즉 어딘가, 아마도 초현상적 세계에 우리는 자유 의지를 어떤 의미로든 가지고 있다는 것이다. 이 바람은 외부적 관점의 인과설을 채택하도록 독려한다. 이 바람은 그 세계에서만 만족되기 때문이다. 하지만 그렇게 하면 우리의 바람은 과학적 발견이나 형이상학적 회의주의에 취약해진다. 둘째, 우리는 우리의 의식 자체가 삶을 살아갈 현상적 도전과 함께 우리가 필요로 하고 소망하는 모든 존엄성을 부여한다고 생각할 수도 있다. 우주는 우리가 뭘 결정할지 알지 모르겠지만 우리는 모른다. 이 관점에서 우리는 우리의 선택만으로, 잘 살기라는 부사적 가치를 창조한다. 우리는 존엄성에 대한 두 번째 개념관을 통해 실존주의의 오랜 철학적 전통을 재해석하거나 최소한 가장 설득력 있는 부분을 추출해 낼 수 있다. 존재가 본질에 앞선다는 장 사르트르의 선언에 전과는 다른 더 수긍할 만한 해석을 부여한다.[17] 두 가지 가능성 모두 자신만의 감성적 매력을 지니고 있다. 하지만 어느 것이 우리의 다른 생각들과 부합할까?

인과적 통제?

나는 상충하는 두 원리, 즉 인과설과 능력설이 모두 윤리적 원리이지, 물리적·생물학적, 형이상학적 원리들이 아니라는 점을 강조하고자 한다. 우리에게 친숙한 책임 체계에 어느 것이 더 잘 맞고 정당성을 부여하는가는 간명하지 않다. 두 원리 모두 많은 유명한 철학자들에게 수용되었다. 그러므로 우리는 시간을 들여 해석적 질문을 추구해야 한다.

우선 인과설에서 시작하자. 내가 보통의 지성을 갖춘 성인이라고 하자. 나는 정신 질환도 없고 내 결정들은 나의 선호와 신념들과 통상적인 관계를 맺는다. 나는 지금 거리에서 걸인을 보고 뭔가를 줄지 고민한다. 찬반론들을 재빨리 훑어본다. 걸인은 배고파 보인다. 나에게 1~2달러는 아쉽지 않다. 걸인은 마약을 살 것이다. 나는 사무실에서 이미 기부를 했다. 나는 베풀지 않기로 하고 지나간다. 나는 이 행동에 대해 평가상의 책임을 진다고 생각할 것이며, 나 스스로 또는 타인이 나를 인색하다고 비난하거나 지혜롭다고 칭찬하는 것이 불합리하다고 생각하지 않을 것이다.

하지만 인과설이 맞다면 나의 책임관은 과학이나 미신에 볼모로 잡힌다. 내 결정이 내가 태어나기 전에 있었던 힘이나 사건에 의해 인과적으로 규정되었다면, 나의 책임감은 아무리 강직하더라도 환상일 뿐이다. 그러나 걸인을 지나치기로 한 결정이, 과거의 어떤 것과도 인과관계가 없다면, 내 뇌에서 다리에 이르는 인과적 질서에 대한 자연적인 개입이라면, 이 책임감은 진정한 것이다. 내겐 책임이 있다. 인과설의 첫 인상은 책임의 본질을 포착한 것처럼 보인다. 외부의 힘들이 나를 행동하게 했다면 나는 어떻게 행위에 대해 책임을 질 수 있는가? 그러나 다른 면에서 이 원리는 첫인상에서도 자의적으로 보인다. 어떻게 내가 행동을 하면서 의식할 수도 없고 내 행동에 담긴 의도, 동기, 신념 또는 감정들에 대한 내향적이든 관찰적이든 어떠한 설명에서도 나타날 수 없는, 물리적, 생물학적 또는 형이상학적 과정들의 존부가, 도덕적 또는 윤리적 차이로 귀결될 수 있는가?

부수현상론

인과설에는 두 가지 구성 요소가 있다. 규정론이나 부수현상론이 참이라면 책임의 존재가 부인된다는 것이다. 이제 두 번째 구성 요소, 즉우리는 인과적인 힘이 있는 결정에 대해서만 책임을 진다는 것에서 시작한다. 우리가 하는 모든 것이 그렇게 하기로 결정하기 전에 신경 및근육계에서 시작되었다고 가정해 보자. 이는 가장 간단한 결정에서부터 가장 복잡하고 심도 있는 결정들까지 모두 우리의 정신이라는 은막에서 상영되는 사후적인 다큐멘터리일 뿐이다. 행위가 우리가 결정을인지하게 만든다. 그 반대가 아니다. 이 가설은 당연히 멋지다. 하지만평가상의 책임과는 어떤 관계가 있는가?

책임은 윤리적 또는 도덕적 실재다. 책임은 최종 결정에 인과적 힘이 있든 없든 적용된다. 타인을 상해하기로 했지만 그 결정이 행위에 대해 단지 부수적인 사람을 우리는 미수범으로만 여길 것이다. 그는 온 마음을 다해 나쁜 일을 하고자 했지만 그의 결정이 벌어진 일의원인이 아니기 때문에 실패한 것이다. 자신의 정적을 죽이고 싶고, 죽이기로 결정하고, 총이 발사되었고, 정적이 죽었다. 그러나 그가 정적을 죽인 것이 아니다. 단지 사전에 프로그램되어 있던 파충류적 두뇌가 그렇게 한 거라고 우리는 말할 수 있다. 하지만 그래서 어떻단 말인가? 적어도 이 상황에서 살인의 미수도 기수(旣遂)만큼 도덕적으로 나쁜 것이다.

법률가들은 다음과 같은 사건을 고안해 내길 좋아한다. A가 B의 커피에 비소를 넣어 죽이려 하지만, B가 마시기 직전 C가 B를 사살한다. A는 살인이 아니라 살인미수죄를 지었다. 하지만 A는 살인자 못지않게 도덕적 흠결이 있는 것이고, 바로 이 때문에 왜 A를 C보다 약하게처벌해야 하는가라는 법률가들의 질문에 쉽게 답할 수 없다. 법률가들은 왜 살인미수가 살인보다 처벌이 약해야 하는가를 설명하기 위한 정책적 또는 절차적 이유들을 탐구하고 고안해 낸다. 우리는 사람들이 마지막까지 마음을 바꾸도록 독려하려 한다. 즉 B가 커피를 마시기 바로 전에 A가 B에게 알려 주었는지 확신할 수는 없다. 하지만 이런 정책적 이유들은 여기에 적용되지 않는다. 왜 우리는 정적을 죽이려다가, 자신의 결정이 자신의 행위의 원인이 되지 못하고 단순히 자신의 행위의 부수적 결과가 되었기 때문에, 실패한 사람을 도덕적으로 비난받아야 한다고 말하지 않는가? 그는 시도한 것만으로, 최선을 다한 것만으로 평가상의 책임이 있다.[18]

나는 1인의 행위와 2인의 행위를 비교하는 것이 낯설다는 점에 동의한다. 법률가들의 모의 사건에서 A와 C를 다루듯이 한 사람과 그의 파충류적 두뇌를 분리된 행위자들로 대우하는 것은 익숙지 않은 일이다. 그러나 인과설은 바로 이렇게 사람을 인위적으로 이분하는 것에 의존하고 있다. 우리는 보통 사람을 온전한 사람으로 대우한다. 정신을 가진 한 사람이 뇌, 신경, 근육도 가지고 있고 그의 행동은 이 모든 것을 동반한다. 인과설은 정신을 육체로부터 분리하고 정신을 '의지'라는 주체로 인격화하고 그 주체가 자신이 자리한 육체를 특정한 방식으로 행동하도록 초래하는지 또는 아무것에도 연결되지 않은 레버를 당기는 사기인지를 묻는다. 이상한 그림이며, 이 이유만으로 우리는 인과설을 이상하다고 생각할 수 있다. 그러나 우리가 이러한 형상화를 받아들인다면 우리는 사람 속의 사람에게 그의 시도에 대해서 책임을 물어야 한다. 그를 면책할 또 다른 이유가 없는 한.

규정론과 우연

앞에서 나는 규정론이 참이라면 인과설과 다른 믿음들을 통합할 수 없다고 말했다. 왜냐하면 인과설은 우리가 부인할 수 없는 평가상의 책임에 대한 확신들과 상치되기 때문이다. 사실 인과설은 규정론이 거짓이거나 일반적으로 참이 아니라고 가정하더라도 우리의 다른 믿음들 속에서 근거를 찾기 어렵다. 규정론이 보편적 명제로서 거짓이라고 상상하자. 사람들은 자주 독창적인 의지의 행위에 의해 초래된 결정을 내린다. 하지만 예외도 있다. 어떤 경우 사람들의 결정은 자신의 통제를 완전히 벗어난 과거의 사건과 힘의 결과일 뿐이다. 그러나 우리는 이것이 가끔만 실현되는 가능성임을 안다. 얼마나 자주 실현되는지에 대한 통계도 없다. 아무도 개별 상황을 식별해 낼 수 없다. 즉 자신의 결정 중 어느 것이 독창적이고 어느 것이 규정된 것인지는 아무도 모른다. 모든 결정들이 내부적 현상적 관점에서는 자유 선택이다. 아무도 식별해 낼 수 없는 상황에서 어떤 결정들에 대해서는 책임을 져야 하고 다른 결정들에 대해서는 책임이 없다는 가정은 이상하다. 인과설을 받아들인다면, 우리는 행동 후 어떻게 자신을 비판할 수 있는가? 아마도 우리가 초래한 피해에 대해 책임이 있다고는 생각조차 하지 못할 것이다.

어느 날 큰 기술 발전이 있어서 어떤 결정이 규정되었고 규정되지 않았는지 식별할 수 있는 기계가 발명되었다고 하자. 해당 행위의 2주일 후에야 수집 가능한 증거를 통해서 말이다. 두 사람이 무자비한 살인을 계획하고 실행한 혐의로 체포되었다. 기나긴 경찰의 시험 후에 이 기계가 두 사람 중 하나의 의지가 이해하기 힘든 심리적 경련과 함께 범죄에 이르는 인과적 사슬을 시동시켰다고 선언하고, 다른 사람의 행위는 시작부터 규정되어 있었다고 선언한다. 이 차이는 두 악인이 생각하고 계획하고 또는 행동한 방식에 아무런 차이를 만들지 못한다. 새로운 기기 외에는 이 차이를 감지하지 못한다. 둘째 악인은 석방되고 첫째 악인만 처형되거나 종신형에 처해져야 할까? 이것도 말도 안 되는 소리다. 즉 숨겨졌던 인과적 차이는 그런 종류의 결정에서 우리가 소중히 여기는 것과는 큰 차이가 있다. 물론 책임 체계는 가벌성의 차이를 인정한다. 그러나 우리가 어린아이들과 정신 질환자들을 면책하는 이유가 되는 특질은 그들의 행동과 삶, 우리와 그들의 관계에 수백 가지 방식으로 영향을 주는 것들이다. 이성적 사고나 욕망을 질서 정연하게 추구할 능력이 없는 사람들은 그런 능력이 있는 사람과는 매우 다르게 살아간다. 최면에 걸린 사람이나 광인 과학자에 의해 두뇌가 조작된 사람들은 외부의 의지에 복속된다. 이들에게 책임의 부재는 일반적 지위로서의 성격을 갖는 것이지 양자학적 상상의 우연한 파편이 아니다.

책임의 존부가 내 상상 속의 기계의 계측에 의존하도록 하는 것이 황당하다면, 인과설은 옳지 않다. 이 상상을 어떻게 바꿔도 달라질 것은 없다. 우리의 행위가 어떤 경우는 규정되고 다른 경우에는 규정되지 않는다기보다 어떤 사람의 행위는 항상 규정되고 다른 사람의 행위는 항상 규정되지 않는다고 가정하더라도, 이 두 인간군을 다르게 다루는 것은 윤리적, 도덕적 이치에 맞지 않는다. 인과설은 다양한 상황 속에서 자의적인 것처럼 보이기 때문에, 바람직한 윤리적 또는 도덕적 원리가 될 수 없다. 규정론의 날것 그대로의 사실이 무작위 분포 상태일 때에도 책임에 대한 결정을 훼손하지 않는다면, 그 사실이 보편적이라고 해도 마찬가지다.

규정론과 이성

인과설은 또 다른 방식으로 기이하다. 사람들은 자신의 믿음과 가치에 근거하여 결정을 내린다. 믿음과 가치는 이성적 판단의 구성 요소다. 그러나 인과설이 각 결정에 대해 우리가 가질 것을 요구하는 그런 통제력을 우리는 믿음과 가치에 대해서 가지고 있지 못하다. 세계관의 선택은 자유 의지의 행위가 될 수 없다. 거꾸로 우리는 우리의 세계관이 실제 세계에 의해 규정되기를 바란다. 또는 우리는 취향, 선호,

신념, 충성의 대상 그리고 나머지 당위적 인격 등의 가치를 그냥 선택할 수 없다. 4장에서 주장했듯이 우리의 도덕적 신념은 도덕적 진실에 의해 초래되지 않는다. 즉 인과적 효과설은 거짓이다. 그러나 그것이 참이라면, 우리의 믿음은 내적 의지의 시원(始原)적인 작용이 아니라 우리 외부에 있는 도덕적 진실에 의해 초래될 것이다. 내가 믿는 것처럼 거짓이라면, 신념의 인과적 설명은 항상 내가 4장에서 설명한 개인사적 설명이 될 수밖에 없다. 즉 그 사람의 유전자, 가족, 문화 및 환경에 대한 사실뿐 아니라 그것들의 원인에 대한 완전한 설명이 필요하다. 이를 위해서는 물리학·화학 법칙과 우주의 역사를 포함해야 할 것이다. 우리의 취향, 욕망, 선호 등에 대해서는 더욱 그러하다. 허공에서 의지의 행위를 통해 이것들을 창조할 수는 없기 때문이다.

　그렇다. 어느 정도까지는 사람들은 자신의 선호와 신념에 영향을 줄 수 있다. 우리는 캐비아나 스카이다이빙을 즐기려고 노력하고 교회나 철학 강좌들을 들으러 다니면서 더 나은 사람이 되려고 노력한다. 그러나 그것마저도 우리가 선택하지 않은 다른 신념, 선호, 취향을 갖게 되었기 때문이다. 우리가 캐비아나 스키에 익숙해지려고 애쓰는 것은 여러 가지 이유로 그런 것을 좋아하는 종류의 사람이 되길 욕망하게 되었기 때문인데 그 욕망은 스스로 선택한 것이 아니다. 우리가 교회나 자기 계발 그룹에 다니는 것은 우리가 이미 가지고 싶어 하는 신념들을 취득하거나 강화하기 위해서다. 6장에서 내가 설명한 책임의 기획은 사람들이 자신의 다양한 신념을 정합성 있고 통합된 전체로 조직해 낼 것을 요구한다. 그러나 통합성을 향한 이 노력은 역시 우리가 의지의 행위를 통해 초래하지 않은 더욱 근본적인 열망에 응답하는 것이며, 이런 노력은 슬프게도 우리가 아무래도 믿을 수 없다고 판단한 것들에 의해 가끔 무산되기도 한다.

　무엇을 원하고 믿을지를 그냥 선택하는 것이 아니라면 인과설은 윤리적 또는 도덕적으로 헛되다. 이성적이라면, 나는 나의 믿음과 욕망이 지시하는 대로 선택할 것이며 그런 의미에서 내게 자유 의지가 있다 해도 내 결정은 내 통제 밖의 요소들에 의해 초래된다. 무책임하게, 즉 나의 믿음, 신념, 선호에 반하게 행동할 권능이 있다고 해서 내가 더 책임이 있는 것으로 여겨져야 하는가? 상기하자면 인과설은 사람들이 자신의 행위를 통제할 때만 칭찬이나 비난을 받을 수 있다는 더 추상적인 원리를 해석하는 하나의 방식으로 제안되었다. 비이성적으로 행동하는 사람들은 통제권을 가지고 있지 않다. 그러므로 사람이 통제권을 잃을 권능이 없다면 통제권이 없다고 말하는 것은 모순이다. 사람들이 노예가 될 수 있도록 허용하지 않는 사회는 자유로운 사회가 아니라고 말하는 것과 다를 바 없다.

실제 결정에 대한 인과적 통제는 그 자체로 평가상의 책임을 낳지 못한다. "자신의 행위에 도덕적인 책임을 지기 위해서는 자신의 존재에 대해 진정으로 책임이 있어야 한다. 최소한 매우 중요한 정신적인 면에서의 존재 말이다."[19]라는 갈렌 스트로슨의 말은 옳다. 그러나 우리에겐 우리의 존재에 대한 책임이 없기 때문에, 스트로슨은 규정론이 맞든 틀리든 책임은 환상이라고 결론짓는다. 스트로슨의 전제는 피할 수 없는 것이고 중요하다. 평가상의 책임으로 가는 열쇠가 인과적 통제라면, 우리의 결정 그리고 그 결정의 원인이 된 믿음과 선호들을 스스로 선택할 수 없는 한 우리는 책임을 질 수 없다. 그러나 그는 잘못된 결론을 내린다. 그러므로 우리는 인과설이 옳지 않다고 해야 한다. 우리가 책임을 진다면 바로 우리의 믿음이 외부 현실에 따라 최소한 상당 부분 규정되기 때문이다. 우리의 믿음이 모두 우리에게 달려 있다면, 어떤 믿음이 우리의 정신에 뿌리내릴지를 결정할 수 있다면 우리는 책임을 질 수 없다.

우리가 어떤 신념을 추종하고 어떤 선호를 포용할지를 자유롭게 정할 수 있다면 우리에겐 책임이 없다. 우리의 선택에 대한 아무런 근거가 없는 것이다. 자신의 결정에 대한 이유를 제시한다면, 그것은 추가적인 정당화의 문제를 일으킬 뿐이다. 즉 우리가 왜 특정한 욕망이나 신념을 채택했는지의 문제이며 이는 무한으로 확장할 수 있다. 마음대로 포기할 수 없는 궁극의 신념과 취향이 있어야 우리는 이성적인 행동을 할 수 있다. 다시 한 번 인과적 통제 원리는 책임의 조건을 규정하는 것이 아니라 훼손하면서 끝난다.

심리학적, 형이상학적 불가능

규정론이 거짓이라고 하자. 사람들의 결정은 대부분 자신의 의지에 의한 시원적인 행위에서부터 인과적으로 유래한다. 인과적 통제 원리는 그런 이유로 우리가 우리의 행위에 대해 책임을 진다고 주장한다. 그러나 심리학적 불가능성이라는 현상이 친숙하게 남아 있다. 마르틴 루터가 세상에 자신의 새 믿음을 천명하기 위해 할 수 있는 게 아무것도 없다고 말했을 때 그는 심리학적 진실을 말한 것이다. 테레사 수녀는 이기적인 생각이나 행위를 할 능력이 없다. 스탈린은 자애롭거나 고상한 행위를 할 능력이 없다. 평론가들은 어떤 경우 사람들이 사전의 계산된 결정을 통해 자신들을 그 위치에 집어넣는다고 한다. 테레사 수녀는 이기적인 생각을 억제해서 아예 없애 버렸을 수 있다. 그러나 항상 (또는 보통으로도) 그런 건 아니다. 경직된 군사적 환경에 태어나 성장한 사람은 불쾌하거나 위험한 임무를 피할 능력이 없을 수도 있다. 종교적으로 근본주의적인 가정이나 학대로부터 오는 증오가 가득 찬 소수자 가정에서 태어난 사람은 보통 사람들에게는 통상적인 활동을 못할 수도 있다. 이들은 성격 때문에 심리적으로 다르게 행동하는 것이 불가능하다고 말한다.

인과적 원리에 마음이 끌린다면, 심리적 불능 상태가 평가상의 책임을 부정하는지를 결정해야 한다. 즉 일반적인 정치 지도자들의 흔치 않은 무자비와 독재를 비난하면서도 스탈린처럼 악에 겹날염된 사람을 비난하는 것은 옳지 않은 것처럼 말이다. 또는 일반적으로 이기적인 사람들이 간헐적인 자비를 칭찬하는 것은 옳더라도 테레사 수녀처럼 본능적으로 착한 사람을 칭찬하는 것은 옳지 못하다는 식이다. 이것은 수긍하기 어려운 말이다.[20] 그러나 심리적 불능이 의미가 없다면, 즉 우리가 일반인을 평가하듯 스탈린과 테레사 수녀를 평가할 수 있다면, 인과적 원리는 다른 방식으로 자의적이다. 우리는 심리적 필연성과 형이상학적 필연성을 구분해야 한다. 우리는 자신의 통제를 벗어난 사건들로 형성된 행위자의 성격이 다른 행동을 불가능하게 만들었다는 사실에도 불구하고 사람들의 의지가 원인이 없는 원인이 될 수 있다고 생각해야 한다. 그러나 그것은 또 하나의 궁금증을 낳는다. 필연성이 윤리적으로 의미 있는 통제를 부정한다면, 필연성의 원천은 중요하지 않다. 필연성이 그 자체로 윤리적 도덕적으로 의미 있는 통제를 부정하지는 않는다면, 형이상학적 필요성은 왜 그 통제를 부정하는가?

책임 체계

인과적 통제 원리는 내가 설명한 책임 체계에 뿌리를 둔 것처럼 보인다. 누군가 최면이나 화학적 또는 전기적 개입으로 우리를 조종한다면 우리에겐 책임이 없다. 이것은 이해가 가는 일이다. 그 행위는 우리의 행위가 아니기 때문이다. 그런데 어리거나 심한 정신 질환이 있는 사람에게도 책임이 없다. 이런 책임의 예외 상황들을 모두 식별해 내고 정당화한다는 것이 인과적 원리의 중요한 장점일지도 모른다. 실제로 내가 처음에 설명한 비관론도 그런 주장으로 시작한다. 즉 비관적 양립 불가주의자들은, 우리가 지적 장애인 범죄자들에게는 책임이 없으므로 그들이 용서되어야 함을 받아들인다면, 모두가 같은 상황이므로 똑같은 이유로 우리 모두가 면책되어야 한다고 주장한다. 정신 질환자들은 자신의 행위를 통제하지 못하는 것처럼 자기 행위의 총체적인 원인이 통제권 밖의 사건이나 법칙인 사람들도 마찬가지다.

이 익숙한 주장의 구조는 중요하다. 이 주장은 자신과 타인들은 보통 그들의 행위에 대해 평가적으로 책임이 있지만 아이들과 정신 질환자들에게는 책임이 없다고 믿는 사람들을 향하고 있다. 이 주장은 이 사람들이 인과적 통제 원리를 받아들이고 있음을 보여 주려는 것이다. 이 주장의 메시지는 이렇다. "당신은 당신의 보통 상황과, 아동이나 정신 질환자의 상황에는 중요한 차이점이 있다고 전제한다. 인과적 통제 원리가 그 차이점을 포착한다. 당신은 이런 예외적 상황에서 사람들의 결정이 그들의 통제 밖 사건들에 의해 초래된다고 생각하면서, 보통 상황에서 사람들의 의지의 행사가 행동으로 이어지는 인과적 사슬을 시작한다고 생각할 것이다. 그러나 우리는 당신에게 규정론의 진실을 입증해 보임으로써 자신의 결정도 독창적이지 못하고 항상 통제 밖의 사건들의 산물임을 보여 주었다." 이 전략은 일반인들이 보통 상황과 예외적 상황을 구별하는 것은 인과적 경로의 차이로서 가장 잘 설명된다고 가정한다. 즉 사람들은 예외적 상황의 결정들만이 과거의 통제 밖 사건들에 의해 인과적으로 규정되었다고 믿는다.

그러나 일반인들의 생각은 다르다. 일반인들이 자신들의 결정에 책임이 있다고 가정하고 어린이들과 정신 질환자들은 그렇지 않다고 가정하는 것은 사실이다. 그러나 인과적 통제 원리 때문에 두 상황을 다르다고 보는 것이 아니다. 우선 어린이들을 보자. 노인들은 자신의 믿음, 욕망 그리고 선호를 실현하는 결정들을 내린다. 우리는 어린이들이 어떤 다른 방식으로 결정을 내린다고 믿을 만한 이유가 없다. 우리는 어린이들에 대해 다른 내적 주체나 결정의 원인을 상정할 근거가 없다. 성인의 자유로움에 대한 생각은 어린아이에게도 모두 똑같이 적용된다. 물론 차이는 있다. 책임 체계에 대한 대립적인 해석, 즉 인과적 통제 원리가 식별하는 차이점이다. 어린이는 세상 그리고 자신의 행위와 욕구 충족의 결과, 주의 깊음, 도덕적 의미를 올바르게 이해하는 부분에서 보통 어른의 기준으로는 능력상 하자가 있다. 어린이는 가끔 자신의 행위의 '본질과 성격'을 인지하지 못한다. 어린이의 책임을 경감하거나 면제해야 하는 이유는 이러한 불능 상태 때문이지 어린이의 결정의 인과적 연혁에 대한 이러저러한 추정들 때문이 아니다.

이제 심각한 정신 질환자를 보자. 자신이 나폴레옹이나 신이라고 생각하고 그래서 살인이나 절도할 자격과 의무가 있다고 믿는다고 하자. 사실과 논리에 따라 인식할 수 있는 보통 능력이 그에게는 없다. 그는 미쳤고 그 이유로 우리의 익숙한 책임 체계는 그를 평가상의 책임으로부터 면제시킨다. 그러나 그가 내린 결정의 시원적인 힘이 그가 미치지 않았을 때보다 더 강하거나 약하다고 전제할 이유는 없다. 그의 믿음과 규범적 인격에 비추어 보면 그는 보통 사람들처럼 예측 가능한 방식으로 행동한다. 물론 그의 질병이 살인 행위를 초래했다고 말하는 것이 자연스러울 것이다. 그의 결정의 연혁에 특수성을 부여하는 것이다. 그러나 이것은 비유적인 표현일 뿐이다. 말 그대로는 허황되다. 질환이 환자의 판단을 왜곡했다고 말하는 것이 더 정확한 표현이다. 즉 우리는 다시 인과적 원리가 아니라 능력적 원리를 호명하여 예외를 정당화한다.

이제 다른 종류의 정신 질환을 보자. 이 사람은 보통의 인지력을 가지고 있고 예측 가능한 도덕적, 윤리적 신념, 그리고 신중함에 근거한 신념을 가지고 있으면서도 계속해서 이 신념들에 배치되는 운명적 결정들을 내린다. 예를 들면, 또 살인을 저지르기 전에 자신을 체포해 주기를 호소하는 사이코패스부터 니코틴 중독자 또는 알코올 의존증자, 마약 중독자, 결벽증 환자처럼 중단하고 싶지만 그렇게 못하는 물리적 또는 심리적 중독자들까지다. 나는 이 불행한 사람들을 자신이 부정하는 행위를 하도록 최면당하는 사람들이나 정신을 조작하는 광선총에 의해 통제되는 사람들과는 구별한다. 나는 최면당하는 느낌이나 충동이 광선으로 주입되는 느낌을 모른다. 하지만 이런 사람들은 종국적 결정을 내리지 못한다고 추정한다. 이들의 행동은 기침이나 자율 신경계의 작용과도 같다. 이들은 행동을 한 것이 아니다. 이들의 행동에는 평가상의 책임 문제가 발생하지 않는다. (내가 틀렸다면, 이들도 정신 질환자와 똑같은 상황이 된다.) 하지만 사이코패스와 중독자들은 죽이든지, 불을 붙이든지, 마약을 주사하는 등의 종국적 결정을 내린다. 자기 자신의 행위에 대해서는 책임을 지는 보통 사람들이, 사이코패스와 중독자들의 행위의 인과적 연혁에 차이점이 인지된다고 해서 그들을 용서하는 것이 이치에 맞는가?

우리 자신은 행위에 책임이 있지만 사이코패스나 중독자들은 그렇지 않다고 믿는 보통 사람들은 우리 자신도 때에 따라 여러 가지 유혹들을 극복하기 어렵다는 점을 인정한다. 즉 우리는 우리의 성찰적 가치들에 비추어 보면 부주의하거나 옳지 못한 행동들을 하겠다고 결정한다. 우리는 숙고할 수도, 안 할 수도 있다. 우리는 저항하거나 안 할 수도 있다. 결국은 유혹이 이긴다. 우리는 "한 번만!" 또는 "될 대로 되라지."라며 불을 붙이고 스테이크와 프라이를 주문한다. 우리는 이런 상황에서 최면을 당했거나 충동이 광선으로 주입당했다고 생각하지 않는다. 우리의 의지에서 보통의 시원적인 힘이 박탈되었다고 생각하지 않는다. 반대로, 우리의 의지가 비난 대상이 된다. 우리의 의지가 박약했다고 생각하고 다시는 죄를 짓지 않겠다고 결심한다. 우리는 그 상황을 어떤 외부의 힘에 정복당한 사례로 보지 않고 성찰적 신념들을 조직하고 실행할 우리의 정신 능력이 오작동한 사례로 본다.

우리는 자신의 실패에 대한 묘사에서 중독자의 상황이 정도의 차이라기보다는 완전히 다른 사안이라고 믿을 이유를 찾을 수 없다. 어떤 외부의 힘이 중독자의 의지를 박탈했다고 가정할 이유도 없다. 우리는 그가 결과가 참혹할 것을 알면서도 양보하는 모습을 보고 우리보다 훨씬 약하다고 말할지 모른다. 그는 실제로 자신의 즉각적인 충동을 통제할 능력이 없다. 아마도 행동하는 순간, 자신이 처한 위험을 인지할 능력도 없을지 모른다. 그러나 이 심리적 사건들의 인과적 경로가 그의 사례와 우리의 사례를 구별한다고 믿지 않는다. 우리는 그와 우리의 차이점을 능력의 차이로 보며 그러므로 정도의 차이로 본다. 이 후자의 설명은 인과적 통제의 원리를 호명하지 않는다. 규정론 또는 부수현상론에 대한 전제를 요구하지 않는다.

요약: 인과적 통제?

내 주장이 아닌 것을 명백히 밝히겠다. 이 토론을 시작하면서 우리는 비관적 양립 불가주의가 우리의 윤리적, 도덕적 신념과 실행의 체계 전체를 포기할 것을 요구함을 알게 되었다. 우리가 실제로 믿을 수 없을 만큼 말이다. 인과적 통제설이 아무리 유력하더라도 바로 이런 이유만으로도 폐기하고 싶은 유혹을 받는다.[21] 내 주장은 그것이 아니다. 나는 인과적 통제설을 지지하는 논변이 없음을 보여 주려 했다. 카펫 아래에 쓸어 넣고 잊으려고 노력해야 할 만한 의미 있는 논변은 없었다.

인과적 통제설은 윤리적 또는 도덕적 원리이며 그 지지도 해석적이어야 한다. 과학적 또는 형이상학적으로 발견되는 것이 아니다. 이것이 1부의 교훈이었다. 다른 도덕적, 윤리적 원리들 속에서만 지지의 근거를 찾을 수 있다. 하지만 그러한 원리를 찾을 수 없다. 사람들이 해악을 끼치려고 시도했다가 실패하더라도 책임을 져야 한다는 원리와도 배치된다. 어떤 행위들은 외부의 힘에 의해 초래되고 어떤 행위들은 그렇지 않다면, 행위자가 왜 후자에 대해서만 책임이 있고 전자에 대해서는 책임이 없는가에 대해 도덕적 또는 윤리적 설명을 할 수 없다. 종국적 결정이 이성적임을 확인하는 다른 요소들은 외부의 힘에 의해 초래되었을 때 그 결정 자체가 외부의 힘에 초래되지 않았다는 것이 왜 중요한가에 대해서도 마찬가지다. 인과적 통제설은 심리적으로 달리 행동할 능력이 없는 사람들을 비난하거나 칭찬하는 관행에도 배치된다. 보통의 책임 체계 역시, 많은 철학자들의 주장과는 상반되게, 인과설을 전제하지 않는다. 반대로, 이 원리는 그 체계의 가장 중요한 성질들을 설명하지 못한다. 우리가 인과적 통제설을 거부하는 것은 최상의 논변이 그 원리를 지지하는데도 우리가 믿지 못해서가 아니다. 그 원리를 지지하는 논변이 없기 때문이다. 그럼에도 불구하고, 유명한 이들을 포함한 많은 철학자들이 인과적 통제설을 수용한다. 그들에게 우리가 행위의 시원일 때만 책임을 진다는 것은 '건실한 직관'이다. 하지만 그 주장은 통제설의 근거가 아니라 전제다. 과학과 윤리 사이의 연관을 아무것도 제시하지 못한다. 직관은 논변이 아니다.

그렇다고 해서 내가 식별했던 제2원리, 즉 능력 통제설이 자동적으로 다 나은 해석론인 것은 아니다. 능력 통제설도 아마 충분히 이치에 닿지 않을 것이다. 하지만 인과 통제설이 실패했으니 대안의 원리를 더 긍정적으로 검토할 계기가 생겼다. 책임이 통제에 근거한다는 원래의 확신 자체가 논쟁 대상이 되었다. 능력설은 그 확신을 더 잘 설명할 수 있을지 모른다.

능력 통제설

결정의 피할 수 없는 중요성

우리의 결정들이 우리가 모르게 필연적이라도, 우리는 결정을 더 잘하거나 못할 수 있을까? 그럴 수 있다. 상상의 실험을 하나 더 해 보자. 화가가 거대한 화폭에서 시작한다. 몽상도 해 보고 상상도 해 본다. 그는 스케치하고, 선을 그리고, 색칠하고, 문질러 펴고, 절망하다가 담배를 피우고 술을 마시고, 돌아와서 다시 격정적으로 그리다가 물러서서 한숨을 쉬고 기분이 좋아진다. 완성했다. 그의 캔버스가 전시된다. 우리는 그 그림을 사랑하고 화가를 칭송한다. 이때 북극권의 어느 대가가 기자 회견에서 위에서 말한 위대한 그림과 거의 똑같은 그림을 공개한다. 이 그림은 섬세한 연대 측정 기술을 통해 위의 화가가 그림을 그리기 직전에 그려졌음이 확인된다. 대가는 강력한 컴퓨터로 제어되는 자신의 순간 그림 기계가 이 그림을 그렸다고 말한다. 대가가 화가의 다양한 능력, 예술의 위대성에 대한 그의 확신 그리고 돈 많은 수집가들의 취향에 대한 그의 지식을 포함하여, 시간이 시작된 이후에 각 사건들의 시작점부터의 모든 사건들에 대한 정보들을 그 컴퓨터에 입력하여 그렸다는 것이다.

그렇다고 예술가의 노력이나 성과를 더 낮게 평가하는가? 기자 회견 전에 우리는 아름다운 그림으로 나타난 수천 개의 크고 작은 화가의 결정들을 경외했기 때문에 그의 작품을 높이 평가했다. 바뀐 것은 없다. 놀라운 우리의 발견은 단 하나의 붓질도 그 가치를 폄하하지 못한다. 모든 결정들은 아직도 그의 결정이며 대가가 가진 정보의 도움을 하나도 받지 않고 그가 의식적으로 내린 것이다. 우리는 이 결정들에 대해 그 화가를 칭송한다. 우리는 그의 행위를 추동한 내적인 어떤 다른 인격(그의 의지)을 칭송하지 않는다.

물론, 그가 다른 화가를 고용하는 등 명의 도용을 했다면 칭송하지 않았을 것이다. 우리가 칭송하는 결정들이 그의 결정은 아닐 테니까.[22] 하지만 예측 가능성 그 자체만으로 성과가 폄하되지는 않는다.[23] 그래서 테레사 수녀도 스탈린도 자신의 행위를 책임져야 하는 것이다. 날카로운 평론가가 화가의 화폭 중 몇 인치 정도가 기계 작품에 의해 정확히 모사되지 않았다는 걸 발견한다. 대가가 기계와 입력된 기초 정보를 확인해 보고 오류가 없음을 확인한다. 그렇다면 화가가 자유 의지가 있는 것이다! 하지만 그렇다고 해서 우리가 갑자기 그의 작품을 더 높게 평가하는 것은 아니다. 도리어 기계가 예측한 대로 화가도 그렸다면 작품이 더 나았을 수도 있다.

이 상상 속에서 우리는 9장에서 보았던 예술품의 수행 가치에 대한 서술을 찾는다. 이 가치는 예술가 자신의 창조적인 결정 속에 실재하며 이 결정에 대한 머나먼 인과적 설명에 의존하지 않는다. 이제 더 포용적인 창조적 삶에 이런 서술을 적용해 보자. 바로 우리의 삶을 살기, 그리고 잘 살기 말이다. 이 더 큰 과업에서 당신의 가치 창출은 당신의 결정의 품격에 의존하지 그 결정의 머나먼 인과적 연혁에 의존하지 않는다. 당신의 결정이 세계사에 의해 규정되었건 어떤 신경 세포들의 자발적인 발효에 의해 추동되었든 상관없다. 당신의 결정의 자연적 원인학(etiology)은 그 결정이 창출한 수행 가치나 수행 반(反)가치와 무관하다.

우리의 확신들 사이의 통합성을 창조하려는 투쟁(6장 참조)은 자의식 있는 삶이 펼쳐지는 드라마의 한 부분이다. 우리의 결정들이 규정된다면, 이 투쟁도 규정된다. 하지만 그렇다고 해서 우리의 윤리적 성공에 있어 통합성의 중요성이 반감되지 않는다. 우리가 스스로 선택하지 않은 성격에 대해 평가상의 책임을 진다는 것이 이런 식의 사유에 대한 반박이 되는가? 엄밀하게 말하면, 이 사유 아래에서 우리는 결정에 책임이 있는 것이지 성격에 책임이 있는 것은 아니다. 물론 결정은 성격에서 유래한다. 그렇다. 우리는 우리의 성격에 대해서도 책임을 진다. 그렇지 않고 성격을 행운이나 불운으로 다룬다면, 그 운명의 소유자가 될 사람이 남아나지 않을 것이다. 나는 나의 나태함에 대해 당신은 당신의 조급함에 대해, 그것들을 선택하지 않았다는 이유로 면책될 수는 없는 것이다. 우리가 선택하지 않은 것에 대해서도 책임질 수 있을까? 책임질 수 있다. 인과적 통제설은 우리가 그럴 수 없다고 하지만 그것은 오류다. 장애와 사고는 우리의 성격을 반영하지 않기 때문에 다르다. 16장에서 살피겠지만, 이 차이는 분배의 정의에 의미가 있다.

면책의 윤리적 정당화

성격, 결정, 삶의 수행 가치에 대해 이런 가설을 세워야만 우리는 일반적으로 왜 우리의 결정들에 대해 평가상의 책임이 있는지를 설명할 수 있다. 이제 다른 질문을 다뤄 보자. 왜 우리는 우리의 모든 결정에 대해 책임을 갖지 않는가? 우리의 책임 체계가 인정하는 예외들은 어떻게 성립되는가? 첫인상과는 달리 인과적 통제설은 이런 예외들을 정당화하지 못한다고 나는 주장했다. 이제 통제에 대한 대안의 해석, 즉 능력설이 정당화를 더 잘하는지 알아보자.

문단 하나나 연애 하나를 마칠 때 내 모든 행위는 각각 전반적인 자기비판에 포함되어야 함을 부인할 수 없다. 하지만 올바른 이유가 있을 때 어떤 결정들은 여기에서 제외된다. 우리는 타인의 행위에 대해서 또는 우리 자신의 행위를 회고하면서 그렇게 할 수 있다. 그렇다면 우리는 어떤 결정들을 배제해야 하는가? 어떤 필터로 걸러 내는 것이 정당할까? 후회하는 결정들만 걸러 낼 수는 없다. 잘 살 가능성을 지워 버릴 것이다. 그러나 덜 너그러운 필터를 채택할 이유가 있다. 다양한 맥락 속에서는 우리는 잘 못하는 것과 아무것도 못하는 것을 구별한다. 맹인은 잘 못 읽는 것이 아니라 못 읽는 것이다. 책임의 체계도 그렇게 볼 수 있다. 능력 원리는 그가 잘 살려는 노력에 대해 성공 또는 실패라고 이성적으로 평가되기 위해서 그가 가지고 있어야 한다고 믿는 능력들을 지목한다.

버나드 윌리엄스(Bernard Williams)는 필터가 다양한 방법으로 제작될 수 있음을 지적했다. 그는 그리스 문학에 나타난 조합이 우리의 방법들과 비슷했지만 중요한 이유로 서로 다르다고 생각했다.[24] 우리는 한시적 정신 이상이 책임을 부인하는 것처럼 생각하지만 소포클레스의 아이아스는 아테네가 자신을 미치게 만들어서 저지르게 된 바보 같은 가축 도살에 스스로 책임이 있다고 생각했다.[25] 대신 능력 원리는 사람이 자신이 행동하고 있는 세계에 대해 참이고 의미 있는 인지를 할 능력이 충분치 않다면 의미 있는 통제력이 없다고 판단한다. 자신의 규범적 인격에 자신의 결정을 일치시킬 능력이 불충분해도 마찬가지다. 이 원리는 다른 여과 필터를 제시한다. 우리는 이 원리가 부사적 윤리적 가치에 대한 더 나은 개념관을 제시하는가를 탐구하여 이 원리가 더 나은 것인지를 판단해야 한다.

사람들은 두 가지 능력을 서로 다른 정도로 가지고 있다. 과학자들 대부분은 나보다 물리적 세계를 더 잘 인지할 것이다. 덜 충동적인 사람은 자신의 결정을 자기가 실제로 좋아하는 것들에 더 잘 일치시킬 것이다. 능력 원리는 이런 능력들의 문턱을 설정한다. 이때 특정인이 그의 행위를 책임져야 하는가 하는 논쟁의 상당 부분은 사실 그 문턱의 높이에 관한 것이 된다. 능력 원리의 미덕은 이런 논쟁들이 심리학적이기보다는 윤리학적이 된다는 것이다. 논쟁의 승패는 능력 원리를 추상적으로 수용한 사람들이 각각 다르게 내릴 미세한 가치 판단에 따라 결정된다.

그러나 어떤 경우에는 이 능력 중의 하나가 의심의 여지없이 철저하게 결핍되어 있는데, 우리는 이 사례들에 먼저 집중해야 한다. 우인(愚人)은 외부 세계에 대한 안정된 지식을 자신의 삶의 이윤은커녕 안전을 챙기기에도 충분할 만큼 축적하지 못한다. 그는 바로 이 첫 번째 능력에 있어 최저치에 못 미친다.[26] 전두엽이 심하게 손상당한 사람은 호전적이고 난폭한 행동을 자제할 능력이 전혀 없을 수 있지만, 그의 생각, 욕구, 결정이 그런 행동을 추동하는 것은 아니다. 능력 원리는 바보와 중증 뇌상자에게는 무능력으로부터 영향을 받은 결정들에 대해 책임이 없다고 판단한다. 능력 원리는 행위자의 다른 무능력, 다른 성질이나 상황들도 역시 면책의 근거가 될 수 있음을 부인하지 않는다.(이 장 끝부분에서 나는 후보들의 예를 거론할 것이다.) 지금은 능력 원리가 인정한 무능력들에 집중해 보자.

무능력은 어떻게 예외를 정당화하는가? 그렇게 생각하는 사람들은 더 근본적인 윤리적 신념을 전제하고 있다. 즉 잘 살기는 단지 개인의 연혁을 만드는 것이 아니라 관계, 야심, 욕망, 기호, 이상 등의 가치를 하나로 묶어 내는 서사를 직조하는 것이다. 아마도 완벽하게 통합적인 서사를 창조할 수 없을 것이다. 즉 우리는 모두, 우리 스스로의 표현을 빌리자면, 가끔 우리답지 않게(out of character) 행동한다. 많은 사람들의 삶은 서사로 평가하자면 파란만장할 수도 엉망진창일 수도 있다. 허바드(Vincent Hubbard)의 "저주받을 일들의 연속"이거나 밀레이(Elbert Millay)의 "저주받을 일의 반복"처럼 말이다.[27] 하지만 바로 그 이유로 삶이 아무리 세속적인 성공으로 가득 차더라도 말년의 새로운 통합적인 해석 또는 새로운 통합성으로의 개종에 의해 구원되지 않는 한 그 삶은 잘 살아진 것이 아니다. 우리의 책임 체계는 적어도 내게는 이러한 매혹적인 윤리적 판단을 반영하고 있다.

이런 의미에서 첫 번째 능력은 필수적이다. 삶을 창조하려면 그 삶을 둘러싼 환경에 대응하는 것이 필수적이다. 사람이 세상의 현실을 전체적으로 반영하는 이해를 할 수 없다면 삶을 창조한다고 인정받지도, 또 회고해 보면 자기 자신을 인정하지도 못하게 된다. 감각이 박탈된 사람 또는 부족한 교육을 받은 사람은 자신의 환경을 대체로 올바르게 인식하고 그 부족을 보완할 수 있다. 하지만 바보, 자신을 나폴레옹이라고 믿는 자나 돼지가 날 수 있다고 생각하는 자는 그 최소한의 능력이 부재하다. 철학자들은 가끔 우리가 몸에서 이탈하여 영양액 통에 던져진 두뇌인데 지배 지능에 완벽하게 조종되어 자신이 몸으로 두 발로 딛고 지구라는 행성 위에서 산다고 믿고 있다고 상상할 것을 요구한다. 그것이 사실이라면, 우리는 삶을 사는 것이 아니다. 우리가 통 속의 두뇌가 아닌 이상, 우리들 대부분은 삶에 필요한 인식 능력을 거의 갖추고 있다. 하지만 가끔 우리 중의 누군가는 그 보통의 능력이 부재하여 행위에 대한 평가상의 책임이 논란에 휩싸인다.

두 번째 능력은 제어에 관한 것으로 역시 필수적이다. 잘 살라는 도전에 응하려면, 나는 잘 살기의 의미에 나의 행위를 일치시킬 수 있어야 한다. 나의 인격은 내 개인사를 통해 축적된 힘들에 의해 규정된다. 이 힘들은 인격을 형성하지만 그 인격에 나의 결정을 일치시킬 능력을 한정하지 않는다. 내가 최면에 걸렸거나 뇌에 박힌 전극에 의해 통제될 경우처럼 타인이 나의 결정력을 박탈하여 자신에게 봉사하도록 만들 때 그 능력은 파괴된다. 그러한 능력의 박탈은 내 결정과 성격을 결절시켜, 우연이 일어나지 않는 한 이 둘은 일치되지 않는다. 그러므로 누군가 잘 살았는지를 물을 때, 스스로 자신의 욕망과 신념을 성찰하면서 결정을 내렸을 때 한 일과 그런 능력이 없었을 때 한 일을 구분하는 것은 일리가 있다. 나는 전자에 대해서만 책임을 진다. 어떤 사람들은 한시적으로 또는 삶의 매우 긴 기간 동안 그런 상황에 처하게 된다. 타인이 그들로부터 자신의 인격에 맞춰 자신의 언행을 형성할 능력을 박탈해서가 아니라, 그들 자신에게 그런 능력이 없어서다. 이제 막 태어난 영아는 아무런 결정을 내리지 않는다고 나는 믿는다. 아주 어린 아이는 결정을 내릴지 모르지만 자의식적으로 인정된 야심과 욕망에 자신의 결정을 일치시키기에 필요한 인지 능력이나 비판 능력이 없다. 앞에서 설명한 중증 정신 질환의 피해자들, 즉 체포되길 희구하는 살인자들도 같은 상황이다. 실제로 정신 질환은 판단력 중의 하나 또는 둘을 모두 훼손한다. 하나라도 심하게 훼손된다는 것이 바로 정신 질환의 정의를 구성하는 요건일지도 모른다.[28] 이 장의 후반부에서 내가 간단히 서술할, 정신 이상의 항변에 대한 논쟁사는 인식 능력의 부재를 요구하는 엄격한 규칙에서 제어 능력에 치중하는 더 포용적인 규칙 사이의 진동을 보여 줄 것이다.

도덕적 적용

우리는 능력설의 윤리적 정당화 이론을 구축했다. 그런데 이 원리는 윤리적 원리뿐 아니라 도덕적 원리로도 작용한다. 도덕적 원리로서의 능력설은 한 사람이 잘 살았는가에 대한 평가에 있어서는 직접적 역할을 전혀 하지 않고 비난과 승인의 최소 조건을 정하는 것을 포함하는 다른 목적을 위해 기능한다. 그러므로 우리는 이 원리를 윤리의 영역에서 도덕의 영역으로 확장하는 것을 어떻게 정당화할지 물어야 한다. 나는 9장에서, 우리가 스스로의 삶을 의미 있게 만들 개인적 책임을 수인해야 함은 물론 그런 의무를 부과하는 원리를 가치의 객관적 원리로 대우해야 하는 것은 자기 존중의 중심적 요청이라고 주장했다. 나는 다음 장에서 이것이 타인들도 똑같은 의무를 가졌음을 인정하고 존중할 것을 의미한다고 주장할 것이다. 이 요청은 개인 책임이 모두에게 똑같은 성격과 차원을 가짐을 이해하지 못한다면 충족될 수 없다. 즉 그렇게 하지 않는다면 개인 책임 원리에게 객관적 지위를 부여하지 못한 것이 된다. 그러므로 우리는 그 원리에게 윤리 영역에서 주어지는 성격과 차원을 도덕 영역에서도 부과해야 한다.

나는 나 자신을 비판할 때 능력 원리에 의지한다. 후회되는 어떤 결정에 대해 창피함, 죄책감, 또는 깊은 회한만을 느끼는 것이 적절한가를 판단할 때 그렇다. 내가 그 결정을 내릴 때 책임에 필수적인 어떤 능력이 부재했음이 확인되지 않는 한 나는 나 자신에게 책임을 지운다. 타인의 죄를 평가할 때는 더 엄격하거나 더 너그러운 기준을 사용해야 할 근거가 있는가? 다른 기준을 이용한다는 것은 나 자신에 대해서는 절대로 적용하지 않을 기준으로 타인을 평가한다는 말이다. 그것은 그를 무시하는 행위가 될 것이다.

우리는 그러한 무시의 가장 극적인 표현을 보았다. 어떤 범죄학자들은 과학이 누구에게도 자유 의지가 없음을 입증했으므로 그 누구도 처벌할 수 없다고 말한다. 우리가 지금 범죄자로 다루는 사람들을 범죄자로서 다루지 말고 의료적으로 다루어야 하며 처벌보다는 교화해야 한다는 것이다. 이런 말은 '우리'에게는 타인에게 없는 책임이 있음을, 또 우리가 타인의 행동에 대해서는 오직 위험하거나 불편하다는 판단밖에 할 수 없지만 우리 자신의 행동에 대해서는 옳지 않다는 판단을 할 수 있음을 전제로 한다. 대부분의 사람들은 위법자들을 형사적이 아니라 의료적으로 다루어야 한다는 제안에 매우 부정적 반응을 보인다. 그들은 이 제안이 위법자들을 비인간화한다고 생각한다. 내가 믿기에, 그들은 이 제안이 우리가 우리 자신의 책임을 대하듯 타인의 책임을 대해야 한다는 최고의 요청을 회피하기 때문이다.

환상?

나는 앞의 여러 쪽에서 부수현상주의를 무시해 왔다. 물론 우리는 행동할 때 우리의 종국적 결정들의 장단점을 검토하면서 우리가 예지하거나 예지해야 하는 결과들에 큰 관심을 갖는다. 하지만 엄격히 말하면 그 관심은 아무런 인과적 효율성을 전제하지 않는다. 단지 논리학자들이 '중요한 함의(material implication)'라고 부르는 것만을 전제한다. 내가 방아쇠를 당기면 다른 자의 개입이 없으면 누군가 죽을 것이다. 당기지 않으면 그는 살 것이다. 내 결정이 집게손가락을 당기도록 만드는 근육에 미치는 인과적 힘에 대해 아무런 가설을 세우지 않고도 나는 이런 가정적 명제(conditionals)의 진실을 알 수 있다. 가정적 명제들은 부수현상주의뿐 아니라 규정론과도 부합한다. 물론 두 가지 모두의 반대와도 부합한다.

능력 원리는 병적인 상황에 대해 예외를 설정한다. 행위자의 능력이 평가상의 책임의 조건이 된다. 하지만 인과적 조건은 아니다. 능력 원리가 능력을 책임의 핵심 요소로 만드는 이유는, 일반인들은 제어력 있는 의지를 가지고 있고 어린이나 바보 또는 광인은 그렇지 못해서가 아니라 잘 살아야 할 전반적인 윤리적 책임에 비추어서 책임의 조건을 정하기 때문이다. 이 원리는 사람이 어떤 과제를 수행할 능력이 있을 때만 그 과제가 유효하다고 선언한다. 걸음마하는 아기, 바보 또는 광인도 결정을 내리고 어떤 경우 책임감을 가지고 내린다. 하지만 장성한 후 또는 회복한 후 그는 그 과거의 결정들에 대해 평가상의 책임을 부인할 것이며 우리도 그 결정들에 대한 책임을 부인해야 한다. 우리는 그가 얼마나 잘 살았는지 결정하는 데 그 결정들은 고려하지 않아야 한다고 생각하고 최소한 걸음마하는 아기도 나중에는 그렇게 생각할 것이다. 우리가 능력 원리를 우리의 책임 체계의 윤리적 정초로 수용한다면, 우리 뇌 속의 전자 역학에 대한 최첨단의 발견들을 두려움 없이 무한한 호기심만 가지고 지켜볼 수 있다.

이 이야기에 환상은 없다. 책임을 확립하거나 부인하는 능력 원리의 역할을 설명하면서 나는 인과적 가설을 하나도 세우지 않았다. 물론 책임 체계를 수용하는 많은 사람들은 규정론과 부수현상론이 모두

틀렸다고, 아니 황당하다고 믿는다. 그들은 자기들이 무엇을 최우선적
으로 원할지 미리 결정되어 있지 않다고 믿는다. 그런 것들은 바로 지
금 자발적으로 창조된다고 믿는다. 하지만 그런 심화된 생각이 일관성
이 있든 없든, 나의 이야기에서는 무의미하다. 우리는 통 속에 떠다니
는 뇌와는 다르다. 뇌들은 스스로의 상황에 대해 완전한 무지 속에서
산다. 뇌들은 그 상황을 포착할 방법이 없다. 증거에 기초하여 인식할
능력이 전무하다. 우리 대부분은 그런 능력을 충분히 가지고 있다. 사
실 우리는 우리의 모든 결정들이 과거의 사건들에 의해 결정된다는 것
을 발견할 능력도 있다고 전제한다. 우리는 완전한 또는 영원한 무지
속에 있지 않다.

　또 하나의 반박이 있다. 규정론이나 부수현상론이 참이라면, 능력
통제설이 사람들이 보통 가지고 있다고 전제하는 능력들이 사실 존재
할 수 없다는 것이다. 왜냐하면 능력이란 어떤 종류의 종국적인 인과
적 시원성이나 힘을 요구하기 때문이다. 하지만 능력 통제설에서의 능
력들은 그런 것을 요구하지 않는다. 첫 번째는 물리적 세계와 타인의
정신 상태를 제대로 인식하는 능력이다. 세계에 대한 우리의 인식이
우리 통제 밖의 사건들에 의해 초래된다고 해서 그 능력이 탄핵되지
는 않는다. 반대로, 내가 말했듯이 바로 그 사실이 우리에게 그런 능력
을 부여한다. 우리의 최종 결정들이 우리의 신경 및 근육과 인과적 관
계를 맺지 않는다는 사실 역시 이 능력을 훼손하지 않는다. 그 사실은
진실이라고 할지라도 이 첫 번째 능력에 완전히 무의미하다. 두 번째
이 원리가 전제하는 능력은, 사람들이 자신의 믿음에 비추어 볼 때 자
신의 욕망과 신념에 봉사하는 것으로 여겨지는 결정들을 내릴 수 있다
는 제어 능력이다. 이것은 최종 결정의 인과적 귀결 또는 연혁이 아니
라 최종 결정의 성격에 대한 가설이다. 그런 능력을 가질 운명이든 아
니든 사람들은 그 능력을 가지고 있다. 빠른 차는 틀림없이 자신의 통

제 밖 사건들에 의해 규정받지만 제한 속도를 넘어설 능력을 가지고 있다.

책임의 실제

정신 이상의 항변

인과적 통제설과 능력적 통제설 사이의 선택은 자유 의지 논쟁을 넘어서는 이유로 중요성을 가지고 있다. 이 선택은, 책임 체계의 일반적 구조에 동의하지만 개별 사건에 대한 적용에 대해 이견을 보이는 사람들 사이에서 훨씬 더 실천적인 논란들에 대해 설명하고 논쟁할 때야말로 결정적이다. 행동이 자발적이고 외부에서 초래되지 않은 의지 행위(act of will)에서만 초래된다면, 이 실천적인 논란들은 '모 아니면 도'인 심리학적 사실에 의해 해결될 것이다. 맹목적 분노, 거부할 수 없는 충동 또는 강압 속에서 범죄를 저질렀다거나, 또는 빈민촌에서 살았거나 폭력적인 TV 장면을 너무 많이 봐서 범죄를 저질렀다고 주장하는 사람이 있다면, 우리는 물을 것이다. 이 힘이나 영향이 그의 의지가 갖는 보통의 인과적 역할을 대체할 만큼 강했느냐고. 예를 들어 술에 취해 항해사를 밀쳐 내고 배의 키를 잡은 선원처럼, 또는 행위자를 압도하는 성적 질투심이나 그 비슷한 힘이 방아쇠 주변의 근육의 작용에 대해 원인이 되어 버려 더 이상 자신의 의지라고 할 수 없을 때처럼 말이다. 이 질문에 답해야 하는 시민들, 변호사들, 판사들 모두 인과적 원리를 수용한다면 이 질문을 이해하지 못할 것이다. 아마도 철학자들 사이에서의 인과 원리의 인기도 이 형법 영역에서의 혼돈에 기여했을 것이다.

우리가 인과적 통제의 원리를 거부하고 능력적 통제의 원리를 수용한다면, 우리는 다른 질문을 던질 것이다. 피의자가 그에게 책임을 부과하는 것이 부적절할 정도로 관련 능력 중의 일부가 결핍되어 있나요? 이 질문은 두 가지 판단을 요구한다. 그의 행동에 대한 해석적인 판단 그리고 합리적인 사람들이 서로 다르게 결정하는 윤리적, 도덕적 판단이다. 이는 어려운 질문이기는 하지만 이해 불가한 질문은 아니다. 대량의 증언을 청취한 배심원들처럼 이 질문에 답해야 하는 사람들은 이 해석적 논점에 대해 다른 견해를 가질 것이다. 예를 들어 피고의 일반적인 행동에서 자아관의 일부로서의 폭력에 대한 찬미가 표출되는지, 고로 그의 폭력적 행동은 자신의 기호에 자신의 결정을 일치시키는 능력의 부재가 아니라 존재를 확증하는가에 대해서도 서로 견해차를 보일 것이다. 또 어느 수준의 무능력이 행위자를 책임의 고리에서 해방시키기에 충분한가라는 더욱 자명하게 당위적인 논점에 대해서도 견해차를 보일 것이다. 우리는 이 질문을 최소한 내적으로라도 답하려는 사람들을 존경한다. 내가 피고의 상황에 처했다면 나는 나 자신에게 책임을 지울까? 그것이 "하나님의 은총이 없었다면 나도 똑같았을 것"*이라는 매혹적 사상의 정신이다.

  정신 이상 항변의 역사는 많은 사람들이 이 논점을 위와 같은 내향적인 방법으로 접근하지 않음을 보여 준다. 분노가 더 잦은 채찍이 된다. 군중이 어떤 범죄에 대해 복수심에 비등해 있을 때 판사들과 입법자들은 정신 이상의 항변의 범위를 좁히는 방식으로 대항해 왔다. 총리를 죽이려다 총리 비서를 죽인 범목인의 이름을 붙인 맥너튼(M' Naughten) 규칙은 첫 번째 인지적 능력에만 의미를 부여하는 쪽으로 항변의 범위를 축소했고 그 능력도 매우 낮은 경우에만 효력이 인정되었다. 수십 년 동안 대부분의 미국 내 주 정부들은 이 엄격한 맥너튼 규

---

* 성공회 순교자인 존 브래드포드(John Bradford, 1510~1555)가 감옥에서 사형수들이 교수대로 실려 가는 것을 보면서 했던 말이라고 함.

칙을 완화하여 피고가 거부할 수 없는 충동에 대면했다고 항변할 수 있는 더욱 너그러운 규칙으로 전이했다. 그러나 배심원들에게 위의 두 번째 능력, 즉 제어 능력의 기준을 정하도록 요구하는 것은 용이하지 않았고 많은 학자들과 일반 대중에게 너무 너그러운 결정들이 자주 내려졌다. 텔레비전을 너무 많이 봐서 필요한 제어 능력을 상실했다는 플로리다 법원의 한 피고의 주장은 기준 자체에 회의를 불러일으키는 궤변이었다.[29] 그리고 레이건 대통령 살인 미수건은 정신 이상 항변의 과도한 너그러움에 대해 가장 큰 불만을 불러일으켰다.

어쨌든 어떤 이유에서든 미국의 많은 주 정부들은 미국법연구소(American Law Institute)의 권고에 근거한 새로운 접근법을 채택했다. 즉 항변은 피고가 "행위 시점에서 정신 질환이나 결함 때문에 행위의 범죄성을 인식할 능력이나 자신의 행위를 제어하여 법을 준수할 상당한 능력이 결핍되었을 때"만 적용된다.[30] 이 규칙도 판단을 필요로 하며 변호사, 판사, 배심원들 간에도 각기 판단이 다르게 내려진다. 그러나 이 규칙은 초점을 하나의 사건에서 일반적인 능력으로 이동시킨다. 이렇게 하면 입증에도 이점이 있다. 피고가 자신의 범죄 행위를 면책받기 위해 주장하는 일회성 한시적 무능력과 달리 피고의 일반적인 무능력은 여러 다른 방법으로 투영되기 때문에 더 판단이 용이하다. 정신 질환 또는 결함의 요건 역시 항변을 더 명확하게 만든다. 즉 '질환'이라는 표지는 의료 용어로 쓴 것이 아니라고 해도 그 자체로 변별력이 있다. 우리는 인식 또는 제어 능력이 보통보다 떨어지는 정도만으로 정신 질환을 앓고 있다고 생각하지는 않으며 그 능력이 매우 저하되었을 때만 그렇게 생각한다.

강박, 부정의 그리고 책임

잘 살아야 한다는 윤리적 책임과 우리가 내리는 구체적 결정들에 대한 평가적 책임의 중요한 연관성을 우리가 인지하면, 우리는 책임 체계의 다른 논란에 대해서도 적절히 이해하고 논쟁할 수 있다. 예를 들어 강박이 책임을 감면시키는지도 논란이다. 살해 위협을 당해서 살인 명령을 따른 사람은 관련 능력이 결핍되어 있지 않다. 그는 자신의 상황을 정확히 이해하고 무엇이 자신에게 최선인가 하는 판단에 행동을 일치시킬 수 있었기에 살인 명령을 따른 것이다. 그의 책임은 감면되지 않지만 해명은 제공한다. 고문은 적어도 극단적인 상황에서는 이와 다르다. 살인 위협이든 고문 위협이든 협박자는 협박 대상자의 선택지를 바꾸고자 한다. 고문을 당하는 자는 그가 명령을 따를지 회피할지의 선택에 대한 책임에 필요한 두 가지 능력을 모두 갖추고 있다. 그러나 고문이 시작되면, 고문 가해자의 목표는 달라진다. 목표는 고문 피해자가 더 이상 합리적으로 생각하지 못하도록 만들기 위해 고문 피해자를 비명 지르는 동물 정도로 만들어 버리는 것이다. 고문 가해자의 목표는 피해자의 책임을 확립하려는 것이 아니라 소멸시키려는 것이다. 그러나 고문에 이르지 않는 강박이 책임을 감면시킨다면 보통 다른 이유가 있을 것이다.[31]

빈민촌 출신의 반사회적 행동이 특권층 출신의 행동보다 책임이 덜한지도 논란이 될 만하다. 그는 유의미한 무능력을 겪고 있지 않다. 정신 질환자는 자신의 행동을 법에 일치시킬 능력이 없을 수 있지만 빈곤한 도심 생활에 갇혀 마약을 팔기로 한 사람은 그렇지 않다. 자기 행위의 불법성을 인지하고 있고 그 행위의 비도덕성을 인식할 기회도 많다. 그는 정교한 세계관을 가지거나 욕망이나 확신에 따라 결정을 내리는 데 다른 사람들에 비해 무능력하지 않다. 많은 사람들이 생각하듯 우리도 그의 책임을 덜어 주려면 무언가 다른 근거가 필요하다.

인과설이 지배하는 책임론 아래에서는 그런 다른 근거를 찾을 수 없다. 우리가 자유 의지를 어떻게 이해하든, 협박이나 빈곤이 자유 의지의 보통의 인과적 작용을 훼손한다는 가설이 이치에 닿을 수 없기 때문이다. 그러나 우리가 지금 구상한 평가적 책임론은 매우 다른 것을 제안한다. 즉 우리가 이런 상황에 대해 책임을 감면해야 할 유혹을 느끼는 것은 강압과 빈곤이 부정의(injustice)의 결과물이기 때문이며 그러할 때만 그런 유혹을 느낀다는 것이다. 잘 살아야 한다는 우리의 정초적 책임은 도덕적, 정치적 권리를 주장할 근거를 제공한다.(이에 대해서는 17장에서 다루겠다.) 우리는 이 권리들이 우리가 논의해 왔던 능력 존부에 따른 여과기 외에도 별도의 책임 존부에 따른 여과기들로 보호되어야 한다고 생각할 수도 있고 그렇게 생각하지 않을 수도 있다. 부정을 초래한 자들은 피해자들로부터 다른 결정을 내릴 기회나 그럴 근거가 되는 자원들을 박탈한 셈이다.[32] 그렇다면 아마도 우리는 자신에게 책임을 지울 때 이렇게 오염된 결정들은 고려하지 않아야 할지도 모른다. 또는 적어도 그 결정들에 완전한 의미를 부여하지 말아야 한다. 즉 그 부당성을 감안하여 책임을 감면하는 것이다. 이러한 또 하나의 여과 필터가 개념적으로 성립 가능한 것은 책임 체계의 근본 문제들은 형이상학적이 아니라 윤리적이고 도덕적이기 때문이다. 이 추가적인 여과기는 바로 이런 이유로 논란이 되는 것이다.

이 마지막 책임 감면론이 능력이 아니라 정의에 근거하고 있다는 것은 중요하다. 풍요로운 국가 안의 빈민촌 주민들은 그들에게 부여되어야 할 기회와 자원들을 박탈당했다. 그러나 누구의 잘못과도 관계없는 상대적 빈곤의 시대나 공간을 영위한 사람들은 그 이유만으로 책임의 감면을 요구할 수 없다. 그렇지 않다면 수천 년의 부와 문화적 진보의 시대가 오기 전까지는 아마 누구에게도 평가상의 책임을 지울 수 없을 것이기 때문이다. 평가상의 책임을 조금이라도 감면할 수 있는 빈곤은 부당한 빈곤뿐이다. 이 부정의를 부인하는 사람들이 책임의 감면도 거부하는 이유다.

4부

도덕

11장 존엄성에서 도덕으로*

자기 존중과 타인 존중

보편 혹은 특별?

우리는 윤리와 도덕을 통합하고자 한다. 단순히 도덕을 윤리의 일부로 포함시키려는 것이 아니라, 어떻게 잘 살아야 하는가에 관한 생각이 우리의 도덕적 책임이 무엇인지 파악하는 데 도움을 주는 상호 보완적인 통합을 성취하고자 한다. 이러한 통합은 우리가 왜 선해야 하는지 묻는 전통 철학자들의 도전에 응하는 통합이다. 먼저 두 존엄 원칙 중 첫째인 "당신은 삶의 성공을 객관적으로 중요한 문제로 대우해야만 한다."라는 원칙의 도덕적 함의를 고찰함으로써 시작해 보자. 나는 1장에서 칸트의 원칙을 설명했다. 칸트의 원칙은 참된 자기 존중, 즉 존엄 원칙 중 첫째 원칙에 의해 요구되는 자기 존중은 모든 인간의 삶을 동시에 존중하는 것을 수반한다. 당신이 자신을 존중한다면, 타인의 삶도 객관적 중요성을 가진 것으로 대우해 주어야 한다. 많은 독자

---

* 이 장의 번역은 오시진 선생님께서 협업해 주심.

들이 이 원칙을 곧바로 매력적으로 느끼겠지만, 그 근원과 한계가 무엇인지 생각해 볼 필요가 있다.

어떻게 살 것인가, 라는 문제가 객관적으로 중요하다고 믿는다면, 당신은 다음 질문들 역시 중요하게 생각해야 한다. 당신은 삶의 특별함을 이유로 자신의 삶을 객관적으로 중요시하기 때문에, 타인의 삶을 동등하게 중요하게 다루지 않더라도 일관성을 잃지 않는 것인가? 아니면 당신의 삶이 중요한 이유가 모든 인간의 삶은 객관적으로 중요하기 때문이라고 생각하기 때문인가?

당신과 당신의 삶의 관계는 진정 특별하다. 두 번째 원칙인 진정성은 당신의 삶에 책임을 부과한다. 그러나 그것은 별개 문제다. 나는 첫째 원칙을 묻고 있다. 당신은 다른 이들의 삶이 성공하거나 실패하는 데 상관할 이유가 있는가? 아니면 당신의 삶만 상관할 이유가 있는가? 물론 당신이 처한 상황에 대해서 당신만큼 생각하는 사람은 드물 것이다. 당신의 운명은 그 누구보다 당신의 관심을 사로잡을 것이다. 그러나 그것은 방금 말한 특별한 책임으로 설명이 가능하다. 따라서 당신의 삶의 객관적 중요성이 보편적 중요성을 반영하는지 여부를 더 집중해서 보아야 한다. 과연 당신의 삶이, 단지 인간의 삶이기 때문에 가치가 있는 것인지 아니면 타인이 갖지 못한 어떤 특성을 가지고 있기 때문에 특별한 중요성을 갖는지 생각해 봐야 한다.

주관적 가치는 그 성질상 특별하다. 커피는 커피를 좋아하는 사람에게만 가치가 있다. 물론 모든 사람이 커피를 좋아할 수도 있겠지만, 그러한 보편성은 우연에 불과하다. 그러나 객관적 중요성은 기호나 신념 또는 욕망으로부터 독립적이고, 따라서 정체성에 근거한 것을 포함한 모든 감정 관계와도 독립적이다. 형이상학적 가치 입자는 존재하지 않기 때문에, 객관적 가치는 날것 그대로의 사실일 수 없다. 객관적 가치에 대한 논변이 있어야만 한다. 자신의 삶이 특별하다고 할 수 있는 논변은 무엇일까?

많은 사람들은 반대의 견해, 즉 보편주의적 견해를 취한다. 많은 종교는 신이 자신의 모습으로 인간을 만들었고, 모든 인간을 동등하게 배려한다고 가르친다. 세속적 인도주의자들은 인간의 삶은 신성하며, 어떤 삶의 실패든 전 우주적 가치를 가진 기회를 낭비한 것으로 믿는다.[1] 대부분의 사람들은 실제로 존재하든 가상적 존재에 불과하든 낯선 사람의 불행에 대해 그 크기를 막론하고 감정적으로 반응한다. 우리는 아도니스의 불행에 슬퍼하고, 외국에서 발생한 지진이나 쓰나미의 이름 모를 피해자 때문에 가슴 아파한다. 보편적 견해는 훌륭하게도 이러한 견해와 반응들과 맥을 같이한다.

반대의 견해, 즉 특별주의적 견해에 대해서는 어떤 변론을 할 수 있을까? 자신과 같은 삶만이 객관적인 중요성을 가진다고 보는 특별성을 중요시하는 입장에서 말이다. 이러한 입장을 취하는 사람은 어떤 총체적 회의주의 형태에 의존할 수 없다. 자신의 삶이 주관적으로만 중요한 게 아니라, 객관적으로도 중요하다는 사실을 받아들이고 있기 때문이다. 이러한 사람에게는 긍정적 논변이 필요하다. 이미 말했듯이, 자신의 삶에 특별한 책임을 지고 있다는 사실은 충분한 이유가 되지 못한다. 큐레이터는 특정 미술 작품을 보호해야 할 특수한 책임을 갖지만, 자신이 일하지 않는 박물관에 있는 작품들 역시 객관적 가치가 있다는 사실도 인정한다.

또 다른 주장 하나는 역사적으로 매우 인기를 누렸고, 슬프게도 지금까지 세계 전역에서 인기를 누리고 있다. 자신이 가진 어떤 특성이 자신의 삶을 객관적 견지에서 특별히 중요하게 만든다고 생각할 수 있다. 그는 미국인일 수도 있고 유대인일 수도 있으며, 수니파나 재능 있는 음악가, 또는 뛰어난 성냥갑 표지 수집가일 수도 있다. 그리고 그 특성을 가진 사람은 누구나 스스로의 삶을 객관적으로 중요하다고 생각할 수 있다. 이 책을 읽는 많은 독자들이 이런 견해를 갖고 있지는 않을 것이다. 서양 민주주의 사회에서 조금이라도 영향력이 있는 어떠한 종교도 이런 견해를 표명하지는 않을 것이다. 그러나 이러한 생각이 인기를 얻고 있다는 사실은 이를 주의 깊게 볼 만큼 중요한 일이다.

물론 능력, 국적, 종교, 인종 등 당신과 타인을 구별하는 것들은 많다. 이중 어떤 특성은 최소한 당신이 어떻게 살아야 하는지를 고려하는 데 중요할 수도 있다. 당신은 이러한 타인과의 차이를 당신의 성공 요소로 볼 수도 있기 때문이다.[2] 당신은 당신이 미국인, 또는 가톨릭 신자, 또는 음악이나 성냥갑 표지를 수집하는 데 능력이 있다는 사실을 반영하는 삶을 살아야 잘 산 것이라고 생각할 수 있다. 그러나 우리는 여기에서 다른 주장을 고려할 것이다. 개인 특성이 당신의 삶에 어떠한 영향을 주는가가 아니라, 그 특성이 당신이 잘 사는 것의 객관적 중요성의 이유가 되느냐의 여부다.

자신만의 어떤 특성 때문에 자신의 삶이 특별히 중요하다고 생각하는 사람은 그 견해를 다른 책임성 있는 견해와 통합하기 어려울 것이다. 놀랍게도 자신이 유대인이라는 것이 밝혀지면 살해되어도 된다고 생각했던 리처드 헤어의 나치당원을 고려해 보자.[3] 그는 자신의 견해를 조금 더 넓은 가치관과 통합하기 쉬웠을 것이다. 즉 예를 들어 유대인과 여타 아리안족이 아닌 인종은 열등한 인간이라고 고집할 수도 있었고, 아예 인간도 아니라고 볼 수도 있었다. 그러나 이러한 확대된 견해는 전체적 통합성을 계속 유지하기 어렵다. 예를 들어 DNA 분석 등으로 증명된 수많은 생물학적 유사성에도 불구하고 왜 유대인이 열등한지 설명해야 하고, 어떤 설명이든 자신이 확신하는 시스템에 문제를 일으킬 것이기 때문이다. 유대인들은 그들의 조상이 (이상하지만 매우 널리 퍼진 가정에 따르면) 그리스도를 죽였기 때문에 열등한가? 그러나 이렇게 사고하려면 한참 뒤의 후손에게, 추정된 그러나 확인할 수 없는 조상의 죄를 물어야만 한다. 그러나 헤어의 나치도 서기 1세기 게르만계 부족의 범죄 때문에 자신이 열등해진다고 생각하지는 않을 것이다. 유대인들은 바이마르 경제에서 역할을 담당한 몇몇 유대인들 때문에 열등할까? 문제를 일으키지 않은 아리안 자본가는 없을까? 매부리코는 성향의 문제일까? 당시 나치 친위대는 이 사실을 몰랐을까? 그리고 어떻게 코의 형태에 따라 객관적 중요성이 생각될 수 있었을까?

이제 종교가 어떤 이의 특별주의적 객관적 중요성 주장을 방어하는 잠재적 역할에 관해 고찰해 보자. 종교로 고무된 학살 대부분은 학살된 자의 생명의 동등한 중요성을 전제하고 있거나 적어도 그 중요성을 부정하지 않는다. 그들의 죽음은, 그들의 불멸한 영혼을 구원하기 위하여 필요한 것으로 여겨지거나, 그들에게 참된 신앙과 법을 전파하기 위함이거나, 단순히 그들의 신성 모독 행위 또는 그 시도를 막기 위함이다. 신앙의 윤리적 주장, 즉 특정 종교의 성도들의 삶 또는 생명이 어떤 특별한 객관적 중요성을 가진다는 주장을 정당화하기 위해서는 많은 설명이 필요하다. 상상해 보자면, 불신자들이 개종하여 당신을 경배하는 것에 전혀 관심이 없는 편향된 신의 창조적 축복이 전제되어야 할 것이다. 다른 설명도 가능하겠지만, 최소한 유일신 종교의 경우, 그 신의 관심 범위와 일반성에 관한 내재된 전제에 걸려 좌초할 것이다. 이런 괴물 같은 사상은 우리 역사상 너무 널리 퍼져 있고 너무나 강력했다. 그러나 그러한 주장은 책임성 있게 옹호될 수 없다.

자기 자신의 중요성이 특별하다고 생각하는 사람들이 넘어야 할 장애물이 또 있다. 9장에서 말했듯이, 존엄은 인정 존중을 요구하지 평가 존중을 요구하지 않는다. 그러나 그 둘은 매우 중요한 관계에 있다. 당신의 삶이 중요하다고 여기는 것은 당신이 어떻게 사느냐가 중요하다고 생각하는 것의 전제이므로, 이 둘은 자긍심의 영역을 양분해야 한다. 헤어의 나치 광신도는 만일 자신이 유대인이라는 사실이 밝혀지면 그 이후의 삶을 어떻게 살아야 할지 상관 없어질 것이다. 이렇게 윤리적 책임으로부터의 반사실적인 해방(counterfactual release)을 받아들일 사람은 솔직히 거의 없을 것이다.

니체?

위에서 다룬 객관적 중요성에 대한 보편주의적 시각은 편협한 평등주의적이고 자유주의적이며 민주주의적인 정치 감성만을 반영하는가? 그러한 감성에 대한 가장 유명한 철학적 비판자가 보편주의적 시각을 배척했는지 여부를 잠시 고찰해 보는 것이 유익할 것이다. 니체는 분명히 자신을 포함해 오직 몇몇 사람들만 뛰어난 삶을 영위할 수 있다고 생각했다. 그러나 그는 다음과 같은 생각도 명백히 했을까? 그 몇몇의 창조적 초인이 어떻게 사는가만이 중요하고, 위대한 삶을 살 수 없는 그 밖의 평범한 대중들에게 어떠한 일이 벌어지는가는 중요하지 않다고 말이다.

니체 사상의 해석은 확연하게 갈린다. 어떤 니체 평론가들은 (항상 일관적이지만은 않은 니체의 작품의 최소한 일부에서는) 지금까지의 우리의 논변의 테마를 받아들인다고 본다. 니체는 사람들이 잘 사는 것이 가장 중요하다고 강조했다고 말할 수 있다. 그는 성직자들이 세상에 강요하는 금욕적 도덕성은 사람들이 잘 사는 것을 불가능하게 한다고 보았다. 금욕적 도덕성은 인간의 본성을 즐기도록 하지 않고 오히려 억누르려 하고, 자연스러울 뿐만 아니라 위대한 삶의 동기와 원동력이 되는 권력 의지를 다른 방향으로 승화시키려 시도한다. 니체는 우리는 우리 자신을 재창조해야 한다고 선언한다. 왜냐하면 우리는 부분적으로 이러한 금욕적 도덕성으로 인해 영웅적 투쟁의 삶을 살지 못하고 노예 정신을 갖게 되었기 때문이다.

그는 잘 사는 것의 중요성의 주관주의적 견해를 부정했다.[4] 위대해지길 원하지도, 위대해지려고 노력하지도 않는 사람은 인간의 유산에 충실하지 않은 것이므로, 스스로를 재창조해야만 한다. 그는 잘 사는 것(living well)과 좋은 삶(good life)을 사는 것은 매우 다르다고 주장했다. 잘 산다는 것은 그의 삶처럼 큰 고난을 포함할 수 있고, 결국 좋은 삶이 되지 않을 수 있다고 주장했다. 또한 잘 사는 것에는 통합성이 가장 중요하다고 주장했다. "우리를 지배하고 조직하도록 운명 지어진 '사상'은 샛길과 잘못된 길에서 우리를 천천히 돌아오게 한다. 그 사상은, 언젠가는 전체를 향한 수단으로써 필수적임이 밝혀질 고유한 특성과 실력을 준비시킬 것이고, 그것은 지배적 과업, 목표, 목적 또는 의미에 대한 힌트를 제공하기 이전에 그 이외 모든 종속적 역량들을 하나하나 훈련시킨다. 이런 방식으로 생각하면, 내 삶은 그냥 멋지다."[5]

그러나 니체의 이러한 요청들이 우리 모두에게 해당되는지, 아니면 위대해질 수 있는 역량이 있는 사람들에게만 해당되는지 파악하는 것은 별개 문제다. 니체의 초기 대변인 차라투스트라는 위대한 사람들에게만 말하지 않았고, 그가 찾을 수 있는 모든 이에게, 그가 얼마나 비관적이었든지 간에, 마지막 인류가 아닌 차세대 인류가 되길 희망하는 모든 이에게 말했다.[6] 그가 가져오는 "선물"은 인류 일반을 위한 선물이다. 그는 "선(the good)의 명판은 모든 사람 위에 걸려 있다."라고 선언했다.[7] 니체는 평등, 민주주의 그리고 그 외에 그가 "노예적" 도덕이라 부르는 모든 것에 경감 없는 경멸을 표현했다. 그가 스스로 경멸하는 도덕을 거부하는 이유는 이 도덕이 사람들이 어떻게 사는지가 중요하다고 가정하고 있기 때문이 아니라, 니체가 보기에 이 도덕성들이 제공하는 비열한 삶의 모습 때문이다.

니체는 잘 산다는 것이 행복하게 산다는 의미라는 말을 비웃었다. 그리고 쾌락과 행복만이 중요하다고 전제하지 않는 이상 말이 안 되는 공리주의를 특별히 경멸했다.[8](그는 이 전제를 "영국의 가게 주인(Anglo-angelic shopkeeperdom)"의 그것이라고 불렀다.)[9] 쾌락과 행복이란 그에게는 무의미에 가깝다. 그는 또한 인간의 내재적 가치를 인정하지만 이러한 가치가 오직 도덕적 의무에 기한 삶을 통해서만 실현될 수 있다고 보는 칸트주의자들도 비웃었다.[10] 따라서 비록 그는 일반적으로 이해되는 도덕은 심각한 과오라고 생각한 것이 분명하지만, 그가 도덕이 중요하지 않다고 보았다고 추정할 이유가 없고, 오히려 사람들이 일반적으로 어떻게 살고 있는지에 대해 슬퍼했다고 볼 수 있다. 니체가 생각하기에 권력 의지는 권력을 가진 모든 이들이 적절한 시기에 그 자신을 어떤 측면에서 특별하게 보이려고 화내고, 경쟁하고, 그리고 갈망하도록 할 수 있다. 이러한 인간의 동기들은 우리가 어렵게 또는 비극적인 대가를 치러야 종속시키거나 승화시킬 수 있는 것들이다. 그러나 권력 의지 어디에도, 군중에게는 동일한 감성이 단지 부재하는 것이 아니라 아예 허용되지 않는다는 규칙은 없다.

최소 한 명의 평론가에 따르면, 니체는 좋은 삶에 대해 집합적 결과주의의 한 형태를 취했다. 니체는 비록 그것이 대부분의 사람들에게 덜 좋은 삶이 될지라도, 최고의 삶은 가능한 한 가장 위대하게 살아져야 한다고 생각했다.[11] 그러나 그러한 특이한 견해는 삶의 중요성의 주관주의적 견해를 전제로 하고 있지 않다. 반대로 누가 그러한 삶을 사는 것과는 무관하게, 위대한 삶을 사는 것 자체에 전반적인 객관적 중요성이 있다고 전제한다. 세상의 작품 수가 더 적더라도 최고의 작품을 얻고자 하는 미술 애호가는 사전에 누가 위대한 작품을 그리는지를 중요하게 생각하지 않는다. 다른 학자는 "니체가 보편화를 반대한다는 견해가 많지만," "그는 한 사람의 가치를 보편적 가치로 보는 것을 부정하지는 않았다. 어느 개인의 풍요에도 필수적이라고 여기는 경우에."[12]라고 말했다. 만일 그렇다면, 니체가 보통의 도덕성을 증오하는 것은 비록 모든 이들이 잘 살 수는 없을지라도, 모든 이들이 잘 사는 것이 중요하다는 전제를 오히려 강조해 준다.

두 전략: 균형과 통합성

인간 삶의 객관적 가치를 명료하게 보여 주기 위해 재구성된 존엄성의 첫 원칙을 나는 칸트의 원칙이라 부른다. 당신의 삶이 객관적으로 중요하다고 생각하는 이유는 다른 모든 이의 삶이 객관적으로 중요하다고 생각하는 이유와 동일하다. 당신은 자신의 삶의 객관적 중요성이 다른 이들의 삶의 객관적 중요성에 반영되었다는 것을 볼 수 있다. 아리스토텔레스는 친구 사이의 사랑, 로맨틱한 사랑, 모든 이를 대상으로 하며 '이타적' 사랑으로 종종 번역되는 아가페를 포함하여 다른 종류의 사랑을 구분했다.[13] 아가페는 가장 무아(無我)적 형태의 사랑이지만, 우리가 이제 알 수 있듯이, 아가페는 자기 자신을 그 사랑의 대상에 포함시킨다. 폴로니어스*는 수다스럽고 어리석지만, 그가 아들에게 한 마지막 말은 심오하고, 우리에게도 의미를 준다. 어느 누구에게도 거짓되지 말고, 너 스스로에게 진실하라.

이 책의 나머지 부분의 질문은 다음과 같다. 타인을 어떻게 대우해야 하는가 하는 질문에 칸트의 원칙은 어떤 함의가 있을까? 모든 이의 삶의 동등한 객관적 중요성을 완전히 받아들인다는 것이, 어디에 있는 사람이든지 그 사람들의 상황을 향상시키되, 당신 자신과 가까운 사람들에의 혜택을 모든 낯선 사람에게의 혜택과 동등한 비중으로 고려해야 한다는 의미를 갖는다는 사실에 당신은 처음엔 놀랄 수도 있다. 이러한 결론이 공리주의자들을 포함한 많은 철학자들이 그 '동등한 중요성'으로부터 내린 결론이다. 만일 그러하다면, 천사가 아닌 인간은 자기 존중이 요구하는 삶을 실제 살 가능성이 거의 없다. 둘째 원칙인 진정성은 우리가 자신의 것이라고 식별해 낸 품성과 기획에 일치하게 행

---

* 세익스피어의 『햄릿』에 등장하는 인물.

동할 개인적 책임을 부과한다. 타인의 계획과 기획들에게 자신의 것과 동일한 관심과 주의를 주면서 이 둘째 원칙을 실현하기는 심리적으로 불가능해 보인다.[14] 세상 사람들 대다수는 가난하다. 그들 중 다수는 삶을 영위하기 위한 가장 기본적인 필수품조차 없다. 따라서 이러한 견해를 견지한다면 위 첫째 원칙을 받아들인 부자는 자신이 가진 모든 것을 다 나누어 주고 스스로도 가난해져야 한다. 물론 얼마나 중요하게 생각하든지 간에 자신의 삶의 기획들을 포기해야 할 것이다.

이러한 곤경에 선뜻 맞선 철학자들이 몇 있었다. 이들은 원칙적으로 우리는 가능한 한 최대한 이러한 부담스러운 해석이 요구하는 성자의 삶을 살아야 한다고 보았다.[15] 다른 철학자들은 둘째 원칙을 위해서 첫째 원칙의 충격을 약화시키는(그 요구는 그대로 두더라도) 다른 견해를 취했다. 토머스 네이글은 사람이 어떻게 살아야 하는지를 결정하는 것과 관련된 두 가지 관점을 구분한다.[16] 첫째는 자신의 이익과 기획들로 지배되는 개인적 관점이다. 둘째는 자신의 이익, 야망, 애착, 그리고 기획이 다른 이들의 그것들과 비교하여 더 중요하지 않은 탈개인적인 관점이다. 네이글의 견해에 따르면 우리는 이들 관점 둘 다에서 진리를 발견한다. 그러나 이 두 진리가 서로 모순된다는 문제점이 있다. 개인적 관점에서 이치에 맞는 행위가 종종 탈개인적 관점에 반할 수 있다. 그렇다면 모든 것을 고려하여 우리는 어떻게 올바른 결정을 할 수 있을까? 이 두 관점 사이에서 어떻게 균형을 유지할 수 있을까? 네이글에 따르면, 자신의 상황을 불문하고, 모든 이들이 적절하다고 받아들일 수 있다면, 그 균형이 타당하다고 할 수 있다. 그는 이러한 기준을 통과할 수 있는 특정 균형이 있을지 의심스럽지만 이러한 기준이 이상으로서 충족되어야 할 기준이라는 사실은 분명하다고 본다.[17]

그러나 우리가, 일단 우리가 각각 진실이라고 받아들이는 이 두 관점 사이에 균형이나 타협점을 찾으려 한다면, 순환 논리에 빠지지 않고 특정한 합의점을 어떻게 정당화할 수 있는지 불명확하다. 예를 들어, 대학교수가 수입의 얼마를 기부해야 합리적인지 그리고 얼마만큼을 유보해서 여름철 휴가로 유럽에 갈 수 있게 하는 것이 합리적인지 질문한다고 하자. 네이글의 입장 중 어떠한 관점이 지배하는지 결정하지 않고는 이 질문에 답할 수 없을 것이다. 탈개인적 관점에 따른 합리성과, 개인적 관점에 기하여 필사적으로 휴가를 원하는 경우의 합리성이 현저히 다를 것이다. 여기에 제3의 관점, 즉 균형을 결정할 제3의 '합리성'은 존재하지 않는다. 우리는 해당 질문이 어떠한 관점에서 결정되어야 하는지 질문하지 않고, 어떠한 합리성이 필요한지 답할 수 없다.

이미 언급했듯이, 네이글은 절차적 기준을 제시한다. 그는 하나의 기준으로 타협하기 위해 모두가 합리적으로 받아들일 개인적 관점과 탈개인적 관점 사이의 균형점을 찾을 수 있는 원칙을 찾는다.(네이글은 토머스 스캔런의 도덕 계약주의(moral contractarianism)를 인용하고 따른다.)[18] 네이글이 그러한 원칙을 찾을 가능성에 대해 비관적으로 보는 것은 맞다. 어째서 가장 나쁜 환경에 놓인 사람이, 오직 유일한 합리적인 원칙은 인간 삶의 동등한 중요성을 전제로 할 때 물질적 부를 동등하게 나누는 것이라고 고집 피우지 말아야 하는가? 어째서 남들보다 상황이 좋은 사람이 불평등한 부라 하더라도 그로 인해 즐길 수 있고 성취할 수 있는 모든 것을 제거하는 것이 불합리하다고 답할 수 없는가? 모든 이들이 합의를 원한다고 비현실적으로 추정하는 것이 도움을 줄 수 있다. 그러나 상호 파괴적인 기나긴 파업에 이르는 노동 협상도 가끔 그러하다.

만일 특정 상황에서 사람들이 어떻게 행동해야 하는지에 대한 합의가 있었다 해도 그것이 왜 의미 있는 관련성이 있는지 불명확하다. 그 합의는 개인적 관점이나 탈개인적 관점 중 하나에 반할 것이라고 추정할 수 있다. 둘 다에 반할 가능성이 높다. 그렇다면 어떠한 관점에서 모든 이들이 합리적이라고 동의한 것을 할지 말지 결정할 수 있을까? 예를 들어 모든 이들이 탈개인적 관점이 비난하는 행위를 합리적인 행위라 생각한다고 하자. 어떻게 우리가 탈개인적 관점에서 잘못이라고 여겨지는 일을 하면서 용서될 수 있는가? 탈개인적 관점이 우리의 행동을 지배하지 않는다고 우리가 이미 결정했었어야 할 것이다. 도대체 어떠한 관점에서 그러한 결정을 내릴 수 있겠는가? 또한 마지막 결정은 실용적이어야 한다고 말하는 것도 도움이 되지 않는다. 그런 말은 결정은 내려져야 한다고 말할 뿐 그러한 결정을 내리는 데 도움이 되지 않는다. '실용적'이라는 것은 제3의 별도의 관점을 명하지 않는다. 또한 모든 점을 고려했을 때, 올바른 균형은 우리가 무엇을 해야 하는지 또는 어떠한 것을 가장 중요하게 여길지 질문함으로써 찾을 수 있는 것이 아니다. 이것은 단지 우리가 제시한 질문을 다시 말하는 한두 가지 방법일 뿐이다.

한편 존엄성의 두 원칙은 택일해야 하는 다른 관점들을 제시하는 것이 아니다. 사람이 윤리적으로 책임이 있다면 차지해야 할 단 하나의 관점을 기술한다. 우리는 이 두 원칙 사이에 타협이 있어야 한다고 요구해서는 안 된다. 이 두 원칙은 타협되기에는 너무나도 중요하고 근본적인 문제다. 그 원칙들은 우리의 자기 존중과 진정성을 위한 필요조건을 진술하고, 이러한 것은 타협이 불가능하다. 따라서 우리의 의제는 달라야 한다. 우리는 두 원칙이 개별적으로 올바르게 보이도록 하며, 자기 존중과 진정성이 요구하는 것을 담아낼 수 있으며, 서로 갈등하는 것이 아니라 서로를 강화해 주는 매력적인 해석을 찾아야 한다. 우리는 이 원칙들을 동시에 해결해야 할 연립 방정식으로 대우해야 한다.

어떤 이들은 이를 반대할 것이다. 처음부터 갈등 관계를 피하는 해석을 찾는 것은 기만이라고 할 수 있기 때문이다. 오히려 우리는 정확한 해석을 찾아야 하고, 만일 정확한 해석이 갈등을 야기한다면, 그것을 운명이라 여기고 받아들여야 한다고 말할지 모른다. 그러나 이런 반대 견해는 이 책에 기술한 지금까지의 논지를 무시하는 것이다. 윤리적 판단은 날것 그대로 참이 되지 않는다. 우리는 두 원칙의 정확한 해석을 찾지만, 그러나 그것은 우리에게는, 하나의 원칙의 이해가 다른 원칙의 이해를 지지하고, 결국 우리가 옳다고 느낄 수 있는 해석을 의미한다. 우리는 이 둘이 다 같이 건전하다고 추정하기 위해서는 각 원칙이 하나의 상호 지지적인 원칙 체계의 부분들이라고 믿어야만 한다.

우리의 과제는 어렵고, 성공이 보장되지 않는다. 두 원칙 중 하나의 자명한 위반 사실을 확인하는 것은 충분히 쉽다. 다른 이의 고통과 실패를 무관심으로 대우하는 것은 그의 삶의 중요성을 거부하는 것이다. 그가 거부하는 종교의 의식과 행위를 강요하는 것은 그의 윤리적 책임성을 격분케 한다. 그러나 우리가 앞으로 몇 장에 걸쳐 대면할 문제들은 더 힘들고 더 논란이 되는 것이다. 우리는 다음과 같은 질문을 고찰해야 한다. 낯선 이를 돕기를 거부하는 것이 언제 그의 삶에 대한 무관심을 의미하는지, 몇 명의 사람에게 영향을 줄지 여부가 어떻게 우리의 행동에 대한 결정에 계상되는지, 직접 사람을 죽이는 것과 죽도록 내버려두는 것에는 어떤 의미 있는 차이가 있는지, 우리는 왜 약속을 지켜야 하는지, 우리가 다른 정치적 공동체 구성원보다 같은 정치적 공동체 구성원에게 더 많이 도와주어야 할 빚이 있는지 등이다. 따라서 우리는 위 원칙들의 더욱 구체적인 해석들, 즉 다른 상황에서도 시험할 수 있는 해석들을 생성할 수 있도록 이 분석을 추진해야 한다.

우리에게 명쾌한 결정 절차는 없다. 우리 각자는 자신이 고려하는 문제에 대해 결국 다른 판단을 내릴 것이다. 그러나 우리에게는 판단에 사용할 수 있는 기준이 있다. 우리가 도달한 자기 존중과 진정성의 해석은, 서로를 지지하고, 어떤 측면의 존엄성이든지 타협을 요구하지 않는 것인가? 우리가 선의를 가지고도 이러한 해석들을 각각 건실하게 받아들일 수 있는가? 우리가 직면한 도전은 존 롤스의 반성적 평형(reflective equilibrium) 방법론이 제기한 것과 어떤 면에서는 유사하지만, 더 야심 차고 더 위험하다. 롤스는 정의에 대한 추상적 그리고 구체적 확신들의 통합을 목표로 했지만, 다른 가치들 간의 종속 관계, 타협, 균형을 허용했다. 예를 들면, 그는 자유를 평등에 비교하여 사전적 우선순위를 고집했다. 그는 개별 가치들을 다른 가치들의 견지에서 해석하여 서로가 서로에게 반박되지 않고 서로가 지지하도록 하는 것을 목표로 삼지 않았다. 이러한 차이는 더 깊은 것을 반영한다. 우리의 전략은 롤스가 추구하지 않은 7장과 8장에서 설명한 이론인 도덕적 그리고 해석적 진실 이론에 의해 주도된다. 이 장 후반부에서 제안하듯이, 만일 우리가 롤스의 방법론에 윤리적 요소를 포함시켜 해석한다 해도, 그가 반성적 평형에 올려놓으려고 의도한 가치의 범위는 우리가 여기에서 관심을 갖는 범위에 비해 매우 좁다. 견해를 발전시키면서 그는 정치 특유의 문제를 넘어선 철학적 문제를 유예하는 것이 지혜롭다고 생각했다. 우리의 통합 과제에는 유예를 허용하지 않는 원심력이 있다. 우리는 복잡성을 선호하기 때문이 아니라 철학이 불가피하게 요구하기 때문에, 가능한 한 최대한 포괄적인 이론을 구축하도록 시도해야 한다. 우리는 진실론, 언어 이론, 형이상학을 조금 더 친숙한 가치의 영역으로 통합해야 한다. 우리의 이러한 야심 찬 계획은 아직 한 다리로 절뚝이고 있다. 당신은 우리가 벌써 실패했다고 생각할 수도 있다. 만일 그렇지 않다면, 우리가 지금 실패할지 여부를 보아야만 한다.

더 많은 도덕철학자들

칸트

우리가 논의할 주제 리스트를 시작하기 전에 잠시 멈춰 다른 논의를 진행하겠다. 도덕에 대한 해석적 접근이 도덕철학의 중요한 고전을 이해하는 데 얼마나 도움을 주는지 살피는 것은 이 책의 보조적 과제다. 8장에서 나는 플라톤과 아리스토텔레스의 명백한 해석적 논증을 설명했다. 우리가 목표로 하는 윤리와 도덕의 통합을 그들도 목표로 했다고 말이다. 나는 이 장을 마치면서 비록 동일한 방법으로 명백히 드러나지는 않지만 다른 철학자들의 글들이 얼마만큼 그러한 방식으로 유용하게 재구성될 수 있을지 살피겠다.

물론 직업 철학자들을 포함해서 더 넓은 대상에게 가장 영향력 있는 철학 이론들은 그 영향력이 논증력이나 설득력에 기하지 않고, 결론과 그 결론이 담긴 은유의 상상력에 기한다. 플라톤의 동굴이나 롤스의 원초적 입장이 그 예에 해당한다. 칸트 역시 극적으로 이에 해당된다. 우리가 이성적으로 타인에게 바랄 수 없는 방식으로 우리도 행동하지 말아야 한다는, 그가 선포한 원칙은 그의 많은 구체적 견해들을 거부하는 학계 철학자들에게도 막대한 영향을 끼쳤다. 우리가 타인을 수단이 아닌 목적으로 대해야 한다는 강력한 경고는 세계 곳곳에서 법 논증과 도덕 논증으로 자주 반복되고 있다. 그러나 이 영향력 있는 원칙들에 대한 그의 논증은 상대적으로 약했고, 그가 제시한 자유와 이성(freedom and reason)의 이론은 그 이론에 끌리는 대다수의 사람들에게 불명료했다.

그러나 도덕철학에 관한 칸트의 저서들은 이러한 원리의 이해를 용이하게 만드는 해석적 논변의 재료들을 다 포함하고 있다. 어마어마하게 많은 양의 칸트 주석서에 하나를 추가하는 것은 내 목적이 아니고 내 능력 범위도 아니다. 나는 단지 여기에서 제안하는 방법에 따라 칸트를 읽는 방법을 제안하고자 한다. 칸트가 그의 저서에서 무시한 그 무엇이든지 말이다. 그러한 읽기 방법은 윤리에서 시작한다. 우리가 이제 인식한 존엄성의 두 원칙들에 대응하는 윤리적 요구가 그것이다. 칸트의 '인류의 원칙'은 무엇보다도 우선 우리가 우리 자신과 우리의 목적을 가치 있게 여겨야만 하는 양태를 다룬다. 즉 우리는 이를 주관적이 아니라 객관적으로 중요하다고 보아야 한다. 첫째 원칙이 강력히 요구하는 것처럼, 우리는 우리의 삶이 어떻게 진행되는지 객관적으로 중요하게 보아야만 한다.

내가 칸트의 원칙이라고 부르는 것에 우리는 적절한 결론을 도출해 낸다. 즉 만일 당신이 당신의 삶에서 발견하는 가치가 진정 객관적이라면, 그것은 인류의 가치 그 자체여야만 한다. 당신은 동일한 객관적 가치를 다른 모든 사람들의 삶 속에서도 발견해야 한다. 당신은 당신 자신을 목적으로 대해야만 하고, 따라서 자기 존중의 일환으로 타인 모두를 그 자체로 목적으로 대해야 한다. 자기 존중의 한 측면은 당신이 자신을 자율적 존재로 대우할 것을 요구한다. 즉 당신은 자신의 삶을 구성하는 가치들을 스스로 승인해야 한다. 그 요구가 두 번째 원칙에 대응한다. 당신은 올바른 방법으로 삶을 살도록 판단해야 하고, 그러한 권한을 침해하도록 디자인된 어떠한 강압으로부터도 저항해야 한다.

위 두 존엄성의 요구는 내가 설명한 해석적 도전을 제시한다. 칸트나 우리 모두에게 이 두 요구의 충돌을 균형이나 타협을 통해서 해소할 수 있는 선택권은 없다. 어떠한 타협이든 불가피하게 우리의 존엄성을 훼손할 것이다. 따라서 칸트의 응답은 두 요구에 대한 더 나은 해석이었다. 그에게 자율성이란 우리가 가진 어떠한 성향이든지 이를 추구할 자유로움을 의미하는 것이 아니라, 그러한 성향으로부터의 자유로움을 포함하는 것이다. 우리가 자율적일 때는 도덕법을 준수하여 행할 때이지 특정 목적에 기여하는 것이 아니다. 그 목적이 쾌락이나 좋은 삶이라고 여기는 것 또는 초월적 가치 심지어는 타인의 고통을 덜어 주려는 것일지라도 말이다.

이 해석은 그가 왜 자율성에 지배적 중요성을 부여하는지를 설명해 준다. 우리가 만일 타인이나 특정 선(good)을 성취하기 위해 헌신한다면, 우리는 삶이 본질적이며 객관적인 가치가 있는 것으로 존중할 수 없을 것이다. 우리는 이러한 목적을 이루고자 하는 수단으로서의 가치로 대우할 것이다. 우리는 우리의 자유로움을 다른 무언가를 위한 수단이 아니라 그 자체로서 목적으로 대우해야 하며, 우리가 도덕법을 무시할 때가 아니라, 도덕법에 따라 행동할 때 우리가 자유롭다고 가정할 수 있다. 그것은 단순히 도덕법이 요구하는 것에 따라 행동하는 것을 의미하지 않는다. "어떤 행위가 도덕적으로 선하기 위해서는, 도덕법에 일치하는 것으로는 충분하지 않으며, 도덕법을 위하여 그 행위가 행해져야 하기 때문이다."[19]

이러한 자율성의 견해는 6장에서 설명한 도덕적 책임과 대응한다. 우리가 거기에서 과제에 착수할 때, 우리는 도덕적 확신이 우리에게 실제 동기를 제공하고 그에 반대되는 행동 쪽으로 이끌려는 개인사의 영향들을 여과해 낼 것을 목적으로 했다. 그러나 칸트에 의한, 타인 존중과 자율성의 화해는 더 실체적인 것을 요구한다. 즉 그렇게 이해된 자율성이 무엇을 요구하는지에 대한 내용이 표명되어야 한다. 어떻게 타인을 나 자신과 함께 목적으로 대우할 것인가? 칸트는 모든 문제에 공평하게 행해야 한다고 하지 않는다. 그는 덜 혹독한 보편주의를 제시한다. 즉 행동의 원칙이 보편적으로 받아들여질 수 있고 준수될 수 있도록 의욕할 수 있는 방법으로 행동해야만 한다는 것이다. 사람은 스스로의 본질적이고 윤리적인 가치를 그러한 원칙을 통해서 존중한다. 칸트가 말했듯이, "그의 금언이 보편적 법이 될 수 있다는 것이 이바로 그가 목적이 되었다는 표식이기"[20] 때문이다.

칸트 학자들은 칸트의 다른 이론들에 대해 난감해하고 또 견해를 달리하는 것처럼, 법이 보편적이 되도록 의지를 가한다는 불분명한 공식에 난감해하면서 견해를 달리한다.[21] 그러나 칸트가 주장하는 주요 요지는 충분히 분명하다. 우리 자신에게 요구되는 존중과 일치하게 타인을 존중하여, 최소한 타인에게 부여하지 않는 권리는 우리도 주장하지 않고, 우리가 받아들이지 않는 의무는 타인에게도 부과하지 않는다는 것이다. 미국 헌법학자의 언어로 말하면, 모든 이를 존중하는 것은 도덕법의 동등한 보호를 요구한다. 그러한 제약이 그것 자체로 혹은 암묵적으로 개인이 언제나 자신의 삶에 타인의 삶보다 더 관심을 갖지 않을 것을 요구하지는 않는다. 칸트는 그의 이론을 통상적인 도덕적 실천의 해석으로서 제공하는 것이며, 그는 우리가 정합성 있게 보편적이기를 의욕할 수 없는 법들을 예로 드는데 이 예시들은 익숙한 도덕적 요구를 산출하도록 설정되어 있다.[22]

칸트의 주장이 이렇게 재구성되면 이 책이 주장하는 방향으로 구부러지게 된다. 한계 탄성을 넘지는 않았기를 바란다. 내 의도는, 윤리와 도덕을 연결하는 해석적 설명으로 이해될 때 칸트의 주장이 가장 설득력이 있다는 것이다. 도덕관념과 윤리 관념의 이러한 구조의 개별 요소들은 다른 요소들의 논거에 기여한다. 우리가 도덕법에서 시작하든, 자기 존중 윤리에서 시작하든, 우리는 동일한 구조를 만들어 낸다. 분명히 칸트는 도덕법을 위하여 행동하는 것이 필요적으로 또는 일반적으로 좋은 삶을 생산할 것이라고 가정하지 않았다. 그러나 그것이 완전한 자아 존중과 자율성을 가진 잘 사는 삶이 될 것으로 생각했다. 이렇게 이해하면 칸트 학파의 시스템은 놀랍게 능동적인 전체론적 작품이다.

420

많은 칸트 학자들이 볼 때, 나는 칸트의 가장 특유하고 중요한 주장을 완전히 무시했다. 그의 비판서에 기록된 형이상학과 이성 이론이 그것이다. 그는, 그가 설명한 형태의 도덕법을 행사할 수 있는 경우에만 자율성이 가능하다고 『도덕 형이상학 정초(Groundwork of the metaphysics of morals)』 첫 두 장에서 잘 밝히고 있다고 가정한다. 셋째 장에서 그는 그 가능성을 규정론의 위협으로부터 방어했다. 우리가 사는 현상학적 세계, 즉 과학의 세계에서 자율성은 불가능해 보인다. 그 세상에서는 우리가 통제할 수 없는 이전 사건에 따라 우리의 행동이 결정되기 때문이다. 그러나 우리는 다른 세상에서도 동시에 살고 있다. 그 세상은 그 자체로 우리에게 나타나지 않는 세상이다. 논지의 성격상 우리는 예지계(noumenal)의 세상의 성질을 발견할 수 없지만, 우리는 그 세상에서는 자율성과 도덕성이 가능한 자유로움이 우리에게 있다고 가정할 수 있고 가정해야만 한다. 칸트는 책임과 결정론은 양립 불가능하다고 보았다. 나는 앞 장에서 이러한 견해는 잘못된 것이라고 주장했다. 만일 그가 양립 가능론을 받아들였다면, 평가상의 책임은 현상계(phenomenal) 내에서 완전히 설명 가능한 현상이라고 생각했을 것이다.

존 롤스

3장에서 도덕 이론의 구성주의적 접근 방법을 논할 때, 나는 롤스 이론은 객관적 도덕적 진실에 대해 회의적이라고 이해하는 게 최선이 아니고, 오직 제한적이고 내부적으로만 그러하다고 설명했다. 그는 그가 설명하는 공동체의 정치적 전통에 내재하는 원칙들에 의존하고자 의도했다. 그러나 그 전통이 무엇이냐를 결정하는 데에 실체적인 도덕적 가정들이 필요했다. 이제 우리는 그의 가정에 대해 다시 생각해 볼 수 있다. 나는 그의 중요한 발언을 인용했다. "정의의 제1원리들은 하나의 인간관에서 도출되어야 하며, 공평성으로서의 정의로 구성되는 절차에서 나타났듯이, 그 개념관의 적절한 표현을 통해 발현되어야 한다."[23] 그 표현은 사람들이 두 가지 측면에서 자율적이라고 가정해야 한다. "첫째, 사람들이 숙의할 때, 권리와 정의에 관한 과거의 원칙 또는 선행 원칙을 적용하도록 요구받거나 그런 원칙에 계도되도록 요구받지 않는다. …… 둘째, 그들은 자신의 도덕적 능력(moral power) 아래에서 최고위의 관심사에 관해서만 그리고 구체적이지만 알려지지 않은 각자의 최종 목표를 증진시키기 위해서만 움직인다."[24] 그는 이러한 "도덕적 능력"을 첫째 "실효성 있는 정의 의식을 가질 능력" 그리고 둘째 "선(good)의 개념관을 형성하고, 수정하고, 합리적으로 추구할 능력"으로 묘사한다.[25] 롤스가 생각할 때, 사람들의 자세와 이익에 대한 이러한 가정들은 그의 원초적 입장 전략의 구조적 특성을 정당화한다.

그러나 '사람의 개념관'을 매우 특별한 방법으로 해석하지 않는 이상 그와 같은 정당화는 불가능하다. 우리가 롤스의 설명을 아마도 가장 자연스러운 방법으로 해석한다면, 무지의 베일을 정당화하는 데 아무 도움도 얻을 수 없다. 그는 사람들에게는 정의감을 느낄 능력이 있다고 전제한다. 자신들의 최종 목적을 향해 나아가길 원한다고 전제한다. 그리고 그 목적이 무엇이 되어야 할지 합리적으로 생각할 수 있는 능력이 있다고 전제한다. 그들은 또한 모든 타인 개개인은 이러한 능력을 '최소' 수준은 가지고 있다고 알고 있다. 그러나 왜 그들이 이러한 두 능력을 컨벤션에서의 대표들에게 지시를 내리기 이전에 사용하지 않았어야 하는지는 어디에도 설명되어 있지 않다. 그랬다면 개별 대표는 그 위임인이 원하는 최종 목적과 아마도 다른 모든 이들의 최종 목적에 대한 위임인의 견해를 고려하여, 위임인이 믿는 더 정의로운 사회를 보장하기 위해 협상할 수 있었을 것이다. 지금까지의 이러한 인간의 개념관은 왜 원초적 입장이 롤스가 디자인한 모습이어야 하는지 설명하지 못한다.

그러나 우리는 롤스의 설명을 다른 방식으로 해석할 수 있다. 우리는 롤스의 사람들이 '자율적'이라는 규정에 더 집요하게 천착할 수 있다. 예를 들어, 우리는 이 규정을, 그들이 자신의 삶이 객관적 중요성이 있다고 생각하기 때문에 다른 모든 인간도 동일한 객관적 중요성이 있다고 생각한다는 의미로 추정할 수도 있다. 따라서 이 규정의 의미는, 그들이 타인들의 삶의 중요성을 방치하는 정치 체제를 요구하는 것은 그들 자신의 존엄성에 모욕이 된다고 믿는 것이라고 추정해 볼 수 있다. 우리는 또한 자율적 사람들은 좋은 삶을 추구하려 할 뿐 아니라, 더 근본적으로는 잘 살기를 원하고, 나아가 잘 산다는 것은 위와 같은 방식으로 그들 자신의 존엄성을 모욕하지 않으면서 사는 것이라고 생각한다고 추정해 보자. 만일 우리가 롤스의 사람의 개념관을 이러한 방법으로 설명할 수 있다면, 그 개념관을 원초적 입장이라는 장치와 무지의 베일을 지원하는 요소로 파악할 수 있다. 위의 윤리적 가정 아래에서는, 이 인간관은 참여자들의 공통의 관심사인 잘 사는 것에 기여한다고 할 수 있다. 왜냐하면 이 인간관은, 예를 들어 모든 이의 삶의 동등한 중요성을 존중하는 공동체 자원의 지분을 정의함으로써, 어떠한 제도가 그들의 존엄성을 존중할까라는 중요한 질문에 집중할 수 있게 하기 때문이다.

이러한 해석은 롤스의 부인, 즉 원시적 입장의 당사자들은 선재한 어떠한 정의 이론에 의존하지 않는다는 주장이 더 미묘한 의미를 갖도록 만든다.[26] 그 당사자들은 방금 묘사한 자율성 이론의 정치적 결과를 받아들일 것이고 원초적 입장에 그 결과를 가져올 것이다. 그들은, 자신들이 선택할 정부의 기본 구조는 정치 공동체 구성원 모두를 동등하게 배려하고 존중해야만 한다고 전제할 것이다. 그러한 추상적 측면에서 그들은 평등주의 정의를 전제하고 있다. 그러나 그들은 그 평등주의 기준의 더 구체적인 해석까지 전제하지는 않는다. 즉 그런 해석은 그들의 대표들이 무지의 베일 뒤에서 구성하기 때문이다. 우리는 5부에서 이러한 추상적 원칙의 다양한 후보 해석을 보게 될 것이다. 그 해석은 공리주의에서 자유 지상주의까지 다양하다. 따라서 우리는 롤스의 부인을 그의 참여자들이, 예를 들어 내가 16장에서 설명하는 자원의 동등성과 같은 어떤 특정 해석을 전제하는 것을 부인한다는 의미로 이해할 수 있다.

원초적 입장에 대해 위에 제시된 이해 방법은 우리의 개념차들을 활용할 수 있게 하고, 다시 롤스의 이론을 구부려 우리 이론 쪽으로 향하게 만든다. 물론 부러지지는 않기를 바라면서 말이다. 그러나 롤스의 '인간의 개념관'을 이렇게 해석하다 보면 그의 결론 몇 개를 바꿀 수도 있을 것이다. 이 해석은, 공동체에서 가장 잘 못 사는 그룹의 사람들에게 이익이 되는 한도 내에서만 경제적 불평등이 허용된다는 그의 차등 원칙을 옹호하지는 않을지도 모른다. 우리의 두 원칙은 16장에서 묘사하는 다소 다른 개념관의 경제적 평등을 요구하기 때문이다. 또 이러한 해석이, 롤스가 그의 후기 작품에서 강조한 공공 이성(public reason)으로부터 도출된 엄격하게 정치적인 이론과 더 폭넓은 윤리와 도덕 이론의 차이를 존중하지 않는다는 사실도 인정한다. 이 책 전 분야에서 그리고 롤스의 주장을 이렇게 해석하면서, 나는 인간의 객관적 중요성과 그 성질 그리고 다양한 형태의 윤리적 도덕적 책임의 제한에 대한 광범위한 윤리적 철학적 주장들에 의존한다. 나는 다른 곳에서 롤스의 공공 이성에 의한 제약은 지혜롭지 않고, 그 자신의 가장 영향력 있는 주장을 공식 정치 담론으로부터 배제할 것이라고 주장했다.[27] 만일 내가 옳다면, 그 사실은 그의 주된 주장을 이런 더 포괄적인 방법으로 해석해야 할 또 다른 이유를 제공한다.

토머스 스캔런

토머스 스캔런은 『우리가 서로에게 빚진 것(*What we Owe to Each Other*)』에서 우리는 아무도 합리적으로 거부할 수 없는 원칙에 의해 요구되는 방법으로 타인을 대해야 한다고 주장했다.[28] 그는 이러한 원칙들이 무엇인지 판단할 사람들에게 무지의 베일을 부과하지 않는다. 즉 그들은 스스로 상황의 어떠한 부분, 그리고 성향과 확신의 어떠한 부분이 그러한 판단과 유관한지 결정해야만 한다. 그는 또한 사람들이 모두 동일한 판단을 내릴 것이라고 추정하지도 않는다. 그는 사람들에게 합리성이 요구하는 판단의 범위를 제시하면서도 모든 사람이 판단의 범위 안에서 모두 판단할 것을 가정하지 않는다. 그런데도 그의 작업은 윤리적 사상과 도덕적 사상의 양방향적 영향을 보여 주기 충분할 정도로 사전적(ex ante)이다. 그는, 잘 사는 것은 타인에 대한 특정 견해를 가지거나 발전시키는 것을 포함한다고 생각하는데 그러한 태도의 발현 중 하나는 그가 묘사하는 방식으로 자신의 행위를 그들에게 정당화하고자 하는 욕구다. 그는 잘 사는 것은 아직 도덕적 주장에 이르지 않은 특정한 태도를 요구한다고 본다. 그리고 그러한 태도는 우리가 어떠한 도덕 원칙을 받아들여야 할지를 규정한다.

스캔런의 전체적인 주장에서 합리성의 사상은 매우 중요한 역할을 한다. 몇몇 논평가들은 합리성은 그의 이론이 설명하고자 하는 도덕적 이상 그 자체이기 때문에, 그의 이론은 그 이유에서 순환 논리에 빠져 있다고 항의했다.[29] 그러나 그러한 항의는 심각하게 부적절하다. 스캔런 주장의 해석적 복잡성을 간과하기 때문이다. 합리성이라는 개념이 도덕적 주장을 만들기 위해 종종 사용되는 것은 사실이다. 우리는 "그러한 상황에서, 그가 거짓말하는 것은 합리적이었다."라고 말할 수 있다. 그러나 합리성은 또한 윤리적 기준이기도 하다. 인생 대부분을 종이 성냥갑 표지를 모으는 데 헌신한 사람이 있다면 우리는 그를 단순히 잘못된 정도가 아니라 어리석은 사람이라고 말한다. 그의 선택은 윤리적으로 합리적이지 않다. 사실 합리성 개념은 우리가 지금 검토하고 있는 존엄성과 도덕성을 이어 주는 다리 역할을 한다. 당신에게 이익이 극소하고 타인에게 피해가 클 수 있는 상황에서 당신이 자신의 이익을 선호하는 것은 합리적이지 않다. 삶의 주관적 중요성뿐 아니라 객관적 중요성을 인정하는 것과 일관되지 않기 때문이다. 그러나 어떤 결정이 타인의 삶보다 당신의 삶에 더 무겁게 영향을 미친다고 판단했다면, 당신이 스스로를 선호하는 것은 비합리적이지 않다. 즉 그런 선호가 그 타인의 삶이 당신의 삶만큼 객관적으로 중요하다는 것을 받아들이지 못했다는 것을 의미하지 않는다.

12장 부조[*]

배려의 미적분학

존엄과 부정행위

우리와 아무런 연관이 없는 낯선 사람들, 그리고 지구 반대편에 사는 사람들에게 우리가 무엇을 해야만 하는가? 우리는 그들과 특별한 관계에 있지 않지만, 그들의 생명도 우리와 동등한 객관적 중요성을 가진다. 물론 특별 관계는 수없이 많고 포괄적이다. 특히 정치 체제는 특별 관계의 비옥한 원천이다. 우리는 동일한 공동 정치 체제로 우리와 연결된 모든 사람들을 부조해야 하는 그러한 관계에 특유한 책무를 진다. 이러한 특별 관계에 대해서는 14장에서 살펴보겠다. 여기에서는 낯선 사람에게 무엇을 하지 말아야 할지가 아니라, 무엇을 해 주어야만 할지를 논하고자 한다. 다음 장에서 나는 우리가 낯선 사람을 도와야 할 책임보다 이들을 해하지 말아야 할 더 엄격한 책임이 있다고 주장할 것이다.

---

[*] 이 장의 번역은 오시진 선생님께서 협업해 주심.

나는 이미 이 장들에서 취할 전략을 설명했다. 어떠한 행위가 타인의 생명의 동등한 중요성을 존중하지 못하게 되는지 물음으로써, 우리가 타인을 위해 무엇을 할지를 결정하려 한다. 이는 뭔가 뒤죽박죽으로 보일 수 있다. 잘못된 행위가 있을 때에만 그 행위가 어떤 이의 동등한 중요성을 부정한다고 생각할 수 있는 것이다. 따라서 우리는 먼저 어떤 행위가 잘못된 행위인지 파악하고, 이를 반대로 뒤집어서 보지 말아야 한다고 생각할 수 있다. 그러나 이미 언급했듯이 우리가 취하는 해석학적 전략 아래에서, 위 두 개의 논증 방향은 어느 하나가 반드시 우선시될 수 없다. 우리에게는 양방향으로 추론이 가능하게 서로 들어맞고, 깊이 심사숙고한 뒤에도 모두 옳다고 할 수 있는 선행과 악행에 대한 확신과 존엄성의 원칙에 대한 확신이 필요하다. 나는 이중 한 방향, 존엄성에서 도덕성의 방향을 강조한다. 우리에게는 도덕성을 윤리에서 그 위치를 찾으려는 포부가 있기 때문이고, 이것은 우리가 9장에서 설명한 존엄성의 개념관에서 시작해야 함을 의미한다.

존엄과 복지

부와 운은 균등하게 분배되지 않는다. 우리는 일반적으로 또는 어떤 사고나 위험에 노출되었기 때문에 우리보다 상황이 안 좋은 낯선 사람을 도와야 하는 처지에 놓이는 경우가 종종 있다. 이러한 상황에서는 두 종류의 갈등 관계가 발생한다. 첫째, 우리의 이익과 우리가 도와줄 사람의 이익이 충돌하는 것이다. 이 경우 우리는 어느 정도 수준에서 타인을 도와야 할까? 둘째, 우리가 적은 수의 사람만 도울 수 있을 때, 누구를 도와야 할지 갈등하는 것이다. 만일 우리가 사고 피해자 중 오직 소수만 구조할 수 있고, 나머지는 죽게 내버려둘 수밖에 없다면, 누구를 구할지 어떻게 결정할 것인가? 이러한 질문들이 모여 부조(aid)의 문제를 제기한다.

위 질문에 대한 칸트의 답은 조금 다른 방식으로 표현되어 우리가 대접받고 싶은 대로 타인을 대하라는 것이었고, 이 답은 우리가 지금 추구하는 방법인 윤리와 도덕을 융합하는 공식이기 때문에 도움이 된다. 이 공식은 우리 생명에 대한 우리의 희망과 타인에 대한 우리의 책임감을 통합하는 사전적(事前的) 접근을 취한다. 우리는 운이 나빠서 발생하는 비용이 어떻게 배분될 때 윤리적·도덕적 측면에서 옳게 보이는지를 찾아야 한다. 만일 타인이 불운을 감내할 때 우리에게 이를 도와줄 도덕적 의무가 없다고 생각한다면, 유사한 상황에서 자신의 불운에 대해서도 그 비용을 스스로 감내하는 것이 윤리적 책임 차원에서 맞다고 할 수 있다. 칸트의 공식은 근원적인 문제들을 위와 같이 도움이 되는 방식으로 연관 지어 주긴 하지만, 우리가 어떠한 결정을 내려야 할지에 대해서는 도움이 되지 않는다.

앞 장에서 서술한 연립 방정식 문제를 다시 설명하겠다. 우리는 모든 사람의 생명의 동등한 객관적 중요성을 완전히 존중해야 하지만, 동시에 우리의 생명을 가치 있게 해야 할 책임을 완전히 존중해야만 한다. 우리는 두 번째 의무를 수행할 수 있는 여유가 있는 차원에서 첫 번째 의무를 해석해야 하고, 반대로도 마찬가지다. 만일 당신이 매우 엄격한(ultra-demanding) 방식으로 첫 번째 의무를 해석한다면 위와 같은 연립 방정식은 성립이 불가능하다. 즉 만일 당신 스스로의 안녕을 위하여 행하는 수준과 동등한 수준으로 모든 타인의 안녕에 관심을 보여야만 한다고 해석한다면, 위 연립 방정식은 성립 불가능하다. 첫 번째 원칙과 충돌하지 않는 두 번째 원칙의 해석을 찾기 어렵기 때문이다.

다행히도 위와 같은 매우 엄격한 해석은 첫째 원칙을 잘못 이해한 것이다. 먼저 이러한 이해는 내가 이미 설명했듯이 말이 안 된다. 우리에게는 안녕의 정도를 분별하여 비교할 수 있는 측정 체계가 없기 때문이다. 사람의 안녕은 측정할 수 있는 물품이 아니다. 이것은 좋은 삶의 문제이고, 다른 삶의 좋음 또는 성공을 적절히 비교하거나 측정할 방법은 없다. '안녕' 결과주의자('Well-being' consequentialists)라 불리는 사람들은 어떤 물품의 일종으로 안녕의 개념관을 만들려고 시도했다. 어떤 이들은 사람의 안녕은 그가 경험하는 고통에 대비하여 잉여하는 쾌락이라고 말하며, 한 사람의 전체 안녕은 전체 쾌락에서 고통을 뺀 값으로 계산할 수 있다고 말한다. 다른 이들은 사람의 안녕은 자신의 야망이 얼마나 실현되었는지 셈하여 알 수 있다고 하며, 우리가 충족된 갈망들을 더하고, 실패하여 실망한 수치를 빼서 한 사람의 안녕을 측정할 수 있다고 말한다. 또 다른 이들은 안녕이란 사람이 행하고자 하는 것이나 원하는 것을 성취할 능력의 차원에서 정의할 수 있다고 주장한다. 내가 다른 곳에서 설명했듯이, 이러한 안녕의 철학적 개념관 모두는 개인의 도덕이나 정치적 도덕의 기초가 될 수 없다.[1]

복지, 안녕, 그리고 좋은 삶 같은 것은 해석적 개념이다. 예를 들어 어떠한 개념관이 좋은 삶의 옳은 개념관인지에 대해 사람들은 서로 의견을 달리한다. 자신의 즐거움이 얼마나 중요한지, 자신의 갈망을 충족시키는 것이 얼마나 중요한지, 능력을 계발하는 것이 얼마나 중요한지 사람마다 개념관은 다르다. 따라서 이러한 물품들을 '동등'하게 만들려는 정책은 많은 사람들을 기만하는 것이고, 따라서 복지 결과주의의 추상적 서술이 누리는 초기 매력을 잃게 한다. 물론, 우리 개개인은 다른 사람들이 그들 기준에서 잘 살아가는 것이 더 쉽게 되도록 시도할 수는 있다. 예를 들어 부와 다른 자원의 동등한 분배를 위하여 일할 수도 있을 것이다. 우리에게는 어느 정도 그런 일을 할 책임이 있다. 특히 5부에서 논의한 상황에서는 그러한 책임이 있다. 그러나 그것은 그들의 삶을, 더 잘 살았고 회고할 만한 삶으로 만드는 것과는 차이가 있다. 안녕 평등주의는 실현 불가능할 정도로 힘들 뿐만 아니라, 철학적 실수다.

칸트의 원칙은 주제를 바꾼다. 칸트의 원칙은 안녕을 목표로 두지 않고, 태도를 가이드로 둔다. 우리는 일관적으로 타인의 생명이 우리의 생명과 동등한 객관적 중요성을 가진다는 점을 받아들여야 한다.[2] 타인을 돕지 못하는 것은 이러한 태도와 반드시 일관성이 없는 것은 아니다. 다른 종류의 가치 또한 마찬가지다. 나는 위대한 미술 소장품의 객관적 가치를 인정할 수는 있지만, 그 소장품을 보호하는 데 도움을 주어야 할 개인적 책임을 받아들이지 않을 수 있다. 내게 다른 우선순위가 있을 수 있다. 따라서 나의 생명과 이익을 어떤 낯선 사람들의 집단적 이익 또는 이익의 총합에 또는 나보다 더 많은 도움을 필요로 하는 한 사람의 이익에 종속해야만 한다고 상정하지 않고도, 나는 타인의 생명의 객관적 중요성을 인정할 수 있다. 나는 당신 아이의 생명이 내 자녀의 생명에 비해 그 객관적 중요성이 부족하지 않다고 완전한 진심으로 믿으면서도, 나는 당신의 자녀를 무시하고 내 자녀만 도울 수 있다. 그들은 결국 내 자녀이기 때문이다.

내가 훌륭하게 희생하기를 거부했다고 해서 그것이 인간의 생명의 동등한 중요성을 거부했다고 할 수 없다. 나는 재앙에 빠질 위험을 감수하면서 다른 사람들을 재앙으로부터 구할 수도 있다. 황열에 감염된 모기에 물릴 줄 알면서도 자원한 병사는 영웅 대우를 받아야 할 것이다. 그러나 내가 자원하지 않았다 하여, 그 사실만으로 타인의 생명이 나의 생명에 비해 본질적으로 중요하지 않다고 보는 것은 아니다. 에게 해 크루즈 여행권에 당첨되었다고 가정해 보자. 나는 그 여행을 떠나고 싶다. 그런데 바로 이 여행을 오래전부터 꿈꾸어 온 고대 그리스 로마 학자 한 명이 경제적으로 비용을 충당할 수 없었다는 딱한 사정을, 아는 친구에게 들었다고 하자. 내가 만일 그 학자에게 에게 해 크루즈 여행권을 준다면, 그것은 인심이 후한 행위일 것이다. 그러나 내가 그 크루즈 여행을 간다고 해서, 그 학자의 생명이 객관적으로 ˙나보다 덜 중요하다고 여긴다는 의미는 아니다.

그러나 내가 객관적 가치가 있다고 주장하는 뭔가를 지속적으로 무시하는 데에는 한계가 있다. 그것의 운명에 대해 완전히 무관심할 수는 없다. 큰 화재가 발생한 갤러리 안에 내가 있다고 하자. 중요한 미술품 몇 점을 손쉽게 들고 나올 여유가 있었는데도 그 작품들을 불에 타게 내버려둔다면, 나는 그 미술품의 빼어난 가치에 대해 찬사하는 것을 사람들이 진지하게 받아들일 거라고 기대할 수 없다. 어떤 상황에서는 낯선 사람을 도와주지 않는 것이 위 미술품 사건처럼 인간 생명의 중요성에 대해 무관심을 나타낸다. 철학자들은 이를 '구조' 사건이라고 부른다. 당신이 바닷가에 있고, 해안가 멀지 않은 곳에 노년 여성 헤카베가 물에 빠져 죽게 되었다고 소리친다고 하자.* 그녀에게 당신은 아무것도 아니고, 당신에게도 그녀는 아무것도 아니다. 그러나 당신이 쉽게 구할 수 있는 상황에서도 그녀를 구하지 않는다면, 당신은 객관적으로 인간의 생명이 소중하다고 주장할 수 없다. 어디에서 선을 그어야 할까? 이 판별 기준은 해석적이다. 어떤 상황에서의 어떤 행위가 인간 생명의 객관적이고 동등한 중요성을 존중하지 못하는 행위가 될까? 이것은 어떤 이가 무엇을 믿게 되느냐의 문제가 아니다. 비록 진심을 가진 믿음이어도 마찬가지다. 그가 물에 빠져 죽게 된 사람을 무시할 때, 그가 동의하지 않더라도, 사람의 생명에 대한 멸시를 나타내는 것이다. 우리에게는 객관적인 기준이 필요하다. 다른 해석자들이 다소 차이가 나게 답을 할 해석의 문제들을 제기해야 하기 때문에 그 기준이 기계적일 수는 없다. 우리의 기준은 반드시 고려해야 할 요소들을 지적함으로써 이 해석이 체계를 갖추는 것을 목표로 해야만 한다. 그러나 어렵고 주변적인 상황들까지 미리 판결 내릴 수 있을 정도로 충분히 세세할 수는 없다. 가능한 어떤 기준이든, 다음 세 가

---

* 헤카베는 그리스 신화에 등장하는 트로이 왕 프리아모스의 왕비다. 트로이 함락으로 남편과 아들을 잃고 딸들은 희생 제물이나 노예가 되었기에 서양 문화권에서는 비극을 상징하는 인물로 자주 인용된다.

지 요소를 고려할 공간이 있어야 한다. 피해자에게 가해지는 위해, 구조자에게 초래될 비용, 그리고 피해자와 잠재적 구조자 간의 마주하기(confrontation)의 정도가 그것이다. 이 요소들은 상호 작용하면서, 이중 어떤 요소 하나가 극단적으로 높거나 낮을 경우, 다른 요소들의 영향력의 기준을 낮추거나 높일 것이다. 그러나 이것을 따로 구분해서 논의하는 것이 가장 쉬울 것이다.

위해의 측정 기준

낯선 사람이 필요로 하는 것이 무엇인지, 어느 종류의, 또 어떤 수준의 위험에 처했는지는 당연히 유관하다. 어떻게 이것을 측정할 것인가? 우리는 이미 엄격한 비교 측정법을 거부했다. 즉 타인이 당신보다 더 어려운 상황에 있다고 하여 당신이 그를 도와야 할 의무가 있다고는 할 수 없다. 당신이 타인에 비해 돈이나 기회가 더 많지 않다고 전제하지 않더라도, 타인의 생명의 객관적 중요성을 인정할 수 있다. 비교 기준은 특정한 특별 책무에 있어서는 본질이라 할 수 있다. 나는 14장에서 특정 정치적 책무의 중심에 이러한 비교 기준이 있음을 주장할 것이다. 당신은 투표자 또는 공직자라는 정치적 자격으로 국가가 그 통치 아래 있는 모든 이들의 운명에 동등한 배려를 보장하도록 역할을 다해야 할 것이다. 그러한 정치적 책무는 어떤 면에서 국경을 넘어설 수도 있다. 그러나 당신이 한 개인으로서 활동할 때는, 단지 인간성에 대한 존중을 이유로 모든 인류에 대해 그러한 의무를 갖지는 않는다.

따라서 우리는 잠재적 구조자의 전체 상황과 비교하여 피해자의 상황이 더 안 좋은지 여부와는 별개로 피해자의 위험이나 필요의 성격을 측정해야 한다. 그러나 우리가 주관적 기준을 사용해야 할까? 우리도 피해자의 기준에서 위해와 손실의 정도를 판단해야 할까? 토머스 스캔런은 이러한 접근에 대해 논쟁한다. 낯선 타인이 엄청난 비용이 드는 성전 건축 사업을 그의 생명보다 더 중요하게 여기며, 그 일로 우리에게 도움을 청한다고 하자.[3] 스캔런이 말하듯이, 우리에게는 명백히 도와줄 의무가 없어 보인다. 그에게는 그 사업을 중요시하는 것이 옳은 일이라 해도 우리가 그를 도울 의무는 없다. 비록 그의 시각에서 보면 그 사업을 성취하지 못하는 것이 인생을 망치는 것이 될지라도 말이다. 이러한 사고의 근거는 존엄성의 두 원칙에 의해 도입된 책임의 배분에 있다. 우리 각자는 최소한 공평하게 대우받을 수 있을 때 자신의 처분 아래 놓일 것이라고 기대할 수 있는 자원을 감안하여 자신의 삶을 설계할 책임이 있다. 우리가 선택하는 비싼 선택들에 남들이 부조할 것을 기대할 수 없다.[4]

우리가 무엇을 하든지 간에 모든 사람의 이익을 동등하게 중요하게 대해야 한다는 단정적인 요구 조건에서 도덕을 시작하는 사람들은 스캔런을 상기할 필요가 있다. 그러한 도덕적 시작점에서 봤을 때, 우리의 행위로 그들의 상황이 향상되었는지 그 사람들이 스스로 판단하게 하는 것이 자연스러워 보이기 때문이다. 그런 관점에서는, 우리는 피해자의 전반적 이해관계를 그 피해자보다 더 잘 알고 있다는 전제에서만 피해자의 판단을 거부할 수 있을 것이다. 그러나 우리가 그러한 단정적인 요구 조건을 거부하고, 무엇이 인간의 존엄을 경시하는가에 대한 해석적 판단에 기초한 도덕성을 취한다면, 작용하는 셈법이 매우 다를 것이다. 우리는 피해자의 위험과 필요를 측정할 때, 피해자가 자신의 계획과 포부에 비추어 그 위험과 필요를 얼마나 나쁘게 파악하는지를 묻지 말고, 다른 사람들이 어떤 포부든 추구할 수 있는 통상적인 기회들이 그 피해자로부터는 얼마나 심하게 박탈되었는지를 파악하여 객관적으로 측정해야 한다. 위험이나 필요가 너무나 커서 이에 반응하지 않는 것이 타인의 생명의 중요성에 대한 배려가 없다는 것을 보여 주는 사례들을 식별하는 데 이러한 측정 방식이 더 적절하다.[5]

비용 측정 기준

타인에게 가해지는 위해의 성격과 정도가 얼마나 위협적이든 간에, 내가 더 작은 위험이나 내 삶에의 방해만을 감수하며 그 위해를 막을 수 있다면 내 책임은 더 커진다. 다시 말하지만, 우리 평가 기준의 해석적 성격이 이 점을 더 명확하게 한다. 내가 상대적으로 작은 위험 또는 불편함으로 심각한 위해를 막을 수 있는데도 막지 않는다면, 인간의 생명을 객관적으로 존중하는 원칙과 일관되게 행동한다고 옹호하기 어렵다. 위험이나 불편이 더 크다면, 나의 생명에 대한 나 자신의 책임의 중요성으로 항변할 수 있을 것이다. 만일 우리가 법조인에게 법과 도덕의 차이를 구분할 수 있는 예를 묻는다면, 그들은 오래된 법대 전통의 예로써, 우리가 산책하다가 물에 빠져 죽게 된 아이를 물웅덩이에서 꺼내 줄 법적 의무는 없다고 말할 가능성이 높다. 이는 매우 강력한 설득력이 있는 사례다. 해당 도덕적 의무를 법으로 집행하지 않는 데 대해서는 논란의 여지가 없기 때문이다. 아이에게 가해지는 위협은 위해의 한쪽 극단에 놓여 있고, 우리에게 요구되는 노력은 다른 극단인 비용이다.

그러나 어려운 문제가 있다. 구조 행위 비용을 잠재적 구조자 자신의 진심 있는 평가에 따라 액면가 그대로 측정해야 하는가? 아니면 우리는 좀 더 객관적인 측정 기준을 추구해야 하는가? 스캔런의 이야기를 반대로 뒤집어 보자. 당신이 굶주린 누군가를 구할 수 있지만, 당신의 신을 위한 성전을 짓는 길고 고되고 값비싼 사업을 위한 자금을 유용해야만 그럴 수 있다고 하자. 당신이 굶주린 사람을 돕기를 거부하고도, 생명을 존중한다고 주장할 수 있을까? 이것은 가상의 예지만, 실제 사례를 찾기는 어렵지 않다. 당신의 값비싼 연구를 위해 한 푼까지 다 써야 할 때, 또는 사진에 대한 만족감을 높이기 위해 비싼 카메라 렌즈를 사야 할 때, 굶주리는 아프리카 사람들을 위해 돈을 내줄 수 있는가?

처음에는 당신 스스로 평가한 비용이 중요해 보일 수 있다. 이 문제
는 그래도 해석적이다. 즉 언제 도움을 거절하는 것이 인간 생명의 객
관적 중요성을 존중하지 않는 것이라고 판단할 수 있는지 묻는다. 그
렇다면 답은 해당 부조 행위의 비용이 당신에게 어떠한 의미가 되는지
에 달려 있지, 다른 열망을 가진 다른 사람에게 어떤 의미인지와는 무
관해진다. 그러나 위 질문에는 다른 측면이 있다. 성전이나 연구 또는
취미 생활에 완전히 헌신하는 것은 그것 자체로 타인의 생명의 중요성
을 제대로 존중하고 있음을 반영하는가?[6] 나는 9장에서 타인의 고통에
냉담하고 무관심한 사람도 좋은 삶을 살 수 있다는 데 동의했다. 르네
상스 시대의 살인마적 군주이지만 좋은 삶을 산 군주도 떠올렸다. (그
러나) 그런 수단들을 통해 그러한 삶을 선택한 자가 자신의 존엄성이
요구하는 자기 존중을 보여 주었는가 하는 것은 별개의 문제다.

이전에 거부했던 것을 번복하려는 것이 아니다. 즉 자기 존중이 개
개인에게 자신의 인생을 온전히 타인에게 봉사하도록 요구한다고 말
하려는 게 아니다. 성자들은 그렇게 했고, 진정성의 측면에서, 이러한
삶 외에는 그 어떤 것도 허용하지 않았을 수도 있다. 타인의 필요에 정
상적인 관심을 보이지 않는 삶도 자기 존중과 상반되지 않는다. 예술
이나 과학에 전념하는 삶을 예로 들 수 있다. 그런 사람은 덜 외골수의
삶이라면 구조 행위가 명령했을 상황에서 구조 행위를 명령하지는
않더라도, 그런 삶에서도 타인의 운명에 대한 객관적 중요성의 의식이
드러난다. 그러나 타인의 고통을 전적으로 무시하도록 요구하는 기획
을 포용하는 사람은 구제 불능인 이기주의자거나 광신자다. 둘 다 자
기 존중이 없다. 이러한 판단을 하는 자는 적절한 삶이 무엇인가에 대
한 감각이 타인의 생명의 객관적 중요성에 대한 올바른 존중과 일관되
지 않고, 결과적으로 자기 삶의 객관적 중요성에 대해서도 그렇다. 우

436

리가 피해자의 필요를 어떻게 판단할 것인지와 우리가 구제 행위자의 구제 비용을 어떻게 판단할 것인가 하는 점 사이에는 비대칭이 존재한다. 우리는 다른 모든 사람이 구제 행위자에게 중요한 비용이 될 것이라고 여기는지를 고려해야 하는 것이 아니라, 구제 행위자 스스로 볼 때 잘 사는 것이 무엇을 필요로 하는지에 비추어 그에게 중요한 것을 고려해야 한다. 그러나 그 비대칭은 존엄성이 그 윤리적 판단에 부여하는 조건에 의해 제한된다.

마주하기

세 번째 잣대는 명시하고 정당화하기에 더 어렵지만, 현실적인 문제이고, 이 문제의 위상을 정하지 않는 이상 많은 보편적인 도덕적 견해들이 말이 되지 않는다.[7] 이 문제가 '마주하기'의 잣대다. 이 잣대는 두 가지 측면이 있다. 첫째는 특정화 측면이다. 나의 개입이 없을 경우 누가 해를 입을 것인지가 좀 더 명확하면, 내가 개입해야 한다는 주장이 더 강력해진다. 두 번째는 근접성 측면이다. 내가 위험이나 필요를 더 직접적으로 마주하면 할수록, 더 도와야 할 의무가 있다는 주장이 강력해진다. 물에 빠진 헤카베를 구하기에는 내가 너무나 먼 해안가에 있다고 해 보자. 해안가에는 50달러에 노를 저어 줄 배 주인이 있고, 그 정도 지불할 여력은 내게도 있다. 불평하면서도, 분명 의무가 있기에 나는 돈을 지불하기로 약속했다. 그 배의 주인은 자신이 매일 해변에 나오니 만일 미리 50달러를 추가로 지불하면, 이번 구조 작업이 끝나고, 앞으로 또 구조할 상황이 발생하고 달리 아무도 구조할 사람이 없으면, 자신이 구조하겠다고 제안했다. 나는 내가 그렇게 할 의무가 없다고 생각하고, 내가 거기에 없는 상황에서 구조를 위한 어떤 부조 행위를 해야 할 의무가 내게 있다고 생각하지 않았다. 왜 그럴까?

앞에서 설명한 탈개인적인 도덕적 견해에서 보자면, 다음에 물에 빠질 사람을 위해 돈을 지불할 의무는 내게 없다면서 동시에 지금 헤카베를 구하기 위해 돈을 지불할 의무를 정당화하기 어렵다. 내가 오늘 헤카베에게 빚진 것만큼 다음 주에 물에 빠질 무명의 타인에게 빚이 있을 것이다. 가시성(salience)*을 기준으로 두 사안을 구분해 볼 수 있을 것이다. 아무리 심각한 위험이라 해도 장소와 시간을 불문하고 발생하는 모든 위험에 응해야 한다는 것은 누구에게나 부담이 매우 크다. 현존하는 위험에 근접한 곳에 있는 사람들만이 실제 의무가 있다는 일반적 이해는, 위와 같은 부담을 없애고 대부분의 경우 가장 도움을 잘 줄 수 있는 여건에 있는 사람에게 의무를 지운다.[8] 그러나 이러한 설명은 일반적으로는 만족스러운 답이 될지 모르지만, 여기에서는 배의 소유주의 세심하게 한정적인 제안에 따라 가시성이 보장되기 때문에 위와 같은 설명은 소용이 없다. 그는 다른 이에게 이와 같은 제안을 하지 않았고, 만일 그가 해안가의 다른 방문자에게 실제 구조 시점의 한참 이전의 시점에 동일한 제안을 했다면, 그 방문자는 절대로 나보다 더 가시성 있는 위치에 놓여 있지 않을 것이다.

그러나 한 번 여타 모든 타인에게 우리 자신과 동일한 일반 도덕적 의무가 있다는 가정을 거절하고, 대신에 도움을 주는 것을 거부하는 것이 인간 생명의 객관적 중요성을 부정하는 것인지 하는 해석적 질문을 하게 되면, 마주하기 잣대를 원용하여 사례들의 차이를 설명할 수 있을 것이다. 만일 특정화되어 알아볼 수 있는 사람의 비극적 죽음이 우리 면전에서 일어나든지, 아니면 바로 앞에서 벌어지고 있다면, 실제로 생명의 중요성에 무관심하지 않은 이상 그 상황을 무시하고 떠날 수는 없을 것이다. 우리 앞에서 죽어 가는 사람을 무시하는 것은 인

---

* Salience는 '두드러진', '눈에 띄는' 등의 의미를 가지고 있기 때문에 '가시성'으로 번역한다. 당연히 근접해 있는 구조자의 입장에서의 가시성을 의미한다. 책의 다른 곳에서는 논리적 근접성 즉 관련성의 뜻이 강해 '연관성'이라고 번역하기도 했다.(350쪽)

류에 대한 어떠한 종류의 가식적 존중마저도 비웃을 수 있는 냉혹함이 필요할 것이다. 내가 주장하고자 하는 것은 우리의 의무가 감정적 충격에 의해 직접 생성된다는 것이 아니다. 오히려 구조 행위의 도덕성은 해석적 질문에 달려 있고, 오히려 이 질문에 답할 때 인간의 자연스러운 본능과 행위를 고려해야만 한다는 것이다. 우리는 우리의 행위가 가장 타당할 것을 목적으로 하고 있고, 따라서 우리는 생명을 진정 존중할 때 보통 유발되는 반응들을 무시할 수 없다.[9]

또한 마주하기 잣대는 경제학자들을 당혹스럽게 하는 다른 종류의 예에서도 작용한다. 모든 정치적 공동체는 공적이든 사적이든 여러 종류의 사고를 예방하기 위해 어느 정도 지출이 필요한지를 산출에 근거하여 판단한다. 어떤 공동체도 더 이상의 지출이 사회 안전을 향상하게 하지 않을 때 지출을 지속하지 않을 것이다. 그것은 비합리적인 행동이기 때문이다. 그러나 사고가 발생했을 때, 예를 들어 광부가 광산에 갇혔을 때 또는 장비 오작동으로 우주 비행사가 우주에서 돌아오지 못할 때, 그리고 그 특정된 사람들이 생명의 위험에 처했을 때, 우리는 그러한 사고를 예방하기 위해 지출된 비용보다 더 많은 지출이 있어야 한다고 생각한다. 다시 말하지만, 마주하기의 층위가 그 차이를 설명할 수 있다. 우리는 통계상 익명의 숫자로만 남아 있는 사례들은, 비록 사망 가능성이 매우 높더라도 무시할 수 있지만, 특정화된 사람들이 죽음으로부터 위협 받을 경우 동일하게 무시할 수 없다. 그러나 이러한 종류의 문제에 대해 집단적 결정을 내릴 때에도 마주하기의 치수가 다른 두 측면, 즉 위해와 비용보다 항상 더 큰 것은 아니다. 공동체가 건강 관련 예산을 편성할 때 비용이 많이 들지만 생명을 얼마 연장하지 못하는 수명 연장 사업보다 질병 예방 부문에 거의 대부분 충당하는 것은 잘못되어 보이지 않는다.[10]

고통이 매우 크면 마주하기의 문제를 무관하게 만드는 듯해 보인다.

아프리카와 그 외 지역에서 발생하는 수많은 기아와 질병은 필요 규모가 매우 높다고 할 수 있다. 적당한 수준의 외국 원조가 준법적으로 사용된다면 수많은 사람들의 생명을 구할 수 있을 것이다. 그들의 요구는 비용 잣대에서도 매우 낮은 점을 찍는다. 만일 부유한 국가의 국민이 자신의 삶의 성공에 아무런 차이가 생기지 않을 만큼 적은 금액을 원조하기 위해 모금한다면, 매우 큰 부조 금액이 모일 수 있기 때문이다.[11] 고통을 당하는 이들은 매우 멀리 있어서, 우리가 일반 구호 기금에 기여하지 않는 이상, 그들이 누구인지도 모르고 그들 중 누가 왜 죽을지도 알기 어렵다. 그러나 이러한 사실들이 우리가 도와야 할 책무를 절대 경감시키지 않는다. 만일 부조해야 할 의무가 높게 측정되고, 동시에 필요와 비용 측정치에서 낮게 측정된다면, 그 의무는 세 번째 측정치인 마주하기 측정치 하나만 낮은 점수가 나온다 하여 의무가 폐기되지 않는다.

그러나 그러한 경우에도, 나는 마주하기의 문제는 여러 가지 역할을 한다고 본다. 비록 우리 개개인이 매우 먼 곳에서 이름 모르는 곤궁에 빠진 사람들을 위해 구호 활동을 하는 자선 단체에 기부할 의무가 있을지라도, 그러한 각 사람에게 기부하는 금액이나 시간은, 단순히 인류를 존중하는 차원에서 내 발 바로 앞에 쓰러져 있는 낯선 사람을 도와야 할 의무에 투여할 금액이나 시간보다는 적을 것이다. 게다가 멀리 떨어진 곳의 고통일지라도 더 많은 매스컴의 주목을 받는 사안인 경우, 이에 반응해야 할 의무가 더 크고, 반응하지 않는 것은 수치가 될 것이다. 2004년 인도양 쓰나미와 2010년 아이티의 지진은 극적으로 보도되었다. 이때 제1세계 국가들이 매우 많이 기부 반응을 나타낸 것은 직접성의 충격이 어떠한 차이를 만들어 내는지 보여 준다. 그러나 그래야만 할까? 고통이 있다는 것을 알고 있는 이상 텔레비전 방송이 없다 하여 우리의 의무를 피할 변명은 되지 않는다. 그러나 우리에게 떠맡겨진 사람들의 고통을 우리가 더 도와야 한다는 충동은 옳은 것이다. 두 개의 자선 단체를 생각해 보자. 한 자선 단체는 지금 매우 가난한 나라에서 기아에 허덕이는 사람들을 돕고자 기금을 모으고 있다. 다른 자선 단체는 100년 후에 더 많은 사람을 돕기로 약속하고 자본을 축적하고 있다. 두 번째 자선 단체가 약속하는 것처럼 자본이 증가할 것이라고 당신이 믿어 의심치 않는다고 가정하자. 그래도 나는 첫 번째 자선 단체에 기부해야 한다고 생각한다.

숫자가 중요할까?

이제 내가 구분한 두 번째 상황을 살펴보자. 여러 사람이 도움을 필요로 하는데, 이들 모두를 무시하는 것은 분명히 잘못이다. 그러나 당신은 그들 중 몇 명은 도울 수 있지만, 돕지 못하는 사람들도 나올 수 있다. 그들 중 누구를 고를 것인가? 아주 전형적인 사례는 사람이 물에 빠진 경우다. 선박이 난파하여 한 명이 구명구에 매달려 바다에 떠 있고, 그 주위를 상어들이 돌고 있다고 가정하자. 그리고 약 100미터 거리에 다른 두 명이 구명구에 매달려 있고, 역시 상어들이 그 주위를 돌고 있다. 당신은 해안가에 배를 가지고 있다. 촉박한 시간 안에 한쪽만 구할 수 있고, 다른 쪽까지 갈 수 없다. 세 명은 모두 낯선 사람들이고, 당신과 이전에 관계가 없다고 가정했을 때, 한 명을 죽도록 두고, 두 명을 구해야 할 의무가 있을까?

이 사례는 현실에 구애받지 않고 철학적 문제에 초점을 맞추기 위해 가공된 가상의 사례다. 그러나 우리는 동일한 난제를 제기하는 현실 문제에 둘러싸여 있다. 나는 이미 그중 하나를 설명했다. 빈곤과 질병에 시달리는 사람의 수가 대륙 단위로 있다. 우리는 스스로를 부끄러워하지 않고, 그들의 고통을 무시하는 것이 가능하지만, 우리 대다수는 이들 중 적은 수만을 도울 수 있다. 우리가 기부할 수 있는 여러 개의 자선 단체가 있다고 해 보자. 그리고 이 자선 단체들은 여러 다른 아프리카 국가들에서 활동하고 있다고 해 보자. 가장 많은 사람을 구할 자선 단체에게 기부해야만 할까?

이 상황에서는 많은 사람들이 다음과 같이 생각했다. 만일 그들을 도와야 할 의무가 우리에게 조금이라도 있다면, 우리는 가장 많은 사람을 도와야 할 의무가 있다고 말이다. 여기에서의 전제는 그들 모두에게 가해지는 위해 수준이 비슷해야 한다는 것이다. 따라서 우리는 구명구에 매달린 한 명이 아니라 두 명을 구해야 하고, 가장 많이 생명을 구할 자선 단체에 기부할 의무가 있다. 내가 부정하는 안녕 결과주의 명제를 상정하는 탈개인적 견해에서는, 이러한 결과가 옳은 해결 방안일 것이다. 한 명이 아닌 두 명을 구했을 때, 전체의 안녕 수준이 높아졌을 것으로 생각할 수 있다.

그러나 우리가 다른 방법으로 결정을 내린다면, 즉 결과가 아니라 권리에 중심을 둔다면, 더 많은 사람들을 구해야 한다는 것이 기계적으로 당연하지 않다. 개별 피해자는 구조를 받을 동등한 선행 권리를 가지고 있다고 생각할 수 있고, 따라서 어떤 피해자를 구할지 3분의 1의 가능성을 두고 추첨을 하고 싶은 유혹에 빠질 수도 있다.[12] (추첨이 진행되는 동안 상어는 주위를 돌기만 하기로 동의했다는 조건이다.)

어떤 접근 방법이 옳은 것일까? 결과적 분석을 취하는 방법 또는 추천된 권리에 의해 동등한 대우를 해 주는 방법 중 어떤 방법에 숫자가 의미가 있을까? 철학자들은 격렬하게 이 문제에 대해 논증해 왔다. 그러나 우리가 탐구하고 있는 해석적 접근 방법에 따르면, 두 방법은 다옳지 않다. 우리는 이미 결과주의적 명제를 거부했고, 우리에게 더 많은 사람을 살려야 한다는 확신이 있더라도, 그러한 우리의 입장을 정당화하기 위하여 결과주의를 다시 살려 낼 수 없다. 우리는 또한 도울 수 있는 모든 사람에게, 도울 수 있다는 것 자체만으로, 권리가 발생한다는 가정의 근거를 모두 부정했다. 그의 필요를 무시하는 것이 그의 생명의 객관적 중요성을 존중하지 않는 것이 되는 경우에만 그에게 권리가 발생한다고 봐야 할 것이다. 만일 당신이 두 명을 구하기 위해 한 명을 어쩔 수 없이 죽게 두었다면, 그의 생명의 객관적 중요성을 무시했다고 할 수 없다.

당신이 반대의 선택을 했다고 가정해 보자. 홀로 수영하고 있는 사람을 구하고, 다른 둘을 죽게 두었다고 하자. 만일 그러한 선택을 한 당신에게 좋은 이유가 있다면, 예를 들어 홀로 수영하던 사람이 당신의 아내라면, 당신은 당신이 포기한 두 명의 생명이 당신의 아내보다 객관적으로 덜 중요하다고 암시하거나 추정한 것이 아니다.[13] 우리가 취하는 해석적 기준에 따르면, 당신의 아내를 구해야 하는 이유는 당신이 사랑하는 사람 혹은 당신의 특별한 책임으로 족하고, 그 이외의 이유는 필요가 없다. 홀로 수영하던 사람이 당신의 아내가 아니라, 당신의 친구라 해도 별도의 이유는 불필요하다. 또는 모든 물에 빠진 사람들이 완전히 처음 보는 사람들이라 해도, 홀로 수영하는 사람이 더 어려 보이고, 더 어린 사람을 구하는 것이 더 중요하다고 생각한다면 더 이상의 별도의 이유는 불필요하다. 또는 수영하는 사람이 뛰어난 음악가, 철학가, 평화 중재자라 할 때, 음악이나 철학, 평화가 당신에게 또는 이 세상에 특별히 중요하다고 생각한다면, 더 이상의 이유는 필요치 않다. 이런 선택을 한다고 그들의 생명에 대한 동등한 중요성을 부정한 것은 아니다. 당신은 누군가는 죽을 수밖에 없다는 것을 알고 있고, 어떤 사람이 죽어야 할지에 대해 공명정대한 가치 판단을 하는 것이다. 기억할 것은 다른 한 명이 물에 빠져 있는 상황이 아니라 해도, 구조 행위 위험이 크다면, 당신에게 물에 빠진 두 명을 구해야 할 의무

가 없다는 것이다. 당신이 구조할 수 있는 두 생명의 동등한 객관적 중
요성을 부정하지 않으면서, 당신 자신의 안전을 우선시할 수 있다. 그
렇다면 당신 혹은 타인이 보기에 특정한 도구적 가치가 있는 사람의
생명의 안전을 더 우선시하는 것이 왜 허용되지 않는가?

　이제 다른 위험이 어렴풋이 보인다. 위험에 빠진 사람 중 당신의 선
호도에 따라 판단하는 것에 제한은 없을까? 예를 들어, 당신은 물에 빠
진 세 명에 대해 아무것도 모르지만, 단지 물에 빠진 두 명 중 한 명은
흑인이고 다른 하나는 유대인이라는 것, 그리고 별도로 혼자 물에 빠
진 사람은 백인 기독교인이라는 것을 안다고 가정해 보자. 당신이 백
인 기독교인을 구하고, 나머지 두 명을 죽게 두는 판단을 했다면, 이 판
단이 모든 인간의 생명이 동등한 객관적 중요성이 있다고 인정하는 것
과 일관적인가? 그렇지 않다. 왜냐하면, 어떤 근거에 의한 선호는 인류
존중이 배척하기 때문이다. 인류 존중은, 어떤 생명이 다른 생명보다
더 중요하다는 반대 확신의 표현이거나 잔재라고 믿을 만한 선호 행위
를 배제한다.

　다시 우리는 우리의 직감적 반응을 해석적 상정으로 정당화할 수 있
다. 편견이 만연한 세상에서는, 혹은 사회 구조가 역사적 편견으로 가
장 잘 설명될 수 있는 세상에서는, 반대 증거가 없는 이상, 해당 편견이
지나간 흔적인 태도나 행위가 편견을 가장 잘 반영한다고 이해될 수
있다. 당신은 왜 음악가나 평화 중재자가 생존하는 것이 특별히 더 중
요한지 이유를 제시할 수 있다. 음악가나 평화 중재자의 생명이 더 번
창하는 것이 객관적으로 더 중요하다는 전제를 하지 않고 말이다. 당
신은 다른 종류의 이유를 댈 수 있다. 공정성(fairness)이라는 이유가 그
것이다. 왜 나이 많은 두 명보다 젊은 한 명을 구해야 하는가. 그 두 명
은 이미 오래 살았고 젊은 사람은 그렇지 않다. 그러나 당신은 완전히
낯선 사람들의 인종이나 종교를 지적할 수 없다. 그렇게 하는 순간 사

람들의 생명이 진정 동등한 중요성을 갖지 않는다는 확신이 당신의 결정에서 어떤 역할을 했을 것이기 때문이다.

이제 세 명이 물에 빠졌고, 상어가 주위를 맴도는 사례 중 가장 추상적인 경우를 생각해 보자. 당신이 물에 빠진 두 명보다 한 명을 구해야 할 개인적 이유가 전혀 없다고 가정하고, 동등한 기회를 제공하기 위해 주사위를 굴려 누구를 살릴지 결정하지도 않았다고 가정하자. 그러나 당신은 단지 그렇게 하고 싶어서 두 명 대신 이 한 명을 구했다고 해 보자. 아마도 당신은 전통 부르주아적 기대치들로부터 자유롭다는 것을 보여 주고 싶었을지도 모른다. 이러한 행동이 모든 인간의 생명이 동등한 중요성을 가진다는 확신과 일관성이 있는가? 나는 그렇지 않다고 생각한다. 그런 결정은 그 상황의 진중함을 모독한다. 때로는 기분에 따라 엉뚱할 필요가 있을 때가 있겠지만, 이와 같은 상황을 그러한 엉뚱함이 요구되는 상황이라고 생각한다면, 그 객관적 중요성을 인정한다고 정직하게 주장할 수 없다. 정당한 제비뽑기를 포함한 어떤 것도 두 결정 중의 하나를 정하지 못할 때, 기본 결정은 두 명을 구하는 것이 될 것이다. 그것이 세상을 전반적으로 더 좋은 곳으로 만들기 때문이 아니고, 그 상황이 생명을 진지하게 받아들이도록 요구하고 있고 따라서 자신의 행동에 대해 단지 기분 이상의 이유를 제시할 것을 요구하기 때문이다. 그 사람들이 누구인지 고려하지 않고, 더 적은 수의 사람을 살리는 것보다 더 많은 사람을 살리는 원칙은 생명의 중요성에 대한 올바른 존중이 요구하는, 필연적이지는 않더라도 그럴 법한 이해다. 더 적은 수의 사람을 구하라는 대립되는 원칙은 그렇지 않다. 그 가상의 원칙은 어딘가 비틀려 있다.

기이한 경우들?

나는 이 장에서 철학자들이 종종 사용하는 억지로 끼워 맞춘 예들 그리고 기이한 예들에 의존했다. 어떤 사람들은 이러한 예들에 의혹을 제기한다. 왜냐하면, 일상적인 삶에서 그러한 상황을 만나지 않기 때문에, 강의 시간이나 문서에 의해 제시된 사례들, 즉 예를 들어 물에 빠진 한 명을 구하거나 다른 두 명을 구하는 경우와 같은 상황에 대한 우리의 반응을 신뢰할 수 없는 것이다. 그러나 그러한 반대는 우리가 이미 거부한 도덕철학의 목적과 성질에 기반을 두고 있다. 이러한 견해는 도덕적 고찰이 지각의 문제에 불과하다고 가정한다. 즉 도덕적 진리가 어떤 별도의 도덕적 감각을 통해서 우리에게 영향을 주며, 우리의 도덕적 '직감'이 어떤 측면에서는 진리에 길잡이가 된다는 것이다. 마치 자연 세상에 대한 지각과 유사하게 말이다.

만일 그러한 견해가 맞다면, 현실 사건에서 유발된 것이 아니고, 현실에서 거의 일어나지 않을 것 같은 허구에 기반한 도덕적 지각에 대해 의혹을 제기하는 것은 타당한 일일 것이다.(낯선 정글에서 처음 본 특이한 동물에 대해 의문을 제기하는 것은 정당하다.) 그러나 우리가 추구하는 해석적 방법론은 이상한 사례들에 매우 다른 힘을 실어 준다. 이런 예들은 실제 사건에서 제안하는 원칙을 시험하기 위해 법조인들이 상상하는 순수한 가상의 사례들과 유사하다. 상상에 기한 사례들을 마주하는 것은 실제로 그러한 사례들을 대면하면 우리가 무엇을 지각할지 짐작하기 위해서가 아니라, 그러한 방법으로 시험하는 원칙들을 우리가 수용한다면 통합성이 우리에게 무엇을 받아들이라고 요구할지를 보기 위함이다. 그러나 우리가 비현실적으로 창작된 사례들에서 어떤 원칙들을 받아들일지 단지 혼란이나 의심을 느낀다고 해서, 그 원칙을 거부할 필요는 없다. 그런 사례들에서 우리가 거부해야 할 확신이 드는 원칙들만을 우리 눈앞의 일상적인 사례들에서 거부해야 한다.[14] 이 문제에 대해서는 예들이 더 기이해지는 다음 장 마무리 부분에서 다시 말하겠다.

13장 위해(危害)[*]

경쟁과 상해

　두 가지 슬픈 이야기를 들려주겠다. 첫째 이야기. 당신이 낯선 사람 한 명과 애리조나 사막을 하이킹하던 도중 둘 다 방울뱀에 물렸다. 그리고 둘 다 해독제가 들어 있는 병을 보았고, 둘 다 뛰어갔지만, 당신이 더 가까이 있어서 병을 잡을 수 있었다. 낯선 사람은 간곡히 애원했으나 당신은 병을 따서 마셔 버렸다. 당신은 살고, 그는 죽었다. 둘째 이야기. 위 이야기와 설정이 동일하지만, 이번에는 병이 당신보다 그 사람에게 더 가까이 놓여 있다. 그 사람이 병을 먼저 잡았고, 당신이 애원했지만 그는 거절하고 병을 따서 마시려는 순간이었다. 당신에게 총이 있었다. 당신은 그를 쏴서 죽이고, 해독제를 취했다. 당신은 살고, 그는 죽었다.

　순수한 형태의 탈개인적 결과주의에 따르면, 도덕적 차원에서 이 두 이야기는 본질적으로 차이가 없다. 왜냐하면 가공되지 않은 원초적 형

---

* 이 장의 번역은 오시진 선생님께서 협업해 주심.

태의 탈개인적 결과주의에 따라 판단할 경우 결과가 동일하기 때문이다. 만일 당신은 젊고 유명하며 기량이 뛰어난 음악가지만, 그 낯선 사람은 나이가 많다고 가정한다면, 두 이야기에서 모두 당신이 살아남는 것이 정당화될 수도 있다. 그러나 만일 반대로 당신이 나이가 많고 재능이 없으며, 상대방이 젊은 음악가라면, 두 이야기에서 살아남기 위한 당신의 행동은 둘 다 정당화되지 않는다. 탈개인적 결과주의에 따를 때, 당신의 의무는 당신이 가진 자원으로 가장 뛰어난 결과를 산출하는 것이다. 그리고 가장 훌륭한 결과는 살아남는 사람과 죽는 사람의 속성에 따라 결정되는 것이지, 가장 훌륭한 결과를 가져오기 위해 사용된 방법에 의해 결정되는 것은 아니다. 물론, 두 이야기 중 당신의 행동이 별도의 결과를 가져올 경우 모든 것이 바뀔 수 있다. 예를 들어, 두 번째 이야기에서 당신이 취한 행동이 살인에 대한 금기를 약화시킨다면, 첫 번째 이야기에서 당신이 해독제를 취하는 것은 잘못은 아닐지 몰라도, 두 번째 이야기에서 당신의 행동은 잘못이라 할 것이다. 그러나 만일 세상 사람들이 두 일에 대해서 전혀 알지 못하기 때문에, 두 이야기에서의 당신의 행위가 완전히 동일한 결과를 낳았다고 가정하자고 한다면, 순수한 형태의 결과주의는 두 행위를 동일하게 취급해야 한다.

이런 종류의 이야기는 일반적으로 결과주의자를 곤란하게 만든다고 여겨져 왔다. 그러나 많은 결과주의자들은 오히려 살인 행위와 죽게 방치하는 행위의 잠정적 동등성에 의존하는 것을 다른 맥락에서 환영한다. 그들은 문제가 되는 것은 결과이기 때문에, 당신이 살릴 수 있는 사람을 죽게 두는 것과 직접 죽이는 행위는 도덕적으로 차이가 없다고 말한다. 그들은 아프리카에서 굶어 죽는 사람들에 무관심한 것은 도덕적으로 그들을 죽이는 것과 마찬가지라고 주장한다. 그러나 대다수 사람들은, 단순히 죽게 두는 것보다 직접 사람을 죽이는 행위를 더 나쁘게 본다. 일반적으로, 할 수 있을 때 돕지 않는 것보다 타인에게 상해를 가하는 행위가 훨씬 나쁘게 보이는 것은 사실이다. 이러한 인기 있는 견해에 따르면, 첫 번째 이야기에서처럼 자신을 위해 해독제를 남겨 두는 것은 정당화될 수 있는 행동이지만, 두 번째 이야기에서처럼 해독제를 취하려고 타인을 죽이는 행위는 정당화될 수 없다. 그리고 당신이 아프리카 구제 프로그램에 기여하지 않는 것은 잘못일지라도, 아프리카 다르푸르에 가서 직접 아프리카 사람 몇 명을 죽이는 것과 비교하면 도덕적으로 동등하지 않다. 그러나 우리가 그러한 견해를 취한다면, 두 경우의 결과가 너무나 유사하므로 이 차이를 설명해야 할 필요가 있다.

어떤 사람은 자연스러워 보이는 이러한 입장을 정당화하기 위해 다음과 같이 말할 수 있다. 두 번째 이야기에는 살인과 절도가 포함되어 있고, 살인과 절도는 나쁜 것이기에, 두 이야기의 결과는 동일하지 않다고 말이다. 그러나 이러한 설명은 우리가 도달하고자 하는 결론을 이미 전제하고 있을 뿐이다. 왜 낯선 사람을 살해하는 것이 그를 죽게 두는 것보다 더 나쁜 결과라고 할 수 있을까? 이것이 나쁘다고 하기 위해서는 단순히 죽이는 행위 그 자체가 그를 죽게 두는 것보다 나쁜 것이라 할 수 있어야 하고, 이 부분을 설명할 수 있어야 한다. 어떤 철학자들처럼 타인의 죽음을 목적으로 두는 것이 특정 도덕적 범죄에 해당하므로 단순히 죽게 두는 것보다 더 나쁘다는 설명은 도움이 되지 않는다. 우리 대부분은 사람을 직접 죽이는 행위가 더 나쁘다고 느끼겠지만, 확실히 하기 위해서, 우리는 왜 더 나쁜지를 이해해야 한다. 왜냐하면 두 이야기에서 둘 다 죽었다는 결과가 동일하고, 우리의 동기, 즉 우리의 생명을 살리려는 동기 또한 동일할 것이기 때문이다. 어떤 철학자는 살인 행위는 인간의 불가침성을 침해하기 때문에, 사람을 직접 죽이는 행위가 더 나쁘다고 설명한다. 그러나 불가침성이라는 논리는 이미 가지고 있는 확신을 다시 말하고 있을 뿐 이를 논증하지는 못한다.

위에서 언급한 결과주의자, 즉 죽이는 행위와 죽도록 두는 행위가 도덕적으로 동등하다고 보는 결과주의자는 자기 부정의 도덕을 취한다. 그는 그 자신을 특별한 위치에 있다고 보지 않고, 자신의 이익과 운명을 탈개인적으로 보아서 단지 수십억 명 중 하나의 사람으로 보고 있다. 이 장에서 우리는 매우 다른 접근 방법을 검토하겠다. 바로 자기 인정 도덕이다. 자기 인정의 도덕은 익명성이 아닌 존엄성을 가지고 잘 살고자 하는 우리의 주권적 의욕에서 도출된다. 칸트의 원칙은 이 도덕의 척추다. 존엄성은 타인의 생명의 객관적 중요성을 인정하고 존중하도록 요구한다. 이러한 방법으로 윤리는 도덕과 합쳐지고, 그 내용을 스스로 고치도록 돕는다.

왜 어떤 경우에 어려움에 처한 낯선 사람들을 도와줄 의무가 있는지 설명하기 위해 나는 앞 장에서 칸트의 원칙에 호소했다. 나는 존엄성의 첫 원칙에 주로 의존했다. 그 첫 원칙은 이 장에서 당면한 퍼즐을 푸는 데 도움이 되지 않는다. 왜냐하면, 방울뱀 이야기 둘 다에 첫 원칙이 동일하게 작용하기 때문이다. 첫 이야기에서 타인을 살리지 않고 당신이 잡은 약을 삼키는 행위가 인간의 생명의 객관적 가치를 훼손하지 않는다. 당신은 단지 당신의 생명을 일관적으로 우선시했을 뿐이다. 물론 당신이 장렬하게 자신의 생명을 희생해서 낯선 이가 살도록 했다고 해도 첫 원칙에 반하지는 않는다. 그러나 반대로 당신의 생명을 우선시한다고 해도 첫 원칙에 반하는 것이 아니다. 만일 그렇다면, 두 번째 이야기에서 낯선 사람을 총으로 쏘는 행위는 인간 생명의 객관적 중요성을 위반한 것이라고 할 수 없다. 당신의 생명을 우선시하는 것이 동일하게 작용하고 있기 때문이다. 이제 우리는 존엄성의 두 번째 원칙을 작동시켜서, 우리의 본능적 도덕적 확신과 우리가 잘 살고자 하는 발달된 감각을 통합해야만 한다.

나는 다음과 같은 가정을 제시해 본다. 두 번째 원칙은 당신이 자신의 삶에 개인적 책임을 가지고 있다고 주장한다. 이 책임은 타인에게 위임할 수도 없고, 무시할 수도 없다. 칸트의 원칙은 당신이 이러한 책임을 타인에게도 평행하게 존재한다는 것을 인정하도록 요구한다. 타인도 당신처럼 그들의 운명에 따라 스스로의 책임에 따라 자신의 삶을 이끌어 나가고 있기 때문에, 우리는 당신이 고통받을 두 가지 위해의 종류를 구분하여 위 평행 책임을 조화시켜야 한다. 첫째는 순전히 경쟁으로 발생하는 위해고, 둘째는 의도적인 위해다. 경쟁으로 발생하는 위해가 금지된다면 아마 누구도 생활을 할 수가 없을 것이다. 우리는 대부분의 경우 레인이 구분된 수영장에서 수영하는 사람들처럼 살아간다. 다른 이들이 원하는 우승 상품, 직업, 연모하는 사람, 언덕 위의 집 등은 수영하는 사람들 중 하나만 얻게 된다. 때때로 수영 경기에서 누군가 한 명이 물에 빠져 죽게 되었을 경우, 다른 참가자가 경기에서 많이 뒤처지지 않고 그를 구할 수 있다면, 이 참가자는 레인을 건너가서 도와야 할 의무가 발생한다. 이러한 의무가 바로 앞 장에서 공부한 그 의무다. 그러나 개개인은, 자신이 경기에서 이기게 되면 경쟁에서 지는 사람이 있을 수밖에 없다는 사실을 전혀 우려하지 않고, 남을 돕지 않고 계속 수영에 열중할 수도 있다. 이러한 불가피한 위해를 고대 로마법에서는 담눔 시네 인주리아(damnum sine injuria, 권리 침해가 없는 손해)라고 했다. 이처럼 우리가 경쟁함으로 발생하는 위해는 불가피하며 허용된 것을 받아들이는 것은 우리 개인의 책임 중 일부다. 즉 이것이 바로 우리의 개별 책임을 개인적이게 한다.

의도적인 위해, 즉 돕기 위한 것이 아니라 해를 가하려고 레인을 건너는 것은 다른 문제다. 우리는 인생을 영위하기 위해 경쟁할 권리가 있다. 그러나 타인을 의도적으로 해할 권리는 없다. 우리 삶에 관한 책임이 실효성을 띠려면, 반대로 우리는 타인의 의도적 위해로부터 도덕적 보호를 받아야 한다. 6장에서 나는 책임 개념 전반에 대한 다양한 흐름을 구분했다. 나는 소임상의 책임은 특정 작업을 누가 해야 하는지, 그리고 해당 작업이 제대로 이행되지 않았을 때 실패에 대한 책임을 누가 져야 하는지 정한다고 설명했다. 두 번째 원칙은 우리 개개인에게 자신의 삶에 대한 소임상의 책임을 부과한다. 그러나 소임상의 책임은 통제력을 포함해야만 한다. 즉 해당 임무를 수행하는 데 어떤 행위를 수행할지 선택 능력이 있어야 한다. 당신이 체스를 둘 때 누군가가 당신의 손을 잡고 말의 움직임을 조종한다면, 당신은 그 체스에 대해 소임상의 책임이 있다고 할 수 없다.

의도적으로 신체에 해를 가하는 것에 대한 도덕적 금지는 통제력의 핵심을 규정한다. 이 통제력은 우리 자신의 삶에 대한 소임상의 책임에도 평행하게 적용되어 그러한 책임이 없다고 할 것이 아니라면 포기할 수 없는 것이다. 우리의 책임은 몸에 발생하는 것에 홀로 모든 책임을 지라는 최소 기준을 요구한다.[1] 소유물에 의도적으로 해를 가하는 것에 대한 금지는 덜 중요하지만, 중심이 된다. 안정된 정치 제도에 따라 우리에게 처분권이 맡겨진 자원을 마음대로 사용할 권리와 능력이 확립되지 않은 상황에서는 우리가 삶을 영위할 수 없을 것이다. 삶을 영위하기 위해 반드시 필요한 통제권과, 9장에서 검토했고 17장에서 검토할 윤리적 독립권을 혼동해서는 안 된다. 후자는 타인이 우리를 위하여 윤리적 결정을 내리려 시도할 때 그 원칙이 손상된다. 전자는 어떤 이유에서든 우리 통제 아래 있는 몸과 소유물을 타인이 간섭하려고 시도할 때 원칙이 손상된다.

그러므로 비록 손해가 사소한 것이라도, 경쟁으로 인한 위해와 의도적인 위해는 반드시 구분되어야 한다. 얼마나 조심스럽게 하든 간에 본인의 허락 없이 몸을 만지는 것은 금기를 위반하는 행위다. 우리는 일시적으로 그리고 취소할 수 있는 경우에 우리 몸에 대한 통제권을 맡기는 것에 동의한다. 예를 들어, 사랑하는 사람에게, 치과 의사에게, 스포츠에서 상대에게 그러하다. 매우 제한적인 경우에 후견주의적 (paternalism) 이유에서 타인이 일시적으로 내 몸을 통제하는 것이 정당화되기도 한다. 예를 들어, 내가 정신 이상으로 스스로 해를 가하려는 것을 멈추는 것이 이에 해당한다. 그러나 내 신체의 온전성에 대한 통제력 전체를 타인에게 양도하는 행위, 특히 나의 이익을 고려하지 않는 사람에게 넘기는 행위는 나의 존엄성을 갈기갈기 찢어 버리게 된다. 우리가 존엄성과 신체 통제의 연결점을 인식할 때에만 왜 누군가를 죽이는 행위가 직감적으로 끔찍하고, 동기는 동일할지라도 죽게 두는 행위는 왜 그렇지 않은지 이해할 수 있게 된다.

　방울뱀 이야기에서 스스로를 보존하려 했던 첫 번째 이야기를 들을 때는 그렇지 않지만, 두 번째 방울뱀 이야기의 살인 행위에 대해선 왠지 움찔하게 된다. 그리고 비록 명확하게 표현하기는 어렵지만, 움찔하게 하는 감각은 사람들에게 자기 자신의 삶에 대한 책임을 부여한다는 것이 의도적 위해로부터 보호받는 공간 보장을 요구하고 있다는 것이라고 생각한다. 비록 경쟁으로 인한 위해로부터 면하는 것은 아닐지라도 말이다. 내가 레인이 있는 수영장에서 수영하는 이미지로 묘사한 것이 인류의 형제애를 고려하자면 혐오스러울 수 있다. 그러나 다윈이 그린 자연 상태, 즉 발톱과 이빨에 피가 묻어 있는 그런 모습도 아니다. 이 구분은 중요하다. 첫 번째 방울뱀 이야기에서 당신은 자신의 레인에서 수영하고 있고, 타인도 그 자신의 레인에서 수영하다 물에 빠져 죽게 된 것이다. 두 번째 이야기에서 당신은 타인의 레인을 침해하여 그가 자기 삶을 통제할 책임을 빼앗았다. 이 차이는 탈개인적인 견해에 따를 때는 구분이 되지 않는다. 이 구분은 탈개인적인 견해에서 나타나지 않는 존엄성의 개념이 등장할 때만 전면에 드러난다.

　위해와 개인 책임의 연결점은 작위와 부작위의 구분이 진정한 것이고 중요한 것이라 설명할 뿐만 아니라, 반대로 도덕적 의의가 없는 특별한 상황에 대해서도 설명한다. 해를 입은 사람이 그 자신의 삶에 대한 책임 행사의 일환으로 해당 위해에 대해 동의한 경우에 도덕적 의의가 없어진다. 미식축구 선수가 다른 선수를 태클하거나, 의사가 죽어 가는 환자의 다급하고 깊이 숙고한 요구에 따라 그를 죽이는 행위는 존엄성에 반하지 않는다. 이러한 경우는 침탈이 아니라 허용에 해당한다 할 수 있다. 미국 대법원이 고통 속에 죽어 가는 환자에게 의사-조력 자살 행위를 금지하는 법의 헌법 합치성을 고찰했을 때, 이 법에 이의를 제기하는 사람들은 대법원이 이미 죽어 가는 환자에게서 생명 유지 기기를 제거하는 것을 금지하는 법을 폐지했다는 점을 지적했다.[2] 법관들 몇몇은 이러한 비유를 거부하면서 생명 유지 기기를 제거하여 환자가 죽게 두는 것보다 환자를 죽이려고 독약을 투여하는 것이 도덕적으로 훨씬 나쁘다고 답했다.[3] 비록 이러한 구분이 의사-조력 자살의 경우 이상해 보일 수 있지만, 방울뱀 이야기에서는 이 구분이 매우 중요하다. 존엄에 대한 책임의 중요성에 초점을 맞출 때 그 이유가 설명된다.

고의 없는 위해

타인을 의도적으로 해하려고 레인을 건너는 것이, 금지된 기준점이 되는 그림은 한편 매우 투박하다. 이 그림은 의도하지 않은 위해를 무시하기 때문이다. 내가 예상치 못한 부작용이 있는 약을 당신에게 팔아서 당신이 아플 수 있다. 또는 내가 부주의하게 운전하여 당신을 칠수도 있다. 또는 비록 내가 잘 매어 두려고 노력했는데도 내 소유의 사자가 내 아파트에서 도주하여 당신 집에 들어가 당신의 소파를 망가뜨릴 수도 있다. 이러한 사건에서 당신은 나의 행동으로 인해 해를 입었다. 나는 의도적으로 해를 가하지 않았으나, 이것은 순수한 경쟁에서 발생하는 해와는 차이가 있다. 당신이 원하는 것을 내가 얻었기 때문에 당신이 고통을 받고 있는 것이 아닌 것이다.

이러한 이야기는 6장에서 처음 설명한 배상 책임의 문제를 생각하게 한다. 누가 이 사고들의 비용을 부담해야 하는가? 우선 내가 원인을 제공한 손해가 당신에게 부여된다. 당신이 아프고, 다리가 부러졌으며, 소파가 망가졌다. 내가 보상하는 것이 적절할까? 이것은 보상과 분배적 정의에 대한 도덕적 질문이고, 또한 평가 책임과 배상 책임 간의 적절한 연결점에 관한 윤리적 질문이기도 하다. 나는 잘 사는 삶이 무엇인지 파악하고 추구하기 위해 몸과 소유물을 통제할 수 있어야 하며, 당신에게도 유사한 통제력을 주어야 한다. 그렇다면 나는 내 선택과 여타 모든 사람의 선택에 대해 어떠한 형태의 배상 책임 제도를 지지해야 하는가? 이 질문은 두 번째 원칙에 대해 더 심도 있는 해석을 요구한다.

이 문제는 우리에게 타인의 동일한 통제력을 인정하고 존중하는 것을 전제로 우리 자신의 운명에 작동할 통제력을 극대화하는 위험 관리 제도를 추구하도록 요구한다. 위험 이전율의 규모에 따라 제도의 순위를 매길 수 있다. 위험 이전율이 낮은 제도일수록 손해에 대한 배상 책임이 피해자에게 그대로 남겨지고, 위험 이전율이 높은 제도일수록 손해에 대한 배상 책임이 타인에게 이전된다. 어떤 측면에서 보자면, 위험 이전율이 높은 제도에서 나는 더 많은 통제력을 가진다. 왜냐하면 내가 사고로 해를 입었을 때 손해가 내게 머무르는 경우보다, 위험이 이전될 때 내 계획이 덜 망가질 것이기 때문이다. 그러나 다른 측면에서 보면, 위험 이전율이 낮은 제도에서의 통제력이 더 클 수도 있다. 왜냐하면, 그러한 제도는 내게 귀속되는 사고에 대해 보상할 책무를 덜 지게 하기 때문이다. 따라서 내 계획은 그러한 배상의 위협 때문에 덜 저지될 것이다.

그러므로 우리는 양방향에서 손익의 균형을 유지할 수 있게 조절하여 최대한 사전적 통제를 할 수 있는 배상 책임 제도를 찾아내야 한다. 첫 번째 근삿값으로, 우리는 조금 더 조심했거나 주의를 기울였다면 피할 수 있었을 손해에 대해 책임을 지는 제도를 요구한다. 그러한 조건은 내가 타인에게 가한 피해에 대한 배상 책임을 더 잘 통제할 수 있도록 하며 타인의 부주의로부터 더 많이 보호받게 한다. 이 장에서 검토한 여타 원칙들과 같이 타인을 부주의하게 해하지 말아야 한다는 원칙은 윤리와 도덕에 의해 지지된다.

그러나 어느 정도의 조심성이 요구되는가? 가능한 한 최대한으로 타인에게 해를 가하지 말라고 한다면 내 삶이 향상되는 것이 아니라 오히려 파괴될 수 있다. 내 정원조차 내 마음대로 경작하지 못할 수도 있다. 따라서 내 삶을 더 통제하려는 목적은 조금 더 민감한 배상 책임의 측정 기준이 필요하다. 영미 보통법은 초기에 위대한 러니드 핸드(Learned Hand) 판사가 만든 준수학적 형태로 나아갔다. 러니드 핸드 판사는 적정한 주의(due care)의 법적 기준은, 타인에게 해를 가하는 위험을 피하기 위해서 어떠한 행위를 사람들에게 기대하는 것이 공정한지에 달려 있고, 무엇이 공정한지는 얼마나 큰 해의 위험을 감수했는지 그리고 그것이 얼마나 실현 가능한지 불가능한지에 달려 있다고 설명했다.[4] 자신이 만든 이 시금석은 상사 거래 맥락에서 만들어졌고, 다른 상황에 적용되기에는 너무 노골적으로 금전적이다. 그러나 그 구조는 자신의 삶에 대한 통제를 극대화하려는 사람들이 승인하면 딱 좋을 일반 전략을 잘 반영하고 있다.

이론적으로 모든 사람이 다음 원칙을 받아들인다면, 사람들 개개인은 최대한의 통제력을 확보할 수 있다. 그 원칙은 자신이 부주의하게 유발한 손해에 대해서는 다음과 같은 예방 조치를 통해 그 손해를 방지할 수 있었다면 배상 책임을 부담해야 한다는 것이다. 즉 자신이 유발했을 손해가 훼손할 타인의 기회와 자원만큼 자신의 기회와 자원을 훼손하지 않는 예방 조치 말이다.[5] 물론 이것은 기준의 원형일 뿐이다. 이 기준은 적절한 측정 기준과 불명확성을 줄일 기술 등이 필요하다. 그러나 대다수 일반적인 경우 그 결과는 상식적일 정도로 분명하다. 보통법 체제상 불법행위법은 법이 어떤 규정된 형태의 경제적 효율성을 목적으로 한다고 상정하는 설명보다, 이러한 윤리적 그리고 도덕적 원칙들이 엮여 있다고 설명하는 것이 더 낫다.[6]

이중 효과

어려운 사건들

지금까지는 우리의 이익을 추구하면서 타인에게 해를 가하지 않을 책임에 집중했다. 그러나 도덕철학자들은 다음과 같은 난제에 더 많은 시간을 할애했다. 타인을 보호하거나 타인에게 이익을 주기 위해, 다른 타인에게 해를 가할 수 있는지, 있다면 어떠한 경우에 그러한지 등에 대해서 말이다. 의학의 발전이 도덕철학자들에게 기이한 예들을 제공했다. 예를 들어, 두 명의 환자가 병원에 있다고 가정해 보자. 둘 다 즉각 간(肝) 이식을 하지 않으면 죽게 되어 있다. 의사에게는 단 하나의 간이 있고, 다양한 방법으로 둘 중 한 명을 선택하는 것이 도덕적으로 허용 가능해 보인다. 그는 동전을 던질 수도 있다. 수술을 견뎌 낼 생존 가능성이 높은 사람을 선택할 수도 있다. 수술로 둘의 생존 가능성이 동일할 경우, 더 젊은 사람을 선택할 수도 있다. 의사가 이런 다양한 방법으로 결정한다 해도, 선택받지 못할 환자의 권리를 침해했다고 할 수 없다. 그 결과로 환자가 죽는다 해도 말이다.

그러나 예를 바꾸어, 이제 단 한 명의 환자가 죽어 가고 있다고 가정하자. 생존을 위해서는 즉각적인 간 이식이 필요하지만, 이식할 간이 없는 상황이다. 그러나 그 병원에는 나이가 많은 심장병 환자가 있는데, 최대 몇 주 이상은 살 수 없는 상황이고, 그가 바로 죽는다면 간을 수확할 수 있다. 이때 의사는 간 이식을 하려고 이 노인을 죽여서는 안 된다. 또한, 의사는 그가 죽을 것을 기대하고 호흡 기계를 꺼서도 안 된다. 그 몇 주 동안 생명을 연장시키는 약을 금해서도 안 된다. 노인에게 갑자기 심장마비가 오면 다시 소생시키기 위해 최선을 다할 것을 거부해서도 안 된다. 물론 그 노인은 심장마비 상황에서 자신을 소생시키지 말라고 요구한 적이 없다. 이러한 결론들은 개별적으로 보았을 때 불가피하다. 그러나 전체를 모아 생각해 보면 곤란에 빠진다. 위 두 환자와 하나의 간이 있는 사례에서 나이가 더 어린 환자에게 간을 이식하는 것이 인간의 생명의 가치를 존중했다고 할 수 있다. 그러나 왜 두 번째 사례에서 나이가 많은 심장병 환자를 죽이거나, 심장마비 상황에서 죽게 두거나 하는 것이 동일한 존중을 보인다고 할 수 없을까? 이런 행위는 병상에서 몸져누워 있는 노인의 몇 주와 더 나이가 어린 환자가 수십 년을 활동할 수 있는 시간을 교환하는 것이다.

우리는 노인이 곧 죽을 게 확실해도, 타인에게 도움이 된다 해도, 죽음을 당하지 않을 권리가 있기 때문이라고 답할 수 있다. 그 의사는 심장 소생 응급조치가 제대로 작동하지 않기를 비밀리에 희망할 수도 있다. 그러나 그래도 그는 최선을 다해야 한다. 그리고 특별한 전문적 의무를 가진 의사에게만 이러한 책임이 부여된 것은 아니다. 당신이 병원에 있다고 해도, 당신은 그 노인을 죽여서는 안 된다. 만일 당신이 그 노인의 방을 지나가다가 숨이 멎은 것을 알게 되었다면, 그를 구할 의무가 있다. 그 의무의 조건들이 이 상황에서 분명히 유지된다. 그 노인은 구원 받기를 희망하고, 당신은 적은 비용으로 그를 구할 수 있고, 그는 당신 앞에서 죽어 가고 있다. 당신은 응급 팀을 부를 벨을 눌러야만

한다. 그런데 왜 그렇게 하는가? 이럴 때 그 노인을 저버린다고 해서 당신이 인간 생명의 중요성을 업신여긴다고 할 수는 없다. 오히려 당신은 생명을 구하기 위해 그렇게 하는 것이다. 만일 바닷가에서 당신 앞에 낯선 사람 둘이 물에 빠져 죽게 되었다면, 그리고 당신은 오직 한 명만 구할 수 있다면, 당신은 다른 한 명을 구할 의무를 위반했다고 할 수 없다. 본 사안과는 무엇이 다른가?

아주 오래되었지만, 아직도 유행하는 답이 있다. 바로 이중 효과 원칙이라 불리는 답이다. 만일 한 명을 구하는 필요적 결과로 다른 하나가 죽게 된다면, 그것은 허용된다. 따라서 의사가 두 환자 중 한 명만 구하는 것은 허용되고, 결과적으로 다른 하나가 죽게 되더라도 당신이 물에 빠진 사람 두 명 중 한 명만 구하는 것도 허용된다. 그러나 당신이 타인을 구하는 결과로 누군가를 죽이거나 죽게 둘 뿐만 아니라 타인을 구하는 목적의 수단으로 그를 죽이거나 죽게 내버려두는 것은 허용되지 않는다.[7] 따라서 어차피 죽게 될 나이 많은 심장병 환자를 죽이는 것은 허용되지 않는다. 그 노인이 죽는 이유 또는 그 노인을 구하지 않는 이유가, 그의 죽음으로 그 간을 사용할 수 있게 하는 것을 목적으로 하기 때문이다.

이중 효과 원칙에 대한 다른 기발한 예들은 도덕철학 학술지에 넘쳐난다. 예를 들어, 당신이 기찻길에서 기차 카트를 몰고 있는데, 전방에 다섯 명이 기찻길에 묶여 있고, 대안이 될 수 있는 다른 길에는 한 명이 묶여 있는 경우를 상상한다고 해 보자.[8] 만일 다른 대안이 될 수 있는 길이 등장하지 않는 예라면, 주위에 서 있는 많은 수의 사람들을 이용하여, 즉 몸을 던지게 해서 기찻길에 묶인 사람을 구하는 것이 허용되지 않는지 생각하도록 한다.

이중 효과 원칙은 방울뱀 이야기가 난해한 것처럼 난해해 보일 수 있다. 다섯 명을 살리기 위해 길을 틀어서 한 명이 묶인 기찻길로 향

460

하는 것과, 구경꾼 한 명을 던져서 다섯 명을 살리는 두 경우는 무엇이 문제가 되는가? 두 경우 다 결과가 더 좋다고 할 수 있다. 결국, 두 경우 모두 다섯을 살리기 위해서 한 명을 희생시켰다. 두 경우 모두 당신의 의도는 나쁘지 않았고, 가치가 없지도 않았다. 그렇다면 당신의 마음속 상태 하나, 즉 불행한 죽음을 부산물로 보느냐 아니면 수단으로 보느냐 하는 것이 도덕적 차이를 만드는가?

사후적(事後的) 방법으로 설명한 위 예를 사전적(事前的) 방법으로 바꾸어서 보면 문제가 더 복잡해진다. 사후적 방법으로 설정했을 때, 우리는 기찻길을 느긋하게 걷고 있는 뚱뚱한 사람을 결과주의 신봉자가 기차에 던져 죽게 하는 상황을 상상할 수 있다. 그 뚱뚱한 사람은 어떠한 결정도 내리지 않았다. 그러나 만일 사전적 방법으로 보게 된다면, 그 사람이 어떠한 결정권도 없다는 것은 더 이상 사실이 아니다. 존 해리스(John Harris)는 "장기 이식 추첨제(spare parts lottery)"를 구상했다. 즉 사람들이, 매번 최소한 다섯 명이 장기 이식을 해야 하고 단 한 명에게서 이 장기들을 모두 취할 수 있는 상황에서, 건강한 사람 중 누가 이 목적을 위해 죽을지 뽑기로 합의했다고 치는 것이다.[9] 해당 그룹의 구성원은 이러한 합의로 기대 수명을 늘릴 수 있고, 장기 이식 기술이 발전함에 따라 늘어나는 기대 수명은 상당할 수 있다. 이런 그룹에 참여하지 않을 이유가 있을까? 물론 당신이 뽑혀서 그 죽음의 수술에 말려들지도 모른다고 생각하면 간담이 서늘하겠지만, 이 수술에 참여할 외과 의사가 되어 살인 행위에 가담하는 입장도 마찬가지다. 그러나 간 경변이나 여타 질병으로 장기가 기능을 못해 죽을 가능성도 간담을 서늘하게 하고, 살해되어 죽는 것이 반드시 다섯 배 이상 더 나쁘다고 볼 수만도 없다. 또한, 미국 교도소에서는 사형을 집행할 집행관을 찾기 어렵지 않다. 물론 언제 누가 뽑힐지 알 수 없고 불안하다. 그러나 이러한 불안이 우연히 병원에 갔다가 사망 선고를 받는 것보다 다섯 배나 더 불안하다고 할 수 있을까?

　위와 같은 추첨제에 참여하는 것은 모든 사람에게 이익이 되는 일이다. 이 사실을 분명히 하기 위해 우리는 다음과 같이 조건을 바꿀 수 있다. 즉 특정 나이가 지났고, 장기가 아직 사용 가능하고, 이미 병원에 입원 중이며, 같은 병원에서 해당 장기가 필요한 사람이 있는 경우라고 말이다. 이렇게 된다면, 비록 사람들의 생명을 살릴 가능성이 줄어들겠지만, 모든 사람이 참여할 이익에 더 부합한다고 할 수 있다. 그렇다고 한다면, 우리가 마치 그러한 추첨제가 항상 존재하고 있었던 것처럼 사람들을 대우하는 것이 잘못이라 할 수 있을까? 병원에 있는 나이 많은 사람들은 그들이 장기가 필요할 때, 합리적이라면 오래전에 참여했을 추첨에서 실패한 것으로 간주할 수 있다. 이러한 가상의 추첨제를 시행하는 것은 누군가는 그들을 그 순간에 오직 수단으로 대우했다는 것, 즉 타인을 위해 그들을 죽이려 했다는 말이다. 그러나 모든 사람이 이러한 합의에 이익을 얻는다면, 상관이 있을까?

　철학자들은 이에 대해 다양한 답을 내놓았다. 탈개인적 결과주의자들은 자신들의 이론이 장기 이식 살인 면허를 허용하는 것으로 보일까 걱정하여, 이러한 추첨 제도는 생명을 끊는 행위에 대한 금기를 침식하고, 장기적으로 보았을 때 줄일 고통보다 더 많은 고통을 유발할 것이라고 주장했다. 이러한 주장은 결과주의를 당혹스러운 결과로부터 구하기 위해 종종 사용되는 "패배에 직면해도 침착한 척하는" 억측에 불과하다. 왜 이러한 추첨 제도가 사형 제도보다 살인에 대한 금기를 더 침식하는지에 대한 명백한 이유는 없다. 반대로 사형 집행이 말도 안 되는 일로 보일 수 있고, 오히려 장기 이식 추첨제가 더 인간적으로 보일 수 있다. 우리는 이 결과주의자들보다는 더 잘해야 한다. 다른 철학자들은 타인의 죽음을 목적으로 하는 것은 그로 인한 이익이 무엇이든지 잘못이라고 말한다. 그들은 이 이론이 장기 이식 예와 기찻길 예에서 우리의 반응을 설명한다고 하며, 장기 이식 추첨제가 왜 잘못되었는지 설명한다고 주장한다. 이 추첨제는 사람들이 언젠가는 한 사람의 죽음을 목적으로 하기 때문이다. 그러나 이러한 설명은 문제를 다시 설명하는 것에 불과하다. 만일 어떤 사람의 동기가 좋다면, 즉 최대한 많은 사람을 살리려고 한다면, 그가 적은 수의 사람들을 직접 죽이는 것을 목적으로 하는 것이나 그들의 죽음을 인지하면서도 발생하게 두는 것이 무슨 차이가 있는가?

이중 효과 원칙은 그 자체로 어떠한 답도 제공하지 않는다. 이중 효과 원칙은 왜 그러한지 이유를 설명하지 않으면서 고의를 중요하게 만든다. 그러나 나는 존엄성의 제2원리, 즉 사람의 생명에 대한 가장 좋은 활용도에 대한 결정은 그 자신에게 맡겨져야 한다고 주장하는 원칙이 왜 그리고 어떻게 이 맥락에서 고의 추정이 중요한지 설명한다고 본다.[10] (반대로 토머스 스캔런은 이중 효과 사례에서 고의가 중요하다는 주장에 반대하고, 대안을 제시한다.)[11] 때로는 내가 잘못된 장소에 잘못된 시간에 있었기 때문에 해를 당하는 예도 있다. 타인이 목적으로 추구하는 것에 방해가 되는 경우가 그러하다. 경쟁으로 발생하는 위해가 전형적인 경우다. 내가 해를 입은 이유는 내가 운영하는 소규모 식료품점이 대형 식료품점 체인점이 선택한 지역에 있기 때문이다. 그러나 다른 경우에는 인간으로서 요구되는 존엄성, 즉 내 몸과 삶이 어떻게 사용될지에 대한 결정권이 찬탈되어 해를 입는 경우도 있다. 단순히 뚱뚱하다는 이유로 타인을 살리기 위해 기찻길로 던져질 때 나는 그러한 수모를 겪는다.

전자는 아니지만, 후자에서는 내 존엄성이 문제된다. 이것은 단지 이중 효과 원칙이 전제하는 개념차들뿐 아니라 우리에게 익숙한 다른 판단들도 설명한다. 의사가 자살을 시도하는 환자를 돕는 것이 부도덕하다고 생각하는 사람들조차도, 환자의 의지에 반하여 환자의 몸에 강제로 생명 유지 장치를 심는 것은 잘못이라고 생각한다. 전 대법관이었던 펠릭스 프랭크퍼터(Felix Frankfurter)도 경찰관이 용의자의 배 속에서 증거를 꺼내기 위해 펌프를 목구멍으로 밀어 넣는 것에 충격을 받았다. 대법원은 이를 위헌이라고 판시했다.[12] 이러한 모든 경우에, 자신의 몸이 어떻게 가장 잘 사용될지를 판단할 마지막 결정권자가 자신이 아니라는 가정 아래에서는 그 사람들에게 어떤 행위도 행해지지 않도록 할 권리를 사람들은 가지고 있다.

두 번째 원칙은 한 사람의 생명을 구하고 타인을 죽게 할 간 이식 환자를 정하는 것과 같은 행위를 금지하지 않는다. 또한 기차 방향을 바꿔 한 명의 생명을 위험에 이르게 하는 행위도 금지하지 않는다. 이러한 행위가 금지되는 경우는 사람의 몸이 가장 잘 이용되는 경우가 타인의 생명을 구할 때라는 결정을 스스로 내리지 못하게 하고 그 결정권을 찬탈하는 행위가 전제가 될 때뿐이다. 이 차이는 조금 전에 우리가 논의한 과실로 인한 위해의 도덕과 법에 대해 설명한다. 당신은 도로에서 일반인 기준의 주의(normal care)로 운전할 권리가 있다. 비록 해당 주의 기준에 따르면 결국 내 아이들에게 가해지는 위험이 커진다 해도 말이다. 그러나 내가 옥스팜*에 기부하도록 설득하기 위해 당신이 내 아이를 단 한 시간이라도 납치할 권리는 없다. 때때로 전쟁 당사국은 적국 군수품 제조 공장을 폭격할 권리가 있다. 비록 그로 인해 죄 없는 민간인들이 함께 피해를 볼 것을 알지라도 말이다. 그러나 항복을 얻어 내기 위해 적국 민간인들을 폭격하여 공포에 떨게 할 권리는 없다. 고의에 의한 살인은 존엄성에 대한 범죄이기 때문에, 죽음을 가져올 것이라는 것을 (단순히) 알고 행동하는 것보다 나쁘다.

이중 효과의 예들은 바로 이 개념차를 통해 그 예들로부터 귀결되는

---

* Oxfam. 저개발 지역 빈민들이 자활할 수 있도록 재정적으로 돕는 국제 비영리 단체.

확신들을 끌어낸다. 내가 순전히 내 이익만을 고려해서 당신에게 위해나 위해의 위험을 유발하도록 행동할 수 있는 것처럼, 나는 타인의 이익을 위해서 동일하게 행동할 수 있다. 물론, 나의 그런 행위가 정당한 것은 당신에게 무슨 일이 생기는 것이 바람직한지 결정할 권리를 내가 가졌기 때문이 아니라는 전제하에서 그러하다. 만일 우리 둘 다 간이식을 해야 하지만 간이 단 하나뿐이라면, 또는 우리 둘 다 물에 빠져 죽게 되었고 구조 행위자가 단 한 명뿐이라면, 마치 또 다른 동네 주민 누군가도 그 순간 도움이 필요한 것처럼, 선택받지 못한 사람이 죽게 되는 것은 운수 소관이다. 어느 누구도 어떤 경우에 그가 사는 것보다 죽는 것이 바람직하다고 판단하지 않았다. 어떤 경우에 그 사람의 몸으로 또는 몸에 어떤 일을 해야 한다고 판단하지 않았다. 만일 선택받지 않은 사람이 다른 곳, 즉 더 안전한 곳에 있다고 해도 구조 행위자의 목적에 완전히 부합한다.

그러나 죽어 가는 사람을 살리기 위해 타인을 실제로 죽여야 하는 사례는 다르다. 이러한 상황에서 구조자는 특정한 확신을 행동에 옮긴 것이다. 그는 심장병에 걸려 몇 주밖에 못 사는 환자가 죽어야 그보다 어린 사람이 살 수 있다고 결정을 내린 것이다. 물론 그 심장병 환자가 동일한 결정을 스스로 내릴 수도 있다. 그는 다음번에 문제가 생기면 소생술을 하지 말라고 강력히 요구할 수도 있다. 또는 법이 허용한다면, 그의 장기가 타인에게 이식될 수 있도록 바로 죽기를 요구할 수도 있다. 이것은 자신의 생명이 가장 잘 사용될 방법이 타인을 살리는 것이라고 그 스스로 결정한 것이라 할 수 있다. 우리는 이러한 결정에 갈채를 보낼 수 있고, 갈채를 보내지 않을 수도 있다. 생명이 본래 누려야 할 연한보다 짧게 끝내는 것은 삶이 결국 나쁘게 끝나는 것이라고 생각할 수도 있다. 우리는 장기 이식을 받아야 하는 젊은이도 자연스럽게 죽는 것이 노인이 스스로 생명을 포기하는 것보다 낫다고 생각할 수도 있다.[13] 그러나 그 결정이 어떻게 내려져야 하는지에 대한 우리 생각이 어떻든, 그 결정은 그 환자 자신의 책임이고, 전체적으로 보았을 때 더 좋은 결과를 낳는다 해도, 그 책임을 누구도 빼앗을 수 없다. 이것이 바로 인간의 존엄의 범위에 관한 우리 확신의 결과다.

또 기이한 사례들

이러한 사례들에 인공적인 냄새가 강하게 난다는 사실에는 나도 동의한다. 우리가 어떻게 사례들을 구분하든지 사람들이 죽는데, 경쟁 위험과 고의 위험의 구분이 그렇게 강력한 힘으로 작용하는가? 철학자들은 어떤 원칙이나 구분도 자의적으로 보이게 만드는 사례들을 만들어 낼 수 있다. 이러한 예들이 적절히 사용된다면, 가상적 상황에서 제시된 법리를 시험하듯이, 해당 원칙들을 시험할 수 있다. 12장에서 말했듯이, 어떤 원칙으로부터 귀결된 사례에 대해 우리가 즉각적으로 혹은 명백하게 옳다고 느끼지 못하는 것은 원칙에 대한 반대가 아니다. 또는 그렇게 옳다고 느껴지는 원칙을 자의적으로 보이도록 만들 수 있다는 것도 반대의 근거가 되지 않는다. 우리의 해석적 야망을 고려해 보자면, 충분한 고찰 이후에 그것이 잘못되었다는 것을 확신하지 않는다는 것만으로 충분하다. 사람들이 스스로의 몸에 대해 주권적 통제력을 가져야만 한다는 원칙을 포함한 존엄성의 원칙이 설득력 있어 보이는 것은 기차 사례에서 직감적으로 옳다고 여겨지는 판단을 제시하고 있기 때문이 아니다. 오히려 반대다. 위 사례에서 존엄성의 원칙이 제시한 판단은 비록 어떤 면에서는 이상해 보여도 일반 사회 정치적 생활에서는 매우 설득력이 있기 때문에 직감적으로 옳은 것이다. 우리는 이 원칙을 바보스러운 가공의 케이스로 시험할 수 있고, 이 원칙은 그 시험을 통과했다. 즉 이 원칙은 우리가 보기에 명백히 그릇된 평결로 귀결되지는 않는다. 철학을 공부하는 대다수 학생들은 다섯을 살리기 위해서 한 명만 누워 있는 기찻길로 길을 돌리는 스위치를 누르는 행위가 옳다고 생각할 것이고, 적어도 잘못이라고 생각하지는 않을 것이다. 그러나 기차를 막기 위해 길 가던 뚱뚱한 사람을 던지는 것은 옳지 않다고 생각할 것이다.

물론, 기찻길 사례에 전문적인 철학자들은 이와 같은 직감적 합의에 이르지 않는 변형 사례를 만들어 내기는 했다.[14] 기찻길 위에 다섯 명이 묶여 있고 한 명이 묶여 있는 다른 기찻길로 기차 카트가 가는 길을 바꿀 수 있는 상황을 다시 가정해 보자. 변형된 경우에서는 기찻길이 원형으로 되어 있어서 첫 번째 기찻길과 두 번째 기찻길이 연결되어 있는 상황이다. 따라서 첫 번째 기찻길에 다섯 명이 누워 있고, 반대 기찻길에는 한 명이 누워 있지만, 이 두 번째 길을 계속 가면 처음 다섯 명을 만나게 된다. 따라서 이 케이스에서는 두 번째 길에 놓인 한 명의 죽음이 다섯 명을 살리는 데 필요 요건이다. 만일 그 한 명이 없었다면, 시간 차이는 있을지 모르지만, 어느 쪽 길을 가든지 다섯 명은 죽었을 것이다. 따라서 기차 카트를 돌리는 행위가 한 사람의 생명을 가장 잘 사용하는 것에 대한 판단을 내포한 것으로 여겨질 수도 있고, 그렇게 여겨지지 않을 수도 있다. 물론 학생들의 반응은 철도 스위치를 돌리는 것을 다섯 명을 피해 돌리는 것으로 보는지 아니면 완충인(buffer person)을 향해 돌리는 것으로 보는지에 따라 달라진다. 아마 좀 더 단순한 기찻길 사례가 제시된 이후에 두 번째 사례가 제시되는 경우와 반대의 순서로 제시하는 경우 사이에 학생들의 반응에 차이가 있을 수 있다. 그러나 하여튼 학생들이 어떻게 반응하든, 이 구별*이 초가상 사례에서는 실패했다고 할 만큼, 또 그래서 무효라고 여길 만큼, 그 반응이 명백하게 그르지는 않을 것이다.

---

* 저자가 '칸트의 원칙'이라고 부르는 것 중에서 진정성의 원칙에 따른 구별.

장기 이식 추첨제를 위한 사전적 논변은 어떤가? 물론 이전에 내가 제시한 논변은 잘못되었다. 즉 장기 이식 추첨제가 정착되었다면 그 추첨제에 참여하는 것이 당신의 이익이었을 것이라는 가정에 따르면, 당신을 죽여서 장기를 수확하는 것이 허용된다는 논변은 잘못되었다. 가상적 계약은 계약이 아니다. 그러나 만일 추첨제가 실제로 존재하고, 당신이 이 제도에 참여했다면? 당신은 유사 노예제에 스스로를 팔았다고 할 수 있다. 당신의 번호가 추첨되어, 외과 의사가 당신에게 가까이 오는 모습을 상상해 보라. 당신은 그 순간에 이 제도에서 혜택을 받을 수도 있었기 때문에, 당신이 지금 죽는 것이 정당하다고 생각할지도 모른다. 당신에게 복종할 의무가 있다고 생각할 수도 있다. 그러나 당신이 그렇게 생각하지 않을 수도 있다. 자신의 운명이 너무나 끔찍하다고 생각할 수도 있고, 이 제도 자체가 결과적으로 부당하다고 생각할 수도 있고, 죽기 싫은 마음이 다른 모든 것보다 우선할 수도 있다. 어쨌든 그 결정은 더 이상 당신의 것이 아니다. 당신은 이 체제에 동의했고, 당신의 존엄성에 반드시 필요한 당신의 몸을 어떻게 사용할지에 대한 최소한의 통제권을 스스로 가지고 있지 않다. 이것이 자신을 노예로 팔지 말아야 할 이유다. 비록 우리 자신에게 이익이 될지라도, 즉 더 오래 살지라도 그것은 치욕스러운 삶이 될 것이다. 위험을 자원하는 것, 예를 들어 군에 자원입대하는 것과는 다르다. 자원자들은 자신의 삶을 가장 잘 사용하기 위해서는 매우 높은 위험도 감수할 줄 알아야 한다고 스스로 결정을 내린 것이다. 그러나 그들은 어느 누구에게도 고의로 자신의 생명을 취할 수 있는 권한(authority)을 준 적이 없다. 이 권한은 권력(power)과 구분된다.

순리대로 흘러가게 두는 것

앞 장에서 언급했던 물에 빠진 두 명의 사례와 이 장에서 언급한 첫 기찻길 사례의 차이점 하나는 유관해 보이지만 사실은 그렇지 않다. 물에 빠진 사례의 경우, 구조 행위자가 아무것도 하지 않으면 둘 다 죽게 될 상황이었다. 즉 순리대로 흘러가게 둘 경우에 그렇게 될 수밖에 없었다. 그러나 첫 기찻길 사례에서는 기차 카트의 길을 바꿀 수 있는 사람이 아무것도 하지 않는다면 두 번째 길에 누워 있는 한 명은 해를 입지 않을 것이고, 기찻길을 바꾸는 스위치를 누르면 그 한 명은 새로운 위험에 빠지게 될 것이다. 이 이상한 사례에서도 순리대로 흘러가게 두어야 할까? 이 상황에 개입하는 결정 그 자체가 타인 스스로의 생명에 대한 책임을 폐기하는 것이라 말할 수 있을까? 길을 바꿀 수 있는 사람은 그 상황에 대해 아무것도 하지 않고 떠나야 했을까?

순리대로 흘러가게 둔다는 것이 어떤 의미인지는 명확하지 않다. 만일 다섯 명을 살리기 위해 한 명을 희생시키는 것이 순리라면, 기찻길을 바꾸는 스위치를 누르는 것이 순리대로 흘러가게 하는 것이다. 그러나 아마도 여기에서 '순리'의 의미는 무인식적 순리(nonintelligent nature)를 의미하고, 잠재적 구조 행위자는 마치 그가 그곳에 있지 않아서, 그 상황을 인식하지 않은 것처럼 행동하는 것이 순리대로 흘러가게 두는 것일지도 모른다. 그러나 왜 그래야 하는가? 예를 들어 당신과 내가 타고 있는 배가 난파했고, 구명조끼로부터 동일한 거리에 당신과 내가 있다고 가정해 보자. 우리는 순리대로 흘러가게 두지 않을 것이다. 여기에서 자연에 맡기는 것은 물에 빠져 죽는 것이다. 우리는 구명조끼를 향해 열심히 헤엄칠 것이다. 내가 그 경주에서 진다면, 구조 행위자가 다른 사람을 구조한 것과 동일한 상황이라 할 수 있다. 당신은 당신을 구하려 한 것이고, 그 행위가 나를 죽음으로 이끈 것이다. 구조 행위자가 당신 스스로가 아니라 수영을 더 잘하는 제3자, 예를 들어 당신 아내가, 내가 아닌 당신에게 구명조끼를 던지는 것과 무슨 차이인가? 여기에서 내가 입는 위해는 경쟁으로 발생한 위해이고, 난 운이 없었을 뿐이다. 그러나 만일 당신이 구명조끼를 가질 수 있게 당신의 부인이 나를 총으로 쏘았다면, 이것은 운의 문제가 아니다. 그녀는 내가 내 생명이 즉시 끝나야 할지 말지 결정할 권리를 빼앗았다.[15]

형사법상 형벌은 위와 같은 권리를 또한 빼앗는다. 이미 말했듯이, 내 몸에 어떤 일이 생길지에 대한 통제력은 개인적 책임의 중요한 부분을 구성하기 때문에, 감옥은 존엄성에 대한 침해다. 사형은 그중 가장 극단적인 침해다. 우리 모두는 범죄를 저지른 자는 때때로 감옥에서 형기를 살 필요가 있다고 생각하고, 우리 중 어떤 사람들은 사형도 필요하다고 생각할 것이다. 그러나 우리 모두는, 어느 누구도 존엄성에 대한 권리를 포기했다고 할 정도로 잘못을 저지르지 않은 경우에 처벌받아서는 안 된다고 주장한다. 더구나 우리는 한 명의 죄 없는 사람이 처벌을 받기보다 죄 지은 사람 여러 명이 풀려나는 것이 더 낫다고 생각한다. 그리고 이러한 판단에도 또한 이 경우에도 단순히 운이 없는 것과 타인이 우리 생명이 어떻게 사용되어야 할지 결정하는 것을 구분할 중요성을 우리에게 다시 확인시켜 준다.

14장 책무[*]

관습과 책무

　우리는 존엄성의 두 원칙 중 어느 하나와 타협하지 않고, 두 원칙에 비추어 살아갈 수 있도록 그에 대한 구체적 해석을 추구한다. 인간의 생명에 대해 동등한 중요성을 존중해야 한다는 원칙이 하나이고, 스스로의 생명 또는 삶에 특별한 책임을 가진다는 것이 다른 원칙이다. 12장과 13장에서는 그러한 해석을 통해 다음과 같은 지침을 확인했다. 우리는 우리에게 지정된 레인에서만 수영을 해도 된다. 나 자신이나 가까운 사람들에게만큼, 낯선 자들에게 관심을 보일 필요도 없다. 그러나 그들의 운명에 완전히 무관심해서는 안 된다. 도움이 절실히 필요하고, 도움을 주는 것이 우리가 이루고자 하는 일에 크게 해가 되지 않고, 특별히 그 고통이나 위험에 우리가 직면하고 있을 때, 우리에게는 도움을 줄 의무가 있다. 이러한 조건이 충족됐는데도 돕지 않는다면 그것은 타인의 생명 또는 삶에 대한 모욕이고, 자신 스스로에 대한 존

---

[*] 이 장의 번역은 오시진 선생님께서 협업해 주심.

중을 부정하는 것이 된다. 타인에게 해를 가하지 말아야 할 책임은 다른 종류의 책임이며 더 큰 책임이라 할 수 있다. 우리 자신의 부와 생존을 위해 타인을 고의로 해하지 말아야 한다. 우리는 남을 도와야 하며 해하지 말아야 한다는 도덕적 명령의 밑그림을 그려 보았다. 이 명령들이 실제 상황에서 요구하는 것과 금지하는 것에 대해서는 조금 더 정밀한 판단이 필요하고, 세부 사항에 따라 결과가 매우 달라지기 때문에 이 명령들보다 더 구체적으로 사전에 규칙을 확정하기는 어렵다. 모든 것은 사안별로 더 심화된, 그리고 종종 형언할 수 없는 해석적 판단에 달려 있다. 나중에 논할 정치는 다르다.

낯선 자에 대해서는 충분히 논의한 것으로 보인다. 이 장에서 우리는 우리가 손해를 각오하고 도와야 할 사람이 낯선 자들이 아니라 우리와 어떠한 형태로든 특별한 관계에 있는 사람일 경우에 발생하는 윤리적 도덕적 과제를 고찰하겠다. 이 특별한 관계는 둘로 분류된다. 바로 수행적 관계와 유대적 관계다. 첫째, 우리는 약속을 하는 것과 같이 날짜를 특정할 수도 있고, 의사를 표명하는 행위로 타인과 특별한 관계를 만들 수도 있다. 둘째, 어떤 사람들은 유대적 연결 고리 그 자체만으로도 특별하다. 가족, 친척, 공동 기업을 함께 동반자로 운영하는 경우가 그러한 예에 해당한다. 그중에서도 정치적 유대 관계는 특별히 중요한데, 그에 대해서는 별도의 장에서 논하겠다.

수행적 관계 그리고 유대적 관계는 둘 다 '의무' 또는 '책무'를 발생시킨다. 이러한 관계들은 특별히 강력한 부조 책임을 함의한다. 따라서 우리는 부모는 자녀를 돌볼 의무가 있다고 말하고, 직장 동료는 업무상 조력해야 한다고 말하고, 약속을 한 사람은 그 약속을 지켜야 할 책무가 있다고 말한다. 철학자들과 법률가들은 책무의 '성질' 또는 '논리'에 많은 관심을 보여 왔다.[1] 어떤 이가 고통 받는 사람을 도와야 만 한다는 주장과 돕는 것이 그의 의무라는 주장에는 어떤 차이가 있을

472

까? 책무와 권리는 어떤 연결점이 있는가? 만일 당신에게 나를 도와야 할 책무가 있다면, 자동적으로 당신에게 도움을 구할 권리가 나에게 있을까? 의무나 책무가 채권자들에 의해서라면 언제나 포기될 수 있을까? 이 질문 중 몇 개는 매우 흥미롭지만 중심 질문과 연관이 없으므로, 여기에서 다루지는 않겠다. 여기에서의 중심 질문은 특별한 관계에 결부된 당신의 의무와 책무가 당신이 잘 사는 것의 의미로부터 어떻게 도출될 수 있고, 또 당신이 잘 사는 것의 의미에 어떻게 영향을 줄 수 있는가 하는 것이다.

수행적 책무 그리고 유대적 책무는 사회적 사실(social facts)에 지대한 영향을 받는다. 무엇이 약속이고 또 무엇이 그 약속을 무시해도 될 변명이 되는지는 맥락과 장소, 그리고 시간에 따라 다르다. 이러한 변이는 예를 들어 계약법, 혼인 관계법, 고용 관련법을 통해서 수행적 행위가 법률관계를 바꿀 때 선명하고 분명하게 드러나지만 단순히 도덕적 책무만 문제가 될 때에도 인상적이다. 부모나 자녀, 동료 또는 시민으로서의 역할상의 책무는 해당 관습의 우연성에 의해 정해진다. 예를 들어 어떤 공동체의 경우 친척에 대한 의무가 다른 공동체에 비해 더 넓은 범위의 친척에게까지 적용된다. 부모가 나이가 들어서 자녀에게 무엇을 기대할 수 있는지는 그들의 사회 환경에 따른 관습에 따라 정해진다. 비즈니스 혹은 전문직 동료가 서로에게 기대하는 바는 종사 분야에 따라 큰 차이를 보일 것이다. 어떠한 경우에는 책무가 투표나 선거와 같은 형태를 통해서 더 우연적으로 정해진다. 예를 들어, 사람들은 자신이 속한 국가의 의회가 제정하는 모든 법에 순종할 도덕적 책무가 있다고 생각해 왔다.

책무를 확립하는 데에 관습이나 사회적 관행의 결정적 역할은 철학적 문제를 야기한다. 관습은 단순히 사실일 뿐이다. 어떻게 사실에 불과한 관습이 진정한 도덕적 의무를 만들고 형성하는가? 어떻게 내가 어떤 곳에 살 때는 내 육촌을 마치 형제처럼 대우해야 할 책무가 있고, 다른 곳에 살 때는 그러한 의무가 없을 수 있는가? 왜 이러한 차이는 도덕적 효과가 전혀 없는 단지 사회인류학적 문제에 국한되지 않는가? 어떻게 "내가 약속한다."라는 언사는 단지 사람들이 도덕적 힘이 있다고 받아들인다는 이유 하나로 도덕적 힘을 가지게 되는가? 흄의 원리는 책무 현상 전체가 중대한 실수라고 비난하지 않았는가? 그렇다. 이전 두 장에서 논의한 도덕적 책임들은 사실의 변화에 따라 달라진다. 당신이 헤카베를 구할 의무는 당신이 수영을 할 수 있는지, 구명 밧줄을 갖고 있는지 등의 조건에 따라 달라진다. 그러나 그것은 매우 일반적인 도덕 원칙, 즉 낯선 자들을 도와야 할 의무를 규제하는 원칙이 그 조건들을 중요하게 만들기 때문이다. 사회적 관행은 아무것도 없는 곳에서 수행적 그리고 유대적 책무를 만들어 내는 것처럼 보인다. 연금술처럼 보인다. 도덕이 없는 곳에서 어떤 도덕을 만들어 내는 것이다.

철학자들은 우발적인 사실이 진정한 의미의 도덕적 힘을 갖도록 하기 위해 별도의 매우 일반적인 도덕 원칙을 제안하며 이러한 난제에 답했다. 이것은 마치 도움이 필요한 낯선 자들을 도와야 한다는 일반 원칙과 같다. 철학자들은 관습이 기대를 만들고, 사람들은 그 기대를 보호받을 도덕적 권리를 가진다고 설명한다.[2] 앞으로 보겠지만 이는 많은 것을 담고 있어도 불완전한 주장이다. 모든 기대가 권리로 인정받을 수준에 이르는 것은 아니다. 우리는 왜 특정한 언어나 역할에 의해 생성된 것이 특별한 도덕적 힘을 가지는지 그 이유를 알아야 한다. 다른 철학자들은 유용하고 공정한 사회 제도를 존중할 일반적 도덕 의무를 인용한다.[3] 그러나 내가 존중할 의무가 없는 유용하고 공정한 제도는 상당히 많다. 예를 들어 아프리카 부족 간에 마련된 농업 생산 제도 같은 것은 나에게 의무를 발생시키지 않는다. 그들의 생산량 할당을 존중함으로써 내가 이익을 얻어도, 그들이 나에게 존중을 기대해도 마찬가지다.

또 다른 철학자들은 공평성(fairness)의 일반 원칙에 따라 보았을 때, 사회 제도에 대한 부담을 지지 않으면서 그 혜택에 편승하는 것은 타당하지 않다고 설명한다. 그들의 표현을 빌리면, 무임승차를 하지 않아야 한다.[4] 이 원칙은 상대적으로 적은 역할 책무에 대해서밖에 설명하지 못한다. 즉 부모는 부모라는 역할로 인한 혜택을 얻으려 하지 않을 수 있지만, 그래도 그와 관련된 도덕적, 법적 책임이 있다. 무임승차 원칙은 약속과 관련된 사례에 더 적합해 보인다. 일반적으로 약속을 하는 사람들은 해당 제도에서 혜택을 보려고 하기 때문이다. 종종 사람들은 약속을 해 준 대상에게서 이익을 얻으려고 그에게 약속을 한다. 그러나 항상 그런 것은 아니다. 시혜적으로 약속을 할지라도 그로 인해 책무가 발생한다.

　시혜적으로 약속을 해 준 사람이 약속 제도에 편승한다고 할 수 있을까? 그가 어떠한 목적으로 시혜적 약속을 했든지, 약속이라는 제도는 일반적으로 유용한 제도로서, 이번은 아니더라도 다른 경우에 도움을 줄 것이고, 이러한 시혜적 약속도 할 수 있게 했기 때문에, 결국 편승이라 할 수 있을까? 그렇지 않다. 나에게 이익이 될 것을 생산하는 데에 비용을 지출해야만 한다는 일반 도덕 원칙이 없기 때문이다. 내가 길거리 음악가에게 돈을 던져 주지 않고 지나치는 행위는 이기적이라고 할 수 있다. 그러나 그의 음악을 내가 즐겼다고 할지라도, 그리고 내가 더 들으려고 잠시 멈추어 섰다고 할지라도, 나는 어떠한 책무도 위반하지 않았다.[5] 물론 약속을 한 경우는 다르다. 약속은 내가 약속을 했기 때문에 책무가 발생한다. 그러나 왜 약속 행위가 책무를 발생하는지 공평의 일반 원칙으로 설명하는 철학자들은 왜 공평성이 약속을 지켜야 한다고 요구하는지 설명하지 못한다. 우리에게는 약속과 역할 관습의 도덕적 힘에 대한 더 좋은 설명이 필요하다. 우리는 더 좋은 설명을 지금까지 몇 장에 걸쳐 검토한 존엄성의 두 원칙의 근원에서 찾을 수 있다.

약속

신비

약속은 책무를 생성한다. 일상적인 용도를 위해서는 충분히 정확한 표현이다. 특별히 약속이 없었다면 책무가 없었을 상황에서는 더욱 그렇다. 그러나 이렇게 간단하게 문제를 제시하는 데에는 위험이 따른다. 이러한 위험은 많은 철학 문헌에서 나타난다. 약속을 마치 마술처럼 보이게 한다. 흄은 그만의 특징적인 독설로 이 문제를 이렇게 표현했다.

모든 새로운 약속은 약속을 하는 사람에게 새로운 도덕적 책무를 부과한다는 것, 그리고 이 책무가 그의 의사로부터 발생한다는 것, 이것은 상상할 수 있는 가장 신비롭고 이해할 수 없는 작용이다. 의도와 함께 특정한 형태의 말만으로 외부 물체나 인간 창조물까지 그 성질을 완전히 바꾸어 버리는 화체설(化體說)이나 신의 명령)과 비견될 수 있다.[6]

연금술을 차치하더라도, 우리는 순환 논리에 빠질 위험을 두려워할 수 있다. 우리는 어떻게 "내가 약속한다."라고 말하는 것이 도덕적 책무를 생성하는지 그 질문을 유예하지 않고 설명할 수 있는가?[7] 우리는 약속을 받는 사람이 약속에 의존하게 되고, 약속이 깨지면 손해를 입을 수도 있기 때문에 책무가 발생한다고 설명하고 싶은 유혹을 받는다. 그러나 약속이 의무를 생성한다고 상정하지 않고는 약속을 받는 사람은 약속이 지켜져야 한다고 기대할 이유가 없다. 따라서 우리는 약속이 책무를 생성한다는 것을 추정하지 않은 채로, 약속을 받는 사람의 의존성을 그 근거로 제시할 수 없다. 이것이 우리가 설명하고자 하는 것이다.

그러나 이러한 문제가 생기는 이유는 수많은 철학자들이 약속하는 행위가 별도로 독립적인 도덕적 책임의 근거가 된다고 생각하기 때문이다. 어떤 사람들은 약속이 모든 의무의 기초가 된다고 믿는다. 우리에게 도덕적, 정치적 책임이 있는 이유는 어떤 신비적인 상태나 차원에서 우리 모두가 공동체의 관습을 따른다고 동의했고 약속했기 때문이라고 이들은 설명한다. 그리고 물론 이 관습은 약속을 지켜야 한다는 관습도 포함한다. 이러한 논변은 더 명백하게 그리고 직접적으로 의문을 유예한다. 우리는 방금 왜 우리가 기존 도덕 관습을 지지해야 할 적어도 제한적인 의무라도 있는지 설명하는 다른 철학자들의 논변들을 조사해 보았다. 예를 들어, 최대 행복(the greatest good)에 이바지해야 한다는 일반 의무, 또는 공정한 제도를 지지하는 것 또는 무임승차하지 않는 것이 이에 해당한다. 이와 같은 논변들은 내가 제시한 이유로 실패했다고 할 수 있다. 바로 약속의 도덕적 힘을 설명하는 데 실패했다고 할 수 있다.

우리는 나쁜 습관을 떨쳐 내야 한다. 약속하는 행위는 별개의 도덕적 의무의 독자적 원천이 아니다. 오히려 더 일반적인 책임의 범위를 확정하는 중요한 그러나 배타적이지 않은 역할을 한다. 타인에게 우리가 특정한 양식으로 행동할 것이라고 기대하게 독려한 후에 그런 양식으로 행동하지 않음으로써 타인에게 해를 가하지 말아야 할 것이 바로 그 일반적 책임이다. 그 일반적 책임은 그 자체로 4부 전반에 걸쳐 살펴볼 더 일반적인 책임의 한 유형이다. 타인의 존엄성을 존중하고, 그러한 존중 행위로 우리 스스로의 존엄성을 존중하는 것이 그것이다. 따라서 우리는 약속 지키기의 세부적인 도덕성에 대한 연구를 두 존엄성의 원칙이 실천적으로 무엇을 요구하는지 결정하는 해석적 과제의 일부로 수행할 수 있다. 그러한 각도에서 문제를 보면, 우리는 의문을 만들어 내지 않고 왜 약속이 책무를 생성하는지 설명할 수 있다. 우리에게는 타인을 해하지 말아야 할 일반 책임이 있다. 때로는 우리가 고의로 고무시킨 기대를 충족시켜야 할 책임도 이에 포함된다. 약속을 해서 타인에게 기대감을 고무시켰다면, 이 책임은 더욱 명백해진다. 그러나 이것은 약속이 단지 불분명하던 저변의 책임들을 관습에 일부 고정된 방식으로 더욱 선명하게 만들기 때문이다.

고무와 책임

당신은, 당신이 무엇을 할 것인지 예측하도록 타인을 유혹하거나 최소한 고무하지 않고, 또는 그 타인이 그런 예측에 근거해 자신의 계획을 세우도록 유혹하거나 고무하지 않고는 살아갈 수 없다. 정부, 광고 회사들, 경쟁자, 가족, 애인, 친구 그리고 적 들은 당신이 무엇을 할지, 또는 무엇을 원하고 선호하는지를 예측하려 할 것이다. 당신이 잘 살아야 할 책임을 심대하게 손상시키지 않고, 이러한 기대를 고무시키지 않거나 기대를 저버리지 않기는 불가능하다. 나는 당신이 학회에 참석할 것이라 생각하고 그 학회에 참석할 것에 동의할 수 있지만, 당신이 그것을 알고도 그 학회에 참석하지 않는다 해도 나에게 잘못한 것은 아니다. 만일 우리가 친구라면, 당신은 나에게 그 사실을 말해 주어야 하겠지만, 그 정도가 다다. 그러나 만일 당신이 고의로 그 학회에 참석할 것이라고 나를 고무시켰다면 어떨까? 당신은 이렇게 말했을 것이다. "이 학회가 자네의 관심을 사로잡을 만한 학회가 아닌 줄은 알지만, 우리 둘이 그 학회에 참석하면 좋지 않을까? 평소에 대화할 시간도 별로 없는데 우리에게는 이 학회가 정말 좋은 기회가 될 거야." 이렇게 말했다면 문제는 달라질 것이다. 그러나 어떻게 달라지는가?

거짓말을 한 거라면, 다시 말해 학회에 참석할 의사가 처음부터 아예 없었다면, 당신은 그 행위 자체로 나에게 해를 가한 것이다. 존엄성의 원칙이 그 이유를 설명해 준다. 어떤 거짓말도(거짓말이 허용된 게임과 같은 예외적인 상황을 제외하고) 두 번째 존엄성의 원칙에 반한다. 거짓말은 사람들이 스스로 삶을 책임감 있게 살아가도록 만들게 하기 위한 기초적인 정보를 훼손하려 하기 때문이다. 내가 당신의 거짓말을 믿지 않아 아무런 차이가 발생하지 않더라도 나는 해를 입는 것이고, 당신의 거짓말이 내가 행할 행위에 아무런 차이를 만들지 않더라도 나는 해를 입는 것이고, 당신의 거짓말에 근거해 행해도 내가 별도의 해를 입지 않더라도, 나는 해를 입는다. 당신의 거짓말은 그에 따라 나의 책임을 훼손하려 하기 때문에 내 존엄성을 모욕하고, 그 때문에 나에게 해가 된다. 거짓말은 당신에게도 해가 된다. 나의 존엄성에 모욕이 되는 것은 당신이 받아야 할 존중을 타협하기 때문이다.

그러나 당신이 더할 나위 없이 진심이었다고 가정해 보자. 나에게 참석하라고 권한 학회에 당신은 진심으로 참석할 의사가 있었다. 그러나 내가 그 학회에 참석하기로 동의하고, 발표문을 준비하기로 동의한 후에, 당신은 다른 발표자들을 살펴보고 이 학회가 기대에 미치지 못한다는 것을 깨달았다. 사실 시간 낭비일 수도 있다는 생각이 들었다. 물론 당신은 나에게 마음이 바뀌었음을 알려야 한다. 그러나 내가 이미 수락했고 가야만 한다는 이유로, 당신이 이 지루한 학회에 참여해야 할 책무가 있을까? 이제 질문이 달라졌고, 더 어려워졌다. 만일 당신이 할 것이라고 기대를 고무시킨 일을 당신이 포기한다면, 그 행위가 나를 해하지 말아야 할 당신의 책임을 위반하는가? 우리는 이 문제를 두 개의 질문으로 나누어 볼 수 있다. 당신이 나에게 해를 가했는가? 나에게 그렇게 해를 가하지 말아야 할 책임이 있었는가?

당신의 독려가 없었으면 절대 가지 않았을 무의미한 학회였다면, 당신은 나에게 명백히 해를 가했다고 할 수 있다. 내 발표에 대한 토론도 비판적이지 않았고, 나머지 모든 발표 및 토론도 지루할 정도로 나에게 무의미한 학회였을 때 나에 대한 해는 명백하다. 그러나 반대로 학회가 너무나 재미있어서, 당신과 대화할 일을 아쉬워하지 않을 만큼 재미있어서, 이유를 불문하고 내가 학회에 참석했을 경우를 가정해 보자. 당신이 그 학회에 참석했더라도 나는 너무 바빠서 당신과 함께할 시간조차 없었을 경우를 말이다. 이런 경우에도 당신이 나에게 해를 가했다고 할 수 있을까? 분명히 그렇게 심하게 해를 가했다고 할 수 없다. 그러나 아예 해가 없을까? 두 가지 측면에서 있다고 할 수 있다.

첫째, 당신은 위해 발생의 위험을 만들었는데, 위험을 만들어 내는 것 자체가 위해의 한 종류다. 이러한 위해는 도로에서 부주의한 운전으로 나를 치지는 않았더라도 해를 가한 것과 동일한 차원으로 볼 수 있다. 나에게 당신의 참석을 기대하게 한 이후, 학회에 참석하지 않기로 결정했을 때, 나는 그래도 학회에 참석할지 또는 그 학회 자체가 내게 이익이 될 것이라고 여길지 알 수 없었다. 적어도 분명히는 알 수 없었다. 당신이 참석하지 않을 것이라고 결정하기 이전에 서로 연락을 했더라면, 나는 당신이 오지 않아도 나에게 해가 되지 않는다고 확실히 말해 주었을 수도 있다. 그런 상황이라면 당신은 나에게 아무런 해도 가하지 않았을 것이다. 그러나 만일 당신이 실망으로 발생할 충격에 대해 조금이라도 무시하고 행동했더라면, 당신은 반대로 나에게 위해가 발생할 위험에 빠지게 한 것만으로도 해를 가한 것이다. 둘째, 당신이 거짓말했을 때와 동일한 차원에서 나에게 해를 가했다. 당신은 내가 결정을 내린 근거가 되는 정보를 바꾸었고, 이번에는 소급적으로 그 기초를 조작했다. 내가 결정을 내리는 데에 기초가 되는 정보를 두 단계로 변질시켰다. 첫째, 당신은 먼저 나를 고무시켰고, 그 이후 그 고무를 조작했다. 처음 나에게 학회 참석을 제안할 때 나를 호도할 의도는 없었지만, 나중에는 당신이 이미 말한 것을 오해할 수 있게 만들었다. 거짓말을 하는 사례에서처럼, 이런 행위는 그 자체만으로 위해가 성립되고, 이로 인해 발생하는 위해와는 별도의 해라 할 수 있다.

따라서 우리는 두 번째 질문을 고려해야 한다. 만일 내가 그 학회에 참석하기 싫은 상황이라면, 당신은 명백한 방법으로든 오묘한 방법으로든 나에게 해를 가하지 말아야 할 도덕적 책임이 있는가? 이것은 회피할 도덕적 책임이 없는 단순한 경쟁 위해(competition harm)와는 다르다. 당신은 나의 기대와 의도를 바꾸기 위해, 나를 지목해 고무시켰다. 즉 나의 레인으로 넘어 들어왔다. 이 행위 그 자체만으로 어떤 도덕적 결과가 발생할 수밖에 없다. 당신이 어떤 행동을 할 것이라고 내가 생각하도록 고무시켜 놓았다면 그 행동을 하지 않은 것을 정당화할 이유를 제시할 필요가 있다. 무관심이나 변덕은 충분한 이유가 되지 않는다. 그러나 이미 말했듯이, 당신에게 어떠한 정당한 이유가 있든지 간에 당신의 마음을 바꾸는 것이 언제나 잘못되었다는 말을 받아들이라는 것은 삶에 대한 당신의 통제를 침입하는 너무나 심각한 문제다. 당신이 나의 존엄성을 존중해야 하기 때문에 나에게 지켜 줘야 할 것이 무엇인지에 대해서는 좀 더 관대한 해석이 필요하다. 그러나 어디에서 그 관대한 선이 그어져야 하는가를 결정하는 것은 매우 어려운 문제다.

여기에는 매우 다양한 요인들이 있다. 당신이 얼마나 강력하게 나를 고무시켰는가? 그 기대를 실망시키지 않는 것이 당신에게 얼마나 어려웠는가? 당신이 처음 나를 고무시켰을 때, 이러한 어려움들을 전혀 예상하지 못했는가? 아니면 예상 가능했나? 당신이 학회에 참석하지 않겠다고 결정했을 때, 내가 확실히 이로 인해 고통받을 가능성이 얼마나 되었는가? 내가 실제로 고통받았는가? 우리는 이 마지막 질문에 동의하지 않을 수 있다. 그것이 실제로 고통받은 순간에 대한 것이든지, 아니면 회고적인 상황에서였든지 불문하고 말이다. 예를 들어 우리는 내가 그 학회에 참석함으로써 실제 이익을 얻은 부분이 있다는 데 서로 동의하지 않을 수 있다. 도덕적 책임의 문제에 있어서 누구의 견해가 중요한가? 당신의 견해인가, 나의 견해인가?

이와 같은 논의는 아직 표면만 다루었다고도 할 수 있다. 고무시킨

후에 실망하게 하는 것이 잘못인지 여부를 묻기 위해서는 다른 많은 요인이 중요하다. 약속에 관한 토머스 스캔런의 논의가 이 문제에 대한 현대 논의에 크게 영향을 끼쳤고, 나 또한 그의 일반 접근 방법을 따른다.(우리의 접근 방법은 차이가 있다.)[8] 그는 다음 'F 원칙'을 지지한다.

> 만일 (1) A가 B로 하여금 자신이 X를 할 것이라고 기대하게끔 자발적·고의적으로 인도했고,(A가 그 일을 하지 않는 것에 B가 동의하지 않은 이상) (2) B는 이에 대해 확언을 듣기 원한다는 것을 A가 알고 있고, (3) A는 이 확언을 제공할 목적으로 행동하고 그리고 그렇게 했다고 믿을 만한 타당한 이유가 있고, (4) B가 방금 설명한 믿음과 고의가 A에게 있다는 사실을 알고 있고, (5) A는 B가 그렇게 알기를 의도하고, B가 실제로 그렇게 알고 있음을 A가 알고 있으며, (6) B는 A가 이 인식과 의도를 가지고 있는 것으로 알고 있다면, 그리고 달리 행동할 특별한 정당한 이유가 없다면, A는 B가 X가 이루어지지 않는 것에 동의하지 않는 이상, X를 해야만 한다.[9]

이 형식적인 서술에는 여러 가지 정도의 차이에 대한 문제가 있다. 예를 들어 A가 어느 정도의 확언을 제공하고자 하는가? 그러나 적어도 'F 원칙'이 내가 설명한 학회 사례를 충족시킬 수는 있다. 다른 논객들은 견해를 달리하는 것처럼 보인다. 약속에 관한 연구로는 매우 영향력 있는 찰스 프리드(Charles Fried)는 다음과 같은 사례를 상상했다. 나대지 옆에 있는 집을 내가 당신에게 팔고 싶어 하고, 당신이 이 집을 사도록 고무하기 위해 나대지에는 내가 스스로 집을 짓고 평생 살고 싶다고 말했다고 가정해 보자.[10] 그러나 몇 년 후에 마음이 바뀌어 내가 그 나대지를 주유소 체인점에 팔았다고 하자. 스캔런의 'F 원칙'은 달리 말할지 모르지만, 프리드는 모든 것을 감안할 때 내가 그 부동산을 매각해도 당신에게 어떠한 의무도 위반하지 않았다고 본다.

이제 학회 사례보다 훨씬 규모가 큰 경우를 생각해 보자. 작은 공동체에서 개업을 한 젊은 의사가 환자를 확보하려고 그 공동체에 정착할 의도가 있음을 간절히 표명하고 싶어 하는 경우를 상정해 보자. 예를 들어 그는 자신의 의도를 표명하기 위해 그의 수술실을 호화롭게 꾸미고 장비를 구비할 수 있다. 다수의 지역 환자들이 새 의사에게 옮겨 간 이후에 그 지역의 유일한 의사는 은퇴하고 이사 갔는데, 갑자기 그 젊은 의사에게 뛰어난 장비를 구비한 먼 곳의 대학 병원에 취직할 기회가 생겼다고 가정하자. 이 의사는 자신의 환자들에게 해를 가하지 말아야 할 책임에 근거하여 그 환자들에게 어떠한 빚을 지고 있는가? 이 상황에서, 가치 있는 삶을 추구하라는 윤리적 책임은 무엇을 요구하는가? 수많은 가변적 요인들이 서로 경쟁하고 있기 때문에, 이 문제들은 어려운 질문들이다.

합리적으로 보이는 많은 다양한 견해들이 나올 수 있다. 스캔런의 원칙에 따르면, 그 젊은 의사는 환자들이 이전의 나이 든 의사를 포기하도록 행동했기 때문에, 그 환자들이 오도 가도 못하는 상황에 남겨 두어서는 안 된다고 입장을 정리할 것이다. 그러나 프리드와 다른 이들은 이는 너무 지나친 요구라고 볼 수도 있고 그런 관점은 합리적일 수 있다. 사람들은 상황이 바뀌었음을 이해해야 하고, 심사숙고해서 예측한 경우에도 어떤 위험 요소를 필연적으로 만날 수밖에 없음을 이해해야 한다. 사람들은 그 젊고 야망 있는 의사가 마을을 떠날 유혹을 받을 수도 있다는 것을 인식했어야 하고, 이제 그가 떠날 때 불평하지 말아야 한다. 대부분의 사람들에게 내가 제시하지 않은 다른 질문들을 제시하게 되면 견해가 더 많이 달라질 수 있다. 예를 들어 그 젊은 의사가 자기를 대체할 수 있는 누군가를 발견했다고 가정해 보자. 그 사실이 그가 머물러야 하는 책무를 소멸시킨다고 할 수 있을까?

약속의 역할

이러한 도덕적 불확실성은 종종 좌절감을 안기고 심하게 해를 입힌다. 다음과 같은 가정을 해 보자. 내일 나는 당신이 내 농지 경작을 도와주길 원한다. 그러나 나는, 그다음 날 나에게도 당신을 도와줄 책무가 발생하리라고 당신이 설득되어야만 내가 도움을 얻으리란 것을 알고 있다. 하룻밤 사이에 나의 상황이 변하여 내가 나의 도덕적 책임을 지속하는 데 어떤 중대한 문제가 생길 수 있다고 생각한다면, 당신은 주저하게 될 것이다. 따라서 나는 내가 행할 것이라고 말한 것을 하지 않을 가능성을 모두 제거하기 위해 노력할 수도 있다. 나는 몇 시간 간격으로 당신의 농장을 방문해 나에게 어떠한 일이 생겨도 당신을 도울 것이라고 큰소리 치며 확신을 줄 수 있다. 내가 이렇게 강력하게 당신을 부추기지 않는다면 내가 나의 책임을 벗어나는 데에 그렇게 높은 수준의 펑계가 필요 없을 것이고, 당신은 이 사실을 알고 있다. 그렇다면 당신은 내가 당신을 그렇게 생각하도록 한 것을 이행할 것을 더 확신할 수 있을 것이다. 물론 전제는 당신이 나를 도덕적으로 책임성 있는 사람으로 여기는 것이다.

이 이야기에 순환성이 없다는 점을 주의해서 보기 바란다.[11] 내가 예고한 대로 행할 것이라고 당신이 추정하기 때문에 나에게 책무가 있다고 당신이 추정하기 때문에, 당신이 내가 예고한 대로 행할 것이라고 추정하는 것은 아니다. 당신의 확신은 우리가 방금까지 검토한 좀 더 근본적인 추정에 근거한다. 당신이 다르게 행동하도록 만들기 위해 내가 당신의 레인으로 건너 들어오는 것 자체에서 나의 책임은 초래된다. 어느 상황에서 그런 책임이 발생하는지, 또 그 책임이 얼마나 강한지에 대해서는 논란이 있을 수 있다는 것을 우리 둘 다 알고 있다. 우리는 사람들이 합리적인 견해차를 보이는 많은 사례들을 알고 있다. 따라서 나는 내 책임을 부정하는 것이 불가능하다는 확신을 주기 위해

나의 책임에 대한 주장을 최대한 강하게 만들 것이다. 모두 내 이익을 위해서다. 내일 내 밭을 당신이 갈도록 하게 하기 위해서다.

약속을 하는 관습은 이와 동일한 것을 좀 더 효율적으로 할 수 있는 장치를 제공한다. 이 관습은 누군가의 고무의 수준을 즉각적으로 높여, 다른 상황에서는 책임이 없다는 주장의 근거가 될 요인들을 거의 무의미하게 만들 수 있는 어휘를 제공한다. 이 관습은 반대 방향으로 흐를 수 있는 불확실성을 제거하는 수단을 제공하기도 한다. "그러나 약속은 하지 않아."라고 말하는 순간 고무를 축소해 최소한의 핑계로도 도덕적 책임을 회피하기에 충분하게 만들어 버린다.

이것은 마술이 아니다. 약속을 하는 관습은 근본적이고 독립적인 도덕적 사실에 기생하고 있다. 도덕적 사실을 고무하는 행위 또는 부추기는 행위는 중요하여, 매우 높은 수준의 어떤 고무 행위는 실제로 책임을 보증하고, 어떤 매우 낮은 수준은 책임을 제거한다. 우리는 이 약속하는 관습을 매우 다른 정형화된 모욕 관습과 비교해 볼 수 있다. 관습은 어떤 특정한 단어들을 사용하는 것 자체가 매우 심각한 모욕적 용어로 받아들이게 만들었다. 이에는 인종적 성적 비방으로 알려진 것들도 포함된다. 이러한 표현들에 붙는 특별한 모욕 관습은 별도의 새로운 책무를 생성하지 않는다. 우리가 보통 어느 누구든 경멸하는 것은 잘못이다. 관습은 이러한 욕설을 정형화하여 그러한 경멸을 보이는 효율적인 방법을 확립했다. 약속하는 행위는 정형화된 욕설과 완전히 다르지만, 사람들에게 해를 주는 비통상적인 방법을 명백하게 하고 개선하는 제도라는 점에서는 유사하고, 이 둘 모두 기존 의무를 위반하는 새로운 방법을 생성한다.

어떤 고무 행위도 책임을 경감시키거나 증가시키는 다른 요인들에 줄 영향을 완전히 제거할 수 없다. 따라서 약속하는 행위도 이를 행할 수 없다. 정식 약속을 했지만 책임이 발생하지 않는 상황이 있을 수 있다. 약속이 잘못된 판단에 근거하거나, 약속을 한 사람이 약속을 무시할 매우 다급한 상황이 있을 때가 그렇다. 그리고 "약속은 하지 않겠다."라는 말도 고의로 형성한 기대 심리를 아무런 이유 없이 완전히 무시하는 것마저 허용하도록 하지 않는다. 관습에 따라 약속을 하는 행위와 명백하게 약속을 하지 않는 행위는 도덕적 책임이 발생하는 상황을 제한한다. 이 상황은 관습이 없는 상황도 포함한다. 도덕적 사실 근저에 있는 근본 원리가 승인하지 않는 것을 관습이 성취할 수는 없다.

약속과 해석

약속 또는 약속이라 주장된 언사들은 도덕적 문제를 제기하고 또 도덕적 문제를 해결한다. 약속은 도덕적 근접성을 배제하지 않는다. 책임이나 연관성의 배경 없는 말뿐인 약속은 힘이 없다. 내가 전화번호부에서 당신의 이름을 무작위로 뽑아 당신에게 다음과 같이 글을 썼다고 가정해 보자. "나는 오는 7월에 랜즈엔드에서 존 오그로츠*까지 걸을 것을 약속합니다. 당신의 충실한 로널드가 서명함." 조금 더 제정신인 사례에서도 우리는 과연 그 사람이 약속을 한 것인지, 무엇을 약속한 것인지, 그리고 그 약속을 지켜야 하는지 불확실할 수 있다. 약속은 책무를 자동적으로 생성시키는 자기 충족적 행위가 아니라, 타인에게 해를 가하지 말라는 일반 의무에 기생하기 때문에, 이러한 질문들은 어떤 특별한 약속 규약집의 검토를 요구하지 않는다. 이 질문들은 약속 관행을 좀 더 큰 윤리적 도덕적 확신의 네트워크 내에 위치 짓는 하나의 해석을 요구한다.

우리는 약속에 대한 모든 성공적 해석의 핵심이 될 것으로 보이는 지점에서 시작할 수 있다. 약속의 목적은 의도적으로 고무시킨 기대

---

* Land's End와 John O'Groats는 각각 영국 섬의 서남쪽 끝에서 동북쪽 끝의 명칭임.

를 좌절시킬 때 받아들여질 수 있는 정당한 사유 또는 책임 조각 사유의 수준을 매우 높게 설정하는 것이다. 약속이 아닌 덜 강력한 방법으로 상대의 의존을 고무시켰더라면 받아들여졌을 변명들이 약속에 대해서는 부적격하다. 내 생각에는 이에 따라 우리는 약속이 될 수 있는 행위나 제스처에 대해서도 높은 수준의 요건을 요구해야 한다. 약속인지 아닌지 증명할 책임은 약속을 부정하는 사람이 아니라 약속을 주장하는 사람에게 있고, 약속 여부가 진정 애매한 경우는 잠정적으로 약속의 이익을 얻을 사람에게 부정적으로 작용한다.(계약법은 더 복잡한 문제다.) 그러나 한 번 약속의 존재가 추정된 후에는 약속을 깰 정당한 사유를 판단할 기준은 폭행 또는 고의로 타인의 물건을 손괴한 경우와 같이 의심의 여지없는 위해를 가했을 때 댈 수 있는 정당한 사유와 동일한 수준의 기준으로 해야 한다.

물론 이미 말했듯이, 이러한 개별 사례들에서 요구되는 정당한 사유의 수준은 실제로 당한 위해와 그러한 위해의 위험에 모두 민감하다. 식당 예약을 어기는 것은 보통 그다지 심각한 일이 아니고 사소한 공격이나 작은 상해도 되지 않는다. 그러나 손해가 약소하거나 혹은 손해 자체가 없다는 것 그 자체가 정당한 사유가 되지 않는다. 한 명의 손님이 적게 오는 것이 별 상관없는 상황에서도, 나는 당신에게 약속을 지키라고 요구할 권리가 있다. 이러한 상황에서 무엇이 위해인지 판단할 주체는 당신이 아니고 나이기 때문이다. 당신이 더 많은 것을 잃을지라도, 당신이 단지 더 좋은 초대를 받았다는 사실은 내가 만일 당신에게 나와의 약속을 지키라고 주장했을 때 정당한 사유가 될 수 없다. 당신이 내 일에 개입한 방식은 그보다 더 높은 수준의 사유를 요구한다. 그러나 예를 들어 당신 아이가 병 나서 예약을 어긴 것이 정당한 사유가 되지 않을 만큼 높은 수준이 될 수는 없다. 이런 거의 당연한 이야기들이 약속의 존재와 그 위반 여부를 결정하는 연산법을 제공하지는 않는다. 우리가 타인에게 해를 가하지 말아야 한다는 일반 확신과 통합하고 이 확신으로부터 약속을 지키는 행위에 대한 판단을 할 때, 우리가 매우 높지만 너무 높지는 않은 진지성을 약속에 부여해야 한다고 말할 수 있을 뿐이다.

유대적 책무

책임과 역할

내가 속한 공동체의 모든 사람들이 내 자식과 부모, 애인, 친구, 동료, 시민에게 도덕적 책무가 있다고 생각한다는 사실이 왜 나에게 진정 그 책무를 부여하는가? 다시 한 번 답은 타인에게 해를 가하지 말아야 한다는 일반 책임과 그 책임을 정제하는 사회 관행의 창의적 상호 작용에 있다. 어떤 경우에는 이 상호 작용 메커니즘이 간단하다. 아이들은 특별한 보살핌을 받아야 한다. 만일 해당 공동체가, 아이들을 보살펴야 할 책임을 부모들에게 지웠다면, 부모 이외의 사람들은 보살핌을 제공하지 않을 것이고, 그 이유만으로도 부모는 아이들을 보살필 의무가 있다. 이러한 사례들에서, 키부츠에서처럼 비록 관습은 다를 수도 있었겠지만, 그 관습들이 그런 형태를 취했다는 사실이 그 관습이 부과하는 책임을 설명한다.[12]

그러나 다른 사례들에서, 어떤 사람들에게 보살필 특별한 책임을 지정하는 것에 대한 대안은 이들 말고 다른 사람들에게 책임을 부과하는 것이 아니라 아무에게도 부과하지 않는 것이다. 성관계를 맺는 파트너, 동료, 친구에 대해 특별한 책임이 없고, 아이들이 그 부모에 대해 특별한 책임이 없는 공동체는 우리 눈에 황폐화된 공동체로 보일 수 있지만 다른 누구도 이 관계에서 발생하는 특별한 책임을 져야 한다고 우리는 기대하지 않는다. 결국 특별한 책임의 부과가 명백히 필요하다는 사실이 아니라, 이 관계들의 내부적 성격이 그 공동체의 관습이 인정하고 형성하는 책임을 규정한다. 그래서 우리는 이러한 관습이 수행하는 역할의 정당화 이론을 찾아야 한다.

내가 생각할 때 최선의 정당화 이론은 다음 두 가지의 반복된 피드백의 순환으로 묘사될 수 있다. 즉 사례의 성질상 우리가 타인과 맺고 있는 특정한 관계에서 발생하는 특별 책임과 그러한 종류의 책임에 내재되어 있는 불확실성을 점진적으로 줄여 나가는 사회 관습 사이의 피드백으로 묘사될 수 있다. 존엄성의 두 번째 원칙은 우리가 삶에 대한 특별한 책임을 수인할 것을 요구한다. 즉 이 존엄성의 원칙의 여러 귀결 중의 하나는 9장에서 설명한 종속성을 금지한다는 것이다. 어떤 관계에서 우리는, 상호 양보가 아닌 이상 종속으로밖에 볼 수 없는 방식으로 타인의 이익, 견해, 권위, 또는 안녕에 양보하기도 한다. 이 양보는 관계에 따라 다른 형태로 나타나는데, 상호성은 반드시 동종 교환의 방식으로 이루어질 필요가 없다. 그러나 그 관계 당사자 모두가 서로에 대해 어떠한 특별한 책임을 받아들이지 않는다면, 그 특별한 관심을 거부당한 당사자의 존엄성은 훼손된다.

예를 들어 정치 생활에서, 우리가 그들의 명령의 공정성이나 지혜로움에 동의하지 않는다 해도 그들의 명령을 이행할 책무가 있다는 것을 우리가 수락한 이상, 우리는 타인의 권위, 즉 주권자, 의회 또는 동료 시민들의 권위에 따르게 된다. 그러한 종류의 책무는 친밀도 스펙트럼의 한쪽 끝에 놓인다. 이에 대해서는 이 장 후반부에서 별도로 다룰 것이다. 그 스펙트럼의 다른 쪽 끝은 성적 친밀도라 할 수 있다. 서로 사랑하는 관계로 받아들인 사람들은 자신의 몸과 영혼을 상대에게 맡긴다. 윤리적으로 보았을 때, 정치적 유대 관계, 성적 친밀성, 그리고 다른 형태의 유대 관계들은 매우 가치가 있다. 이 유대 관계들은 우리 삶의 좋음(goodness)과 우리 삶을 성공적으로 살아가는 것 둘 다에 기여한다. 그러나 그러한 혜택에 중요한 것은 그 관계들이 위험한 관계라는 것이다. 이러한 관계들은 당사자들을 특별한 종류의 이익에만 노출시키지 않고, 특별한 종류의 위해에도 노출시킨다. 만일 타인 몇 명에게 어떤 일이 생기느냐에 따라 당신 삶의 좋음이 취약해지거나, 또는 그들이 당신의 삶의 일부를 통제할 수 있도록 했더라도, 이러한 삶과 운명의 합병에 대응하여 당신에 대한 높은 관심이 동반된다면, 당신은 스스로에 대한 특별한 책임을 부정하지도 훼손하지도 않은 것이다. 그러나 매우 특별한 경우를 제외하고, 그러한 병합이 일방적인 경우에는 한 사람의 책임은 타협된 것이다. 즉 당신이 특별한 관계라고 대우하는 상대방이 당신을 낯선 사람으로 대우하는 경우다. 당신이 가치 있게 여기는 관계 그 사실만으로, 당신이 좇는 이익이 단지 실망으로 대체되는 것만이 아니라 어떤 굴종 관계로 대체된다.

아이에 대한 부모의 사랑의 특별한 중요성, 그 아이에 대한 사랑, 그리고 그 사랑으로부터 자연스럽게 흘러나오는 책임은 부모 자식 관계가 아니라면 충분히 쌍방 노예라 볼 수 있는 상황을 구원한다. 부모로서의 책임은 부모 자신의 삶을 통제할 수 있는 자유로움을 심각하게 훼손한다. 어느 시기 동안은 자녀가 부모에게 거의 완전히 종속된다. 디킨스(Charles Dickens)는 자신이 창조한 젤리비 부인에게서 이러한 사실의 도덕적 함의를 잡아냈다. 그녀는 자신의 "망원경적 자선 행위"를 추구하기 위해 혼란스럽고 누추한 곳에서 살고 있는 자녀들을 방치했다. 우리는 그런 그녀의 선택을 성자답게 보지 않는다. 그녀는 아프리카의 가난한 사람들에게 더 큰 관심을 보였는데 이는 그녀의 가족에 행사한 완전한 통제력을 독재로 보이게 만든다. 그녀는 자신의 아이들을 낯선 이들에 한 것보다 덜 돌보았기 때문에 우스운 꼴이 된 것이 아니라, 그녀의 자녀들을 더 많이 돌보지 않았기 때문에 우스워졌다.

강도가 낮은 다른 관계들은 별도의 내부 논리가 있다. 공식 비공식을 불문하고 다양한 형태의 동반자 관계에 기초한 사업들은, 하나의 동반자라도 공동으로 성공하고자 하는 헌신이 없다면 기망적이라 할 수 있다. 물론 동반자 관계에서 요구되는 특별한 관심은 사랑을 중심으로 하는 관계에 비하면 훨씬 더 제한적이다. 나는 내 동료의 업무에 대해서는 특별한 관심을 보여야 하지만, 그의 삶 전체에 대해서는 그러지 않아도 된다. 물론 그가 내 친구가 아닌 이상 그럴 필요가 없다는 것이다. 친구 관계는 다른 차원에서 특별하기 때문이다. 타인과 지속적으로 함께하면서 즐거움을 얻는 것이 반드시 사랑을 함의하지는 않는다. 그러나 아리스토텔레스가 말했듯이, 만일 낯선 사람들에게 보이는 관심보다 더 큰 관심을 그 사람 자체를 위하여 보이지 않는다면, 그 관계는 천한 도구적 관계일 뿐이다. 만일 친구 관계에 부응하는 특별하고 상호적인 관심이 없다면, 우정의 표현도 다른 종류의 모욕이라 할 수 있을 것이다.

두 개의 반대 의견을 예상할 수 있다. 내 설명이 당신에게 너무 도덕적으로 보일 수 있다. 당신은 관계의 진화적 중요성과 지속적 이로움을 강조하는 것을 선호할 수 있다. 따라서 그 관계를 보호하는 책무의 도구적 가치를 선호할 수 있다. 예를 들어 연인들, 부모와 자녀들은 서로에게 책임감을 느끼는 것이 완전히 자연스럽다고 생각할 것이다. 그러나 우리는 지속적으로 이러한 책무들의 기원이나 존재에 대한 설명을 찾지 않고, 의무에 대한 정당화 이론을 도처에서 찾고 있다. 이러한 관계의 자연스럽고, 어디에나 만연하고, 강력한 감정적 힘은 실제로 정당화하는 힘을 가지게 한다. 즉 이러한 관계에서는 변함없이 자연스럽고 강력한 감정적 힘을 수반하기 때문에 그러한 힘이 없거나 가짜일 때 우리는 모욕을 느낀다. 그러나 그러한 특별한 종류의 위해를 가하지 말아야 한다는 책무의 근거는 그러한 감정의 진화적 가치가 아니라, 그 모욕에 의해 가해진 위해다.

다른 한편 당신은 나의 설명이 윤리적으로 위축됐다고 생각할 수 있다. 품위 있는 사람들은 자신의 연인, 자녀, 부모, 친구를 돌봐야 할 책무가 있다고 생각하지 않는다. 그들은 그냥 그들을 돌보고, 그 관심에 따라 본능적으로 행동한다. 만일 그들이 잠시 멈추어서 자신이 어떤 책무를 지고 있는지를 생각한다면, 또는 그들을 돌보지 않는 것이 타인의 존엄성을 타협하는 것인지 생각한다면, 요즘 유명한 표현인 "너무 많이 생각(one thought too many)"하는 오류를 범하게 된다. 그러나 이러한 반박은 다시 한 번 핵심을 빗겨 나간다. 아마도 품위 있는 사람들은 그들과 가까운 사람들에 대한 책무를 의식하지 않을 수 있다. 어쩌면 그들의 행동을 어떤 책무 차원에서 접근하는 것에 분노할 수도 있다. 그러나 그럼에도 불구하고 그들은 그러한 책무가 있고, 때때로 그 책무의 힘을 느낄 수 있다. 예를 들어 나이 들고 골치 아픈 부모를 감당할 의사가 전혀 없는 경우가 있을 수 있다. 그 부모를 의식적으로 방치한다고 해서 그 책무가 없어지는 것은 아니다. 상황이 벌어질 때 골치 아픈 부모가 당신의 책무는 계속 존재한다고 분명히 알게 만들어 줄 수도 있다. 따라서 우리는 이 책무와 사람들의 행위에 대한 설명을 해야 한다. 그러한 의무를 상기시켜 줄 필요도 없고, 의식하지도 않는 사람들의 행동에 대해서도 설명해야 한다.

관습과 책임

우리는 앞의 장들에서 확인한 일반 도덕 원칙에서 역할 책무의 개략적인 근거를 찾았다. 즉 관습의 도덕적 힘에 의존하지 않고, 특정한 관계들에서 관심을 고조시킬 것을 요구하는 일반 도덕 원칙이었다. 그러나 이러한 책무를 생성하는 관계들은 사회에서만 나타날 수 있고, 따라서 관습의 영향으로부터 완전히 자유로울 수 없다. 생물학적 관계가 주가 되는 관계마저도 문화적 화물(貨物)을 수반한다. 즉 누군가를 부모로 식별하는 것은 생물학적 사실에 무언가를 더하는 것이며, 생물학적 관계를 전제하지도 않는다. 그리고 무엇이 더해지는지는 시대와 장소에 따라 다르다. 이러한 사실이 역할 책무를 '단지 관습적'으로 만들지는 않는다. 그 책무들은 참된 것들이다. 관습은 그 관습이 전제로 하는 원칙과 책임을 생성하지는 않고 집중시켜 모양을 만들 뿐이기 때문이다.

첫째, 관습이 더 세부적일수록, 어떤 것이 금지되는 위해에 해당하는지 불확실성을 줄여 준다. 어떤 관습적인 지시가 없는 상황에서는 내가 특별한 관심을 보여야 할 가족이 누구인지 확인하는 것은 아무리 해도 불명확하다. 또는 우정이 고용상의 편애에 있어 무엇을 허용하거나 요구하는지도 불명확하다. 사회 관행은 이러한 영역의 불확실성을 줄여 준다. 다른 문화와 시대에서는 다른 방법으로 이 불확실성을 줄여 준다. 둘째, 관습은 이렇게 정제된 책임들을 무시할 때의 존엄성에 대한 위험을 급격히 증가시킨다. 관습은 이러한 관계를 존중하지 못하는 것에 개인적 의미뿐 아니라 사회적 의미를 부가함으로써 위험을 증가시킨다. 역할 관습들이 특별한 관계에서 어떠한 행동이 요구되고 금지되는지 규정하기 때문에, 그 관습들은 어떤 행동이 특정한 형태의 유대가 상정하는 상호 관심을 긍정하거나 부정하는지에 대한 어휘 체계를 확립한다. 이러한 두 가지 특징이 내가 언급한 진보적 피드백 순환을 확립한다.

인종적 비방 등의 다른 형태의 사회적 의미 체계와의 비유는 여기에서도 의의가 있다. 한 번 혐오스러운 어휘의 목록에 기재된 단어는 상세한 설명의 비계(飛階)를 밟고 오르지 않고는 그 의미로부터 자유로울 수 없는 것처럼, 역할 관습으로부터 요구되는 도움을 거부하는 행위 역시 비슷하게 상세하고도 위태로운 설명 없이는 스스로 나타내는 무례함으로부터 자유로울 수 없다. 따라서 관습은 역할 책무를 강화할 뿐 아니라, 책무의 형태를 만들기도 한다. 역할 책무가 조성하는 기대 심리는 도덕적 힘이 없는 한낱 예측에 불과하다고 치부할 수 없다. 왜냐하면 이러한 역할 책무는 단지 관행에 의해 지지받을 뿐 아니라, 그 관행이 제련하고 보호하는 더 근본적인 책임에 의해 지지받기 때문이다. 기대가 책무를 추동하는 것이 아니라 책무가 기대를 추동하는 것이며, 기대가 사라졌다고 의무가 없어지는 것이 아니다. 예를 들어 자녀의 무관심에 체념하여 더 이상 기대하지 않는 부모의 경우가 그러하다.

배후 책임과 사회 관습 간의 상호 작용이 이러한 책무의 또 다른, 그러나 중요한 특징에 대해 설명해 준다. 역할 관습은 진정한 유대 관계 상의 책무를 자동적으로 부과하지 않는다. 역할 관습은 독립적인 윤리적 도덕적 시험을 충족시켜야만 한다. 성차별적 또는 인종차별적 관행 또는 살인자들, 마약 밀매자, 도둑들 간의 명예를 규정하는 관행은 그 관행의 채무자들에게 진정한 책무를 부과하지 않는다. 관행의 추종자들이 아무리 그 책무를 철저하게 받아들이는 것처럼 보여도 마찬가지다. 마피아의 병사들은 기대를 가지고, 그들의 관행이 그들의 조직에 특유하게 유용하다는 것을 알면서 그러한 관행을 이용하며, 다른 병사의 어떠한 불충도 모독이라고 본다. 그들은 다른 병사들이 조직의 부담을 회피하려 할 때 이들을 무임승차자라고 위태롭게 본다. 그러나 역할 관행은 오직 그 관행의 구성원들이 그들의 기존의 윤리적 도덕적 책임을 더 효율적으로 성취하도록 한다는 이유 때문에(그러므로 오직 그러한 때만) 구성원들에게 진정한 책무를 부과한다. 이를 깨닫게 되면, 우리는 그 관행이 그런 목적을 수행하지 못하고 오히려 방해물로 작용할 때는 책무를 부과할 수 없다는 것 역시 깨닫게 된다. 사회 관행들은 존엄성의 두 원칙을 존중할 때에만 진정한 책무를 생성한다. 즉 모든 인간 생명이 동등하게 중요함을 인정하는 것과 일관되고 그 동등성의 전제가 금지하는 유형의 위해를 타인에게 가하는 것을 불허하는 사회 관행들만이 진정한 책무를 생성한다. 존엄성의 원칙은 어떤 사람들에게 특별한 대우를 하도록 요구할 수 있지만, 혐오나 살인을 허용할 수는 없다.

해석과 역할

우리는 지금까지 어떻게 사회 관행과 관습이 실제 책무를 부과하는지에 초점을 맞추었다. 이러한 관행과 관습이 어떠한 책무를 부과하는지가 현실에서는 더 중요성을 가진다. 역할 관행은 사람들이 가까운 이들에게 어떠한 빚을 지고 있는지 판단할 때 당면하는 불확실성을 줄여 주지만 그 불확실성을 완전히 제거하지는 못한다. 예를 들어 가장 명백한 역할 관습이라 할 수 있는 부모가 자녀에 대해 지는 의무를 정하는 관습도 많은 의문을 해소하지 못한다. 예를 들어, 역할 관습은 상대적으로 비싼 사립학교 교육을 시킬 능력이 있는 부모가 자녀를 상대적으로 급이 낮은 공립학교에 대신 보내는 것이 허용되거나 요구되는지의 문제를 관습 차원에서 해소하지 못한다. 수많은 중요한 역할 관행들은(예를 들어 친구 관계 관습) 특별한 대우를 필요로 하고 정당화하는 범주를 인정할 뿐 그 이상은 거의 하지 못한다. 그 특별한 대우가 무엇을 수반하는지에 대해서는 정확한 설명이 없다. 정확히 누가 내 친구인가? 어디까지가 친구고 어디까지가 그냥 아는 사람인가? 불편한 친구 관계를 단지 선언을 통해서 종료시킬 수 있을까? 아니면 한 번 형성된 친구 관계는 더 오랫동안 지속력을 갖는가? 만일 그렇다면, 언제 어떻게 종료되는가? 절친한 친구를 위해서 어떤 일까지 해야만 하는가? 경찰에게 범죄를 숨기는 일까지 도와야 하는가?

단 한 가지 역할 관습에 대해서도 이렇게 익숙한 질문들은 끊임없이 나온다. 내가 이 장에서 언급한 유대적 책무에 대한 전통적인 설명은 이러한 질문들에 답하는 데 아무런 도움이 되지 않는다. 사회 관행에 따른 유익뿐 아니라 부담까지도 의무로 받아들일 수 있지만, 그 사실만으로 그 부담의 내용이 무엇인지 파악하는 데 도움이 되지 않는다. 우리가 유용하다고 생각하는 기존의 제도를 지지해야 할 의무가 있다고 인정할 수 있지만, 그러한 인정이 실제로 기존 제도가 무엇을 요구하는지를 판단하는 데에 도움이 되지 않는다. 우리는 사회 관행이 생성하는 기대를 존중하는 데 충실하기로 스스로 약속할 수 있지만, 그러한 약속에 대한 사람들의 기대가 각기 다를 경우 이 중 어떠한 기대를 선택해야 하는지 결정하는 데 도움을 주지 않는다. 역할 관행의 이러한 정당화 이론들이 도움이 되지 않는 것은, 관행을 관습의 문제로만 보고* 순수한 관습들은 합의의 범위에 의해 소진된 것으로 보기 때문이다.

역할 관행이 그 관행이 터 잡은 관계의 내부적 성격에서부터 나오는 진정성 있지만 비결정적인 책임을 명확하게 한다고 인식하고 나면, 우리는 다른 모든 것들을 해석하는 방식으로 이 관행들을 해석할 근거를 가지게 된다. 따라서 7, 8장에서 언급한 해석에 대한 긴 논의는 여기에서 중요하다. 나는 과거의 책에서, 책무를 부과하는 것으로 여겨지는 관습의 해석에 맞게 재단된 사례를 기술한 적이 있다.[13] 우리는 한 공동체 내에서도 어떠한 행동이 예의 있는 행동인지 때때로 견해를 달리한다. 특히 존중에 관한 오래된 관습이 침식되고 있을 때는 더 그러하다. 우리 개개인은 해당 관행의 근본 목적이 무엇인지를 대부분 숙고하지 않지만 그럼에도 불구하고 논란이 많은 전제를 내림으로써 이런 다른 견해들을 갖게 된다.

친구가 경제적인 도움을 요구하는 상황에서 선뜻 도울 마음이 생기지 않을 때, 당신은 친구의 근본적인 목적에 대해 사색하며 도와주어

---

* convention은 관습으로, practice는 맥락에 따라 관행, 실천, 실행 등으로 번역함.

야 할지 결정하지 않는다. 그러나 친구 관계가 무엇이고 어떠한 의미를 가지는지에 대한 탐구되지 않은 이해 때문에, 그의 요구에 대한 당신의 반응은 옳아 보일 수 있다. 그리고 그에 따른 당신의 결정은 역으로 그 이해를 강화시키고 영향을 주어서 차후 유사한 상황에서 당신이 어떻게 반응할지를 규정할 것이다. 이것이 해석적 반응이다. 만일 우리가 그 반응을 논변적 형태로 재구성한다면, 우리는 친구 관계가 전제로 하고 요구하는 아주 높은 관심의 형태와 정도에 대한 어떤 전제에서 시작할 수 있다. 당신은 당신이 그러한 전제를 하고 있다는 것 자체를 인식하지 못하고 있을 수도 있고, 사실 어떤 추론 과정을 거쳤다는 것 자체를 인식하지 못할 수도 있다. 당신은 단지 이것이 친구 관계에서 요구되거나 또는 요구되지 않는 것으로 '보였다'고 말할 수 있다. 그러나 당신이 '볼' 대상은 아무것도 없었다. 깊이 사색하지 않고 즉각적으로 이용할 수 있는 개념의 해석적 이해가 당신의 경험에 내재되어 있다고 가정해야만 당신의 반응을 이해할 수 있다.[14] 이전에 해석에 대한 논의에서 주장한 것을 반복하고, 유대적 책무라는 현상에 적용하면 된다.

정치적 책무

패러독스

법철학자들과 정치철학자들은 사람들이 단순히 자신이 속한 공동체의 법이기 때문에 사람들에게 그 법을 따라야 할 도덕적 책무가 있는지 논쟁한다. 즉 사람들에게 '정치적' 책무가 있는지 여부를 논쟁하는 것이다. 이 질문은 사람들이 정치권력에 복종해야 할 이유가 존재하는지를 묻는 질문이 아니다. 이 질문은 철학자들이 응접실에서 즐기는 게임과 같은 것으로, 사람들이 어떤 정치 체제가 없는 자연 상태에서 살고 있다고 상상하고, 그 상황에 놓인 사람들이 어떠한 이유에서 정부를 도입할지를 고찰하는 것이다. 이러한 연습 문제의 인기는 합법성이 피치자의 만장일치에 기한 동의에 의존하고 그러므로 그 동의에 대한 어떤 비현실적인 역사 또는 허구에 근거한다는, 인기 있지만 잘못된 가정을 설명하는 데 도움을 준다. 어쨌든 이것은 우리가 지금 관심을 가지는 질문이 아니다. 익숙한 정부 형태는 존재해 왔고, 따라서 그들의 영토와 지배권 주장은 역사적 우연의 산물이며, 우리 중 대부분은 이러한 체제 안에서 태어났거나 그러한 체제에 놓여 있다. 우연히 태어난 국가의 법에 우리가 복종해야 할 책무가 있는가?

물론 우리에게는 보통 법이 요구하는 것을 행하고 금지하는 것을 행하지 않을 독립적인 도덕적 이유가 있다. 법은 살인을 비난하고, 살인은 잘못된 것이다. 그러나 법이 요구하는 것을 행할 별도의 이유가 없을 때, 정치적 책무의 문제가 발생한다. 내가 반대표를 던진 공직자들이 채택한 법이 있다고 하자. 그리고 그 법이 어리석은 정책이며 근본적으로 잘못되었다고 생각한다고 하자. 나에게 이 법을 따라야 할 중요한 현실적 이유가 있을 수 있다. 내가 법을 어기면 체포되거나 벌금을 물을 수 있기 때문이다. 그러나 법이라는 그 사실만으로 그 법을 따라야 할 추가적인, 특유하게 도덕적인 이유가 될까? 이 문제는 내가 법을 어기는 것이 정당화될 때가 있는지 여부의 문제가 아니다. 원칙적으로는 내가 속한 공동체의 법을 따를 상시적인 책무가 있다고 받아들일 수 있지만, 특정한 법이 너무 부당하거나 너무 야만적으로 어리석어서 내가 그 법을 따르지 않는 것이 정당화된다고 생각할 수 있다. 이것은 시민 불복종, 즉 부당한 법에 항의해 불복종하는 것이 때때로 도덕적으로 허용될 뿐 아니라 필요하다고 생각하는 사람들의 견해다. 그들에게는, 이러한 상황에서 불복종이 도덕적으로 허용된다는 것이, 악법이라고 생각하지는 않지만 못마땅하게 여기는 법들에 순종해야 하는 일반 원칙에 대한 예외다.

비록 폭탄을 사용하거나 수염을 기르는 사람은 거의 없으면서도 '무정부주의자(anarchist)'라고 불리는 어떤 철학자들은 해당 공동체의 구조와 법이 일반적으로 공정한 경우라 할지라도 단지 법이 통과되었다는 사실만으로 그 법에 복종해야 하는 독립적인 도덕적 이유가 있다는 것을 부정한다.[15] 어떤 독립적인 이유가 우리가 법을 순종해야 한다고 강변할 때, 우리는 법에 순종해야 할 의무가 있다. 즉 법이 사회 정의를 향상시키거나 법에 순종할 때 해당 공동체를 더 잘 살게 만들거나 하는 경우가 예가 될 수 있다. 그러나 그들은 단지 법이 우리가 속한 공동체가 규정한 정치적 관행과 관습인 헌법 절차에 따라 채택되었다는 것만으로 그 법에 순종할 의무가 생기지 않는다고 주장한다.

무정부주의자들은 종종 일반적인 철학적 테제에 의존한다. 즉 그들은 자발적으로 어떤 책무를 받아들이지 않는 이상, 어느 누구에게도 해당 책무가 없다고 생각한다. 귀화와 같이 상대적으로 예외적인 경우를 제외하고는 정치적 책무가 자발적이지 않다는 생각은 옳다. 해당 공동체를 떠나지 않는 이상 그 공동체의 법에 복종할 책무를 자발적으로 받아들인다는 한때 인기 있었던 발상은 더 이상 진지하게 받아들이기에 너무 유치하다. 동의에 기한 정치적 책무라는 사상을 옹호하기 위해 철학자들은 다양한 방법을 시험해 보았다. 그러나 그 모두가 실패로 돌아갔지만, 책무가 자발적인 경우에만 진정한 책무라는 인기 있는 가정도 그 스스로 성립할 수 없기 때문에 그러한 시도는 어쨌든 불필요하다. 앞의 두 장에서 논의한 도덕적 책임은 자발적이지 않다. 내가 쉽게 구할 수 있는 사람이 내 앞에서 물에 빠져 위험에 처해 있을 때 나는 선택의 여지없이 그를 구해야만 한다. 내가 이미 논의한 몇 몇 유대적 책무들 또한 비자발적이다. 자녀들은 부모를 선택할 수 없다. 그리고 대다수 다른 관계도 부분적으로 자발적일 뿐이다. 예를 들어 대부분의 친구 관계는 우연히 만들어지고, 친구가 되려고 의도하지 않았는데 친구가 된 경우가 있다. 더욱이, 오직 자발적 책무만이 진정한 책무라고 상정하는 철학자들은 스스로 모순에 빠진다. 약속은 지켜져야 한다는, 또는 서약은 존중되어야 한다는 책무는 한 번도 동의한 적이 없는 책무라 할지라도 그들은 그 책무를 전제해야만 하기 때문이다. 어떤 자발적 책무도 그 뒤에는 비자발적 책무가 놓여 있다.

그러나 이러한 논변은 정치적 책무에 대한 긍정적 논변이 아니다. 단지 무정부주의자들이 책무와 동의에 관한 어떤 일반 원칙에 호소하여 자신의 논변을 쉽게 이길 수 있다는 것을 부정할 뿐이다. 그들이 지금까지 제시된 많은 긍정적 논변을 거부하는 것은 옳다. 단지 공동체의 법에 복종해야 한다고 타인이 기대하기 때문에 당신이 속한 공동체의 법에 복종할 도덕적 책무는 없다. 당신이 정치적 연대성에 기한 혜택을 누렸으니 당신이 그 부담을 받아들여야 할 의무가 생기기 때문에 그런 것도 아니다. 만일 무정부주의자들이 틀렸고, 그러므로 사람들에게 그러한 정치적 책무가 있다면, 그 책무는 특별한 형태의 유대적 책무일 수밖에 없다. 우리가 동료 시민들과 어떤 특별한 방법으로 연관되어 있기 때문에 우리에게 정치적 책무가 있는 것이다. 어떤 동의와는 별개로 우리 개개인이 타인에게 특별한 책임을 부여하는 어떤 특별한 방법으로 말이다.

그러나 모든 동료 시민들과 그러한 종류의 특별 관계를 가진다는 것은 문제가 있어 보인다. 우리는 부모, 자녀, 애인, 친구들을 친밀하게 알고 있다. 그리고 직장 동료들, 이웃 사람들과는 최소한 개인적 안면이 있다. 그러나 매우 작은 공동체가 아닌 이상 동료 시민들 모두를 그렇게 알 수 없다. 많은 미국인들은 몇몇 동료 시민들과의 관계를 제외하고 오히려 외국인들과 더 두터운 친분이 있을 것이다. 따라서 사람들이 단지 동일한 국기에 경례를 한다는 것만으로(실제 경례를 한다면)

유대적 책무가 사람들을 묶어 주는 것은 신비롭게 보일 수 있다. 우리는 그 신비에 대한 해답을 어떻게 정치적 공동체가 형성되었고 개선되었는지의 역사에서 찾을 수 없을 것이다. 미국과 프랑스 또는 다른 어느 국가든 지금의 정치적 경계선이 만들어진 것은 어디에 강이 흘렀고 어디에서 왕들이 잠을 잤는지 등의 역사적이고 지리적 우연의 연속이었을 뿐이다. 우리는 동료 시민 관계의 도덕적 힘을 이러한 우연한 정치적 무리 짓기에 선행하는 어떤 것에서 찾거나 역사적으로 설명하려 하지 말아야 한다. 오히려 이러한 우연들의 현대적 결과에서 동료 시민 관계의 도덕적 힘의 근거를 찾아야 한다.

우리가 방금 검토한 유대적 책무가 다른 종류의 유대 관계에서 흘러나오듯 정치적 책무도 정치적 유대 관계에서 흘러나온다. 강압적 정치조직은, 구성원 각자가 적절한 집단적 결정들을 존중하겠다는 책임을 다른 구성원들과 상호 간에 받아들이지 않는 이상, 그 조직의 구성원의 존엄성을 훼손한다. 왜 이러한지는 우리가 시민 사회의 역설을 주목하며 설명을 시작한다. 집단적 강압적 정부는 우리의 존엄성에 필수적이다. 오직 강압적 정부만이 우리가 좋은 삶을 살 수 있고 또 잘 살 수 있는 환경을 만들 수 있는 질서와 효율성을 제공하는데, 우리에게는 이런 질서와 효율성이 필요하다. 무정부 상태는 존엄성 자체의 종료를 의미한다. 그러나 강압적 정부는 존엄성을 불가능하게 만들 것을 위협한다. 공동체 내 소수의 사람들은 나머지 구성원에게 어마어마한 힘을 행사해야만 한다. 그들은 불복종에 대해 형벌을 내린다고 위협해야 하고, 그 위협을 실행으로 옮겨야 할 때도 있다.

그러한 상황은 우리의 두 원칙을 모두 위협한다. 나 자신에 대한 특별한 책임을 고려했을 때, 어떻게 타인의 지배를 내가 받아들일 수 있는가? 타인의 삶이 객관적으로 중요함을 존중하는 내가 어떻게 나의 욕구를 그들에게 강제하는 데 참여할 수 있을까? 독재자가 아닌 모든 사람들은 이러한 도전 중 첫 번째 문제에 직면하게 된다. 많은 사람들, 즉 진정한 민주주의 사회에서 대부분의 성인들은 위 두 번째 문제를 직면하게 되고, 이 또한 첫 번째 문제만큼이나 날카로운 질문이다. 우리는 자신의 이익을 위해 낯선 사람조차도 의도적으로 해하려 해서는 안 된다. 이것은 집단적 행위와 개인적 행위 둘 다에 적용된다. 즉 내가 만일 타인과 동맹을 맺어 누구를 감금하거나 소유물을 훔쳤다면, 마치나 혼자 행동한 것과 동일하게 나는 해당 피해자를, 따라서 나 자신을 경멸한 것이 된다. 민주적인 정치는 우리가 매일같이 이런 식으로 위해를 서로에게 가할 가능성을 제기한다.

위의 역설이 제기하는 도전은 또다시 해석적이다. 우리는 존엄성이 요구하는 것이 무엇인지에 대한 개념관을 보다 더 발전시켜 그 개념관에 일치하는 정치를 식별해 내야 한다. 우리는 이미 우리가 자신의 삶에 대해 특별한 책임을 진다는 존엄성의 두 번째 원칙이 어떤 특정 조건 아래에서 그러한 책임을 타인과 함께 나눌 것을 허용함을 받아들였다. 우리는 이미 그런 사례들을 고찰해 보았다. 높은 수준의 상호 배려에 의해 지지되는 친밀한 관계가 그것이다. 정치적 유대 관계가 다른 예가 될 수 있다. 우리는 우리가 필요로 하고 피할 수 없는 유대 관계를 맺는데, 그 유대 관계의 취약성은 그 취약성이 상호적인 경우에만 우리의 자기 존중과 일관된다. 즉 적어도 원칙적으로는 집단 결정을 책무로 받아들이겠다는 개개인의 책임을 포함하는 경우에만 일관된다. 만일 그러한 책무가 없었더라면, 그리고 우리가 언제나 원하는 순간에 아무 탈 없이 집단 결정을 무시하는 것이 도덕적으로 자유롭다고 상정했다면, 우리는 그와 유사한 도덕적 자유로움이 공동체 구성원 모두에게 있다는 데 동의해야 한다. 그러면 우리의 상태는 마치 폭군이 사람들에게 책무가 없는 행위를 강제하는 것과 같은 상황이 될 것이다. 우리는 공동체가 가하는 위협에 굴종할 때마다 우리의 존엄성을 저버리게 되고, 타인에게 위협을 생성하는 데 함께하거나 위협을 이행할 때에도 우리의 존엄성을 저버리게 된다. 특정한 유대적 책무, 즉 정치적 책무를 우리 스스로도 받아들이고 타인에게도 요구하는 것은 우리의 윤리적 책임에서 중요한 부분이고, 따라서 타인에 대한 도덕적 책임의 일부이다.

정치적 책무는 우리가 지금까지 검토한 다른 형태의 유대적 책무에 비하여 어떤 면에서는 더 정확하게 정의되어 있다. 정치적 책무가 요구하는 것은 헌법적 구조와 역사에 의해 정해졌다. 즉 입법 절차와 어떤 경우에는 사법부의 판결에 의해 정해졌다. 그러나 다른 측면에서 정치적 책무의 도덕적 영향은 종종 논쟁이 된다. 시민 불복종이, 공동체 구성원의 존엄성이 무엇을 요구하는지에 대한 공동체의 이해 수준을 고양시킬 더 일반적인 시민 의무에 따른 적절한 반응인지는 논쟁거리다. 어떤 끔찍한 상황에서는 정치적 책무가 완전히 소멸했다고 주장할 수도 있다. 집권 정부가 더 이상 정당성이 없는 경우가 그렇다. 주장되고 있는 유대 관계 그 자체가 나쁜 방향으로 힘을 쏟고 있을 때, 유대적 책무는 유지될 수 없다. 앞에서 말했듯이, 마피아는 그 구성원들 간에 어떠한 책무도 생성해 내지 못한다. 정치적 의무는 더 복잡한 문제다. 왜냐하면 법들은 매우 다르고, 비교해서 볼 때 매우 다른 목적과 결과들을 가지고 있기 때문이다. 그러나 정치적 책무가 전부 소멸할 수도 있다. 그럴 때는 불복종이 아니라 혁명이 선택할 수 있는 카드일 것이다.

정당성(legitimacy)

나는 어떤 특정한 조건 아래에서만 정치적 책무가 유지된다고 말했다. 그러한 조건들을 성취한다면, 그 정치 공동체의 정부는 정당하다고 말할 수 있다. 그러므로 정당성에는 두 가지 측면이 있다. 정당성은 정부가 되려는 기관이 어떻게 권력을 얻었는지, 그리고 그 힘을 어떻게 사용하고 있는지 둘 다에 의존한다. 18장에서는 권력 획득의 측면을 논의할 것이고, 권력 행사의 측면은 이 장과 5부 전체에서 다루도록 하겠다.

정당성은 정의와 다른 문제다. 정부는 자기 관할의 모든 개개인을 평등한 배려와 존중으로 대우할 최고의 책임이 있다. 정부는 그것에 성공하는 만큼 정의를 성취한다. 그러나 여기에서 말하는 성공의 의미에 대해서는 논란이 있다. 즉 국가들, 정치 정당들, 그리고 정치철학자들은 정의에 대해 의견이 일치하지 않는다. 이 책 5부에서 논란이 되는 여러 이론 중 한 이론을 전개한다. 그러나 정부가 비록 완전한 정의에 이르지 않을 뿐만 아니라 대체로 정의롭지도 않을지라도 정당하다면 국민들은 원칙적으로 그 국가의 법에 복종할 책무가 있다. 만일 해당 정부의 법과 정책들이 다음과 같은 합리적 해석이 가능하다면 그 정부는 정당하다고 할 수 있다. 즉 법과 정책들이 개별 국민들의 운명은 동등하게 중요하다는 것을 인정한다는 합리적 해석이 가능하고, 법과 정책들이 개별 국민들이 스스로 자신의 삶을 만들어 나갈 책임이 있다는 것을 인정한다는 합리적 해석이 가능한 경우에 말이다. 만일 어떤 정부가 해당 국민의 존엄성을 최대한 존중하기 위해 분투한다면, 비록 무엇이 그에 요구되는지에 대해 결함 있는 개념관을 가졌더라도, 그 정부는 정당하다.

따라서 정당성을 평가하기 위해서는 별도의 해석적 판단이 요구된다. 어떤 부정의의 편린들이, 평등한 배려와 존중이 무엇을 요구하는지에 대한 잘못된 이해가 표출된 것으로 이해될 것인가? 아니면 그러한 책임에 대한 전면적 부정으로 이해될 것인가? 독일의 나치와 소련의 스탈린 같은 노골적인 독재는 명백히 후자에 해당하지만, 드러내 놓고 부정의하지 않은 국가들은 더 어려운 문제들을 제시한다. 해석적 판단은 시간과 공간에 민감해야 한다. 즉 해당 정치 공동체 내의 지배적인 사상을 고려해야만 한다. 모든 사람이 신이 임명한 국왕이나 교회에게 통치를 받고 국교가 표준적(canonical)으로 수립되어 있을 때 모든 사람들의 운명이 더 잘 보호되고 그의 존엄성이 더 잘 표현된다는 것이 거의 보편적으로 받아들여졌을 당시에는 참된 군주제나 신정 체제에 대한 해석적 정당성의 논거가 지금보다도 더 강력했다. 어쨌든 해석적 판단은 정부의 법과 관행의 전 범위를 고려해야만 한다. 군주제는 진정 그들이 통치의 대상으로 주장하는 이들 모두에게 이로운가? 그렇지 않으면 특권층에게만 이로운가? 아니면 군주의 힘을 확장하고 지속시키기 위함인가? 신정 체제는 비국교도들을 단지 설득이라는 방법으로만 개종시키려 하는가? 아니면 다른 견해를 가졌다는 것만으로 그들을 처벌하고 개종을 강요하는가? 어떤 정부는 평등한 배려를 선전하지만 자신이 스스로 옹호하고자 하는 정책들을 더 넓은 맥락에서 보았을 때 우리가 그 주장을 수용하기 어려울 수도 있다.

물론 정의는 정도의 문제다. 어떤 국가도 완전히 정의로울 수 없다. 그러나 몇몇 국가들은 내가 5부에서 옹호한 조건들 거의 대부분을 충족한다. 정당성 또한 정도의 문제일까? 그렇다, 왜냐하면 한 국가의 법과 정책이 국민의 존엄성을 보호한다는 것이 무엇인지에 대한 어떤 선의(善意)의 이해에 따르면, 그 국가의 법 정책이 대체로 선의의 노력을 보여 주고 있을지라도, 몇 개의 구체적인 법과 정책들은 위 인식과 조화될 수 없을 수 있기 때문이다. 어떤 국가는 확립된 민주주의를 제공하고, 표현과 언론의 자유를 제공하고, 위헌 법률 심사를 제공하고, 적절한 치안 서비스를 제공하고, 국민 대부분이 자신의 삶을 선택하며 합리적으로 번성할 수 있게 경제 시스템을 제공할 수 있다. 그러나 그 국가도 이러한 매력적인 일반 체계가 기반을 두고 있는 원칙들을 단호히 거부하는 것이라고밖에 달리 생각될 수 없는 다른 정책들을 추구할 수도 있다. 그 정부는 타인들에게 당연히 인정되는 정책의 혜택에서 인종이나 경제 계층과 같은 기준으로 어떤 특정 소수 계층을 배제할 수 있다. 또는 그 정부는 비상사태라고 오인하여 자유를 위협하는 강압적인 법을 채택할 수도 있고, 예를 들어 해당 공동체의 성 윤리 향상과 같은 문화적 당위를 강제하려 할 수도 있다. 이러한 특정 정책들은 국가의 정당성을 완전히 파괴하지는 않지만 국가의 정당성에 얼룩을 입힐 수 있다. 그러면 그 정당성은 정도의 문제가 된다. 그 얼룩이 얼마나 깊고 어두운가? 만일 방지하고 교정할 수 있는 정치적 절차가 있다면, 시민들은 자신의 존엄성을 보호할 것이다. 즉 부정의의 당사자가 되는 것을 거부함으로써, 그 얼룩을 지우려 정치에 참여함으로써, 필요 적절할 때는 시민 불복종을 통해 논쟁함으로써, 시민들은 스스로 폭군이 되기를 피할 수 있다. 그 국가는 정당성이 계속 있고, 시민들의 정치적 책무도 상당한 수준에 이르기까지 유지된다. 그러나 만일 그 얼룩이 짙고 매우 광범위하다면, 만일 정치를 통해 얼룩을 제거할 수 있는 방법이 없다면, 정치적 책무는 완전히 소멸한다. 내가 말했듯이 불행한 시민들은 단순히 시민 불복종이 아니라 혁명을 고려해야 할 것이다.[16]

부족적 책무?

우리는 지금까지 인간 유대 관계의 특별한 사실, 권력 그리고 취약성에서 생성되는 책무를 논의했다. 많은 사람들, 어쩌면 대부분의 사람들은 내가 논의한 특별한 관계 이외의 특별한 관계를 소중히 여길 수 있다. 즉 생물학적, 사회적, 정치적 측면에서 발생하는 것이 아니라 문화적, 역사적 측면에서 주로 발생하는 책무를 소중히 여길 수 있다. 미국 유대인들은 여타 유대인들에게 종종 특별한 관심을 가진다. 예를 들어 그들은 유대인들에게 혜택이 돌아가는 자선 단체에 특히 많은 기부를 하기도 하고, 그들이 속한 민족에게 도움이 되는 어떤 이상을 위해 일할 수도 있다. 흑인들, 세계에 퍼진 폴란드인들, 국경을 넘어 또는 다국어를 사용하는 국가 내에서 같은 언어를 사용하는 사람들은 그 집단의 동료들을 어떤 측면에서 선호하게 되는 끌림을 종종 느낀다. 특정 상황에서 그들은 때때로 스스로 자결권이라고 부르는 집단적 권리를 주장하기도 한다.

9장에서 나는 많은 사람들이 어떻게 살아야 하는지 결정할 때 이러한 관계들을 인수(parameter)로 취급한다는 것을 인정했다. 어떤 사람들에게 그것들은 매우 중요한 인수다. 즉 그들은 자신을 어떤 집단과 동일시하며, 그 동일성에서 표현되는 방식에 따라 살아가는 것이 필수적이라고 생각한다. 그들이 옳을지도 모른다. 나는 단지 이러한 문제가 유대적 책무의 문제라는 것을 부정하기 위해 노력할 뿐이다. 그러한 종류의 책무에 대한 내 논변은 타인과의 관계에 나타나는 지속적인 윤리 및 도덕 특징들에 터 잡고 있다. 즉 어떤 특별하고 공통된 배려에 의해 구성되어 있지 않다면 여러 다른 이유에서 존엄성을 모독할 위험이 있는 관계들 말이다. 정치적 유대 관계는 이러한 것 중 하나다. 왜냐하면 강압적 정부는 동반자적 관계 없이는 존엄성을 파괴하기 때문이다. 그러나 인기 있는 다른 형태의 부족적 유대 관계는 그러한 특성이 없다.

나는 그렇게 생각하지 않지만 많은 사람들이 그들의 인종, 민족, 종교, 언어적 연결점들이 유대적 권리와 책무를 부여한다고 생각한다. 아마도 이러한 확신 중 어떤 것은 유전적 토대에 근거할지도 모른다. 만일 그렇다면, 그들은 무시하기 특히 어려울 것이고, 아마도 반박하는 것이 무의미할 것이다. 그러나 이러한 특별한 권리와 책무에 대한 생각은 과거에도 지금도 강력한 악의 근원이다. 회전하는 지구본에 다트를 던져 보자. 그 다트가 인종, 종교, 언어에 터 잡은 부족들이 집단 권리나 집단 운명이라는 이름으로 서로 죽이고 서로의 공동체를 파괴하는 곳에 떨어질 가능성은 매우 높다. 이러한 증오가 그것이 파괴적인 만큼 지속적일 수 있다. 우리는 그 증오가 없어질 거라고 또는 인간사에서 줄어들 거라고 착각해서는 안 된다. 그러나 나는 이 장의 어떠한 논변도 그 증오들을 조금도 윤리적·도덕적으로 지지하지 않는다고 주장한다.

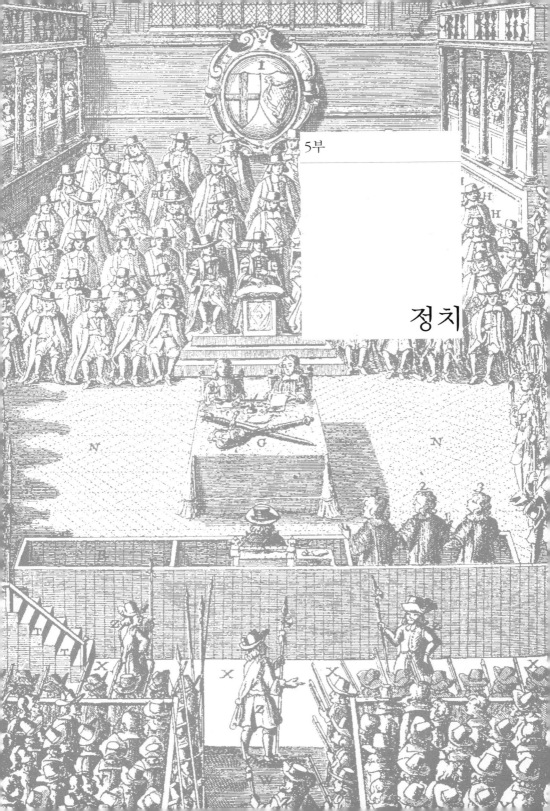

5부

정치

15장 정치적 권리와 개념[*]

권리

권리와 으뜸 패

 14장 맨 마지막에서 행한 정치적 의무와 정치적 정당성에 관한 논의는 중요한 전환점을 이룬다. 이 책 1부와 2부에서는 도덕과 윤리, 그 밖의 여러 가치의 분야에서의 참[眞]에 관해 그 가능성과 성격을 논의했다. 3부와 4부에서는 인간 존엄성의 두 원칙에 담긴 윤리의 핵심 개념들을 논의한 뒤, 개인적 도덕의 중심 개념들을 논의했다. 개인적 도덕은 타인에게 도움을 줄 의무와 피해를 주지 않을 의무, 그리고 약속과 같은 수행적 행위나 우정과 같은 관계들 때문에 지게 되는 특별한 의무 등이었다. 정치적 책무는 한 정치 공동체의 동료 구성원들 간에 존재하는 관계에서 발생하기 때문에 바로 이 개인적 도덕이라는 마지막 주제에 속한다. 그렇지만 정치적 책무는 개인적인 것에서 정치적인 것으로의 이행을 나타내기도 한다. 그 이유는 시민들이 자신들의 일부

---

* 이 장의 번역은 이동민 선생님께서 협업해 주심.

정치적 책무를 별도의 인위적인 집단 기구를 통해서 변제하기 때문이다. 정치 공동체는 개인들의 모임일 뿐이지만, 이들 중 일부는 단독 또는 공동으로 공동체 전체를 대표하여 행위할 특별한 역할과 권한을 가지고 있다. 그래서 우리는 별도의 가치 영역 하나를 도입할 수밖에 없는데, 그것이 바로 정치적 도덕이다. 윤리는 사람들이 각자 잘 살 의무를 어떻게 가장 잘 이행할지를 탐구하고, 개인적 도덕은 사람들이 각자 개인으로서 타인에게 지고 있는 의무가 무엇인가를 탐구한다. 이와 달리 정치적 도덕은 우리가 그러한 인위적인 집단 인격체 안에서 그리고 그를 대표하여 행위할 때 우리 모두가 (우리 자신을 포함하여) 공동으로 개인으로서의 타인들에게 지고 있는 의무가 무엇인지를 탐구한다.

개인적 도덕에서 정치적 도덕으로 주제가 변함에 따라 서술 방식도 바뀔 수 있다. 나는 개인적 도덕에 관해서는 별로 쓴 적이 없었기 때문에, 앞의 몇 개 장들은 불가피하게 해설적이고 다소 상세하게 서술되었다. 반면 정치적 도덕에 관해서는 꽤 많은 글을 썼고, 특히 『생명의 지배 영역(Life's Dominion)』,* 『최고의 덕(Sovereign Virtue)』,** 『민주주의는 가능한가(Is Democracy Possible Here?)』***는 이를 주제로 한 것이어서 이후의 장들에서는 더 요약적으로 서술할 수 있다. 독자들은 이 책들이 인용을 통해 이 장 속에 편입되었다고 보기 바라며, 나는 그 책들 가운데 여기에 요약된 논변을 상세히 서술한 부분들을 독자들에게 일러 주려 한다. 나는 이 책의 다른 부분들도 정치 도덕으로 수렴되고 각 부분이 정치 도덕을 매개로 다른 부분에 수렴됨을 보여 줌으로써 1장의 첫 쪽에 담긴 제안을 실천해 보일 것이다. 이하의 내용 속에는 새 술이 담겨 있다. 그러나 오래된 술도 담겨 있는데, 중요한 것은 그것을 담고 있는 새 술병이다.

---

* 박경신·김지미 옮김, 『생명의 지배 영역』(이화여대 생명윤리정책연구소, 2007).
** 염수균 옮김, 『자유주의적 평등』(한길사, 2005).
*** 홍한별 옮김, 『민주주의는 가능한가』(문학과지성사, 2012).

앞에서 나는 가치 세계에서 통합성과 진리 사이에 중요한 관계가 있음을 밝혔다. 가치 판단의 진위를 검토할 때, 우리는 이 판단들을 가지고 가치에 관한 총체적 이론을 만들어 내는 것, 즉 우리가 신봉하는 가치에 대한 판단들을 엮어서 그 판단들이 서로 부합하여 그 각 부분이 다른 부분들을 서로 보강해 주는 식의 총체적인 설명(총체적인 가치 이론)을 만들어 내려고 노력하는 것 말고 더 나은 다른 방법은 없다. 우리는 그렇게 하는 데 실패할지도 모른다. 결국 우아한 허위의 체계를 믿는 것으로 마감하게 될지도 모른다. 하지만 그러한 노력이야말로 우리가 할 수 있는 전부이며, 그렇기 때문에 그것은 옳은 일이다.

우리는 윤리와 개인적 도덕을 책임이라는 개념(사람들이 서로에게 이행해야 할 것)을 통해 탐구했다. 권리, 즉 사람들이 서로 상대방에게서 받을 무언가에 대한 개념 대신에 말이다. 책임은 윤리에서 특히 적절한 초점이 되는데, 잘 살기가 무엇인지를 판단할 때, 무엇을 할 의무가 있는지를 생각하는 것이 무엇을 요구할 권리가 있는지를 생각하기보다 자연스럽고 정확하기 때문이다. 그렇지만 권리의 개념을 통해 도덕을 탐구할 수도 있었을 것이다. 예컨대 상대방이 낯선 사람인 경우에도 우리 모두가 그 상대방에게 어떤 도움을 받을 권리가 있는지, 또는 친구나 연인이나 시민들이 서로에게 기대할 자격이 있는 도움이 무엇인지를 묻는 것도 충분히 가능했을 것이다. 그러나 정치적 도덕을 논할 때에는 의무나 책임보다는 권리가 분명히 더 나은 초점이 되는데, 권리의 입지가 더 명확하기 때문이다. 즉 개인들은 정치적 권리를 갖는데, 적어도 정치적 권리 중 일부는 개별적 개인이 아닌 전체로서의 공동체가 지는 집단적 의무와만 대응된다.

이 장에서는 정치적 권리의 개념, 그 본질과 힘에서부터 논의를 시작하겠다. 개인으로서 우리는 국가에 대해, 즉 집단으로서의 우리 자신에 대해 어떠한 권리를 갖는가? 이 논점을 도입할 때에는 주의가 필요하다. 사람들이 '권리(right)'라는 단어를 너무나 여러 다른 의미로 사용하기 때문이다. 예를 들면, 우리는 '옳은(right)' 농업 정책이라든가 지구온난화에 대한 '옳은(right)' 접근법이라는 말을 한다. 정치가들은 국민에게 무엇에 대한 '권리(right)'가 있다고 말하는 경우(예를 들어 더욱 제한적인 이민 정책) 이 말이 의미하는 것은 단지 국민이 그러한 정책을 원한다거나 정치인이 그들이 보기에 해당 정책이 국민에게 더 나은 정책이라는 의미에 지나지 않는다. 그렇지만 사람들은 때로는 정치적 권리라는 관념을 아주 다른 방식으로 사용하기도 한다.[1]

우리는 정치적 권리를 어떤 정치적 조치를 충분히 정당화할 수 있었을 정책적 근거들을 압도하는 으뜸 패(trump)라고 말할 수도 있다.[2] 일반적으로 정책은, 예컨대 그 정책이 흉악 범죄를 감소시켜 공동체의 안전을 증대시킨다는 식으로 정당화된다. 즉 경찰력 증원에 소요되는 예산 조달을 위한 증세를 뒷받침하기에 타당한, 모든 사항에 대한 고려를 통해 정당화된다. 그러나 길거리에서 행해지는 혐오스러운 연설을 금하거나, 사법적 절차 없이 테러 혐의자를 무기한 감금하거나 하는 식의 정책에 대해서 안전의 증대라는 것은 충분한 정당화 근거가 되지 못한다. 왜냐하면 후자의 정책들은 언론 자유에 대한 권리나 공정한 재판 없이는 처벌받지 않을 권리와 같은 정치적 권리를 침해하기 때문이다. 권리를 으뜸 패라고 할 때의 의미는 권리가 개인적 도덕에서 사용될 때 갖는 우리에게 가장 친숙한 의미를 정치적 맥락에서 사용한 것이다. 개인적 도덕의 영역에서 나는 이렇게 말할 수 있을 것이다. "만약 당신이 내게 했던 약속을 깬다면 더 많은 사람에게 더 많은 이로움을 주리라는 것을 나는 알고 있다. 그렇지만 나는 당신이 그럼에도 불구하고 약속을 지켜야 한다고 주장할 권리가 있다."

이 장에서는 그런 식으로 으뜸 패라고 이해되는 바의 정치적 권리를 탐구한다. 그러므로 여기에서는 정치적 도덕의 일부만을 다루는 셈이다. "정치 공동체가 자신의 강제력을 여러 방식들 가운데 어느 하나의 방식으로 행사하기로 하는 결정에 대해 일반적으로 어떠한 이유들이 타당한 이유가 되는가?"라는 훨씬 폭넓은 문제는 논외로 한다는 것이다. "정부는 무역 협정 체결을 위한 협상을 해야 하는데, 이는 우리나라의 무역 수지에 도움이 되기 때문이다.", "정부는 농민에게 보조금을 지급해야 하는데, 이는 전체 경제를 향상시킬 것이기 때문이다.", "정부는 사형제를 철폐해야 하는데, 이는 우리 사회의 품위를 떨어뜨리기 때문이다."라고 우리는 말한다. 이러한 주장 가운데 다수는 공리주의적 이익 형량 논변의 소박한 표현으로 이해할 수 있다. 우리는 신공항 건설로 인근 주민의 형편이 악화될 것임을 인정하면서도 공항에서 직간접적인 혜택을 보는 사람들의 수가 훨씬 많기 때문에 공항 건설이 공익에 기여한다고 주장할 수도 있다. 그러나 모든 공익의 주장이 공리주의 논변에 호소하는 것은 아니다. 예컨대 우리는 설령 사형 제도가 살인을 감소시키고 그리하여 행복의 순익(純益)에 기여할지라도, 공적(公的) 살인이 공동체에 드리우는 도덕적 황폐화가 살인 사건의 작은 증가로 발생하는 온갖 고통보다 더 중요하기 때문에, 사형 제도는 여전히 정당화되지 않는다고 생각할 수도 있다.

나는 정치적 행위를 이런 식으로 정당화하는 다양한 근거들은 전혀 논의하지 않을 것이지만, 우리가 지금 당면해 있는 질문을 던질 때 그러한 정당화 근거들의 범위와 다양성을 유념하는 것은 중요하다. "어떠한 개인의 이익이 그런 정당화 근거 모두를 압도하는 으뜸 패가 될 정도로 중요할 수 있겠는가?" 공리주의자를 비롯한 결과주의자들은 정의란 필연적으로 총계의 문제, 즉 전체로서의 공동체가 누리는 전반적 복지를 향상시키는 문제일 수밖에 없다고 생각하므로, 그들에게는 물론 "결코 그런 이익은 없다."는 것이 정답이다. 그렇지만 우리는 이 총계 이론을 거부했으며, 따라서 우리에게 이 질문은 아직 대답되지 않은 상태로 있다. 일반적 복지나 기타 모든 사항을 고려한 정당화 근거들을 압도하는 으뜸 패가 될 정도로 중요한 개별적 개인의 이익이라는 것이 도대체 존재하는가? 만약 있다면 그것은 어떠한 이익이고, 그 근거는 무엇인가? 사실 우리는 이런 중대한 질문들에 대한 답변을 이미 시작해 놓았다. 바로 앞 장에서 정치적 정당성 관념, 그리고 이 중추적 관념과 우리가 윤리와 도덕 모두의 기초라고 보는 인간 존엄성의 두 원칙 사이의 심층적 연관성을 논의할 때 우리는 이미 답변을 시작했던 것이다.

여기에서 그 논의의 결론을 요약해 보자. 정치 공동체가 자신의 지배 아래 있는 사람들을 평등한 배려와 존중으로 대우하지 않는 한, 즉 정치 공동체의 정책들이 사람들의 운명을 동등한 중요성을 갖는 것으로 간주하고 자기 자신의 삶에 대한 시민 각자의 책임을 존중하지 않는 한, 그 정치 공동체는 그들에게 부과될 책무를 창출하고 강제할 어떠한 도덕적 힘도 갖지 못한다. 그러한 정당성의 원칙이야말로 정치적 권리의 가장 추상적인 원천이다. 정부가 그러한 두 가지 요구 사항을 각 개인에 대해 존중하지 않는 한, 심지어 전체 공동체의 복지나 안녕이나 선을 향상시킬 목적으로도, 정부는 어느 누구에게도 강제력을 행사할 도덕적 권위를 결코 갖지 못한다. 그러므로 이러한 요구 사항이야말로 진정한 정치적 권리를 말하는 것이다. 즉 정치적 권리는 정부의 집단적 정책을 압도하는 으뜸 패다. 우리는 다음과 같은 가설을 정립한다. 모든 정치적 권리들은 이 정초적인 것으로부터 도출된다. 우리는 평등한 배려와 존중이 무엇을 요구하는지 더 자세하게 탐구함으로써 특정 권리들을 확정하고 옹호한다.

이 가설로부터 현대 정치 이론에서 두 가지 중추적인 해석적 개념이 갖고 있는 으뜸가는 중요성이 설명되는데, 그 두 개념은 바로 평등과 자유다. 성숙한 민주 사회에서 사람들이 거의 모두 인정하는 추상적

516

인 명제는 "정부는 자신이 통치하는 사람들을 평등한 배려로써 대우해야 한다."는 것, 그리고 "정부는 시민들이 성공적인 삶을 자기 스스로 규정하기 위해 필요로 하는 자유를 허용해 주어야 한다."는 것이다. 우리는 이것이 더 구체적으로 무엇을 의미하는지에 관해 견해차가 있다. 예를 들어 정부가 시민들이 보유한 재산의 불균등을 줄이려고 노력해야 한다는 의미인지, 만약 그렇다면 정부는 재산을 절대적으로 평등하게 만들기 위해 어느 정도까지 노력해야 하는지 등에 관해 견해차가 있는 것이다. 또한 우리는 정부가 자신의 생명에 대한 시민의 자기 책임을 인정하는 일과 모순됨 없이 시민이 누리는 행동의 자유로움을 제약하는 것이 어느 정도까지, 어떤 방식으로 가능한지에 관해서도 견해차가 있다. 예컨대 우리는 포르노그래피나 낙태를 금지하는 법률 또는 승차시 안전띠 착용을 강제하는 법률이 인간 존엄성의 그러한 요구 사항들을 위반하는지에 관해 견해차가 있다. 우리는 이러한 문제들에 대한 자신의 답변을 통해서, 실체적인 정치적 권리 이론을 발전시켜 나가는 것이다. 이것이 바로 하나의 정치 문화 내에서조차, 그리고 정치 문화들 간에는 훨씬 더 심하게, 정치적 권리가 논란의 여지가 있는 개념이 되는 이유다.

그러므로 정치적 권리에 관한 실체적 이론은 이런 기본적 해석적 개념들의 개념관들을 구성하고 옹호함으로써 만들어질 수 있다. 이것이 내가 이하의 장들에서 시도하는 일이다. 유념해야 할 것은, 우리가 존엄성의 두 기본 원칙을 해석하여 양자 간의 절충이 필요 없게 하고, 한 원칙이 다른 원칙을 보완하고 강화하게 해석하는 것을 목표로 삼는다는 점이다. 따라서 우리는 현재 정치철학자들 사이에서 인기를 얻고 있는 견해, 즉 자유와 평등은 상충하는 가치라는 견해를 거부하지 않을 수 없다. 우리는 평등과 자유를 함께 규정함으로써, 서로 양립 가능할 뿐 아니라 한데 엮여 필연적으로 양립 가능한 것으로 정의하기를 바란다.

정치적 권리와 법적 권리

정치적 권리는 당연히 법적 권리와 구별해야 한다. 많은 법 이론가들이 가정하는 것처럼 양자 간의 구별은 쉽지 않다. 나는 19장에서 법적 권리 그리고 법적 권리의 정치적 권리와의 차이를 논할 것이다. 지금 여기에서는 하나의 표준적인 경우를 법적 권리의 모범 사례로 삼아도 될 것이다. 즉 정당한 정부의 입법 기구가 법제화되었고 개별 시민의 요구에 따라, 필요하다면, 법원 같은 사법 기관의 결정을 통해 집행되도록 한 권리가 바로 그것이다. 법적 권리는 이미 존재하는 정치적 권리에 효력을 부여할 목적으로 만들어질 수도 있다. 지역 학교가 소수 인종 출신 학생을 입학에서 배제하는 것을 금지하는 일반적 법률이 그 예다. 어떤 공동체들은 그러한 목적으로 창출된 일정한 법적 권리에 특별한 지위를 부여하기도 한다. 그런 권리를, 통상의 입법 과정으로는 개정할 수 없게 하고 굳이 개정하기를 원한다면 어떤 특별한 정족수의 동의를 요구하는 특별한 과정에 의해서만 개정할 수 있는 헌법적 권리로 만드는 것이다. 예컨대 미국 연방 헌법은 정부가 종교의 자유를 부인하는 어떠한 법률도 만들 수 없도록 금지하고 있으며, 남아프리카공화국을 포함한 일부 국가의 헌법은 모든 국민에게 의료 보장을 제공할 의무를 정부에 부과하고 있다.

그렇지만 모든 나라가 모든 정치적 권리를 헌법적 권리로 또는 통상적인 법적 권리로라도 변환시키는 것은 아니다. 미국인은 충분한 의료 서비스나 의료 보험에 대한 정치적 권리를 갖지만, 많은 미국인들이 2010년까지 수십 년 동안 아직은 그런 보장에 대한 법적 권리를 갖지 못하고 있다. 그들의 정부가 자신들의 정치적 권리를 법적 권리로 변환하지 않음으로써 의무를 방기한 것이다. 그리고 어느 국가나 기존의 정치적 권리에 부응할 의도와는 무관한 법적 권리들을 창출한다. 예를 들어 옥수수 재배를 중단하는 대가로 농민에게 보조금을 지급하는 법률은 어떠한 선재하는 정치적 권리에도 부응하는 것이 아닌 법적 권리를 창출한다. 그럼에도 불구하고 그 법적 권리는 으뜸 패의 효력을 갖는다. 즉 법원은 어떤 이유로 특정 농민에게는 보조금을 지급하지 않는 것이 사회 전체의 이익에 기여하더라도 정부가 보조금을 지급하도록 명령하지 않으면 안 된다.

인권

이것은 무엇인가?

인권은 2차 세계대전 이후로 언론의 각광을 받아 왔다. 1948년에 유엔 총회가 승인한 세계 인권 헌장(Universal Declaration of Human Rights), 유럽 인권 협약(European Convention on Human Rights), 카이로 인권 선언(Cairo Human Rights Declaration)을 포함하여 수십 개의 인권 협약과 조약들이 서명되었다. 이 주제와 관련하여 수백 권의 책, 논문, 연구서들이 출판되기도 했다. 어떤 사람들과 기구들은 이 문구를 가볍게, 어떤 경우 과장되게 사용한다. 선거 운동에 나선 사람들은 특정한 정책적 목표, 즉 세계를 더 좋게 만드는 방법 중의 하나가 특별히 중요하거나 시급할 때 인권을 선언한다. 그들은 예를 들어 핵 발전소 건설 금지도 유전자 조작 음식물 금지도 노동자들의 연차 보장도 모두 인권이라고 선언한다. 나는 이 문구를, 강력한 의미의 정치적 권리, 즉 으뜸 패를 지정하는 의미에서 사용하고자 한다.

그러나 으뜸 패로 기능하는 다른 정치적 권리와 인권은 어떻게 구별될 수 있을까? 모든 정치적 권리가 인권이 아니라는 것은 많은 사람이 동의하는 바다. 정부가 모든 유권자들을 동등하게 배려해야 함을 수긍하는 사람끼리도 이를 위해 어떤 경제 체제가 요구되는지에 대해서는 견해가 다를 수 있다. 자유방임적 시장? 사회주의? 특정한 기준이나 목표를 위한 재분배? 어떤 기준이나 목표? 평등주의자, 자유 지상주의자, 공리주의자 각자가 진정한 자유로움과 평등을 위해서는 자신들의 입장이 필수 불가결하다고 목소리를 높인다. 그러나 아무도 자신과 견해를 달리하는 수많은 정부들이 인권 침해를 하고 있다고는 지적하지 않는다. 즉 자유 지상주의자는 세금이 절도라고 말하지만 이를 인권 침해라고 규정하는 사람은 거의 없다. 왜일까? 인권의 특수성은 널리 동의되고 있고 대부분의 평론가들과 정치 관행에 따르면 더 중요하고 근본적인 것이다. 어떻게?

　일견 이는 오직 구분상의 질문으로 볼 수 있다. 이 질문은 권리가 인권으로 인정되기 위해 필요한 기준을 요구한다. 어떤 권리가 그 기준을 충족시키는가에 대해 적절한 검증 방법을 제공하거나 암시하지 않더라도 말이다. 그러나 찰스 베이츠(Charles Beitz)가 강조했듯이, 우리의 분류는 자의적일 수는 없다.[3] 분류는 조약이나 다른 국제 문헌들 및 정치 공직자들, 정부 간 합의체들, 사법 기구들, NGO들, 학술가들의 주장들을 포괄하는, 그가 인권의 '담론적' 관행이라고 부르는 것의 해석에서 도출되어야 한다. 이 분류는 위 관행에 충분히 부합하여 우리의 담론이 그 관행에 의미를 가지도록 이루어져야 한다. 물론 그 관행에서 널리 인정된 특정 권리가 실제로 인권인지를 사전에 규정해서는 안 된다.

　몇 명의 저자들은 다음과 같은 분류 전략을 제시했다.[4] 인권은 집단적 국가적 목표만을 압도하는 것이 아니라 특정하게 이해된 국가주권을 압도하기도 한다.(이를 베스트팔렌적 주권관이라고 하는데 베스트팔렌 협정이 형성한 민족 국가 체계에 대한 이해에서 명료하게 나타났기 때문이다.) 이 개념관에 따르면, 한 국가 또는 국가들은 다른 국가의 내부 사정에 간섭해서는 안 된다. 국가들은 실제로 힘을 행사하거나 위협 또는 제재를 하여 다른 국가의 정책이나 지도자 선정을 통제해서는 안 된다. 이 저자들은 이러한 개념관을 기초로 국가주권을 압도할 수 있는 중요성을 갖춘 권리들만을 인권이라고 지적한다. 특정 지역을 지배하려는 자들이 피지배자들의 인권을 침해하려 할 때는, 다른 국가들이 경제 제재나 심지어는 군사 개입처럼 평소에는 허용되지 않는 방법으로 이 인권 침해를 막는 것은 허용된다.

이런 분류와 그 분류의 귀결을 수용한다면, 어떤 정치적 권리들이 제재를 정당화할 정도로 중요한가에 대해서는 별도의 근거를 가지고 결정해야 한다. 중요한 단서들이 필요하다. 군사 개입이나 강력한 경제 제재는 다음의 두 가지 요건을 충족해야 한다. 첫째, 제재 주창국이나 기구가 국제법상 그러한 제안을 할 권한이 있어야 한다. 많은 국제 법률가들은 안전보장이사회가 그런 행동을 허가할 수 있는 유일한 국제기구라고 믿는다. 다른 법률가들은 동의하지 않는다. 두 번째 조건도 비슷하게 중요하다. 즉 합리적으로 기대하건대 그 제재가 해악보다는 이익을 의미 있게 더 많이 창출해야 한다. 미국이 주도한 2003년 이라크 침공은 국제법에 의해 승인되었지만 두 번째 조건을 충족시키지 못했다.

그러나 이런 추가적 요건들을 적절히 고려하더라도 주권 압도적 으뜸패론은 기준을 너무 높게 정한 것이다. 인권 협약들은 군사 개입은 말할 것도 없고 경제 제재나 정당화할 수 없는 권리도 포함하고 있다. 세계 인권 선언은 교육권, 적정 주거권, 적정 의료권, 결혼권, 적정 임금권, 동일 노동-동일 임금, 형사상 무죄 추정 원칙을 열거하고 있다. 유럽 인권 협약의 한 의정서는 사형을 금지한다. 안전보장이사회가 허락하고 성공적으로 진행되더라도 국가 집단들이 여성의 평등 임금 확립, 초등 교육 개선 등을 이유로 다른 나라를 침공하거나 가스실을 폐지하거나 동성 간 결혼을 허용하기 위해 플로리다 주를 침공하는 것은 잘못이다. 보통 대상 국가의 가장 취약한 계층에게 필연적으로 엄청난 고난을 안기는 경제 또는 군사적 제재는 진정으로 야만적인 행위들의 금지를 목표로 할 때만 정당화된다. 대량 학살, 구금, 정적 고문, 전면적이고 야만적 차별 같은 행위들 말이다.

그래도 주권 압도적 으뜸패론에 끌리는 사람은 이렇게 반박할 것이다. 인권 협약은 인권의 범주를 매우 넓게 확대했고 그 침해가 진정으로 야만적인 것만 인권의 범주에 포함되어야 하고 나머지는 더 낮은 범주에 포함되어야 한다고 말이다. 그러나 그렇게 하는 것은 안타까운 일이다. 국제 정치 활동가나 단체들 및 국제 관습법을 발전시켜 나가는 국내 및 국제 법원들은 그런 문헌에 포함되어 있다는 이유만으로 다양한 권리들에게 인권이라는 개념이 드리우는 보편적 권위를 인정해 주는 것을 가치 있게 여겨 왔기 때문이다. 범주를 축소한다면 새로운 범주를 발명해서 그런 다른 맥락에서의 인정과 집행에 적합한 권리들을 거기에 포함해야 할 것이다. 그러므로 이보다는 더욱 포용적인 분류 방법을 따르는 것이 낫다. 그렇다고 더 화려한 협약들에 나열된 권리들까지 모두 인권으로 인정할 필요는 없다. 하여튼 이로써 최소한 왜 국가들과 단체들이 그 권리들까지 포함할 동기를 갖게 되는지는 설명이 된다.

다른 저술가들은 인권을 다른 정치적 권리로부터 구분하는 다른 방법을 시도했다. 즉 제재를 정당화하는 권위가 아니라 그 실체 내용에 집중함으로써 말이다. 이 저술가들은 왜 정치적 권리들 중에서 인권이 특별히 중요한가를 설명하는 공식을 탐구한다. 그러나 구분을 이렇게 상정하는 것은 어려워 공식을 찾기도 어렵다. 모든 정치적 권리들은 특별히 중요하기 때문이다. 국가가 자유 시장 거래의 경제적 결과들을 빈곤층에게 충분히 재분배하지 않는다는 이유로, 내가 국가가 올바르게 개념 지어진 평등한 배려를 거부한다고 내가 느낀다면, 나는 국가가 몇몇 사람들에게 그들이 영위할 자격이 있는 삶을 허락하지 않는다고 느끼는 것이다. 그들을 부당한 빈곤으로 저주하는 것이다. 이보다 더 근본적이거나 중요한 일이 있을까? 인간의 존엄성을 요구하는 것 외에 어떻게 더 근본적인 복지 수준을 식별하여 이를 인권이라 부를 수 있을까? 이 질문이 제안하듯이 더 근본적이고 더 준엄하게 요구되는 복지 수준을 규정하려는 학술적 시도는 모두 자의적인 것으로 판명되었다.[5]

나는 이미 14장에서 소개한 구분에 근거한 다른 전략을 제안한다. 우리는 국경을 사이에 두고, 또는 국경 내에서도 사람들이 어떤 정치적 권리를 가지고 있는가에 대해 견해가 다르다. 우리가 지금 막 보았듯이 동등한 존중의 올바른 개념관이 요구하는 경제 체제가 무엇인가에 대해서도 견해가 다르다. 또한 사람들의 개인적 윤리적 책임에 대한 적절한 존중이 무엇인지에 대해서도 견해가 다르다. 즉 어떤 국가들은 특정 종교를 공식 종교로 규정하지만 미국을 비롯한 다른 나라들은 종교적 국가 조직을 위헌이라고 생각한다. 우리는 셀 수 없는 다른 의미에서도 정치적 권리에 대한 견해가 다르다. 우리는, 그러므로 사람들이 올바르게 개념화된 평등한 배려와 존중에 대한 정치적 권리를 가지고 있지만, 사람들이 더 추상적인 권리 그리고 추상적이기 때문에 더 근본적인 권리를 가지고 있다고 주장해야 한다. 사람들은 이 논쟁들이 전제하고 반영하는 태도로 다루어질 권리가 있다. 즉 자신의 존엄성이 근본적으로 중요한 한 명의 인간으로서 다루어질 권리 말이다.

이러한 더욱 추상적인 권리, 즉 태도(attitude)의 권리는 기본적 인권이다. 정부는 보다 구체적인 정치적 권리를 올바르게 이해하지 못하더라도 이 기본적 인권은 존중할 수 있다. 예를 들어 납세 제도가 불공정하더라도 말이다. 우리는 정당성에 대한 우리의 논의에서 설명된 해석적 질문을 통해 이 기본적 인권을 식별하고 포진시킨다. 우리는 다음과 같이 질문한다. 특정 정치 공동체의 법 정책은 과연 그 공동체의 권한 내에 있는 사람들의 존엄성을 존중하려는 시도라고 할 수 있는가?

즉 실패한 시도라 해도 그렇게 보는 것이 사리에 맞는가 말이다. 또는 특정 법 정책들은 피지배자들 전부나 일부에 대해 그러한 책임의 회피로 이해될 수 있는가? 후자의 법 정책들은 인권을 위반하는 것이다.

인권과 다른 정치 권리들의 구분은 매우 큰 실천적·이론적 의미를 가지고 있다. 즉 착오와 모독의 차이다. 나는 이것이 해석적임을 강조하고자 한다. 즉 국가가 단순히 선의를 주장하는 것만으로 충족될 수 없는 요건이다. 정부의 전반적 행태가, 설득은 아니더라도 이해가 가능한 두 개의 존엄성의 원리들의 개념관 아래에서 옹호될 때만 충족될 수 있다. 국가와 법률가들은 물론 그 선이 어디에 어떻게 그어져야 할지에 대해 견해가 다를 것이다. 그러나 어떤 판단들, 즉 가장 기본적인 인권에 대한 전 세계적 합의에 부합하는 판단들은 자명할 것이다.[6] 한 카스트가 다른 카스트보다, 종교인이 불신자보다, 아리안계가 유대인보다, 백인이 흑인보다 우월하다는 전제들과 같은 노골적 편견을 드러내는 행동이야말로 존엄성의 제1원리를 명백히 위반하는 행동이다. 이 전제들은 인종 학살에서 가장 공포스럽게 목격되는 태도들이다. 어떤 경우 경멸은 더 개인적이다. 권력자들은 때로 경멸의 표시로 또는 어차피 마찬가지지만 단지 오락을 목적으로 피해자들에게 모욕, 강간, 고문을 가하기도 한다. 사람들의 일부가 출생이 저급하다고 전제하거나 오락을 위한 모욕이나 고문을 용인하는 국가는 인간 존엄성의 수긍 가능한 개념관을 포용했다고 볼 수 없다.

이제 제2원리를 간단히 살펴보자. 즉 개인은 자신들의 삶 속에서 성공의 내용을 정의할 개인적 책임이 있다는 원리 말이다. 이 원리는 표현과 언사, 양심, 정치 활동, 종교의 자유 등 대부분의 인권 문헌들이 포함하는 전통적인 자유주의적 권리들을 지지한다. 국가에 따라 문화에 따라 이 자유주의적 권리들이 구체적으로 어떻게 규정되고 보호되는가에 대해 입장이 다르다. 사회마다 무엇이 '표면적 후견주의'인지도 다르게 규정한다. 우리들 대부분은 성장기 후반부까지의 의무 교육이나 안전띠 의무화는 허용될 수 있는 후견주의라고 생각한다. 의무 교육은 그 사람이 자신의 삶을 통제할 수 있는 능력을 위축시키기보다는 무조건 강화하는 것이고 안전띠는 사람들이 자신들도 인정하는 약한 순간과는 달리 진정으로 원하는 것을 성취하도록 해 주기 때문이다. 어떤 사회는 더 심원한 후견주의를 즐기지만 개입의 수준이 위와 같은 방식으로 이해하는 것이 도저히 불가능할 경우가 아니고는 이를 인권 침해라고 하기 어렵다. 여러 정치 문화들은 개인들의 책임이 어떻게 보호되어야 하는가에 대해 서로 다른 입장을 가지고 있다.

그러나 어떤 정부의 조치들은 그 책임을 규정하고 집행하고자 성실히 노력할 것을 표명하기보다는 그 책임을 전면적으로 거부한다. 특정 종교 외의 다른 종교의 행사를 금지하거나 이단과 신성 모독을 처벌하거나 표현과 언론의 자유를 원칙적으로 금지하는 정부들은 그런 이유로 인권을 위반하는 것이다. 사람들의 정치적 견해를 증오하거나 두려워해서 그들을 겁박, 살인, 고문하는 정부들도 마찬가지다. 고문 금지는 오랫동안 모든 이들의 목록의 가장 위에 있는 패러다임적 인권이었다. 형사 피의자에게 형량 삭감 등의 동기를 제공하면서 정보를 요구하는 것은 다른 이유로 거부감이 있을지 모르지만 피수용자가 비용과 결과를 저울질할 능력을 보존한다. 10장에서 언급했듯이 고문은 그 능력을 소멸시켜 피해자를 판단력을 상실한 동물로 폄하하도록 고안되어 있다. 우리의 두 개의 원리들에서 개념 지어진 그의 존엄성에 대한 가장 심원한 모독이다. 그의 인권에 대한 가장 심원한 도발이다.

이를 기준으로 다른 인권들도 동등한 설득력을 얻는다. 모든 생명의 중요성에 대한 존중은 특정인들을 위해 다른 사람들을 해하는 것(구조하지 못하는 것과는 구별되는)을 금지한다. 범죄를 저지르지 않은 사람을 처벌하는 것은 사회 전체의 이익을 위해서 행하더라도 인권 침해다.

죄 없는 사람을 보호하도록 합리적으로 고안된 절차를 거치지 않고 처벌하는 것 역시 인권과 정면으로 충돌하는 것이다. 어떤 절차나 보호 조치를 통한 어떤 형태의 재판이 필요한지는 논란이 될 만한 요소지만 어떤 형태로든 재판이 요구된다는 것에는 논란이 있을 수 없으므로 재판 없는 구금은 인권 침해다. 어떤 형태의 후견주의는 내가 말했듯이 개인적 책임과 부합한다고 주장될 수 있다. 그러나 이 시대에 재산, 직업 또는 참정권을 여성에게 금하는 법은 여성 자신의 운명에 대한 책임과 화해될 수 없다. 이것들은 명백하고 논란이 없는 사례들이다. 이런 행태들이 충분히 심대하다면 공식적 경제 제재나 야만적이라면 군사 개입까지 정당화될 수 있다. 앞에서 설명한 두 개의 중요한 요건들만 충족된다면 말이다. 덜 심대하고 논란이 되는 사례들에서의 집행은, 경제적 또는 군사적 전장이 아니라, 조약, 국제법 또는 집행을 위해 더욱 비공식적인 국제적 압력에 의존하는 국제법원의 법정에서 이루어져야 한다.

이런 인권관은 앞서 언급한 인권 협약 및 문헌들의 추상성을 설명한다. 세계 인권 선언의 서문은 "인류 가족의 모든 구성원에 내재하는 …… 존엄성"에 대한 서술로 시작되고 거기 특정된 많은 권리들은 이 완벽하게 추상적인 사유를 단순히 재서술하는 것처럼 느껴진다. 상대적으로 구체적인 조항들, 즉 교육, 노동, 동일 임금과 같은 경우도 실무에 적용되기 전에는 그 적용 범위를 한정하기 위한 해석을 필요로 한다. 이 조항들과 다른 협약들의 비슷한 조항들은 인권을 상세히 규정하려는 시도가 아니라 국가의 행태가 기본적 인권을 위반하는 태도를 드러내기 쉬운 민감한 영역들을 지적하려는 시도다. 이 조항들은 해석적 질문을 호명한다. 그 국가의 정치 표현 및 언론 규제, 의료 보장 및 공교육의 수급 또는 전반적인 경제 정책은 이 선언문 서문이 요구하는 존엄성을 존중하기 위한 선의의 시도를 표출하는가, 아니면 그런 존엄성에 대한 무관심이나 경멸을 표출하는가? 후자라면, 선언문은 그 국가가 인권을 침해했음을 입증한다. 이러한 인권 조약 및 협약에 대한 관념은 해석적 답변을 필요로 하는 질문을 제기한다.

우리의 인권관은 친숙한 인권 이론의 질문을 답하기에도 유용하다. 인권은 진정으로 보편적인가? 어떤 인권 목록은 지역적인가? 인권은 국제적 선언문들이 무시하는 지역 문화나 역사의 특성들에 따라 바뀌는가? 또는 어떤 인권들은 그런 상황들로부터 독립적인가? 우리는 이 질문들에 대해 모두 그렇기도 하고 그렇지 않기도 하다고 답할 것이다. 해석적 판단은 본질적으로 다른 경제적 상황, 정치적 그리고 문화적 측면과 역사에 민감할 수밖에 없다. 이 조건의 차이들이 가능한 해석들, 즉 평등한 배려와 존중을 실현하기 위한 여러 노력들 중에서 어느 것이 모든 것을 고려했을 때 더 정확한 해석인지에 명백히 영향을 주기 때문이다. 빈국에서 선의의 노력을 반영하는 의료 또는 교육 정책이 부국에서는 무관심의 표출일 수도 있다. 그러나 추상적인 기준 자체, 즉 존엄성은 모두의 운명에 대한 동등한 배려와 개인적 책임에 대한 완전한 존중을 요구한다는 기본적 인식은 상대적이지 않다. 이것은 진정으로 보편적이다.

이 추상적 기준이 보편적으로 승인되어 왔거나 승인된다는 뜻은 아니다. 도리어 그렇지 않았고 지금도 그렇지 않다. 그러나 우리가 인권을 조금이라도 믿는다면 또는 어떤 다른 권리를 믿더라도 우리는 그 권리들의 참된 근거에 대해 입장을 밝혀야 한다. 인간 존엄성에 대한 나의 이해에 결함이 있을 수 있다. 당신 스스로 결정해야 하고 필요하다면 나의 생각을 수정해 줘야 한다. 그러나 당신이 인권이나 정치적 권리에 대한 총체적 회의주의에 현혹되지 않은 이상, 당신은 그 권리들의 근거를 위와 같은 종류의 공식에서 찾아야 한다. 당신이 그 공식을 포용하는 것은 어떤 문화에 체화되어 있거나 대부분의 나라들이 공유해서가 아니라 당신이 참이라고 믿기 때문인 것이다. 당신은 자신의 기본 전제를 지역과 국가를 횡단하는 다양한 상황들에 변조하여 적용해야 한다. 하지만 당신의 판단은 종국적으로는 상대적이지 않은 것에 정초하고 있어야 한다. 즉 인간 존엄성의 조건들과 강제성이 그 존엄성에 들이미는 위협들에 대한 당신의 판단 말이다.

당신은 절대적 진리를 인권 이론의 근거로 삼는 것은 교만하거나 외교적이지 못하다고 걱정할 수 있다. 한 비판가는 내 존엄성관을 "신학적이거나 교조적"이라고 평가하며 다른 문화들은 다른 가치들을 포용하기 때문에 그중의 하나에만 인권 이론을 정초하는 것은 옳지 못하다고 주장한다.[7] 하지만 우리는 그렇게 해야 한다. 한 문화를 선호해서가 아니라 우리가 확인한 진실을 선호하기 위해서다. 다른 방법은 없다. 우리가 다른 방법으로 나아가려면, 즉 문화들을 횡단하는 공약수를 찾으려면, 그런 탐구의 전략을 정당화해야 하며 그 전략적 선택은 인기가 아니라 진실에 의해 정당화되어야 한다. 초교파적 전략은 결국 심원한 논리적 혼돈일 뿐이다.

조약에서 동의되고 실무에서 집행되는 인권관을 도출하는 데 다원주의가 고려되어야 함은 분명하다. 타인들이 거부할 것을 이미 알고 있는 근거들을 우리의 입장의 원론적인 근거라고 강조하는 것은 어리석다. 그러나 우리가 협상이나 설득에 나서기 전에 우리 자신의 인권관이 무엇인지 알아야 한다. 그렇지 않으면 그런 협상이나 설득의 목적을 시야 내에 설정할 수조차 없다.

인권과 종교

유럽과 아메리카에 사는 압도적인 수의 사람들이 인권을 어떤 종교 전통과 결부시키고 있기 때문에, 실천적·외교적 난제들은 무의미하게 과장되어 있다. 만약 그 많은 사람들처럼 우리가 궁극적으로는 인권이 종교적 원천과 토대를 갖고 있다고 주장한다면, 우리는 스스로 그러한 권리에 호소함으로써 우리와는 판이한 종교적 전통과 신념을 지닌 사람들, 특히 우리가 비난하고 처벌하는 바로 그런 행위를 자신들의 종교가 명하고 있다고 믿는 사람들을 분노하게 만들리라는 점을 인정할 수밖에 없다. 더 나쁜 것은, 만약 우리가 인권이 종교에 기초를 두고 있다고 가정한다면, 자기 자신의 가치들 속에서 스스로 하나의 역설(자기모순)에 직면한다는 점이다. 우리는 종교적 관용이 인권의 근본에 속한다고 믿으며, 그러므로 사람들에게 그들이 받아들이지 않는 종교적 교리와 의식(儀式)을 강요하는 것은 그들의 권리를 침해하는 짓이라고 생각한다. 그런데 침공해 들어가는 우리 군대가 우리 종교 유산의 일부로 여기는 기치 아래 행군할 때 우리가 하고 있는 일이야말로 바로 그런 짓이 아닌가?

이러한 난관들을 야기하는 생각, 즉 인권은 종교적 기초를 갖고 있다는 생각은 아주 오래된 것이다. 인권은 일반적으로 자연권에서 유래한다고 여겨진다. 자연권은 다시 자연법의 표현이라고 상정되며, 자연법은 최소한 이 관념에 대한 중심적 해설적 전통에서는 신법(神法)으로 이해되었다. 토머스 제퍼슨(Thomas Jefferson)은 무신론자였을 가능성도 충분히 있지만(이에 대해서는 역사가들 사이에 논쟁이 있다.) 미국의 독립 선언문에서 인간이 "창조주로부터 생명, 자유, 행복 추구에 대한 불가양의 권리를 부여받았다."라는 것이 자명하다고 선언했을 때 그는 단지 통념적인 생각과 공유되는 수사(修辭)를 전달하고 있었을 뿐이다. 부시 전 미국 대통령은 우리의 자유로움이 신의 자비라는 듯이, "자유(freedom)는 만인에 대한 신의 선물"이라고 선언했다. 인권이 종교에서 유래한다는 것은 이슬람 국가들의 경우에 훨씬 더 분명하게 드러난다. 예를 들면 1990년 카이로 인권 선언 제24조는 "이 선언에서 거론되는 모든 권리와 자유는 이슬람 성법(聖法)의 지배를 받는다."라고 규정하고, 제25조는 "이슬람 성법은 이 선언의 모든 개별 조항에 대한 해석과 설명의 유일한 원천이다."라고 부연한다.

그렇지만 사실 신적 권위는 기본적 인권을 지탱하는 역할을 전혀 할 수 없다. 오히려 정반대인데, 논증의 논리는 역방향으로 진행된다. 즉 우리가 신의 도덕적 권위 관념을 인정하려면, 독립적이고 논리상 선행하는 인권의 존재를 가정하지 않으면 안 된다. 외견상 과격한 이런 주장을 펴면서 나는 신 또는 신들의 존재나 성격에 관한 어떠한 특정 견해도 취하지 않는다. 나는 신적 권위를 거부하면서 그 거부의 기초를 무신론 또는 기타 어떠한 형태의 회의주의에도 두지 않는다. 반대로 나는 이 장을 위해서 전통적 일신교에서 생각하는 유일 인격신이 존재해 왔고 또 영원히 존재할 것이라고 가정한다. 이 신은 우주와 그 안에 있는 모든 형태의 생명을 창조했다. 그는 특히 자신의 형상을 본떠서 인간을 창조했다. 또한 그는 전능한 창조자이자 파괴자다. 나아가 그는 전지하고 만사를 예지한다. 물론 나는 신앙심이 깊다고 자부하는 많은 사람들이 신에 대한 이런 전통적 묘사를 받아들이지 않는다는 것을 알고 있다. 그들은 자신의 신앙을 이와는 다르게 더 신비적으로 표현한다. 우주는 더 고차원적인 어떤 힘을 담고 있고, 우주에는 우리보다 큰 어떤 것이 존재하며, 우리는 신의 본성을 거울을 통해서 어렴풋하게만 볼 수 있기 때문에* 우리 자신의 형상과 같은 어떤 인격신을 가정해서는 안 된다는 것이다. 하지만 훨씬 더 전통적인 초월적 우주론을 도구로 사용한다면, 내가 의도하는 논변을 제시하기는 더 쉽다.

나는 신에 대해 대략적인 설명을 제시하면서 선함이나 도덕성에 관해서는 아무 말도 하지 않았다. 나는 신이 전능한 창조주라고 가정한다. 그러나 이것이 그 신이 선하다고 말하는 것(또는 이를 부정하는 것)은

---

* 사도 바울이 「고린도 전서」 13장 12절에서 현재는 신을 잘 알 수 없으나 신을 직접 대면할 때가 있을 것이라는 취지로 쓴 글. 당시 거울은 청동으로 만들어져 상이 선명하지 않았음.

아니다. 또한 그 신이 도덕적 권위를 지닌다고 말하는 것도 아닌데, '도덕적 권위가 있다.'라는 문구의 의미는 그의 명령이 진정한 도덕적 의무를 부과한다는 것이다. 물론 아브라함에서 갈라져 나온 종교들*에서는 그들의 신이 전지전능성뿐 아니라 도덕적 자질과 권위도 갖는다고 하지만, 나는 종합적인 종교적 세계관의 이러한 두 구성 요소를 분리하고자 한다. 종교에는 구별 가능한 두 부분, 즉 우주론적 부분과 가치 평가적 부분이 있는 것으로 보자는 것이다. 종교는 두 종류의 문제에 대해 답을 제시한다. 우선 종교는 "무엇이 있으며 왜 그러한가?"라는 질문에 답한다. 세계와 그것을 구성하는 부분들은, 생명과 인간 생명을 포함하여, 어떻게 존재하게 되었는가? 세상이 어떻게 될지는 무엇이 또는 누가 결정하는가? 영혼이라는 것이 있는가? 만약 있다면 죽은 뒤에 영혼은 어떻게 되는가? 종교는 또한 (그와는 별도로 분리해서) "무엇이 있어야 하며 왜 그러한가?"라는 질문에도 답한다. 무엇이 옳고 무엇이 그른가? 무엇이 중요하고 무엇이 중요치 않은가? 내 삶을 가지고 나는 무엇을 해야 하는가? 이를테면 내가 생명을 희생해야 할 때는 언제인가? 나는 다른 사람들을 어떻게 대우해야 하는가? 만약 내게 다른 사람들을 죽이는 일이 허용되거나 요구되는 경우가 있다면 그때는 언제인가?

많은 신학자들과 일부 철학자들은 이러한 구분에 정당성이 없다고 본다. 그들은 선함이란 신의 본래적 자질이며, 따라서 신의 선함을 가정하지 않은 채 신의 특별한 능력만을 가정하는 것은 불가능하다고 여긴다. 신의 존재에 대한 존재론적 논변 가운데 여전히 강력한 일부 형태에서는 선함을 신의 필연적 속성으로 포함시킨다. 하지만 고대 그리스의 신 관념은 아주 달랐는데, 그것은 전능함을 선함과 분리하는 일

---

* 유대교, 기독교, 이슬람교.

15장 정치적 권리와 개념   531

이 최소한 개념적으로 가능함을 보여 주며, 바로 이것이 내가 가정하고 있는 전부다. 이제 나는 아브라함의 신, 전능하고 전지한 초자연적 존재로서 만물을 창조하신 그분이 정말 틀림없이 선하며 그의 명령이 도덕적 권위를 틀림없이 지닌다고 하는 널리 퍼져 있는 가정까지도 의심하지 않는다. 다만 나는 그의 선함과 도덕적 권위의 원천이 무엇인지를 물을 뿐이다.

흄의 원리에 따르면, 이런 도덕적 속성들이 신의 전지전능함으로부터 직접 도출될 수는 없다. 존재로부터 당위를 도출할 수는 없다는 것이다. 신이 선한지 또는 그의 명령에 복종해야 하는지 여부에 관한 어떤 견해를 우리가 옹호하려면, 우리는 자신이 기초로 삼아 의지하는 어떤 추가적인 가치 전제(前提)를* 가정하지 않으면 안 된다. 당신은 "신이 우주도 창조하고 당신도 창조했다."라고 가정할 수 있고, "신이 십계명 같은 명령을 내렸다."라고 가정할 수 있다. 그러나 단지 그런 사실들로부터는 "자신이 그런 명령에 복종해야 할 어떤 도덕적 근거를 갖는다."라거나 "그 명령이 도덕적으로 선한 사태 또는 더 정확히 말해서 다른 어떤 식으로든 바람직한 사태를 가져올 것이다."라는 추론을 끌어낼 수 없다. 신의 능력과 지식에서 신의 도덕적 권위를 끌어내려면 당신은 추가적인 도덕적 전제가 필요하다. 정부와 유비(類比)해서 생각해 보자. 즉 현세의 통치자가 정당성을 지니려면 정당성에 관한 절차적 및 실체적인 모종의 원칙들을 충족하지 않으면 안 된다. 이러한 철학적 요구 사항은 세속 통치에서뿐 아니라 신의 통치에서도 유효하다.

물론 나는 하나의 오랜 신학적 논란에 있어서 한쪽 편을 들고 있는 셈이다.[8] 신이 선한 것은 그가 도덕법에 복종하기 때문인가, 아니면 어

---

* 이를테면 "전지전능함은 곧 선함이다." 또는 "전지전능한 존재의 명령은 곧 선한 명령이고 선한 명령에 복종하는 것은 곧 선한 것이다."라는 전제를 말함.

떤 법이 도덕법인 것은 단지 신이 그것을 명령했기 때문인가? 이것은 때로는 하나의 딜레마라는 인상을 주기도 한다. 만약 신이 도덕법에 구속받는다면, 그는 무엇이 결국 옳고 그르며 좋고 나쁜지를 바꿀 수가 없고, 따라서 전능하지 않은 셈이 된다. 반면에 만약 신의 명령이 도덕성을 창조한다면, 그가 선하다는 것은 단지 진부한 동어 반복적 의미에서만 그런 셈이 된다. 이러한 딜레마는 사이비 딜레마다. 즉 "어떤 사람이 악을 선으로 둔갑시킬 수 없기 때문에 그의 힘은 그가 가졌음직한 힘보다 더 작은 것이다."라는 명제는 흄의 원리를 위반하는 또 하나의 방식일 뿐이다. 따라서 '신이 도덕성의 궁극적 원천'이라는 낯익은 생각은 혼동된 것이다. 즉 신의 선함은 어떤 독립적인 도덕법 또는 도덕적 진리의 반영이라고 했던 옛 사제들의 말이 옳다.

그렇다고 해서 신이 도덕적 권위를 지닐 수 없다는 결론, 즉 신이 자기 명령을 통해 진정한 도덕적 의무를 창조할 수 없다는 결론이 나오는 것은 아니다. 의회는 정치적 도덕의 근본 원칙들을 무시할 권한이 없으며, 그러한 정치적 도덕의 근본 원칙에 따라 행위하지 않는다면 어떠한 도덕적 권위도 갖지 못한다. 하지만 그럼에도 불구하고 의회는 실제로 그러한 원칙들에 따라 행위하는 경우에는 새로운 도덕적 의무들을 창출할 수 있다. 내가 일정 세율의 세금을 납부해야 한다고 의회가 선언했기 때문에 나는 그 세금을 납부할 도덕적 의무를 지는 것이다. 따라서 "신이 자동적인 도덕적 권위를 지닐 수 없다."라는 사실은 "신이 인권의 원천이다."라는 주장을 논박하지 못한다. 신이 우리에게 만인에 대해 인권을 존중하라고 명령했다는 단지 그 이유 때문에 인권은 도덕적으로 절대적인 것일지도 모른다. 그러나 만약 그렇다면, 그것은 어떤 더 기본적인 원칙이 있어서 신에게 새로운 도덕적 권리를 창조할 수 있는 도덕적 권위를 부여했기 때문이다. 도대체 무엇이 더 기본적인 원리일 수 있을까?

내가 상정하는 신은 무한한 창조와 파괴 능력을 지니고 있기 때문에 모든 인간에게 채찍과 당근을 휘두를 힘을 갖는다. 그는 동성애자를 벌하기 위해 그리니치빌리지*에 에이즈를 보낼 수도 있고, 자살 테러자에게 천국에서 처녀 한 부대를 마련해 줄 수도 있다. 많은 사람들은 신의 도덕적 권위가 이러한 처벌과 보상 능력에서 나온다고 생각한다. 그러나 위협과 매수가 정당성을 대신하지는 못한다. 또 어떤 사람들은 자기네 신의 도덕적 권위를 신이 자신들을 창조했다는 사실에서 찾는다.[9] 널리 퍼져 있는 어떤 견해에 따르면, 누군가가 무엇을 창조했다면 (조각가가 자신의 노동을 대리석 덩어리에 투입했다면) 그는 자신이 창조한 것을 소유하며, 그러므로 그 피조물에게 일어나는 일에 관해 제한적일지라도 도덕적 권위를 갖는다고 한다. 그러나 대리석 덩어리에게는 자신의 창조자에게 복종할 도덕적 의무가 없으며, 아무튼 사람이 대리석 덩어리는 아닌 것이다. 자녀들은 부모에게 의무를 지고 있는데, 여기에는 한정된 시간에 한해서나마 부모가 시키는 대로 해야 할 다소 제한적인 의무가 포함된다. 그러나 이러한 권위가 도덕적 의무, 이를테면 가족이 공동으로 벌이는 어떤 일에 참여해야 할 의무를 창출할 수 있는 능력을 포함하고 있는 한, 그것은 우리가 바로 앞 장에서 검토했던 종류의 수많은 사회적 관행과 이해에 의존한다. 어떠한 경우에도 그저 자식을 창조했다는 사실만으로 부모의 권위가 생겨나지 않는다. 양부모도 친부모와 똑같은 도덕적 권위를 지닌다. 만약 신이 새로운 도덕적 의무를 창조할 권위를 갖는다면, 이것은 존 로크(John Locke)의 재산권 이론**과는 다른 어떤 원칙에 의한 것일 수밖에 없다.

지금 직관에 기초한 신앙을 가진 사람들은 "신이 우리에 대해 도덕적 권위를 갖게 해 주는 어떠한 원칙도 찾을 필요가 없다."라며 반론을

---

* Greenwich Village, 미국 뉴욕 시에 있는 상업 지구. 전위적인 예술가들의 거주지로 유명함.
** 노동으로 창조된 것은 노동을 투입한 자의 사유 재산이 된다는 이론.

제기할지도 모른다. 신의 권위는 그저 우리가 믿음으로써 깨닫거나 직관하는 도덕적 사실일 뿐이라고 말하는 것으로 충분하다는 것이다. 그렇게 한다고 해도 "무엇이든 신이 하는 일은 정의(定義)상 선하다."라는 동어 반복으로 퇴보하게 되는 것은 아니라는 것이다. 우리는 신의 선함이 실체적이라고 인정하면서도 여전히 신의 도덕적 권위를 하나의 적나라한 도덕적 사실로서 직접적으로 깨닫거나 직관할 수 있다고 주장할 수 있다. 많은 사람들이 신의 존재와 능력을 적나라한 사실로서 깨닫거나 직관한다고 주장하는 것과 마찬가지로 말이다. 그렇지만 이는 누차 지적했던 대로 사실 영역과 가치 영역 간의 중대한 차이를 간과하는 발언이다.

만약 신이 실제로 존재한다면, 신의 존재와 역사(役事)하심은 상당히 특별하고 색다른 사실이기는 하지만, 어쨌든 이것은 사실의 문제다. 만약 그것이 존재한다면, 신의 도덕적 권위라는 것은 가치의 문제다. 사실에 관한 주장은 그 자체로서 참일 수 있다. 즉 먼 은하계의 어떤 행성에 물이 존재한다는 명제는 현재의 어떤 다른 사실을 빌려서 참이 될 필요가 없다. 그 명제는 그저 참일 수 있는 것이다. 그러나 가치의 세계는 다르다. 즉 거기에서는 아무것도 그 자체로서 참이 되지 않는다. 만약 무언가가 옳거나 그르다면, 그것은 도덕의 전 영역에 걸쳐 그물처럼 퍼져 있는 어떤 원칙을 빌려서 옳거나 그른 것이다. "대량 학살은 옳지 않다." 또는 "풍족한 사회에 사는 가난한 자는 기본적 의료 보장에 대한 권리를 갖는다."라는 것은 그저 우리가 직관할 수 있을 뿐인 적나라한 도덕적 사실일 수 없다. 그러한 주장에 관한 우리 입장의 옳고 그름은 다른 무수한 것들에 관한 우리 입장의 옳고 그름이 동반되지 않고는 또 그 결과로서가 아니라면 불가능하다. 어떤 전지전능한 존재가 우리에게 도덕적 권위를 갖도록 해 주는 원칙들을 우리가 모르고 있을 수도 있다. 그러나 우리가 만약 신이 정말 도덕적 권위를 갖는다고 믿는다면, 그런 권위에 대한 어떤 원리상의 해명을 구성해 내는 일이 원칙적으로 가능하다는 것 또한 반드시 받아들여야 한다. 이는 이 숭고한 맥락에서 1부와 7장의 교훈을 반복한 것뿐이다.

지금까지 우리는 신의 도덕적 권위를 옹호하는 논변들을 검토했는데, 이 논변들은 벌을 내리고 은총을 베풀 수 있는 신의 능력, 우주 창조자로서의 신의 역할 또는 신앙이 지니고 있는 특별한 인식 능력 등 신을 독특한 존재로 만드는 어떤 사실에서 출발하고 있다. 우리에게는 이와 다른 논변이 필요한데, 여기에서 초점이 되는 것은 어떤 초자연적 존재의 독특함이 아니라 도덕적 권위의 일반적 조건들, 즉 그렇게 고원(高遠)하지 않은 능력의 상황에서도 유효하게 적용되는 조건들이다. 그렇다면 우리는 곧바로 낯익은 영역으로 되돌아온다. 정치적 통치자들은 도덕적 권위를 주장한다. 즉 그들은 자기가 지배하는 사람들에게 입법과 명령을 통해 새로운 도덕적 의무들을 부과할 권력이 있다고 주장한다. 그러나 우리는 이 통치자들의 정부에 정당성이 없다면 그러한 도덕적 권위를 인정하지 않으며, 통치자들을 적나라한 힘만 가진 폭군으로 취급한다. 그리고 정부가 자신이 주장하는 그런 도덕적 권위에 복종할 사람들을 옳은 태도로 대우하지 않는다면 우리는 그 정부가 정당성이 없다고 본다. 정부는 시민들의 삶이 갖는 중요성에 동등한 배려를 표해야 하며, 시민 각자에게 자신의 삶에 대한 자기 책임을 허용해 주어야 한다. 만약 우리가 만인에 대한 신의 도덕적 권위를 주장한다면, 우리는 만인에 대한 신의 동등한 배려와 존중을 가정하지 않으면 안 된다. 일부 종교에서 통용되고 있는 생각, 즉 자기들의 신이 자기네 종교를 믿는 사람들만을 또는 그 종교의 충실한 신자들이 지닌 특정한 종족적 혈통만을 배타적으로 또는 주로 총애한다는 생각은 그 신이 보편적인 도덕적 권위를 지닌다는 가정을 뒤엎어 버린다.

가치의 영역에서는 어디에서나 그렇듯이 여기에서도 우리는 자신의 신념 위에 발을 딛고 설 수밖에 없다. 마땅한 주의를 기울이고 충분한 성찰을 한 뒤라면 자신이 옳다고 주장해야 한다. 그렇지만 그러한 주장이 참(眞)인 근거로 자신의 종교나 자신의 신에 호소해서는 안 된다. 스스로 납득할 수 있다면 우리는 자신의 신을 덜 근본적인 문제들에 관한, 즉 우리 자신의 윤리나 개인적 도덕 나아가 정치적 도덕의 요소들에 관한, 도덕 입법자라고 여길 수는 있을지 모른다. 우리는 어떻게 살아야 하는지 또는 우리가 남들한테 지고 있는 의무가 무엇인지에 관한 이런저런 이상이 신의 선언에 의해 진리가 된다고 믿게 될 수도 있을 것이다. 그러나 우리는 자신을 무력하게 만드는 순환 논리를 범하지 않고는, 어떤 신이든 그 신을 어떤 정치적 도덕에서나 그 가장 근본적인 부분의 원천이라고, 즉 정당성에 관한 신념이나 인권에 관한 신념의 원천이라고 여길 수 없다.

나의 논의는 종교를 더 폭넓은 가치의 맥락 속에 위치시킨다. 그렇게 한다고 종교가 훼손되는 것은 아니다. 종교는 인간 역사에서 악뿐 아니라 선을 위해 놀라운 힘을 발휘해 왔다. 비록 지금 이 순간에는 테러의 기억 때문에 종교의 악한 점이 더 두드러질지도 모르지만, 이를 궁극적인 결론으로 허락할 수는 없을 정도로 너무나 복합적인 것이 바로 역사다. 나의 목표는 오히려 인권을 옹호하는 논거를 다른 차원에 위치시키는 것이었다. 우리가 모든 인간의 타고난 권리를 옹호할 때는 다른 신앙의 소유자들을 뒤로한 채 자기 자신의 종교에 의존할 필요가 없다. 우리는 우리를 분열시키는 것이 아니라 우리를 통합해 주는 것을 논의의 출발점으로 삼을 수 있다. 우리 모두는 이슬람교도든 유대교도든 기독교도든, 무신론자든 광신자든 살아야 할 삶, 마주하게 될 죽음, 제 값어치를 인정받아야 할 존엄성이라는 피할 수 없는 도전을 동일하게 마주하고 있기 때문이다.

개념들

규준 의존적 오류

우리는 많은 벽돌 길들의 끝, 즉 개인 윤리, 개인 도덕, 정치적 정당성, 정치적 권리 그리고 인권의 끝에서 존엄성의 두 가지 원칙들을 만났다. 이제 우리는 이 원리들을 더 풀어헤쳐서 정치와 정치철학을 관통하는 두 가지 해석적 개념들인 자유와 정치를 탐구해야 한다. 나는 소극적 자유와 적극적 자유를 모두 포함한 것으로 자유를 이해하며 그러므로 민주주의의 개념을 이 탐구의 한 부분으로 간주한다. 이 개념의 의미에 대해 각자는 의견이 서로 다를 것이다. 즉 진정한 민주주의, 정치적 평등, 또는 소극적 자유가 정말 무엇인지에 관해 의견이 다를 것이다. 이 개념들은 다음 세 개의 장에서 다루어지지만 나는 여기에서 그 내용을 간단히 요약하여 8장을 회고하고 5부에 제시될 다음 주장들을 예측하여, 이 개념들이 해석적인 개념임을 이해하는 것이 왜 중요한지 밝히고자 한다. 자유, 평등, 그리고 민주주의가 그 개념들의 가치나 중요성에 대한 가설을 동반하지 않는 중립적 분석만으로 이해될 수 있는 규준 의존적 개념(criterial concepts)이라는 패배한 전제는 많은 에너지를 소비시켰다. 그 개념들을 규준 의존적으로 이해하려는 노력은 모순으로 귀결되었다.

자유

예를 들어 존 스튜어트 밀의 고전적인 자유론을 보자. 밀은 자기가 원하는 것을 할 자유로움이 자유라고 말했다. 그것이 자유라면, 정부는 지금도 강간이나 방화를 금지함으로써 자유를 제약하고 있다. 그렇다면 우리가 딜레마에 처한 것일까? 강간과 방화를 범죄시하는 것은 필요하다. 하지만 그렇게 함으로써 우리는 매우 중요한 가치를 훼손하는

538

특별한 잘못을 저지르고 있지는 않을까? 우리가 그것이 잘못이라고 생각하지 않는다면, 우리는 이미 자유를 정의할 때 이러한 법규들이 자유를 침해하는 것으로 정의했으므로 우리는 자유 그 자체를 중시하지 않거나 자유를 존엄성에 있어 핵심적인 것으로 보지 않은 것이 된다. 우리는 자유와 관련된 다른 무언가만을 중시하는 것이다. 그 다른 무언가란 무엇인가? 근본적인 자유만을 중시한다는 주장은 도움이 되지 않는다. 우리는 한 자유를 다른 자유보다 더 근본적으로 만드는 이유를 설명해야 하는데 "근본적인 자유가 문제 될 때는 우리가 자유라고 부르는 어떤 재화가 더욱 문제가 된다."라는 방식으로 설명할 수 없기 때문이다.

대신 사람들이 원하는 대로 하지 못하도록 하는 것은(예를 들어 강간) 그 자체로 특별한 과오이기는 하나 그 과오는 전체적으로 정당화될 수 있다고 가정해 보자. 우리는 그 이유를 말해야 한다. 우리가 밀처럼 공리주의자라면, 불행이나 좌절을 초래하는 모든 제약들이 해악이며 안타까움의 대상이라고 생각할 것이다. 그것이 필요한 제약이라 하더라도 말이다. 그러나 이러한 전략은 타인이 원하는 행위를 제약하는 것이 특별한 해악임을 입증하지 않는다. 단지 이 불행도 정부가 공공건물에 에어컨을 달지 않을 때 나타나는 매우 다른 형태의 불행들과 함께 쾌락의 공식에서 비용란에 기입될 뿐, 자유의 특별함은 보여 주지 않는다.

"자유로움에 대한 어떤 제약도 존엄성에 대한 모욕이기 때문에 강간 금지가 특별한 해악"이라고 말할 수는 없다. 정치적 의무에 대한 14장의 주장이 옳다면, 정당한 정부가 일단의 시민들을 다른 시민들의 폭력에서 보호하는 것이 존엄성을 훼손하는 것은 아니다. 우리가 범죄의 금지는 자동적으로 존엄성을 훼손하는 것이라고 생각한다면, 현재 정부 활동의 상당 부분을 심대한 오류라고 간주해야 한다. 내가 조지 왕조 양식의 내 집을 보라색으로 칠하지 못하도록 시의회가 금지하는 것은 공정하지 못하다. 시의회가 이 제약이 타인들의 안전이나 자유로움을 보호하기 위해 필수적이라고 주장하기는 어려우며 그렇다면 나의 존엄성을 단순한 미적 감각을 위해 희생하는 것이 된다.

평등

평등을 규준 의존적 개념으로 치부하는 것 역시 똑같이 절망적이다. 그런 입장은 평등을 단지 평면적 평등으로, 즉 모두가 일생 동안 똑같은 부를 갖는 평등으로 간주하는 냉소적 입장을 방조한다. 평등을 규준 의존적으로 생각하면 별다른 정의가 불가능하기 때문이다.[10] 이제는 자유주의자들 사이에서조차 평등을 허구적인 가치로 치부하는 것이 존중받고 있다. 부의 평등한 분배가 중요한 것이 아니고 밑바닥 사람들이 품위 있는 삶에 필요한 수준 이하를 가지고 있는 것이 문제라거나 심대한 평등을 피하는 것이라거나 그런 종류의 개념으로 평등을 생각하고 있기 때문이다. 이러한 입장은 존 롤스가 촉발시킨 분배 정의에 대한 논쟁에 의해 독려되고 있다. 그는 "차등의 원리"에서 "1차 재화"의 평면적 평등에서 벗어나는 것은 최저 계층의 지위를 향상시킬 경우에만 허용된다고 했다.[11] 이 원리에 따르면 어떤 경우에는 사람들에게 부를 창조할 수 있는 능력을 가진 사람들에게 고수익을 보장하여 이들이 그 능력을 발휘하도록 하는 것이 빈곤층을 포함한 모두에게 도움이 되므로 정당화된다. 이에 대해 일부는 차등 원리가 충분히 평등주의적이지 않다고 주장한다. 이들은 사회적, 개인적인 여러 이유들 때문에 모두가 동등한 부와 공동의 운명을 갖는 것이 전체적으로 물리적 부가 줄더라도 일부가 부유하고 일부가 빈곤한 것보다는 낫다고 선언한다.[12]

그러나 더 많은 비평가들은 차등 원리가 최빈층에만 집중하며 지나치게 평등주의적이라고 주장한다. 이들은 빈곤층에 맞추어진 경직된 우선순위를 완화하는 것이 더 나을 것이라고 말한다.[13] 이들도 일반적으로 정책은 밑바닥 사람들을 우대해야 함을 인정한다. 그러나 공동체가 다수인 중산층 및 하위 중산층에게 더 큰 부를 제공하는 경제 전략과 소수인 최빈층을 조금 덜 빈곤하게 하는 전략 중에서 선택해야 한다고 가정하자. 이들 비평가들은 후자의 전략을 택하는 것은 우매하다고 주장한다. 또는 적어도 후자의 정책이 빈곤층에 가져온 변화가 명목적인 개선을 넘어서서 인생을 바꾸지 않는 한 바보스럽다고 한다. 또 다른 비평가들은 이 같은 중도적인 입장도 거부한다. 이들은 평등은 모욕적인 목표이며 정치 공동체는 자유만을 신봉해야 한다고 선언한다. 지금은 폄훼되었지만, 이들 중 일부는 새로운 신앙을 주장한다. 즉 능력자들에게 물적 동기를 부여하여 충분한 부를 창출하면 그 부는 빈곤층에게 '흘러넘친다'는 것이다.[14] 또 다른 비평가들은 빈곤층은 스스로를 책임져야 한다고 말하거나 최소한 그렇게 믿는다.

이들 다양한 견해들 간의 논쟁은 다음 전제에 의해 오도되어 있다. 즉 평등의 중요성이나 평등과 중산층의 부흥 사이의 가치 우열에 대한 논쟁이 모두가 똑같이 가져야 한다는 명제의 중요성에 대한 것이라는 전제다. 그렇게 되면 우리는 중립적으로 보였던 자유 개념이 초래한 난점들에 다시 부딪힌다. 그렇게 이해된 평등은 그 스스로 가치라고 할 수 있을까? 서로 다른 사람들이 동등한 부를 갖는 것이 내재적으로 선한 것인가? 평면적 평등으로부터의 이탈은 그 어떤 것도 경제적 합리성처럼 전체적 고려를 해도 정당화될 수 없을 정도로 평면적 평등은 그렇게 선한 것인가? 그런 주장은 받아들이기 어렵다. 어떤 이들이 쓰는 동안 다른 이들은 저축하고, 어떤 이들이 일하는 동안 다른 이들은 노는데 왜 모두가 동등한 부를 가져야 하는가?

이러한 이유로 평면적인 평등은 그 자체로 도덕적 의미를 가지고 있지 않을지도 모른다. 그렇다면 우리는 왜 이를 목표로 얼마나 노력할지에 대해 논쟁해야 하는가? 왜 우리는 롤스처럼 평면적인 평등에서의 이탈은 항상 특별한 정당화를 필요로 한다고 가정해야 하는가? 하지만 우리가 평면적인 평등이 그 스스로 선한 것이라고 결정한다면 왜 그 가치가 타협의 대상이 되어야 할까? 타협의 대상이 된다면 언제 그럴 수 있을까? 어떤 가치가 평등과 경합하여 그러한 타협을 요구하고 타협의 범위를 산출해 내는가? 어떤 기준으로 우리는 중산층 부흥을 위해 평등이라는 내재적 가치를 일부 포기하는 것이 더 낫다고 결정할 수 있을까? 어떤 중립적인 관점과 산법으로 그 판단을 옹호할 수 있을까? 다시 말하지만 '직관들'의 건조한 충돌 외에 별다른 방법이 없는 것 같다.

민주주의

민주주의, 즉 정치 영역에서의 평등 논쟁은 비슷한 난점을 겪어 왔다. 철학자들과 정치학자들은 중립적으로 보이는 민주주의관으로 이끌려 왔다. 즉 민주주의는 다수의 의지에 의한 지배이며 이 의지는 표현의 자유와 언론의 자유가 보장된 정치적 토론에 뒤이은 거의 만인에게 보장된 선거가 적절한 빈도로 시행되면서 실현된다는 것이다. 몇 개의 정의들을 가지고, 법률가들과 정치가들은 (지금은 많은 다른 나라들에 크고 작게 전파된) 미국식 사법 심사가 정당화될 수 있는가를 논쟁한다. 이 제도 아래에서 법원(미국의 경우 연방 대법원)은 다수의 의지를 담지하는 의회가 제정한 법도 근본적인 헌법적 권리와 반하여 법적 효력이 없다고 결정할 수 있다. 어떤 법률가들과 철학자들은 이러한 제도를 민주주의에 반한다고 비난한다. 다른 이들은 민주주의가 중요하기는 하지만 유일한 가치가 아니며 인권과 같은 가치들을 위해 타협될 수 있다고 옹호한다.

이러한 접근은 다시 한 번 우리에게 익숙한 딜레마로 귀결될 뿐이다. 민주주의를 다수결주의로 이해했을 때 그 자체로 가치가 있는가?

여기에서부터 적어도 의구심이 발생한다. 왜 산술적 다수의 선호가 그 정책의 공평성이나 우수성의 표지가 되는가? 공동의 사업에 참여한 사람들 사이에 견해차가 있을 때 공정한 해결책은 투표밖에 없다고 할지 모른다. 그러나 투표가 보편적인 공평한 기본 방식이라는 주장은 자동적인 진실이 아니다. 또 하나의 해묵은 철학 사례를 보자. 구명정에 사람이 너무 많아 모두를 구하기 위해 한 사람이 내려야 할 때 다수결은 아마 누가 내릴지를 정하는 최악의 방법일 것이다. 개인적인 연고나 반감이 부당하게 개입할 게 분명하기 때문인데, 이를 막기 위해서는 제비뽑기가 훨씬 더 나아 보인다. 이런 연고나 반감은 훨씬 큰 규모로 정치를 망치며 그렇기 때문에 다수결이 내재적으로 또는 자동적으로 더 공평할 거라는 생각을 의심스럽게 만든다.

민주주의가 다수결주의라면, 다수결주의가 그 스스로 바람직하지 않다면, 우리는 왜 민주주의를 지키려고 노력하는가? 왜 민주주의를 다른 나라에 전파하려 하는가? 왜 우리는 사법 심사가 민주적인지 선착순 방식의 선거를 인구 비례 방식으로 대체하는 것이 더 민주적인지를 논쟁하고 있는가? 이러한 방식 그리고 수백 가지 다른 방식으로 우리는 민주주의에 가치를 부여하고 있고 이를 부인하는 것은, 즉 민주주의가 내재적인 선이 아니라고 한 것은 우리의 정치 생활 중 상당 부분을 바보 같은 짓으로 만든다.

더 나은 방식

밀, 롤스, 그리고 정치학자들 대부분이 제시한 평등, 자유, 민주주의의 교본적 정의들에 대해서는 더 할 말이 없다. 이 정의들이 평등주의적 정책들, 자유주의적 사회 또는 민주주의적 제도들을 준별할 때 모두가 사용하는 기준을 따르지는 않는다. 모두가 공유하는 기준은 없다. 있다면 우리가 이렇게 논쟁하지도 않을 것이다. 어떤 철학자들은, 모든 개념은 규준 의존적이며 합의의 실패는 그 개념이 무용함을 보여 주며 그 개념이 없이 살아가야 한다고 주장한다. 우리는 민주주의가 무엇인지를 묻지 말고 어떤 형태의 정부가 전체적으로 더 나은지를 물어야 하며, 평등이 좋은지 자유가 좋은지가 아니라 어떠한 자원 또는 기회의 분배가 최선인지를 물어야 한다. 하지만 이러한 환원적 접근은 기만적이다. 이 접근은 공리주의의 공상적인 일파처럼 모든 정책과 제도를 평가할 단 하나의 정치적 가치의 사실적 잣대를 제공하는 이론의 신봉자에게는 어울릴 것이다. 하지만 그러한 환상 없이 우리는 방향타 없이 물살을 타야 한다. 우리를 인도할 이상 없이 어떻게 어떤 정부나 어떤 자원 분배가 더 나은지를 결정할 수 있다는 것인가?

우리는 정치적 덕성을 이루는 친숙한 개념들이 모두 해석적 개념임을 받아들임으로써 이 모든 문제들에 더 잘 대응할 수 있다. 그때에서야 우리는 왜 이 개념들이 정치 문화가 계몽 시대에 극적으로 탈바꿈한 나라들의 정치에서 널리 회자되는지를 이해하게 된다. 그제야 우리는 왜 이 국가들의 결정적인 혁명들이 그 실제 의미에 아무런 합의도 없이 명시적으로 자유, 평등, 민주주의에 바쳐졌는지를 이해하게 된다. 그제야 우리는 어떻게 이 가치들의 우리만의 개념관, 즉 이들이 호명하는 구체적인 정치적 권리들에 대한 우리만의 확신들을 발전시켜 갈지 이해하게 된다. 부의 공사(公私) 분배는 구성원 모두의 삶에 동등한 관심을 나타내야 할 그 공동체의 의무에 따라 이루어지는 게 타당하다. 존엄성의 제1원리를 받아들인 공동체에게 경제적 평등론은 분배 정의론이다. 두 개념은 동일하다. 제2원리를 받아들인 공동체는, 자유의 개념관은 자신의 삶 속에서 성공의 의미를 준별하고 이를 추구할 구성원 각자의 책임을 존중해 줘야 한다. 자유의 개념관은 그 책임의 개념관을 포함한다. 그런 공동체에서 정치권력의 분배는 두 원리 모두를 반영해야 한다. 즉 정부의 구조와 결정들은 사람들의 동등한 중요성을 인정해야 하고 이들의 개인적 책임을 인정해야 한다. 민주주의의 개념관은 그 도전을 어떤 정치 구조와 관행이 성취할 수 있는가의 개념관이다. 우리는 이 두 원리들을 상충적이 아니라 상보적으로 해석하고자 하기 때문에 평등, 자유, 민주주의도 상보적으로 개념화해야 한다.

정치적 권리들에 대한 이러한 연구 방법론은 역사적 접근법으로 알려진 전략과는 명징하게 다르다. 이사야 벌린과 버나드 윌리엄스 같은 최근의 유명인들을 포함한 많은 철학자들은 자유와 같은 정치적 개념의 성격과 힘을 음미하기 위해서는 우선 우리의 정치 선배들에게 그 개념이 가졌던 의미에 대한 역사적 감각을 가져야 한다고 주장했다.[15] 한편으로 내가 제안하는 연구 과제도 역사적 접근법이다. 자유, 평등, 민주주의를 해석적 개념으로 다루기 위해서는 이들이 실제로 해석적으로 기능하는지를 살펴보아야 하는데 바로 이 부분이 역사적 차원을 담지하고 있다. 이렇게 해석은 역사와 조우한다. 하지만 역사가 해석을 고정시키지는 않는다.

나는 우리가 개념을 해석적으로 이해할 때만 그 개념이 해석적이라고 주장하지 않는다. 전에 말했듯이 개념이 무엇인지에 대해 개념을 가진 사람도 극소수니 해석적 개념에 대해서는 더 말할 필요도 없다. 한 개념의 사용 연혁을 가장 잘 이해하기 위해서는, 즉 사람들이 어떤 때는 동의하고 어떤 때는 동의하지 않는 양태들을 가장 잘 이해하기 위해서는 그 개념이 해석적임을 가정해야 한다. 위대한 정치적 개념이 실제로 해석적이라면 역사는 그 개념의 최선의 해석에 대해 특별한 안내자는 아니다. 근대 역사를 통해 많은 이들이 세금이 자유의 제한이라거나 민주주의는 다수결주의라고 이해했다고 하여 이에 반대되는 해석이 허구가 되지는 않는다. 과거의 사람들이 잘못 이해했을 수 있는 것이다. 나는 그들이 잘못 이해했다고 생각한다. 아마도 이들 개념의 연구가 조밀하게 역사적이라고 믿는 사람들은 아마도 이 개념들을 규준 의존적으로 이해했을 것이다. 그렇다면 그들의 접근법이 비역사적이고 내가 제안한 접근법이 역사적이다.

16장 평등[*]

철학과 수치심

빈곤은 반성적 철학에서 기이한 소재로서 분노와 투쟁의 대상으로만 출현한다. 대부분의 부유한 나라에서 부유층과 빈곤층 사이의 격차는 인식 불가할 정도로 광대하며 모든 나라에서 이 거리는 부단하게 늘어나고 있다. 이 상황에서 강단 정치철학은 작위적이고 자기도취적으로 보일 수밖에 없다. 분배 정의 이론들은 자본주의가 발전된 나라에서 가장 맹렬히 연구되며 그 나라들에게는 거의 필연적으로 급진적인 개혁을 요구한다. 그러나 개혁이 현실화될 가능성은 매우 낮다. 중도좌파 정치인들은 최하층 사람들에게 돌아가는 이익을 점진적으로 높이기 위해 분투하지만 기껏해야 절제된 정도에 그치며, 가장 좋은 정치란 안락한 다수자 집단이 자발적으로 내놓으려 하는 것보다 많은 것을 요구하지는 않는 정치인 것이다. 이론과 정치 사이의 간극이 특히 두드러지고 우울한 양상을 보이는 곳은 여러 인종으로 구성된 사회

---

* 이 장의 번역은 이동민 선생님께서 협업해 주심.

인데, 다수자는 예나 지금이나 자기들과 인종을 달리하는 가난한 사람들을 도우려 하지 않는다.[1] 그럼에도 불구하고 안락한 집단의 양심을 논변으로 자극하는 일은 중요하며, 그들을 안락하게 해 주는 정치의 정당성이 (내가 생각하는 것처럼) 그들의 이기심 때문에 위협받고 있을 때에는 특히 그러하다. 최소한 이들이 정당성과 이기심을 모두 자기편에 두도록 허용해서는 안 된다.

그런데 분배 정의 이론들은 또 다른 방식으로 작위적이기도 하다. 이 이론들은 환상이라는 시설에 크게 의존한다. 가상의 고대 계약들, 기억상실증 환자들 사이의 협상, 실제로는 결코 쓰이거나 판매되지 않을 보험 증서들 말이다. 존 롤스는 사람들이 각자를 스스로의 정체, 생각 그리고 욕망에 무지하도록 만드는 커튼 뒤에서 최초의 정치 헌법의 조항들이 협상되는 걸 상상했다. 나는 수개월이 걸릴지도 모를 무인도에서의 경매를 상상했다. 이러한 둘째 종류의 작위성은 불가피한 것이다. 정치가 정의의 최후 판단자임을 부인한다면 우리는 정의의 요건에 대해 정치 외에 다른 방법, 즉 동등한 관심과 배려의 실제 요구를 보여 주는 다른 방법을 제공해야 한다. 복잡하고 심각하게 불공평한 경제 구조와 그 구조의 밀도 있는 역사를 고려할 때, 극적으로 반사실적인 가정에 기댈 수밖에 없다.

그러나 정치철학자들이 실제 인간이 다다를 수 없는 천사들만의 사회를 묘사하는 것은 의미 없는 일이다. 우리 공동체가 실제로 완전히 새로운 시작으로만 개선될 수 있다는 가정도 의미가 없다. 예를 들어 자연 상태 또는 편리한 베일이나 입찰용 칩들을 구비한 외딴섬의 회귀 말이다. 유용한 분배 정의 이론은 우리가 지금 실제로 취할 수 있는 최소한의 조치들 중 어느 것이 올바른 방향인지를 입증해야 한다.[2] 철학자들이 상아탑을 짓는다면 적어도 꼭대기에 라푼젤을 올려놓아 우리가 조금씩 더 높이 올라갈 수 있도록 해 줘야 한다. 경제학자 아마르티야 센

(Amartya Sen)은 롤스와 나를 포함한 이들이 제시한 정의론을 '초월주의'적이며 '한 방'에 완벽을 추구하느라 실제 정치 제도들의 여러 결정을 무시하고 있다고 비난했다. 그의 비난은 근거가 없다. 그의 비난이 정확하다면 비극일 것이다.[3]

잘못된 개념관들

자유방임

강제력을 행사하는 정부가 정당성을 가지려면, 그 지배 아래 있는 모든 사람들의 운명을 동등하게 배려하고, 그들 자신의 삶에 대한 각자의 책임에 존중을 표하지 않으면 안 된다. (에드윈 베이커(Edwin Baker)는 이 주장에 대해 그런 추상적인 수준에서 유보적인 입장을 취한다.)[4] 우리는 도덕적 진실이 날것으로서의 진실이 될 수 없음을 알기 때문에 이 두 요구가 충돌하지 않고 상호 강화하는 해석을 추구한다. 첫째 요구에 대한 한 가지 해석이 정치적 보수주의자들 사이에서 인기를 얻고 있는데, 이에 따르면 상충은 피할 수 있을 것이다. 이 해석에서는 경제적 자원의 분배는 정부에 적합한 기능이 아니다. 이 견해에 따르면 정부는 사람들에게 그저 자신이 할 수 있고 또 최선이라고 여기는 바대로 일하고 사고팔고 저축하고 소비할 자유로움을 허용하기만 하면 이들을 평등하게 배려하는 것이 된다. 그렇게 되면 사람들의 부는 불균등해질 것인데, 왜냐하면 어떤 이들은 다른 이들보다 생산과 경영에 재능이 있고, 더 현명하게 투자하고, 더 검소하게 소비하며, 누군가는 필연적으로 운이 더 좋기 때문이다. 그렇지만 이 불균등한 결과는 정부의 소행이 아니며 실패한 사람들에 대한 정부의 동등한 관심의 결여를 나타내지도 않는다. 달리기에서 대부분의 주자들은 패배하는데 이는 주최 측이 패배자들을 배려하지 않아서가 아닌 것이다.

그러나 인기 있는 이러한 논변은 어리석은 것이다. 왜냐하면 여기에서는 "정부가 경제적 경주의 결과에 관해 중립적일 수 있다."라고 가정하기 때문이다. 사실은 대규모 정치 공동체의 정부가 무슨 일을 하든 (또는 하지 않든) 그것은 모든 시민 각자가 가진 자원과 각자가 거두는 성과에 영향을 미친다. 물론 각자의 자원과 성과는 많은 변수들의 함수이기도 하며, 여기에는 각자의 신체적 정신적 능력, 각자가 과거에 행한 선택들, 각자의 운(運), 그에 대한 남들의 태도, 남들이 원하는 것을 생산할 능력이나 욕구 등이 포함된다. 우리는 이런 것들을 각자의 개인적인 경제적 변수라고 부를 수 있을 것이다. 그러나 이런 개인적 변수들이 시민 각자가 실제로 갖는 자원과 기회에 미치는 영향은 어떤 경우에나 정치적 변수들에도 좌우될 수밖에 없는데, 해당 시민이 살거나 일하고 있는 공동체의 법률과 정책들이 바로 그것이다.

이러한 법률과 정책들은 해당 공동체의 정치적 합의물*을 구성한다. 세법이 정치적 합의물의 중심에 있는 것은 물론이지만, 법의 다른 모든 부분, 즉 재정 및 통화 정책, 노동법, 환경 관련 법과 정책, 도시 계획, 대외 정책, 의료 보장 정책, 교통 정책, 식의약품 규제, 그 밖의 모든 것들이 그러한 합의물에 속한다. 이러한 정책이나 법률들 가운데 어떤 것을 변경하더라도 공동체 내의 개인적 부와 기회가 분배되는 양상에 변화가 일어난다. 선택, 운, 재능, 기타 각자의 개인적 변수들이 동일하다면 말이다. 따라서 "개인이 지닌 자원을 좌우하는 것은 정부의 선택이 아닌 그 자신의 선택"이라고 주장하면서 평등한 배려라는 도전을 회피하기는 불가능하다. 개인의 자원은 그 개인의 선택과 정부의 선택 둘 다에 좌우된다. 각 공동체는 자신의 정치적 합의물에 대한

---

* 원어는 Settlement임.

통제권을 갖고 있고, 이 합의물은 각자의 선택의 결과와 그 선택이 창출하는 기회를 결정한다. 각 개인이 교육, 훈련, 직업, 투자, 생산, 여가 활동 등에 관해 내리는 일련의 선택에 대해서, 그리고 각 개인에게 닥칠 수 있는 행운 또는 불운에 대해서 말이다. 따라서 자유방임도 여러 법률 집합 중에서 선택된 어느 한 집합이며 이를 정부의 소행이 아니라고 주장하는 것은 서투른 회피일 뿐이다.

달리기에의 비유는 정부가 분배에 관해 중립적일 수 있다는 주장의 박약함을 폭로한다. 적절하게 설계된 경주는 중립적이지 않다. 즉 그것은 특정한 재주를 가진 사람들이 이길 가능성이 크도록 조작되어 있다. 그런 종류의 조작은 편향성이 아니다. 왜냐하면 사람들이 그 기획의 취지를 공유하고 있다는 전제 아래 사람들을 모두 동등하게 대우하기 때문이다. 그러나 정당성 있는 정치 공동체 내에서의 공동의 삶은 특정한 재주나 자질이나 운 등에 대한 보상에 의미를 두고 있지 않다. 그러므로 그런 결과를 초래하리라고 예상될 수 있는 법률은 분명 편향된 것이다.

효용

위의 관찰은 자유방임 정부를 옹호할 다른 전략을 시사해 준다. 이 전략에 따르면, 정부의 존재 이유는 생산적 기술을 준별하고 보상하여 공동체가 총체적으로 더 번영하게 하는 것이다. 우리는 그러한 주장을 공리주의의 용어를 빌려 보다 정식적으로 표현할 수 있다. 즉 공동체 전체의 쾌락(또는 다른 재화의 하나)의 총합을 증대시킬 정책들을 선택하는 데, 그 총합을 산정할 때 각 개인의 쾌락(또는 행복, 복지, 성공)의 가치를 동등하게 대우함으로써 개개인을 동등하게 대우한다는 것이다. 공리주의는 정치 이론에서 매우 큰 영향력을 떨쳐 왔다. 그렇지만 이는 동등한 배려에 대해 설득력 없는 해석일 뿐이다. 가용 예산 전부를 오직 돈벌이를 잘할 것 같은 자녀를 교육하는 데만 지출하는 부모는 모든 자녀들을 평등하게 배려하는 것이 아니다. 이는 각 자녀의 삶의 성공을 동등하게 중요한 것으로 대우하지 못한 것이다. 다수를 위한 배려는 개별적 배려와는 다르다. 물론, 총계적 전략은 행복, 복지, 또는 다른 형태의 효용이 누구에게 있든 그 자체를 중시한다. 하지만 이것은 그 재화를 위한 배려지 사람을 위한 배려가 아니다.

복지

평등한 배려의 도전에 대한 두 가지 답변, 즉 자원의 분배는 정부의 직무가 아니라는 답변과, 정부의 목표는 모종의 총합의 선(善)을 극대화하는 것이라는 답변에는 적어도 다음과 같은 미덕이 있다. 즉 이 답변들은 자신의 삶에 대한 각자의 자기 책임을 존중하는 정책들을 권한다. 그러나 이 답변들은 사람들을 평등하게 배려하는 것이 무엇인지에 대한 합리적인 개념을 제시하지 못한다. 이제 반대의 방식으로 실패하는 이론들을 살펴보자. 이 이론들은 무엇이 복지인가 또는 어떤 기회나 능력이 중요한가에 대한 개념에 따라 사람들에게 동등하게 복지를 분배하려고 한다.

예를 들어, 이 이론들은 행복에 대한 가이거 계수기라도 있다는 듯이 사람들이 동등하게 행복하도록 만들거나 가장 불행한 사람들의 행복을 우선시한다. 또는 사람들이 각자의 기준으로 동등하게 성공하도록 만들고자 한다. 또는 행복 또는 안녕(well-being)을 성취할 기회를 동등하게 만들고자 한다.[5] 또는 이들의 전반적 능력을 동등하게 만들고자 한다.[6] 그러나 사람들은 행복이 무엇인지 같은 생각을 갖고 있지 않으며 행복에 대해 각자 다른 가치를 부여하며 어떤 이들은 다른 목적을 위해 행복을 희생할 준비가 되어 있기도 하고 그런 희생을 희구하기도 한다. 이들은 무엇이 자신들의 삶의 성공인가에 대해서도 같은 생각을 갖고 있지 않다. 어떤 이들은 다른 사람보다 더 의욕적인, 다시 말해 더 비용이 많이 드는 계획을 가지고 있다. 그러므로 이들은 역시 행복할 기회로써 무엇을 요구해야 할지 어떤 능력이 다른 능력보다 더 중요한지에 대해서도 서로 다른 입장을 가진다. 공동체가 이런 복지적 재화들 면에서 사람들을 평등하게 만든다는 것은, 그 공동체가 모든 이들에게 어떤 삶이 좋은 것이고 어떤 것이 잘 사는 것인가에 대한 공동체의 판단을 강요하는 것이다. 그러한 조치는 개인적 책임을 파괴하는데 그 파괴는 또 다른 측면에서 더욱 근본적인 파괴다. 즉 사람들이 어떤 선택을 하고 어떤 위험을 감수하든지에 관계없이 지정된 복지 재화들을 동등하게 갖도록 보장하겠다는 것이다. 개인적 책임은 사라져 버린다.

우리는 두 가지 오류를 피하기 위해 노력해야 한다. 우리에게는 두 개의 원리들 모두를 충족시키는 분배 정의론이 필요하다. 위 문단의 복지 중심 이론들은, 우리가 사람들의 행복 또는 행복을 이룰 기회나 능력을 잣대로 할 것이 아니고 복지나 안녕에 대한 가설을 최대한 배제한 평등의 기준을 잣대로 이용하는 경우에만 이것이 가능하다는 것을 보여 준다. 우리는 복지가 아니라 자원에 집중해야 한다. 우리는 일신 전속적 자원(personal resources)과 비일신 전속적 자원(impersonal resources)을 구분해야 한다. 한 사람의 일신 전속적 자원은 그의 신체적 정신적 능력이며 그의 비일신 전속적 자원은 최대한 추상적으로 측정된 부다. 비일신 전속적 자원들만이 복지에 대한 가정* 없이 계상될 수 있으며 이것만이 상거래를 통해 또는 세금이나 다른 정부 프로그램을 통해 재분배될 수 있다. 우리는 제1 근사치로 이런 물리적 자원 면에서 정치 공동체 구성원들이 동등해지도록 해야 한다. 그 목표는 사람들에게 수단뿐의 가치밖에 없는 것에 대해서만 사람들을 평등하게 만들기 때문에 변칙적인 것처럼 보인다.[7] 합리적인 사람들은 자원 그 자체

---

* 행복이 무엇인지에 대한 가설.

를 소중히 여기는 것이 아니라 자신의 삶을 더 잘 살기 위해서 소중히 여긴다. 하지만 바로 그것이 중요하다. 각자의 윤리적 책임을 존중하는 공동체는 정치적 합의물을 확정할 때 수단의 공정한 분배에 치중해야 한다. 목적의 선택은 시민 개개인에게 맡겨야 한다.[8]

자원의 평등

부러움 실험

자원의 분배를 추구하는 어떤 정치적 결의가 우리의 두 원칙에 부합할까? 나는 상상 속의 해답을 제시했다.[9] 다양한 자연 자원이 있는 무인도에 표류한 사람들을 상상해 보자. 이들에게 모두 같은 숫자의 조개껍데기가 입찰용 동전으로 분배되었고 이들은 섬의 자원들을 개별적으로 소유하기 위한 경매에서 서로 경쟁한다. 경매가 끝나고 각자가 자신의 조개껍데기를 가장 효율적으로 이용했다고 생각하면, '부러움' 실험은 충족된 것이다. 누구든 자신의 자원 묶음을 타인의 자원 묶음과 교환하고자 한다면 그럴 수 있다. 그러므로 경매가 끝나면 아무도 타인의 자원 묶음을 부러워하지 않을 것이다. 결과는 이런 의미에서 부러움이 없는 분배이기 때문에 이 전략은 모두를 평등하게 배려한 것이다. 각자는 자신의 상황이 이 평등한 배려를 반영하고 있음을 인지한다. 자신의 부는 타인의 욕구뿐 아니라 자신의 욕구의 함수다. 이 전략은 자신의 가치에 대한 각자의 개인적 책임을 존중한다. 각자 자신이 최선이라고 생각하는 삶에 최적인 자원을 취득하기 위해 자신의 조개껍데기를 쓴다. 각 삶의 디자인은 그가 발견하는 타인의 선택들에 의해 한정되며 그러므로 그가 디자인한 삶에 보급할 수 있는 것 역시 한정된다. 그의 선택은 삶에서 무엇이 중요한가에 대한 집단적 판단에 의해 한정되지 않으며 그의 선택이 타인들에게 끼치는 기회비용에 의해서만 한정될 뿐이다.(나는 진정한 기회비용의 본질과 정의론에서의 역할에 대해, 새뮤얼 프리먼(Samuel Freeman)의 논평과 함께 주석에서 이야기한다.)[10]

상상의 분배는 우리의 두 원리를 모두 준수한다. 평등한 배려와 충분한 존중의 매력적인 개념관들을 제공한다. 그러나 우리는 새롭게 발견된 자원이 풍부한 섬에 표류한 선승자들이 아니다. 현대 경제의 매우 다른 상황에서 우리는 이 상상으로부터 얼마나 깊게 어떤 방식으로 교훈을 얻을 수 있을까? 이 상상에는 즉각적인 부정적 교훈이 있다. 관리들이 가격, 임금, 생산량을 집단적으로 정하는 계획 경제 또는 사회주의 경제는 우리의 가치를 불완전하게 실현한다. 계획 경제의 결정들은 집단적이다. 그러므로 어떤 열망과 어떤 자원들이 좋은 삶에 적합한지에 대한 집단적 결정을 반영한다. 자유 시장은 자주 받는 추정과 달리 평등의 적이 아니며 도리어 진정한 평등을 위해 필수적이다. 평등주의적 경제는 기본적으로 자본주의 경제다.

이 노골적인 주장에는 두 가지 중요한 조건이 붙어야 한다. 첫 번째, 섬에서의 경매가 정의로운 이유는 한 사람이 지불하는 가격이 그의 취득이 타인에게 끼치는 기회비용을 반영하기 때문이지만, 자본주의 경제의 진짜 시장들은 부패하여 이 조건이 자주 훼손되곤 한다. 그래서 시장의 자유나 효율성을 보완하기 위해 규제가 필요하다. 독점이나 외부성에 의한 시장의 왜곡을 막아야 하기 때문이다. 이 왜곡은 (우리가 최근 알게 되었듯이) 누군가 과도한 이익을 좇으면서 발생한 비대화된 위험을 그 결정에 참여하지도 않았고 혜택도 전혀 받을 수 없는 사람들에게 부과하는 경우를 포함한다. 기후 변화도 이러한 왜곡을 반영하는 중요한 예인데 시장은 에너지 소비가 미래의 세대들에 끼치는 기회비용을 반영하기 어렵게 구조화되어 있어 시장 외적 규제가 필요해 보이기 때문이다. 자유 시장에 대한 이러한 조정들은 평등한 배려를 이렇게 이해하는 정신을 위배하지는 않는다. 오히려 사람들의 자원을 그들의 행위나 소비의 진정한 기회비용에 더 잘 매칭시킴으로써 그러한 이해를 강화한다.

두 번째 조건은 매우 다르며 지면이 좀 필요하다. 상상의 경매가 평등한 배려를 충족시키는 것은 그 결과가 부러움의 실험을 충족하기 때문이다. 섬사람 각자의 소유물은 동등한 출발점에서 내려진 타인들의 선택 아래서 자신이 내린 선택에 따라 정해진다. 그 경매가 끝났을 때 섬사람들이 경제생활을 시작하면, 부러움의 시험은 충족되지 않는다. 경매에서 취득한 자원을 이용해 농사짓고, 제조하고, 소비하고 나면 이들은 각자의 상황을 개선하기 위해 거래를 하게 된다. 이러한 활동들에서 보이는 차이는 그들의 선택을 반영한다. 소비하는 대신 저축하거나, 일하는 대신 휴식하거나, 사람들이 많이 먹는 옥수수보다 별로 더 희구되지 않는 시를 쓰는 등의 선택들 말이다. 물론 부러움의 시험을 오랜 시간에 걸쳐 적용하면 이런 차이에도 불구하고 부러움의 시험은 충족된다. 즉 사람들의 자원이 계속해서 자신들의 선택을 예민하게 반영한다. 그러나 다른 차이들이 이 부러움의 시험을 오염시킨다. 어떤 섬사람들은 시장에서 가치 있는 것들을 생산할 능력이 별로 없거나 병들거나 책임 있는 투자를 했다가 실패할 수도 있다. 이들의 삶을 건설할 자원은 이들 자신의 선택의 결과로서가 아니라 자신의 선택에도 불구하고 훨씬 더 줄어들게 된다. 이제 부러움의 시험은 실패한다. 사람들의 자원이 그들의 선택에 의해서만 결정되지 않기 때문이다. 시장은 더 이상 평등주의적이지 않다.

사후적 보상인가, 사전적 보상인가?

어떻게 대응해야 할까? 경주가 시작되기 전에는 주자들이 출발점에 동등하게 서 있다. 이들은 사전적으로 평등하다. 그러나 경주가 끝

556

난 후에는 평등하지 못하다. 사후적으로는 한 사람이 다른 사람을 앞서 있다. 정의는 시간적으로 어느 지점에 치중해야 할까? 평등한 존중은 거래와 운이 그 효과를 나타내기 전에 부러움의 시험을 요구할까, 아니면 상황이 진행된 후에 부러움의 시험을 요구할까? 사후적 평등에 경도된 정부는 가능한 한 최대로 시장 능력이 없는 사람을 능력 있는 사람과 같은 경제적 위치로, 그리고 병들거나 장애가 있는 사람의 처지를 그렇지 않았다면 처했을 처지로 복원해 주려 할 것이다. 한편 사전적 평등에 치중하는 정부의 대응은 다르다. 이 정부는 자신의 시민들이 이런 우발적 사건들을 평등한 처지에서 맞이하도록 하는 것, 특히 그들이 부족한 생산력이나 불운에 대비하는 적절한 보험을 평등한 조건으로 구매할 기회를 가지도록 하는 것을 목표로 삼는다.

언뜻 보면 사후적 보상이 더 적절한 목표로 보일지도 모른다. 무직이거나 크게 다쳤거나 장애를 가진 사람들에게 보상이랍시고 보험금만을 준다면 그들은 여전히 다른 이들보다 훨씬 불우한 처지에 머물게 된다. 보험금은 대개 완전한 보상이 되지 못하며, 끔찍한 신체적 장애 같은 특정한 불운의 경우에는 사람들의 처지를 복원하기에 역겨울 정도로 부족하다. 만약 공동체가 불운의 피해자의 처지를 개선할 수 있다면 평등한 배려는 이것을 요구하는 것 같다. 그러나 사실 사후적 접근법은, 그것이 가능한 경우라 해도 평등한 배려에 대한 해석으로서 매우 빈약하며, 사전적 접근법이 우월하다.

넓은 의미에서 보면, 투자 운은 소득과 부의 격차를 나누는 중요한 원인이다. 당신과 나는 재무제표를 똑같이 주의 깊게 검토하고, 다르기는 하지만 똑같이 영리한 선택을 내린다. 당신의 주식은 값이 오르는데 내 주식은 떨어지면 결국 당신은 부유하고 나는 가난해지는데, 이는 순전히 당신의 운이 내 운보다 좋았기 때문이다. 그러나 만약 우리 정치 공동체가 이러한 운의 결과를 사후적으로 말소시키기를 자임한다면, 우리가 각자 발휘하는 책임성을 훼손한다. 만약 공동체가 그런 식으로 투자에 관한 우리의 선택을 무의미하게 만든다면, 우리는 더 이상 투자하지 않을 것이다. 주식 시장 거래 이외에 우리가 내리는 매우 중요한 많은 결정들도 그 결과가 운에 달려 있는 투자에 관한 결정이다. 예를 들어 학업이나 연수를 받겠다는 결정의 경우도 예측할 수 없는 과학 기술의 변화가 일어나 우리가 받은 특정한 교육을 쓸모없게 만들어 버릴 수도 있다. 만약 공동체가 우리의 운명이 투자 도박의 결과에 전혀 좌우되지 않도록 보장해 주려 한다면, 다시 말해 만약 공동체가 직업 선택이 결국 각자의 적성이나 재주나 시장 조건에 맞을지에 관계없이 우리의 부가 균등하도록 보장한다면, 이는 결국 자신의 선택에 대한 우리의 책임을 훼손하여 말살하고 말 것이다. 따라서 사후적 접근법이 수긍 가능한 형태를 취하려면 투자와 여타 형태의 운 사이에 어떤 구별을 설정하고 투자는 재분배의 근거가 못 된다고 배제시켜야 할 것이다.

그러한 구별의 선을 긋기는 어렵다. 그러나 사후적 보상은 비(非)투자적인 운에만 국한된다 쳐도 합리적인 목표는 아니다. 예를 들어 어떠한 공동체든 시각 장애 또는 지체 장애가 있는 구성원들의 처지를 개선하기 위해 가능한 모든 예산을 지출하기를 자임하는 공동체에는 다른 곳에 쓸 예산이 전혀 남지 않을 것이며, 그 결과 모든 시민의 삶은 비참해질 것이다.[11] 또 끔찍한 사고를 당한 사람들이 사고를 당하기 전에 가졌던 삶의 우선순위를 포함하여 어느 누구의 실제 우선순위도 반영하지 않는다. 만약 상해를 입기 전에 그들에게 선택하라고 했다면, 그들은 가능한 최선의 상해 보험을 구매하기 위해 가진 돈을 모두 지불하지는 않았을 것이다. 확률을 따져 볼 때, 그들은 만에 하나 있을지도 모르는 사고에 대비해 가장 사치스러운 보험을 들기 위해 자신의 삶을 다른 모든 측면에서 희생하는 것이 합당하다고는 생각하지 않앗을 것이기 때문이다. 불운에 대한 사후적 보상 접근법은 불합리하다.

사후적 보상 접근법은 우리가 보통 이야기하는 불운이 아니라 당대의 시장에서 높이 평가되는 재주를 타고나지 못한 유전적 불운의 결과를 말소하기 위해서만 적용한다고 해도 여전히 타당하지 않다. 만약 공동체가 사람들을 무조건 동등한 부의 상태로 복원한다면, 앞에서도 말했듯이 그들이 일과 소비에 대해 내건 결정에 관계없이 그렇게 한다는 차원에서 책임성을 파괴한다. 그런데 이렇게 바보스러운 해법을 채택하지 않고 능력 격차의 결과를 충분히 없애는 것은 불가능하다. 선호와 능력은 쌍방향으로 상호 작용하기 때문에 다양한 경제적 결정에 있어서 선택의 결과와 능력의 결과를 구별해 내는 것은 현실적으로뿐 아니라 원칙적으로 불가능하다. 우리의 호불호는 우리가 계발하게 될 능력을 형성하지만 우리가 가졌다고 믿는 능력에 의해 형성되기도 한다. 우리는 선택을 유전 운으로부터 단도직입적으로 구분할 수는 없다. 즉 사람들의 부가 선택만을 반영하고 유전운은 하나도 반영하지 못하도록 하게 할 수 없다.

평등한 배려는 공동체가 불운을 보상할 것을 요구한다. 그러나 개인의 책임에 대한 올바른 존중에 부합하는 보상이 무엇인지 이해할 필요가 있고 그렇기 때문에 사전적 보상을 희구해야 한다. 사전적 보상은 내가 말했듯이 사람들이 경제적 결정과 그 결정의 결과를 분산시키는 우발적 가능성들을 대면하는 시점에서 동등한 위치에 서도록 한다. 투자, 임금, 소비에 대한 경제적 시장은 사람들이 내린 결정의 결과들이 비용 또는 소득으로서 동반되도록 하여 평등에 크게 한발 다가서도록 한다. 하지만 우리는 더 다가서야 한다. 즉 사람들이 각자의 삶을 형성하는 결정과 사건 이전에 적절한 보험을 통해 다양한 차원의 불운으로부터 자신을 보호할 기회가 평등하게 보장되었다면 이들이 지금 처하게 되었을 위치로 이들을 복원할 필요가 있다. 이 걸음은 불행하게도 내가 전에 언급했던 가설적 추상을 필요로 한다. 현실의 어떠한 보험 시장에서도 사람들이 보험에 가입할 능력을 평등하게 지니는 것은 영원히 불가능하기 때문이다. 특히 그것은 그들의 유전적 운이 시작되기 전에는 명백히 불가능한데, 왜냐하면 그 시점에는 그들이 아예 존재하지도 않기 때문이다.

가상의 보험

이제 우리는 섬으로 돌아가야 한다. 우리는 이제 보험이 경매에 부쳐진 자원 중의 하나임을 인지한다. 어떤 섬사람들은 시장에서의 조개껍데기 환율에 따라 다른 사람들에게 보험을 들어 주면서 다른 보험인들과 경합한다. 경매가 끝나면 사전적 평등이 보존되고 앞으로의 거래들도 사전적 평등을 보존한다. 이 광대한 이야기가 어떻게 우리를 도울 수 있을까? 이 이야기는 다음과 같은 가상의 질문의 중요성을 깨닫게 한다. 즉 우리 공동체의 부가 구성원들 사이에 균등하게 배분되어 있고, 또 보험업자든 누구든 각자가 처한 위험을 알 수 없고, 그리고 모든 구성원이 다양한 종류의 불운의 발생률과 그 불운의 결과에 대한 의학적 및 기타 구제책의 존재 여부, 그 소요 경비 및 가치에 대해 동시대 최고의 정보를 갖고 있다면, 우리 공동체 구성원들은 저소득과 불운에 대해 어떤 수준의 보험을 구매할까?

이 질문에 대해, 우리는 어떠한 종류의 보험들을 보험업자들이 실제로 판매하고 또 사람들이 실제로 구매하는지에 관해 시중에서 구할 수 있는 정보로부터 사리에 맞는 답변을 추측해 낼 수 있다. 물론 어떤 답변에도 광범위한 불명확성이 있을 것이다. 우리는 반사실적인 상상의 조건에서 특정 숫자의 사람들이 반드시 구매하리라고 확신할 수 있는 보장 수준을 특정할 수 없다. 그러나 그것이 우리의 목표일 필요는 없다. 우리는 공동체 구성원 대부분의 수요와 선호를 고려하고, 각 보장 수준이 필요로 하는 보험료를 고려했을 때 우리가 구매했을 것으로 예상되는 최고 보장 수준을 짚어 낼 수 있다. 물론 이 질문에 대한 답도 정확한 척할 수는 없다. 하지만 몇 가지 답들은 자명하게 너무 낮다고 거부할 수 있다. 사람들 대부분의 선호를 고려할 때 이들이 거부하면 바보스러울 정도의 보장 수준을 우리는 제시할 수 있다.

이 시점에서 우리는 관리들이 이 보장 수준을 길잡이로 하여 다양한 종류의 재분배 프로그램을 설계할 것을 요구할 수 있다. 우리는 모든 사람들이 이 보장 수준을 받기 위해 지불했을 보험료 총액을 조세를 통해 공동체에게서 징수한 다음, 이를 필요로 하는 사람들에게 불운에 대해 지급받았을 보험금에 상응하는 서비스, 재화, 자금 등을 분배할 것을 목표로 할 수 있다. 우리는 그런 식으로 실업 및 저임금 보험과 의료 보장 보험 그리고 은퇴자를 위한 사회 보장 보험의 재정을 마련할 수 있다. 중요한 점은 가설상 어떤 공동체도 이러한 보험 구상에서 묘사되는 프로그램들을 시행할 수 있다는 것이다. 이러한 프로그램들은 사후적 보상의 목표가 요구하는 프로그램처럼 불합리하지 않다. 오히려 반대로 이 구상이 준별해 낸 프로그램들은 위험과 보험에 대한 공동체의 전반적 선호에 대한 합리적인 가정을 반영하기 때문에, 정부가 이런 프로그램들을 마련하지 않는 것이 경제적 책임을 방기한 것이 된다.

후견주의?

우리의 야심은 존엄성의 두 원리를 충족시키는 분배 정의론을 구상하는 것이었음을 상기하자. 이와 관련하여 다음과 같은 반론이 제기될지도 모르겠다. 즉 내가 요약한 가설적 보험이 강제적이기 때문에 제2원리를 부정한다는 것이다.(아서 립스틴(Arthur Ripstein)은 이에 대한 반론과 또 하나의 우려를 제기한다.)[12] 이 구상은 대부분의 시민들이 그 구상이 제시하는 보험료에 그 구상이 제시하는 보장 수준의 보험을 구매했으리라고 상정한다. 그러나 이 반론에 따르면 어떤 이들은 구매하지 않을 수 있기 때문에, 이들에게 그 구상에 따라 조세를 부과하는 (또는 진정으로 그 구상에 따라 혜택을 주는) 일은 합리적이라고 추정되는 선택을 강요하는 후견주의(paternalism)다.

이 문제에 관해는 추가적인 설명이 필요하지만, 이 반론은 착상이 잘못된 것이다. 후견주의란 자신에게 이익이 된다는 가정 아래 그 생각과 상치되는 결정을 강요하는 것을 의미한다. 이와 반대로 가설적 보험의 구상은 누구도 경험해 보지 못한 상황에서 시민들의 선호가 무엇이었을까에 대해 가정을 내린다. 그러므로 누구에 대해서든 우리의 판단 아래서 대부분의 사람들이 구매했을 보장 수준에서 그가 보험을 구매하기로 선택했을 것이라고 가정하는 것은 후견주의적이지 않다. 이는 그가 그 보험을 구매하지 않았을 것이라고 가정하고 이에 따라서 그를 대우하는 것이 후견주의적이지 않음과 마찬가지다.

따라서 이 구상은 후견주의적이지 않다. 하지만 확률론적이다. 아무도 우리 생각에 대부분의 사람들이 따랐을 결정을 자신만은 따르지 않았을 것이라고 이성적으로 주장할 수 없다. 반사실적 상황들은 그런 개별적 판단을 내리기에는 너무 근본적이다. 그 구상의 주장들은 통계적이다. 그가 그런 결정을 내리지 않았을지도 모른다고 말할 수는 있다. 그 사실은 후견주의의 문제가 아니라 공정성의 문제를 제기한다. 우리는 개별 시민들이 두 가정 중의 하나에 해당할 것이라는 가정 아래 대우할 수 있고, 반대여야 한다는 정보가 없는 한, 대부분이 내릴 결정을 따를 것이라는 가정 아래 모두를 대우하는 것은 공정하다.

이것이 우리의 정당화 이론이다. 우리는 사람들에게서 그들 선택의 진정한 기회비용을 받고자 한다. 생산과 임금에 대한 실제 시장에 의지해야겠지만 다양한 방법으로 시장을 보완하고 교정해야 한다. 특정하자면, 우리는 더욱 광범위하고 공정한 시장이라는 전제 아래서 이러한 불운과 불행에 대비하는 기회비용이 얼마일지를 측정함으로써 불운과 불행의 효과들을 없애려는 것이다. 당연히 우리는 그런 가상 실험에서 확률론적인 반사실적 가정들을 내려야 한다. 하지만 그것이 불행을 보완하지 않고 방치하거나 날것 그대로의 공정성에 경도된 정치를 통해 부를 재분배하는 것보다는 나은 것 같다. 후자의 경우 이론적으로 근거가 없고 실제로는 인색할 것이다. 우리가 가상 보험이라는 도구를 선택하는 것이, 거친 확률적 판단을 요구하더라도 전체적 기회비용 개념을 중심으로 한 공정성 이론에 충실하다. 이는 평등한 배려와 개인의 책임을 존중하기 위한 우리의 최선이다. 우리의 전반적 해석적 기획이 가상 보험에 대한 가정들에 맞추어진 재분배 구상을 승인하는 것도 그런 이유다.(아마르티아 센은 가상 보험 구상에 대해 다른 반론들을 제시한다.)[13]

다시 자유방임

이것으로 정부의 평등한 배려와 각 시민들의 책임성을 합체시킨 정치적 결의의 구도에 대한 간단한 스케치가 완성되었다. (나는 다른 곳에서 이 실험에 나타나는 조세 제도와 이 실험이 정당화하는 사회 제도를 더 자세하게 설명했다.)[14] 그러나 우리는 사전적 보상을 특징으로 삼는 우리의 사전적 접근법과 정치적 보수주의자들 사이에 인기 있는 또 다른 (기회의 평등이라고 불리면서 사람들을 오도하고 있는) 사전적 접근법을 혼동하지 않도록 주의해야 한다. 후자에 따르면 결과야 어찌 되든 상관하지 않는 것이 평등한 배려다. 즉 시장에서 주어지는 보상의 재분배는 전혀 허용되지 않으며, 불운을 맞은 사람은 스스로 감당해 내야 한다. 이것은 이 논의를 시작할 때 내가 언급했던 자유방임설의 한 형태에 지나지 않는다. 지지자들은 자유방임이 각자의 책임에 대해 보상을 준다고 말한다. 그러나 시장성 있는 재주를 타고나지 못했거나 기타 불운을 만난 사람들에게 이것은 평등한 배려가 아니다. 그들의 개인 책임의 요건도 충족하면서 그들에게 적절한 배려를 보여 주는 대안의 경제 체제가 실현 가능하기 때문이다.

자원의 평등을 내가 설명한 대로 이해하자면 생산적인 지능, 근면함, 희생, 노련함 그리고 타인의 부에 대한 기여를 보상할 것이다. 하지만 그것이 목적은 아니다. 그러한 속성이 덕성이라고 가정하지도 않는다. 절대로 돈을 많이 버는 삶이 더 낫거나 더욱 성공적인 삶이라고 가정하지도 않는다. 단지 사람들을 평등하게 배려하는 것은, 자신의 선택이 자신의 부에 영향을 끼칠 것임을 인식하면서 자신의 삶을 스스로 디자인하도록 허용하는 것이라고 가정할 뿐이다. 그러나 중요한 것은 이러한 사유 아래에서는 그 영향의 성격과 범위가 그 선택이 타인의 운명에 끼치는 결과를 반영해야 한다는 점이다. 즉 자신이 내린 결정이 타인에 부과하는 비용, 그리고 자신이 당하는 기회의 상실까지도 우리는 반영해야 한다.

17장 자유

자유의 차원들

두 가지 자유로움

평등은 저물어 가지만 자유는 유행이다. 우리는 그 이름으로 전쟁을 하고 정당들은 그것을 무시한다고 서로 비난한다. 그러나 평등처럼 자유는 해석적 개념이다. 정치인들은 존중하겠다고 약속하면서도 그것이 무엇인지에 대해 논쟁한다. 혹자는 조세가 우리가 중시하는 자유로움을 파괴한다고 하고 다른 이는 세금이 우리를 더 자유롭게 한다고 한다. 누구는 오염 통제책의 확산이 자유를 훼손한다고 하고 다른 이들은 통제가 사람들을 더 자유롭게 만든다고 한다. 사람들이 자유라는 말을 그렇게 다른 의미로 쓰는 이상, 그 말을 쓰기를 중단하고 어떤 정부가 좋은 정부인지를 논의하자고 하고 싶을 수 있다. 그러나 위에서 말했지만 이런 환원주의적 제안은 허무하다. 우리는 존엄성의 제2원리의 준수가 좋은 정부의 조건임을 믿으며 그렇기 때문에 그것이 어떤 의미인지 물어야 한다. 어떤 언어를 사용하든, 우리는 최선을 다해 이해하고 싶어 한다. 그러므로 우리는 자유를 해석적 개념으로 다루고 우리의 자유에 대한 견해차를 진정한 것으로 받아들여야 한다.

그런데 그 해석적 개념이 하나가 아니라 둘이 아닌가 하는 새로운 질문을 대면한다. 두 개의 저명한 수필이 그렇게 주장한다. 벵자맹 콩스탕(Benjamin Constant)의 『고대인의 자유와 근대인의 자유(*The Liberty of the Ancients and That of the Moderns*)』와 이사야 벌린의 『자유의 두 개념(*Two Concepts of Liberty*)』[1]이다. 이들의 주장은 여러 방법으로 수긍할 만하여 많은 정치철학자들과 사려 깊은 법률가들도 받아들였다.[2] 정치 이론에서 그 차이는 이렇다. 우리는 두 개의 다른 질문을 구별해야 한다. 두 질문 모두 정부는, 최소한 인간의, 인간에 의한 정부는 필연적으로 강제적임을 전제한다. 첫 질문은 '누구에 의해 누구와 함께 내가 강제되는가' 이며, 둘째 질문은 '내가 얼마나 강제될 수 있는가'이다.

정치 이론이 첫 질문에 대해 자신에 대한 강제적 지배에 있어 사람들이 하나의 역할을 수행하도록 허용되어야 한다고 답한다면 적극적 자유를 요구하는 것이다. 정부는 어떤 의미에서든 자치가 되어야 한다. 다른 이론이 두 번째 질문에 대해 사람들은 자신들의 결정과 행동의 어떤 실체적 범위 내에서는 정부의 강제로부터 자유로워야 한다고 주장한다면 이는 소극적 자유를 요구하는 것이다. 적극적 자유와 소극적 자유라는 두 사상 모두 처음에는 의아스럽다. 어떻게 두 사람 이상의 집단에 의한 강제적 정부가 모두에게 자치가 될 수 있을까? 강제적 정부가 조금이라도 정당하다면, 우리는 어떻게 정부의 규제 권한이 없는 결정과 행위의 영역을 도려낼 수 있을까?

존엄성의 제2원리는 왜 우리가 두 질문에 대한 답이 많이 다르더라도 모두 자유론으로 받아들여야 하는가를 설명한다. 사람들이 자신의 삶을 책임지도록 허용되어야 하며, 14장의 정치적 의무를 고려할 때 그 책임은 어떤 조건이 맞을 때만 타인에 의한 정부와 부합한다. 나는 그 조건들을 거기에서 추상적으로 설명했다. 첫째, 모든 이가 그 지배를 구성하는 집단적 결정들에 올바른 방법으로 참여하는 것이 허용되어야 한다. 둘째, 모두가 자신의 개인 책임이 스스로 결정할 것을 요구하는 사안들에 대해서는 집단적 결정으로부터 자유로워야 한다. 책임은 이 두 가지 차원을 가지고 있기 때문에 자유도 그러하다. 적극적 자유의 이론은 사람들의 올바른 방식의 참여가 뜻하는 바를 결정한다. 그리하여 자치의 개념관을 제공한다. 소극적 자유 이론은 개인 책임이 보존되려면 어떤 선택들이 공동체적 결정들로부터 자유로워야 하는가를 규정한다. 후자는 이 장의 질문이고 전자는 다음 장에서 다룰 것이다. 그러므로 나는 맥락상 적극적 자유와의 구별을 필요로하지 않는한 '자유'를 소극적 자유의 의미로 사용할 것이다.

반드시 충돌하는가?

사전 작업이 필요하다. 그 저명한 글들에서도 옹호되는 대중적인 주장이지만 두 개의 자유가 서로 충돌하여 둘 사이의 선택 또는 타협이 필요하다는 것이다. 물론 충돌은 당연히 가능하며 공동체가 적극적 또는 소극적 또는 두 가지 자유 모두에 대해 잘못된 개념관을 추구할 경우 충돌 가능성이 높다. (이에 대한 증거로써) 벌린은 전체주의자들이 진정한 또는 더 높은 이익들을 평계로 시민들을 억압하는 정치 체제를 정당화하기 위해 적극적 자유를 동원했음을 지적한다. 시민들 스스로도 인지하지 못하는 이익들 말이다. 자치의 이상이 그러한 방식 등으로 오염되면, 소극적 자유의 경악할 만한 침해들을 정당화하는 데에 남용될 수 있다. 전체주의자는 사람들을 침묵시키거나 감옥에 가두거나 죽임으로써 이들의 영혼을 구하려 한다. 하지만 그렇게 오염되면 그 사상은 개인 책임과 아무런 관계가 없고 반대로 존엄성의 제2원리를 준수하기보다는 위배한다. 이 사상은 (어차피) 자유의 적격한 개념관이 아니다. 벌린의 역사는 나쁜 철학은 위험하다고 경고하지만 좋은 철학이 반드시 충돌로 귀결되는지 입증하지는 않는다.

벌린은 두 개념관을 올바르게 이해하더라도 충돌 가능성이 높다고 생각했다. "(적극적 자유와 소극적 자유) 모두가 그 자체로 목표다. 이 목표들은 화해할 수 없을 만큼 충돌한다. 민주주의는 개인의 자유(freedom)를 희생하더라도 증진되어야 하는가?"³ 적극적 자유는 어떤 형태든 민주주의를 요구한다는 그의 가정은 옳다. 그러나 민주주의의 증진은 일정 범위의 개인의 자유로움을 요구함에도 왜 소극적 자유와 충돌한다고 사고되어야 하는가? 물론, 민주적 정부가 너무 약하고 불안정하여 정치 활동의 자유로움에 대한 어떤 제약이 반민주적 세력의 민주주의 파괴를 방지하기 위해 필요하다고 여겨질 때와 시간이 있다. 그러나 이 제약들은 소극적 자유만큼 민주주의도 훼손한다. 즉 이 경우는 민주주의와 소극적 자유 모두 더 심대한 훼손으로부터 보존하기 위해 즉각적으로 타협되어야 하는 상황이지 하나의 덕성이 다른 덕성에 비해 선호되는 상황이 아니다.

벌린은 다른 이유로 두 자유의 충돌이 불가피하다고 생각했다. 그는 적극적 자유가 아닌 소극적 자유를 문제시했다. 여기에서 그의 입장을 설명하려면 용어 사용에 대한 합의가 필요하다. '자유(liberty)'와 '자유로움(freedom)'은 가끔 상호 교환적으로 사용되지만 나는 여기에서 다음과 같이 구분하고자 한다. 한 사람의 자유로움의 총체는 정치 공동체나 타인에 의해 부과된 제약이나 위협으로부터 자유롭게 원하는 대로 행동할 권한을 말한다. 그의 소극적 자유는 자유로움의 일부 영역으로서 정치 공동체가 앗아 갈 경우 특별한 손실을 입는 영역을 말한다. 특별한 손실이란 그에게 평등한 배려나 자신의 삶에 대한 책임성의 필수적 특질을 부인함으로써 그의 존엄성을 훼손함을 말한다.

벌린에게는 자유로움의 총체와 소극적 자유가 범주가 같아 전자의 제약은 모두 후자의 침해를 의미한다.(이것이 바로 밀의 개념관이며 H. L.

568

A. 하트를 포함한 많은 철학자들의 개념관이기도 하다.)[4] 자유와 자유로움의 동일시는 자유를 규준 의존적 개념으로 전제하고 이 개념을 실제로 응용할 때 우리가 공유하는 기준도 그러한 효과를 낸다고 전제하는 한 옹호될 수 없다. 자유는 규준 의존적이지 않다. 조세가 우리의 자유를 제약하는지를 논쟁하는 사람들은 명백히 다른 기준들을 이용한다. 우리는 이런 견해차를, 나처럼 자유가 해석적 개념이며 개인 책임이라는 더 근본적인 가치에 연계해야 그 개념을 가장 잘 이해할 수 있다고 전제할 때만, 이성적으로 이해할 수 있다. 하여튼 우리의 질문은 자유와 민주주의가 가치로서 충돌하는가 아니면 현상으로만 충돌하는가 하는 것이며 자유를 존엄성에 연계할 때만 우리는 자유를 가치로서 대우할 수 있다.

우리는 자유와 자유로움의 동일시를 벌린의 가치로서의 자유관으로 대우해야 한다. 그 개념관이 바람직하다면(자유 중에서 좋은 것이 무엇인지를 실현한다면) 민주주의는 당연히 자유와 충돌한다. 민주정을 포함한 어떤 정부도 형법이나 다른 형태의 규제 없이는 존립이 불가하기 때문이다. 그렇다면 좋은 정부는 필연적으로 타협의 정부일 수밖에 없다. 정부는 자유라는 하나의 재화를 절충하여 다른 재화를 추구해야 한다. 그러나 이런 해석은 바람직하지 않다. 정부가 사람들이 서로 죽이지 못하도록 금지하는 것이 이들의 존엄성을 양보하는 것은 아니다. 물론 이 법을 위반하여 벌을 받는 것은 안타까운 일이다. 벌을 가하는 사람을 두렵게 하고 벌 받는 사람을 해하는 것이다. 또 공포 때문에 법을 준수하는 사람도 안타깝긴 마찬가지다. 법과 시민 모두 충분히 공정하여 위협도 강제도 불필요한 상황이 더 낫다는 것은 의심의 여지가 없다. 하지만 남을 죽이지 않을 의무를 부과하고 그 의무를 위반하면 심대한 제재를 가하겠다는 집단적 결정은 그 자체로 시민들의 존엄성에 대한 모독은 아니다.

도리어 평등한 시민으로서의 존엄성은 정부가 당신을 그런 방식으로 보호하게 한다. 과반수의 동료 시민이 교통 규칙을 정하고 그 규칙을 집행할 것을 받아들인다고 해서 그것이 당신에게 굴욕을 주지는 않는다. 그들이 선택한 규칙이 극악하거나 절망적으로 우매하지만 않다면 말이다. 또 과반수가 누가 어떤 재산을 소유하는지 소유권에는 어떤 권리와 특권이 동반되는지를 정한다는 것도 받아들일 수 있을 것이다. 그러나 과반수가 당신의 종교적 확신이나 실천을 규정하는 것은 당신에게 분명히 굴욕이 될 것이며, 정치적 토론에서 어떤 견해를 표명하거나 표명할 수 있는지를 정하는 것 역시 마찬가지일 것이다. 당신은 명령을 따를 수밖에 없겠지만 그 규칙들이 정당하다거나 그 규칙을 받아들일 의무가 있다고 인정해서는 안 될 것이다. 벌린의 공식은 두 가지 다른 종류의 제약을 구별해 내지 못한다. 우리는 이 차이를 포착하는 더욱 복잡한 해석을 시도해야 한다.

우리는 벌린의 공식을 개량하고 싶은 유혹을 느낄지도 모른다. 자유가 총체적 자유로움이 아니라 상당한 자유로움이라는 식으로 말이다. 이 입장에서는, 법은 자유로움을 심대하게 제약할 때 자유를 침해한다. 그러나 특정 명령에 의해 상실되는 자유로움의 양을 어떻게 측정할 것인가? 좌절감 같은 심리적 기준은 타당하지 않다. 사람을 좌절하게 하는 것은 제각각이다. 많은 사람들은 정치적 검열보다는 속도 제한에 더 좌절감을 느낀다. 우리에게는 더 급진적인 조정이 필요하다. 우리는 자유에 대해 더욱 명시적으로 당위적인 개념관이 필요하다.

통합된 개념관

다시 존엄성으로

다시 존엄성의 두 원리를 살펴보자. 9장에서 처음 대면했을 때보다

두 원리의 내용은 더욱 풍부해졌다. 우리는 윤리, 개인 도덕, 정치적 의무, 정치적 정당성, 분배 정의, 그리고 정부가 어떻게 평등한 배려를 완전한 존중과 접목시키는가를 공부하면서 이 원리들을 조금씩 더 정치하고 세련되게 만들어 왔다. 우리는 존엄성에 대한 맹아적인 감각으로 시작했고 몇몇 평론가들이 제안했듯이 우리의 목적에 비해 너무 빈약하지 않은지 걱정했었다. 존엄성에 대한 개념관은 이제 훨씬 더 많은 내용을 담고 있다. 이 개념관은 자유를 정의하도록 도울 수 있을까? 그렇다면 우리는 그 중요한 정치적 가치를 그동안 탐구해 온 다른 가치들과 통합했다고 할 수 있다.

윤리적 독립성

9장에서 윤리적 독립성을 논의하면서 우리가 준별해 낸 차이점으로 돌아가 보자. 정부가 어떤 이유로도 시민들에게 할 수 없는 일과 정부가 특정한 이유로는 시민들에게 할 수 없는 일의 차이 말이다. 어떤 강제적인 법은 사람들에게 윤리적 원천에 대한 자기 결정권을 부인함으로써 윤리적 독립성을 위반한다. 존엄성의 제1원리가 선언한 인간 생명의 객관적 중요성의 근거와 속성에 대한 자기 결정권 말이다. 이 결정들은 신앙의 선택과 친밀한 관계에 대한 개인적 약속 및 윤리적, 도덕적 그리고 정치적 이상에의 복무를 다루기도 한다. 미국 연방 대법원의 대법관들 다수는 미국의 주들이 일률적으로 조기 낙태를 금지하지 못하도록 하면서, 낙태를 "사람이 일생 동안 내릴 수 있는 가장 친밀하고 가장 개인적인 선택을 동반하는, 존엄성과 자유성에 핵심적인 사안"이라고 칭했다. 사람들은 그러한 결정에 있어서 독립적일 권리가 있다. 타인의 독립성을 위협하지 않는다면 말이다. 그러므로 정부는 타인의 생명, 안전 또는 자유를 보호하기 위해 필요하지 않은 한 근본적 독립성은 어떤 이유로도 제약해서는 안 된다. 또 어떤 결정이 근본적인지는 논쟁의 대상이다. 그러나 자유에 대한 더 세밀한 설시는 이 논점에 대해 하나의 입장을 가져야 한다.

　다른 법들은 그 법이 규제하는 결정들의 근본적인 속성이 아니라 그런 법을 만드는 정부의 동기 때문에 윤리적 독립성을 위반한다. 정부는 사회에서 논란이 되고 있는 윤리적 가치들의 우월함이나 인기를 전제로 자유의 규제를 정당화해서는 안 된다. 성적인 문서들의 검열이나 국기에 대한 의무적 경례나 다른 애국심의 표시 행위들이 그런 규제에 포함된다. 이 규제들은 좋은 삶이 반영해야 할 개인적 덕성에 대한 선택에 직간접적으로 의존하기 때문이다. 어떤 법은 윤리적 독립성을 두 방법 모두로 위반한다. 동성애 또는 동성 결혼의 금지 역시 근본적인 선택권을 제한하며, 잘 살기에 대한 특정한 개념관을 보호하고 다른 개념관들을 지워 버리고자 하는 욕망이 이러한 규제들을 촉발한다. 이러한 규제들을 정치적 검열 역시 독립성을 두 방법 모두로 위반한다. 자신의 양심, 신념 또는 믿음에 따라 솔직히 말하고 쓸 자유로움은 근본적인 것이다. 어떤 상황에서는 특히 정치적 검열은 윤리적 가정에 의해서만 정당화될 수 있다.

　그러나 윤리적 독립성은 사안이 근본적이지 않고 정부의 제한도 특정한 윤리적 근거를 전제하지 않는 경우에는 위협받지 않는다. 정부가 부족한 자원을 아끼라거나 세금을 내라거나 부주의하게 운전하지 말라는 등의 강압을 할 때는 윤리적 주장이 아니라 도덕적 주장에 근거한다. 둘 중 어느 방법으로도 윤리적 독립성을 위반하지 않는 법들이라 해도 사람들이 사는 방식에 지대한 영향을 미칠 것은 확실하다. 물리적 폭력과 절도를 금지하면 나는 사무라이나 로빈 후드의 삶을 내 이상으로 삼지 않을 것이며, 이상으로 삼는다 해도 실현하기는 훨씬 더 어려울 것이다. 조세는 내가 르네상스 걸작품들의 수집을 이상적 삶으로 따를 가능성을 축소시킨다. 이 법들은 나 스스로를 위해 윤리적 가치를 정의할 나의 책임을 부정하지 않는다. 이중 어느 것도 내가 성공적 삶의 내용을 정의할 책임을 앗아 가지 않기 때문이다. 정당한 동기를 가진 공동체의 법은 내가 윤리적 선택을 내릴 때 그 배경이 된다. 배경이 있다고 하여 내가 이런 결정들을 내릴 윤리적 책임은 축소되지 않는다.

후견주의에 대한 철학 문헌들은 이 차이의 중요성을 과소평가한다. 부상을 방지하거나 줄이기 위해 안전띠 착용을 의무화하는 것은 윤리적 후견주의가 아니다. 의료적 후견주의는 불쾌할 수는 있지만 진정성의 위배는 아니다. 물론 많은 사람들은 (아마도 그중 몇 명은 진심으로) 위험을 초대하는 삶은 매력적이며 안전띠 규제는 사람들이 그런 삶을 추구할 기회를 제약한다고 주장할 것이다. 그러나 안전띠에 대한 신념은 근본적이지 않다. 정부는 공동체가 지는 사고 처리 비용을 감축하는 것을 정당화하기 위해 위험의 초대가 나쁘게 사는 방법이라고 전제할 필요는 없다. 전에는 진정한 윤리적 후견주의 사례들을 인용하기 쉬웠다. 스페인 종교 재판은 확실히 그런 사례였다. 지난 세기에도 가장 인기 있는 포르노 검열론은 윤리적 후견주의에 호소했다. 옥스퍼드의 뛰어난 서적상 바실 블랙웰(Basil Blackwell)은 『브루클린으로의 마지막 출구(*Last Exit to Brooklyn*)』는 읽는 사람을 타락시킨다며 이 책의 출판이 금지되어야 한다고 진술했다. 그는 그렇게 타락해 버린 사람의 사례까지 제공했는데, 바로 그 자신이었다.[5] 그러나 윤리적 후견주의는 최근 수십 년 동안 언론의 비난을 받았고 더 이상 인기 있는 정치적 목표가 아니다.

과거에는 윤리적 후견주의에 의해 정당화되었던 자유의 제약들을 지금 정당화하는 가장 인기 있는 근거는 공정성이다. 이에 따르면 정치적 다수는 자기들이 가장 좋아하는 윤리적 문화를 누릴 권리가 있다. 정치적 다수는 그들이 경배하는 라이프스타일을 허용하고 독려하는 문화 속에서 살며 아이들을 키울 권리가 있다.[6] 자신의 신앙이 공식적으로 승인되고 찬미된다면, 사람들은 좀 더 쉽게 자신이 원하는 정도의 맹목적 신념과 열정으로 물려받은 신앙을 준수하고 강렬한 믿음을 자녀들에게 전파할 것이다. 다른 신앙이 경합하거나 무신론이 팽배해져 동등한 목소리를 낸다면 이 모든 것이 더 어려워질 것이다. 잡지 표지에서 선명한 성적 이미지가 자주 등장하지 않거나 광고에서 지배적인 역할을 하지 않는다면 성에 보수적인 입장에서는 더 편안함을 느낄 것이다. 그렇다면 왜 다수가 자신들의 종교적 또는 성적 문화를 모두에게 강요해서는 안 되는 것일까? 정치적 다수는 합리적 범위 내에서는 자신들이 탈개인적인 가치를 부여하는 것들을 보호하기 위해 조세로 박물관을 지을 수도 있고 숲의 벌목을 금지할 수도 있다. 또는 내 땅에 고층 빌딩을 못 짓게 하거나 내 앞뜰에 빌보드나 플라스틱 플라밍고*를 세우지 못하도록 금지할 수 있다. 왜 정치적 다수가 자신이 선호하는 종교적 또는 성적 문화를 똑같은 방법으로 보호하면 안 되는가?

이 질문에 제대로 답하기 위해서는 이 책의 논변과 비슷한 논변들, 즉 책임, 진정성, 영향과 지배 사이의 구별과 연계 등 우리가 검토했던 것들이 필요하다. 존엄성의 제2원리는 윤리를 특별하게 만든다. 즉 집단적 결정이 허용되는 대상의 범위를 한정한다. 우리는 윤리적 환경의 영향을 벗어날 수 없다. 즉 우리는, 삶의 방식을 사유한 타인의 모범 사례, 격려, 그리고 칭송의 영향을 받는다.[7] 그러나 이 환경은 윤리적 독립성이라는 보호막 아래 만들어져야 한다. 환경은 자유롭게 선택할 수 있는 수백만의 사람들에 의해 유기적으로 창설되는 것이지 정치적 다수가 자신들의 결정을 타인들에게 강요해서 창설되는 것이 아니다.

나는 13장에서 하나의 이미지를 제시했다. 자기 레인에서 수영하는

---

* 미국인들은 집 앞 정원에 빌보드나 플라스틱 플라밍고를 선거 운동용 장식품으로 자주 꽂아 놓음.

사람들이 남을 돕기 위해 타인의 레인에 들어가도 되지만 남을 해하기 위해서는 그럴 수 없는 상황 말이다. 넓게 보자면, 도덕은 수영하는 사람들을 나누는 레인을 설정한다. 도덕은 사람들이 남을 돕기 위해서만 레인 가로지르기를 허용하며 금지된 레인 가로지르기의 해악이 무엇인지를 정의한다. 윤리는 각자 자신의 레인에서 "수영을 잘했다."라고 하기 위해서 어떻게 수영해야 하는지를 정의한다. 이 이미지는 유용하게도 정치에서 도덕이 윤리에 앞서는 양태 하나를 보여 준다. 도덕은 사람들이 정당하게 가질 수 있는 기회와 자원을 정의하는 데 앞서기 때문에 역시 같은 의미로 사람들이 자유에 대해 가진 권리를 확정하는 데도 앞서는 것이다. 우리가 이제 구성하고자 하는 자유의 해석적 개념관은 이런 철학적 사실이 도덕과 윤리의 우열 관계로 귀결되지 않음을, 도덕과 윤리가 서로 경쟁하는 것이 아니라 협력하는 것임을 보여줄 것이다.

다른 자유: 적법 절차*와 표현의 자유

어떤 권리들은 전통적으로 '자유주의적'이라고 칭해지곤 했다. 이권리들에는 내가 전에 인용했던 종교의식의 자유와 정치적 표현의 자유(freedom)가 포함되며, 공동체와 결별할 권리, 무고한 사람을 처벌하지 않기 위한 적절한 절차적 보호 장치 아래 진행된 재판이 없이는 범죄의 주장을 이유로 처벌될 수 없다는 '적법 절차(due process of law)' 권리와 같은 매우 다른 권리들도 포함된다. 자유주의적인 권리들은 추상적으로는 적어도 서양 민주주의에서는 널리 받아들여졌지만 세부적으로는 논란이 있다. 법률가들과 국가들은 예를 들어 자유로운 표현에 대한 권리가 담배를 광고할 권리 또는 선거운동에 무한정 돈을 쓸

---

* '적법하다'가 '(실정)법에 부합한다'라는 의미로 많이 쓰이지만 '적법 절차'는 '적법한 법의 절차'를 의미함.

권리를 포함하는지에 대해 상당한 견해차를 보이고, 적법 절차 권리가 배심원 재판을 받을 권리나 자기 부죄 금지권을 포함하는지에 대해서도 마찬가지다. 이러한 권리들에 대해서는 추상적이든 어떤 논란이 될 만한 사례를 통해서든 어떤 논변이 가능할까?

종교의 자유에 대한 권리는 명백하게 윤리적 독립성에 기반한다. 나는 이 장의 후반부에서 이 권리와 그 귀결로 다시 돌아갈 것이다. 적법 절차 권리는 한편 윤리적 책임과는 별 관련이 없어 보인다. 우리가 그런 권리를 갖게 된 것은 존엄성의 제1원리, 즉 각자의 삶을 특별하고 객관적이며 동등하게 중시해야 할 정부의 의무에서 비롯되는 권리들이다. 다른 곳에서 나는 왜 무고한 사람을 처벌하는 것이 특별하고 심대한 해악을 초래하는지 설명하려 했고 이를 '도덕적 해악'이라고 칭했다. 또 이 사실이 1인의 무고한 사람을 처벌하는 것보다는 1000명의 죄인들을 놓치는 것이 낫다는 대중적인 구호에 담긴 전제를 정당화하는지도 설명했다.[8] 공동체가 이 끔찍한 피해를 피하기 위해 부담할 수 있는 비용의 수준을 계산하는 것은 역사와 전통의 역할을 아우르는 멋진 일이다. 그러나 입증에 부주의하거나 오류 방지책에 인색한 공동체, 그리고 무고한 사람의 의도적 처벌을 묵인하는 공동체는 당연히도 인간 존엄성의 제1원리를 위반한다.

자유로운 표현의 권리는 자유주의적인 권리들의 전통적 이해에서 동등하게 중심적 지위를 갖지만 조금은 섬세한 대우를 요구한다.[9] 이제 미국 헌법학자들은, 수정 헌법 제1조가 정부에 의한 '표현의 자유'의 제약을 금지하는 것은 다양한 원리들과 목적에 의해 정당화된다고 인정한다. 그중의 한 세트는 적극적 자유에 기반한다. 자유로운 표현은 최소한 두 가지, 서로 다르지만 똑같이 중요한 이유로 자치의 옹호될 만한 개념관의 한 부분이 되어야 한다. 자치는 정보에 대한 자유로운 접근을 요구하고 정부는 강제력의 대상자들이 집단적 결정에 영향을 줄 기회를 갖지 못하는 한 강제력을 행사할 도덕적 특권이 없고 정당하지 못하다. (우리는 이 두 가지 주장을 다음 장에서 다룰 것이다.)

그러나 표현의 자유는, 서양 민주주의에서 이해된 형태로는, 정치적 표현을 넓게 이해한 것보다도 더 넓은 영역에 적용된다. 그러므로 그 영역 안의 것과 영역 밖의 것을 설명하려면 적극적 자유보다 훨씬 더 많은 것들을 고려해야 한다. 국가는 다양한 방법으로 공동체가 소중하다고 여기는 문학, 예술, 음악 작품들을 진흥할 수 있지만, 무엇이 향유할 가치가 있는지에 대한 구성원들의 견해가 불쾌하거나 전염성이 있다고 하여 그들이 원하는 대로 읽고, 보고, 듣는 것을 금지해서는 안 된다. 성적으로 적나라한 자료들이 표현의 자유로 보호받는 것은 정치적 입장을 표명해서가 아니라(그런 입장은 너무 비현실적이다.) 유일한 금지론이 내가 말한 대로 윤리적 독립성을 침해하기 때문이다.

검열은 적극적 자유를 훼손할 뿐 아니라 윤리적 독립성의 권리를 우리가 준별한 두 가지 방법 모두로 위배한다. 정부가 혐오 표현물을 금지하려 할 때 다양한 요인들이 어떻게 상호 작용하는지 생각해 보라. 오하이오 법원은 흑인과 유대인에 대한 혐오를 주창한 KKK단 지도자에 유죄 판결을 내렸다.[10] 그렇게 해석된 법은 그의 적극적 자유를 침해한다. 그가 자신의 정치적 견해로 다른 시민들을 선동하지 못하도록 금지하기 때문이다. 그 법이 그의 윤리적 독립성에 대한 권리를 위반하는 것은 자신의 정치적 신념을 공적으로 간증할 권리는 근본적이며 그가 주창한 폭력은 임박하지 않았기 때문이다. 만약 그의 기소가 폭력에 대한 우려가 아니라 타인의 삶을 무시하는 그의 견해에 대한 혐오 때문에 촉발되었다면 그의 윤리적 독립성은 또 다른 방법으로 위반된 것이다. 연방 대법원은 유죄 판결을 파기했지만 나는 그 사례로 미국 헌법을 예시하려는 것이 아니라 혐오스러운 자들의 권리를 보호하기 위해 적극적 자유와 소극적 자유의 여러 측면이 화합하여 작용하는 것을 보여 주려 한 것이다.

우리는 적극적 자유 또는 소극적 자유 또는 둘 다에 호소하는 자유 의거적 논변을 표현의 자유에 대한 정책 의거적 논변과 구별해야 한다. 밀(Mill), 올리버 웬델 홈스(Oliver Wendell Holmes) 등은 지식의 원칙으로서의 무제한적인 표현의 가치를 강조했다. 진화론적 이미지를 좋아했던 홈스는 좋은 생각은, 아무리 매력 없고 수긍하기 어려운 생각이라도 배제되지 않는 뜨거운 다원주의적 경쟁에서 생존할 확률이 더 높다고 했다. 이 주장이 전반적으로 그리고 장기적으로는 옳을 수 있지만, 과학보다는 정치 도덕이나 미학적 취향에 있어서는 명료하게 드러나지 않을 수도 있다. 또 다른 정책 의거적 논변은 상업적 표현물에 초점을 맞춘다. 대중은 상품의 판매 여부, 가격, 그리고 사양에 대한 자유로운 의사소통에 중요한 경제적 이해관계를 갖고 있다는 주장이다. 연방 대법원은 수정 헌법 제1조가 상업적 표현물을 규제로부터 보호하는 범위에 대해, 정교하지만 인상적이지는 못한 법리를 발전시켜 왔다. 방황하는 판례들의 결과로 상업적 표현은 정치적 표현보다는 낮게 보호 받게 되었다.

흔히 정치적 권리는 절대적이지도 않고 표현의 자유에도 한계가 있다고들 한다. 하지만 이 한계의 속성과 근거는, 내가 앞에서 열거한 권리 자체의 근거 중 어느 것이 작용하는가에 따라 달라진다. 정책 의거적 논변들은 스스로 자신의 한계를 암시한다. 대중이 허위이거나 왜곡적인 광고를 읽어야 할 경제적 이익이 있다는 주장은 아무리 봐도 의심스럽다. 예를 들어 광고되는 제품의 위험성에 대해 합리적인 경고를 하지 않는 광고 또는 불법행위를 위한 광고들 말이다. 이런 광고들은 총계적으로는 공익에 도움은커녕 해만 된다.

두 개의 자유 의거적 논변들은 다른 방식으로 각자의 한계를 제시한다. 이 논변들이 제시하는 정당화 이론은 어떤 경우에는 전혀 언급되지 않기 때문이다. 나는 각 후보의 선거 자금에 설정된 합리적 제한이 적극적 자유를 압박하지 않는다고 주장했다. (다음 장에서 나는 이 주장을 요약할 것이다.) 반대로 이 제한은 돈에 빠져 부자 후보들과 그 후원자들에 의해 지배되는 정치보다는 모든 시민들에게 자치의 이상에 조금 더 가까운 정치를 실현해 줌으로써 적극적 자유를 신장한다. 윤리적 독립성에서 도출되는 표현의 자유론은 같은 이유로 자기 제약적이다. 정부가 공범자들과의 공모를 금지할 때는 근본적인 권리를 제약하려는 것이 아니다. 또는 의로운 행위에 대한 어떤 공동체적 판단을 실현하려는 것도 아니고 윤리에 있어서 일률적인 정식을 강요하는 것도 아니다. 단지 안전을 위한 것이며 그 동기는 조세나 경제 규제처럼 도덕적인 것이지 윤리적인 것이 아니다.

앞에서 재빨리 훑어본 표현의 자유와 그 한계에 대한 검토는 법적 분석이 아니다. 헌법적 권리의 집행이라는 임무를 띤 법원이 담당해야 하는 어려운 사건들을 대면하고 있지 않다. 상급 법원들은 하급 법원이나 정부의 다른 부서들에게 길잡이가 될 수 있도록 합리적인 범위 내에서 경직된 선들을 그어야 한다. 나는 여기에서 단지 자유의 개념관에 대해 이 저명한 권리를 옹호하고 한정하기 위해 필요한 논변들의 서로 다른 차원들을 보여 주려는 것뿐이다.

재산의 자유?

나는 아직 보수적인 사람이 반가워할 자유로움, 즉 미국 역사 속에서 때에 따라 축복받기도 했던 자유로움 한 가지를 논의하지 않았다. 즉 재산을 취득하여 타인을 해하지만 않는다면 마음대로 쓸 수 있는 자유로움이다. 이 자유로움(freedom)도 자유(liberty)라고 할 수 있을까? 사람들이 금융 규제 또는 산업 규제가 자유를 공격하며 조세가 독재라고 말할 때 염두에 둔 자유로움이 바로 이것이다. 이런 주장들은 당연히 과장된 것이지만 그래도 이런 종류의 자유를 인정해야 하지 않을까?

우리는 이미 인정하고 있다. 재산을 취득하고 사용할 자유는 이미 16장에 정의된 분배 정의의 개념관에 어느 정도 전제되어 있다. 자원의 평등이다. 그러한 종류의 자유는 어느 정도 모든 분배 정의의 개념관에 전제되어 있다. 사람들이 가진 자원은, 이들이 자원을 원하는 대로 취득, 거래 및 사용할 자유로움을 고려하지 않고는 정의될 수도 측정될 수도 없다. 평등의 개념관에 관계없이 어떤 종류 또는 정도의 자유로움을 전제하지 않고 평등한 자원의 분배를 주장하는 것도 납득될 수 없다. 재산을 간신히 소유만 하는 것은 그 재산의 사용에 대한 일반적인 자유로움을 배경으로 하지 않는 이상 아무런 의미가 없기 때문이다. 변호사들의 말을 따르자면, 소유는 권리의 묶음이며 우리가 어떤 자원의 분배를 공정하다고 규정할 때 그 묶음의 내용을 규정해야 하는 것이다.

그러나 그 권리의 묶음의 내용은 오로지 자유론에서만 다루어질 독립적인 질문이 아니다. 올바른 묶음은 정치 도덕 전반에 의해 좌우된다. 우리가 여기에서 말할 수 있는 최선은, 자유는 정당하게 소유된 재산을 사용할 권리를 포함하되 정부가 정당하게 규제하는 방식의 사용은 예외로 한다는 것이다. 이 명제가 제대로 된 보편적 정의론에 통합될 때는 보기보다 무색무취하지 않다. 내가 옹호했던 자원의 평등의 기회비용론은 소유권과 통제권의 박탈을 폭넓게 인정할 것을 전제하고 있으며 우리 삶에 대해 책임질 것을 요구하는 존엄성의 제2원리도 그러하다.[11]

어떤 자원들은 필연적으로 공공재로 분류되어야 하지만 어떤 자원들은 기회비용 산정을 오염시키는 외부성을 막기 위해 공적 통제 아래 놓여야 한다. 공해 방지 제도 같은 것은 이런 이유로 필수적이며 의료 보험 같은 공적 제도는 공평함을 위한 가장 효과적인 재분배 방식으로서 필수적이다. 그러나 평등한 배려와 존중은 사유 재산을 기본적으로 필요로 한다. 이 기본으로부터의 이탈은 정당화를 필요로 한다. 조세가 자유에 대한 공격이라는 우익의 친숙한 불평은 오해다. 그러나 오해가 개념적이지는 않다. 그것은 정의에 대한 오해다. 현행 조세의 구조와 정도가 모두에게 평등한 배려와 존중을 보여 주지 않아 정당하지 않다면 자유를 침해하는 것이다. 현재 많은 나라들의 조세가 부정의한데 그 이유는 너무 많이 걷어서가 아니라 너무 적게 걷기 때문이다. 사람들로부터 자신들이 정당히 가진 것을 박탈하기는커녕 도리어 무엇이 정당하게 그들의 것인지를 정하는 방법을 제공하지 않는 것이다.

종교적 자유와 윤리적 독립성

종교의 자유에 대한 권리는 윤리적 독립성에 의해 명백히 요구된다. 미국 헌법은 물론 세계 인권 선언과 유럽 인권 협약 같은 문헌에서도 영광의 자리를 차지하고 있다. 물론 이 권리에 대해 존엄성 외에도 다른 정당화 이론이 제공되어 있다. 예를 들어, 종교는 사람들을 분열시키는 성향이 강하기 때문에 종교적 관용이 민간인 간의 평화를 이룰 수 있는 유일한 길이라는 것이다. 이 정당화 이론은 17~18세기 유럽과 미국에서 강력한 설득력을 얻었지만 지금은 그렇지 않다. 지금 서양에서 관용의 주요 수혜자들은 군소 종교들과 무교자들이며 이들은 지금 향유하고 있는 자유로움들이 보장되지 않으면 사회 불안을 야기하지도 않고 야기할 수도 없다. 어떤 나라들에서는 하나의 종교가 국교로 확립되어 다른 종교들은 간신히 허용되거나 그마저도 금지되나 이것이 사회 안정을 위협하지는 않는 것 같다. 우리에게 지금 당장 종교적 사상과 실천의 자유를 정당화하는 것은 오직 존엄성뿐이다.

그러나 이 명제를 받아들인다면, 종교는 특별하게 생각하면서도 출산, 결혼 및 성적 선호와 같은 근본적인 윤리적 선택들은 공동체적 결정에 맡길 수 있다고 일관되게 생각할 수 없다. 종교적 자유권은 선언해 놓고 이와 같은 다른 근본적인 사안들에서의 선택의 자유권을 거부하는 것은 필연적으로 자기모순이다. 특정 종교에게 특별한 정치적 지위를 인정할 수 없다면 종교 전체에게 특별한 정치적 지위를 인정하여 종교 전체가 예를 들어 성적 정체성보다 존엄성에 더욱 중추적이라고 할 수 없다. 종교적 자유 그 자체만을 특별하게 분류할 수 없다. 종교적 자유는 근본적인 사안에 대한 윤리적 독립성이라는 더 일반적 권리의 하나의 귀결일 뿐이다. 정부가 출산과 성교를 규제하기 위해서는 강력한 정당화 이론이 필요한데 이 이론은 특정한 공동체적 윤리적 판단의 진실 또는 인기에 의존해서는 안 된다. 나는 다른 문헌에서 이 윤리적 논점들을 자세히 다루었는데, 여기에서는 이 책이 그 논점들에 대해 던지는 새로운 시사점들을 밝히기 위해 짧게 다시 다룬다.[12]

낙태는 이 논점들 중에서 가장 복잡하고 가장 분열적이다. 존엄성의 제1원리는 인간의 생명은 내재적으로 중요하고, 이 원리는 태아의 생명 역시 인간의 생명임을 부인할 수 없는 한 내재적으로 중요하다고 한다. 이 책 앞 부분에서 우리는 이 제1원리의 두 가지 귀결을 인식했다. 우리 모두 각자의 삶의 객관적 중요성을 인정하고 존중하며 살아야 한다. 그렇게 하지 않는 삶은 존엄성을 부인하는 것이다. 그리고 우리는 타인을 대할 때 그들의 삶의 객관적 중요성을 인정하듯이 대해야 한다. 하지만 이 후자의 요건이 구체적으로 무엇을 의미하는지는 별도의 문제다. 앞 장에서 우리는 인간의 생명에 대한 존중이 타인을 도울 의무를 얼마나 강력하게 요구하고 언제 타인을 해하지 않을 것을 요구하는지 논의했다. 인간 생명이 막 시작된 시점에서 이 도덕적 요구들은 변화하는가? 훨씬 복잡하게 발육된 인간에게 지켜 줄 해하지 않을 의무가 초기의 태아에게도 동일하게 적용되는가?

이것은 윤리적이면서도 도덕적인 질문이다. 낙태의 도덕은 이 질문들에 대한 우리의 답변에 의해 좌우된다. 나는 두 번째 질문에 대해 "아니다."라고 답해야 한다고 주장했다. 꽃이 자기만의 이해관계를 가질 수 없는 것처럼 초기 태아도 자신의 이해관계가 없다. 그러므로 태아가 자신의 이해관계를 보호하기 위한 권리를 가졌다고 가정할 수 없다. 실제로 태아에게 영아와 똑같은 도덕적 의무가 적용된다고 생각하는 사람은 거의 없다. 원칙적으로는 낙태를 반대하는 사람들 대부분도 강간에서 비롯된 출산을 중단하거나 산모의 생명을 보호하려는 낙태는 필요하다고 생각한다. 그러나 이 도덕적 질문에 "태아는 권리가 없다."라는 부정적인 답을 받아들여 여성이 낙태를 하지 않을 도덕적 의무가 없다고 판단하더라도, 중요한 윤리적 문제들이 남는다. 즉 낙태가 우리의 존엄성이 의지하는 인간 생명에 대한 존중과는 일관되지 않을 가능성은 생생하게 남아 있다. 그림과 큰 나무들은 스스로의 이해관계를 가지고 있지 않아 이 이해관계를 보호할 도덕적 권리는 존재하지 않는다. 하지만 그것들의 내재적 가치를 인정하는 것은 이것들을 파괴하는 것과 일관성이 없을 수 있다. 그러므로 낙태와 관련된 쟁점들을 논의하면서 도덕적 논점과 윤리적 논점 사이의 주의 깊은 구별이 중요하다.

도덕적 질문은 정치 공동체 내에서 집단적으로 답해져야 한다. 미국 연방 대법원이 1973년에 처음 미국의 주 정부가 낙태를 원천적으로 금지하는 것이 합헌인지를 답해야 했을 때 도덕적 질문을 해야 했던 답이다. 법원은 부정적으로 답했다. 이 판결의 비평가들 다수는 대법원이 이 질문을 스스로 결정할 것이 아니라 주 정부들이 각자 결정할 수 있게 내버려뒀어야 한다고 주장한다. 이 비판은 혼동에서 비롯되었다. 주 정부들이 주민 중 특정 그룹이 살해될 수 있는지를 스스로 정하게 할 수는 없다. 더 합리적인 비판은, 법원이 낙태가 살인이 아니라고 결정했고 그러므로 헌법의 평등 조항이 낙태를 금지할 것을 요구하지 않는다고 결정한 이상, 낙태가 윤리적인 이유로 금지될지를 주 정부들이 금지하도록 허용했어야 한다는 것이다. 즉 낙태가 인간 생명의 내재적 가치에 대한 경시를 보여 준다는 이유로 금지할 수 있도록 말이다. 바로 이 중요한 문제를 법원은 로 대 웨이드(Roe v. Wade)에서 실제로 대면했고 그 후에 제한적인 낙태권에 대한 지지를 재확립한 케이시(Casey) 판결에서 좀 더 정확하게 인식하여 더 잘 대응했다.[13]

윤리적 독립권은 하나의 답만을 허용한다. 정부가 공동체적 윤리적 판단을 집행하기 위해 자유로움을 제한하면 이 권리가 침해되고 자유는 부인된다. 여기에서는 초기 임신중절을 한 여성이 자신의 존엄성이 요구하는 인간 생명에 대한 존중을 보여 주지 않는다는 윤리적 판단을 집행하려는 것이다. 나 스스로 낙태가 정녕 자기 비하인 경우는 많다고 생각한다.[14] 예를 들어 여성이 휴가 계획과 같은 사소한 이유로 낙태를 할 때는 자신의 존엄성을 저버리는 것이다. 나는 다른 상황에 대해서는 다른 윤리적 판단을 내릴 것이다. 예를 들어 10대 소녀가 편모가 되면서 품위 있는 삶을 영위할 전망이 훼손되는 상황 말이다. 그러나 판단이 특정 상황에서 옳든 그르든 도덕적 판단이 아니라 윤리적 판단임은 변함이 없다. 판단은 여성들에게 맡겨져, 그들의 존엄성이 요구하는 만큼 각자가 자신의 윤리적 신념에 대해 책임질 수 있도록 해야 한다.

18장 민주주의*

적극적 자유

구호들과 물음들

존엄성의 제2원리는 개인의 윤리적 책임성을 보호한다. 앞 장에서 우리는 그러한 책임성의 한 측면을 고찰했다. 존엄성은 윤리적 선택의 문제들에서 정부로부터의 독립성을 요구하며, 소극적 자유에 관한 모든 그럴듯한 이론에서는 이러한 요구가 그 기초를 이룬다. 그러나 존엄성은 다른 문제들에서는 정부로부터의 독립성을 요구하지 않는다. 즉 정치 공동체는 정의와 도덕에 관한 집단적 결정들을 내려야만 하고, 그러한 결정들을 강제적으로 시행할 능력이 있어야만 한다. 이에 따라 적극적 자유의 문제를 위한 무대가 마련된다. 나는 정의와 도덕의 문제들에서는 강제적 통제에서 자유로울 수 없지만, 나의 존엄성은 그러한 통제를 행사하는 집단적 결정들을 내릴 때 내게 어떤 역할이 주어지기를 요구한다. 그것은 어떠한 역할이어야 하는가?

---

* 이 장의 번역은 이동민 선생님께서 협업해 주심.

우리는 이내 구호들 속에서 허우적거리게 된다. 오직 민주주의만이 존엄성을 제공할 수 있다거나, 정부는 인민의, 인민에 의한, 인민을 위한 것이어야 한다거나, 모든 시민은 각자 동등하고 의미 있는 역할을 부여받아야 한다거나, 한 사람은 한 표씩 가져야 하며 누구도 한 표 이상을 가져서는 안 된다는 것 등이다. 존 로크는 그 누구도 통치하도록 또는 통치받도록 태어나지는 않는다고 말했다.[1] 우리는 적극적 자유를 이런 구호들로부터 구출하려고 노력해야 하는데, 이 구호들의 의미가 전적으로 불분명하기 때문이다. 민주주의의 개념은 해석적이고 쟁투적인 개념이다. 법률이 어떤 내용이 될지를 결정하는 모든 중대 권력을 극소수가 쥐고 있다면, '인민'이 자신을 스스로 통치한다는 것이 무슨 의미가 있겠는가? 미국과 영국에서는 의회를 구성할 대표자를 각 선거구별로 승자 독식 방식으로* 선출하는 것이 일반적인데, 이는 다른 나라들에서 일반적인 비례대표제와는 매우 다른 유형이다. 이해관계, 신념, 선호 등의 분포가 동일하다고 가정하더라도, 이 두 제도 가운데 어느 것이 시행되느냐에 따라 상이한 법률이 생길 가능성이 크다. 어느 한 제도가 다른 제도보다 더 민주적인 것인가? 종신 임기로 임명되는 판사가 입법부와 행정부의 행위를 위헌이라고 선언할 수 있는 권한을 인정하는 사법 심사라는 관행은 비민주적이므로 정당성이 없는 것인가? 아니면 그 관행은 오히려 민주주의에 대한 필수적이고 바람직한 교정책인가? 아니면 제3의 가능성으로서 그 관행은 실제로는 진정한 민주주의의 창출에 본질적으로 불가결한 것인가? 이러한 입장들은 모두 나름대로 폭넓은 지지를 받고 있으며, 우리는 상이한 민주주의의 개념관들 사이에서 선택을 행하고 우리의 선택을 옹호하는 변론을 펴지 않고는 그 입장들 중에서 선택을 할 수 없다.

---

* 소선거구제를 가리킴. 선거구를 잘게 쪼개고 각 선거구에서 최다 득표자 1인만을 대표자로 선출하는 방식임.

누가 인민인가?

그러한 전통적인 물음들을 다루기에 앞서 우리는 문턱에 해당하는 추가적인 질문 하나를 마주하게 된다. 누가 인민인가? 어느 날 일본이 노르웨이 시민들에게 동등한 투표권을 부여하고, 그들이 원한다면 소수 무리의 노르웨이인들을 선출하여 일본 의회에 보낼 수 있게 된다고 하자. 그리고 일본 의회는 다수결을 통해 노르웨이의 석유에 세금을 부과하고 이것이 일본 정유사로 이전되도록 명령한다. 이런 공상에 의할 때 노르웨이인들에게 자기 통치가 주어진다고 볼 수 없다. 만약 모종의 다수결주의적 과정에 의해 진정한 자기 통치가 주어지려면, 그것은 올바른 인민 중의 다수자에 의한 통치여야만 한다.

올바른 인민에 의한 통치는 더 많은 인민에게, (예컨대 2차 세계대전 이후 아프리카의 인민에게, 또는 남북 전쟁 이후 미국 남부의 백인 시민에게) 그 통치 안에서 그들이 개인으로서 맡는 역할보다 더 중요하다고 여겨져 왔다. 사람들은 자신과 비교적 유사한 사람들이 통치하기를 원한다. 이것이 무엇을 의미하는지는 불분명하다. 그것은 인종, 종교, 언어, 혈연 등에 따른, 또는 심지어 미국의 옛 남부에서처럼 경제적 상황이나 이권에 따른, 수많은 다양한 형태의 종족주의나 민족주의를 정당화한다고 여겨져 왔다. 역사가, 경세가, 정치인 들은 이러한 다양한 구심력들이 발휘하는 힘을 무시할 수 없다. 이 구심력들은 지속적으로 사람들을 끔찍한 폭력으로 내몰고 있다. 그러나 그것들은 본래적인 규범적 힘을 전혀 갖지 못한다. 다음의 물음에 대한 역사 외적인 정답은 전혀 존재하지 않는다. 즉 사람들을 복수(複數)의 정치 공동체로 분할하는 일은 어떠한 원칙에 의거해 이루어져야 하는가? 민주주의 자체의 이상 (理想)에서는 해답을 찾을 수 없는데, 그 이상은 정치 공동체를 전제하므로 정치 공동체 자체를 정의하는 데에는 이용될 수 없기 때문이다. 정서적으로 강력하지만 경계선이 영원히 모호한 민족자결의 이념(종족-문화적 집단들이 스스로를 통치할 가정적(假定的) 권리)에서도 답은 찾을 수 없다. 그러한 권리의 뜻을 이해하기에 충분할 정도로 명확한 정치적이지 않은 민족체 개념은 어디에도 존재하지 않으며, 설령 존재하더라도, 그렇게 정의된 집단의 개별 구성원이 왜 해당 집단 내 다른 구성원들과 정치적으로 결합할 의무를 지는가라는 물음에 대해서는 만족스러운 답이 존재하지 않는다.

역사 속에 실재하는 또는 이미 수립되어 있는 통치 양식을 변경해야 할 (때로는 간절한) 이유들이 실제로 존재할 때가 있다. 하나의 정치 국가에 속하는 인민이 멀리 떨어져 있는 다른 인민들을 통치했던 식민 체제는 그런 공식적 결합을 단절하고 새로운 국가를 창설하지 않고는 혁파될 수 없었을 것이다. 비록 보스턴 항구의 바닷물 속으로 차(茶)를 던져 넣었던 애국자들이 "대표 없이 과세 없다."라고 외치기는 했으나, 제퍼슨의 독립선언서는 본국의 의회 구성에 참여할 수 있는 선거권의 확대가 조지 국왕이 저질러 온 범죄에 대한 해법이라고 주장하지는 않았으며, 이후 1~2세기 후에도 아프리카나 인도 아대륙의 식민 제국이 선거권의 확대를 통해 종식되리라고 생각한 사람은 아무도 없었다.

심지어 해체해야 할 식민 지배가 존재하지 않는 경우에도, 지리, 역사, 전쟁, 정치 등으로 말미암아 창조되었던 경계선이 유지되지 못할 수도 있다. 상이한 종족이나 인종이나 종교 집단들이 폭력 없이는 함께 살 수 없다고 판명되는 경우에는, 새로운 정치 공동체들로의 분리가 유일한 대안일 수도 있다. 또 만약 한 소수자 집단이 부정의의 영속적 희생자가 되었다면, 경계선을 다시 획정하는 것이 도움이 될 수도 있다. 물론 더 큰 부정의와 심대한 고통 없이 달성될 수 있다면 말이다. 사담 후세인의 쿠웨이트 침략처럼 정당성 없는 정복을 무효화하여 원상태로 되돌릴 수 있다면 그렇게 해야만 한다. 하지만 심지어 그러한 원칙에서도 어떤 그럴 법한 시효 제도에 따른 한계가 불가피하며, 그 결과 설령 60년 전 이스라엘의 건국이 그릇된 것이었다 해도 이제는 이 국가의 경계선이 존중되어야 한다.

이상은 정치적 경계선에서 일어나는 극적인 변화의 예들이다. 덜 극적인 형태로 변화가 이루어지고 집단이 재편성되는 것이 현명한 해법이며 이런 해법은 고통을 거의 초래하지 않거나 훨씬 적게 초래하는 가운데 목적을 달성할 수 있다. 연방제와 분권화는 확립되어 있는 공동체의 하위 구성체들을 창설하면서 흔히 더 합리적인 정치적 결정들을 가능케 하며 자기 통치에 참여한다는 느낌을 더 크게 불러일으킨다. 다른 방향으로의 전환들은 훨씬 더 가치 있는 것일 수 있다. 즉 이제는 장기화되었고 지금까지는 기대에 못 미치지만 유럽 연합의 새로운 헌정 구조를 창조하려는 노력은 더 작고 더 동질적인 정치 공동체들을 더 크고 더 다양한 것들로 전환하는 것의 지혜로움과 그런 전환의 어려움을 동시에 보여 준다. 만약 유럽 연합이 공동의 외교 정책을 형성하고, 하나의 통합 기구에 힘을 부여하는 공동체의 경제적 권력으로 그 정책을 집행할 수 있다면 유럽 국민들에게도, 세계에도 모두 득이 되리라고 나는 믿는다.

하지만 역사적 우연에 의해 창조된 경계선들은 여전히 기본값으로 남아 있다. 우리는 각자 정치 공동체의 소속민으로 태어나며 이 공동체는 정당성 있는 통치자다. 만약 우리가 속한 공동체가 이 책의 앞부분에서 논의되었고 이 장의 뒷부분에서 논의될 정당성 조건들을 충족한다면 말이다. 여기에는 외부로의 이민에 대한 법적 장벽을 부과하지 않음이 포함된다. 캘리포니아 주에서 네바다 주와의 경계선 1.5킬로미터 안쪽에 사는 사람들 또는 프랑스에서 독일과의 경계선 1.5킬로미터 안쪽에 사는 사람들은 반대편 1.5킬로미터 지점에 사는 사람들과는 상당히 다른 통치를 받고 있으며, 어떠한 추상적인 정치철학의 원칙도 그러한 차이를 정당화할 수 없다. 더 합리적이라고 상정되는 선을 그으려는 시도들 대부분은 단지 새로이 안락을 누리게 될 옛 소수자들을 대체하는 새로운 안락지 못한 소수자들을 양산할 뿐이다. 만약 우리가 모든 대륙에서 누구나 한 표씩을 갖는 통일 세계적인 지구적 민주주의 같은 것을 배제한다면(그러한 민주주의는 불가능하며, 설령 가능하다 해도 어쨌든 불가피하게 하위 구성체들이 창설되고 나면 예전의 모든 문제들이 고스란히 다시 야기될 것이다.) 역사가 이루어 놓은 것을 바로잡을 설득력 있는 논변을 우리는 좀처럼 찾을 수 없다.

자기 통치의 두 가지 모델

이제 모종의 특정 정치 공동체가 올바른 공동체라고, 또는 적어도 그릇된 공동체는 아니라고 가정해 보자. 여기에서는 올바른 인민이 통치한다. 이들은 다양한 종류와 수준의 공직자들을 선출함으로써 통치하고, 이 공직자들은 인민을 대신하여 강제력을 행사한다. 그러나 공직자들의 선출과 이들이 통치의 수단으로 삼는 구조들의 구성은 여러 가지 방식으로 이루어질 수 있다. 즉 전 세계에 걸쳐 우리가 민주적이라고 인정하는 체계들은 상당한 차이를 보인다. 어떤 체계는 주요 결정들을 인민 전체가 정책적 문제들을 놓고 직접적으로 투표하는 국민 투표를 통해 내리며, 그러한 국민 투표를 회피하는 체계들도 있다. 어떤 체계에서는 다른 체계들보다 더 자주 공직자 선거를 치르고, 어떤 체계에서는 비례대표제를 채용하지만 다른 체계에서는 승자 독식형 선거 제도를 채용하며, 어떤 체계에서는 헌법 재판을 행하는 법관을 비롯한 비선출직 공직자에게 막중한 권력을 부여한다. 우리는 이런 상이한 헌정 체제들을 어떠한 원칙들에 의거하여 평가해야 할까? 어떤 체계들은 인민의 존엄성과 더 잘 조화하는가? 어떤 체계들은 더 많은 적극적 자유나 진정한 자기 통치를 보장하는가? 우리가 이런 다양한 민주주의 형태들의 민주적 우월성 또는 진정성을 판단하는 데 사용할 수 있는 어떤 심층적인 기준이 존재하는가?

반복하건대 민주주의는 해석적인 개념이다. 즉 사람들은 민주주의가 무엇인지에 관해 견해차를 보인다. 우리는 민주주의에서 무엇이 좋은지를 가장 잘 설명해 줄 수 있는 어떤 뚜렷한 가치나 가치들의 집합을 찾아냄으로써 이렇게 경쟁하는 개념관 중 하나를 선택한다. 언제나처럼 어떤 철학자들은 환원적 해법에 이끌린다. 즉 그들은 민주주의가 무엇인지에 관한 논쟁을 포기하고 그 대신에 그저 어떤 형태의 정부가 가장 좋은지를 논하자고 주장한다. 언제나처럼 그런 환원적 전략은 자멸적이다. 그 전략은 우리에게 후자의 전반적인 물음, 즉 어떤 형태의 정부가 가장 좋은지에서 관건이 되는 상이한 가치들 간의 중요한 차이를 무시하도록 강요한다. 좋은 통치는 민주적이고 정의롭고 효율적이지만, 이 성질들이 동일한 것은 아니며, 때로는 예컨대 어떤 헌정 체제가 공동체의 경제를 더 효율적이도록 만들 개연성이 있지만 그럼에도 불구하고 그것이 비민주적이기 때문에 배격해야 하는지 여부를 묻는 일이 중요하다. 그렇다면 우리가 민주주의의 의의와 중핵을 무엇이라고 이해해야 하는지를 하나의 독립적인 물음으로서 숙고하는 일은 결정적으로 중요하다. 우리는 원한다면 그 단어를 피해 갈 수도 있다. 그 대신에 적극적인 자유 또는 자기 통치의 의미에 관해 물을 수도 있다. 하지만 우리가 던지는 질문은 동일한 것이다.

그 물음에 대한 두 가지 답변을 대비(對比)해 보는 것은 유익한데, 그것은 인민이 스스로를 통치한다고 여겨질 수 있는 방식의 두 가지 모델이다. 나는 다른 곳에서 이들을 다수결주의적(majoritarian) 민주주의 관념과 동반자적(partnership) 민주주의 관념이라고 말했다.[2] 다수결주의적 관념에 따르면, 인민이 스스로를 통치하는 것은 인민 내부의 상대적으로 소규모인 어떤 집단이 아니라 인민의 최다수가 근본적 정치권력을 잡고 있을 때다. 그러므로 대의제 정부의 구조는 공동체의 법률과 정책이 시민의 최다수가 적정한 토론과 성찰을 거친 후에 선호하는 법률 및 정책과 같을 개연성이 높아지도록 설계되어야 한다고 주장된다. 이 목표를 위해 공직자들이 대다수 인민이 원하는 일을 행하도록 북돋기에 충분할 정도로 선거를 빈번하게 치러야 하며, 연방 구성 단위 및 의회 선거구를 획정하고 공직자의 유형 및 수준 사이에 헌법적 권력을 배분하는 일도 그러한 목표를 염두에 두고 이루어져야 한다. '국민 투표는?' '비례 대표는?' 같은 추가적 문제들도 동일한 방식으로 토론하고 결정해야 한다. 장기적으로 시민 다수자의 성찰적이고 정착된 의지를 믿을 만하게 시행할 개연성이 더 높은 것은 어느 체계인가?

이러한 다수결주의적 민주주의 관념을 공리주의 같은 어떤 총계적 정의(正義) 이론과 혼동하지 않도록 주의해야 한다. 후자에 따르면 법률이 정의로운 것은 그것이 해당 공동체 내에서 가능한 최대로 행복의 (또는 다른 어떤 관념에 따른 안녕(well-being)의) 총합 또는 평균치를 산출할 때다. ('다수자의 의지'라는 어구는 위험스러울 정도로 애매한데, 이 어구가 다수결주의적 과정을 기술할 때도 공리주의적인 또는 다른 어떤 총계적인 결과를 기술할 때도 있기 때문이다.)[3] 다수결주의적인 선거 과정이 전형적으로 총계적 기준상의 정의로운 결과를 산출하리라고 믿을 이유는 없다. 오히려 다수결주의적 과정은 안녕이 무엇인지에 관한 관념이 무엇이든 그 관념에 의거한 총합적 또는 평균적 안녕을 감소시키는 법률을 산출하는 일도 얼마든지 가능하며 실제로도 흔히 그랬다. 이런 이유로 다수결주의적 관념의 옹호자들은 민주주의를 정의와 구별하는 게 중요하다고 여긴다. 어떤 독재자가 명령하는 자원 분배의 내용이 다수자가 찬성할 내용보다 더 정의로울 수도 있다는 것이다.

동반자적 민주주의 관념은 다르다. 이에 따르면 자기 통치가 의미하는 것은 만인에 대해 권위를 행사하는 인민 다수자에 의한 통치가 아니라 동반자로서 행위하는 전체로서의 인민에 의한 통치다. 이것은 물론 정책에 관해서는 불가피하게 분열되는 동반자 관계일 수밖에 없는데, 어떠한 규모든 정치 공동체에서 만장일치란 드물기 때문이다. 그러나 그럼에도 불구하고 만약 정치에서는 구성원들이 여타 모든 동반자들에 대한 평등한 존중과 배려 속에서 행위해야만 한다는 것을 그들이 수용한다면 그것은 동반자 관계일 수가 있다. 다시 말해 14, 15장에서 논의된 정당성 조건들을 구성원 모두가 존중한다면, 즉 해당 공동체의 법에 복종할 뿐 아니라 그 법이 선의로 이해된 모든 시민의 존엄성이 요구하는 바와 모순되지 않도록 만들려고 노력해야 할 항상적인 책무를 모두가 수용한다면 그것은 동반자 관계일 수 있는 것이다.[4]

이런 간략한 묘사에서도 두 관념의 중요한 차이가 드러난다. 다수결주의적 관념은 민주주의를 절차적으로만 정의한다. 동반자적 관념은 민주주의를 정당성의 실체적 제약들에 결부시킨다. 정당성은 정도(程度)의 문제이기 때문에, 이 관념에 따르면 민주주의도 그럴 수밖에 없다. 민주주의는 이런저런 정치 공동체들이 다가가기 위해 노력하는 하나의 이상일 뿐이며, 어떤 공동체는 다른 공동체들보다 더 성공적인 성과를 거둔다. 하지만 동반자적 관념은 적어도 자기 통치를 지적 이해가 가능한 이상으로 만든다. 다수결주의적 관념은 그렇지 않다. 또는 그렇지 않다고 나는 주장하고 싶다. 다수결주의적 관념은 정치적 소수자 집단의 구성원에 관해서는 자기 통치라고 여겨질 그 무엇도 묘사하지 않으며 다수자 집단의 개별 구성원에 대해서도 마찬가지다.

두 관념 사이에 존재하는 이 심원한 차이는 (주로 미국에서이기는 하지만 점차 다른 나라에서도 확대되고 있는) 민주주의와 사법 심사*의 호환성에 관한 논쟁 속에서 두드러지게 예증된다. 다수결주의적 관념에서도 입법을 원천 무효라고 선언함으로써 헌법을 강제로 집행할 수 있는 권한을 법관에게 부여하는 정치 체제가 자동적으로 배제되는 것은 아니다. 일부 노련한 법률가와 철학자들은 사법 심사가 적절하게 설계되고 제한된다면 대다수 인민의 정착된 견해가 입법에 반영될 개연성을 높임으로써 다수결주의적 관념에 이바지할 수 있다고 주장해 왔다. 예컨대 존 하트 엘리(John Hart Ely)는, 법관은 자신의 부정부패나 어리석음을 감추려고 안달인 정치인들이 언론과 출판의 자유를 침해할 수 없도록 막음으로써 인민의 권력을 보호해야 한다고 주장했고, 동일한 취지에서 야노스 키스(Janos Kis)는, 현직 공직자들은 다수자의 의지를 따르면 자신의 권력 연장이 위협받는 경우에는 다수자의 의지에 관한 열의가 식어 버리는데 법관은 이들로부터 인민을 보호할 수 있다고 주장했다.[5]

하지만 다수결주의적 관념은 변함없이 사법 심사에 대해 경계하는 태도를 취하며, 이 관념의 지지자들은 꾸준하고 의식 있는 다수자가 분명하게 지지하는 법률을 무효화할 수 있는 사법부의 권력을 거부하는데, 그런 법률의 예로는 사형 제도, 공립 학교에서의 예배, 미국 일부 주들의 경우 임신 초기의 낙태에 대한 제약 등이 있다. 그들은 정치적 다수자가 그런 입법을 채택할 권력을 가져야 하는지 여부가 논란의 대상이라는 점을 이해한다. 그러나 그들은 바로 그 문제가 논란의 대상이기 때문에 다수자가 그 문제를 스스로 결정하도록 허용되어야만 한다고 주장한다. 어떠한 총선거를 통해서도 해임될 수 없는 소수 법률가 집단이 그러한 근본적인 통치 문제를 결정하도록 한다는 것은 다수결주의적 민주주의의 전체 취지에 반한다는 것이다. 이 견해에 따르면, 사법 심사는 평범한 시민들의 존엄성에 필수적인 적극적 자유를 부정하는 것이다.[6]

그러나 동반자적 관념에 의하면, 이 친숙한 논변은 완전히 순환론에 빠져 있다. 이 논변은 정치적 다수자가 모든 사람을 대신하여 논란

---

* judicial review. 영국과 미국에서 법원이 입법부나 행정부의 행위를 심사하고 그 적법성을 따져서 만약 위법하다면 무효화할 수 있도록 하는 제도.

이 있는 쟁점들을 결정할 도덕적 권위를 갖는다고 전제하지만, 동반자적 관념에 따르면 다수자는 자신이 통치의 수단으로 삼는 제도들이 충분히 정당성 있는 것이 아니라면 어떤 것도 결정할 도덕적 권위를 갖지 못한다. 사법 심사는 (예컨대 소수자의 윤리적 독립성을 보호함으로써) 정부의 정당성을 향상시키기 위한, 그리고 이를 통해 다수자가 여타 문제들에서 자신의 의지를 강제할 수 있는 도덕적 자격을 확보하기 위한, 하나의 가능한(강조하지만 가능한 한 가지에 불과한) 전략이다.

어느 모델이 최선인가?

공정성인가?

민주주의에 관한 이 두 가지 관념 사이에서 우리는 무엇을 선택할 것인가? 정치학자들은 민주주의의 도구적 이득을 여러 가지로 열거한다. 널리 공유되고 있는 가정에 따르면, 민주적 제도들은 자유롭고 왕성한 언론의 뒷받침을 받아 심대하고 광범위한 부정부패, 폭정, 기타 해악들로부터 공동체를 보호하며, 군부를 비롯한 독재자들이 흔히 그러듯 공직자들이 자신이나 일부 계층의 이익만을 추구하는 통치를 할 개연성을 감소시킨다. 민주주의에는 이 밖에 한층 적극적인 이점들도 있다. 적절한 번영을 누리는 정치 공동체들, 특히 교육 수준이 있는 유권자들과 민주적 전통을 갖춘 정치 공동체들에서 민주주의는 정치적 안정성을 향상시킨다. 실제 그런 공동체들에서는 안정을 위해 민주주의가 필수 불가결할 수도 있다. 민주주의는 해당 공동체 내부의 모든 중요 이익 집단들이 제휴와 거래를 통해 각자에게 가장 중요한 것을 확보할 길을 열어 준다. 민주주의가 요구하는 정치적 자유들은 또한 경제적 자유와 함께 경제 발전에 필수 불가결한 법의 지배를 보호해 준다. 하지만 애석하게도 이런 실제적 이득들이 어떤 상황에서든 항상 실현될 수 있는지는 명백하지 않다. 경제가 매우 취약하고 민주주의의 경험이 없는 나라들의 경우처럼, 어떤 상황에서는 민주주의가 도입되면 안정성이나 경제 발전이 실제로 위협받을 수도 있다. 또는 일부 정치 이론가들은 그렇게 주장한다. 하지만 우리가 여기에서 이 문제들을 탐구할 필요는 없다. 선택할 때 어느 것이 더 안정성과 번영을 산출할 것인지 물을 수는 없기 때문이다. 그 물음에 대한 일반적인 해답은 존재하지 않으며 그것은 순전히 상황에 달려 있다. 어쨌든 근본적인 문제는 원칙의 문제지 결과의 문제가 아니다.

인민의 존엄성은 자신의 통치에 인민이 참여할 것을 요구한다고 우리는 가정한다. 다수결주의적 민주주의 관념에서는 이것을 어떻게 달성하고자 하는가? 답은 명백해 보일 수도 있다. 다수결은 강제적 정치 공동체를 통치하는 유일하게 공정한 방법이라는 것이다. 오늘날의 정치 이론가들 중 특히 제러미 월드론(Jeremy Waldron)은 다수결주의적 관념을 옹호하는 그러한 논거를 극히 명료하게 제시했다. 그는 이것을 "MD"라고 부른다. "다수자-결정 규칙을 옹호하는 공정성/평등 논거는 잘 알려져 있다."라고 그는 선언한다. "다른 어떠한 규칙보다도 더 낫게, MD는 다투어지는 결과들 사이에서 중립적이고, 참여자들을 평등하게 대우하며, 표명된 의견 각각에 대해, 모든 의견에 동등한 비중을 부여함과 양립할 수 있는, 가능한 최대한의 비중을 부여한다. 우리가 원하는 결과를 둘러싸고 견해차가 있을 때, 우리가 문제를 대놓고 어느 한쪽으로 편향되도록 만들지는 않기를 원할 때, 모든 유관한 참여자들이 과정 속에서 각자 동등한 존재로 대우받기를 요구할 도덕적 권리를 갖고 있을 때, 이럴 때 사용할 원칙은 MD 또는 이와 유사한 어떤 것이다."[7]

이것은 정치적 결정만이 아니라 모든 집단적 결정을 대상으로 삼는 매우 일반적인 주장이다. 그것은 절차적 공정성의 일반적 원칙을 제시한다. 그러한 일반적 원칙을 수용하는 사람들에게 다수결주의적 민주주의 관념은 그 원칙을 정치적 사안에 적용한 것일 뿐이다. 그런데 이 논변이 인기를 누리는 것이 놀라운데, 머릿수를 세는 식의 다수결주의적 원칙이 공정성의 근본 원칙이 아니라는 것은 매우 명백하기 때문이다. 우선 내가 앞서 논의했던 문제가 있다. 즉 다수자 집단이 속한 공동체가 올바른 공동체가 아니라면 다수자는 어떠한 경우에도 전혀 도덕적으로 중요한 의미가 없다. 일본인과 노르웨이인들 중 다수자는 노르웨이의 석유에 관해 결정을 내릴 어떠한 도덕적 권능도 갖지 못한다. 하지만 해당 공동체가 올바른 공동체라 해도, 다수결이 언제나 공정한 것은 아니다. 나는 앞서 이런 예를 들었다. 구명정에 너무 많은 승객이 올라타서 한 사람을 밖으로 내던지지 않으면 모두가 죽게 될 경우, 투표로 그들 중 가장 인기 없는 사람을 익사시키는 것은 공정하지 않다. 제비뽑기로 결정하는 편이 훨씬 공정할 것이다.

월드론은 이에 응답하여 말하기를, 만약 제비뽑기와 투표 가운데 어느 것이 더 공정한지를 둘러싸고 승객들 간의 의견이 다르다면, 바로 그 다툼을 해결할 유일하게 공정한 방법은 어느 절차가 더 공정한지를 놓고 투표를 하는 것이리라고 했다.[8] 그런 순환적인 주장은 마찬가지로 잘못된 것으로 보인다. 즉 숫자가 결정적이어야 하는지 여부의 문제를 결정하는 데서 숫자가 결정적이라고 여기는 것은 사리에 맞지 않다. 구명정 승객의 다수자가 우선 희생양을 투표로 뽑자고 결정하는 투표를 하고 그다음에 다시 투표로 배의 사환을 내던지기로 결정하는 쪽이 곧바로 투표로 그 사람을 내던지기로 결정하는 쪽보다 조금이라도 더 공정하다고는 할 수 없다. 공정한 절차의 문제들이 논란이 있는 것일 때, 그 문제들은 철두철미하게 논란이 있는 것이다. 즉 결정 절차를 결정하기 위한 결정 절차에는 어떠한 초기 값도 존재하지 않는다.

(월드론은 최근 이 주장에 대한 새로운 응답을 내놓았다.)[9]

구명정 사례에서 다수결이 왜 불공정한 것인가 하는 명백한 이유들은 최소한 정치적 결정들 중 일부분에도 적용된다. 어느 승객을 배 바깥으로 던져 버릴지를 결정할 때 다수자의 편견과 개인적 혐오가 작용해서는 안 되는 것처럼, 정치 공동체가 구체적으로 식별되고 혐오되는 소수자의 권리에 대한 내용을 결정할 때도 그런 것들은 타당한 관련성을 갖지 못한다.[10] 구명정 사례에서는 쉽게 찾을 수 있는 구제책이 있으니 그것은 제비뽑기라는 것이다. 그러나 정치에서는 우연이 적절한 결정 절차가 되지 못한다. 사람들의 삶에 막대한 영향을 미치는 결정들을 우연이나 다른 어떤 형태의 신탁에 맡기는 것은 좋은 생각이 아니다. 신탁은 한 시대 동안 아테네인들에게는 유효했을지 몰라도 우리에게는 그렇지 않다. 전쟁에 돌입할지 여부에 관한 다수자의 의견은 어떤 소수자의 의견보다 전혀 나은 게 없을 수도 있으나, 주사위를 던져서 내리는 결정보다는 나을 확률이 높다.

독재적인 또는 투자 방식의 절차들도 거부되어야 할 결정적인 이유가 있다. 즉 시민들을 관현악단 단원이나 주주처럼 대우해서는 안 된다. 이 이유 중 어떤 것들은 실용적인 것이다. 적어도 수많은 상황 아래에서 민주주의는 안정성을 제공하며 부정부패를 방지한다. 다른 이유들은 민주적 과정의 결과에 관한 가정들에 기초를 둔다. 즉 민주적 과정은 모종의 적절한 정의(正義) 방식에 따른 일반적 복지를 증진할 개연성이 독재적 절차보다 높을 수도 있다. 필연적으로 그런 것은 아닐지라도 말이다. 어쨌든 시민의 존엄성은 시민이 자신의 통치에서 중요한 역할을 맡기를 요구한다. 그러나 정치에서 우연이나 귀족정보다 대중 민주주의(popular democracy)를 주장하는 이 이유들 가운데 어떤 것도 민주주의의 의미에 관한 동반자적 관념보다 다수결주의적 관념이 낫다고 손을 들어 주지는 않는다. 게다가 동반자적 관념은 소수자들에게 더 많은 헌법적 보호를 부여하므로, 이 관념이 더 큰 안정성을 제공하고 일반적 복지도 더 정확하게 인식하고 확보하리라고 기대할 수 있을지도 모른다.

정치적 평등인가?

다수결주의적 관념은 동반자적 관념이 제공하지 못하는 어떤 것을 제공하며 그것이 바로 정치적 평등임을 우리는 인정해야 하는가? 이는 또 하나의 해석적 개념을 어떻게 이해해야 최선인가 하는 문제와 관련이 있다. 추상적 이상으로서의 정치적 평등은 세 가지 방식으로 구체화될 수 있다. 첫째, 정치적 평등의 의미는 모든 성인 시민이 정치적 결정에 관한 동등한 영향력을 갖도록 정치권력의 배분이 이루어지는 것이라고 이해할 수 있다. 모든 성인 시민은 정치 과정에 참여할 때 각자의 의견이 결국 법이나 국가 정책이 될 가능성이 다른 어떤 시민과 비교해도 동일하다는 것이다. 둘째, 정치적 평등의 의미는 성인 시민이 정치 과정에서 균등한 결정력을 갖는 것이라고 이해할 수 있다. 즉 각자가 정치 과정에서 최종적으로 형성하는 의견이 해당 공동체의 최종적 결정에서 온전하고 평등한 비중을 부여받게 되리라는 것이다. 영향력과 결정력은 서로 다르다. 영향력은 다른 사람들을 설득하거나 유도하여 자기편으로 만드는 능력을 포함하지만, 결정력은 다른 사람들이 무엇을 믿는가와 상관없이 자기 자신의 의견을 통해 성취할 수 있는 바에 국한된다.

셋째, 정치적 평등은 전혀 다른 무엇을 의미한다고 이해할 수도 있다. 즉 모든 성인 시민의 정치적 결정력이 다른 어떤 시민의 결정력과 비교해도 그의 존엄성을 훼손하는 이유들 때문에 더 작아서는 안 된다는 것인데, 그의 삶을 덜 중요한 것으로 대우하거나 그의 의견을 존중받을 가치가 더 적은 것으로 대우하는 것이 바로 그런 이유들이다. 이상의 독법 중 앞의 두 가지는 평등을 하나의 수학적 이상이라고 이해한다. 즉 이 독법들은 정치권력의 어떤 측정 규준을 전제하면서, 적어도 하나의 이상으로서는 모든 시민의 권력이 그 측정 규준에 의거할 때 균등하기를 요구한다. 셋째 독법에서는 정치적 평등을 수학의 문제가 아닌 태도의 문제로 이해한다. 공동체는 정치권력을, 반드시 균등하게가 아니라 사람들을 동등한 존재로 대우하는 방식으로, 배분해야 한다.

균등한 영향력과 균등한 결정력이라는 두 가지 독법을 서로 대비해 볼 때, 후자가 더 나은 해석이라고 보기는 어렵다. 나의 정치권력이 억만장자나 인기 가수나 카리스마 넘치는 설교자나 숭배받는 정치적 영웅의 정치권력과 같다고 생각하는 것은 말이 안 된다. 수백만의 사람들이 그를 추종하는 반면, 나는 이름난 사람도 아니고 설득하는 재주도 없다면 말이다. 그래서 우리는 그런 이유에서는 둘째 독법보다 첫째 독법을 택해야 한다. 그런데 첫째 독법은 비현실적이고 매력적이지도 않은데, 그것은 전체주의 사회 같은 데서나 실현될 것이기 때문이다. 어떤 사람들은 동료 시민들이 표를 어디에 던져야 하는지 설득하는 데서 언제나 다른 사람들보다 훨씬 큰 영향력을 발휘한다. 한창때 마르틴 루터 킹은 그 어떤 민간인 시민보다 사람들에게 훨씬 광대한 영향력을 미쳤으며, 오늘날 오프라 윈프리, 톰 크루즈, 스포츠 영웅들, 마이크로소프트 사의 최고경영자, 《뉴욕타임스》의 발행인, 폭스 뉴스의 논설위원, 그리고 기타 수백 명의 미국인들은 특별한 권력을 지니고 있다. 우리는 어떤 사람들의 특별한 영향력에 관해서는 그것이 부에 기초를 두고 있기 때문에 유감스러워하는데, 재산이 정치에서 중요성을 띠어서는 안 된다고 생각하기 때문이다. 하지만 어떤 사람들의 특별한 영향력, 이를테면 킹 목사 같은 사람의 영향력에 관해서는 유감스러워하지도 않고 그것이 우리 민주주의에서 결함이라고 생각하지도 않는다. 오히려 그가 지닌 권력을 우리는 자랑스러워한다.

그래서 만약 우리가 정치적 평등에 대한 수학적 독법을 원한다면,

우리는 불만스럽지만 어쨌든 둘째 독법을 받아들이는 수밖에 없다. 이 독법은 정치적 영향력은 무시하고 균등한 결정력만을 요구한다. 즉 모든 사람이 단지 자신이 지닌 선호들을 통해 자기 공동체의 법률을 좌우할 동일한 권력을 가져야 한다는 것이다. 이런 종류의 평등은 마을 회의* 같은 데서는 손쉽게 달성할 수 있는데, 회의에 참석한 모든 사람에게 각기 한 표씩을 할당하기만 하면 되는 것이다. 대의제 정부, 선거구 분획, 공직자들의 직무상 권력 분할 등을 수반하는 거대하고 복합적인 정치 공동체에서는 그 이상의 상당한 전략이 요구된다. 그렇지만 심지어 상대적으로 소수의 사람들이 각기 막대한 권력을 행사하는 정부를 가진 대륙 국가에서도, 시민들은 모든 선거에서 각자 한 표씩을 할당받을 수 있고 선거구는 모든 표가 다른 어떤 표와도 다름없이 동등한 중요성을 지니도록 편성될 수 있다. 이것은 만인의 균등한 결정력 쪽으로 상당히 나아간 것이다.

하지만 이 경우에도 여전히 대통령, 수상, 의회 의원, 법관 등이 법과 정책에 관해 각기 지니는 직접적인 결정력은 일반 시민들보다 차원이 다르게 더 크며, 일단 선출되고 나면 그들은, 특히 재선에 조바심을 내지 않는 이상, 여론과 상관없이 자신의 독자적인 계획에 착수할 수 있다. 이런 정치인들은 에드먼드 버크(Edmund Burke)가 내놓았던 "유권자들로부터의 독립선언"을 채용하는 이상주의자일 수도 있고,[11] 아니면 리처드 닉슨(Richard Nixon)의 부통령이었던 스피로 애그뉴(Spiro T. Agnew)**처럼 제 주머니를 채우는 사기꾼일 수도 있다. 그러나 비교적

---

* town meeting. 미국에서 식민지 시절부터 지역별로 매년 시민들이 개최했던 집회. 지방 정부의 한 형태로서 의회와 같은 기능을 수행했음.
** 1918~1996. 리처드 닉슨 대통령 시절의 제39대 부통령(1969~1973). 탈세와 메릴랜드 주지사 시절부터의 수뢰 사실이 밝혀지면서 기소당하자 부통령직을 사임했고, 이후 "도덕의식이 둔감한" 사람으로 낙인찍혀 변호사 자격도 박탈됨. 자신은 워터게이트 사건으로 궁지에 몰린 닉슨이 대중의 관심을 딴 데로 돌리려고 꾸민 계략의 희생양이라고 주장함.

빈번하게 치러지는 선거와 감시에 충실한 자유로운 언론 매체는 이런 일을 어느 정도 방지할 수 있으며, 어쨌든 이것이 우리가 그 방향으로 가기 위해 할 수 있는 최선이다. 만약 우리가 정치적 평등에 대한 둘째 독법 쪽으로 끌린다면, 우리는 필시 다수결주의적 민주주의가 그 이상(理想)에 장갑처럼 딱 들어맞는다고 생각할 것이다.

그러나 둘째 독법은 여전히 설득력이 없는 상태로 남아 있다. 설령 영향력의 균등이 달성 불가능하고 바람직하지 않다는 것을 우리가 인정한다 해도, 결정력의 균등을 그것 자체를 위하여 추구한다는 것은 불합리해 보인다. 균등한 결정력이란 어떤 규모의 공동체든 거기에 속한 인민 한 사람 한 사람에게 그 자체로는 아무런 실질적인 쓸모가 없다. 당신이 프랑스만 한 규모의 공동체에 살고 있다고 가정해 보자. 이 공동체는 모든 성인이 선거권을 갖고서 빈번하게 선거를 치러 공직자를 선출하고, 그러한 선거에서 모든 표에 동일한 결정력을 부여하는 헌정 구조를 향유하며, 제약이 최소화된 형태의 언론 자유를 보장하고, 왕성하고 경쟁적이며 정치적으로 다양한 성격의 언론 매체를 갖고 있다. 이런 사실들에 의해 당신에게 주어지는 적극적인 정치적 통제력의 크기는 너무나 작아서, 사사오입이라도 하면 0으로 떨어지고 만다고 해도 무리가 아니다. 이렇게 혹은 저렇게 투표하겠다는 당신의 결정은 당신의 선호가 성공적인 결과를 얻게 될 가능성을 통계적으로 유의미한 어떤 정도로도 향상시키지 못할 것이다. 실제로 균등하거나 거의 균등한 정치적 결정력을 가지고서 대규모 공동체에 사는 인민들은 개인으로서는 자신의 통치에 관해 권력을 갖지 못하는데, 이는 사제(司祭)가 동물의 내장을 보고 점괘를 얻어 정치적 결정들을 내리는 경우에 인민이 통치에 관한 권력을 갖지 못하는 것과 마찬가지다. 만약 균등한 표를 행사하는 일반 시민 한 사람의 정치적 결정력이 무한하게 작다면, 각자가 지닌 무한소의 결정력이 평등하게 무한소인지 여부가 왜 중요한 문제여야 한단 말인가?

논변이 너무 멀리 나갔다고 생각할지도 모른다. 그것은 결국 정치적 평등에 아무런 중요성도 없다는 생각으로 귀결된다고 여겨질 수도 있다. 그렇다면 개명된 독재를 받아들이는 걸로 만족하면 왜 안 되는가? 민주주의에는 내가 언급했던 도구적 이점들이 있다고 이야기되지만, 이 이점들은 전체주의적 통치를 통해서도 어쨌든 성취될 수 있을지 모른다. 실제로 많은 정치학자들은 저개발국 경제에서는 그런 이점들이 전체주의적 통치에 의해 더 용이하게 성취될 수 있으리라고 생각한다. 어떤 독재자는 대다수 인민이 무엇을 원하는지 알기 위해 탐색해 선거에서 초래되는 어수선함과 비용 지출을 겪지 않고서도 인민에게 원하는 것을 줄 수 있을지 모른다. 그는 예를 들어 내가 16장에서 설명했던 가상의 보험 제도를 본뜬 과세와 재분배의 공정한 체계를 제정할 수도 있을 것이다. 우리가 민주주의를 선호하는 것이 단지 현실 속의 독재자들은 상상했던 것과는 아주 다르게 통치하리라는 우려 때문인가? 주디스 슈클라(Judith Shklar)가 두려움의 자유주의(the liberalism of fear)라고 일컬은 것 이외에는 민주주의를 옹호할 논거가 아무것도 없단 말인가?[12]

있다. 하지만 그것을 발견하려면 우리 이상에 대한 셋째 독법으로 눈을 돌려야만 한다. 정치적 평등은 정치적 권력의 문제가 아니라 정치적 지위(political standing)의 문제다. 민주주의에서는 공동체가 공동으로 강제력의 관리인으로서 그 구성원 각각에 대해 갖는 평등한 배려와 존중을 가장 극적인 방식으로 보증한다. 민주주의는 추첨에 의한 통치를 제외하고는 그러한 평등한 배려와 존중을 가장 근본적인 헌정 속에서 보증하는 유일한 통치 형태다. 만약 누구든 어떤 시민이 다른 시민들보다 선거에서의 결정력을 더 적게 할당받는다면, 이것이 그의 투표권이 부정되거나 남들에게 더 많은 투표권이 부여되기 때문이든, 또는 그가 선거 제도상 인구는 더 많지만 대표의 수는 적은 선거구에 속해 있기 때문이든, 또는 다른 어떠한 이유 때문이든, 그러한 결정력의 차이는 그에게 더 열등한 정치적 지위를 알리는 신호다. 단 그 차이가 그런 신호라는 것을 부정하는 이러저러한 방식으로 정당화될 수 없다면 말이다. 만약 법에 의해 귀족이나 사제나 남성이나 기독교도나 백인 시민이나 유산자 시민이나 학위 보유자 시민에게만 투표권이 인정된다면, 열등한 배려나 존중이라는 함의는 부정될 수 없을 것이다. 어떤 여성이 투표권을 요구하는 경우에 한 사람의 투표가 그 자체로는 그녀에게 아무런 가치도 지니지 못하리라는 것은 그녀의 요구에 대한 답변이 전혀 될 수 없을 것이다. 그녀는 모든 여성에게 투표권이 부여된다면 자신의 처지를 개선시킬 입법이 산출되기가 쉬울 거라고 응수할지도 모른다. 이를테면 혼인과 계약에 관한 규칙들을 변경시킴으로써 말이다. 그러나 설령 그녀가 그런 변경에 찬성하지 않는 경우라 할지라도 그녀는 투표권을 요구할 것이다. 그녀가 원하는 것은 단지 평등한 참여의 권력이 아니라 평등한 참여의 존엄성일 것이다.

그렇지만 여기에서 중요하게 언급할 것이 있는데, 정치적 결정력을 불균등한 상태로 놓아두는 선거 제도들 중 어떤 것은 멸시의 신호도 존엄성의 부정도 전혀 수반하지 않는다는 것이다. 과거 미국에서 유감스러운 인종적 부정의가 저질러졌고 그 유산이 오늘날까지 이어지고 있음을 감안할 때, 흑인 대표의 수를 증가시키기 위해 특별한 조치를 취한다면 필시 공동체 전체에 중요한 이득이 될 것이다. 그렇게 한다면 인종적 긴장 상태를 지속시키고 흑인들의 의욕을 꺾어 버리는 고정관념들을 깨뜨리는 데 도움이 될 것이다.[13] 물론 일부 백인 시민들의 선거권을 박탈하는 것은 용납될 수 없다. 투표권은 평등한 시민권을 나타내는 너무나 상징적인 표지라서 어떠한 시민 집단에게서든 그것을 박탈하는 건 돌이킬 수 없는 모욕을 안기는 일이다. 그러나 흑인 대표의 선출 가능성이 높아지도록 선거구를 재획정함으로써 흑인 의원 수를 증대할 수 있다고 가정해 보자. 또한 그러한 목적을 위하여 가장 효과적인 형태의 재획정에 따르면 선거구별 유권자 수가 불균등한 상태에 놓이게 되고, 결과적으로 어떤 선거구에서는 대표 1인을 선출하는 데 필요한 유권자 수가 다른 선거구보다 다소 적어진다고 가정해 보자. 정치적 결정력이 이런 식으로 무한소만큼이나마 저하되는 유권자들은 백인이 지배적일 수도 있고 흑인이 지배적일 수도 있다. 또는 어느 쪽도 지배적이지 않을 수도 있다. 어느 경우든 2등 시민권 또는 손상된 시민권이라는 함의는 있을 수 없다. 이런 상황에서 가능한 최대한의 결정력의 균등을 단지 그것 자체를 위해 주장하기를 고수하는 것은 바보 같은 짓이다.[14]

요약해 보자. 정치적 평등은, 정치권력이 모든 구성원에 대한 정치 공동체의 평등한 배려와 존중이 보장되도록 분배되기를 요구한다. 어떤 사람이나 집단이든 출생, 정복에 따른 전리품, 재능에 의한 어떤 귀족제 등을 매개로 삼아 권력을 차지하거나, 어떤 성인이든(경우에 따라 범죄나 기타 공동체를 해하는 행위의 결과로 그리되는 것은 예외로 하고) 시민권의 상징을 부인당하는 것은 용납될 수 없다. 그러나 영향력의 산술적 균등은 가능하지도 바람직하지도 않으며, 결정력의 산술적 균등은 거기에서 벗어나는 것이 모욕이 되는 경우에 한해서만 필수 불가결하다. 다수결주의적 관념의 산술적 균등은 그러므로 그 자체로는 아무런 가치도 지니지 못한다. 다수결 원칙이 본래적으로 공정한 결정 절차는 아니며, 정치라고 해서 그 속에서의 다수결 원칙을 본래적으로 공정한 것이 되게 만드는 뭔가가 있느냐 하면 그것도 전혀 아니다. 그것이 반드시 다른 정치 체제들보다 도구적 가치를 더 지니고 있는 것도 아니다. 만약 결정력의 불균등을 얼마간 야기하지만 존엄성의 훼손이나 위험은 전혀 수반하지 않는 헌정 체제에 의해 어떤 정치 체제의 정당성이 향상될 수 있다면, 이런 조치를 금하는 것은 괴팍한 일일 것이다. 이것이 다수결주의적 관념의 치명적 약점이다. 그 관념이 균등한 결정력의 가치를 강조하는 것은 정당하지만, 그 관념은 그 가치의 본성을, 따라서 그 가치의 한계를, 잘못 이해하고 있다. 그 관념은 결정력의 균등을 위험스러운 맹목적 숭배 대상으로 변화시킴으로써, 거기에서 문제가 되는 진정한 가치인 적극적 자유를 훼손시킨다.

우리는 동반자적 민주주의 개념관을 선택한다. 되풀이하지만 이것이 그저 널리 쓰이는 어떤 경어(敬語)를 우리가 어떻게 사용하고자 하는지를 밝히는 용법상의 규정 같은 것은 아니다. 다수결주의적 관념을 거부하고 동반자적 관념을 선택함으로써, 우리가 선택하는 헌정 구조가 다수자의 선호와 부합하는 정치적 결정을 산출할 개연성이 다소 떨어지더라도, 어떤 진정한 정치적 가치도 자동적으로 또는 필연적으로 훼손되지는 않는다는 것을 천명하는 것이다. 그렇지만 이렇게 선언하더라도 우리가 이제 겨우 제기하는 데 착수한 어려운 문제들은 여전히 미해결 상태다. 동반자적 관념이 모든 시민이 가진 투표권의 균등한 정치적 결정력을 자동적으로 요구하는 것은 아니다. 그러나 이 관념은 때로는 분명 이것을 요구한다. 언제 어떠한 이유로 그러한가?

대의제 정부

나는 논변의 부담을 자임한다. 정당성은 모든 시민에 대해 공동체가 가져야만 하는 평등한 배려와 존중을 반영하는 정치권력의 분배를 요구한다. 그러한 요구는 하나의 초기 값을 설정한다. 즉 시민들의 투표권이 지닌 정치적 결정력의 어떤 차이도 두 조건을 충족하지 않는다면 비민주적이고 그릇된 것인데, 이 조건은 하나는 소극적이고 다른 하나는 적극적이다. 첫째, 그 차이가 어떤 사람들은 다른 사람들을 통치하기 위해 태어난다고 신호하거나 전제하는 것이어서는 안 된다. 성, 카스트, 인종, 종족 등에 따른 귀족제를 포함하여 태생에 따른 귀족제는 어떤 것도 있어서는 안 되며, 재산이나 재능에 따른 귀족제도 있어서는 안 된다. 둘째, 헌정 제도가 결정력에서의 차이를 야기하더라도 그 제도가 그만큼 공동체의 정당성을 향상시킨다는 가정이 그럴 법해야 한다.

첫째 조건은 선거상의 공식적인 차별들을 금지하는데, 그런 차별들은 적어도 성숙한 민주국가에서는 희망컨대 이제 대체로 과거사에 속하는 일이다. 성인의 참정권은 그곳의 시민들 사이에서 이제는 양성 모두에 대해 그리고 모든 인종과 종교에 대해 원칙적으로 보편적이다. 하지만 미국이나 다른 지역에서도 차별의 흔적들이 존속하고 있다. 미국의 주들은 과거에 선거 명부 등록과 투표 행위에 대한 장벽들을 만들어 내곤 했는데, 그것은 경멸과 공포의 대상이 되는 인종이나 가난한 계층의 선거권을 빼앗으려는 노림수를 얄팍하게 위장한 것에 불과해서 흔히 그 둘은 결국 같은 사람들이었다. 어떤 주들은 아직도 그런 장벽을 만들고 있다. 최근 일리노이 주는 투표자에게 운전면허증이나 기타 사진이 담긴 신분증의 제시를 요구하는 규칙을 채택했다. 그런 신분증명서가 없는 사람은 불균등한 비율로 대부분이 가난한 사람들이며, 연방 대법원은 그 규정이 존속할 수 있도록 효력을 인정했지만 이는 잘못된 판결이다.[15] 첫째 조건이 당연시된다고 어디에서도 안심할 수는 없는 것이다.

그렇지만 모든 시민의 정치적 결정력을 누구나 예외 없이 저하시키는 헌정 제도 아래에서는 언제나 이 조건이 자동적으로 충족된다. 중요한 결정이 전체 인민의 국민 투표에 부쳐지기보다는 선출된 의회에 맡겨진다고 해서 어떠한 사람이나 집단의 존엄성을 침해한다는 혐의는 있을 수 없다. 만약 그러한 결정이 어떤 편파적인 선거권 박탈이라면, 그것은 선출되지 않은 모든 집단과 사람의 선거권을 평등하게 박탈하는 것이다. 그렇다면 문제가 되는 것은 둘째 조건이며, 이제 우리는 그런 관점에서 대의제 정부라는 제도 전체를 고찰해야 한다.

다수결주의적 관념은 대의제 정부를 필요악으로 취급한다. 대의제 정부는 명백히 필요하다. 거대한 마을 회의에 의한 정부란 심지어 인터넷상에서도 불가능하다. 그러나 대의제 정부는 균등한 결정력이라는 목표에 심각한 위협이 될 가능성을 안고 있는데, 대의제 정부는 수많은 공직자들에게 각기 평범한 시민보다 엄청나게 더 큰 결정력을 부여하기 때문이다. 다수결주의적 관념은 그러한 가능성을 줄이기를 희망하는데, 그 수단은 대통령과 의원들이 다수자가 원한다고 여겨지는 바대로 결정을 할 개연성을 높이는 유인과 위협의 절차(자유로운 언론, 그리고 현직 유지를 막아서는 빈번한 선거)를 고안하는 것이다. 만약 그런 전략이 통한다면 결정력의 균등은 효과적으로 회복된다. 즉 공직자들은 다수자가 자신의 의지를 입법과 정책 속으로 투입하는 도관(導管)에 지나지 않게 된다. 그렇지만 실제로 이 전략은 잘 통하지 않으며 통할 수도 없는데, 여기에는 좋은 이유와 나쁜 이유가 모두 존재한다. 공직자들이 자기 선거구민의 생각이라고 여겨지는 바를 모방하기보다 버크의 정신 아래 자기 자신의 양심과 믿음을 따르는 것을 우리는 말리지 않는다. 예를 들어 우리는 임기 제한을 채택하면서, 이 덕분에 레임덕 상태에 있는 공직자들의 독립성이 높아지리라고 예상한다. 그런데 슬프게도 공직자들에게는 대중이 원하는 바를 무시할 덜 명예로운 이유들이 따로 있다. 즉 공직자들은 자기 재선 운동을 위한 거액 기부자들을 기쁘게 할 필요가 있는데, 그 기부자들이 원하는 것과 대중이 필요로 하는 것은 대개 큰 차이를 보인다.

그러므로 대의제 정부를 옹호하는 다수결주의적 관념의 논거는 상당히 취약하다. 그것이 중요한 원칙의 문제들은 통상적인 정치 과정이 아니라 대규모 국민투표에 부쳐져야 한다는 주장과 충분히 맞설 수 있을 정도로 강하지 못한 것은 분명하다. 유럽 연합 국가들은 자기 시민들이 유럽 연합의 새로운 헌법 규정들을 놓고 투표할 수 있도록 허용해야 하는가, 아니면 각국 의회가 조약을 통해 그러한 변화를 가져올 적임자인가라는 문제에 지속적으로 직면할 것이다. 다수결주의적 관념에서는 국민 투표를 선호할 수밖에 없다. 그런 극적인 쟁점이 날이면 날마다 있는 일은 아니며, 일반 대중 전체가 그런 문제를 결정할 수 있도록 한다고 해서 정부의 효율성이 손상되지는 않을 것이다.

동반자적 관념에서는 매우 상이하고 더 성공적인 대의제 정부 정당화론이 제시된다. (정치적 결정력의 차이가 민주적일 수 있기 위한 첫째 조건과 관련해서 보면) 선출된 공직자들에게 막대한 권력이 부여됨에 따라 정치적 결정력이 감소당하는 주체는 시민 일반이지 그들 중 특정 집단이 아니기 때문에, 대의제 정부라는 제도가 자동적으로 민주주의에서 결손이 되는 것은 아니다. (둘째 조건과 관련해서 보면) 인민들의 집회보다는 선출된 공직자들이 이리 갔다 저리 갔다 하는 여론의 위험스러운 변화에서 개인의 권리들을 보호할 능력을 더 잘 갖추고 있다는 그럴 법한 가정에 따르면, 근본적인 쟁점들을 국민 투표에 부쳐야 한다는 일반론적인 민주주의 요건은 전혀 있을 수 없다. 따라서 정치적 평등에 대한 우리의 (동반자적) 관념이 불균등한 정치적 결정력에 부과하는 두 가지 조건은 적어도 원칙적으로는 충족된다. 그렇다면 이제 선거 일정, 선거구, 선거의 기술적 방식, 그리고 공직자들 사이의 권력 분배 등에 눈을 돌려 이 세부 사항들이 의도대로 민주적 정당성을 보장하기에 적합하도록 조정되어 있는지 판단할 필요가 있다. 그러한 평가를 위한 계산 공식 같은 것은 있을 수 없다. 그렇기 때문에 임기 제한, 비례대표제, 국민 투표의 타당성 등을 둘러싸고 논쟁이 끊이지 않는 것이다. 합리적인 인민과 정치인이라 해도 그런 정치 구조들 중 어느 것에 의해 공동체가 모든 사람 각각에게 평등한 존중과 배려를 보일 가능성이 향상되는지를 둘러싸고는 견해차가 있을 수밖에 없다. 그러나 그것은 동반자적 관념이 제시하는 평가 기준이지 한층 투박한 다수결 원칙의 수학이 아니다.

그러한 평가 기준을 사용하면 난처한 문제들이 노정된다. 모든 성숙한 국가의 헌정 체계는 역사적 타협들, 이상들, 편견들로 이루어진 울퉁불퉁한 강바닥이다. 이것들은 지금은 전혀 이바지하는 목적이 없을 수도 있으나, 동시에 그 누구에 대해서든 멸시의 신호가 되지도 않는다. 미합중국이 풍부한 예증을 제공한다. 유권자의 투표가 아닌 선거인단을 통해 대통령을 선출하는 것, 인구가 적은 주나 많은 주나 똑같이 2명의 상원 의원이 대표하도록 상원을 구성하는 것 등은 일부 시민들이 다른 시민들보다 더 큰 정치적 결정력을 갖도록 보장한다. 이러한 불균등을 가장 잘 설명해 주는 시각은 오래전에 국가를 창립하기 위해 필요했던 정치적 타협책이다. 그것은 한때 적어도 그럴듯한 어떤 정당화 근거를 갖기도 했다. 즉 새로운 나라의 부유한 지역들이 휘두르는 과도한 권력에서 다양한 소수자들의 이익을 보호하는 데 도움이 된다고 여겨졌던 것이다. 그 불균등이 이제는 그런 식으로 정당화될 수 없다. 실제로 그것은 다양한 방식으로 정치에 해를 끼친다. 그러나 그것이 보존된다는 것은 어떤 의미에서든 타성과 관성을 반영할 뿐 그 누군가에 대한 특혜나 멸시를 나타내는 것은 아니다. 그런데도 동반자적 관념은 왜 이러한 불균등이 가능한 한 소거되어야 한다고 요구하는가?

소거가 가능하려면 주들이 사라지든지 아니면 현재 막대한 이득을 누리고 있는 작은 주들이 그것을 포기하든지 하는 어떤 새로운 헌법적 결의가 없으면 안 된다.[16] 하지만 그리될 가능성이 아무리 희박하더

610

라도 그것은 원칙에 관한 중요한 물음을 제기하는데, 이에 대해 동반자적 관념의 답변은 "그렇다, 우리에게는 새로운 체제가 필요하다."라는 것이다. 이 문제가 학문적이기만 한 것은 아니다. 자기 자신의 결정력이 다른 사람보다 약간 더 큰지 약간 더 작은지 여부가 각 시민에게는 실질적인 차이가 거의 없다는 점을 나는 강조했다. 그렇다면 다수결주의적 관념의 산술적인 엄격성은 하나의 물신 숭배일 뿐이다. 그러나 상원의 구성이나 대통령 선거의 기술적 방식과 같은 제도적 구조들은 분명 중대한 실질적인 차이를 전반적으로 낳을 수 있다.

직접 투표가 아닌 선거인단을 통해 대통령을 선출하는 것은 대통령 선거를 왜곡한다. 후보들은 '중도 성향이라서 결과를 좌지우지하는' 핵심적인 주들에게 지지를 얻는 일에 주의를 집중하고 자기가 내세울 정책도 그에 맞추어 입안하면서 나머지 주들에는 대체로 소홀히 한다. 상원의 구조는 인구가 밀집된 도심 지역들에 불리하다. 만약 상원 의원이 하원 의원처럼 주별로 인구에 비례하여 할당된다면 도심 지역의 이해관계와 더 잘 부합하는 입법의 개연성이 높아질 것이다. 만약 대통령 선거인단 또는 현재 상원이 갖는 대표의 불균등성이 한때 사람들이 생각했던 대로 만인에 대한 평등한 배려를 증진시키는 과정에서 어떤 목적에 이바지한다면, 거기에서 발생하는 불리함은 정당화(正當化)된 제도의 부수적인 작용에 불과할 것이고 그런 이유에서 용납될 수 있을 것이다. 그러나 불균등이 이바지하는 그런 목적은 하나도 없기 때문에, 불리함은 자의적으로 강요되는 것일 뿐이고, 만약 이를 바로잡을 능력이 어느 기관에게든 있는데도 바로잡히지 않는다면 이는 그렇게 불리한 처지에 놓인 사람들의 이해관계나 의견에 대한 부당한 둔감함을 드러내는 일일 것이다.

사법 심사

우리는 마침내 사법 심사가 비민주적인가라는 중대한 문제로 다시 돌아왔다. 이것은 미국에서는 오래되고 싫증 날 만한 문제지만 다른 나라들에서는 그 중요성이 증대하고 있다. 다수자가 진정으로 원하고 그 대표자들이 법제화해 놓은 것이 있을 때, 선출되지도 않은 법관들이 이를 불허하고 부정할 권력을 가져야 하는가? 우리가 염두에 두는 것은 실체적인 사법 심사인데, 이것은 단순히 시민들이 자기 자신의 신념, 선호, 정책들을 제대로 평가하는 데 필요한 정보를 가질 수 있도록 보장하거나, 또는 자신의 임기를 불공정하게 연장하려고 노심초사하는 정부에게서 시민들을 보호할 판사들의 권능이 아니라, 부인할 수 없는 다수결주의적인 출생 내력을 가진 입법을 실제로 무효화할 수 있는 법관의 권력과 관련된 것이다. 다수결주의적 관념에서는 "그래서는 안 된다."라고 선언한다. 동반자적 관념에서는 "반드시 그런 것은 아니다."라고 응수한다.

실체적 사법 심사는 분명 정치적 결정력의 불균형을 야기하는데, 이것은 제한적이지만 그 한도 내에서는 방대한 불균형이다. 미국에서는 수백만의 평범한 시민을 대표하는 사람들이, 또는 그 평범한 시민들이 직접 국민 투표를 통해 해 놓은 일을 무효화하려면 연방 대법원 대법관 5명만 있으면 된다. 하지만 동반자적 관념이 제시하는 첫째 조건은 그럼에도 불구하고 충족된다. 이때의 정치적 결정력상에 존재하는 차이는 법관들과 그 이외의 모든 사람들 사이에 존재하는 차이다. 즉 태생이나 재산에 따른 차별은 전혀 없는 것이다. 그러므로 결정적인 중요성을 띠는 것은 둘째 조건이다. 사법 심사가 민주적 정당성을 전반적으로 향상시킨다는 것은 과연 타당한 말인가?

헌법 재판을 행하는 법관들은 선출되기보다는 임명되는 것이 전형적이며, 그들의 임기는 그들을 임명했던 대통령과 의회의 임기가 끝난 후에도, 어떤 경우에는 매우 오랫동안 지속된다. 미국 국민들은 연방 대법원 대법관 임명 인준에 표를 던졌던 상원 의원이 다음번 재선에 나설 때 그를 낙선시켜 해고할 수 있지만, 그 의원이 던진 표로 임명되었던 대법관을 해고할 수는 없다. 이러한 사실들은 사법 심사가 비민주적인지를 둘러싸고 끊임없이 벌어지는 논쟁에서 두드러진 역할을 하며 등장한다. 즉 법관들이 선출되지 않는다는 사실은 대통령, 수상, 주지사, 의회 의원들보다 법관들이 민주주의에 더 커다란 위협이 된다고 여겨지는 이유들 가운데 핵심적인 것이라고 보인다. 그런데 이는 조야한 단순화이며, 사실은 엉뚱한 데로 주의를 돌리게 만드는 미끼(a red herring)다.

현대에 미국 연방 대법원 대법관의 임명은 고도로 공개성을 띠고 진행되는 사건으로서, 지명권자인 대통령에게나 그의 지명에 대해 찬부 표결을 해야 하는 상원 의원들에게나 매우 중대한 정치적 결과를 초래한다. 연방 대법원에 공석이 생겼을 때는 물론이고 그런 일이 임박하기만 해도 조성되는 흥분 상태는 지명이 실제로 이루어지기 한참 전부터 시작된다. 텔레비전은 상원 (인준) 청문회를 방송하고, 언론은 매서운 논평들을 가하며, 선거구민과 이익 집단들은 상원 의원들에게 권고와 위협들을 날마다 폭포처럼 쏟아붓는다. 미국 국민은 전체로서 누가 대법관이 되는지를 둘러싸고 막강한 영향력을 행사하는데, 이는 작은 주에서 누가 상원 의원으로 선출되고 이후 의회의 중요한 위원회나 조사 기구의 위원장을 맡게 되는지 또는 잘 쓰이든 잘못 쓰이든 매우 큰 권력이 주어지는 자리인 국방 장관이나 연방준비은행(Federal Reverve Bank) 의장을 어떠한 선출되지 않은 공직자가 맡게 되는지를 둘러싸고 그들이 행사하는 영향력보다 막대하게 큰 것이다.

사실 국민은 대법관이 일단 임명된 뒤에는 그가 하는 일에 대한 통제권을 상실한다. 하지만 국민이 통제권을 상실하기로는 선출직 공직자에 대해서도 마찬가지며, 비록 국민이 그들의 재선을 거부할 수 있다고는 하지만, 새로운 심판의 날이 올 때까지 일부 선출직 공직자가 갖는 권력은 대법관 한 사람이 평생 동안 갖는 권력보다 훨씬 크다. 대통령은 엄청난 파괴를 교사하고 전쟁의 참화를 야기할 수 있다. 그의 그런 행위는 옳을 수도 있고 그를 수도 있지만, 어쨌든 그 권력은 비길 데 없이 막강한 것이다. 조지 W. 부시(George W. Bush)는 역사상 가장 인기 없는 대통령 가운데 한 사람이었지만, 그는 인기를 잃게 만드는 정책들을 지속적으로 완강하게 밀어붙였다. 다수결주의적 민주주의 관념에서는, 내가 말했던 대로, 정치인들이 언제나 다수자가 원하는 일을 하고자 열망하는 법이라고 가정할지도 모른다. 그러나 역사는 (정치인들이) 그렇지 않음을 가르쳐 준다.

이제 헌법 재판을 행하는 법관들이 자신의 권력으로 인민의 의지에 맞설 수 있는 점과 비교해 보자. 대통령, 수상, 주지사 등과 달리 헌법 재판을 행하는 법관들에게는 혼자 독립적으로 행위할 수 있는 권력이 없다. 그들은 소수의 구성원으로 이루어지는 소재판부(panels)의 일원으로서 재판하며, 소재판부의 판결에 대해서는 대개 전원 재판부에 의한 심사가 가능하고, 후자를 구성하는 법관은 아주 많은 인원일 수도 있다. 미국 연방 대법원에서는(유고에 따른 불능 또는 이익 충돌 때문에 일부 구성원이 직무 수행에서 면제되어야 하는 경우를 제외하면) 대법관 전원이 모든 사건에 참여한다. 그러므로 누구든 개별 법관이 가지는 권력은 나머지 법관들 중의 다수를 자기 견해로 끌어들여야 할 필요에 따라 제한을 받는다.

뜻을 같이하는 대법관들이 하나의 진영을 이루어 인기 있는 법률을 무효화하고 인기 있는 정책을 방해하고 우리 선거 제도와 선거 과정에 중대한 변경을 가하는 등의 일을 할 수 있다. 그들은 그러한 권력을 행사하면서 매우 심각한 오류를 범할 수도 있다. 연방 대법원은 1930년대에 프랭클린 루스벨트(Franklin Roosevelt) 대통령이 추진한 뉴딜 입법의 많은 부분들을 위헌이라고 판시함으로써, 그리고 존 로버츠 대법원장의 임기 초기에는 인종 간의 긴장과 차별을 완화하기 위한 프로그램들을 무효화함으로써, 커다란 손상을 가했다.[17] 연방 대법원은 2000년 대통령 선거에서 발생한 분쟁을 해결하는 방식에서도, 그리고 기업이 자신들의 이해관계와 대립하는 의회 의원들을 낙선시킬 목적으로 텔레비전에 비난 광고를 싣는 데에 비용을 마음대로 지출하는 일을 금지할 수 없다고 하는 최근 5 대 4로 내렸던 판결에서도, 민주주의 자체에 손상을 가했다.[18] 그렇지만 대통령, 수상, 그리고 중요 위원회의 장을 맡는 다선 의원들은 법관들이 집단적으로 가할 수 있는 손상보다 더 큰 손상을 혼자서 가할 수 있다. 허버트 후버(Herbert Hoover) 대통령은 루스벨트의 구제책들에 반대했던 연방 대법원보다 더 크게 경제적 비극에 대한 책임이 있었다. 심지어 근년에 연방 대법원이 내린 최악의 결정들도 결과적 중대성 면에서는 대통령 한 사람이 내린 결정들에 필적하지 못한다. 연방 준비 은행의 최장수 의장이었던 앨런 그린스펀(Alan Greenspan)은 2008년 세계 신용 시장의 대위기에 상당히 중대한 책임이 있다는 것이 몇몇 비판자들의 평가다. 만약 그렇다면 그는 누구든 대법관 한 사람이 혼자서, 심지어 수십 년의 임기 동안, 파멸시켰던 사람보다도 더 많은 사람들의 삶을 파멸로 몰아넣은 셈이다. 독립성 지수(independence index)가 헌법 재판을 행하는 법관들이 선출되지 않는다는 점에 유의하면서 동시에 타당한 관련성이 있는 여타 모든 권력 및 책임성의 요인들과 차원들도 함께 고려한다면, 그 지수는 사법 심사가 복합적 대의제 정부가 가진 다른 여러 제도적 특성들보다도 정치적 평등에 전반적으로 더 손상을 끼친다고 자신 있게 평가할 수는 없을 것이다.

하지만 그런 것은 여기에서 주된 문제가 아니다. 주된 문제는 오히려 우리의 두 가지 조건 가운데 둘째 조건이다. 사법 심사 제도는 통치의 정당성에 전반적으로 기여하는가? 대의제 정부는 실로 불가피하다. 만약 어떤 대규모 정치 공동체가 생존하고 번영하고자 한다면 권력을 소수의 손에 일시적으로 일부 집중시키는 일이 없어야 한다. 그런 집중이 반드시 사법 심사는 아니다. 규모가 큰 국가들이 사법 심사 없이도 생존하고 번영한 바 있으며, 어떤 국가들은 지금도 그러하다. 사법 심사의 민주성을 옹호하는 어떠한 논변도 그와는 다른 어떤 형태를 취하지 않으면 안 된다. 즉 사법 심사는 공동체가 소극적 자유에 대한, 자원과 기회의 공정한 분배에 대한, 그리고 이 장의 주제인 적극적 자유에 대한, 모종의 적절한 개념관에 합의하고 시행할 개연성을 높임으로써 전반적인 정당성을 향상시킨다고 주장해야만 하는 것이다.

그러한 논변이 각 정치 공동체를 대상으로 삼아 행해질 때 성공적일 것인지 여부는 곳에 따라 달라지는 수많은 요인들에 달려 있음이 명백하다. 여기에는 법의 지배의 굳건함, 사법부의 독립성, 그리고 법관들이 시행을 요구받고 있는 헌법의 성격 등이 포함된다. 안정적 다수자들이 개인과 소수자들의 권리를 올바르게 인식하고 존중함으로써 그들 정부의 정당성을 지켜 온 확고한 이력이 있는 국가들에서는 사법 심사의 필요성이 덜할 수도 있다. (그러나) 유감스럽게도 역사를 살펴보면 그런 국가는 심지어 성숙한 민주국가들 중에도 거의 없다. 예를 들어 미국과 영국 두 나라가 테러리즘의 위협에 최근 보였던 반응은 다소 상이한 이 두 정치 문화 모두에서 담력과 명예가 파탄 상태에 있음을 보여 준다.

사법 심사가 다수결주의적 공동체의 정당성과 민주성을 더 높여 줄 것이다, 또는 그러지 못할 못할 것이다라고 미리부터 장담하게 해 주는 것은 아무것도 없다. 다수결주의적 정치를 감독하고 교정하기 위해

616

더 우월하다고 판명될지도 모르는 다른 전략들도 떠올려 볼 수 있다. 예컨대 영국 의회의 상원이 개혁된다면 어쩌면 그것은 구성원들을 선출해서 (우스꽝스러운 직함이나 복장 없이) 비교적 긴 단일한 임기를 갖도록 하고 전직 하원 의원에게는 피선 자격을 주지 않는 방식이 될 것이다. 그렇게 조직되는 기관은 현재의 제도보다 훨씬 대중적인 지지를 획득하겠지만, 여전히 정당 정치로부터는 충분히 절연된 상태를 유지함으로써 스스로 영국의 인권법(Human Rights Act)에 반한다고 여기는 입법을 저지하는 일을 위탁받을 수 있을 것이다.* 급진적인 성격이 훨씬 덜한 변화를 통해 기존 헌법 기관들과 법원들의 직무 수행을 향상시키는 방법들도 생각해 볼 수 있다. 예컨대 내가 다른 책에서 권고했듯이 미국 연방 대법원 대법관들의 임기를 길지만 제한된 동안만으로 한정하는 것이다.[19]

사법 심사가 장래에 정당성을 향상시키리라고 기대할 수 있는가라는 큰 문제를 역사가 결정해 주지는 않는다. 하지만 역사는 중요하다. 나는 수많은 법률가와 정치학자들의 주장을 부정하는데, 그들은 사법 심사가 민주주의에서 필연적이고 자동적으로 하나의 결함이라고 주장한다. 그러나 그런 주장을 부정한다고 해서 어느 민주주의든 예외 없이 그 제도의 이득을 실제로 누려 왔다는 결론에 이르는 것은 아니다. 미국 연방 대법원이 실제로 미국에서 민주주의를 향상시켜 왔는지 여부는 당신과 내가 서로 다르게 내릴지도 모르는 하나의 판단에 달려 있다. 여러 해 동안 나는 연방 대법원이 실제로 내린 판결들에 찬동하기 때문에 사법 심사를 옹호한다는 이유로 비난을 받았다. 이제 더는 그런 비난에 시달릴 이유가 없을 것이다. 만약 미국 연방 대법원을 최

---

* 불문헌법 체제와 사법 심사: 영국에는 성문헌법전이 없고, 영국의 법원은 의회 입법에 대한 사법적 심사권이 없다. 그런데 영국의 1998년 인권법(Human Rights Act 1998)이 미국 헌법의 기본권 조항과 유사한 역할을 하는 규범에 해당한다고 볼 때, 만약 영국의 상원이 인권법에 반한다는 이유를 들어 입법을 저지한다면 결국 상원은 미국의 법원이 사법 심사를 통해 위헌적 입법을 통제하는 것과 같은 기능을 하게 되는 셈이다.

근 몇 해 동안의 행적에만 근거를 두고 평가한다면 나는 낙제점을 줄 것이기 때문이다.[20] 하지만 연방 대법원이 끼친 역사적 영향에 대한 전반적인 수지타산의 결과는 여전히 흑자라고 나는 믿는다. 이제 모든 것은 앞으로 이루어질 연방 대법원 대법관들의 지명의 성격에 달려 있다. 우리는 행운을 비는 수밖에 없다.

19장 법[*]

법과 도덕

고전적 입장

나는 다른 정치 도덕들보다는 법에 대해 더 많이 저술해 왔다. 이 장에서는 나의 법 이론을 세세히 요약하기보다, 그 법 이론이 이 책이 시연하려는 가치의 통합된 체계 내에 어떻게 자리 잡는가를 보여 주려 한다.[1] 대신 나는 수세기 동안 법률가들의 손가락을 가장 고통스럽게 찔러 왔던 밤송이에 초점을 맞출 것이다. 바로 법과 도덕의 관계는 무엇인가 하는 것이다. 나는 우선 이 문제가 전통적으로 (한때는 나까지 포함하여) 거의 모든 철학자들에 의해 어떻게 처음 창안되어 왔는지를 설명한 후, 이 문제 속에 역동하는 쟁점들을 이해하는 방식에 첨예한 수정을 가해야 한다고 역설하고자 한다.

지금까지의 정설은 이렇다. '법'과 '도덕'은 규범들의 상이한 집합체를 지칭한다. 이 차이는 깊고도 중요하다. 법은 특정 사회에 속한다. 도

---

* 이 장의 번역은 이화여자대학교 법학전문대학원 장영민 교수님께서 협업해 주심.

덕은 그렇지 않다. 즉 도덕은 모든 사람에 대해 당위적 힘을 갖는 기준, 즉 규범의 집합체다. 법은 대체로 인간의 다양한 우연적인 결정이나 관행에 따라 만들어진다. 로드아일랜드 주법이 과실 행위로 타인에게 가한 손해에 대해 배상을 요구하는 것은 우연적 사실이다. 도덕은 특정인이 만드는 것이 아니며(물론 일부에서는 신은 예외로 한다.) 도덕은 인간의 결정이나 관행에 의존하지 않는다. 과실로 타인에게 손해를 가한 사람은 배상 능력이 있는 한 피해자에게 배상해야 할 도덕적 의무를 갖는다는 것은 우연적 사실이 아니라 필연적 사실이다.

나는 여기에서 도덕을 대부분 사람이 이해하는 방식으로 기술하고 있다. 2장에서는 "보통 사람들의 견해"라고 칭했다. 철학자 중에는 이러한 기술을 거부하는 사람도 있다. 관습주의자, 상대주의자 또는 다른 형태의 회의론자가 그들이다. 그들은 내가 차이점이라고 지적한 모든 면에서 법과 도덕이 비슷하다고 생각한다. 즉 도덕도 특정한 공동체에 속하는 것이고, 사람들이 만드는 것이며, 우연한 것이라고 생각한다. 나는 이미 1부에서 이 견해가 왜 옹호될 수 없는지를 밝혔다. 여기에서는 여러분이나 내가 이해하는 방식으로 도덕을 생각해 보자. 그런데 "보통 사람들의 견해"도 상대주의자들과 관습주의자들이 법과 도덕률의 관계를 어떻게 보는지를 잘 설명해 준다. 그들은 법도 도덕도 인간이 만든 것이라고 생각하지만, 법과 도덕이 상이한 규범 체계이며 양자 간의 연관성에 대해서는 문제가 제기된다는 데 동의한다.

고전적인 법 이론의 문제는 이것이다. 상이한 두 규범의 집합체인 법과 도덕은 서로 어떤 연관성이 있는가? 한 가지 연관성은 명백하다. 어떤 공동체가 헌법의 테두리 안에서 어떤 방식으로든 간에 어떤 규범이 법 규범이 되는가를 정할 때에는 그 공동체는 도덕의 제약을 받는다. 매우 예외적인 비상 상황을 제외하고는, 부당하다고 믿는 법을 제정해서는 안 된다. 그런데 고전적인 물음은 이와는 상이한 종류의 연관성에 관해 묻는다. 각 체계의 내용이 다른 체계의 내용에 정말로 얼마나 영향을 미치는가? 이 질문은 쌍방향으로 제기된다. 우리의 도덕적 의무와 도덕적 책임은 실정법의 내용에 얼마나 의존하는가? 우리는 법의 내용이 무엇이든 이를 지킬 도덕적 의무가 있는가? 사실상 우리의 법적 권리와 의무는 얼마나 도덕이 요구하는 바에 의존하는가? 부도덕한 규칙이 정녕 법의 일부가 될 수 있는가?

우리는 첫째 문제들을 14장에서 검토했다. 지금은 둘째 문제들을 다루려고 한다. 도덕은 특정 사안에서 법의 내용을 정하는 데 얼마나 중요한가? 법률가들은 매우 다양한 이론들을 주장해 왔다. 나는 여기에서 두 가지만을 다루려고 한다. 바로 '법실증주의'라는 이론과 우리가 '해석주의'라고 칭할 수 있는 이론이다. 그렇지만 명칭들은 중요하지 않다. 저자가 논하고자 하는 주장, 즉 이 모든 이론을 이해하는 전통적 방식이 왜곡되어 있다는 주장은 이러한 명칭들의 역사적 정확성에 달려 있지 않기 때문이다.

이 두 이론의 개략적인 내용은 이렇다. 즉 실증주의는 법과 도덕 두 체계의 완전한 독립을 주장한다. 무엇이 법인가는 오로지 역사적 사실의 문제에 달려 있다고 한다. 그것은 당해 공동체가 관습과 실행의 문제로서 결국 무엇을 법으로 받아들였는가에 달려 있다는 것이다.[2] 부당한 법이라도 그 공동체의 검증된 법의 기준을 충족시키면, 즉 입법부에 의해 채택되고 입법부가 최고의 입법 기관이라는 것을 모든 판사들이 인정하는 상황에서는 부당한 법도 정녕 법이 된다. 한편, 해석주의는 법과 도덕이 전적으로 상호 독립된 체계라고 보지 않는다. 해석주의는 법은 그 사회의 승인된 관행에 부합하게 제정된 구체적인 규칙들뿐 아니라 그 규칙들을 도덕적으로 가장 잘 정당화하는 원리들도 포함하고 있다고 주장한다. 그리고 이 정당화 원리들로부터 도출되는 또 다른 규칙들도 설사 제정되지 않았어도 법에 포함된다고 주장한다. 바

뭐 말하면 해석주의는 저자가 이 책에서 주장했듯이 법적 논증도 다른 해석적 논증과 똑같이 다룬다. 이 이론은 법을 해석적 개념으로 본다.

법에는 여러 개념이 있는데 잠시 그 차이점을 살펴보자.[3] '법'이라는 말은 "법이 원시 사회에서 시작되었다."라는 문장 안에서는 사회학적 의미로, '법의 지배'를 칭송할 때는 희망적인 의미로, "코네티컷 주법상 사기가 민사 불법 행위인가?"를 말할 때처럼 특정 주제에 대한 법이 무엇인지 보고할 때는 법칙적인(doctrinal) 의미로 사용된다. 실증주의와 해석주의는 둘 다 이 법칙적인 개념을 어떻게 사용할 것인가에 대한 이론이다. 실증주의는 전통적으로 이 개념을 규준 의존적인 것으로 파악했다. 즉 실증주의는 법률가들이나 법률 공직자들이 하나의 법적 명제가 법리적인 의미에서 참인지를 가려냄에 있어서 그 명제의 계보상 요건이 무엇인지를 인식하려 했다. 해석주의는 법칙적 개념을 해석적으로 다룬다. 즉 하나의 사안에 대해 법이 어떻게 적용되고 어떻게 요구한다고 법률가들이 주장할 때는, 그 해석적인 측면이 항상 은폐되어 있지만, 그야말로 해석적인 주장들의 결론을 제시하는 것으로 여긴다.

여기에서 잠깐 나의 개인사를 말하고자 한다. 40년도 더 전에 처음 해석주의를 옹호하려고 했을 때, 나는 정통 이원론 안에서 그렇게 하고자 했다.[4] 나는 법과 도덕은 상이한 규범 체계임을 전제했고, 중요한 문제는 이 양자가 어떻게 상호 작용하는가라고 보았다. 그래서 나는 당시에 방금 전에 했던 것처럼 말한 것이다. 즉 법은 제정된 규칙들, 즉 계보에 속하는 규칙뿐 아니라 그 규칙들을 정당화하는 원리도 포함한다고. 그러나 저자는 이원론 그 자체에 결함이 있다고 생각하게 되었고, 나는 이 문제를 전혀 다른 그림을 통해서 접근하기 시작했다.[5] 그렇지만 내가 그 그림의 성질을 제대로 이해하게 된 것, 즉 이것이 정통 모델과 얼마나 다른가를 이해하게 된 것은 훨씬 후의 일로 이 책이 담고 있는 더 큰 주제를 고찰하기 시작하면서였다.

치명적 결함

이원론에는 결함이 있다. 법과 도덕이 별개의 규범 체계를 이루고 있다고 본다면, 두 체계의 연관 관계에 대한 문제를 심판할 중립적인 관점은 존재하지 않게 된다. 실증주의와 해석주의 중에 무엇이 더 정확한가? 또는 둘 중에 무엇이 두 체계와의 관계를 더 잘 설명하는가? 이것은 도덕적 물음인가, 법적 물음인가? 어떻게 선택하든 결과는 너무도 짧은 반경을 가진 순환 논리다.

이 문제를 법적인 문제로 보자. 우리는 헌법, 법률, 판례, 관행, 그리고 나머지 학설 등 법적 자료를 찾아본다. 그리고 묻는다. 이러한 자료의 올바른 독해에 따르면 법과 도덕의 관계가 어떤 것인가? 법적 자료를 어떻게 읽을 것인가에 관한 이론을 손에 들고 있지 않은 채로는 이 질문에 답할 수 없으며, 도덕이 법의 내용을 확정하는 데 어떤 역할을 하는가를 미리 정해 놓지 않으면 우리는 이러한 이론을 가질 수 없다. 법적 자료가 법과 도덕의 연관성을 증명하는가 부정하는가를 물을 때, 이들 자료에는 관행적 계보를 가진 규칙들뿐 아니라 이 규칙들을 정당화하는 데 필요한 원리들도 포함되는가? 그렇지 않다고 생각한다면 우리는 처음부터 실증주의를 내재화한 것이며, 끝에 가서 실증주의가 등장한다고 놀라는 척해서는 안 된다. 그렇지만 우리가 규칙들을 정당화하는 원리를 법에 포함시킨다면 우리는 해석주의를 내재화한 것이다.

도덕에 의존하여 해답을 구하는 경우 우리는 반대 방향으로 문제를 이월하는 것이다. 해석주의가 주장하는 대로 도덕이 법적 분석에서 역할을 한다면 정의를 위해 좋을 것인가? 실증주의가 주장하는 바와 같이 법과 도덕이 준별된다면 그 공동체의 도덕적 품격에 정말로 더 좋을 것인가? 이러한 물음들은 분명 의미가 있다. 이것들은 정말로 핵심적인 법 이론의 문제인 것이다. 그러나 이원론에 따르면 이것들은 단지 순환적 논증만을 생산할 뿐이다. 법과 도덕이 별개의 두 체계라면,

무엇이 법인가에 대한 최선의 이론이 이러한 도덕적 문제에 달려 있다고 생각하는 것은 문제를 이월시킬 뿐이다. 이것은 우리가 이미 실증주의에 반대해 결정했음을 전제한다.

분석법학?

따라서 이원론은 해결하기 어려운 문제에 직면한 것처럼 보인다. 즉 처음부터 답을 전제하지 않으면 대답할 수 없는 문제를 제기하는 것이다. 이 논리적 어려움만이 다음의 놀라운 사실을 설명한다. 즉 실증주의자는 19세기부터 시작하여 법과 도덕에 관한 수수께끼는 법적인 것도 아니고 도덕적인 것도 아닌 '개념적인' 문제라는 놀라운 생각으로 전향한다. 즉 법의 개념 바로 그것의 분석을 통해서 해결될 수 있다고 한다. (더 정확히 말하자면 이 문제는 내가 '법칙적(doctrinal)'이라고 칭한 법의 개념의 분석에 의해 해결될 수 있다는 것이다.)[6] 실증주의자들의 주장에 따르면, 우리는 사전적인 법적 또는 도덕적 가정 없이 그 개념의 성격이나 본질을 파헤칠 수 있고 그때 비로소 "무엇이 법인가"라는 문제와 "무엇이 법이어야 하는가"라는 문제가 전혀 다른 것임을 깨닫게 되고, 그래서 법과 도덕은 그 본질상 구별되는 것임을 알게 된다는 것이다. 더욱 흥미로운 변화도 있었다. 실증주의를 거부했던 다른 법률가들도 문제를 이렇게 성격화한 것을 받아들였다. 이들은 법의 법칙적 개념을 철학적으로 분석하면 실증주의와는 반대로 도덕이 법적 논증 속에서 하나의 역할을 수행함이 자명할 것임을 입증하려 했다.

우리는 8장에서 이러한 가정들이 공유하고 있는 오류를 파악했다. 법 개념의 분석이 이원론의 순환성을 피하는 것은 오직 그 개념이 규준 의존적(또는 자연 종형) 개념으로 다루는 것이 합당한 경우뿐이다. 그런데 법의 개념은 규준 의존적일 수가 없다. 왜냐하면 복잡하고 성숙한 정치 사회에서 어떤 법 명제가 참인가를 정하는 방법에 대한 변호사들과 판사들의 의견이 일치하지 않기 때문이다. 실증주의자들이 스스로 제안한 법 개념 분석의 종류나 양태를 설명하기 어려워하는 것도 이 때문이다. 19세기의 법실증주의자인 존 오스틴(John Austin)은 이것은 올바른 언어 사용의 문제에 지나지 않는다고 말했는데, 이는 명백히 잘못된 것이다. 하트는 자신의 가장 영향력 있는 저서의 제목을 『법의 개념(The Concept of Law)』이라고 지었지만, 그가 생각한 개념적 분석의 모습을 별로 설명해 내지 못했다.7 그가 그 책을 쓸 당시, 옥스퍼드 철학자들의 지배적인 생각은, 분석이란 언어의 일상적 사용자들이 수렴적으로 사용하는 숨겨진 언어 관행을 밝혀내는 것이었다. 그렇지만 '법에 있어서는' 밝혀낼 공통되는 관행이 존재하지 않는다. 법의 법칙적 개념은 우리가 8장에서 검토한 성질과 구조를 가진 해석적 개념이라고밖에 설명할 수 없다. 그러므로 이 해석적 개념의 분석을 옹호하려면 논란이 될 만한 정치 도덕을 옹호해야 한다. 법의 법칙적 개념의 분석은 처음부터 법과 도덕의 밀접한 관련성을 전제하는 것이다. 이러한 순환성으로부터의 도피는 도피가 아니다.

이러한 설명에는 교정뿐 아니라 안내도 담겨 있다. 법의 법칙적 개념은 해석적이기 때문에 우리의 분석은 그 개념이 등장하는 정치적, 상업적 그리고 사회적 관행들을 인식하면서 시작되어야 한다. 이 관행들의 전제는 사람들이, 정치적 권리들과는 별도로, 법원 같은 사법적인 정치 제도 아래에서 집행될 수 있다는 의미에서의 법적인 권리를 가지고 있다는 것이다. 우리가 법의 개념을 구성하려면, 즉 그런 식으로 청구에 의해 집행될 수 있는 권리의 존재를 정당화하려면 정치적 가치들의 더욱 거대한 네트워크에서 그러한 관행들을 정당화할 수 있어야 한다. 우리는 평등, 자유, 그리고 민주주의와 같은 다른 정치적 가치들을 이론화할 때처럼 법을 이론화해야 한다. 해석적으로 이해한다면, 법의 이론은 다른 이론들이 그랬듯이 논란이 될 수 없다.

도덕으로서의 법

나무와 같은 구조

우리는 이제 법과 도덕을 두 개의 준별되는 체계로 보면서 양자 간의 연관 관계를 찾거나 부정하는 낡은 관점을 폐기했다. 우리는 이를 일원론으로 대체했다. 즉 법은 정치 도덕의 한 부분이다. 어떤 독자에게는 이 말이 허황되게 들릴 것이고, 어떤 독자에게는 역설적으로 들릴 것이다. 왜냐하면 바보스럽게도 한 공동체의 법은 항상 그것이 지향하는 바로 그것과 같다는 주장을 하는 것처럼 보이기 때문이다. 많은 독자들은 내가 결국 가치를 통합하려는 과욕을 부리다 철학적 이론을 위해 상식을 희생하는 프로크루스테스가 되었다고 생각할 것이다. 사실 내 생각은 이보다 훨씬 덜 혁명적이고, 직관에도 덜 반한다.

이 책 후반부에서 우리는 나무와 같은 구조의 성장을 보았다. 우리는 개인의 도덕성이 개인의 윤리에서 도출될 수 있음을 보았고, 정치 도덕이 개인의 도덕에서 도출될 수 있음도 보았다. 우리의 목표는 별개의 평가 영역이라고 여겨지던 것들을 통일하는 것이다. 우리는 쉽게 법의 법칙적 개념을 그러한 계통수(系統樹)의 구조 속에 위치시킬 수 있다. 법은 정치 도덕의 가지 또는 한 분과다. 더욱 어려운 문제는 그 개념이 다른 정치 도덕들과 어떻게 구별되는가다. 어떻게 두 개의 해석적 개념들을 구별하여 하나가 다른 하나의 부분에 불과하다는 것을 입증할 수 있을까. 어떤 괜찮은 답도 제도화라는 현상에 의존하게 될 것이다.

정치적 권리가 개인적 도덕적 권리들과 달라지는 것은 하트가 2차 규칙이라고 부르는, 입법, 행정, 그리고 사법적 권력과 관할을 생성하는 규칙들을 발달시킨 공동체에서다.[8] 법적 권리들이 정치적 권리들과 이성적으로 구분되는 것은 그 공동체에 몽테스키외식의 권력 분립이 맹아로라도 존재할 때이다.[9] 그때 우리는 두 가지 정치적 권리와 의무를 구별한다. 입법적 권리는 공동체의 입법 권한이 특정한 형태로 행사되어 예를 들어 공교육 체계를 창설하고 운영하되 정치적 표현을 검열하지 않도록 할 권리이다. 법적 권리는 입법적 개입 없이 경찰의 행정적 권한을 통제할 수 있는 사법 기관에 청구함으로써 집행할 수 있는 권리다. 계약법은 내가 당신에게 내 대출금을 변제하라고 명령할 권리를 창설한다. 우리가 14장에서 논한, 입법 기구가 채택한 모든 법을 준수할 정치적 책무는 국가의 요청에 의해 그러한 기구에서 강제될 수 있다는 의미에서 법적 책무다. 물론 두 가지 권리 모두 논란의 대상이 될 수도 있다. 특정한 교육 체계가 채택되도록 할 권리가 있다는 것이나 내가 채무를 변제받도록 할 권리가 있다는 것 모두 논란이 될 수 있다. 차이점은 확정의 정도가 아니라 기회의 문제다. 입법적 권리는 차례를 기다려야 한다. 민주주의 아래에서는 정치의 변덕이 어떤 입법적 권리가 보완될지, 그리고 언제 그렇게 될지 결정한다. 법적 권리는 다른 변덕에 의해 좌지우지되지만 원리적으로는 공동체 일원들은 자신들의 요구를 자신들이 직접 접근할 수 있는 절차를 통해 관철할 수 있다. 입법적 권리는 그 권리가 인정되더라도 곧바로 효력을 발휘하지 않는다. 법적 권리는 한 번 인정되면 그 즉시 입법이 아닌 사법 기관을 통해 집행 가능하다.

그 차이는 사회학적으로 필연적인 의미를 가지고 있지는 않다. 입법적 권리에 대한 요청은 그것이 의회 절차를 통해 인정될 가능성이 거의 없더라도 정치에서는 중요한 기능을 한다. 또 법적 권리도 사법적 집행에 대한 전망이나 관심이 없더라도 사회적, 산업적 생활에서 가장 중요한 기능을 한다. 그러나 그 차이는 철학적으로는 교훈적이다. 즉 우리가 정치 이론과 법 이론을 어떻게 이해할지를 보여 준다. 일반적 정치철학은 여러 이슈들 중에서 입법적 권리를 다룬다. 법의 이론은 법적 권리를 다루지만 그것은 다음과 같이 당위적인 정치적 문제에 당위적 답을 구한다는 의미에서 정치 이론이다. 즉 어떤 조건이 충족될 때 사람들은 위에서 설명한 방식으로 청구에 의해 집행할 수 있는 진정한 권리와 의무를 획득하는가라는 문제 말이다.

그 질문은 다른 차원의 추상에 놓일 수 있다. 그 문제는 예를 들어 벨기에나 유럽 연합 같은 특정 정치 공동체에 대해 제기될 수도 있고 더 추상적으로는 전 세계에 대해 또는 실제 존재하지 않는 지역에 대해 제기될 수도 있다. 나는 이것이 (위의 추상의 차이가 전제하듯이) 정치 도덕의 문제임을 강조하고자하지만 그 답 속에는 보통의 정치적 사실들이 일정한 역할을 하게 된다. 입법과 사회적 관습에 대한 역사적 사실들이 어떤 차원의 추상에서든 책임성 있는 답의 한 부분을 이룰 것이다. 그 역할이 얼마나 크거나 배타적인지는 논쟁의 대상이다. 법실증주의는 그러한 역사적 행위는 사람들이 어떤 법적 권리를 가지고 있는지 정하는 데 독점적 역할을 한다고 주장한다. 해석주의는 정치 도덕의 원리들에게도 하나의 역할이 분배된다는 다른 답을 한다. 이러한 입장들이 상충하는 당위적 정치적 이론들이지 규준 의존적인 개념들을 풀어내는 방식에 대한 논쟁들이 아님을 이해할 때, 우리는 하나의 역사적 오류를 바로잡을 수 있다. 너무 많은 법 이론들이 법의 본질이나 개념에서 시작해 사람들이나 공직자들의 권리와 의무에 대한 이론으로 전개해 나가는 방식으로 펼쳐져 왔다. 우리는 이제 거꾸로 여행해야 한다. 즉 어휘는 정치 논쟁을 따라가야지 거꾸로 가면 안 된다. '악법'의 문제와 같은 고대의 법 이론적 퍼즐은 위와 같은 논쟁의 질서를 진심으로 받아들일 때 매우 다른 모습을 띤다.

우리는 법적 개념을 우리의 진화하는 계통수 안에 위치 지었고 법과 정치의 일원론의 모습을 그려 냈다. 법적 개념은 정치적 개념이며 더 이상의 입법 행위나 다른 법제적 행위 없이 사법적 그리고 강제적 제도 아래에서 청구에 의해 온전히 집행될 수 있다는 의미에서 특별한 분과에 해당한다. 법을 우리의 구조에 이렇게 포함시키는 것은 기이하지도 형이상학적이지도 않다. 즉 어떤 현출적(emergent) 힘도 전제하지 않는다. 더욱 중요한 것은 법이 무엇인가와 법이 무엇이어야 하는가의 차이를 부인하지 않는다는 것이다.

'이다'와 '이어야 한다': 가족 도덕

나는 위의 마지막 주장을 강조하고자 한다. 즉 통합된 일원론은 '법이 무엇인가'라는 물음과 '법이 무엇이어야 하는가'라는 물음의 명징하게 중요한 차이를 부정하지 않는다. 여기 진부한 가족 이야기를 해 보자. 즉 하나의 가정에서 특별한 도덕 규칙이나 관행이 발달하는 과정이다. 당신에게 10대 딸인 G와 그 남동생 B가 있다고 하자. G는 요란한 홍보로 매진된 팝 콘서트의 표를 두 장 구하게 되어 이 콘서트에 B를 데려가기로 약속했다. 그런데 그 후 G가 사귀고 싶어 하는 어떤 청년이 전화를 했고 G는 B 대신 이 청년과 콘서트를 가기로 했다. B는 이에 항의했고 아버지인 당신에게 누나를 데리고 와서 누나 G가 약속을 지키도록 해 주기를 청한다. 이 상황에서 많은 물음들이 제기된다. 당신은 부모로서, G에게 어떻게 해야 한다고 말해 줄, 또는 B에게 무엇을 받아들일 것인가를 말해 줄 정당한 관계상의 권위를 갖는가? 자식이라는 이유만으로 그 아이들은 당신이 말하는 것을 행하거나 받아들일 특별한 관계상의 책무를 갖는가? 당신이 그러한 권위를 갖고 그 아이들이 그러한 책무를 갖는다면, 강제적인 방법, 즉 G가 원하지도 않고 의무도 느끼지도 않지만 약속을 지키도록 유도할 위협은 적절할까? 강제적인 권위를 사용하는 데 반드시 지켜야 할 조건이 G가 약속을 지켜야 한다는 당신의 확신 외에도 있을까?

그렇다면 그런 조건은 무엇일까? 당신의 가정사는 얼마나 그런 조건의 원천이 될 수 있고 얼마나 그런 조건들을 규정할까? 과거에 비슷한 상황에서 당신이 권한을 행사한 적이 있다는 것은 어떤 의미가 있을까? 무엇이 과거의 상황과 이번 사안을 비슷하게 만들까? 약속의 중요성에 대해 당신의 견해를 바꾸었다면 어떨까? 당신은 약속을 어겨서는 안 된다고 생각했었다. 그러나 지금은 더 유연한 견해에 끌리고 있다. 과거의 결정들이 당신이 새로운 요구도 옛날 방식으로 다루도록 의무화한다면 당신은 얼마나 강하게 그런 의무를 받아들여야 할까? 새로운 주장들이 나온 사건들이 발생하기 전에 당신의 새로운 견해를 미리 선언했어야 할까? 아니면 당신은 새로운 분쟁들을 당장 옳다고 생각하는 방식으로 처리할 수 있을까? 이러한 논점들을 고려할 때 당신은 필연적으로 발생할 다른 분쟁들에도 미리 대비하면서 고려해야 할까? 결정을 내릴 때 당신은 다른 가족들이 미래의 분쟁에서는 당신이 어떤 결정을 내릴지 예측할 수 있을 만큼 충분한 안내를 제공해야 하고 그러기 위해 당신의 논증을 변경하고 단순화해야 한다면 그런 의무를 얼마나 강하게 받아들여야 할까?

이 가족 이야기는 법이 무엇인가와 법이 무엇이어야 하는가의 구별이 도덕 내의 복잡성의 일부분으로 나타날 수 있음을 잘 보여 준다. 가정 내의 문제를 해결하면서, 당신은 특수한 제도적 도덕(institutional morality)을 구성하는 것이다. 즉 가정 내에서의 강제적 권력의 사용을 통제하는 특수한 도덕이다. 이것은 역동적인 도덕이다. 즉 구체적 상황들에 대해 판정이 행해지면서, 이 특수한 가정 도덕은 변화한다. 어떤 시점에서 두 개의 명백히 다른 문제들이 나타난다. 첫째, 현재까지의 특수한 가정사에 비추어 가족 내에서 강제력을 행사할 수 있는 조건은 무엇인가? 둘째, 내가 위에서 나열한 문제들에 더 올바르게 답했다면 그러한 가족사는 강제력 행사에 대해 어떤 조건을 요구할까? 중요한 것은, 이것들이 모두 도덕적 물음이며 이들은 분명히 다른 답들을 요구한다는 점이다. 특별한 가족사가 가족 내에서, 도덕적 권위가 아닌 다른 형태의 권위를 갖는 특유하게 무도덕적인 규칙을 창설했다고 생각해서는 안 된다. 예를 들어 옷차림의 전통에 대한 규칙 같은 것 말이다.

이것이 잘못된 이유는 당신이나 당신의 가족이 이 역사를 따르는 이유 자체가 도덕적인 이유이기 때문이다. 당신과 당신 가족은 강제력 행사의 조건을 이루는 공정성의 원리들을 근거로 삼는다. 예를 들어, 공정한 경쟁, 공정한 고지, 권한의 공정한 분배의 원리들로서 당신 가족의 특수한 역사에 도덕적 의미를 부여하는 원리들이다. 우리는 이러한 원리들을 구조화 원리들(structuring principles)이라고 칭할 수 있다. 왜냐하면 가족의 특수한 도덕을 창설하기 때문이다. 당신이 이러한 구조화 원리들을 존중하지 않는 결정을 내렸다면, 예를 들어, 과거에는 G에게 유리하게 적용하기를 거부했던 기준을 이제 G에게 불리하게 적용했다면, 당신의 결정은 단순히 놀라움을 넘어서 (소풍을 가며 넥타이를 매는 것처럼) 불공정한 것이 된다. 이러한 원리들의 새로운 해석이 출현하여 이 결정이 왜 불공정하지 않은지를 입증하지 않는 한 그렇다. 그리고 물론 이 원리들의 새로운 해석은 사회적 역사의 해석처럼 그 자체가 도덕적 행위다. 그러한 해석은 도덕적 신념을 요구한다. 이 사실들은 절대로 가족 도덕의 현실과 가족 도덕의 이상의 구별을 소멸시키지는 않는다. 구조화 원리들을 최선으로 해석하면 지금은 회의적인 결정도 판례로서 준수될 것을 요구할 수도 있다. 이 원리들을 새롭게 해석하면 가족 도덕과 더 일반적인 도덕의 차이점을 완화할 수 있다. 하지만 그 차이점을 소멸시키지는 않는다. 당신은 당신이 내리고 싶지 않은 결정을 내려야 한다는 의무감을 느낄 수 있다.[10]

그래서 뭐가 달라지는데?

이론

법률가들과 일반인들이 앞길이 막혀 있는 이원론 대신 법의 통합된 일원론을 검토한다면, 법철학과 법 실무는 바뀔 것이다. 실증주의와 해석주의의 오래된 대결의 실체는 남겠지만 그것은 개념적인 형태가 아니라 정치적인 형태로 남을 것이다. 정치적으로 총체적으로 실증주의적인 사람은 한 정치 공동체의 헌법이나 실체법의 내용을 확정하는 데 왜 정의가 아무런 의미가 없는지 설명해야겠지만 그 근거를 어디에서 찾을 수 있을지 모르겠다. 하지만 정치적 근거로 옹호되고 있는 더욱 지엽적인 실증주의는 몇몇 사람들에게 설득력을 얻을 것이다. 실증주의자는 예를 들어 애매하고 불분명한 법률은 의회가 그러한 선택을 대면했다면 내렸을 결정에 따라 해석되어야 한다고 주장할 수 있다. 그는 그처럼 해석을 역사적 검증에 의존시킨다면 법의 예측 가능성을 제고할 것이라고 말할지도 모른다. 그런 역사적 검증은 비결정성과 논란을 없애지는 않겠지만 상당히 해소할 것이라고 말이다.[11] 또는 그는 죽은 지 오래된 선출된 의정자들에게 정치적 쟁점들을 결정하도록 하는 것이 선출되지도 않은 당대의 판사들의 도덕적 감성에 의존하는 것보다 더 민주적일 수 있다는 반사실적인 주장을 할 수도 있다. 어쨌든 법 이론은 더 어려워지고 더 중요해질 것이다. 법에 대한 이론을 정치철학의 한 부분으로 다루어 철학과, 정치학과 그리고 로스쿨 모두에서 공부하도록 하면 양 분야를 더욱 심화시킬 것이다.

악법

그렇게 되면 실체적 법 이론에서도 변화가 따라올 것이다. 법을 정치 도덕의 분과로 여기면, 우리는 법적 권리와 정치적 권리를 구별해야 한다. 나는 그런 방법의 하나를 제시했다. 설명했던 대로 청구에 의해 집행 가능한 권리는 법적 권리로 분류된다. 많은 학설들은 이를 거부하고 있다. 법철학자들은 예를 들어 아무런 실질적 의미가 없는 고대의 법 이론적 퍼즐을 법 이론 세미나에서 중요한 위치에 놓고 서로 논박한다. 도주 노예법(Fugitive Slave Act)은 내전 이전에 연방 의회에서 제정되었는데 노예제가 폐지된 주로 도망간 노예들은 계속 노예로 간주되며 그런 주의 공직자들이 이들을 송환하도록 의무화했다. 이 법을 집행하도록 요구받은 판사들은, 그들의 말을 빌리면, 도덕적 딜레마에 빠졌다. 그들은 이 법이 악독하지만 유효하다고 생각했다.[12] 그들은 세 가지 불편한 선택지 중 하나를 골라야 한다고 생각했다. 알면서도 심대한 불의를 집행하거나, 사퇴하여 다른 판사들이 그 불의를 집행하도록 하거나, 법이 무엇인지에 대해 거짓을 말하거나.

이들의 딜레마는 법과 도덕의 이원론을 전제로 하는 것이다. 법이 무엇인가와 판사가 그 법을 집행할 것인가는 명확한 구별이 필요한 문제인 것처럼 보인다. 하지만 통합 이론은 이 두 질문의 차이를 거의 없애 버린다. 통합 이론은 법적 권리를 사법적 판단에 대한 권리로 규정함으로써 법을 다른 정치 도덕의 하나로 준별한다. 이 이론은 마치 거의 완전히 보편적인 견해와는 상충되게도 도주 노예법이 유효하지 않은 법이라고 선언하거나, 판사들이 이 사악한 법을 집행할 의무가 있다고 하거나, 둘 중의 하나를 선택해야 한다고 요구하는 것처럼 보인다.

이 반박에 답하면서 우리는 전에 인지했던 이원론에 대한 결정적 반박을 기억해야 한다. 이는 선택이 아니다. 우리는 악법 딜레마를 통합된 개념관 속에서 해명하는 방법을 찾아내야만 한다. '도주 노예법 관련법'이라고 부를까? 명칭은 잠시 접어 두자. 기저의 도덕적 이슈에 우선 집중하자. 판사들은 그들의 역할과 상황에 있어서 도주한 '재산'을 탈환하려는 노예주들의 손을 들어 줄 법적 책무가 있었는가? 이는 보기보다 복잡한 문제다. 미국 의회는(가정하자면) 일반적으로 그 의회가 제정한 법들이 법적 책무를 창설할 정도로 충분한 정당성을 가지고 있었다. 법을 정치 도덕의 일부로 만드는 공정성의 구조화 이론(정치적 권위, 판례 그리고 의존성에 관한 원리들)에 따르면 노예주들의 요구는 더욱 도덕적 당위성을 갖게 되었다. 그러나 도덕적 요구는 항상 의심의 여지없이 인권이라는 더욱 강력한 도덕적 요구에 의해 약화된다. 그러므로 법은 집행되어서는 안 된다는 것이 기본적 도덕적 질문에 대한 정답이라고 가정하자.

이제 명칭의 문제로 돌아가자. 우리에게는 두 가지 선택지가 있다. 우리는 노예주들이 원칙적으로는 노예들을 반환받을 정치적 권리가 있었지만 이 권리가 (14장에서 사용한 용어들을 이용하면) 긴급 상황에 의해 '뒤집혔다(trumped)'고 말할 수 있다. 도덕적 긴급 상황 말이다. 우리는 똑같은 말을 대부분의 변호사들의 용어를 이용하여 다시 할 수 있다. 즉 법은 유효했지만 집행하기에는 너무 부정의했다. 또는 우리는 원칙적으로도 노예주들이 그들의 요구를 관철시킬 권리가 없었다고 말할 수 있다. 우리는 역시 변호사들의 용어로 같은 결론을 말할 수 있다. 즉 그 법은 유효한 법이 되기에는 너무 불공정했다고.

이런 상황에서는 두 가지 중 첫 번째 표현이 더 선호되는 것 같다. 두 번째 표현에서는 질식되는 뉘앙스들이 첫째 표현에서는 살아난다. 첫째 표현은 왜 이 법과 대면한 판사들이 단순히 심사숙고를 통해 해소할 수 있는 딜레마가 아니라 도덕적 딜레마에 빠졌는지를 설명한다. 하지만 두 번째 표현은, 학술 세미나에서 많이 다루어지는 다른 경우에서는 더욱 정확한 표현인 것처럼 보인다. 나치의 극악한 명령들은 일견적으로 또는 논란의 대상이 될 정도로라도 어떤 권리나 의무도 발생시키지 않았다. 나치 정부 자체가 완전히 정당성이 없었고 이 명령들의 집행을 정당화할 어떤 공정성의 구조화 이론도 없었다. 이 명령들을 집행하도록 요청받은 독일 판사들은 도덕적 딜레마가 아니라 단지 신중함에 대한(prudential) 딜레마에만 빠진 것이다.

통합적 법 이론은 이 차이*를 허용한다. 앞길이 막힌 이원론은 그렇지 못하다. 그러나 이러한 친근한 학술적 사례들이 제기하는 중요한 질문은 우리가 처음 고려했던 도덕적 질문이다. 내 견해로는 도주 노예법이 무효라거나 나치 명령이 유효하다고 절대적으로 주장하는 것은 왜곡이다. 두 사안 모두에서 왜곡인 이유는 이러한 묘사는 각 사안의 도덕적으로 중요한 측면들과 이 측면들 사이의 차이를 묻어 버리기 때문이다. 그러나 이러한 표현의 유창하지 못함은 개념적 오류에는 이르지 않는다. 악법에 대한 고대의 법 이론적 문제야말로 안쓰러운 말싸움에 가깝다.

부분 집행

다른 판사들과 학자들은 다른 방식으로 이원론에 의존한다. 예를 들어 어떤 이들은 미국 헌법이 법원에 의해 온전히 집행되지 않는 법적 권리를 창설한다고 주장한다. 이 역시 법 이론과 재판 이론의 구별을 전제로 한다. D. C. 순회 지구 법원은 관타나모 만에 불법 구금된 위구르족 수감자들의 입국을 명령한 하급심 판결을 파기하면서 "권리가 헌법적이라고 하더라도 모든 권리 침해가 법적 구제로 귀결되지는 않는다."라고 설명했다.[13]

이 주장의 유명한 옹호자인 로런스 세이저(Lawrence Sager)는 다음과 같은 예를 든다.[14] 국가가 재정을 부담하는 의료 보험 제도를 시행하도록 할 권리를 사람들이 가지고 있다고 헌법이 명시했다고 하자. 그러나 국민이 정확히 어떤 의료 제도에 대한 권리를 가지고 있는지 재판

---

* 어떤 법은 유효했지만 집행하기에는 너무 불공정하다고 평가할 수도 있고 법이 애초에 유효하기에는 너무 불공정하다고 평가할 수도 있다는 것.

을 한다면 당연히 당면할 예산 분배와 의과학의 문제들을 심판할 위치에 있지 않다고 생각한다. 이에 따라 헌법재판소는 이 헌법상 권리를 직접 집행하기를 거부한다. 법원은 정부가 의료 제도를 전혀 도입하지 않는 것은 국민의 법적 권리를 침해하는 것이라고 인정한다. 그러나 그러한 제도의 시행을 요구하지는 않는다. 대신 정부가 의료 보험 제도를 창설한 연후에 법원은 그 제도의 시행 규칙이 불법적인 차별을 자행한다거나 자의적으로 치료를 거부한다는 국민의 청구를 심판할 것이다. 세이저 등은 바로 이러한 상황을 가리켜 국민이 헌법에 의해 권리를 보장받지만 법원은 이 권리의 일부만을 집행하는 상황이라고 말하고자 한다. 국민은 권리의 가장 중요한 부분을 얻기 위해서는 입법부를 바라봐야 한다. 즉 의료 보험 제도를 조금이라도 향유할 권리 말이다.

이런 설명도 가능하다. 누구도 오해하지는 않는다. 그러나 내가 제안한 다른 명칭을 이용하는 것도 자연스럽다. 헌법이 보장하는 모든 권리가 법적 권리가 아니라고 주장할 수도 있다는 것이다. 대외 정책과 같이 정부의 다른 부서에 의해 더욱 효율적으로 집행되는 권리는 법적 권리라기보다는 정치적 권리(사인들의 청구에 의해 집행할 수 없는 권리)로 다루어지는 편이 낫다. 정부가 시행하기로 한 의료 보험 제도로부터 평등한 보호를 받을 권리와 같은 권리는 실제로 법적 권리가 된다. 같은 상황의 다른 두 가지 설명 중 어느 쪽이 더 이론적으로 타당한가?

우리가 이원론과 법실증주의를 받아들였다면 첫 번째 설명, 즉 어떤 법적 권리들은 청구에 의해 집행되지 않는다는 설명에 끌릴 것이다. 그렇다면 우리는 어떤 헌법적 권리들은 유효한 법의 기준을 충족하여 법적 권리가 된 것이며 법원이 이 권리를 집행하지 않는 것은 또 다른 독립적인 이유가 있다고 말할 수 있다. 그러나 우리가 이원론을 자기 파괴적인 것이라며 거부하면 위의 입장을 타당하게 만들어 주는 이론적 근거가 사라진다. 도주 노예법에 대한 지금까지의 해석을 여기에 적용하는 것은 사리에 맞지 않을 것이다. 즉 국민들이 일견 청구에 의해 의료 서비스를 받을 헌법적 권리를 가지고 있지만 어떤 긴급 상황 때문에 판사가 이를 집행하지 못하게 된다는 해석 말이다. 노예법에서는, 법적 권리를 정치적 권리로부터 준별하는 공정성의 구조화 원리만을 보자면 노예주들의 청구를 받아들여 집행할 것이 요구된다. 의료 사건에서는 바로 이 원리들이 강제력을 가진 국가에서의 정치권력의 최선의 분배에 대한 원리들을 포함하면서 그러한 집행을 거부할 논거를 제시한다.

절차의 도덕

이원론은 절차와 실체의 중요한 구별을 창설한다. 법이 만들어지는 절차와 그렇게 만들어진 법의 내용이 그것이다. 법과 도덕의 오랜 논쟁은 실체에 집중되어 왔다. 비도덕적인 법도 법인가? 정의는 버니 매도프(Bernie Madoff)에게 사기 당한 사람들이 증권거래위원회를 과실로 제소할 수 있는지 결정하는 데 도움이 되는가? 지금까지의 논의는 절차를 대부분 거론하지 않았다. 모든 학술 법률가들에게 법이 창설되는 방법은 그 지역의 관습의 문제이며 그 관습의 성질은 관습 자체에 의해 결정되는 게 자명한 듯 보였다.[15] 실제로 이것은 이원론에서는 핵심적이 되는 가정이다. 판사들이 헌법적 절차의 주요 지점에 대해서도 서로 동의하지 않는다면 우리는 실증주의를 이원론 아래에서 정당화하기도 어려웠을 것이다. 하지만 이원론을 거부하고 법을 정치 도덕의 일부로 인정하면, 법과 다른 정치 도덕을 구별하는 특별한 구조화 원리들 자체도 도덕적 독해가 필요한 정치적 원리들로 간주해야 한다.

반세기도 더 전에 영국에서 유학할 때만 해도 나는, 영국은 미국과 달리 의회가 우위에 있다고 들었다. 이것은 이의를 제기할 수 없는 법칙으로서 참인 명제의 가장 중요한 사례였다. 당시에는 명백했다. 그렇지만 그 전 세기에는 결코 명백한 사실이 아니었다. 예컨대 17세기의 코크(Coke) 경은 이에 동의하지 않았다.[16] 그리고 지금 그것은 또다시 명백하지 않은 것이 되었다. 많은 변호사들은, 그리고 적어도 몇몇 판사들은 지금 영국 의회의 권력은 정말로 제한되어 있다고 생각한다. 정부가 최근 테러 혐의로 구금된 자에 대한 법원의 관할권을 박탈하는 법안을 제시했을 때, 이 법률가들은 그런 법은 무효가 될 것이라고 주장했다.[17] 무엇이 바뀌었고 또다시 바뀐 것은 무엇인가?

답은 충분히 명백해 보인다. 코크의 시대만 해도 개인이 공동체의 이익을 뒤집는 권리를 갖는다는 관념(자연권)은 매우 널리 승인되었다. 그 후 19세기에는 다른 정치 도덕이 지배적인 것이 되었다. 제러미 벤담은 자연권이란 "요란한 잠꼬대(non sense upon stilts)"라 단언했다. 그러한 견해를 가진 법률가들은 절대적 의회 주권이라는 관념을 창안했다. 수레바퀴는 지금 다시 돌고 있다. 공리주의는 인권이라 불리는 개인의 권리를 다시 인정하는 쪽에 길을 비켜 주고 있고, 의회 주권은 이제는 명백히 정당하지 않다. 가장 정초적인 법적 논점 중의 하나인 의회의 법 제정자로서의 지위는 다시 심오한 정치 도덕의 문제가 되었다. 법은 실질적으로 도덕과 통합되어 있다. 법률가들과 판사들은 민주 국가에서 살아 움직이는 정치철학자인 것이다.

미국의 헌법 학자들은 매우 추상적인 헌법의 실체 조항들, 예를 들어 표현과 종교의 자유를 보장한 조항, 잔인하고 이례적인 형벌(cruel and unusual punishment)로부터의 자유 조항, 법의 평등한 보호에 대한 조항(equal protection of law), 적법 절차(due process of law) 조항들이 도덕적 원리로 독해되어야 하는가를 놓고 논쟁해 왔다.[18] 그러나 헌법의 더욱 구체적인 조항들의 해석은 도덕이 아니라 역사에 의존해 왔다. 최근의 대법원 판례 두 개가 그 가정을 보여 준다. 첫 번째 판례는 우선 수정 헌법 제2조의 총기 소유권 보장에 대한 것이다. 대법원은 18세기와 그 이전의 영국 법을 널리 검토하면서 이 수정 헌법 조항이 개별 시민들에게 휴대 소총의 절대적 금지로부터 자유로울 권리를 보장한다고 했다. 소수 의견은 똑같은 시기의 역사에 소구하면서도 반대의 결론을 이끌어냈다.[19] 두 번째 사건은 의회가 석방 명령(habeas corpus) 제도의 시행을 특별한 상황에서는 중단시킬 수 있도록 한 헌법 조항 아래에서 발생했다. 이 조항은 누가 석방 명령을 받을 수 있는지를 명시하지는 않았다. 대법원의 5 대 4 결정의 다수는 관타나모 만에 구금된 외국인들도 석방 명령을 받을 권리가 있다고 판시했다.[20] 소수 의견 몇몇은 강한 논조로 18세기에 석방 명령을 청구할 수 있었던 사람들만이 지금도 청구권을 갖고 있다고 주장했다.[21] 다수 의견은 이 주장에 반대하지 않았지만 역사 자체가 명확하지 않다면서 외국인 구금자들도 석방 명령을 구하는 소송을 제기할 수 있다고 했다.

이 사례들에서 법원의 논의는 우리가 법과 정치 도덕의 이원론을 채택한 경우에는 이해가 될 것이다. 그때는 헌법의 더욱 기술적인 조항들이 어떻게 해석해야 하는가를 정할 때 역사가 결정적인 역할을 할 것이다. 그러나 우리가 헌법의 문구들을 정의로운 정부를 만들기 위한 조항으로 여기고 최선의 독해법을 찾는 헌법 해석론을 받아들인다면 역사는 별로 중요하지 않다. 18세기 상황은 지금의 어느 국가가 처한 상황과는 완전히 다르다. 당시의 관행은 우리가 오래전에 거부한 도덕적 그리고 정치적 기준들에 의해 지배되었다. 우리는 그러므로 해석의 격자 내에서 우리나라의 기본적인 법을 우리의 정의감이 허락하는 것으로 만들기 위해 최선을 다해야 한다. 우리가 법을 도덕과 타협시켜야 해서가 아니다. 제대로 이해된 법은 바로 이것을 요구하기 때문이다.

결말 불가분의 존엄성

다시 한 번: 진실

갈릴레오적 혁명의 빅뱅은 과학에 무해한 가치의 세계를 창조했다. 하지만 새로운 사상의 공화국은 그 스스로 제국이 되었다. 현대 철학자들은 물리학적 방법을 전체주의적 형이상학으로 부풀렸다. 이들은 현실, 진실, 사실, 근거, 의미, 지식, 존재 등 모든 존칭들을 침략해 점유하고 다른 사상계가 이 존칭들을 희구하는 조건들을 규정했다. 문제는 이제 과연 그리고 어떻게 가치에 무해한 과학의 세계가 가능한가 하는 것이다.

3장에서 탐구한 다양한 주의(主義)들은 이 도전에 응하는 시도들이다. 철학자들은 실존주의자, 감정주의자, 반실재론자, 표현주의자, 구성주의자 그리고 상상의 한계에 있는 무언가까지 되었다. 하지만 각각의 오아시스가 고갈되었고 각 세대의 철학자들은 새로운 오아시스를 상상하고 이를 찾아 방황했다. 이 행진은 곧 끝나지는 않을 것이다. 그러나 이 주의들이 모두 부족한 이유는 모두가 공유하고 있는 사상, 즉 '가치 판단이 진정 참이 될 수 없다'는 사상은 의미 없는 이탤릭체 부사

641

가 제거되면 모든 의미를 잃기 때문이다. 이 주의들은 어떤 기제와 장식을 갖추었든 자신을 어떻게든 삼켜 버리는 외부적 회의주의에 근거하고 있다.

'실재론자들'은 제국적 전제를 '과학주의(scientism)'라 칭하며 저항했다. 그러나 주로 4장에서 보았듯이 이들의 주류 형이상학과의 결별은 대부분 명료하지 못했다. 이들은 아직도 과학의 형이상학이 설치한 최소한의 시험, 즉 수렴이나 근거의 시험 또는 신념이나 행위의 사실을 설명할 능력을 충족시키기 위해 고심했다. 도덕, 윤리 그리고 다른 가치들의 심원한 독립성에 진정성을 부여한다면 우리는 이런 배려들이 필요하거나 가능하다고 생각하지 않을 것이다. 우리에게는 더 명료한 결절, 새로운 혁명이 필요하다. 물론 책임성 있는 견해와 무책임한 것을 구별해야 할 것이다. 특히 정의가 걸려 있는 정치에서 그 구별이 필요하며 참과 거짓의 개념을 대면하지 않고는 이를 구별하기란 불가능하다. 그러나 참과 거짓, 책임과 무책임, 사실과 실재론의 개념관은 가치의 영역 내에서(최대한 순결한 화폭 위에서) 추구해야 한다. 우리는 식민적 형이상학을 폐기해야 한다.

이 책에서 우리는 탈식민적 진리관을 여러 번 다루었다. 왜 정치가 진리가 필요한지를 설명하며, 외부적 회의주의의 가면을 벗기며, 도덕적 책임을 정의하며, 진리를 해석 내에 위치 지으며, 해석적 개념들을 구별해 내며, 그리고 진리 자체를 해석적 개념으로 다루면서 말이다. 우리의 여행은 점진적으로 해방을 향했다. 윤리와 도덕은 물리학 및 그 동반자들로부터 독립적이다. 즉 가치는 그렇게 홀로 서 있다. 물리학, 생물학 또는 형이상학적 발견들은 우리가 내린 가치 판단의 진리성을 검증할 수도 탄핵할 수도 없다. 우리는 우리의 신념에 대한 논변을 제시할 뿐 증거를 제시할 수 없다. 이 차이는 새로운 책임론을 지원하는 가치의 통합성론을 요구한다.

아직도 실망이 남는가? 이 시대에 과학주의의 중력장을 완전히 벗어나 가치의 독립성을 체득한다는 건 쉬운 일이 아니다. 그러나 1부의 가장 중요한 교훈은, 항상 무엇이 최선인가에 대한 질문에 정답이 존재한다는 것이다. 그 정답이 아무것도 하지 않는 것이라 할지라도 말이다. 이것은 속임수가 아니라 회의주의가 기본 설정이 아님을 상기시키려는 것이다. 모두 무의미하다는 신념 자체도 긍정적인 신념만큼 의심과 회의의 대상이 되어야 하며, 아직도 외부적 검증을 허망하게 기다리고 있다면 그 허망한 기다림의 대상이 되어야 한다. 모든 게 무의미하다고 생각한다면 당신만큼 깊고 길게 생각한 사람들이 수용하지 않는 결론임을 기억하라. 타인들이 믿지 않는 것에 대한 신념의 고독에서 탈출할 방법은 없다. 회의주의나 염세주의는 절대 탈출이 아니다.

　그리고 어떻게 살아야 할지에 대해 당신은 많은 믿음을 가지고 있음을 기억하라. 6장의 책임론의 기획을 당신도 따라왔다면, 당신은 본능적 진정성을 느끼게 해 주는 최소한 몇 가지 상호 정합된 견해들을 성취할 것이다. 그렇게 되었다면, 어떤 종류의 망설임이나 의심이 이치에 맞을까? 왜 당신은 당신이 그때 믿은 것들을 그대로 믿으면 안 되는가? 진정으로 믿으면 안 되는가? 진실이 아니라 심리역학, 문화사 또는 유전적 해부가 당신의 그런 믿음을 설명한다고 해서 달라질 것은 없다. 어떤 종류의 인과적 설명도 회의적 신념을 포함한 어떤 신념도 정당화할 수는 없다. 물론, 당신은 다른 것을 믿을 수도 있다. 그러나 지금 당신이 실제로 무엇을 믿느냐가 중요하다. 나중에 믿지 않게 될지도 모른다. 책임 있는 성찰 후에 변화가 찾아올 수도 있다. 그러나 당신이 책임 있게 성찰했다면, 다음의 성찰 전까지 당신의 신념을 완전히 믿지 않을 이유는 없다. 이것은 화평주의가 아니다. 우리에게 어느 것에 대해서도 침묵할 것을 요구하지 않는다. 그저 현실을 그대로 서술할 뿐이다.

당신이 어떻게 최선의 삶을 영위할지에 대해 투박한 견해 하나에도 확신을 갖지 못했다면? 또는 최선의 살길이 있는지에 대해서도 확신을 가지지 못했다면? 당신은 불확정적이다. 그러나 비결정성도 진실의 존재를 전제한다. 당신은 살아가면서 어떤 입장을 추종하고 있음을 목도할 것이다. 사르트르가 말했듯이 아마도 당신은 한 번도 인지하려고 멈춰 본 적 없는 스타일을 쌓아 가고 있을 것이다. 또는 당신의 문제를 산을 오르거나, 대가를 찾거나, 신비주의 운동에 가담하는 등의 더 자의식적인 방법으로 대면할 수도 있다. 또는 반대로 공격적이지도 않은 회의주의 속에서 정처 없이 방황하며 저주스러운 한 조각 한 조각 삶을 살아갈지도 모른다. 그렇다면 당신은 잘 사는 것은 아니다. 그러나 기다리는 것 외에는 할 것이 없다. 아마도 고도만을 기다리면 되겠다.

좋은 삶과 잘 살기

우리는 단지 가치의 독립성을 식별하려는 것이 아니라 가치의 통일성의 구도를 투박하게나마 그리고자 했다. 우리는 고슴도치의 정의를 향한 탐색을 더욱 포괄적인 윤리론과 도덕론 속에서 보상해 주고 싶었다. 나는 우리가 세워 놓은 구조의 핵심적 윤리의 논점으로 돌아오면서 이 책을 마치려고 한다.

사람이 자신에게 좋은 삶을 인지하고 그 삶을 존엄성을 가지고 추구하면 그는 잘 사는 것이다. 여기에서 존엄성은 자신뿐 아니라 타인의 삶의 중요성과 윤리적 책임성에 대한 존중을 말한다. 두 개의 윤리적 이상, 즉 잘 살기와 좋은 삶은 다르다. 우리는 잘 살면서도 좋은 삶을 갖지 못할 수 있다. 즉 나쁜 운, 처절한 가난, 심대한 불의, 고약한 질병, 또는 너무 이른 죽음을 맞이할 수 있다. 우리의 노력의 가치는 부사

644

적이어서 삶의 좋음이나 삶의 결과로 실현되지 않는다. 그래서 극심한 가난 속에서 살다 죽는 사람들도 잘 살 수 있는 것이다. 그런 상황에서도 우리는 자신의 삶을 좋은 삶으로 만들기 위해 최선을 다해야 한다. 그러한 충분한 노력이 없다면 잘 산 것이 아니다.

삶의 가장 매혹적인 중심은 죽음이다. 우리는 삶이 끝에 가까울 때, 회고적으로 그 삶을 가장 잘 탐구할 수 있다. 물론 삶의 희열과 슬픔, 영광과 보상이, 죽음에 대한 공포를 침묵시킬 만한 무엇으로라도, 또는 우리의 걱정의 우매함을 비웃는 그 이상을 해 줄 무엇으로라도 되었는지의 문제에서 도피할 수는 없다. 우리가 가진 존엄성의 원칙 두 개는 그 관점에서 명징하다. 두 번째 원칙은 우리의 선택에 대해 개인적 책임을 질 것을 명령한다. 우리는 5부에서 그 책임의 정치적 차원에 천착했다. 즉 우리는 우리 문화의 용어들과 압력에서 자유롭지 않지만, 그 지배로부터 자유로움을 추구해야 한다. 적극적인 요건들도 똑같이 중요하다. 끊임없이 성찰되는 삶은 자기애적이고 빈곤한 삶이다. 그러나 잘 살기는 삶이 투영하거나 거부하는 가치들에 대한 간헐적인 의식을 요구한다. 즉 삶은 기대와 보상의 다져진 바퀴 자국을 따라 무의식의 습관들에 의해 이리저리 끌려다니는 것 이상이어야 한다. 물론 고대 철학자들이 경고했듯이 전혀 성찰되지 않은 삶 역시 좋지 않은 삶이다. 책임성 있는 삶은 실효성 있는 윤리적 신념과 최소한 가끔이라도 감응할 필요가 있다.

진정성에도 차원이 있다. 무언가를 자신의 방식으로 하는 것은 그 무엇이 익숙할지라도 창의적이다. 스타일은 매우 중요하다. 그러나 스타일만으로는 충분치 않다. 평가도 중요하다. 자신의 상황에서 잘 산다는 것이 무엇을 의미하는지 성찰한 적이 없었다면 잘 산 것이 아니다. 그런 성찰의 대가가 회의주의일 수도 있다. 즉 어떻게 사는지는 중요하지 않다고 생각하게 될 수도 있다. 그러나 옳든 그르든 그 생각을 가지고 사는 삶은 그런 가능성을 생각해 본 적 없는 삶보다는 존엄하다. 많은 사람들에게 좋은 삶은 특정 종교의 교리를 준수하는 삶이다. 그 종교가 전제하는 우주관이 참일 수도 거짓일 수도 있지만 그 우주관을 한 번도 성찰해 보지 못했다면 그들의 삶은 온전한 존엄성을 갖추지 못한 것이다.

우리의 첫 원리는 더 실체적인 힘을 가진다. 좋은 삶은 사소하지 않다. 단지 자신의 삶이 중요하다고 생각한다고 해서 그 삶이 중요성을 얻는 것이 아니다. 성냥갑 표지 수집 같은 사소한 취미로 인생을 보낸 사람은 좋은 삶을 창조한 것이 아니다. 그의 수집품들이 흉내 낼 수 없게 완벽해도, 그가 항상 다른 사람들의 삶의 중요성을 존중해 주며 대단한 존엄을 가지고 행동하더라도 그러하다. 그의 삶이 다른 이유로 좋을 수 있지만 그렇지 않다면 허비된 것이다.

삶에 중후함과 존엄성을 동시에 주는 것이 무엇인지 말하기는 어렵다. 어떤 이들의 삶은 위대하고 영구한 성공을 거두어 좋은 삶이 되지만 이러한 가능성은 극소수에게만 열려 있다.[1] 대부분의 좋은 삶들은, 고난도 기술을 연마하거나 가족을 양육하거나 타인의 삶을 개선하는 등의 더 한시적인 효과를 내용으로 하여 완성된다. 삶이 좋은 삶이 될 수 있는 방법은 천 가지나 되지만, 나빠지는 방법 또는 좋을 수 있는 만큼 좋아지지 못하는 방법도 사소함을 포함하여 훨씬 더 많다.

가난 때문에 좋지 못한 삶이 될 수도 있지만 좋은 삶과 나쁜 삶의 경제학은 복잡하다. 여기에서 내가 전에 지적했던 개념차와 논점을 요약한다.[2] 어떤 삶이 나에게 좋은 삶인지를 숙고할 때 나는 내 처지의 두 가지 측면을 구분해야 한다. 즉 문화, 배경, 재능, 기호 그리고 내가 충성해야 할 대상들과 같이 나의 대응에 영향을 주는 요소들과, 그런 질료들로 최선의 삶(또는 그러한 모든 삶들)을 성취하기 어렵게 만드는 제약들을 구분해야 한다. 질병과 신체적 장애는 제약이지 질료가 아니다.

즉 제약들은 어떤 삶이 나에게 좋은 삶인지 규정하는 것을 도와주지 않고 도리어 좋지 않은 삶을 향해 나를 운명 지을지도 모른다.

나의 물리적 자원과 사회경제적, 정치적 기회들은 질료도 될 수 있고 제약도 될 수 있다. 내가 속한 공동체가 성취한 경제 발전에 힘입은 것들은 모두 질료들이다. 즉 내가 속한 연대나 지리적 공동체가 다른 세대나 대륙이 이루어 낸 영화를 성취하지 못했다는 이유로 나의 삶이 좋지 않다고 규정할 수는 없다. 하지만 나의 자원이나 기회가 내가 속한 공동체가 부당하게 대우받았기 때문에 한정되었다면 그 부정의는 제약이지 질료가 아니다. 상대적 빈곤이 삶을 규정하는지 피폐화하는지는 빈곤이 부당한가 여부에 달려 있다. 현대인들이 그 조상들이 과거에 소유했던 것보다 많이 소유하더라도, 그 조상들은 좋은 삶을 살기에 더 좋은 위치에 있었을 수 있다.

플라톤과 다른 도덕주의자들은 부의 부당한 분배는 너무 적게 가진 사람들뿐 아니라 너무 많이 가진 사람들에게도 윤리적인 장애가 된다고 주장했다. 부당하게 부유한 자는 자기 존중을 유지하고 싶다며 다른 상황에서 원하거나 성취감을 느낄 만한 정도를 넘어서서 자신의 삶을 정치에 투여한다. 그는 정치적 공동체의 다른 구성원들에게 정치적 유대 관계의 의무를 가지며 이 의무 중에는 그들을 위해 정의를 확보하는 일도 있다. 참여 정치의 시대에서 이는 정의를 위한 투표 이상을 의미한다. 정치의 재원이 사적으로 조달되는 한 그는 자신에게 쓸 수도 있는 재원을 정치인들에게 주어야 하며 그 밖에 정치인들을 의미 있게 도울 수 있는 일을 해야 한다. 그의 시간은 더 이상 그 혼자만의 것이 아니다.

심각한 부정의, 예를 들어 풍요와 처절한 빈곤으로 분열된 나라는 상대적 부유층에게 추가적이고 더 극적인 영향을 준다. 즉 이 상황에서는 대부분 덜 부정의한 상황에서 창조할 수 있었을 삶만큼 좋은 삶을 창조할 수 없다. 이 방향으로 대단한 재능을 가진 몇몇은 자신의 자산을 효과적으로 이용해 진정한 성취의 삶을 추구할 수 있을 것이다. 이들에게 윤리적 문제는 과연 이들이 존엄성을 가지고 그렇게 할 수 있는가다. 나머지 사람들, 즉 재능이 없는 부자들에게 부정의의 영향력은 널리 퍼져 있다. 왜냐하면 타인의 돈으로 창조되었다는 사실만으로 그 삶의 가치는 폄하될 수밖에 없고 아무리 더 많은 부가 주어져도 이 가치의 부족분을 메꿀 수는 없기 때문이다.³ 부자도 빈자처럼 괴롭다. 빈자는 자신의 불행을 더 잘 인식할 뿐이다.

여러 문명들은 사악하지만 설득력 있는 거짓말을 교육해 왔다. 즉 좋은 삶의 가장 중요한 지표는 부, 그리고 부가 가져다주는 사치와 권력이라는 거짓말이다. 부자들은 더 부유해지면 더 잘 살 거라고 생각한다. 미국 및 여러 지역에서는 부를 정치적으로 이용해 대중을 설득해 부자들을 더 잘 살게 해 줄 지도자들이 선출되거나 수용되도록 만든다. 그들은, 우리가 상상한 정의는 사회주의로서 우리의 자유(freedom)를 위협한다고 말한다. 모두가 쉽게 속지 않는다. 즉 많은 사람들은 부가 없이도 만족스러운 삶을 산다. 그러나 많은 사람들이 설득되어 자신이 딸지도 모르는 판돈이 줄까 봐 세금 감축을 위해 투표한다. 돈을 잃을 수밖에 없는 복권인데도 말이다. 성찰되지 않은 삶을 이보다 더 잘 예시하는 것은 없다. 즉 탐욕과 망상의 종말적 춤에서 승자는 없다. 존중되거나 이해될 만한 어떤 가치론도 돈 벌기나 돈 쓰기가 그 자체로 어떤 가치나 중요성을 가지고 있다고 추정하지 않으며, 사람들이 그 돈으로 사는 거의 모든 것이 아무런 중요성이 없다. 왕 같은 삶에 대한 황당한 꿈은 윤리적 몽유병자들에 의해 유지된다. 이들의 자기 경멸은 타인 경멸의 정치를 낳고 이 정치를 통해 부정의가 유지된다. 존엄성은 불가분이다.

그러나 진실과 그 오염을 상기하라. 우리가 상상한 정의는 불가침의 명제에서 시작했다. 즉 정부는 피지배자들을 평등한 배려와 존중으로 대우해야 한다. 이 정의는 우리의 자유를 위협하지 않고 확장한다. 이 정의는 자유로움을 평등과 맞바꾸는 것이 아니고 그 반대도 아니다. 게으름뱅이들을 위해 기업들을 마비시키지 않는다. 큰 정부도 작은 정부도 선호하지 않으며 정의로운 정부를 선호한다. 이 명제는 존엄성에서 도출되어 존엄성을 향한다. 이 명제는 좋은 삶을 잘 살기가 더 쉽고 더 가능하게 만든다. 물론 그 함의는 삶과 죽음을 초월한다. 존엄성이 없는 우리의 삶은 찰나에 불과하다. 하지만 좋은 삶을 잘 살 수 있다면 우리는 그 이상을 창조한 것이다. 우리의 운명 곁에 작은 글자를 적는다. 우리의 삶을 우주라는 모래 속의 작은 다이아몬드로 만든다.

주석

옮긴이 서문

1 "Most Cited Law Professors by Specialty, 2000-2007," Brian Leiter's Law School Rankings(November 12, 2007).

2 Fred R. Shapiro, "The Most-Cited Legal Scholars," *The Journal of Legal Studies*, vol. 29, no. S1(January, 2000), 409-426쪽.

3 Cass R. Sunstein, "The Most Important Legal Philosopher of Our Time," *Bloomberg*(February, 16, 2013).

4 "Ronald Dworkin Obituary," *The Guardians*(Fuebruary 14, 2013).

5 *Taking Rights Seriously, Law's Empire* 등의 저서들이 이 기획에 속한다.

6 필자가 "당신은 법실증주의 비판에 평생을 바치며 살아왔지만 법현실주의에 대한 비판은 많이 하지 않았다. 정치적 성향이 대체로 진보적인 법현실주의를 지지하는 것은 아닌가?"라고 묻자 드워킨이 이렇게 대답했다.

7 올바른 번역은 "생명의 영토"이나 기독교 서적 느낌이 너무 난다고 해서 제목을 "생명의 지배 영역"으로 정했다.

8 "Ronald Dworkin Obituary," *The Guardians*(Fuebruary 14, 2013).

9 "Ronald Dworkin Obituary," *The Cuardians*(February 14, 2013).

10 Adam Liptak, "Ronarld Dworkin," Scholar of the Law, Is Dead at S1," *The New York Times*(February 14, 2013).

11 법철학의 여러 유파는 법에 흠결이나 공백이 있을 경우 이에 대해 법관들이 어떻게 대응해야 하는가에 따라 나뉠 수 있다. 보통 법실증주의자들의 주장은 일반인들에게 "악법도 법이다."라는 경구로 더 잘 알려져 있고 법은 구속력을 가진다는 점에서 도덕·윤리로부터 구별되기 때문에 법은 그 법의 제정 절차에 문제만 없다면 존중되어야 한다는 의미로 잘 알려져 있다. 즉 입법자나 다른 법관이 제정하거나 판결한 법을 해석하는 법관도 그 절차에 문제가 없다면 존중되어야 한다는 입장은 곧바로 자신들도 그렇게 할 수 있다는 주장과 일맥상통한다. 이에 따라 법실증주의자들은 법의 흠결이나 공백에 대해 법관들이 자유 재량을 가지고 있다고 생각하고 이들은 다시 그 재량의 행사가 존중되어야 한다고 생각하며 이에 대한 법외적인 비판에 대해 상대적으로 회의적이다.

12 법현실주의자들은 판결이나 입법도 사람들이 하는 일이며 법관이나 입법자의 재량의 행사 역시 사회 현상으로서 분석되고 비평되어야 한다고 생각한다. 이들은 공동체 전체가 추구하는 가치의 추구를 위해 필요한 것

인가를 기준으로 법령과 판례를 해석하고자 한다. 즉 법의 객관적 목적에 따른 해석에 치중하되 법의 목적을 드워킨, 롤스, 하버마스처럼 이론적으로 도출해 내려는 것이 아니고 당대 사회가 추구하는 가치가 무엇이어야 하는가라는 정치적 판단에 따라 해석하고자 한다. 법현실주의자들 중에는 판사들의 판단을 '사람이 하는 것'이라서 판사들 개인의 정치적 편향이 들어갈 수밖에 없다고 생각해 법 현상을 사회 현상의 하나로 분석해 이 법 현상을 예측하고 그 법외적인 방법(예를 들어 판사 임용, 변호사 양성)으로 법 현상에 영향을 주려고 하는 사회학적 법현실주의자들도 있다. 하지만 그 반면에 판례나 법령을 역시 사회의 대다수가 지향하는 가치에 따라 재해석하고 이렇게 해석된 판례나 법령의 구속력을 수용하여 새로운 사건이 공동체가 추구하는 가치에 부합하도록 결정을 내리려는 법현실주의자들도 있는데 이들은 이른바 Law and Economics 운동의 참여자들로서 미시경제학적으로 정의되는 사회 전체의 효용의 극대화를 사회 전체가 공유하는 가치라고 가정해 판례나 법령을 재해석해 낸다.

13 자연법주의자들은 법 외의 사실 속에서 법의 당위가 도출될 수 있다고 믿는다. 가장 대표적인 자연법주의자들은 종교의 율법을 믿는 사람들이다. 하지만 세속적인 자연법주의자들처럼 인간의 본성으로부터 도출될 수 있다고 보는 사람들도 있는데 넓게 보자면 드워킨, 롤스, 하버마스 등이 여기에 속한다. 이들은 일종의 가상 실험(thought experiment)을 통해 현재의 법이 만들어지기 이전 상태의 인간 본연에서부터 출발한다. 예를 들어 롤스는 자신의 역작 『사회정의론(*A Theory of Justice*)』에서 법 규범의 타당성을 자유주의적 사회계약론에 입각하여 평가하고자 한다. 즉 아직 사회를 구성하지 않은 '원시적 상황'의 합리적인 사람들이 자신이 장차 구성될 사회에서의 자신의 상대적 지위를 전혀 알 수 없도록 '무지의 장막' 뒤에서 그 사회에 자신들을 구속할 규범들을 만든다면 어떠한 규범들을 승인하고 어떠한 규범들을 배척했을지를 살펴보고 이때 배척되었을 규범은 현재에도 정의로운 규범으로 볼 수 없다는 것이다.

14 관련된 시도로 김도균, 「우리 대법원 법해석론의 전환: 로널드 드워킨의 눈으로 읽기 ─ 법의 통일성을 향하여」, 《법철학연구》, 13권 1호(2010), 95-138쪽.

1 안내의 글

1 Isaiah Berlin, *The Hedgehog and the Fox: An Essay on Tolstoy's View of History* (London: Weidenfeld and Nicolson, 1953), 3쪽.

2 여우의 무기는 대부분 다음과 같은 실체적 도덕 다원주의, 즉 건전한 도덕적 원리들과 이상들은 불가피하게 서로 충돌한다는 테제에 의지하고 있다. Berlin, *The Crooked Timber of Humanity: Chapters in the History of Ideas*, ed. Henry Hardy (London: John Murray, 1991); Thomas Nagel, "The Fragmentation of Value," in *Mortal Questions* (Cambridge: Cambridge University Press, 1979) 참조.

3 John Rawls, *Political Liberalism* (New York: Columbia University Press, 1996) 참조.

4 내가 처음 이와 같은 테제를 기술하고 옹호했던 것은 오래전의 일이다. "Objectivity and Truth: You'd Better Believe It," *Philosophy and Public Affairs* 25 (Spring 1996): 87-139쪽 참조. 그때 이후 나는 이 테제 및 이 책에 담긴 여타의 쟁점들을 간헐적으로 강의해 왔다. 그 여러 해 동안 논평과 비판을 해 준 수많은 이들에게 무한한 감사를 느낀다.

5 Crispin Wright, *Truth and Objectivity* (Cambridge, Mass.: Harvard University Press, 1992); Kit Fine, "The Question of Realism," *Philosopher's Imprint* 1, n. 2 (June 2001), www. philosophersimprint.org/001001/ 참조.

6 흄은 자신의 저서 *Treaties*의 3권에서 다음과 같이 말했다. "모든 도덕 체계에서 …… 저자는 한동안 통상적

인 추론 방식에 따라 전개해 나가면서 신의 존재(being)를 확인하거나 인간사에 대한 관찰의 결과들을 제시한다. 그러다가 갑자기 나는 명제에서 계속 쓰이던 연결사 '이다(is)'와 '아니다(is not)' 대신에 '이어야 한다(ought)' 또는 '이어서는 안 된다(ought not)'로 연결되지 않은 명제가 없음을 접하면서 놀라게 된다. …… 전혀 생각할 수 없는 것처럼 보이는 이것에 대해, 이 새로운 관계가 어떻게 그와는 전적으로 다른 것들로부터 연역될 수 있는지에 대해 …… (아무런 이유가 제시되지 않고 있다.)"(L. A. Selby-Bigge edition, 469쪽) 많은 철학자들이 본문에 제시된 해석을 받아들이고 있다. 리처드 헤어(Richard Hare)도 그중 한 사람인데(*The Language of Morals*(Oxford: Clarendon Press, 1952), 29, 44쪽), 그는 자신이 '흄의 원리'라고 부른 것 속에 이 해석을 간명하게 담아냈다. 그러나 이 해석은 도전도 받아 왔다. 가령, 알래스데어 매킨타이어(Alasdair MacIntyre)의 도전이 있었는데, 그의 주장에 의하면 흄은 사실로부터 규범으로의 '연역'을 배제하면서 사실로부터 규범으로의 다른 추론 양식까지 배제한 것은 아니었다.(MacIntyre, "Hume on Is and Ought," *Philosophical Review* 68(1959)) 그는 또한 흄 자신도 종종 심리적 보고문으로부터 도덕적 주장으로 옮겨 가는 것처럼 보인다는 점을 지적했다. 흄의 원리에 대한 나의 기술과 활용이 흄의 논변을 잘못 해석한 것인지 혹은 흄 스스로도 그의 원리를 침해했는지의 문제는 나의 논변에 아무런 영향을 미치지 않는다. 그러나 3장에서 보게 될 것처럼, 적어도 내가 정식화한 것과 같은 흄의 원리도 논쟁의 여지가 없지는 않다.

2 도덕에서의 참

1 이 용례는 다음 문헌을 따르고 있다. Bernard Williams, *Ethics and the Limits of Philosophy*(Cambridge, Mass.: Harvard University Press, 1985), 174-196쪽.

2 우선 도덕철학에 대한 현대 문헌들은 직관주의, 실재론(realism), 감정주의, 표현주의, 투사주의(projectivism), 환원적 자연주의, 비환원적 자연주의, 최소주의, 칸트적 구성주의, 흄적 구성주의를 논의한다. 1부에서 이 사상들을 모두 다루겠지만 이러한 명칭들을 항상 사용하지는 않을 것이다.

3 이 퇴보는 다음의 문헌에 묘사되어 있다. Paul Boghossian, *Fear of Knowledge: Against Relativism and Constructivism*(Oxford: Oxford University Press, 2006).

4 A. J. Ayer, *Language, Truth, and Logic*(London: Gollancz, 1936).

5 Richard Hare, *The Language of Morals*(Oxford: Clarendon Press, 1952); Hare, *Freedom and Reason*(Oxford: Clarendon Press, 1963).

6 Gibbard, *Thinking How to Live*(Cambridge, Mass.: Harvard University Press, 2003), 181쪽.

7 토머스 네이글은 다음과 같이 이런 형태의 내적 회의주의를 훌륭하게 설명한 콘래드(Conrad)를 인용한다. "이슬이 내린, 맑은, 별이 빛나는 밤이, 빛나는 영혼 없는 우주가 찬란하게 펼쳐진 위에 길 잃은 지구의 희망 없는 어두컴컴한 무의미함과 우리 자신들의 고독을 훌륭하게 증거하며 우리의 생기와 자긍심을 억누르고 있었다. 나는 그런 창공이 싫다."

8 어떤 철학자들은 도덕철학의 기획을 사회과학의 기획과 명확히 구별하지 않는다. 때문에 나는 이 둘의 차이를 강조하고자 한다. 피터 레일턴(Peter Railton)은 예를 들어 체계화된 1층위적 실체적 도덕적 판단들로 이루어진 "당위적 이론들"과 외부적인 2층위적 "원조(funding) 이론"들을 구분한다. 후자는 도덕이 무엇이고 무엇을 전제하고 무엇으로 귀결되는지 다른 인간의 활동 및 탐구들과 어떻게 관계하는지 올바로 기능하기 위해 무엇이 필요한지에 대해 일반적이고 일관성 있는 서술을 제공한다.(Railton, "Made in the Shade: Moral Compatibilism and the Aims of Moral Theory," in Jocelyne Couture and Kai Nielsen, eds., *On the Relevance* *of Metaethics*(Calgary: University of Calgary Press, 1995), 82쪽 참조) 레일톤이 열거한 질문들은 사람들이 특정 공동체에서 도덕적 판단을 활용하고 도덕적 판단에 반응하는 여러 방법들, 사람들이 도덕적 권위를 세우기 위해 인용하는 여러 근거들, 그리고 도덕이라는 제도가 하나의 공동체의 안정성과 효율성을 제고할 정도로 공동체 구성원들의 도덕적 견해들 간에 충분한 구조와 합의점이 있는지 등을 규명하는 사회과학적 탐구를 요청하는 것으로 이해될 수도 있다. 이런 종류의 사회과학적 이론들은 가치 판단이 객관적 진실의 후보자로서의 지위를 가지고 있는가에 대해 회의주의도 긍정론도 담아낼 수 없다. 레일톤의 의도 역시 그것이 아니다. 레일톤은 "원조 이론"이 사회과학적 수행이라고 믿지 않는다. 그에 따르면 재무 이론은 과학뿐 아니라 "언어철학과 정신철학, 행위론, 형이상학, 인식론을 주로 원용한다." 그가 염두에 둔 형이상학과 인식론은 도덕적 판단을 참으로 만들 수 있는 것이 이 세계에 존재하는가 또는 사람들이 도덕적 신념에 대해 타당한 근거를 가지고 있다고 말할 수 있는가와 같은 비경험적인 논점들을 다룬다. 그가 상상하는 "원조 이론"은 형이상학적 또는 인식론적 기준을 따르자면 도덕이 스스로 의도하는 객관적 진실에 도달할 수 없기 때문에 제대로 기능하지 못함을 규명할 것이다. 이 원조 이론은 매키(Mackie)의 그것과 같은 외적 오류 회의주의가 될 것이다. 레일톤은 도덕은 객관적 진실을 의도하지 않고 감정이나 태도의 실천적인 투영을 의도하기 때문에 제대로 기능하고 있음을 규명하는 또 다른 원조 이론도 염두에 두고 있다. 이것은 외적 지위 회의주의다. 도덕에 대한 진정한 과학적인 탐구는 외적 회의주의를 지지할 수 없으며 이런 유의 철학과는 구분되어야 한다.

9 Richard Rorty, *Contingency, Irony, and Solidarity*(Cambridge: Cambridge University Press, 1989).

3 외적 회의주의

1 Aaron Garrett, "A Historian's Comment on the Metaethics Panel at Justice for Hedgehogs: A Conference on Ronald Dworkin's Forthcoming Book," in *Symposium: Justice for Hedgehogs: A Conference on Ronald Dworkin's Forthcoming Book*(special issue), *Boston University Law Review* 90, no. 2(April 2010)(이하 *BU*로 표시): 521쪽.

2 Russ Shafer-Landau, "The Possibility of Metaethics," *BU*: 479쪽.

3 Penelope Maddy, *Realism in Mathematics*(Oxford: Clarendon Press, 1990) 참조.

4 Michael Smith and Daniel Star suggest this mistake. Smith, "Dworkin on External Skepticism," *BU*: 479쪽; Star, "Moral Skepticism for Foxes," *BU*: 497쪽.

5 Shafer-Landau, "The Possibility of Metaethics," 그리고 Star, "Moral Skepticism for Foxes." 스타는 이 논점을 다루면서 당위가 능력을 함의한다는 것은 도덕 원리가 아니라고 가정한다. 하지만 분명히 도덕 원리인 것 같다. 어떤 논평가들은 니체의 것이라고 치부하기도 했던 명백한 도덕적 입장과 충돌한다. 즉 모든 인간들이 위대하게 살아야 하지만 극소수만이 간신히 그렇게 할 수 있다는 것은 비극이라는 것이다. 스타는 사람들이 원리를 경우에 따라서는 도덕적 이유로 거부한다고 해서 그 원리가 '항상' 도덕 원리가 되는 것은 아니라고 말했다. 하지만 그 원리를 주장할 때와 거부할 때 같은 의미를 가지고 있다면 어떻게 그렇지 않을 수가 있을까? "당위가 능력을 함의한다."라는 말이 어떻게 도덕 원리가 아닐 수 있을까? 사실적 일반화도 아니고 자연법도 아니며 논리적 또는 의미론적 원리도 아니다. 또 다른 비당위적 사상들의 무명의 조합에 포함되는가?

6 (1) 한 종류의 공격은 14장에서 다룰 수행적 책무(performative obligations)라는 개념에 의존한다. 사회적 실행(social practice)은 엄연한 사실이며 어떤 사회 실행은 책무를 창출한다. 예를 들어 약속이라는 제도는 약속을 하면 이를 지킬 책무가 있다고 선언한다. 어떤 제도들은 약속처럼 자발적인 행위 자체를 요청하지 않는다. 아이들은 그들의 생물학적 법적 관계에 비추어 볼 때 부모들에게 의무(duties)를 지고 있다. 이런 사례들에

서는 관습이라는 사회적 존재가 그 스스로 도덕적 의무를 창출한다고 말해야 할까? 어떤 철학자들은 그렇다고 말하며 이를 흄의 이론에 대한 반증으로 제시한다.(Searle, "How to Derive 'Ought' from 'Is,'" *Philosophical Review* 73(1964) 참조) 이 견해에 대한 강력한 반론으로는 James Thomson and Judith Thomson, "How Not to Derive 'Ought' from 'Is,'" *Philosophical Review* 73(1964)을 보라. 내 입장은 14장에 전개될 것이다. 그런 제도들은 허공에서 책무를 창출하지 않는다. 그 제도에 도덕적 힘을 불어넣는 기본적 도덕 원리들을 전제한다.

(2) 현대 철학자 중 어떤 이들('도덕적 자연주의자들')은 도덕적 성질은 자연적 성질과 동일하다며 그런 이유로 흄의 이론을 공격한다. 그들이 제시하는 비유는 다음과 같다. 과학적 탐구를 통해 물을 이루는 성질과 H_2O라는 화학적 구조의 성질이 동일하다는 것을 발견한 것처럼 도덕적 개념에서도 상응하는 발견을 할 수 있다. 예를 들어 킹 제임스 성경에서 '비난받는다'는 것과 '도덕적으로 옳지 못하다'는 것은 같은 성질이라거나 '대중의 복지를 추구하는 것'과 '도덕적으로 옳은 것'은 같은 성질이라는 식이다. 그렇다면 일상적인 사실(그 관행이 킹 제임스 성경에서 부정된다거나 어떤 행위가 대중의 복지를 추구한다는 사실들)의 입증이 도덕적 주장의 진실을 입증한다는 것이다.

그러나 이 논변은 흄의 원리를 아직 반박하지 못한다. 물과 H_2O가 동일하다는 것은 과학적 발견이지만 성경에 의한 비난이 옳지 않음과 동일하고 복지에 대한 옹호가 옳음과 동일하다는 주장은 그 자체가 도덕적 주장이다.(Railton, "Facts and Values," in *Facts, Values, and Norms: Essays toward a Morality of Consequence*(Cambridge: Cambridge University Press, 2003), 43~68쪽 참조) 그렇다면 성서적 비판이나 친복지 효과를 근거로 하는 도덕적 입장을 지지하는 논거는 흄의 원리가 요구하듯이 도덕적 전제나 가정을 포함한다. 그러나 도덕 자연주의자들은 동일성 주장은 도덕적 주장이 아니라 특별한 종류의 일반 사실들을 설시한다고 주장한다. 즉 개념에 대한 사실 말이다.(Richard Boyd, "How to Be a Moral Realist," in Geoff rey Sayre-McCord, ed., *Moral Realism*(Ithaca, N.Y.: Cornell University Press, 1988) 참조) 이들은, 사울 크립키(Saul Kripke)와 힐러리 퍼트넘(Hilary Putnam)의 논문 속에서 발전된, 의미의 '인과적' 이론을 채택했다.(Kripke, "Naming and Necessity," in Donald Davidson and Gilbert Harman, eds., *Semantics of Natural Language*(Dordrecht: Reidel, 1972); Putnam, "The Meaning of 'Meaning,'" *Minnesota Studies in the Philosophy of Science* 7(1975))

이 이론에 따르면, 개념의 지정 대상은 어떤 자연적 존재들이 그 개념의 지정을 유인했다는 역사적 사실에 의해 고정된다. '물'은 사람들이 물이라고 부르도록 만든 사물을 가리킨다. 과학적 탐구를 통해 물의 필연적 분자 구조를 발견한다면, 다른 행성에 있는 어떤 물질이 물의 외적 성질을 모두 가지고 있더라도 분자 구조가 같지 않다면 물이 아니다. 구조의 소유 여부는 물질이 물인가를 결정한다. 도덕 자연주의자들은 이 지칭 이론을 도덕적 개념에 적용하고자 한다. 행위의 특정한 자연적 성질(예를 들어 일반적 복지를 옹호하는 성질)은 사람들이 무엇을 좋음(good)이나 도덕적 요청이라고 지칭하는가를 통제하는 성질이다. 분자 구조가 사람들이 무엇을 물이라고 부르는지를 통제하는 것과 같다. 이때 일반적 복지를 옹호하는 성질이 도덕적 선 또는 도덕적 요청이라는 성질과 동일하다고 말할 수 있다. 복지와 옳음을 연관시키는 도덕 원리를 수용해서가 아니라 일반적인 언어적 사실에 비추어 보면 그렇다. 이 논변이 성공한다면 흄의 원리가 반증된 것이다.(Railton, "Facts and Values" 참조)

그러나 이 논변은 여러 측면에서 잘못되어 있다. 우선 의미론의 기술적 논점들에 대해 방어하기 어려운 가정들을 내린다.(Terence Horgan and Mark Timmons, "Troubles for New Wave Moral Semantics: The Open Question Argument Revived," *Philosophical Papers* 21(1992) 참조) 다른 오류는 더욱 중요하다. 도덕 자연주의론은, 도덕적 개념들이 그 지칭 대상이 인과적이라고 묘사될 수 있는, 그래서 '자연류' 개념이라고 불리는, 개념 종에 속한다고 가정한다. 8장에서 나는 이 가정이 왜 오류인지를 설명할 것이다. 물이 '물'이라는 단어의 사용에 개입하는 방식으로 '잘못'의 사용에 개입할 수 있는 잘못을 묘사하는 하나의 형질(복잡한 것도)이 존재하지 않는다. 나는 8장에서 도덕적 개념들은 그 의미가 가치 판단을 통해서만 서술될 수 있는 다른 개념 종에(나는 이를 해석적 개념이라고 부른다.) 속한다고 주장한다. 내 주장이 옳다면 도덕 자연주의자들이 제시하는 종류의 도덕적 개념 이론은 항상 도덕적 주장을 내포하고 있어서 흄의 이론에 도전할 수 없다. 이에 따라 자연주의자들의 주장에 대한 다음과 같은 필연적인 반응이 설명된다. 즉 과거에 사람들이 '잘못' 또는 '불의'라는 말을 어떻게 사용했는가에 따라 테러 용의자들을 고문하는 것이나 보편적 의료 보험을 제공하지 않는 것이 옳은가 결정된다는 것이 상상하기 어렵다는 반응이다. 도덕적 개념들이 자연류가 아니라 해석적임을 이해한다면 그 이유를 알 수 있다.

(3) 이 책에 나온 두 개의 다른 논점도 흄의 이론에 대한 도전으로 비칠 수 있다. ① 4장에서 우리는 사람들이 지각을 통해 도덕적 진실과 인과 관계를 맺는다는 인과 효과 가설(causal impact hypothesis) 그리고 인과 효과 가설이 배척된다면 아무도 도덕적 입장을 취할 이유가 없다는 인과적 의존 이론(causal dependence hypothesis)을 고찰할 것이다. 후자는 그 자체가 도덕적 인식론이며 도덕 원리다. 전자는 사실적이며 진실이라면 흄의 이론을 위협한다. 나는 4장에서 두 가설이 모두 틀렸음을 주장할 것이다. ② 책의 뒷부분에서, 지위 회의주의에 대한 일반적인 조사의 일환으로, 우리는 또 다른 철학적 주장을 다룰 것이다. 즉 도덕적 신념은 내재적으로 동기를 부여하는 성질이 있으며 참이나 거짓이 될 수 있는 믿음으로 해석될 수 없다는 것이다. 도덕적 신념들이 그렇다는 것이 심리학적 사실이라면 이 철학적 주장 역시 흄의 이론을 위협한다. 나는 이 장에서 그 주장을 배척할 것이다.

(4) 마지막으로, 사실/가치 구분 그 자체가, 사실적 명제에 이미 가치가 스며들어 있기 때문에, 환상이라는 주장도 있다.(Hilary Putnam, *The Collapse of the Fact/Value Dichotomy and Other Essays* (Cambridge, Mass.: Harvard University Press, 2002)) 나는 사실이 가치로 '접혀진다'는 주장에는 과장이 있다고 믿는다. 단순성, 일관성, 지적 우아함 그리고 아름다움과 같은 인식적 가치들이 과학적 진실을 확정하는 데 도움을 주지만 그 스스로는 질문을 유예하지 않고는 과학적으로 검증될 수 없다는 중요한 사실을 인정하더라도 두 영역 사이의 매우 중요한 차이는 남아 있다. 4장을 참조하라. 나는 7장에서 이렇게 심오하게 살아 있는 차이들 중에서 가장 중요한 차이를 설명할 것이다. 가장 화려한 '접기' 주장을 수용하여 모든 사실 명제가 가치 판단이라고 하여도 흄의 이론은 위협받지 않는다. 거꾸로 흄의 이론은 동어 반복적으로 진실이 될 것이다.

7 John Mackie, *Ethics: Inventing Right and Wrong* (New York: Penguin Books, 1977), 36-38쪽.

8 같은 책, 38-42, 40쪽.

9 예를 들어 Bernard Williams, "Internal and External Reasons," in his collection *Moral Luck* (Cambridge: Cambridge University Press, 1981), 101-113쪽; Richard Joyce, *The Myth of Morality* (Cambridge: Cambridge University Press, 2001).

10 Williams, "Internal and External Reasons," 101-113쪽.

11 리처드 조이스(Richard Joyce)는 상반된 견해를 가진 듯하다. 그는 8장에서 개념을 규준 의존적 개념(criterial concept)(Joyce, *the Myth of Morality*, 102쪽)으로 다룬다. 이 오류는 그의 논변에 지대한 영향을 미친다.

12 추가 주장들을 이렇게 비형이상학적이고 세속적으로 번역하는 것은 "수축적" 진실론의 승인이나 다른 진실론의 승인이 아님을 유의하기 바란다. 이들 이론은 8장에서 다룬다.

13 이 주제에 대한 여러 이론들에 대해서는 온라인의 *Stanford Encyclopedia of Philosophy* (plato.stanford.edu/) articles "Cognitivism and Non-Cognitivism," "Judgment Internalism," "Moral Motivation"을 참조. Mark Van Roojen, "Moral Cognitivism vs. Non-Cognitivism," *Stanford Encyclopedia of Philosophy*, June 7, 2009, plato.stanford.edu/ entries/moral-cognitivism/; and Connie Rosati, "Moral Motivation," *Stanford Encyclopedia of Philosophy*, October 19, 2006, plato.stanford.edu/entries/moral-motivation/ 참조.

14 셰익스피어, 「리처드 3세」, 1막 1장.

15 G. E. M. Anscombe, *Intention*, 2nd ed.(Oxford: Basil Blackwell, 1963), section 32 참조.

16 밀턴, 『실락원』, 4권.

17 이 입장의 가장 간단한 형태는 1인칭적이다. 고문이 나를 역겹게 만든다면 나쁜 것이다. 이것은 자명하게 실체적 판단이다. 고문이 나를 역겹게 하지 않는다면 고문을 받아들일 수 있다. 이 입장의 가장 친숙한 형태는 다음과 같다. 하나의 행위가 도덕적 오류가 되는 것은 그 행위의 상상이 대부분의 사람들 또는 특정 공동체의 대부분 구성원들에게서 특별한 반응을 이끌어내는 경우다. 이 공식에 따르면 대중 또는 미리 정해진 공동체의 사람들이 그렇게 반응하지 않는다면, 고문은 더 이상 사악한 것이 아니다. 썩은 달걀이 아무도 역겹게 하지 않는다면 더 이상 역겹지 않은 것과 마찬가지다. 고문이 더 이상 사악하다고 여겨지지 않으면 고문은 사악하지 않다는 테제는 물론 매우 논란이 될 1차적 도덕적 입장이다. 그러나 이 성향 의거적 (dispositional) 서술에는 여러 형태가 있다. 예를 들어, 고문의 사악성은 우연히 동시대를 산 사람들의 반응이 아니라 바로 특정한 생리학적 구조, 기본적 이해관계 그리고 일반적인 정신적 특질을 가진 바로 우리들의 반응이라는 서술이 있을 수 있다.(Crispin Wright, *Truth and Objectivity*(Cambridge, Mass.: Harvard University Press, 1992), 114쪽 참조) 이 경우 인류가 매우 다른 이해와 신경 구조를 가지고 있다고 해서 고문이 더 이상 사악하지 않게 될 것이라는 귀결에 이르지 않는다. 그러나 어떤 자명하게 실체적이고 논란이 될 만한 주장으로는 귀결될 것이다. 즉 사람들의 반응이 진화하면서 경제 또는 다른 정황들이 달라 현재의 일반적인 이해관계와 태도를 가진 사람들이 고문에 거부감을 느끼지 않았을 것이라면, 고문은 사악하지 않았을 것이라는 식이다. 성향 의거적 서술은 위의 두 가지 말고도 다른 형태를 취할 수 있다. 도덕적 성질의 존재 범위를 다른 방식으로 고정시킬 수 있다. 그러나 썩은 달걀의 역겨움에 대한 철학적 조명은 썩은 달걀이 역겹지 않을 상황을 구성하는 반사실적 상황을 허용하듯이, 도덕적 성질의 2차적 명제로서의 조명은 실체적 도덕적 입장을 이루는 반사실적 상황들을 요구한다.

18 Lady Macbeth: "I have given suck, and know/How tender 'tis to love the babe that milks me."(I, vii, ll, 54-55쪽) 맥베스에게는 자식이 없다.

19 Richard Rorty, "Does Academic Freedom Have Philosophical Presuppositions?" in Louis Menand, ed., *The Future of Academic Freedom*(Chicago: University of Chicago Press, 1996), 29-30쪽.

20 스미스는 "Dworkin on External Skepticism"에서 지위 회의주의의 표현-행위 버전은 "기본적으로" 폐기되었다는 점에 동의한다. 그러나 그는 내 논변이 다루지 않는다고 믿는 "두 개의 게임" 전략을 소개한다. "외적 지위 회의론자들의 현재 주장은, 도덕적 사실에 대한 믿음과 무도덕적(nonmoral) 사실에 대한 믿음은, 전자는 완전히 무도덕적 사실에 대한 욕구에 의해 구성되지만 후자는 그렇지 않은 것에 의해 구별된다는 것이다."(518쪽)

배경 지식으로 다음을 고찰해 보라. 명제의 진실을 받아들여도, 무엇 때문에 그것이 진실이 되는가(진실은 무엇으로 구성되는가 또는 키트 파인(Kit Fine)의 말을 빌리면 무엇인 진실의 "근거"가 되는가(Kit Fine, "The Question of Realism," *Philosopher's Imprint* 1, no. 1 (June 2001), www.philosophersimprint.org/001001/))는 별도의 중요한 철학적 논점이다. 외적 지위 회의론자는 "속임수는 나쁘다."라는 명제는 수용하면서, 그 명제의 진실이 속임수의 옳지 않음이라는 도덕적 상황으로 구성된다는 것은 거부할 수 있다. 그는 이 명제의 진실은 심리적 상황, 특히 사람들이 특정한 태도나 욕구를 가지고 있는 상황으로 구성되어 있다고 주장할 수 있다. 그러나 그것도 내가 적시한 난관을 극복하지 못한다. 즉 외적 회의론자는 비회의론자의 어떤 실체적 명제와도 동의할 수 있기를 원한다는 것이다. 예를 들어 속임수가 나쁘다는 것은 사람들의 태도에 의존하지 않는 기본적 사실이라는 명제 같은 것 말이다. 이 널리 공유되는 판단을 부인하고자 한다면 그는 실체적 도덕적 입장을 취하는 것이 된다. 그의 회의주의는 내적인 것이 된다. 그는 실체적 도덕 놀이를 할 때는 속임수의 오류성이 심리적 상황으로 구성되지 않는다고 말하고 별도의 철학적인 2차적 게임을 할 때는 진정한 도덕적 믿음은 태도에 의해 구성된다고 말하고 싶어 한다. 그러나 본문에서 말했듯이 이 회의론자는 이 두 가지 명제를 두 게임 중의 하나에서 서로 일관되도록 재천명할 수 있어야 한다. 그는 그렇게 할 수가 없기 때문에 결국 두 명제 중의 하나를 선택해야 한다. 속임수가 나쁘다는 명제의 진실성이 태도로 구성된다면 내적 회의론자가 되는 것이고 속임수의 나쁨에 의해 구성되는 것이라면 그는 회의론자가 아니다.

스미스는 이런 이유로 이 논변이 외적 회의주의를 지지하지 못한다는 데 동의한다. 그러나 그는 이 주장을 위한 논변이, 도덕적 사실보다는 도덕적 믿음이 무엇으로 구성되는가를 물음으로써 개선될 수 있다고 믿는다. 드라이어(Drier)는 "줄리아는 지식이 내재적으로 좋은 것이라고 믿는다."라는 명제가 지시하는 현상을 고찰한다. 그는 "표현주의자들은 다른 방식을 동원하여 그 현상을 설명했을 것"이며 자연주의와 비자연주의의 차이는 "좋음의 성질이 그 현상의 설명에 개입한다고 믿는가의 차이로 귀결된다."라고 믿는다. 그는 이 전략의 예시로서 James Drier, "Meta-Ethics and the Problem of Creeping Minimalism," *Philosophical Perspectives* 18(Ethics)(2004): 41쪽을 인용한다. 나는 드라이어가 어떤 '설명'을 하는지 또는 어떻게 스미스가 드라이어의 제안이 내 주장에 관계한다고 생각하는지 확신하지 못한다. '실재론자'는 줄리아의 현상학이나 두뇌 상태에 대해 '표현주의자'와 다른 견해를 가질 이유가 없다. 그녀의 믿음의 인과적 연혁에 대해서도 그러하다. 내가 4장에서 주장하듯이, '실재론자'는 어떤 유의 회의론자들이 타인의 도덕적 신념에 대해 어떤 개인사적 인과적 설명을 제시하더라도 일관되게 수용할 수 있기 때문이다. 드라이어는 어떤 설명을 염두에 둔 것일까? 아마도 그는 이 상황에 대한 형이상학적 기술에 있어서 줄리아의 욕구와 그녀가 주장하는 도덕적 사실 중에서 어느 것이 더 근본적 역할을 하는가를 물으려는 것일 수도 있다. 그러나 이 물음을 어떻게 이해하든 우리가 위 문단에서 믿음이 아니라 도덕적 사실 자체에 집중했기 때문에 중요한 질문은 남게 된다. 드라이어가 염두에 둔 '설명'은, 모든 수위의 형이상학적 단계에서, 지식이 내재적으로 좋은가, 진정으로 또는 내재적으로 좋은가 또는 그런 유의 주장이나 전제들 모두에 적용되는가? 그렇다면 다시 한 번 '표현주의자'는 외적 회의론자가 아니라 내적 회의론자다. 그의 전체적 기술은 사안에 대한 실체적 견해다. 형이상학적일지는 몰라도 그는 좋음에 대해 실체적인 부정적 신념을 드러내고 있다. 그렇지 않다면, 즉 줄리아의 믿음에 대한 그의 기술이 그런 견해를 포함하지도 그런 견해로 귀결되지도 않는다면 그는 회의론자가 아닌 것이다. 이것이 "외적 회의론자가 이제 할 말"이라면 그들의 입지는 개선되지 않았다.(나는 실재론과 반실재론의 철학적 이론들이 구별되는 영역이 있고 그렇다면 어떻게 구별되는지에 대해 중요한 형이상학적 논점들이 있음을 의심치 않는다. Fine, "The Question of Realism"을 참조하라. 하지만 이 논점들은 진정한 외적 회의주의의 가능성에 대한 문제에 접점이 없다.)

21 기바드는 최신 문헌에서 이를 제안한다. *Thinking How to Live*(Cambridge, Mass.: Harvard University Press, 2003), 183-188쪽. 블랙번과의 대화와 서신 내용.

22 기바드는 일관되게 자신의 도덕 이론을 '표현주의적'이라고 묘사한다.(자신을 "비인지주의자"로 칭하기도 하지만 이 호칭은 철회했다. Allan Gibbard, *Thinking How to Live*, 183쪽) 그는 자신의 철학적 기획을 이렇게 설명한다. 그는 "윤리적 명제가 어떤 정신 상태를 표현하는지를 물으려고" 한다는 것이다. 그의 '윤리적'은 '도덕적'을 포함하고 그의 '표현한다(express)'는 '의미한다(mean)'와 더 비슷하게 사용된다. 예를 들어, 섬세하지 않은 정신 상태를 표현하는 '부우우'는 어떤 '기표'라기보다는 거부의 표현일 뿐이라는 것이다. 그의 결론은 도덕적 판단은 삶의 특정한 계획의 승인을 표현한다는 것이다. 이는 보통 사람들의 견해에 대한 의구심으로 들린다. 이 견해를 가진 사람들은 도덕적 판단이 행위의 당부당에 대한 믿음이지 계획의 승인이라고 보지 않기 때문이다. 그러나 기바드는 자신이 의미하는 표현주의자가 보통 사람들이 도덕적 판단의 참과 객

관성에 대해서 하는 모든 말을 스스로 하더라도 이치에 어긋나지 않는다고 생각한다. 그는 도덕이 진실을 자임하는 성질이 도덕적 판단을 한 사람들이 세운 계획에 내적인 것이라고 해명할 수 있다. "당위적 주장은 우리의 수용 여부에 관계없이 참이나 거짓일 수 있다. 여기에서의 수용은 거칠게 말하면 자신의 계획을 한 정하여, 자신이 여러 가능성에 대비할 때 특정 가능성이 실현되면 어떤 계획을 받아들일지에 관계없이 받아 들일 계획만을 준비하는 것과 같다.(6쪽)" 이것은 두 개의 게임 전략과 비슷하게 들린다. 표현주의자는 일종 의 해명을 통해, 실재론자가 도덕적 감응(moral engagement)의 차원에서 하는 말을 똑같이 할 수 있다. 그리 고 실제로 기바드는 두 개의 게임을 내가 묘사한 전략이 요구하는 같은 방식으로 구별해 낸다. 즉 그는 자신 의 이론에 대한 "내적 적실성"의 문제는 보통 사람들의 견해를 흉내 내는 데 성공했는가의 문제로, "외적 적 실성"의 문제는 내적 현상을 설명하는 데 성공했는가의 문제로 구분한다.(184~188쪽)

그러므로 그가 내 제안("Objectivity and Truth: You'd Better Believe It," *Philosophy & Public Affairs* 25(Spring 1996): 87~139쪽, 그리고 이 책에서도 반복했듯이)을 대면하는 것은 옳다. 표현주의자가 흉내 내기에 완전 히 성공한다면 자신과 자신의 '실재론적' 적들과의 차이는 사라진다는 제안 말이다. 기바드는 이를 "기이한 염려"(184쪽)라고 부른다. 기바드는 그와 내가 내부적, 감응적(engaged) 차원에서 무엇이 사리에 맞는가에 대해 완전히 동의하더라도 우리가 철학적 차원에서는 의견 차가 있을 것이라고 주장한다. 그의 이론은 감응 적 차원에서 일어나는 일들을 더욱 잘 설명한다는 것이다. 그에 따르면, 내가 옹호하는 보통 사람들의 견해 는 그가 도덕 이론의 핵심이라고 생각하는 질문에 답하지 못한다. 즉 왜 우리가 뭘 할지에 우리가 뭘 해야 할지가 영향을 주는가 등의 질문 말이다.(184쪽) 그는 더 성공적이라고 자평하는 해답을 다음과 같은 경구 로 제시한다. "무엇을 해야 하는가는 우리가 무엇을 할지와 개념적으로 동일하다."(184쪽) 옳고 그름에 대한 견해는 자신이 앞으로 어떻게 살지에 관한 계획이라는 것이다.

그러나 두 개의 게임 전략은 하나의 현상에 대해 다른 설명을 해서 실패하는 것이 아니라(대부분의 이론들 이 그렇게 한다.) 이 전략이 2차적이 되어야 할 설명을 설명의 대상이 되는 1차적 현상의 일부로 전환하기 때문에 실패하는 것이다. 그의 경구도 마찬가지다. 그가 답하고 있다고 주장하는 질문(우리는 왜 우리가 해 야 한다고 생각하는 일을 하게 되는가?)은 처음부터 철학자들이 답하려고 했던 1차적인 실체적 윤리적 질 문이다. (이 책도 후반부에서 답을 시도한다.) 기바드의 말을 이 오래된 질문에 대한 답으로 이해하는 방법 은 세 가지가 있을 수 있다. (1) 우선 기바드의 경구를 사람들이 자신의 도덕적 신념을 표명할 때의 정신 상 태를 묘사하는 것으로 받아들일 수 있다. 그렇게 하면 두 가지 문제를 접하게 된다. 첫째, 사실이 아니다. 어 떤 사람들은 자신도 도덕적으로 잘못이라고 믿는 것을 세심하게 계획한다. 의지가 약해서가 아니라 당당하 고 자기의식적인 변태적인 마음에서, 즉 잘못이기 때문에 그렇게 한다. 글루세스터, 악마 등이 그렇다. 둘째, 기바드의 경구를 묘사로 받아들인다면 그가 의도한 답이 될 수 없다. 그런 묘사는 정확하다고 할지라도 실 체적 질문을 그대로 남겨 둔다. 즉 "왜 우리는 도덕적이어야 하는가?" (2) 우리는 경구를 철학적 입장의 선 언으로 받아들일 수도 있다. 우리가 무언가를 해야 한다고 믿는 것과 그것을 하려고 계획하는 것 사이에는 개념적인 연관성이 있다는 입장이다. 즉 우리가 하려는 일과 우리가 해야 하는 일은 의심의 여지없이 동일 하다는 입장이다. 하지만 이 입장에서 보면 글루세스터나 악마는 말도 안 되는 소리를 지껄인 셈이다. 즉 단 숨에 하나의 계획을 확립하면서 거부한 것이 된다. 수긍할 만하지 않다. (3) 또는 그 경구를 고대의 논쟁에 서 실체적인 입장을 취한 것으로 이해할 수도 있다. 이렇게 이해하면 기바드는 '할 일(thing to do)'은 도덕 이 허락하는 것 외에는 아무것도 없다는 강력한 주장을 하게 된다. 이는 1차적 윤리적 신념이지 2차적 해설 이 아니다.

사이먼 블랙번의 입장은 지난 몇 년간 변화해 왔지만 적어도 한 번은 본문에 묘사된 두 개의 게임 전략을 발현한 이론을 주창했던 것으로 보인다. 그는 도덕적 판단은 태도와 감정의 투영으로서 가장 잘 이해된다고 한다.(Simon Blackburn, "Reply: Rule-Following and Moral Realism," in Andrew Fisher and Simon Kirchin, eds., *Arguing about Metaethics*(New York: Routledge, 2006), 471쪽 참조) 그는 자신을 투사주의자(projectivist) 또는 유사실재론자로 칭했고 이런 자칭을 지위 회의적 개념으로 설명했다. 예를 들어, 그는 자신이 에이어(Ayer)의 감정주의(emotivism)를 개선하려 한다고 말했다.(자신의 자전적 기술 www.philosophynow.org/issue35/35blackburn.htm 참조) 그는 말하기를 "나는 감정주의의 출발점을 취한다. 즉 도덕적 언사들의 의미는 화자의 태도를 표명하는 것으로 소진된다는 것이다."(*Essays in Quasi-Realism*(Oxford: Oxford University Press, 1993), 19쪽) 그는 "도덕주의자로서의 우리의 본질은 우리가 가치, 의무, 권리 등을 포함하지 않는 현실에 반응하고 있다는 사실로서 설명된다."라고 말했다.(*Arguing about Metaethics*, 471쪽) 그러나 많은 논문들과 책을 통해 자신과 같은 투사주의자가 "도덕적 실재론을 규정하는 지적 사고를 할 수도 있음"을 보여 주기 위해 노고를 아끼지 않았다. 예를 들어, 흄에 동의해 가치들은 도덕적으로 무의미한 세계에 대한 인간들의 반응에 의해 만들어진 "새로운 피조물"이라고 믿는 투사주의자도 무분별한 잔인함은 도덕적으로 무의미한 세계에 대한 인간들의 반응에 관계없이 옳지 못하다고 말할 수 있다는 것이다. 그는 이 퍼즐을 해명하기 위해 두 개의 게임 또는 '작업(business)'을 제안하는 듯하다. "'무분별한 잔인함의 그름은 무엇에 의지하는가?'라는 질문을 바르게 취하는 방법은 하나뿐이다. 우리의 실제 반응에 대한 온전한 언급과는 무관한 답을 요구하는 도덕적 질문으로 이해하는 것이다. 누군가 태도를 표명하는 간단히 언급하는 문장을 쓰는 순간, 그는 윤리적 견해를 토론하거나 주장하는 '작업'에 참여하게 된다." 그러나 "외부적 질문을 다루고자 한다면 다른 접근법이 필요하고, 나의 경우 윤리적 수행을 다른 감성이나 태도를 조정하고 개선하고 평가하고 거부하는 영역에 두는 자연주의적 접근법을 쓴다." 그리고 "투사주의자는 의존성(dependency)이라는 외부적 질문을 실제 상황과 그 인과 관계들이 다루어지는 영역으로 한정할 완벽한 권리가 있다. 이 세계에 실재하는 것은 사람들의 태도일 뿐 도덕적 성질이라는 것은 존재하지 않는다. 바로 이 때문에 자연주의가 참이다."("How to Be an Ethical Anti-Realist," in *Blackburn's Essays in Quasi-Realism*(Oxford: Oxford University Press, 1993), 173– 174쪽)

나는 블랙번이 도덕적 '작업'과는 구별되는 철학적 '작업'을 상상했고 철학자는 전자의 작업에서 보통 사람들의 견해를 의심해야 하고 후자의 작업에서 그래서는 안 된다고 믿을 것으로 추정한다. 다른 해석도 있다. 즉 그가 '자연주의'의 '외부' 세계를 말하거나 '실제 상황'을 말할 때 도덕적 판단의 객관적 진실성을 거부할 수 없는 특별한 철학적 세계를 염두에 둔 것이 아니라 사회과학자들, 사회학자들, 심리학자들이 사람들이 도덕적 신념을 갖게 되는 과정에 대해 개인사적 인과 관계를 설명하는 세계를 염두에 두었다는 것이다. 이 해석에 따르면 '이 세계'에는 도덕적 성질이 부재한다는 그의 언급은 자명하게 참인 명제라 할 수 있다. 즉 특정인이 왜 도덕적 신념을 갖게 되는가를 설명할 때 도덕적 신념의 진실성에 대한 질문은 간여하지 않는다는 것이다. 나는 '외부' 세계에 대한 두 개의 해석, 중 첫 번째 것이 블랙번의 저술에 더 부합한다고 믿는다. 그렇지 않다면 해석 작업이 '나의 경우'에는 자연주의에 해당한다고 말하지 않았을 것이다. 후자의 해석에 따르면 이 주장은 모두에게 항상 참이 될 것이다. 더욱이 보통 사람들의 견해를 투사주의적으로 '흉내 내는' 작업은 보통 사람들의 견해에 대한 의구심을 전제로 한다. 예를 들어 왜 투사주의자가, 아무도 개를 걷어차는 것이 잘못이라고 생각하지 않더라도 그것은 잘못이라고 말할 수 있는지에 대한 그의 주장을 고찰해 보자. 블랙번에 따르면, 투사주의자는 개를 걷어차는 것을 아무도 패닉하지 않는다고 믿으면서도 개를 걷어차는 것에 대해 "부정적인 입장으로 결론지어지는" "도덕적 입장"을 취한다는 것이다. "이 투사주의자는 사람들의 태도들에 대한 믿음이 입력되어야 위와 같이 부정적인 반응을 출력하는 도덕적 성향을 승인하지 않는다. 이 반사실적 명제에서 표현되는 것은 이것뿐이다."(Blackburn, "Rule-Following and Moral Realism," in S. Holtzmann and C. Leich, eds., *Wittgenstein: To Follow a Rule*(London: Routledge, 1981), 179쪽)

이것은 외적 회의주의의 언어다. 보통 사람들의 견해를 믿는 사람들은 반대로 이 반사실적 상황에서 표현되는 것은 개를 걷어차는 것은 아무도 그렇게 생각하지 않더라도 옳지 않은 행동이라는 믿을 것이다.

23 Ronald Dworkin, *Taking Rights Seriously* (Cambridge, Mass.: Harvard University Press, 1977), 6장.

24 Rawls, "Justice as Fairness: Political not Metaphysical," in *Collected Papers*, ed. Samuel Freeman (Cambridge, Mass.: Harvard University Press, 1999), 386, 400, 419쪽.

25 Rawls, "Kantian Constructivism in Moral Theory," in *Collected Papers*, 303, 346쪽.

26 같은 책, 350쪽.

27 Onora O'Neill, "Constructivism in Rawls and Kant," in *The Cambridge Companion to Rawls*, ed. Samuel Freeman (Cambridge: Cambridge University Press, 2002), 347쪽 참조.

28 나는 그런 기획을 *Is Democracy Possible Here?* (Princeton: Princeton University Press, 2006)에서 옹호하고 시작하고자 했다.

29 크리스틴 코스가드(Christine Korsgaard)는 롤스에게는 자유주의를 정의하는 '공리(axiom)'가 이미 주어져 있었고 롤스는 이 공리를 충족하는 적절한 절차를 찾기만 하면 될 뿐이었다고 믿는다.(Korsgaard, "Realism and Constructivism in Twentieth Century Moral Philosophy," in *Philosophy in America at the Turn of the Century* (Charlottesville, Va.: Philosophy Documentation Center, 2003), 99, 112쪽) "자유주의는 정치적 정책들은 시민들이 보기에 수용 가능할 때 정당화되는 것이라고 주장하므로, 우리는 모든 시민들에게 수용 가능한 이 강제력 있는 정책들을 지지할 이유를 제공할 수 있어야 한다."라고 그녀는 주장한다. '수용 가능하다(acceptable)'가 '수용될 수 있다(could be accepted)'라는 의미라면, 이 조건은 그리 엄격하지 않다. 개종은 항상 가능하기 때문이다. '수용 가능하다'가 '수용될 것이다'라는 의미라면 이 조건은 너무 엄격하다. 어느 국가에서도 우리가 합리적이라고 여기는 사람들 모두에게 수용될 정책은 없다. 코스가드는 자신의 새로운 구성주의를 도덕적 판단이 실천적 기능을 한다는 생각에서 출발시킨다. 도덕적 판단은 다른 활동처럼 여러 기능을 하는데, 그녀는 도덕적 판단은 실천적 문제 해결의 역할을 하고 나면 기능이 소진된다고 믿는 것 같다. 실제 그렇다면 그 기능을 잘 수행하지 못하고 있는 것 같다. 우리는 평화 공존과 같이 실천적 문제를 인지하고 그에 대한 실천적 해결책을 찾은 후 그 해결책을 도덕적 꽃가루로 장식하지 않는다. 문제를 인식하는 지점에서부터 도덕적 개념들이 필요하다. 평화 공존은 독재에서도 가능하지만 우리는 모든 시민들이 자신들의 동등한 지위를 존중받으며 공평하게 대우되는 공정한 사회에서 살기도 원한다. 우리가 합의한 선택 장치의 결과물이기 때문에 공정한 것이 아니라 실제 공정한 사회에서 살기를 원한다. 정의가 무엇을 요구하는지 먼저 정하지 않고는 이 문제를 풀 수 없다. 무엇이 해결책인지는 도덕적 개념의 올바른 이해에 달려 있지 그 반대가 아니다. 올바른 이해가 무엇인지를 결정하기 위해 우리에겐 뭔가 독립적이고 비구성주의적인 방법이 필요하다.

30 Nadeem Hussain and Nishi Shah, "Misunderstanding Metaethics," in *Oxford Studies in Meta-ethics*, vol. 1, ed. Russ Shafer-Landau (New York: Oxford University Press, 2006), 268쪽.

4 도덕률과 원인들

1 물론 당신은 이렇게 생각해서는 안 된다. 나의 책 *Sovereign Virtue* (Cambridge, Mass.: Harvard University Press, 2000), 409-426쪽 참조.

2 G. E. Moore, *Principia Ethica* (Cambridge: Cambridge University Press, 1903); Richard Price, *Review of the Principal*

Questions in Morals(1757) 참조.

3 3장에서 거론되었던 자연주의적 도덕관은 인과적 효과 가설을 지지한다. 도덕적 성질이 자연적 성질과 같다면 자연적 성질들이 인간의 정신과 상호 작용하는 것처럼 도덕적 성질도 그럴 수 있을 것이다. 이런 취지를 담은 니콜라스 스터전(Nicholas Sturgeon)의 주장은 길버트 하먼(Gilbert Harman)의 권위 있는 책에 대한 대응으로 성안된 것이다.(Sturgeon, "Moral Explanations," in David Copp and David Zimmerman, eds., *Morality, Reason and Truth*(Totowa, N.J.: Rowman and Allanheld, 1985), 49-79쪽, reprinted in *Arguing about Metaethics*, ed. Andrew Fisher and Simon Kirchin(New York: Routledge, 2006), 117쪽 참조) 하먼은 도덕적 사실이 존재하더라도 우리의 도덕적 신념을 해명하지는 못할 것이라고 주장하며 도덕적 사실은 존재하지 않는다고 결론지었다.(Harman, *The Nature of Morality: An Introduction to Ethics*(New York: Oxford University Press, 1977) 참조) 스터전은 하먼의 전제에 이의를 제기했다. 스터전은 히틀러가 괴물이라는 사실은 히틀러의 행적을 설명하고, 그의 행적은 왜 우리가 괴물이라고 생각하는가를 설명하므로, 도덕적 진실이 도덕적 신념을 설명한다고 주장한다. 하먼은 인과적 주장들은 모두 다음의 반사실적 질문을 던져 검증해야 한다고 본다. 예를 들어, 히틀러가 실제로 괴물이 아니었더라도 우리는 히틀러가 괴물이라고 믿었을까? 질문에 대한 답이 부정적이라면, 히틀러의 괴물성이 우리의 그런 생각을 초래했다고 결론지을 수 있다. 그러나 하먼에 따르면 우리가 그 답이 부정적이라고 생각할 이유가 없다는 것이다. 스터전은 이 상황을 두 가지 반사실적 방법으로 이해할 수 있음을 정확히 지적한다. 우선 히틀러의 행적이 괴물의 그것과는 달랐더라도 우리가 그가 괴물이라고 믿었을 것인지에 대한 질문으로 볼 수 있다. 대부분의 사람들은 이 질문에 대해 "아니오."라고 답했을 것이다. 또는 히틀러의 행적이 그가 행한 그대로임에도 그가 괴물이 아니라면 우리가 그가 괴물이라고 믿었을지에 대한 질문으로 볼 수 있다. 스터전은 이 후자의 질문의 전제가 이해 불가함을 지적한다. 히틀러가 괴물이 아니라는 사실 외에는 모든 면에서 우리의 세계와는 똑같은 세계를 상상할 것을 요구하기 때문이다. 도덕 입자, 즉 그 성질이 도덕적 판단을 참이나 거짓으로 만드는 입자가 존재한다면 이런 상상도 가능하다. 다른 세계는 우리 세계와 똑같고 단지 도덕 입자들이 다른 성질을 가지고 있을 것이다. 하지만 도덕적 판단들은 도덕 입자가 아니라 논증에 의해 참이 되기 때문에, 이런 반사실적 상황의 전제는 상상이 불가하다.

스터전은 두 개의 결론을 도출하고 이 결론들을 한꺼번에 작동시키기를 두 번 한다. 첫째, 그는 하먼의 반사실을 이성적으로 구성하는 유일한 방법을 따르자면 대부분의 사람들은 "아니오."라고 답할 것이므로, 히틀러의 괴물성은 왜 사람들이 그가 괴물이라고 믿는지를 설명한다고 주장한다. 하지만 그것은 착오다. 그런 이해 아래에서는 반사실적 상황이 인과 관계의 해명에 도움을 주지 못한다. 괴벨스의 유령은 히틀러의 괴물성을 보여 주는 모든 역사적 사실들을 알고 있지만 그 사실들이 그 유령이 나의 견해를 가지도록 초래하지는 않았다. 히틀러의 괴물성이 그의 행동을 설명하고 내가 왜 그가 괴물이라고 믿는지를 설명한다고 봄이 자연스러운 것은 맞다. 하지만 그 말은 긴 문장을 축약한 다음 문장을 읽어 보면 보다 쉽게 이해할 수 있다. 히틀러의 성격이 그의 행동을 초래했고, 나는 그처럼 행동하는 사람은 괴물이라고 생각하기 때문에 그의 성격이 내가 그를 괴물이라고 생각하도록 초래했다는 것이다. 이 설명은 히틀러의 괴물성이라는 사실에 아무런 인과적 효력을 부여하지 않으면서도 인과적으로 유의미한 어떤 것도 누락하지 않는다.(Crispin Wright, *Truth and Objectivity*(Cambridge, Mass.: Harvard University Press, 1992), 195쪽) 스터전은 두 번째 결론을 도출한다. 자신의 주장이 도덕적 사실이 없다는 회의주의적 결론을 허용한다는 하먼의 생각은 오류라는 것이다. 이 점은 나도 동의한다. 다음 절에서 내가 다룰 인과적 의존성 명제가 거짓이므로, 그의 말처럼 도덕적 사실이 도덕적 신념을 초래하지 않는다고 하더라도 하먼은 그런 결론을 내릴 수 없다.

4 마크 존스턴(Mark Johnston)은 예술적 성질과 도덕적 성질의 표현주의적 또는 성향주의적(dispositional) 설명에 대응하여 설득력 있게 다음과 같이 주장한다. 미는 음미하는 사람의 눈에 있지 않다는 것이다.("The

Authority of Affect," *Philosophy and Phenomenological Research* 63, no. 1(2001): 181쪽) 당신의 연인은 실제로 아름답다. 물론 그것을 알기 위해서는 그녀에 대해 제대로 관심을 가져야 할지도 모르지만 말이다. 당신은 그녀의 아름다움을 논증하거나 유추하지 않는다. 당신은 체스의 고수가 세 수 앞의 스테일메이트를 보듯이 그녀의 아름다움을 인지한다. 하지만 두 가지 사례 모두 인과론적인 인식이 아니다. 고양이를 불에 태우는 아이들의 악독함을 당신이 인지하는 방식은 그들의 악독함에 대한 추가적인 증거나 논변이 되지 못한다. 목격자의 증언이 살인의 증거가 되는 방식과는 다르다. 당신의 판단에 동의하지 않는 사람에게 당신이 변론할 때 그 변론은 당신의 진실성이나 당신이 악독함을 인지하는 능력 또는 이를 인지할 수 있는 위치에 있었는지 등은 무의미하다. 논변의 성공은 아이들 행동의 악독함을 입증하기 위해 제시한 이유들에 의해 결정된다. 당신의 즉각적인 도덕적 또는 미적 반응은 체스마스터의 반응처럼 경험과 뿌리 깊은 편견들을 반영할 것이다. 아름다움이나 악독함에 대한 당신의 주장에 대한 논변은 정당화 이론이지 당신이 본 것의 보다 자세한 기술이 아닐 것이다.

5 Plato, *Phaedrus* 247e-249d; *Phaedo Ph.* 65e-66a; G. E. Moore, *Principia Ethica*(Cambridge: Cambridge University Press, 1903). 또한 다음의 도덕 관념 이론들을 보라. e.g., Shaftesbury, *An Inquiry Concerning Virtue, or Merit*(1699); Reid, *An Inquiry into the Human Mind on the Principles of Common Sense*, ed. Derek R. Brookes(Edinburgh: Edinburgh University Press, 1997); Hutcheson, *An Essay on the Nature and Conduct of the Passions and Affections, With Illustrations on the Moral Sense*(Dublin: J. Smith and W. Bruce, 1728).

6 나는 여기에서 그런 종류의 이론 세 가지를 설명하겠다.

네이글(Nagel). 토머스 네이글에 따르면, 도덕은 기이한 입자의 문제가 아니라 이유의 문제다. 이성적인 능력이 있고 조건만 맞는다면 사람들은 자신이 무엇을 할 이유가 가장 강력한가에 대해 설득력 있는 결정을 내린다. 이성이 기능하기 위해서는 점진적인 대상화의 과정을 거쳐야 한다. 즉 스스로의 특별한 욕구, 이해관계 그리고 열망으로부터 우리를 차단하려고 애를 써서 사람들이 일반적으로 행동의 이유로 삼는 것들을 견주어 보는 것이다. 이 과정에서 사람들은 자신의 이해관계가 지배하는 자신만의 관점에서 벗어나 도덕적 판단이 가능한 탈개인적 관점을 쟁취할 수 있다.(Nagel, *The View from Nowhere*(Oxford: Oxford University Press, 1986), 8, 9장)

나는 이 책에서 네이글이 대조시키는 두 개의 관점에 대해서 여러 번 언급한다. 두 관점의 차이는 아래 기술하는 두 논점의 연관성과 관련이 있다. 즉 도덕적 견해가 어떻게 형성되는가에 대한 최선의 설명과 도덕적 견해가 객관적으로 진실일 수 있는가 사이의 연관성 말이다. 그에 따르면, 논점에 대한 두 번째 논쟁의 핵심은, 앞에서 설명한 대상화 과정이 인간들에게 가능한가 또는 인간들은 어쩔 수 없이 자신들의 이해관계와 성향의 한계 속에서 자기만의 관점에 갇혀 있게 되는가다.

> "주관주의자(subjectivist)는, 사람들이 이유를 가지고 하는 일들에 대한 모든 이성적 판단들은 사실 이성과 무관하게 촉발된, 그 판단자들의 욕망 또는 성향의 표출임을 입증해야 한다. 즉 당위적인 판단이 적용될 수 없는 욕망과 성향 말이다. 이 동기주의적 가정은 당위적 가정이 표면적이고 기망적임을 보여 주어 '퇴출'시키는(displacing) 효과를 가져올 수밖에 없다. 주관주의는 경험심리학적인 실체적 주장을 동반한다."
> (*The Last Word*(Oxford: Oxford University Press, 1997), 110-111쪽)

이 맥락에서 '표출'은 인과적인 개념이지 의미론적 개념이 아니다. 주관주의자는 사람들의 도덕적 신념이 개인적 욕망이나 성향의 표출로서 가장 잘 설명되며 그러한 욕망이나 성향에 인과적 개입을 거부하는 탈개인적 관점에서 내려진 판단으로는 잘 설명되지 않는다고 주장한다. 네이글에 따르면 주관주의자는 이러한 '퇴출'

이 가능함을 모든 사례에서 입증할 수 없다. 하지만 그것은 경험심리학의 문제다. 그러므로 우리는 주관주의자가 '퇴출'에 성공했다고 상상해 봄으로써 논쟁의 핵심에 대한 네이글의 묘사가 맞는지 시험해 볼 수 있다. 주관주의자가 개인적 성향과 다른 개인사적 요소가 그의 도덕적 견해의 이유에 대한 모든 설명에 반드시 개입함을 입증했다고 치자. 그런 경험적 입증으로부터 왜 회의주의가 유래할까?

흄의 원리가 길을 막고 있다. 자신의 숨겨진 욕망을 배제하고 설명할 수 있는 도덕적 견해는 없다는 경험적 사실은 어떤 도덕적 견해도 참이나 거짓으로 만들 수 없다. 당신은 적극적 평등 실현 조치가 심대하게 모욕적이고 불공평하다고 열렬히 확신한다. 그리고 자신의 견해가 객관적으로 참이라고 믿는다. 모든 사람들이 반대 견해를 가지고 있어도 당신은 자신의 견해가 참이라고 믿는다. 그런데 당신의 심리상담사에 따르면 당신보다 불행한 이를 위해 양보해야 했을 때 느꼈던, 이제는 잊힌 과거의 고통이 당신의 열렬한 신념을 가장 잘 설명한다고 한다. 하지만 그렇다고 해서 당신이 적극적 평등 실현 조치를 공평하다고 여기지는 않을 것이다. 그런 도덕적 결론은 그 결론을 지지하는 도덕적 근거를 필요로 한다. 그런 근거들에 대한 평가가 당신이 가진 신념의 유일한 원인인가에 달려 있지 않다. 그러므로 주관주의자의 경험적 승리는 주관주의적 철학적 입장을 확립하는 데 도움이 되지 않는다. 이 장 후반부에서 다시 말하겠지만, 뇌 조영술을 받은 사람이 모두 적극적 평등 실현 조치가 공평하다고 믿는다고 상상해 보자. 뇌 조영술 후에 마음이 바뀌었다고 해서 바로 그 사실 하나가 자신들의 견해를 번복할 이유가 되지는 않는다. 네이글이 상상한 경험적 입증은 이 가상 실험보다 더 쉽게 고안된 사례일 뿐이다.

도덕적 신념을 갖게 된 과정은 도덕적 책임에 영향을 주지만 도덕적 신념의 객관적 진실성 여부에는 영향을 주지 않는다. 나는 6장에서 책임과 진실을 구분하면서, 도덕적 책임성은 합리적으로 잘 통합된 진정한 신념의 체계에서 자신의 견해를 도출할 때만 성취된다고 주장했다. 그러나 이 도덕적 책임성의 성취는 주관주의자의 경험적 입증에 의해 훼손되지 않는다. 책임성의 성취는 위에서 언급한 통합성을 필요로 하며 주체가 자신이 통합시켜 낸 신념들을 어떻게 갖게 되었는가에 대한 뒷조사에 의해 파괴되지 않는다. 신념의 건전성이나 책임성은 주관주의자의 경험심리학에 의해 도전받지 않는다.

위긴스(Wiggins). 데이빗 위긴스는 열정적으로 인과적 효과 가설을 구제하려 했다. 명제 p의 진실성의 '표지'는, 어느 영역에서든 누군가 p라고 믿는 이유가 '오직 p이기 때문인' 상황이 존재하는가다. 이 조건은 'p 외에는 생각할 것이 없을' 때에만 충족되며, 도덕적 판단의 진위는 이 조건이 충족되는 상황의 존재 여부에 의해 결정된다. 그의 주장을 자세히 살펴보자.

"'누군가 오직 p이기 때문에 p라고 믿는다.'라는 것은 …… p를 믿게 된 과정에 대한 설명이 설명자가 p를 부인할 여지를 남기지 않음을 의미한다고 가정해 보자. …… 첫 번째 예는 지각적일 수 있다. '보라, 고양이가 매트 위에 있다. 존의 인지적 능력과 고양이 근처의 위치로 볼 때, 그가 고양이가 매트 위에 있다고 믿는 것은 놀라운 일이 아니다. 고양이와 매트에 대해서는 달리 생각할 것이 없다.' 이 설명은 '고양이가 매트 위에 있다.'라는 명제를 부인할 여지를 남기지 않으면서 '왜 존은 고양이가 매트 위에 있다고 믿는가?'라는 질문에 대한 답을 제시한다. 그리고 완전히 다르면서도 좋은 비유가 될 만한 질문, '피터는 왜 7+5=12라고 믿을까?'와 다음 방식의 설명을 생각해 보자. '보라, 7+5=12다. 숫자로 물건을 세는 계산법 중 어느 것도 다른 답의 여지를 남기지 않는다.(설명자가 이를 입증한다.) 그러므로 다른 답의 여지를 남기지 않는 계산법을 이해하는 피터가 7+5=12를 믿는 것은 놀라운 일이 아니다.' 믿음에 대한 이런 방식의 설명을 믿음에 대한 해명적 설명이라고 부르기로 하자. …… 같은 의미로 윤리적 객관주의는 (윤리 내에서의 진실의 가능성에 충실하게) 윤리적 주제도 지각적 주제나 수학적 주제처럼 (적어도 몇 개의) 도덕적 믿음에 대해서는 해명적 설명을 허용한다고 주장할 책무가 있다. 이런 예를 생각해 볼 수 있다. '보라, 노예 제도는 잘 못이다. 잘못인 이유는 …… (누군가 노예 제도가 무엇이고 '잘못'이 무엇인지 안다면, 이미 알고 있고 이 해하는 것에 호소하는 여러 고려들이 명시적으로 적시되어 있고, 이 고려 사항들을 모두 안다면 노예 제 도가 잘못이라고밖에 생각할 수 없도록 되어 있다.) 그러므로 20세기 유럽인들이 이를 수용하고 그런 고 려 사항들로부터 영향을 받은 수많은 믿음을 가지고 있으면서, 노예 제도가 잘못이라고 생각하는 것은 놀 라운 일이 아니다. 그들은 그것이 잘못이라고 생각하지 않을 수 없는 이유들을 근거로 그것이 잘못이라고 생각한다.'"(Wiggins, *Ethics: Twelve Lectures on the Philosophy of Morality*(Cambridge, Mass.: Harvard University Press, 2006), 366-367쪽)

위긴스는 내가 이후에 다룰("윤리에서의 진실의 가능성"에 대한 언급을 보라.) 인과적 효과 가설의 일종을 수 용하고 있으면서도 도덕적 진실과 사람의 정신의 인과적 상호 작용의 기전을 전제로 하지 않고 가설의 요건 을 충족시키려 한다. 그는 도덕적 논점을 다루기 전에 "다르게 생각할 수 없는 상황"의 지각적 그리고 수학적 사례들을 고려하는 식으로 진행하는 것이 중요하다고 생각한다. 그러나 나는 위에서 말한 세 가지 맥락(고 양이, 7+5=12, 노예 제도)에서 위의 인용구("다르게 생각할 수 없는")는 각각 다른 의미를 가지게 되기 때문 에 직접적으로 도덕 문제를 다루는 것이 더 낫다고 생각한다. "근대 유럽인은 노예 제도가 잘못이라고 믿을 수밖에 없었다."라는 명제는 두 가지 다른 방식으로 해석된다. 우선 심리학적 또는 문화적 또는 생물학적 사 실로 읽힐 수 있다. 즉 근대 유럽인들은 그 사안에 대해서는 한 가지 생각밖에 못한다는 것이다. 그들의 교육 과 문화가 노예 제도의 사악함에 대해 의구심을 허용하지 않는다. 또는 도덕적 진실의 명제로 읽힐 수 있다. 즉 노예 제도의 잘못이 너무 명백하여 이와는 다른 견해가 수긍될 만한 가능성이 거의 없다. 이 후자의 해석 이 자신의 명제가 노예 제도가 잘못임을 "부인할 여지를 남겨 놓지 않는다면" 바로 "설명자"가 말하려는 취지 에 부합한다. 사실, "목표를 달성하기 위해서는 다르게 생각할 것이 없다."라는 위긴스의 명제는 다음 두 가 지 해석의 조합으로 읽혀야 한다. 즉 현대 유럽인은 노예 제도가 부당하다고밖에 생각할 수 없으며 노예 제 도는 자명하게 부당하다. 그러나 이 두 개의 조합은 각 주장이 개별적으로 할 수 있는 이상의 해명을 성취하 지 못한다. 문화적 주장은 설명이지 해명이 아니다. 도덕적 주장은 해명을 전제로 하고 있지 해명을 제공하 지 않는다. 결국 노예 제도의 예는 "바로 p이기 때문에 p라고 믿는" 사례가 아니다.(Crispin Wright, *Truth and Objectivity*, 194ff, on Wiggins's suggestion 참조)

위긴스는 지각적 그리고 수학적 사례들이 도덕적 사례의 설명을 돕는다고 생각한다. 그러나 "다르게 생각 할 수 없는"이란 의미는 이 사례들에서 각각 다른 의미를 가지며 그 차이를 이해하면 유용하다. 고양이가 매 트 위에 있다는 사실은 사유자에게는 아마도 고양이가 매트 위에 있다고 사유하는 원인일 수 있다. 광학과 생 물학 이론들이 이를 설명한다고 우리가 생각한다. 매트 위의 고양이가 보통의 지각적, 인지적, 언어적 능력 을 가진 사람들이 고양이가 매트 위에 있다고 생각하도록 만드는지를 설명하는 이론들이다. 그리고 그 설명 이 성공적이라면 지각적 주장을 해명해 낸다. 설명자가 고양이가 매트 위에 있음을 부인하지 못하게 만든다. 수학적 사례에서는 최소한 관련 훈련을 받는다면 5와 7을 더하면 12라는 것은(신이 그렇지 않도록 만들 수 도 있다는 데카르트의 주장에도 불구하고) 정말 달리 생각할 여지가 없다. 그러나 고양이의 위치는 고양이의 위치에 대한 생각의 원인이 되지만 5와 7은 그 합이 12라고 사람들이 생각하도록 만드는 원인은 아니다. 하 지만 요즘은 왜 그렇게 생각할 수밖에 없는가에 대한 다원주의적 설명이 인기를 누리는 중이다. 이 설명에 따 르면 인간의 진화는 성공적인 셈법과 기초적인 숫자 조작 기술이 우리의 두뇌에 (아마추어 진화학자들이 말 하듯이) 입력되지 않았다면 불가능했을 것이며 이 기술들은 7+5=12라는 결과를 도출하지 않는 한 진화론 적으로 실패했을 것이다. 이 설명은 사람들이 왜 수학적 명제를 믿는가를 토대로 수학적 명제의 진위를 거론한다. 하지만 이것은 인과론적 효과 가설의 수학적 버전에는 미치지 못한다. 즉 수학적 진실이 인간의 두뇌에 인과론적 영향을 준다는 가설 말이다. 완전한 신다원론 중에서 수긍할 만한 것이 있다고 치더라도 그런 영향을 고려하지 않고 서술될 수 있다. 수학적 진실이 인간 두뇌와 상호 작용하는 것은 아니다. 단지 제대로 세지 못하는 두뇌를 가진 조상들은 살아남지 못했을 뿐이다. 결국, 이 서술과 보통의 물리적 사실의 지각 사이에는 명징하고 중요한 차이가 있다. 창밖을 보며 "비 오는 게 보여."라고 말하는 사람의 존재는 비가 오고 있다는 그의 그런 믿음에 정당성을 부여한다. 유명한 수학자가 하더라도 "페르마의 마지막 정리는 증명될 수 있어."라는 말은 그의 믿음에 아무런 정당성을 부여하지 못한다. 오직 나중에 정당성이 부여될 것을 약속할 뿐이다. 비슷하게 우리의 도덕적 신념에 대해서도 신다원론 서술이 가능하다고 믿는 과학자와 철학자도 있다. 그들은 인간이 극적인 반사회적 행위가 잘못된 것임을 주입시키는 공동체의 일원이었다는 사실이 인간의 진화를 도왔다고 제안한다. 그렇게 주입된 신념의 생존 가치가 신념의 진실에 근거한 것이었는지는 위의 수학 사례보다도 명백하지 않다. 예를 들어 야만적인 부족 충성심과 같은 신념이 현재 인류로의 진화를 도왔을지 모르지만 불행하게도 그런 신념들이 잔존하고 있다고 해서 그 신념들이 참이라는 것이 도출되지는 않는다. 하여튼 우리의 생존에 필수적인 신념들이 모두 진실이라고 믿는다 하더라도, 도덕적으로 중립적인 진화 과정이 도덕적 진실성보다 그 명제의 성립과 생존에 인과론적 책임이 더 있다는 것이 적어도 위의 수학적 사례 이상으로는 도출되지 않는다.

맥도웰(McDowell). 존 맥도웰은 '직관주의'를 단호하게 거부한다.(McDowell, "Projection and Truth in Ethics," in *Mind, Value, and Reality*(Cambridge, Mass.: Harvard University Press, 1998), 157쪽 참조) 사람들이 사물이나 사건의 가치, 옳음, 잘못됨을 그 모양이나 다른 순수한 물리적 성질을 지각하는 방식으로 지각할 수 있음을 부인한다. 그러나 그는 "투사주의," 즉 어떤 가치도 외부 세계의 성질이 아니며 가치 판단들은 사유자의 태도를 규범적으로 백지 상태인 세계에 투영한 것이라는 일종의 회의주의 역시 거부한다.(151쪽) 그는 색깔처럼 감각과 진위에 있어서 사물의 성질과 그에 대한 인간의 현상학적 반응 모두를 필요로 하는 2차 성질들에 대한 길고도 한정된 비유를 통해 제3의 입장을 고안해 낸다.

그는 "사물의 붉음은 그 사물이 (어떤 상황에서는) 정확히 붉어 보이기 때문에 성립하는 것이다."라고 말한다.(McDowell, "Values and Secondary Qualities," in *Reason, Value, and Reality*, 133쪽) 색깔에 대한 이러한 설명은 직관주의도 투사주의도 아니며 토마토의 성질과 토마토에 대한 사람들의 일반적인 반응을 통합한다. 토마토에는 붉음이라는 성질이 내재되어 있지 않다. 토마토가 적정한 상황에서 붉어 보이지 않는다면 토마토는 붉은 것이 아닐 것이다. 그러나 토마토가 붉다는 근거가 되는 성질이 토마토에 내재한다는 것을 부인한다면 이는 오류라 할 수 있다. 토마토는 특정한 상황에서 특정한 반응(붉어 보이기 반응)을 만들어 내는 성질을 가지고 있다. 우리는 그 성질을 표면 조직의 성질이라고 지칭할 수 있는데 표면의 조직이 그러한 반응을 초래한다고 판단되면 그럴 수 있다.

맥도웰의 입장에서, 색의 지각적 모델은 가치의 직관적 또는 투영적 설명과는 다른 구조를 가지고 있다. 직관주의는 사물이나 사건에 내재하는 가치들에게 설명의 우선성을 부여한다. 맥도웰에 따르면, 직관주의 아래에서의 내재적 가치는 적정한 감수성을 가진 사람들 마음속에 경외심이라는 반응을 일으키는 모태가 된다. 이와 반대로 투사주의는 반응이 성질을 낳는다. 투사주의 아래에서 가치는 우리의 반응이 세계에 덧입힌 칠이다. 그러나 색 지각에서는 사물이나 반응이나 서로를 낳지 않는다. 맥도웰은 그래서 이들을 "형제자매(sibling)"라고 지칭한다.(같은 책, 166쪽) 붉은 사물에 대한 사람들의 전형적인 반응은 그 현상에 필수 불가결하지만 토마토에게 그런 반응을 이끌어내는 성질을 주는 객관적 요소들도 필수 불가결하다. 맥도웰은 가치에 대해서도 "형제자매"적 설명을 제안한다. 사물의 경외를 요구하는 성질과 그 사물이 이끌어내는 경외는 모두 가치적 설명에 있어 필수적이다.

그는 가치 판단과 색 지각 사이의 비교는 두 가지 면에서 불완전하다는 점을 신중하게 인정한다. 토마토의 조직은 붉음의 지각으로 귀결되는, 적절히 잘 이해된, 물리적 사건들에 대한 원인이 된다. 하지만 긍정적 또는 부정적 가치는 그에 대응하는 물리적 연속을 초래하지 않는다: 색의 지정은 거의 논란이 없다. 우리는 토마토를 붉게 보지 않는 사람에게도 토마토의 붉음을 설명할 수 있다. 그러나 가치 판단은 자주 논란이 된다. 맥도웰은 그러나 이 차이들이 비유의 효용성을 떨어뜨리지 않는다고 믿는다. 이 비유는, 우리가 가치 판단의 직관주의와 투사주의 사이에서 선택할 필요가 없음을 가르쳐 준다. 우리는 사물과 반응을 모두 필요로 하는 설명을 통해 가치 판단의 기원을 찾을 수 있다. 즉 가치는 이 세상에 틀림없이 존재하며, 단지 가치에 대한 사람들의 신념과 동반하여 나타날 뿐이라는 것이다.

그러나 나는 위 차이들이 비유의 유용성을 파괴한다고 본다. 인과 관계는 형제자매설의 핵심이다. 색 관련 성질을 인과적으로 식별해 내지 않고는 사물 안에 그 성질이 내재하고 있다고 전제할 수 없다. 색 반응을 초래하는 사물의 성향을 설명하는 성질 말이다. 맥도웰도 직관주의를 거부하면서 추정했듯이 인과적 효과설이 잘못되었더라면, 우리는 가치 성질을 이와 비슷한 방식으로 식별해 낼 수 없다. 형제자매설은 가치 판단에 적용될 수 없다. 우아한 운동 동작에 대한 거의 모든 사람들의 균일한 반응에서, 우리는 감탄을 자아내는 어떤 성질의 존재에 수긍하거나 매력을 느끼게 된다. 그러나 논란이 되는 도덕적 판단에 대해서는 그런 끌림을 느끼지 않는다. 사형제는 그 자체로 혐오나 경외를 자아낼 성질을 내포하고 있지 않다.

맥도웰은 인과 관계를 차용하면서 그 기전은 차용하고 있지 않다. 그는 사람들이 "사형제를 비난하는 이유가 좋지 않다면, 나는 비난하지 않겠다."라고 말하는 것이 이치에 맞다고 말한다. 그러나 내가 본문에서 말했듯이 그 이유들이 좋은 이유들이라면, 모든 면에서 우리의 세계와 동일하면서 그 이유들이 좋지 않은 세계를 상상하기는 불가능하다. 즉 그런 세계에서는 사형제를 비난하지 않을 것이라고 가정하는 것 자체가 불가능하다. 맥도웰은 데이비드 위긴스로부터 또 다른 인과론의 그림자를 차용한다. 즉 어떤 견해를 갖는 이유에 대한 설명은 "해명적(vindicatory)"일 수 있다는 것이다. 왜냐하면 그 설명은 설명자에게 설명된 견해를 거부할 여지를 남기지 않기 때문이다. 이 주석의 앞에서 나는 한 사람의 신념을 "달리 생각할 것이 없다."라는 식으로 설명할 수 있다는 위긴스의 제안을 논의했다. 맥도웰은 형제자매론적 설명 역시 해명적일 것이라고 제안한다. 그러나 본문에서 설명했듯이 그런 설명을 제안하는 사람이 이미 다른 방식으로 그 견해를 해명했어야 하기 때문에 그렇지 않을 것이다.

요약. 철학자들은 도덕적 신념의 성립 과정과 그 신념의 진위 사이의 연관성을 탐구한다. 네이글은 그 연결을 탈개인적 관점에서 작용하는 이성의 능력에서 찾는다. 위긴스는 데카르트적 "달리 생각할 수 없음"에서 찾으며, 맥도웰은 오감을 통한 지각과의 미약한 비유에서 찾는다. 이들 사이에 연결 고리가 있다고 믿는 이유는, 내가 옳다고 믿는 견해(신념의 진위와 그 신념의 형성 과정 사이의 완전한 독립성)에 만족하지 못하기 때문이다. 그들은 신념의 세계도 진실의 세계일 수 있다는 믿음을 유지하면서 우리의 신념에 대해 우리의 다른 신념들 외에는 또 다른 이유가 있을 수 없다는 것까지 수용하지 못한다. 그러나 맥도웰은 다른 곳에서는 도덕적 진실의 절대적 독립성에 만족하는 것처럼 보인다. 그는 우리가 도덕적 맥락에서의 진실을 말할 "권리를 쟁취해야(earn)" 한다는 익숙한 반론을 수긍하며 직관에 의지하는 철학자들은 그 요청을 충족시키지 못한다고 믿으며 이 반론은 도덕의 실체를 통해서만 대응될 수 있다고 믿는다.("Projection and Truth in Ethics.") 나는 요점을 다르게 서술하고자 한다. 우리가 도덕적 견해가 참일 수 있다는 날것 그대로의 주장을 '쟁취할' 필요는 없다. 도덕에 대한 총체적 회의주의는 그 자체로 도덕적 견해이기 때문이다. 그러나 우리는 특정한 도덕적 견해, 즉 회의적 견해를 포함하여 무엇이든 옳다고 생각하는 견해에 대해서는 그 견해를 주장할 권리를 쟁취해야 한다. 하여튼 그 권리를 쟁취하는 방법이 단 한 가지라는 점에서는 맥도웰과 의견을 같이한다. 즉 실체적인 도덕적 논변 그리고 그 논변을 해명하는 또 다른 도덕적 논변뿐이다.

7 그런 기이한 발견을 하더라도 새로운 의문점이 생긴다. 이 기이한 힘이 믿음을 모두 참으로 만든다면, 우리는 그 상관관계를 설명해야 한다. 어떤 상관관계가 설명 대상인지도 우리의 독립적인 도덕적 신념에 달려 있을 것이다. 예를 들어 그 힘과 고난과의 관계를 설명해야 할지 모른다.

8 Harman, *The Nature of Morality*; Sturgeon, "Moral Explanations."

9 샤론 스트리트(Sharon Street)가 바로 이런 이의를 제기한다.(Street, "Objectivity and Truth: You'd Better Rethink It," homepages.nyu.edu/~jrs477/Sharon%20Street%20-%20Objectivity%20and%20Truth.pdf.) 스트리트는 이 책 1부의 주요 이론적 주장들을 수용하면서도 도덕적 신념이 사람들의 태도와 독립적으로 참이 될 수 있다는 주장은 반대하며 이 후자의 주장을 나의 "실재론(realism)"이라고 지칭한다. 스트리트는 "나의 전략은 드워킨이 주장하는 모든 주요 논점들을 도매금으로 받아들이되 단 하나, 드워킨의 실재론만은 거부하는 것이다. 이를 그가 원하는 대로 이해하는 방식으로, 즉 '내적' 당위적 주장으로 이해할 때 그렇다는 것이다." 스트리트는 내적 "반실재론," 즉 사람들은 스스로의 평가 태도에 따라 주어진 이유만을 가진다는 주장을 선호한다. 죄수들의 비명을 들으며 쾌락을 느꼈던 칼리굴라 황제에게는 죄수들을 고문할 이유가 충분했지만 이와 경합할, 고문하지 않을 도덕적 이유는 없었다. 스트리트에 따르면, 인과적 의존주의는 틀렸기 때문에, 우리의 도덕적 신념들을 정신 의존적으로 이해하지 않으면 참이 될 가능성은 극도로 희박하다. 스트리트는 도덕과 과학의 개념이 다음과 같이 차이가 있음을 제시한다. 우리 주변의 돌과 나무와 같은 "명료한 환경(manifest surroundings)"에 대한 믿음은 그 믿음을 갖게 된 과정에 대한 다윈주의적 설명이 가능하기 때문에 참일 가능성이 높다. 스트리트는 그 설명도 순환 논리적임을 인정한다. 즉 다윈 이론도 과학의 일부이며 그 이론을 통해 설명해야 할 대상이기도 하다. 그러나 다윈 이론은 우리의 믿음을 받아들일 "사소하지 않으면서 질문을 유예하는 이유"들을 제시한다.

하지만 우리는 우리의 도덕적 신념에 대해서도 사소하지 않으면서 질문을 유예하는 질문을 가지고 있다. 이 책의 뒤에서 나는 정부의 정당성에 대한 일반 이론을 옹호하고 그 일반 이론에 따라 국부의 재분배에 대한 다양한 견해들을 지지할 것이다. 이 일반 이론은 다윈 이론이 스트리트의 전체 과학의 일부이듯이 나의 전체 신념의 일부다. 스트리트가 다윈 이론을 수용하듯이 내가 평등성에 대한 이 일반 이론을 수용하는 것이 허락된다면 나의 재분배론이 참일 확률은 놀랍게 커진다. 나 같은 일반인이 보기에, 아마도 끈 이론이 미래의 발견과 상상에 검증될 확률보다는 높을 것이다. 6장에서 나는 도덕적 책임론, 즉 우리의 도덕적 또는 윤리적 신념을 검증하는 책임 있는 이론을 설명한다. 나는 이 검증을 거친 도덕적 신념이 참일 확률이 이 검증을 거치지 않거나 검증에 실패한 신념이 참일 확률보다 훨씬 높다고 생각한다. 소득 재분배에 대한 신념의 수긍 가능성을 측정하기 위해 도덕적 책임론에 호소하는 것은 스트리트가 다윈에게 호소하는 것보다 더 사소하게 순환 논리적이진 않다. 스트리트는 "명료한 환경과 규범적 논변의 차이는 무엇인가?"에 대해 다음과 같이 답한다.

> "회의주의적 과제에 대한 두 가지 대응의 차이는, 우리를 독립적인 가상의 진실로 이끄는 원인이 있다고 생각할 내부적 이유를 제시하는 대응과 그렇게 생각할 아무런 이유를 제시하지 않는 대응의 차이다. 명료한 환경과 당위적 논변에 대해 우리가 공히 하는 질문은 '왜 우리는, 최선의 과학적 설명이 기술하는 원인들이 이 영역에서 우리를 진실로 이끌었다고 생각하는가?'이다. 이 질문에 대해 "이 영역에서 나의 판단은 참이며, 이 판단들이 최선의 과학적 설명이 기술하는 원인들의 종착지이다."라고 답하는 것은 불만족스럽다. 그런 답은 우리는 진실로 이끄는 원인이 있다고 생각할 아무런 이유를 제시하지 못한다. 그저 그렇다고 주장할 뿐이다."(Street, "Objectivity and Truth," 26쪽)

이 문단은 스트리트의 논변에 숨겨진 전제를 보여 주는데 인과적 의존설이 바로 그것이다. 스트리트의 논변은 우리의 신념이 진실이라고 믿을 내부적 인과적 이유가 없다면 내부적 이유가 없다고 전제한다. 그런 전제는 성립하지 않는다. 그 이유는 다음 장에서 말하겠지만 인과적 의존설은 틀렸다. 더욱이 스트리트도 다른 곳에서 틀렸다고 말한다. 스트리트는 도덕에 대한 '인과적 인식론'을 고집하지 않는다고 하고, 흄의 원리를 내가 이해한 방식으로 수용한다고 한다. 흄의 원리가 참이라면 인과적 의존설은 거짓이어야 한다. 스트리트는 오직 도덕과 윤리라는 당위적 영역에서 어떤 형태로든 인식론이 요구된다고 말한다. 그러나 도덕적 책임론이 바로 이것을 제공한다. 도덕적 책임론은 신념이 참이라고 전제하기 위해 필요한 이유들의 종류를 적절히 설명하고자 한다. 그런 이론은 모두 틀릴 수도 있다. 그러나 그것이 틀리다면 경쟁하는 당위론에 의해 틀리다고 밝혀질 것이다. 이것이 사소하고 순환 논리적인가? 건실한 도덕적 논변에 대한 이론이 그것이 방어하려는 전체적 도덕론의 일부라는 이유로? 우리는 같은 지점으로 돌아왔다. 즉 과학적 논증도 같은 위치에 있다. 다시 말하면 스트리트의 논변에서는 거부되었지만 인과적 의존설은 위엄 있게 생존하고 있다.

10 개인의 정체성은 유전적으로 구성되기 때문에 '당신'이 급격히 다른 믿음을 가지고 있음을 상상하는 많은 이야기들에서 당신은 실제로 존재하지 않는다. 나는 근본주의자 부모에게서 태어난 것이 아니라 근본주의자 가족에게 입양된 상상을 해 보았다. 내가 그런 가족에게서 태어났다면 나는 완전히 다른 사람이었을 것이었다. 나의 유전자와 문화가 미치는 중요한 영향들은 우연적인 것이 아니라 내 정체성의 일부다. 그러나 모든 나이와 장소의 사람들이 도덕적 신념 전체에서 똑같은 견해를 가진다 해도, 그런 합의가 심오한 생물학적 이유로 필연적이라 해도, 당신의 견해가 다를 수 있다는 것이 틀렸다고 해도, 이 모든 사실들은 사람들의 신념이 참일 수 있다는 증거가 되지 못한다. 우리는 우리가 옳다는 역사적 또는 우주론적 인증서 없이도 무엇을 하고 생각하고 숭배하는 것이 옳은지 결정해야만 한다.

11 8장은 이 명제를 조금 완화하지만 그 자세한 내용을 여기에서 밝히기는 어렵다. 모든 지적 영역의 지식에 적용되는, 매우 추상적이고 거의 무미건조한 조건을 세우는 것은 가능하다. 그러나 이 가상의 추상적 명제는 여러 영역의 지식에 대한 다른 덜 추상적인 설명들을 허용할 뿐 제한하는 성질의 것은 아닐 것이다.

12 설명으로는 Michael Behe, *Darwin's Black Box: The Biochemical Challenge to Evolution*(New York: Free Press, 1996); William Dembski, *Intelligent Design: The Bridge between Science and Theology*(Downers Grove, Ill.: InterVarsity Press, 1999); Dembski, *The Design Inference*(New York: Cambridge University Press, 1998).

13 예를 들어, Elliot Sober, "What Is Wrong with Intelligent Design?" *Quarterly Review of Biology* 82, no. 1(March 2007): 3–8쪽.

14 *Tammy Kitzmiller, et al. v. Dover Area School District, et al.*(400 F. Supp. 2d 707 Docket no. 4cv2688).

15 예를 들어, Alvin Plantinga, *Warranted Christian Belief*(New York: Oxford University Press, 2000) 참조.

16 Plantinga's "Aquinas/Calvin" model, 앞의 책., 167쪽 이하.

17 Wright, *Truth and Objectivity*, 200쪽

18 Peter Railton, "Moral Realism," *Philosophical Review* 95, no. 2(April 1986): 163–207쪽.

5 내적 회의주의

1 나는 비결정성(indeterminacy)와 비교 불가성(incommensurability)을 구분하지 않으며 전자가 후자를 포함하는 것으로 다룬다.

2 이 유용한 단어는 Ruth Chang에 의해 제안되었다. 다음 산문집의 도입부를 보라. *Incommensurability,*

Incomparability, and Practical Reason, ed. Ruth Chang(Cambridge, Mass.: Harvard University Press, 1997).

3 *District of Columbia, et al. v. Dick Anthony Heller*, 128 S. Ct. 2783(2008).

4 다음 문헌이 도덕적 갈등을 논의한다. Thomas Nagel, "War and Massacre," *Philosophy & Public Affairs* 1, no. 2(1972): 123-144쪽.

5 예를 들어, 레오 카츠(Leo Katz)는 나처럼 모든 비결정성 명제는 무지의 사례라고 믿는다. 그러나 나와 달리 그 판단에, 다른 장르의 두 예술가가 '동격'이라는 주장도 포함시킨다. Katz, Incommensurable Choices and the Problem of Moral Ignorance," *University of Pennsylvania Law Review* 146, no. 5(June 1998): 1465-1485쪽.

6 Joseph Raz, "Incommensurability," *in The Morality of Freedom*(New York: Oxford University Press, 1986), 321-366쪽.

7 Martha Minow and Joseph William Singer, "In Favor of Foxes: Pluralism as Fact and Aid to the Pursuit of Justice," in *Symposium: Justice for Hedgehogs: A Conferenceon Ronald Dworkin's Forthcoming Book*(special issue), *Boston University Law Review* 90, no. 2(April 2010): 903쪽; Ronald Dworkin, *Law's Empire*(Cambridge, Mass.: Harvard University Press, 1986), 10쪽.

8 "Dworkin, No Right Answer?" in *A Matter of Principle*(Cambridge, Mass.: Harvard University Press, 1985).

6 도덕적 책임성

1 Jean Piaget, *The Moral Judgment of the Child*(London: Kegan Paul, Tranch, Trubner, and Co., 1932); Lawrence Kohlberg, *Essays on Moral Development*, vol. 1: *The Philosophy of Moral Development*(San Francisco: Harper and Row, 1981); James Rest, *Development in Judging Moral Issues*(Minneapolis: University of Minnesota Press, 1979); Carol Gilligan, "In a Different Voice: Women's Conceptions of Self and Morality," *Harvard Educational Review* 47, no. 4(1977): 481-517쪽.

2 모든 도덕철학자들이 동의하는 것은 아니다. Jonathan Dancy, "Ethical Particularism and Morally Relevant Properties," *Mind* 92(1983): 530-547쪽 참조.

3 John Rawls, *Lectures on the History of Moral Philosophy*(Cambridge, Mass.: Harvard University Press, 2000), 148쪽.

4 Richard H. Fallon Jr., "Is Moral Reasoning Conceptual Interpretation" in *Symposium: Justice for Hedgehogs: A Conference on Ronald Dworkin's Forthcoming Book*(special issue), *Boston University Law Review* 90, no. 2(April 2010)(이하 *BU*), 535쪽; Amartya Sen, "Dworkin on Ethics and Freewill: Comments and Questions," *BU*, 657쪽 참조.

5 예컨대 Martha Minow and Joseph Singer, "In Favor of Foxes: Pluralism as Fact and Aid to the Pursuit of Justice," *BU*, 903쪽 참조. "우리의 가치들이 충돌한다는 것은 실제로 참일 수도 있다."

6 Richard Feynman, *QED: The Strange Theory of Light and Matter*(Princeton, N.J.: Princeton University Press, 1985), 10, 12쪽.

7 T. M. Scanlon, *What We Owe to Each Other*(Cambridge, Mass.: Belknap Press of Harvard University Press, 2000) 참조.

8 Nagel, *Secular Philosophy and the Religious Temperament*(Oxford: Oxford University Press, 2010), 네이글의 견해에 대한 7장의 논의 참조.

9 Fallon, "Is Moral Reasoning Conceptual Interpretation?"

7 해석 일반

1 Ludwig Wittgenstein, *Philosophical Investigations*(Oxford: Blackwell, 1953).

2 예컨대 나는 이 장에서 해석에 관한 나의 설명이, 흔히 과학자들이 데이터의 해석이라고 일컫는 것에 적합하다고 주장하는 것은 아니다. 그렇지만 어쩌면 적합할 수도 있다. 우리는 과학적 해석을 내가 뒤에서 '설명적 해석(explanatory interpretation)'이라고 부르는 것으로 취급할 수 있을지도 모른다.

3 *San Antonio Independent Sch. Dist. v. Rodriguez*, 411 U. S. 1(1973) 참조.

4 F. R. Leavis, *Valuation in Criticism and Other Essays*, ed. G. Singh(Cambridge: Cambridge University Press, 1986).

5 Cleanth Brooks, "The Formalist Critics," in Julie Rivkin and Michael Ryan eds., *Literary Theory: An Anthology*, 2nd ed.(Oxford: Blackwell, 2004), 24쪽.

6 이런 견해가 학구적인 법률가들에 국한된 것은 아니다. 어떤 판사들은 법원의 공식 업무와 무관한 자리에서 동일한 표현들을 즐겨 사용한다. 저명한 판사인 빙엄 경(Lord Bingham)이 참석했던 한 라디오 토론에 관한 스티븐 게스트(Stephen Guest)의 이야기를 참조하라.(Guest, "Objectivity and Value: Legal Arguments and the Fallibility of Judges," in Michael Freeman and Ross Harrison eds., *Law and Philosophy*(Oxford: Oxford University Press, 2007), 76-103쪽)

7 Ronald Dworkin, *Law's Empire*(Cambridge, Mass.: Harvard University Press, 1986), 313-327쪽. 하지만 Antonin Scalia, *A Matter of Interpretation: Federal Courts and the Law*(Princeton: Princeton University Press, 1998), 16-18쪽을 참조하라.

8 William Wimsatt and Monroe Beardsley, "The Intentional Fallacy," in Wimsatt, *The Verbal Icon: Studies in the Meaning of Poetry*(Lexington: University of Kentucky Press, 1954), 3-18쪽.

9 "저자가 최초의 독자 이외에 달리 무엇으로 나타나겠는가? 텍스트가 그 저자로부터 멀어지는 것은 이미 최초의 독해에 수반되는 현상으로서 이는 설명과 해석의 관계에 관해 우리가 이제 마주하려고 하는 일련의 문제들을 통째로 단번에 제기한다. 이 관계는 독해의 시점에 생겨난다."(Paul Ricoeur, "What Is a Text? Explanation and Understanding," in *Hermeneutics and the Human Sciences: Essays on Language*, Action and Interpretation, trans. John Thompson(Cambridge: Cambridge University Press, 1981), 149쪽)

10 Dworkin, *Law's Empire*, 특히 9장 참조.

11 Julian Bell, "The Pleasure of Watteau," *New York Review of Books*, February 12, 2009(Jed Perl, Antoine's Alphabet: Watteau and His World(New York: Knopf, 2008)에 대한 서평).

12 *New York Review of Books*, February 12, 2009, 13쪽.

13 John Updike, *Claudius and Gertrude*(New York: Knopf, 1993) 참조.

14 *The Norton Anthology of Theory and Criticism*, ed. Vincent Leitch, William Cain, Laurie Finke, Barbara Johnson, John McGowan, and Jeffrey Williams(New York: W.W. Norton, 2001), 6-7쪽.

15 Jean-Paul Sartre, "Why Write?" in *Twentieth Century Literary Criticism*, ed. David Lodge(London: Longman, 1972), 371, 375쪽. 그는 문학이 "시야에 들어오려면 읽기라는 구체적인 행위가 필요하며, 문학은 이러한 행위가 지속될 수 있는 한에서만 지속된다. 그 너머로 가면 종이 위의 검은색 기호들이 존재할 뿐"이라고도 했다.(372쪽)

16 F. R. Leavis, *The Great Tradition*(Harmondsworth: Penguin, 1972), 176, 173쪽.

17 Leavis, *Valuation in Criticism*, 100쪽.

18 Cleanth Brooks, *The Hidden God: Studies in Hemingway, Faulkner, Yeats, Eliot, and Warren*(New Haven: Yale

University Press, 1963), 4장, 57; Brooks, *The Well Wrought Urn: Studies in the Structure of Poetry*(New York: Harcourt, Brace, 1947), 10장.

19 Roy Foster, *W. B. Yeats: A Life*, vol. 2: *The Arch-Poet 1915-1939*(New York: Oxford University Press, 2003), 322-324쪽.

20 Brooks, *The Well Wrought Urn*, 185쪽.

21 *Norton Anthology of Theory and Criticism*, 1450쪽.

22 *Foster, W. B. Yeats*, 328쪽; Northrop Frye, "The Archetypes of Literature," in *Norton Anthology of Theory and Criticism*, 1445-1457쪽.

23 물론 모든 역사가 해석적인 것으로 여겨지지는 않는다고 보는 게 사리에 맞다. 역사의 많은 부분은 단지 과거로부터 정보를 캐내어 복원시키는 것에 불과하다. 이를테면 어느 전투에서 누가 이겼고 그들이 어떠한 무기를 사용했는가와 같은 정보 말이다. 그렇지만 역사는 심지어 그런 수준에서까지도 해석적인 것이라고 하는 급진적인 견해가 옹호되기도 했다.(Hayden White, *Metahistory: The Historical Imagination in Nineteenth-Century Europe*(Baltimore: Johns Hopkins University Press, 1973))

24 버터필드가 특히 염두에 둔 사람은 토머스 매콜리(Thomas Macaulay)였는데, 매콜리는 휘그 역사가들 중에서 가장 유명하고 영향력이 큰 사람이었다. 매콜리는 영국의 역사는 더 완전한 사회를 향하여 순조롭게 이루어진 진보의 연속이라고 보았다. 그는 자신의 가장 유명한 저작의 첫 절에 이렇게 썼다. "지난 160년 동안의 우리나라 역사는 현저하게 물질적, 도덕적, 지적인 향상의 역사이다."(*The History of England from the Accession of James I*(London: Penguin Classics, 1979)) 버터필드는 이러한 낙관주의와 도덕적 판단을 경멸했지만, "그 자신도 어떻든 '일반적 관념들'과의 유희를 벌였는데, 매콜리가 찬양했던 영국의 더 큰 자유를 산출한 것은 도덕적 영감이 아니라 정치적 필요였다는 중요한 주장도 그중 하나였다.

25 Herbert Butterfield, *The Whig Interpretation of History*(New York: Norton, 1965), 13쪽.

26 같은 책, 71쪽.

27 Jung, "On the Relation of Analytical Psychology to Poetry," in *The Spirit in Man, Art and Literature*, 4th ed.(Princeton: Princeton University Press, 1978).

28 John Dover Wilson, "The Political Background of Shakespeare's Richard II and Henry IV," *Shakespeare-Jahrbuch*(1939): 47쪽.

29 Greenblatt, *The Power of Forms in the English Renaissance*(Norman, Okla.: Pilgrim Books, 1982), 6쪽.

30 E. D. Hirsch, *Validity in Interpretation*(New Haven: Yale University Press, 1967), 6-10쪽.

31 T. S. Eliot, "Tradition and the Individual Talent," in *The Sacred Wood: Essays on Poetry and Criticism*(London: Methuen, 1920).

32 Fredric Jameson, *The Political Unconscious: Narrative as a Socially Symbolic Act*(London: Methuen, 1981), 73, 85쪽.

33 Terry Eagleton, *The Function of Criticism: From the Spectator to Post-Structuralism*, London: Verso.

34 Lyn Mikel Brown, *Girlfighting: Rejection and Betrayal among Girls*(New York: New York University Press, 2003) 참조.

35 Dworkin, *Law's Empire*, 266-275쪽 참조.

36 Stanley Fish, *Is There a Text in This Class?*(Cambridge, Mass.: Harvard University Press, 1980), 147쪽.

37 같은 책, 167, 180, 174쪽.

38 Leavis, *Valuation in Criticism*, 93쪽.

39 나는 언어철학에서 광범위하게 논쟁이 이루어진 복합적인 쟁점을 이하 단락들 속에 요약했다. W. V. O.

Quine, *Word and Object*(Cambridge, Mass.: MIT Press, 1960), 그리고 D. Davidson, "A Coherence Theory of Truth and Knowledge," in D. Henrich ed., *Kant oder Hegel?*(Stuttgart: Klett-Cotta, 1983) 참조.

40 Quine, *Ontological Relativity: And Other Essays*(New York: Columbia University Press, 1969), 27쪽.

41 Donald Davidson, "Radical Interpretation," *Dialectica* 27(1973), 314-328쪽.

42 참조할 것은 예컨대 John Wallace, "Translation Theories and the Decipherment of Linear B," in E. Lepore ed., *Truth and Interpretation: Perspectives on the Philosophy of Donald Davidson*(Oxford: Basil Blackwell, 1986), 211쪽.

43 "Three Varieties of Knowledge," in Donald Davidson, *Subjective, Intersubjective, Objective*(New York: Oxford University Press, 2001), 214쪽.

44 Coleridge, "Biographia Literaria," in *Norton Anthology of Theory and Criticism*, 681쪽.

45 아네트 반즈(Annette Barnes)는 스탠퍼드가 존스홉킨스 대학교에서 한 강연에서 이러한 묘사를 했음을 전해 준다. 그녀의 *On Interpretation*(Oxford: Blackwell, 1988), 166쪽 참조.

46 에드윈 베이커(Edwin Baker)의 주장에 따르면, '가장 합리적이다(most reasonable)'라는 비교적인 판단을 허용하는 반면에 '참이다(true)'는 그렇지 않다는 점에서 사람들은 후자보다 전자를 선호한다.(Baker, "In Hedgehog Solidarity," *in Symposium: Justice for Hedgehogs: A Conference on Ronald Dworkin's Forthcoming Book*[special issue], Boston University Law Review 90, no. 2(April 2010): 759쪽) 그렇지만 '참이다'도 비교급을 허용한 다. 우리는 한쪽 견해가 다른 쪽 견해보다 진리에 더 가깝다는 이야기를 하면서 거북함을 느끼지 않으며, 그 런 이야기는 우리가 어느 쪽 견해에 관해서도 온전한 진리성을 주장할 수 없는 경우에도 할 수 있는 것이다. 아네트 반즈는 그녀의 흥미로운 저서 『해석에 관하여(*On Interpretation*)』에서 '참이다'를 '받아들일 만하다'와 구별한다. 그녀는 해석에서의 진리를 "예술적 의도(artistic intent)"에 관한 올바른 판단에 국한시킨다. 그녀 에 따르면 "양립 불가능한 두 가지 해석 중에서 참일 수 있는 것은 오직 하나만, 다른 해석이 해당 작품의 뜻을 가장 잘 이해하는 것일 수 있으며 또는 해당 작품을 더 의미심장하거나 더 성공적인 작품으로 만드는 것일 수 있다."(78-79쪽) 그런 경우에 후자의 해석은 "해석이 참이어야 한다는 요구와 경쟁할 수도 있을 것" (60쪽)이라고 그녀는 말한다. 내가 본문에서 옹호하고 있는바 가치에 의거한 해석 이론은 그러한 경쟁을 부 정한다. 즉 두 가지 해석은 통틀어서 최선인 해석을 묘사하는 두 가지 방식일 뿐이다.

47 Georg Henrik von Wright, *Explanation and Understanding*(Ithaca, N.Y.: Cornell University Press, 1971), 5쪽 참조.

48 과학철학자들은 힐러리 퍼트넘을 비롯한 사람들이 '인식적(epistemic)' 가치들이라고 부른 것의 중요성에 관해 주의를 환기시킨다. Hilary Putnam, *The Collapse of the Fact/Value Dichotomy and Other Essays*(Cambridge, Mass.: Harvard University Press, 2002) 참조. 과학자들은 단순한 이론을 복잡한 이론보다 선호하며, 우아 한 이론을 우아하지 못한 이론보다 선호한다.(Judith Wechsler ed., *On Aesthetics in Science*(Cambridge, Mass.: MIT Press, 1981); Brian Greene, *The Elegant Universe: Superstrings, Hidden Dimensions, and the Quest for the Ultimate Theory*(New York: Vintage, 2000); Greene, "The Elegant Universe," NOVA, PBS TV miniseries, WGBH Educational Foundation, 2003(끈 이론에서 우아함 및 이와 연관된 고려들이 하는 역할에 관해 끈 이론가들 과 가진 대담들)) 우리는 이러한 인식적 가치들과 정당화 목표를 주의해서 구별해야 한다. 단순함과 우아함 은 상이한 이론이나 가설들 가운데 어느 것을 택할지를 결정하는 데서 중요하다. 그것들은 진리에 관한 가 설들이면서 직접적으로 검증될 수는 없는 가설들인데, 어떠한 검증 기준이든지 이것들(=진리에 관한 가설 로서의 단순함과 우아함)을 채용할 것이기 때문이다. 하지만 그것들이 과학적 연구나 이론의 목적들에 관 한 가정들은 아니다. 우리는 우주에 관한 우아한 이론을 우아하지 못한 이론보다 선호하지만, 우리가 우주 를 연구하는 것이 우아함의 실례를 찾아내기 위한 것은 아니다. 어쨌든 우리는 아프리카에 있는 바위의 수 에 관한 우아한 설명을 찾아낼지도 모른다.

49 Willard V.O. Quine, "Two Dogmas of Empiricism," in *From a Logical Point of View: Nine Logico-Philosophical Essays*, 2nd ed.(Cambridge, Mass.: Harvard University Press, 2006), 37-46쪽.

50 David Whitehouse, "Black Holes Turned 'Inside Out,'" *BBC News*, July 22, 2004, news.bbc.co.uk/1/hi/sci/tech/3913145.stm.

8 개념적 해석

1 그에 동의해서는 안 된다는 논변을 보려면 Timothy Williamson, *Vagueness*(New York: Routledge, 1994) 참조.

2 Saul Kripke, *Naming and Necessity*(Oxford: Blackwell, 1972); Hilary Putnam, "The Meaning of 'Meaning,'" *Minnesota Studies in the Philosophy of Science* 7(1975), 131-193쪽.

3 Dworkin, *Justice in Robes*(Cambridge, Mass.: Belknap Press of Harvard University Press, 2006), 218-219, 223-227쪽 참조.

4 개념의 다른 유형들이 존재할 가능성을 부정하고자 하는 것은 아니다. 아마 우리는 예컨대 수학적 종류들의 존재를 인정해야 할 것이다. 나는 7장에서 옹호했던 가치론적 해석의 대상이 될 수 있는 개념들을 해석적 개념으로서 논의한다.

5 크리스핀 라이트는 담론은 공유된 패러다임 없이는 전혀 주장의 성격을 갖추지 못한다고 상정한다. Crispin Wright, *Truth and Objectivity*(Cambridge, Mass.: Harvard University Press, 1992), 48쪽 참조.

6 어떤 독자들은 내가 규준 의존적 개념이나 자연 종 개념을 포함해서 모든 개념을 해석적이라고 취급하는 편이 낫다고 생각할지도 모른다. 나는 동의하지 않지만, 내 주장들이 반드시 그런 견해를 거부할 필요는 없다. 나의 주장들은 뒤에 가서 논의될 윤리적, 도덕적, 정치적 개념들이 해석적이라는 것을 받아들이는 데에만 의존한다.

7 이는 단지 중대한 뭔가가 그 쟁점에 달려 있는지에 따라 결정되는 문제는 아니다. 당신과 내가 강의실 문으로 들어오는 다음번 사람이 대머리일까를 놓고 엄청난 금액이 걸린 내기를 한다고 할 때, 만약 다음번 사람이 매우 판정하기 어려운 사례에 해당한다면 우리는 모종의 복잡한 해석에 매달릴 것이 아니라 내기를 취소해야 할 것이다.

8 Thomas Nagel, "The Psychophysical Nexus," in Paul Boghossian and Christopher Peacocke, eds., *New Essays on the A Priori*(New York: Oxford University Press, 2000).

9 참조할 것은 "Pluto Not a Planet, Astronomers Rule," August 2006, news.nationalgeographic.com/news/2006/08/060823-pluto-planet.html. 그러나 "Pluto IS a Planet!" www.plutoisaplanet.org 참조. "명왕성을 행성으로 유지하기 위한 모임(Society for the Preservation of Pluto as a Planet)의 홈페이지에 오신 것을 환영합니다! 우리 SP3는 명왕성의 행성 지위가 의심되어서는 안 된다고 굳게 믿습니다. …… 명왕성의 행성 지위를 지키려는 우리의 사명에 동참해 주시고 우리의 숭고한 대의를 후원하기 위해 당신이 할 수 있는 일을 찾아보세요."

10 John Rawls, *A Theory of Justice*(Cambridge, Mass.: Harvard University Press, 1971), 5쪽.

11 이것이 내가 3장에서 논의했던 지위 회의론자들의 추가적 난점은 아닌데, 그들의 주장에 따르면 우리는 좋은 것 또는 마땅히 해야 하는 것에 관한 주장들을 위장된 명령이나 권고 또는 어떤 태도나 감정의 투사(投射)로 취급해야 한다. 만약 우리가 그들의 충고를 받아들인다면, 우리는 "일반적인 도덕적 개념들은 규준 의존적이다."가 아니라 "도덕적 불일치는 권고나 태도나 감정의 차이를 반영하기 때문에 진정한 것이다."라고

이야기할 수 있을 것이다. 하지만 우리가 이러한 제안을 실제적인 도덕 경험에 대한 해석으로 진지하게 받아들일 수는 없다. 우리는 모두 누군가에게 문을 닫으라고 명령하는 것과 그에게 문을 닫을 도덕적 의무가 있다고 선언하는 것이 어떻게 다른지를 알고 있다. 도덕적 주장을 명령이나 권고나 투사로 취급하는 것은 해석적인 결론이 아니다. 그것은 도덕 경험을 다른 뭔가로 재발명함으로써 외적 회의주의로부터 구제하려는 영웅적인 시도다. 1부에서 우리는 외적 회의주의를 앞뒤가 맞게끔 정식화하는 것조차 불가능하다는 것을 알게 되었다. 우리에게는 구제의 필요가 전혀 없는 것이다.

12 이런 설명에는 난점들이 있다. 많은 사람들에게 사자라고 불려 왔을 정도로 사자와 닮은 다른 어떤 커다란 포유동물이 있을 수도 있다. 하지만 자연 종 개념은 일단 사람들이 그 단어가 귀속되어 온 동물과 자신들이 역시 사자라고 불러 온 딴 동물 사이에 근본적인 생물학적 차이가 존재함을 알게 되면 자신들의 오류를 바로잡는다고 상정한다. 만약 이것이 참이 아니라면, 그래서 사람들이 딴 동물 역시 사자라고 계속 주장한다면 그와는 다른 가정이 요구될 것이다. 그러면 우리는 실제로 사용되고 있는 사자의 개념이 결국 자연 종 개념이 아니라 규준 의존적 개념으로서 일정한 종류의 외양을 지닌 것을 나타낸다고 판정할 수도 있다. 또는 작동 중인 개념이 하나가 아니라 둘이며 이것들이 흔히 혼동되면서 사이비 일치나 불일치의 사례가 생겨난다고 할 수도 있다.

13 Donald Davidson, "The Structure and Content of Truth"(The Dewey Lectures, 1989), *Journal of Philosophy* 87(1990), 279-328쪽; Davidson, *Truth and Predication*(Cambridge, Mass.: Belknap Press of Harvard University Press, 2005).

14 Wright, *Truth and Objectivity*.

15 그것은 다른 명칭들로도 불려 왔으며, 이론뿐 아니라 명칭도 논란이 되고 있다. 그 이론의 다양한 형태들과 그에 대한 반론들을 "축소적 진리 이론"이라는 제목 아래 다루는 탁월한 논의는 "The Deflationary Theory of Truth" in the *Stanford Encyclopedia of Philosophy*, plato.stanford.edu.

16 Bernard Williams, *Truth and Truthfulness: An Essay in Genealogy*(Princeton: Princeton University Press, 2004).

17 벤저민 지퍼스키의 독법을 보건대, 다음과 같은 점을 지적해 두는 것이 도움이 될 것이다. 1부에서 외적 지위 회의주의를 논의할 때 나는 반복의 진부함에 의존했지만, 반복에 의해 진리가 남김없이 논해진다고 주장하는 축소적 이론 또는 그 밖의 어떠한 철학적 진리 이론에도 나 자신이 찬동한 것은 아니었다. Benjamin C. Zipursky, "Two Takes on Truth in Normative Discourse," in *Symposium: Justice for Hedgehogs: A Conference on Ronald Dworkin's Forthcoming Book*(special issue), *Boston University Law Review* 90, no. 2(April 2010), 525쪽 참조. 나는 회의주의적 주장들은 그 자체가 도덕적 주장 이외의 어떠한 것으로도 해석될 수 없다고 주장했다. 그의 우려처럼 내가 과학에 관해서는 진리 상응론을 받아들이고자 하는 것도 아니다. 내가 진리 상응론을 그런(= 과학 영역에서의 진리 이론) 역할을 맡을 후보로 거론한 것은 스스로 말하고 있듯이 단지 해석(영역)과 대비시킬 예를 들기 위해서이다.

18 이러한 제안은 어떤 점들에서는 크리스핀 라이트의 제안들과 비슷하다.(그의 *Truth and Objectivity* 참조) 그는 다양한 영역들에서 동원될 수 있는 자칭 "진부한 말들(platitudes)"에 의해 정의되는 "최소주의적(minimalist)" 진리 개념을 기술한다. 이 영역들 중 어떤 영역들은 다른 영역들보다 더 많은 "실재론(realism)"을 제공한다고 그는 이야기한다. 예를 들어, 만약 어떤 영역의 명제들이 "폭넓은 우주론적 역할"을 맡고 있다면, 즉 만약 그 명제들이 다른 영역들의 폭넓은 다양한 명제들에 대한 설명 속에 등장할 수 있다면, 그 영역은 더 "실재론적(realist)"이라는 것이다. 그는 도덕이 이러한 기준을 통과하지 못한다고 하는 자칭 "즉면적 논변"을 제시하고, 만약 그렇다면 이는 도덕 실재론에게 "파국적"이지는 않을지라도 "안 좋은" 소식이라고 부언한다.(198쪽) 그리고 그는 추가적인 "인식적 통제(cognitive command)" 기준이라는 것을 제시

한다. 어떤 영역에서, 의견 수렴의 실패가 독립적인 모정의 인식적 실패를 반영한다는 것이 선험적으로 인정된다면 그 영역은 더 실재론적이라는 것이다. 도덕은 이러한 기준도 통과하지 못한다. 우리가 지닌 정보와 동일한 정보에 의존하고 있고 왜곡적 영향들을 우리보다 전혀 더 많이 받고 있지 않은 사람들도 어떤 외교 정책의 정의로움에 관한 의견이 우리와 얼마든지 불일치할 수 있다. 이와는 반대로 본문에서 내가 숙고하고 있는 추상적 개념은 진부하거나 최소주의적이지 않다. 그것은 우리가 상이한 영역들에서의 진리 주장들을 유일한 성공이라는 주장으로 이해할 수 있게 해 주는, 탐구에 대한 실체적인 개념관을 요구한다. 또한 내가 보기에는, 유일한 성공을 허용하는 일부 영역들이 다른 영역들보다 더 "실재론적"인 것도 아니다. 어느 영역이든 모두 실재적이다(real). 도덕이 폭넓은 우주론적 기준과 인식적 통제 기준을 통과하지 못한다는 것은 "안 좋은 소식"이 아니다. 어떤 외교 정책의 부정의함은, 그 부정의함이 아무런 물리적 또는 정신적 현상도 설명하지 못한다는 이유로 또는 우리와 의견이 불일치하는 사람들이 아무런 독립적인 인식적 결함도 갖고 있지 않다는 이유로, 덜 실재적이게 되는 것은 아니다. 많은 철학자들은 그런 상황에서는 우리가 배타적인 진리를 주장할 어떠한 근거(warrant)도 가질 수 없을 것이며, 어떠한 진리 이론도 우리의 근거를 부정하지 않는다면 공허하거나 지나치게 무른 것이리라고 여긴다. 그러나 그것은 그 자체가 아르키메데스적 인식론에 의해서가 아니라 인식적 통제의 도덕적 중요성을 보여 주는 모종의 논변에 의해서 뒷받침되어야만 하는 하나의 도덕적 견해이다.

19 내게 이 점을 지적해 준 데이비드 위긴스에게 감사한다. 퍼스의 이론들에 대한 위긴스의 계발적인 연구는 그의 "Reflections on Inquiry and Truth," in Cheryl Misak, ed., *The Cambridge Companion to Peirce*(Cambridge: Cambridge University Press, 2004)에 담겨 있다.

20 Peirce, "The Fixation of Belief"(1877), in *Collected Papers of Charles Sanders Peirce*, vol. 5, ed. Charles Hartshorne, Paul Weiss, and Arthur Burks(Cambridge, Mass.: Harvard University Press, 1931-1958), 375쪽.

21 그것이 저항할 수 없이 당연한 결론은 아닐 수도 있다. 우리는 웃기는 사례들만을 패러다임으로 취급하면서도 그 패러다임을 분석하여 웃기지 않은 사례들도 웃기게 만들 수 있는 한층 복잡적인 해석적 설명을 고려할 수도 있다. 하지만 어떤 식으로 이루어지든 그러한 해석이 설득력을 지닐지는 의심스러워 보인다.

22 키트 파인(Kit Fine)은 해석적 개념과 분석의 역설의 연관성을 내게 지적해 주었다.

23 R. M. Hare, *The Language of Morals*(Oxford: Oxford University Press, 1952), 121쪽: Hare, *Freedom and Reason*(Oxford: Oxford University Press, 1963), 21-29쪽.

24 이 주제에 관한 존 맥도웰의 논의를 참조. "Reason, Value and Reality," in *Mind, Value, and Reality*(Cambridge, Mass.: Harvard University Press, 1998).

25 Bernard Williams, *Ethics and the Limits of Philosophy*(London: Fontana, 1985).

26 T. M. Scanlon, "Wrongness and Reasons: A Reexamination," in *Oxford Studies in Metaethics, vol. 2*, ed. Russ Shafer-Landau(Oxford: Oxford University Press, 2007).

27 내가 이 책에서 사용해 온 도덕적 가치와 윤리적 가치의 구별을 플라톤이나 아리스토텔레스가 받아들였음을 시사하는 것은 아니다.

28 Terence Irwin, *Plato's Ethics*(Oxford: Oxford University Press, 1995).

29 Plato, *Laches*, in *Plato: Laches. Protagoras. Meno. Euthydemus*, trans. W .R. M. Lamb(Cambridge, Mass.: Harvard University Press, 1924).

30 *Plato: Statesman. Philebus. Ion*, trans. Harold North Fowler and W. R. M. Lamb(Cambridge, Mass.: Harvard University Press, 1925).

31 Irwin, *Plato's Ethics*, 75쪽.

32 Aristotle, *Nicomachean Ethics*, trans. Roger Crisp(Cambridge: Cambridge University Press, 2000), VII.11-14쪽, X.1-5쪽.

33 『스탠퍼드 백과사전(*Stanford Encyclopedia of Philosophy*)』은 '아리스토텔레스 윤리학' 표제 항목에서 다음과 같이 서술하고 있다. "아리스토텔레스의 행복관에 대해서는, 논변이 지나치게 일반적이어서 사람이 어떤 전통적인 개별 덕성을 갖추면 자신에게 이익이 된다는 것을 보여 주지 못한다는 불만이 제기된다. 적어도 논변을 전개하기 위한 가정으로서, 잘 살기를 포함하여 모든 '잘하기'는 일정한 기술의 발휘라고 가정하고 이 기술이 무엇으로 밝혀지듯 그것을 덕이라고 부르자. 설령 그렇다 해도, 그런 점만으로 저절로 우리가 통상 이해되는 대로의 절제, 정의, 용기 같은 품성들이 덕이라고 추론하는 일이 허용되지는 않는다. 그것들이 덕으로 인정되려면 바로 이 기술들을 발휘하는 것이야말로 행복의 본령이라는 점이 입증되어야 한다. 그렇다면 아리스토텔레스는 우리에게 이런 전통적인 품성들에 대한 설명으로서 왜 그 품성들이 모든 잘 사는 삶(well-lived life)에서 중심적인 역할을 해야만 하는지를 해명해 줘야 한다." 이 논문의 저자(Richard Kraut — 옮긴이)는 아리스토텔레스가 이미 덕을 사랑하게끔 교육 받은 사람들을 청중으로 삼아 이야기하려는 의도였다는 답변을 제시한다. 나는 아리스토텔레스의 설명을 해석적인 것으로, 즉 개별 덕에 대한 개념관을 전반적인 행복관과 함께 엮어 내고(weaving together) 있는 것으로 다루면 더 만족스러운 해답이 나올 것으로 믿는다.

9 존엄성

1 Michael Smith, "The Humean Theory of Motivation," and Philip Pertit, "Humeans, Auti-Humeans, and Motivation," both in Andrew Fisher and Simon Kirchin, eds., *Arguing About Metaethics*(London: Routledge, 2006), 575, 602쪽.

2 예를 들면, John Stuart Mill, *Utilitarianism*, ed. J. M. Robson(1861; Toronto: University of Toronto Press, 1963); Henry Sidgwick, *The Methods of Ethics*(London: Macmillan, 1874); Thomas Nagel, *Equality and Partiality*(New York: Oxford University Press, 1991), 7장.

3 졸고 *Sovereign Virtue: The Theory and Practice of Equality*(Cambridge, Mass.: Harvard University Press, 2000), 242-254쪽; Dworkin, "Foundations of Liberal Equality," in Stephen Darwall, ed., *Equal Freedom: Selected Tanner Lectures on Human Values*(Ann Arbor: University of Michigan Press, 1995), 190, 229-234쪽 참조.

4 예를 들어, 필립 포스가 창조한 레프 톨스토이와 네이선 주커맨(Nathan Zukerman) 간의 가상 논쟁을 보라.(Roth, *American Pastoral*(New York: Vintage, 1998))

5 나도 그런 시도의 유혹을 받은 적이 있다. Dworkin, *Sovereign Virtue*, 263-267쪽; Dworkin, "Foundations of Liberal Equality," 190, 195, 258-262쪽.

6 크리스틴 졸스(Christine Jolls)는 이 개념차와 인간의 삶에 대한 만족을 연구하는 사회과학자들이 사용하는 개념을 유용하게 분석한 바 있다.(Jolls, "Dworkin's Living Well and the Well-Being Revolution," in *Symposium: Justice for Hedgehogs: A Conference on Ronald Dworkin's Forthcoming Book* [special issue], *Boston University Law Review* 90, no. 2(April 2010): 641쪽) 그녀에 따르면 수행적 가치(performance value)는 삶 속에서의 경험들에 대해 개별적으로 순위를 정하는 것이고 산물적 가치(product value)는 삶 전체의 순위를 정하는 것이다. 그러나 그녀가 지적한 것처럼 삶 전체의 서사적 가치의 중요성에 대한 내 과거 언급들은 이 관련성을 완화한다. 나는 그녀의 연구를 이렇게 이해한다. 즉 사람들은 경험이 삶 전체의 맥락에 놓일 때 그 경험들을 다르게 평가한다

는 것이다. 출퇴근을 고립된 사건으로 보면 의미가 매우 낮지만 출퇴근을 통해 가능하게 된 직업 그리고 그 직업에 몰두하는 삶의 평가에서는 출퇴근의 지루함이 사라진다. 암 연구자는 폐암 환자들과의 대화를 즐길 수 없지만 자신의 직업에서 만족을 얻는다. 졸스가 소개한 프린스턴 대학교의 연구에서 평가된 개별 사건들은 고립성 때문에 졸스가 비교 대상으로 삼는 서사적 평가만큼 윤리학에는 중요하지는 않다. 다른 용도로는 의심의 여지 없이 유용하긴 하지만 말이다.

7 Thomas Nagel, *Mortal Questions*(Cambridge: Cambridge University Press, 1991); Bernard Williams, "Moral Luck," in *Moral Luck*(Cambridge: Cambridge University Press, 1981), 20-40쪽 참조.

8 Dworkin, *Life's Dominion*(New York: Knopf(1993)), 7장 참조.

9 John Rawls, *A Theory of Justice*(Cambridge, Mass.: Harvard University Press, 1971), 214-221쪽.

10 이 책 7장의 "과학과 해석" 부분을 보라.

11 Dworkin, *Sovereign Virtue: Dworkin, Is Democracy Possible Here? Principles for a New Political Debate*(Prince ton: Princeton University Press, 2006).

12 Leon Kass, *Life, Liberty and the Defense of Dignity: The Challenge for Bioethics*(San Francisco: Encounter Books, 2004).

13 T. M. Scanlon, *What We Owe to Each Other*(Cambridge, Mass.: Belknap Press of Harvard University Press, 2000); Scanlon, *Moral Dimensions: Permissibility, Meaning, Blame*(Cambridge, Mass.: Belknap Press of Harvard University Press, 2008).

14 Stephen L. Darwall, "Two Kinds of Respect," *Ethics* 88, no. 1(October 1977): 36-49쪽.

15 James Griffin, *Well Being: Its Meaning, Measure, and Moral Importance*(New York: Oxford University Press, 1986), 1장 참조.

16 순수한 고통, 즉 부상이나 질병 또는 극심한 기아의 고통이 아닌 것 말이다. 그러나 이는 매우 한정적이다. 대부분의 쾌락처럼 대부분의 고통은 판단에 기생한다. 질투, 실망 그리고 수치심은 강렬하게 심지어는 육체적으로 고통스럽지만 판단에 기생한다.

17 Robert Nozick, *Anarchy, State, and Utopia*(New York: Basic Books, 1974), 42-45쪽 참조. 이 주장의 문학적 표현은 Ray Bradbury, *Dandelion Wine*(New York: Doubleday, 1957), 13장 참조.

18 Lionel Trilling, *Sincerity and Authenticity*(Cambridge, Mass.: Harvard University Press, 2006).

19 Friedrich Nietz sche, *The Gay Science*, trans. Walter Kaufman(New York: Vintage Books, 1974), §290: "한 가지는 필요하다. 자신의 품성에 스타일을 더하는 것이다. 위대하고 귀한 예술이다. 자신의 장점과 단점들을 파악하고 이것들을 모두 예술적 기획에 포함시켜 모든 장단점들이 이성과 예술로 승화되도록 하여 단점까지도 눈을 즐겁게 한다."

20 Jean-Paul Sartre, *Existential Psychoanalysis*(Chicago: Regnery, 1962).

21 Thomas Scanlon, "Preference and Urgency," in *The Difficulty of Tolerance: Essays in Political Philosophy*(Cambridge: Cambridge University Press, 2003), 70, 74쪽.

22 Friedrich Nietzsche, *Ecce Homo: How One Becomes What One Is*(Oxford: Oxford University Press, 2007).

23 Nagel, "Secular Philosophy and the Religious Temperament," 같은 제목의 책(Oxford: Oxford University Press, 2010), 1장 참조.

10 자유 의지와 책임

1 거미들도 결정을 내리는지 모르겠지만 토머스 네이글이 행동의 동인으로서 상정하는 '결정'과 비슷한 개념이다. Nagel, *The View from Nowhere*(New York: Oxford University Press, 1986), 111쪽 참조.

2 이제는 유명해진, 실험심리학자 벤저민 리벳(Benjamin Libet)의 실험이 이 가설의 진실을 입증하지는 않으나 그 예시를 보여 준다. 피실험자는 자신이 원하는 아무 때나 한쪽 손을 든다. 뇌파 검사에 따르면 손을 드는 행동으로 귀결되는 뇌 작용이 어느 손을 들지 피시험자가 인식하는 뇌 작용보다 1초보다 짧은 순간만큼 선행한다는 것이다. 리벳에 따르면, 피실험자가 어느 손을 선택할지의 결정은 어느 손을 들었는지의 원인이 아니고 단지 그 손을 들도록 만든 무언가의 부수 현상일 뿐이다. 리벳은 피실험자가 자신의 결정 이전에 시작된 행동을 새로운 결정으로 중단할 가능성마저 이 실험 결과가 봉쇄하지는 않는다고 신중하게 지적한다. 예를 들어, 자기도 모르게 가게에서 물건을 훔치려는 행동이 시작될 수 있지만 그 행동을 인지한 순간 이를 취소할 수 있는 것이다. 리벳은 그 가능성이 도덕적 책임론을 보호하기에 충분하다고 생각한다. 즉 내가 취소해야 하는 결정에 개입하여 취소하지 않으면 책임을 져야 한다. 그러나 부수현상주의는 모든 결정, 즉 어떤 과정을 취소하는 결정마저도 부수 작용이지 원인은 아니라는 것이다.(Patrick Haggard, "Conscious Intention and Motor Control," *Trends in Cognitive Neuroscience* 9, no. 6(June 2005), 290-296쪽; Alfred Mele, *Free Will and Luck*(Oxford: Oxford University Press, 2006), chapter 2))

3 예를 들어 다음의 문헌을 보라. Gary Watson, ed., *Free Will*(Oxford: Oxford University Press, 2003); Robert Kane, ed., *The Oxford Handbook of Free Will*(Oxford: Oxford University Press, 2005).

4 토머스 네이글은 학자로서의 삶 전체를 통해 우리 자신과 세계에서 우리의 지위에 대한 진실에는 두 가지 원천이 있다고 믿고 그 둘을 집요하게 구별했다. 하나는 주관적이고 개인적인 관점이고 또 하나는 객관적인 탈개인적인(impersonal) 관점으로서 우리가 우리 스스로를 자연 세계의 일부로서 이해하는 관점이었다. 그는 자유 의지 문제는 우리가 각각 다른 관점에서 발견한 참인 명제들이 서로 충돌하기 때문이며 그렇기 때문에 해결이 불가하다고 믿었다. 우리는 객관적 관점에서는 소멸되는 자유로움에 대해 개인적 관점에서는 확신할 수밖에 없다.

> "객관적 관점은 사건이 왜 발생했는지에 대해 단 하나의 설명, 즉 인과적 설명만을 요구하고 그 인과적 설명의 부재를 이해 불가능과 등치시키기 때문에 그러한 자율성이 존재할 수 없다. 이 관점과 동질적인 사상은, 사건의 설명은 어떻게 그 사건의 발생 또는 그 사건을 포함하는 일련의 경우의 수들이 선행 조건들과 사건들에 의해 불가피하게 되었는가를 보여 줘야 한다는 명제다."(*The View from Nowhere*, 115쪽)

이 장에서 제시된 이유로, 네이글이 염두에 둔 탈개인적 관점은 책임에 대한 윤리적, 도덕적 질문들을 고찰하기에 적합하지 않으며(자유로움에 대한 과학적 또는 형이상학적 질문들과는 다르다.) 이 관점은 '인과적 통제' 원리와 같은 별도의 도덕적 또는 윤리적 원리를 통해서만 의미를 갖는다. 물론 나는 '인과적 통제' 원리를 거부한다. 물론 어떤 논점들에 있어서는 탈개인적 관점이 불가피하다는 점에 동의한다. 즉 특정 생명체가 외부 세계를 인식하는가의 문제와는 별도로 외부 세계 자체의 성질을 고찰할 때 말이다. 그러나 네이글은 책임에 대한 질문을 포함하여 우리 자신에 대한 모든 질문들을 고찰할 때 탈개인적 관점이 의미를 가진다는 일반론을 제공한다. 그에 따르면 이 관점은 "우리 자신을 밖으로부터 관찰할 때의 우리의 성향 그리고 우리 자신을 수용할 필요를 반영한다. 그러한 수용이 없다면 우리는 삶으로부터 눈에 띄게 소외되어 있을 것이다."(*The View from Nowhere*, 198쪽) 나는 질문의 순서가 잘못됐다고 본다. 특정 행위에 대한 우리의 책임이 그 행위의 인과적 설명에 의해 규정되지 않는다고 말할 때 우리는 스스로를 소외시키는 것인가? 이 질문에 대한 답은 그것이 책임의 근거에 대해 수긍할 만한 관점인가에 달려 있다.

피터 스트로슨(Peter Strawson)은 비슷하게 영향력 있는 논문에서 평가상의 책임과 같은 논점들을 고찰하는 데 객관적 관점이 올바르지 않다고 주장했다.(Strawson, "Freedom and Resentment," in *Freedom and Resentment and Other Essays*(London: Methuen, 1974)) 스트로슨은 책임의 부여는 비난, 분노, 죄책감처럼 우리와 같은 생명체가 존재하기 위해서는 포기할 수 없는 인간 감정과 반작용의 체계에서 핵심적이라고 주장한다. 그는 네이글도 자신의 논증에서 인용한 바 있는 문단에서 다음과 같이 선언한다.

"내가 언급해 온 인간의 태도나 감정의 일반적인 구조나 체계는, 수정, 전향, 비판, 정당화의 여지가 무궁하게 남아 있다. 그러나 정당화의 문제는 내재적이다. 태도의 일반적 체계의 존재 자체는 인간 사회의 존재와 함께 우리에게 주어진 것이다. 전체적으로, 외부적인 '이성적 정당화'를 필요로 하지도 허용하지도 않는다."("Freedom and Resentment," 23쪽)

스트로슨은 책임의 문제를 동기와 반작용의 서사 내에서 나타나는 현상으로 규정하고, 이 구조의 전제들을 자연 세계에 터 잡은 인과적 설명으로 검증하는 방식으로 그 구조를 시험할 이유가 없다고 판단한다. 네이글은 다음과 같은 이유로 이것이 오류라고 생각한다.

"왜냐하면 우리에게 외부적 관점이 가능해지면 내부적 비판에서 외부적 비판으로의 미끄러짐을 막을 방법이 없기 때문이다. 자유 의지의 문제는 특정 사실에 근거한 반응적 태도(reactive attitudes)에 대한 친숙한 '내부적' 비판과 추정된 일반적 사실들에 근거한 철학적 비판 사이의 연속성이 있기 때문에 나타나는 것이다."(*The View from Nowhere*, 125쪽)

네이글은 여기에서 내가 나중에 다룰 인과적 통제설에 대해 중요한 그리고 내가 믿기로는 인기 있는 찬성론을 설파한 것이고 또 인과적 통제설이 필요로 하는 탈개인적 관점을 취해야 함을 설파하고 있다. 우리 보통의 판단들은 우리의 행동에 대해서는 우리가 책임을 진다는 일반 원리에 대해 예외를 둔다. 네이글은 이 예외들은 이 원리 수준의 것을 전제해야만 정당화된다고 믿는다. 나는 이 인기 있는 찬성론이 옳지 않다고 생각한다. 본문에서 나는 반대로 인과적 통제설은 네이글이 염두에 둔 예외들을 정당화하기에 부족하다고 주장한다. 그리고 이 예외들은 책임을 그런 탈개인적 문제로 규정하지 않는 다른 원리를 통해서만 정당화될 수 있다고 생각한다. 내 판단으로는 스트로슨의 내부적 관점론에 대한 반대론은 도리어 스트로슨을 지지한다. 물론 나는 스트로슨 자신의 주장, 즉 우리가 평가상의 책임을 포기하는 것은 불가능하다는 주장 역시 책임에 대한 우리의 일반적인 판단들이 철학적으로 존중되어야 할 충분한 근거를 제시하지는 못한다고 생각한다. 우리는 판단의 근거를 제시해야지 단지 의심하지 못함을 고백하는 것으로는 불충분하다. 우리는 의심할 이유가 없음을 입증해야 한다. 그것이 이 장의 목표다.

5 Nagel, *The View from Nowhere*, 114-115쪽

6 Galen Strawson, "The Impossibility of Mental Responsibility," *Philosophical Studies* 75(1994): 5-24쪽.

7 물론 우리는 보통 비난 가능성과 오류성(wrongness)을 구분한다. 즉 정신 이상 상태에서 살인을 저지른 사람을 비난할 수는 없지만 그가 잘못했다고는 생각한다. 양립 불가주의자들은 이 차이가 규정론이 참인 상황에서도 유지된다고 추정한다. 비난받을 자가 없다고 해서 잘못된 일이 없었다는 뜻은 아닌 것이다. 하지만 이것은 우리가 왜 특정 행위가 잘못이라고 생각하는가에 달려 있다. 수긍 가능한 모든 이론에서 책임의 개념은 그

행동에 대한 비난에서와 마찬가지로 행동의 오류성을 식별할 때도 보편적으로(pervasively) 참여한다. 물론 공리주의자들을 포함한 몇몇 철학자들은 행동의 오류성을 행위자의 정신 상태와 무관하게 나쁜 결과에서 찾는다. 자신이 알았던 몰랐든 자신의 쾌락을 위해 소비했을 때 자선을 베풀었을 때보다 전체의 행복을 더 증진시킬 수 있었다면 자선은 잘못이 된다. 그러나 이는 수용하기 어려운 주장이다. 똑같은 고통을 타인에게 주더라도 이유 없이 고의나 과실로 한 경우는 잘못이고 의도나 인지 없이 할 경우는 잘못이 아니다. 그렇다면 그는 비난받을 수도 없고 잘못을 저지른 것도 아니다. 이 차이는 구체적인 도덕 규칙들에 내재되어 있다. 즉 우리는 사고로 저지른 일을 살인, 절도, 횡령, 기망 또는 배신이라고 하지 않는다. 내가 도움이 필요한지 몰랐다면, 당신이 나를 도와주지 않았더라도 그 약속을 어긴 것이 아니다. 이 차이들은 평가상의 책임에 대한 가설들에 의해 정당화된다. 즉 인지나 과실이 오류성에 중요한 것은 책임 여부가 중요하기 때문이다. 그러므로 총의 치명성을 모르는 바보가 총을 쏘는 행위가 잘못이 아니라고 말하는 것은 오류가 아니다. 우리는 보통 이 명제를 다르게 표현한다. 즉 그의 행위는 잘못되었지만 용서(excuse)가 된다고 말한다. 이렇게 표현하면 왜 그가 위험하고 그의 삶이 제약되어야 하는지를 쉽게 설명할 수 있다. 이런 표현은 사회의 살인 금지령의 간명성을 위협하지 않는다. 살인 금지령을 미묘한 책임론으로 약화시키는 것은 그 가치를 마모시킨다. 그러나 그에 대한 평가를 달리 표현할 수 있는 것은 그가 일반인이었다면 살인에 대한 책임을 지게 될 상황에서 행동했기 때문이다. 바보가 일반인도 장전되었다고 생각하지 않을 연극용 총을 쏘는 것은 잘못이 아니다. 우리의 선악론은 책임과 비난 가능성에 대한 판단에 기생한다. 연극용 총을 비밀리에 장전한 사람의 책임과 그 총을 모르고 쏜 사람 사이에 진정 차이가 없다고 우리가 생각한다면, 우리는 전자는 도덕적으로 잘못이고 후자는 그렇지 않다고 생각할 이유가 없다.

품성(character)은 어떨까? 품성이 나쁘다는 것과 위협이 되는 것은 다르다. 수두 감염자는 위협이 되지만 품성이 나쁜 것은 아니다. 내가 수긍할 수 있는 모든 입장들에서는 모두 이 차이점은 책임에 대한 개념을 매개로 유통된다. 나쁜 행동을 할(하는 것이 잘못인 행위를 할) 성향을 가진 사람은 나쁜 품성을 가진 것이다. 하는 것이 잘못인 행위가 없다면 아무도 나쁜 품성을 가진 것이 아니다. 살인적 성향을 가진 사람이나 수두 감염자나 타인에게 해가 될 개연성이 있기 때문에 위험한 것이다. 그러나 그것이 우리가 말할 수 있는 최대한이다. 배상 책임? 타인에게 끼친 피해에 대해 내가 비난받을 일이 없다면, 내가 그렇게 하면서 잘못을 저지르지 않았다면, 왜 내가 피해자의 비용을 보전해야 하는가?

신중함(prudence)은 어떨까? 폭풍이 예보된 상황에서 작은 배를 타고 나가 벼락을 맞았다면 경솔한 짓을 한 것이겠지만 전혀 예상하거나 예측할 수 없는 상황에서 벼락을 맞았다면 이는 다른 문제다. 하지만 규정론이 전자의 상황에서 모든 자기 비난의 근거를 없앤다면, 다시 말해 내가 그렇게 행동할 것이 사전적으로 규정되어 있었다면, 내 자신을 경솔하다고 치부할 근거는 어디에 있는가? 내가 특정한 행위를 할 이유가 존재한다고 생각하는 것은 그 이유가 나의 행동에 영향을 미칠 때뿐이다. 규정론에 따라 나의 행동이 자연이나 운명에 의해 이미 결정되어 있다면, 그 파괴력은 모든 이유들에게 골고루 적용된다. 규정론이 특정한 이유, 즉 나의 특정 행위에 대해 나 자신을 비판할 이유를 가질 근거를 소멸시킨다면 규정론은 특정하게 행동할 이유의 존재 자체를 소멸시킨다. 허리케인은 사망자를 내도 비난당하지 않는다. 허리케인은 도덕적 규범을 위반하거나 도덕적으로 나쁜 품성을 보여 주지 않는다. 허리케인이 찬 공기로 바뀌어 사라질 때도 경솔한 짓을 하는 것은 아니다. 규정론이 참이고 평가상의 책임이 없다면, 허리케인을 포함한 우리 모두는 자연이라는 바다 표면의 크고 작은 파문일 뿐이다.

상황에 대한 선악의 판단이라도 보전할 수 있을까? 사람들이 행복할 때 더 좋다(그 행복을 누가 가능하게 했는지에 대한 평가적 책임과 무관하게)고 말할 수 있지 않을까? 그러나 이것도 왜 특정 상태가 좋거나 나쁜지에 대한 이론에 의해 답할 수 있다. 훌륭한 성당이 지어지고 사람들이 자신이나 타인의 기준으로 쾌락과 성취로 가득 찬 삶을 사는 것은 좋은 일이다. 그러나 로봇의 행복에는 별 가치를 두지 못할 것 같다. 로봇을 행복하게 만들 수 있던 과학에는 가치를 둘지언정. 사람들에게 평가상의 책임이 없다면, 로봇의 행복 이상으로 그들의 행복에 가치를 두지 못할 것 같다.

8 훌륭한 피고 측 변호사인 클래런스 대로(Clarence Darrow)는 비관적 양립 불가주의자였고 이 때문에 형벌은 잘못된 것이라고 생각했다. 그는 니체의 학생들로서 젊은 바비 프랭크(Bobby Franks)를 쾌락 살해(thrill murder)한 리처드 로엡(Richard Loeb)과 네이선 레오폴드(Nathan Leopold)의 재판에서 이렇게 변론했다. "자연은 강하고 무자비합니다. 자연은 자신만의 신비한 방법으로 작업하며 피해자들은 바로 우리입니다. 우리는 할 수 있는 것이 별로 없습니다. 자연은 이 역할을 맡았고 우리는 우리 역할을 할 뿐입니다. 저 옛날 오마르 하이얌(Omar Khayyam)의 말을 빌리자면 우리는 '신의 게임 속에 자리한 힘없는 말'로서 '밤과 낮의 체스판 위에서/ 이렇게 저렇게 움직이고 장군을 외치고 죽이고/ 하나씩 서랍 속에 누일' 뿐입니다. 이 어린이는 무슨 관련이 있을까요? 그는 그 자신의 아버지가 아니고 어머니도 아닙니다. 그는 그 자신의 조부모도 아닙니다. 이 모든 것은 그에게 주어졌습니다. 스스로 자신을 부와 가정교사들로 둘러싸지 않았습니다. 그럼에도 불구하고 그가 책임을 져야 합니다." Douglas O. Linder, "Who Is Clarence Darrow?" www.law.umkc.edu/faculty/projects/ftrials/DARESY.htm(1997).

9 데이비드 돌링코(David Dolinko)가 이 예를 제시했다.

10 로버트 케인(Robert Kane)은 자유 의지에 대해 오랫동안 저술해 왔고 수필집들을 여러 편 편집했다. 그는 내 입장에 90퍼센트 동의하며 인과적 통제설을 거부한다.(Kane, *"Responsibility and Free Will in Dworkin's* Justice for Hedgehogs," in *Symposium: Justice for Hedgehogs: A Conference on Ronald Dworkin's Forthcoming Book*(special issue), *Boston University Law Review* 90, no. 2(April, 2010)(hereafter BU): 611쪽) 그는 사람들이, 예를 들어 취한 상태에서 통제력을 잃었어도 그 전에 과음하기로 결정한 시점에서는 통제력이 있었으므로 취했을 때의 행동에 대해 책임이 있다는 아리스토텔레스의 입장을 간과했다고 생각한다. 그러나 케인은, 규정론이 참이라면 사람들에겐 통제력이 한 번도 없었고 따라서 아리스토텔레스의 주장도 힘을 잃는다고 인정한다. 하지만 이 역시 케인이 거부한다는 인과적 통제설을 수용할 때만 도출되는 결론이다. 이 비교는 나에게는 최고의 자유 의지 논자들도 인과적 통제설류가 옳고 이를 거부하는 흄 등은 기초적인 오류를 범했다고 거의 직관적으로 전제하고 있음을 보여 준다.

11 Bernard Williams, *Shame and Necessity*(Berkeley: University of California Press, 1973).

12 W. F. R. Hardie, "Aristotle and the Freewill Problem," *Philosophy* 43, no. 165(July 1968): 274-278쪽; Thomas Hobbes, *Leviathan*, ed. R. E. Flatman and D. Johnston(New York: W. W. Norton, 1997), 108쪽; David Hume, *An Enquiry Concerning Human Understanding*, ed. P. H. Nidditch(Oxford: Clarendon Press, 1978), 73쪽; T. M. Scanlon, *Moral Dimensions: Permissibility, Meaning, Blame*(Cambridge, Mass.: Belknap Press of Harvard University Press, 2008).

13 Hume, *Enquiry Concerning Human Understanding*, 73쪽.

14 Roderick Chisholm, "Human Freedom and the Self," in Watson, ed., *Free Will*(Oxford: Oxford University Press, 1982); Peter Van Inwagen, *An Essay on Free Will*(Oxford: Clarendon Press, 1983).

15 "나는 양립 불가주의자들에게 도덕적으로 의미 있는 선택이 존재하기 위해서는 어떤 종류의 자유로움이 필요한지 정확히 설명해 줄 것을, 그리고 그런 의미에서 자유로운 선택이 어떻게 특별한 허락의 힘을 갖는지를 설명해 줄 것을 요구한다. 나 스스로는 어떻게 이 질문들이 흡족하게 답변될 수 있을지 모르겠다." (Scanlon, *Moral Dimensions*, 206쪽) See also Scanlon's comments on an earlier draft of this chapter. Scanlon, "Varieties of Responsibility," *BU*: 603쪽.

16 예를 들어 J. J. C. Smart, "Free Will, Praise and Blame," Mind 70, no. 278(1961): 291-306쪽 참조. 또한 Nagel, The View from Nowhere; Nagel, "Moral Luck" (1979), reprinted in his *Mortal Questions*(Cambridge: Cambridge University Press, 1991)도 참조.

17 Jean-Paul Sartre, *Existentialism Is a Humanis*m(1945 lecture)(New Haven: Yale University Press, 2007).

18 그는 엄밀하게는 법적으로 미수죄를 지은 것은 아닐지 모른다. 부수 효상설이 참이라면 그는 정신적 행위 외에는 아무것도 하지 않았다. 그러나 그는 윤리적, 도덕적으로는 실패한 살인자와 똑같은 위치에 있다.

19 Galen Strawson, "Impossibility of Mental Responsibility," 13쪽 참조.

20 수전 울프(Susan Wolf)는 실제로 테레사 수녀가 자유와 책임이 있는 것은 그녀가 올바른 이유로 옳은 일을 하기 때문이고 스탈린은 그렇지 못해서 자유와 책임이 없다고 주장한다.(Susan Wolf, "Self-Interest and Interest in Selves," *Ethics* 96(1986); Wolf, *Freedom within Reason*(New York: Oxford University Press, 1990).) 나는 그 차이가 설득력이 없어 보이지만 아무튼 그녀는 인과적 통제설을 기반으로 주장하고 있지 않다.

21 Peter Strawson, *Freedom and Resentment*.

22 하지만 대가가 그림을 예측하고 재현한 게 아니라 실제로 그렸다고 가정해 보자. 화가의 전두엽을 조작하는 전자파를 쏘아 화가의 손이 대가의 뜻대로 움직였다고 하자. 그렇다면 우리는 화가에게 공을 돌리지 않았을 것이다. 그렇다면 이제 이 전자파가 화가가 자신이 내리는 모든 결정들이 자신의 결정인 줄 착각하도록 만들었다고 하자. 그는 그림을 그리면서 남의 것이 아닌 자신의 그림을 그린다고 믿었지만 그는 잘못 알고 있었다. 예술적 판단을 스스로 내린다는 것은 자신의 다양한 미학적 가치관들이 작용하도록 하고 구체적인 작품에 자신의 능력이 나타나도록 하는 것을 의미한다. 능력적 통제설이 두 번째 능력, 즉 제어적 능력을 책임의 요건으로 삼는 이유다. 또 타인이 자신을 통해서 그림을 그리는 것이 자신이 그림을 그리는 것과 똑같은 형태로 미학적 가치관과 능력을 발현시키더라도 서로 다를 수밖에 없는 이유이기도 하다. 우리는 지금 우리의 화가가 두뇌 세탁이 되어 화폭에 펼쳐진 것이 자신의 천재성의 결과물이라고 믿고 있다고 가정한다. 최면에 걸린 환자도 그러한 상황에 있을 것이다. 그러나 화폭에 발현된 것이 타인의 예술성이고 우연적인 만큼만 자신의 예술성임을 알게 되었을 때 그는 모든 자신의 작품에 대한 모든 자긍심(또는 수치심)을 포기할 것이다. 우리는 이 나사를 더 깊은 환상 속으로 돌릴 수 있다. 대가가 화가의 두뇌 속에 구체적인 손동작까지 전송하지 않고 예를 들어 추상적 표현주의의 다양한 가능성과 같은 일반적인 취향만을 심어 놓았는데 화가가 이에 반응했다고 하자. 또는 문제를 더 어렵게 만들려면, 흘러넘치는 물감 통을 화폭 위에 휘두르는 방식으로 이 표현주의 장르가 천재적으로 발전할 수 있다는 구체적인 통찰을 심어 주었다고 가정해 보자. 우리는 이런 방식으로 화가의 책임에 대해 더욱 어려운 사례들을 만들어 낼 수 있다. 이 상상 실험이 어려운 이유는 우리가 항상 한 명이 아니라 두 명의 판단자를 상상하고 있고 둘 중의 누구의 가치와 기술을 특정한 판단이 구현하는지 분명하게 하지 않기 때문이다. 북극의 대가가 아니라 자연이 화가의 능력, 취향 그리고 판단에 영향을 준 것으로 한다면 어려움은 사라진다.

23 물론 우리가 대가의 기술 같은 것을 발견해서 타인의 행동을 매우 부정확하게라도 예측할 수 있다면 우리의 삶은 상상 이상으로 변화할 것이다. 우리는 자신의 행위를 이런 식으로 예측할 수 없으며 우리가 영향을 미칠 사람들의 삶도 완전히 예측할 수 없다. 그러나 그런 세계를 상상하기 어렵다고 해서 평가상의 책임이 건재할 것이라는 전제가 무너지지는 않는다.

24 Williams, *Shame and Necessity*, 55쪽.

25 같은 책, 72-72쪽.

26 우리는 특정인의 오도된 세계관이 나쁜 결과를 낳는 상황에서 기회와 능력을 구별해야 한다. 훌륭한 세계관을 형성한 사람도 설탕 통에 있는 것이 비소임을 모를 수 있다. 그것을 손님의 커피에 넣었다면 그에게는 그

에 대한 평가적 책임이 있다. 그의 행위를 적절한 행위의 기준에 비추어 보는 것은 적절하다. 그것이 잘못인 지는 정황상 그 실수가 합리적이었느냐에 달려 있고 이것은 다시 그가 진실을 발견할 합리적인 기회가 있음 에도 그 기회를 살리지 못하는 과실을 저질렀느냐에 달려 있다. 바보의 사례는 다르다. 그의 책임 존부에 대 해서는 그런 방식으로 접근할 수 없다. 대신 우리는 그가 자신의 행동에 대해 평가적 책임이 없다고 말해야 한다. 그의 행위가 윤리적, 도덕적 평가에 처해지는 것은 오류다. 보통의 실수와 같은 사례들을 구별해야 한 다고 제안한 하버드 대학교 출판사의 감수자에게 감사를 표한다.

27 Elbert Hubbard and Edna St. Vincent Millay on ThinkExist.com에서의 인용 참조.

28 애니타 앨런(Anita Allen)은 이 장이나 다른 장에 제시된 정신 질환에 대한 담론이 정교하지 않음을 정확하 게 지적했다.(Allen, "Mental Disorders and the 'System of Judgmental Responsibility,'" *BU*: 621쪽) 앨런은 이 질병들에 대한 권위 있는 철학적 해설은 아직 쓰이지 않았다고 믿는다. 나는 그런 해설을 제시하려는 것이 아니라, 단순히 정신 질환을 충분히 설명하여 정신 질환자에 대한 평가적 책임관이 우리의 인과적 통제설의 수용을 입증한다는 가설을 반박하려는 것뿐이다.

29 Hugo Adam Bedau, "Rough Justice: The Limits of Novel Defenses," *Report*(The Hastings Center) 8, no. 6(December 1978): 8-11쪽 참조.

30 American Law Institute, "Model Penal Code"(proposed official draft)(Philadelphia: Executive Office, American Law Institute, 1962).

31 반드시 그렇지는 않다. 시애나 시프린(Seana Shiffrin)은 논의 중에 강박은 강력한 공포심을 자아내어 이런 능력들을 파괴하기도 한다고 지적했다.

32 다음 문헌에 실린 좋은 삶의 요소로서의 정의에 대한 논의와 비교해 보라. *Compare my discussion of justice as a parameter of the good life in Sovereign Virtue: The Theory and Practice of Equality*(Cambridge, Mass.: Harvard University Press, 2000), 6장.

11 존엄성에서 도덕으로

1 나는 이러한 견해를 *Life's Dominion*(New York: Knopf, 1993)에서 변호했다.

2 Ronald Dworkin, *Sovereign Virtue: The Theory and Practice of Equality*(Cambridge, Mass.: Harvard University Press, 2000), 6장, 9장에서 윤리적 요소(parameters)를 논했다.

3 R. M. Hare, *Freedom and Reason*(Oxford: Oxford University Press, 1965), 130쪽.

4 Tamsin Shaw, *Nietzsche's Political Skepticism*(Princeton: Princeton University Press, 2007) 참조. 특히 5장 참조. 쇼 는 니체가 종종 객관적이고 보편적인 가치가 존재하지 않는다는 '반현실주의자'로 여겨진다는 점을 지적하 면서, 이러한 해석을 부정한다. 니체가 강압적 정치 국가의 적법성에 회의적인 이유가 가치의 객관성을 의심 하기 때문이 아니라, 정치적 지도자가 될 사람들이 객관적 가치를 발견할 능력에 대해서 의심하기 때문이다. Simon May, *Nietzsche's Ethics and His War on "Morality"*(New York: Oxford University Press, 1999) 참조.

5 Nietzsche, *Ecce Homo*, trans. W. Kaufmann(New York: Vintage, 1967), II: 9.

6 Thus Spoke Zarathustra, in *The Portable Nietzsche*, ed. Walter Kaufmann(New York: Viking, 1954).

7 같은 책, I:15.

8 Nietzsche, *Beyond Good and Evil*, trans. *Walter Kaufman*(New York: Vintage, 1966), §228.

9 Nietzsche, *The Will to Power*, trans. Walter Kaufman and R. J. Hollingdale(New York: Random House, 1967),

944쪽.

10 *The Antichrist*, in *Kaufmann*, *The Portable Nietzsche*, II.

11 Thomas Hurka, *Perfectionism*(Oxford: Oxford University Press, 1993), 75쪽 참조.

12 May, *Nietzsche's Ethics*, 13, 12쪽.

13 Aristotle, *The Nicomachean Ethics*, 572-573쪽.

14 버나드 윌리엄스(Bernard Williams)는 이 심리적 딜레마를 사치스러운 예로 묘사한다. 독재 국가를 방문한 여행객에게 만일 그가 무고한 열 명 중 한 명을 죽이지 않으면 그 열 명 모두가 죽게 될 것이라고 했다. Williams, "A Critique of Utilitarianism," in J. J. C. Smart and Bernard Williams, eds., *Utilitarianism For and Against*(Cambridge: Cambridge University Press, 1973), 76, 98쪽.

15 Peter Singer, *The Life You Can Save: Acting Now to End World Poverty*(New York: Random House, 2010); Thomas Nagel, "What Peter Singer Wants of You," *New York Review of Books*, March 25, 2010 참조.

16 이러한 구분이 그의 대부분의 저서를 특징짓는다. 자유 의지와 평가상의 판단 책임에 대한 그의 견해가 논의된 10장 참조. 여기에서 생각하는 책은 그의 책 *Equality and Partiality*(New York: Oxford University Press, 1991), e.g., 14쪽.

17 같은 책, 35쪽.

18 T. M. Scanlon, *What We Owe to Each Other*(Cambridge, Mass.: Belknap Press of Harvard University Press, 2000).

19 Immanuel Kant, *Groundwork of the Metaphysic of Morals*, trans. H. J. Paton(New York: Harper and Row, 1964), 58쪽.

20 같은 책, 35쪽.

21 이에 대한 최근 설명은 다음 글 참조. Robert N. Johnson, "Value and Autonomy in Kantian Ethics," in *Oxford Studies in Metaethics*, vol. 2, ed. Russ Shafer-Landau(Oxford: Oxford University Press, 2007).

22 다음 책에서 칸트의 야심 찬 계획을 보라. John Rawls, *Lectures on the History of Moral Philosophy*(Cambridge, Mass.: Harvard University Press, 2000).

23 John Rawls, *Collected Papers*, ed. Samuel Freeman(Cambridge, Mass.: Harvard University Press, 1999), 346쪽.

24 같은 책, 315쪽.

25 같은 책, 312쪽.

26 롤스의 구성주의에 대한 논의는 3장을 보라.

27 Ronald Dworkin, *Justice in Robes*(Cambridge, Mass.: Belknap Press of Harvard University Press, 2006), 9장.

28 Scanlon, *What We Owe to Each Other*.

29 Colin McGinn, "Reasons and Unreasons," *New Republic*, May 24, 1999.

12 부조

1 Ronald Dworkin, *Sovereign Virtue: The Theory and Practice of Equality*(Cambridge, Mass.: Harvard University Press, 2000), 1장 참조.

2 토머스 스캔런은 최근 저서 *Moral Dimensions: Permissibility, Meaning, Blame*(Cambridge, Mass: Belknap Press of Harvard University Press, 2008)에서 주체의 의사가 그 주체의 행위의 용인 가능성에 영향을 미칠지 미치지 않을지에 대한 다양한 방법을 검토했다. 내 생각에 본장에서의 주장은 그의 제안의 한 예, 즉 행위의 '의미'는

그것을 용인 가능하게 하거나 그렇지 않게 할 수 있다는 것이다. "만일 어떤 사람이 타인의 이익에 대해 어떠한 고려도 없이 행동한다면, 이것은 그가 전달할 의도가 있든 없든 어떤 의미를 가진다. 즉 그 타인에 대한 태도에 대해 그리고 그 타인과의 관계에 대한 중요한 부분을 나타낸다." 이것은 그 행위에서 그 누구도 찾을 수 있는 중요성이 아니지만, 그 중요성은 그가 "행한 이유를 고려했을 때, 그가 부여할 이유가 있는 것이다."(53-54쪽)

3 Thomas Scanlon, "Preference and Urgency," *Journal of Philosophy* 72(1975): 665-669쪽.

4 *Sovereign Virtue* 2장에서 "비싼 취향"에 대한 논의를 보라.

5 서문(Preface)에서 언급한《보스턴 대학교 법학 리뷰》컨퍼런스에서의 비판에서 힘입어 이전 초고가 줄 수 있는 인상을 교정했다. 즉 구조의 염격한 요건에 대해 내가 제시한 사례가 구조 의무에 대한 필요 충분 요건이라는 인상이 그것이다. 다음 글을 보라. Kenneth W. Simons, "Dworkin's Two Principles of Dignity: An Unsatisfactory Nonconsequentialist Account of Interpersonal Moral Duties," in *Symposium: Justice for Hedgehogs: A Conference on Ronald Dworkin's Forthcoming Book*(special issue), *Boston University Law Review* 90, no.2(April 2010): 715쪽. 이후 *BU*로 칭하겠다.

6 The Boston University Law Review 컨퍼런스의 비판에서 이 측면의 중요성을 깨닫게 되었다. 다음 글을 보라. Kwame Anthony Appiah, "Dignity and Global Duty," *BU*: 661쪽; 그리고 F. M. Kamm, "What Ethical Responsibility Cannot Justify: A Discussion of Ronald Dworkin's *Justice for Hedgehog*," *BU*: 691쪽. 또한 Jeremy Waldron과 Liam Murphy도 유사한 문제를 NYU Colloquium in Legal, Moral and Political Philosophy의 초고에서 논의했다.

7 동등한 존중이 구제 사례에서 '마주하기' 측면을 우리가 고려할 것을 요구한다는 주장은 다음 글을 보라. Richard W. Miller, "Beneficence, Duty and Distance," *Philosophy & Public Affairs* 32, no. 4 (2004): 357-383쪽.

8 Janos Kis는 2008년 뉴욕 대학교에서 행해진 Holberg Prize 심포지엄에서 이러한 견해를 피력하는 글을 썼다.

9 케네스 사이먼스(Kenneth Simons)는 다른 마주하기가 만드는 경험적 증거를 원용한다. 다음 글을 보라. Simons, "Dworkin's Two Principles."

10 Dworkin, *Sovereign Virtue*, 8장, 제9장 참조.

11 Peter Singer, *The Life You Can Save: Acting Now to End World Poverty*(New York: Random House, 2009) 참조.

12 개별 피해자가 3분의 1의 가능성을 가진 추첨에 대해서는 다음 글을 보라. John Broome, "Selecting People Randomly," *Ethics* 95(1984): 38-55쪽. 2분의 1의 가능성을 논한 글은 다음과 같다. John Taurek, "Should the Numbers Count?", *Philosophy & Public Affairs* 6(1977): 293-316쪽.

13 20세기에 가장 많이 인용된 철학적 발언 중 하나에서 버나드 윌리엄스는 만일 당신이 낯선 사람들 여러 명을 구하기보다 당신의 아내를 구하는 것이 정당할지에 대해 생각하고 있다면, 당신은 너무 많이 생각한 것이라고 말했다.(Williams, "Persons, Character, and Morality"(1976), 다음 책에서 재출판되었다. *Moral Luck*(Cambridge: Cambridge University Press, 1981), 1-19쪽.

14 철학적 담론에서 기이한 예들의 역할에 대해서는 다음 글을 보라. Kamm, "What Ethical Responsibility Cannot Justify." 나는 캄이 이 부분에 대해서 내 견해를 오해하고 있다고 생각한다. 다음 글을 보라. "Response," *BU*: 1073쪽.

13 위해

1 사실 소임상의 책임은 이러한 최소 기준보다 더 많은 것을 요구한다. 당신은 몸으로 할 수 있는 것, 즉 어디로 간다든지 그리고 몸을 이용해서 하는 행동에 구체적인 통제력을 지녀야 한다. 그러나 최소 기준을 넘어서라 도 한 사람의 통제 책임은 타인의 자신에 대한 통제 책임을 보호하기 위해 한계가 있어야만 한다. 예를 들어 당신이 나 또는 내 소유물에 피해를 주는 것을 포함하는 통제 책임까지 질 필요는 없다. 따라서 도덕적으로 예민한 모든 공동체의 형법과 불법 행위법은 정치한 판결을 요구한다. 그러나 가장 기본적인 수준의 통제 책 임, 즉 우리 몸에 발생하는 것에 대한 통제 책임은 제한될 필요가 없고, 존엄성의 필요적 조건으로 받아들여 져 왔다.

2 Ronald Dworkin et al., "Assisted Suicide: The Philosophers' Brief," *New York Reviews of Books*, March 27, 1997, 41–47쪽 참조.

3 *Washington v. Glucksberg*, 521 U. S. 702(1997).

4 *The T. J. Hooper*, 60 F.2d 737(2d Cir. 1932).

5 이 문장의 초기 형태에는 오해의 소지가 있었다. 요구되는 적절한 주의(due care) 기준이 그의 기회나 자원 이 아니라 그의 의욕에 따라 상대적이라고 잘못 연상할 수 있었다. 그러한 상대적 기준은 우스운 결과를 낳을 것이다. 나는 『법의 제국』에서 말한 것을 의미한 것이었고, 지금처럼 더 명백하게 글을 바꾸었다. *Law's Empire*(Cambridge, Mass.: Harvard University Press, 1986), 301쪽 이하. 나는 이러한 부분을 지적한 존 골드버 그(John Goldberg)와 케네스 윌리엄스에게 감사를 표한다. 다음 글을 보라. Goldberg, "Liberal Responsibility: A Comment on *Justice for Hedgehogs*," 677쪽, 그리고 Simons, "Dworkin's Two Principles of Dignity: Two Principles of Dignity: An Unsatisfactory Nonconsequentialist Account of Interpersonal Moral Duties," 715쪽. 두 글은 다음 컨퍼런스에서 발표되었다. *Symposium: Justice for Hedgehogs: A Conference on Ronald Dworkin's Forthcoming Book*(special issue), *BU* 90, no. 2(April 2010).

6 이해를 돕는 설명을 찾는다면 다음 글을 보라. Mark Geistner, "The Field of Torts in *Law's Empire*," Inaugural Lecture of the Sheila Lubetsky Birnbaum Professorship of Civil Litigation, NYU Law News website, www.law. nyu.edu/news/GEISTFELD_BIRNBAUM_LECTURE.

7 이것은 매우 복잡한 이론들을 매우 단순화해서 설명한 것이다. 프랜시스 캄(Frances Kamm)은 그 복잡성을 제공하고 있다. Kamm, "The Doctrine of Triple Effect and Why a Rational Agent Need Not Intend the Means to His End," in *Intricate Ethic: Rights, Responsibilities, and Permissible Harm*(Oxford: Oxford University Press, 2006), 91–129쪽.

8 Judith Thompson, "The Trolley Problem," *Yale Law Journal* 94(1985): 1395–1415쪽; Frances Kamm, "The Trolley Problem," in *Morality, Mortality*, vol. 2: *Rights, Duties, and Status*(New York: Oxford University Press, 2001), 143–172쪽.

9 John Harris, "The Survival Lottery," *Philosophy* 49(1974): 81–87쪽.

10 이 원칙에 대한 논의와 그 결과에 대해서는 9장을 참조할 것.

11 스캔런은 행위자(agent)가 어떻게 행동해야 하는가 하는 깊이 생각해야 하는 숙려의 문제(deliberative question)와 행위자가 이 숙려의 질문에 대해서 올바른 방향으로 숙고했는지에 대한 비판적 질문 (critical question)은 구분해야 한다고 주장한다. T. M. Scanlon, *Mpral Dimensions: Permissibility, Meaning, Blame*(Cambridge, Mass.: Belknap Press of Harvard University Press, 2008), 1장, "The Illusory Appeal of Double Effect."를 참조하라. 스캔런은 군대 결정권자가 폭격을 진행할 때 대적 국가의 비전투 요원을 폭격의

목적으로 죽이려 하는지 아니면 단순히 폭격으로 비전투 요원들이 죽으리라는 것을 아는 정도인지는 "비판적 질문"에 중요하다고 본다. 그러나 이러한 폭격이 허용되어야 하는지에 대한 숙려의 질문에는 이런 차이가 중요하지 않다고 본다. 실제로 죽을 비전투 요원의 수에 차이가 없다면 말이다. 그러나 만일 그 폭격이 전쟁을 더 빨리 끝내게 한다면, 그로 인해 양국의 수많은 민간인을 살릴 수 있다면, 어째서 그 외의 군사적으로 당장 유리한 점이 있어야만 이 폭격이 정당화되는가? 스캔런은 사례들을 구분하기 위해서 하나의 원칙을 제시하지만(128쪽), 이 원칙은 그 요구 조건을 다시 기술할 뿐 설명하지는 않는다. 나는 본문에서 하나의 정당화 이론을 제공하고자 했다. 이 정당화 이론은 동기에 근거를 두고 있지 않으며 스캔런이 동기의 중요성을 거부하는 것과 같은 방식이다. 이 정당화 이론은 명령을 내리는 장군에게 그가 지휘하는 폭력으로 최대한 희망하여 얻고자 하는 것이 무엇인지 준별할 것을 요구하지 않는다. 그 장군이 죽일 민간인 생명의 가장 좋은 활용도가 바로 이것이라고 추정하지 않고 그 폭력 결정이 정당화될 수 있는지를 묻는다. 그러나 매우 다른 사례에서, 동기는 허용 가능성의 문제뿐 아니라 비판 차원에서도 중요하다. 집주인이 흑인 피아니스트에게 세 주기를 거부하는 게 허용되는 경우는 상대의 피부색 때문이 아니라, 그가 밤새도록 피아노 연습을 할 것을 거부하기 때문인 경우가 그러하다.

12 Rochin v. *California*, 342 U.S. 165(1952).

13 이와 관련된 중요한 윤리적 문제 논의를 위해서는 본인이 저술한 다음 책을 보라. *Life's Dominion*(New York: Knopf, 1993).

14 Thompson, "The Trolley Problem."

15 운이 없는 것과 찬탈을 구분하는 것은 다른 상황에서도 중요하다. Ronald Dworkin, *Sovereign Virtue: The Theory and Practice of Equality*(Cambridge, Mass: Harvard University Press, 2000), 13장 "Playing God: Genes, Clones and Luck" 참조.

14 책무

1 이에 대한 고전적인 논의는 다음과 같다. Wesley Hohfeld, *Fundamental Legal Conceptions as Applied in Judicial Reasoning*, ed. W. W. Cooke(New Haven: Yale University Press, 1919).

2 David Lewis, *Convention*(Cambridge, Mass.: Harvard University Press, 1969).

3 존 롤스는 공정한 제도를 지지하고 순응할 것을 요구하는 정의의 의무는 자연적 의무라고 했다.(Rawls, *A Theory of Justice*(Cambridge, Mass.: Harvard University Press, 1971), 115, 334쪽)

4 같은 책, 342-343쪽. 롤스는 다음 글을 참고한다. H. L. A. Hart, "Are There Any Natural Rights?, *Philosophical Review* 64(1955): 185-186쪽.

5 Robert Nozick, *Anarchy, State, and Utopia*(New York: Basic Books, 1974), 93-95쪽.

6 David Hume, *A Treatise of Human Nature*, 3.2.5-14/15-524.

7 G. E. M. Anscombe, "Rules, Rights, and Promises," in *Ethics, Religion, and Politics: Collected Philosophical Papers*(Minneapolis: University of Minnesota Press, 1981), 97-103쪽.

8 스캔런은 해당 상황에서 'F 원칙'을 충족하는 조건을 인정하는 관습적 방법으로 가장 잘 이해될 있다고 제안한다. 그러나 그러한 접근 방법은 약속 제도의 기능과 중요성을 과소평가한 것이다. 'F 원칙'의 다양한 조항은 다른 수준에서 충족될 수 있고, 그렇기 때문에 특정 사례에서 도덕적 책임을 논의할 만큼 조건들이 충분히 충족되었는지 논란이 있을 수 있다. A가 B로 하여금 특정한 확신을 형성하게끔 '유도(lead)'한다는 요건은 특

히 더 논란이 될 수 있다. 만일 학회에서 만나자고 여러 번 나에게 학회 참가를 촉구했다면, 당신이 나에게 준 것으로 여겨지는 확신은, 단순히 지나가면서 한 번 같이 학회에 가자고 우연히 말한 것보다 훨씬 강할 것이다. 그리고 그러한 차이는 당신이 나에게 어떤 측면적인 도덕적 책임을 갖게 되어 있는지에 대해 관련성이 있을 뿐만 아니라, 그 도덕적 책임의 강도에도 관련이 있다. 즉 학회에 참석하지 못하게 한 다른 중요한 초대가 학회에 불참할 만한 충분한 면책 사유가 되는지에 관련성이 있다. 약속은, 제공한 고무 행위의 강도가 최고치에 이르렀고, 다른 조건들에 대해서는 기대치를 매우 낮게 설정해도 충분할 정도로 강도가 높다고 선언하는 기능을 수행한다.

게다가 책무가 만들어지는 데에 'F 원칙'의 어떤 조항들은 전혀 충족될 필요도 없다. 내가 아래에서 제안하듯이, A가 실제로 그가 말한 대로 할 것이라고 B가 기대하지 않는다 해도, A에게는 의무가 발생할 수 있고 이때 다른 조항들을 충족시키는 것 또한 필요하지 않을 수 있다. 예를 들어 B가 확언을 원할 것이라는 것을 A가 알아야만 할지 의견이 나뉠 것이다. B가 특별히 확언을 원하지 않아도, A가 확언을 제공하길 강력하게 원하고, B가 그 사실을 알고 있다는 것만으로도 충분할 것이다. 그러므로 명백한 약속이나 부인이 없는 상황에서, 'F 원칙'이 상정하는 일반적 상황은 도덕적으로 가변적이다. 너무나 상황에 달려 있고, 합리적인 사람들이 많은 상황에서는 의견이 일치하지 않을 것이다. 본문에 설명된 이유와 방법으로, 명백한 약속과 약속 부인 행위는 상황을 확실히 덜 가변적으로 만든다.

스캔런은 다음 내용이 자신이 구성한 'F 원칙'의 난점이라고 본다. A가 B에게 B의 농지에 경작하는 것을 돕겠다고 약속했다고 가정하자. 'F 원칙'의 첫째 단계에 따르면, A가 B의 농지를 경작하는 것을 돕겠다고 확신을 주는 데 성공해야만 A에게 책무가 발생한다. 그러나 A가 경작을 할 이유가 있다고 B가 생각하지 않는 이상 A는 B에게 확신을 주지 못한다. 어떤 경우에는 B가 합리적으로 보기에 A가 책무를 가질 유일한 이유는(B가 A의 농지를 경작하는 데에 먼저 도움을 준 이후에) A가 스스로의 약속으로 취득한 책무뿐이다. 따라서 의무가 존재한다는 논증은 시작되지 않는다. 그 논증의 첫 단계가 결론을 전제로 하고 있기 때문이다.(이것은 본문을 논하기 시작할 때 내가 언급한 순환 논리의 한 형태라 할 수 있다.) 스캔런은 별도의 원칙에 호소함으로써 이 문제를 해소하고자 한다. A가 이행하리라고 스스로 합리적으로 믿지 않는, 약속을 하는 행위 자체가 금지된다는 것이 그 별도의 원칙이다. B는 A가 이 별도의 원칙 또한 존중할 것이라고 믿을 권리가 있고, 따라서 A에게 책무가 발생했는지에 대한 어떤 가정에 근거하지 않고 A가 약속을 이행할 것이라고 생각할 권리가 있다. B가 그러한 믿음을 형성한 이상, 'F 원칙'의 조건들이 충족하고, A에게 그 책무가 있다.(Scanlon, *What We Owe to Each Other*(Cambridge, Mass.: Belknap Press of Harvard University Press, 2000), 308쪽) A가 차후에 이행할 이유가 있는 약속을 할 때, A에게 그 약속을 이행할 타당한 이유가 있다는 사실에 근거하여 B가 결론을 내리지 말아야 한다고 비평가들은 지적한다. 예를 들어 Niko Kolodny and R. Jay Wallace, "Promise and Practices Revisited," *Philosophy & Public Affair* 31, no. 2 (2003): 119쪽을 참조하라. 스캔런의 'F 원칙'의 첫 단계는 너무 강하다. A에게 책무가 발생하기 위해서 A가 B에게 약속을 지키며 어떤 다른 형태의 확언을 존중할 것을 설득할 필요는 없다. A가 약속을 했고 다른 조건들이 맞다면, 비록 A가 약속을 어길 가능성이 있다고 B가 생각할지라도, A에게 책무가 있다. 물론 그러한 경우에 B는 흥정할 수 있는 어떤 이유를 제시할 수 있겠지만, 조금만 노력하면 이러한 상황을 상상할 수 있다. 예를 들어 A의 나쁜 성품을 세상에 알리는 기회로 삼으려 했을지도 모른다. 또는 A의 약속을 신뢰하지 않는다는 것을 시인하지 않고, A의 농지 경작을 아낌없이 도와주길 원했는지도 모른다. 또는 B가 생각하기에 B의 농지가 훨씬 경작하기 어렵다는 것을 A가 아직 모르기 때문에 A에게 과연 책무가 있는지 B가 의심할 수도 있다. B는 그러한 이유에서 A에게 책무가 없다고 생각하지만, A가 스스로 책무가 있다고 믿기를 희망할 수도 있다. 모든 경우에, B가 A에게 경작을 기대하든 안 하든, A에게 책무가 있다고 믿든 안 믿든 상관없이 A는 내일 B의 농지를 경작해야 할 책무가 있을 수 있다.

9 Scanlon, *What We Owe to Each Other*, 304쪽.

10 Charles Fried, *Contract as Promise: A Theory of Contractual Obligation* (Cambridge, Mass.: Harvard University Press, 1982), 2장과 9장.

11 내 동료 케빈 데이비스(Kevin Davis)와 리엄 머피(Liam Murphy)는 이 순환성에 대해서 아낌없이 압력을 가했다.

12 토머스 스캔런이 어떤 역할 의무에 대한 이 실천적 주장을 상기시켜 주었다.

13 Ronald Dworkin, *Law's Empire* (Cambridge, Mass.: Harvard University Press, 1986), 68-73쪽.

14 리처드 팰론(Richard Fallon)은 이 논의에 대해서 의문을 제기했다. 다음 글을 보라. Richard H. Fallon Jr., "Is Moral Reasoning Conceptual Interpretation" in *Symposium: Justice for Hedgehog: A Conference on Ronald's Dworkin's Forthcoming Book* (special issue), *Boston University Law Review* 90, no. 2(April 2010): 535쪽.

15 Robert Paul Wolff, In *Defense of Anarchism* (New York: Harper and Row, 1970).

16 정당성이 정도의 문제인가라는 질문의 중요성을 깨우쳐 준 수잔 스리다(Susanne Sreedhar)와 캔디스 딜마스(Candice Delmas)에게 감사한다.(Sreedhar and Delmas, "State Legitimacy and Political Obligation in Justice for Hedgehog: The Radical Potential of Dworkinian Dignity," *BU*: 737쪽) 이 문단의 대부분은 그들에 대한 대답이다.

15 정치적 권리와 개념

1 제임스 그리핀은 이 지적을 오해했다. James Griffin, *On Human Rights* (Oxford: Oxford University Press, 2008), 20쪽; Griffin, "Human Rights and the Autonomy of International Law," in Samantha Besson and John Tasioulas, eds., *The Philosophy of International Law* (Oxford: Oxford University Press, 2010) 참조. 물론 정치적 권리는 보편적 선(善)을 증대하려는 정부에 대해서만 적용되지 않는다. 으뜸 패 시험은 권리의 주장이 충족시켜야 하는 기준이다. 즉 그 권리가 보호하는 법익은 일반적으로 타당한 정치적 정당화 이론을 극복하기에 충분한 중요성을 가지고 있어야 한다. 이 시험은 자신의 목적이 타당하지 않은 독재자들에게는 사람들이 그런 권리를 갖지 않는다고 제안하지 않는다. 또 긴급 상황에서는 보편적 선을 압도하지 못하는 경우에도 권리는 으뜸 패로 간주될 수 있다. 즉 수많은 사람들의 생명이나 국가 존립이 다투어질 때 말이다. 이때 우리는 으뜸 패가 보통의 정당화론이 아니라 상위의 으뜸 패로 압도된다고 말할 수 있다. 나의 저서 "Rights as Trumps," in Jeremy Waldron, ed., *Theories of Rights* (Oxford: Oxford University Press, 1985) 참조. 개인들의 집단이 집단의 자격으로 정치적 권리를 가질 수 있는지, 예컨대 어떤 정치 공동체 내에 속하는 인종적 소수자 집단의 권리를 운위하는 일이 엄밀히 보아 타당할 수 있는지 여부는 정치철학 내에서 논란이 있는 문제다. 가령, Will Kymlicka, *Liberalism, Community, and Culture* (Oxford: Oxford University Press, 1989) 참조. 오직 개인만이 정치적 권리를 갖는다는 것이 나의 견해다. 다만 정치적 권리에는 개인이 어떤 소수자 집단의 구성원이라는 이유로 차별받지 않을 권리가 포함되며, 또한 자기 집단의 여타 구성원들과 공유하는 혜택을 받을 권리, 예를 들면 자기가 속한 집단의 언어로 소송 절차를 진행할 권리도 포함될 것이다. 하지만 여기에서는 이 문제를 다루지 않겠다. 만약 집단으로서 갖는 정치적 권리가 있다면, 나의 논변은 그것에 대해서도 동일하게 적용된다.

2 은유가 항상 칭송되는 것은 아니다. Robin West, "Rights, Harms, and Duties: A Response to Justice for Hedgehogs," in *Symposium: Justice for Hedgehogs: A Conference on Ronald Dworkin's Forthcoming Book* (special issue), *BU* 90, no. 2(April 2010)(hereafter *BU*): 819쪽, and my "Response" in that issue 참조.

3 Charles Beitz, *The Idea of Human Rights*(Oxford: Oxford University Press, 2009), 96쪽 이하.

4 John Rawls, *The Law of Peoples*, 2nd ed.(Cambridge, Mass.: Harvard University Press, 1999); Joseph Raz, *"Human Rights without Foundations,"* in Samantha Besson and John Tasioulas, eds., *The Philosophy of International Law*(Oxford: Oxford University Press, 2010), 321쪽 이하; John Skorupski, "Human Rights," in Besson and Tasioulas, *Philosophy of International Law*, 357쪽 참조.

5 *On Human Rights*에서 그리핀은 "인격성(personhood)"을 인권의 시금석으로 규정한다. 즉 인격성의 존중은 복지, 자유, 자율성의 보장을 요구하고 바로 이것이 인권이라는 것이다.(149쪽) 그리핀은 인권이 왜 다른 정치적 권리들과 다른지를 설명하라는 본문의 과제를 수긍한다. 그러나 인격성에 대한 더욱 세련된 설명이 그 과제를 충족한다고 생각한다. "인격성을 통한 설명에서 결절 지점은 규범적 주체성의 근사적 필요조건이 충족되는 지점이다." 규범적 주체성의 근사적 필요조건(proximate necessary conditions for normative agency)"의 의미의 날을 세우기 위해서는 지난한 해석 작업이 필요하다."(183쪽) 그러나 조셉 라즈(Joseph Raz)가 지적했듯이 이는 유용하지 않다. 한편으로 그리핀이 염두에 둔 조건들은 매우 한정적인 자율성에 필요한 것들로서 쉽게 충족된다. 노예들도 몇 가지 결정은 내릴 수 있다. 다른 한편 이 조건들이 상당 수준의 복지, 자유, 자율성을 위해 필요한 것으로 간주된다면, 인권과 다른 정치적 권리들을 구분하는 문제가 남는다. 어느 선에서 나뉘어야 하는가. Raz, "Human Rights without Foundations" 참조. 그리핀의 답은 라즈의 불만을 승인할 뿐이다. 그리핀은 실무(practicalities)가 인권이 보장하는 자율성의 "문턱"을 규정함에 도움을 줄 수 있다고 하면서 적정한 문턱을 찾기 위해서는 "상당한 노력"이 필요하다고 했다.(347–349쪽)

찰스 베이츠는 인권은 인격성의 존중과 같은 연역적 원리가 아니라 제도의 목적에 지도된 인권 실무에 대한 해석을 통해 식별될 수 있다고 한다.(Beitz, *The Idea of Human Rights*) 그러나 이 책 2부에서 인지했듯이, 이런 식의 해석은 그 실무의 날것 그대로의 데이터에 대한 최선의 해석을 확정할 수 있는 일반적 원리들을 요구하며 이것은 베이츠가 피하고자 했던 '연역적' 원리가 되어 버린다. 그는 인권과 다른 정치적 권리를 구별할 필요를 인식했다. 즉 그는 인권은 정당한 사회를 정의하는 정치적인 권리보다 협소하다.(142쪽) 하지만 이 구별을 위해 제안한 기준은 희망적이지 않다. 그는 정의의 어떤 요건들은 다른 요건들보다 시급하며, 어떤 권리들은 다른 권리들보다 국제적으로 집행하기 어려우며, 어떤 정의의 요건들은 다른 경제적 사회적 문화적 배경을 가진 사회들 사이에 차이가 있다고 봄이 합리적이라고 말한다.(143쪽) 이 기준의 두 번째 요소는 국제 사회의 개입이 효과적이라고 가정했을 때 그런 개입이 허용되는가의 문제를 그러한 개입이 효과적이긴 한가라는 문제와 혼동한다. 이 기준들은, 이 조건들만이 개입을 정당화하기 때문에 구분되는 것이 올바르며, 야만적 상황 외에는 무관한, 개입의 서로 다른 조건들에 호소한다. 그의 첫 번째 기준은 긴급성의 계측을 요구하는데 올바른 결과를 내지 않을 수 있다. 예를 들어 인종 차별적 견해를 표명할 자유, 낙태, 생명을 구해 주는 고가의 신장 투석술, 동성혼, 공정한 재판 없는 구금 금지를 긴급성에 따라 어떻게 순위를 매길 수 있을까? 세 번째 기준은 정의와 인권을 차별하지 않는다. 전자는 후자처럼 나라별 배경에 따라 변화하며 그 기준은 왜 인권이 정의보다 더 변화하는지를 설명하지 못한다.

6 Ronald Dworkin, *Is Democracy Possible Here? Principles for a New Political Debate*(Princeton: Princeton University Press, 2006).

7 Robert D. Sloane, "Human Rights for Hedgehogs? Global Value Pluralism, International Law, and Some Reservations of the Fox," *BU*: 975쪽.

8 이 논란은 다음의 문헌만큼 오래됐다. Plato, *The Last Days of Socrates*, trans. Hugh Fredennick and Harold Tarrant(Harmondsworth: Penguin Books, 1993). 더 최근의 서술을 보려면 e.g., Ralph Cudworth, *A Treatise Concerning Eternal and Immutable Morality*(1731; New York: Cambridge University Press, 1996); Mark Schroeder,

"Cudworth and Normative Explanations," *Journal of Ethics and Social Philosophy* 1(2005): 1-27쪽을 보라.

9 이 제안은 모티머 주교(Bishop R. C. Mortimer)의 마음도 끌었다. "첫 기초는 창조자로서의 신이다. 신은 우리와 세상을 전부 만들었다. 이 때문에 그는 우리의 복종을 요구할 자격이 있다. 우리 스스로 존재하는 것이 아니라 그의 피조물로서 존재하므로 그의 뜻대로 행하고 존재해야 한다."(Robert C. Mortimer, *Christian Ethics*(London: Hutchinson's University Library, 1950), 7쪽)

10 해리 프랑크푸르트(Harry Frankfurt)는 이것이 평등의 의미라고 믿는다. "Equality as a Moral Ideal," in William Letwin, ed., *Against Equality: Readings in Economic and Social Policy*(London: Macmillan, 1983) 참조. 프랑크푸르트는 모두가 동일한 소득과 재산(즉 '돈')을 갖는 것이 바람직하다는 원리에 반대한다.

11 John Rawls, *A Theory of Justice*(Cambridge, Mass.: Harvard University Press, 1971).

12 R. George White, "The High Cost of Rawls' Inegalitarianism," www.jstor.org/ stable/ 448214 참조.

13 Derek Parfit, *Equality or Priority*(Lawrence: University of Kansas, 1995) 참조.

14 '흘러넘친다'는 표현은 주로 경멸적으로 사용되었다. 가끔 레이거노믹스라고 불리는 이 이론 자체는 탄핵되었지만 아직도 생기가 있다. "Live Free or Move," editorial, *Wall Street Journal*, May 16, 2006 참조.

15 Isaiah Berlin, "Two Concepts of Liberty"(1958), in *Four Essays on Liberty*(Oxford: Oxford University Press, 1969); Bernard Williams, "From Freedom to Liberty: The Construction of a Political Value," *Philosophy & Public Affairs* 30, no. 1(2001): 3-26쪽.

16 평등

1 Eduardo Porter, "Race and the Social Contract," 2008년 3월 31일 인터넷 뉴욕타임스(NYT) 기사.

2 Dworkin, *Sovereign Virtue: The Theory and Practice of Equality*(Cambridge, Mass.: Harvard University Press, 2000), 3장 참조.

3 센(Sen)은 그의 최근 저서 *The Idea of Justice*(Cambridge, Mass.: Harvard University Press, 2009)가 기존의 표준 정의론에서의 "진전(departure)"을 이루었다고 말한다. 센은 롤스와 나의 저서를 인용하며, 기존의 정의론들은 정의로운 제도들을 이상적으로 묘사하느라 바빠 실제의 매우 불완전한 세계에서 우리가 내려야 할 비교적 판단들을 인도하기에는 유용하지 않다고 한다. 그러나 롤스의 정의 원리 두 개는 센이 염두에 둔 비교적인 실제 세계에 맞추어져 있다. 천문학적으로 광대한 문헌에서 철학자, 정치학자, 경제학자, 법률가, 심지어는 정치학자로 롤스의 이론을 실제의 구체적인 정치 논란에 적용하고 있다.(관련 사례들은 구글 검색에서 롤스의 이름과 정치적 쟁점만 입력해도 얼마든지 확보할 수 있다.) 나의 경우, 센이 "Back to the Real World," in chapter 3 of *Sovereign Virtue*에서 내가 매우 자세히 그 책에서 옹호하는 추상적 정의론이 정의를 증진하기 위한 비교 판단들을 정당화하기 위해 이용될 수 있는가를 설명했는지를 간과했을 수 있다. *Sovereign Virtue*의 2부 전체가 그 책의 부제가 약속하듯이 평등의 '이론'이 아니라 평등의 '실무'에 투입되었다는 점도 간과한 듯하다. 나는 거기에서 다시 상당히 자세하게 그 책 1부의 일반 이론을 적용하여 조세, 의료 보장, 인종 정의, 유전자 정책, 낙태, 안락사, 표현의 자유, 선거 규제 분야의 현안들에서 실질적인 개선을 이루려고 했다. 대중적인 저널 특히 *New York Review of Books*에서도 내 입장의 실천적 귀결에 대해서 설명하려고 했다.

센이 개발 경제학 분야에서 이룬 성과는 매우 중요하며 유용하다. 기아의 원인을 바라보는 그의 시각은 특히 영향력이 있었다. 그는 풍부한 동양 특히 인도의 역사, 문학 그리고 철학을 서양 독자들에게 소개했다. 그의 최근 저서는 특히 그런 정보들로 풍부하다. 그러나 *The Idea of Justice*는 센이 주장하는 규범적 정치철학에서의

'진전'을 이루지 못했다. 사실 그는 자기가 추월했다고 주장하는 이론들보다 실제 세계에서의 판단에서 덜 유용하다. 특정 정치 논점들에 대한 그의 견해는 노예 제도를 비난할 때처럼 논란을 불러오거나 결단적이지도 않았다. 그는 기존 구조의 비교적 판단에 대해 다양한 기준들을 의지하지만 비교적 판단에서 유용하기에는 너무 추상적인 수준에서만 그렇게 한다. 그는 애덤 스미스의 "중립적 관찰자(impartial observer)" 기준의 정신을 승인하며 이상적이고 중립적인 판사가 내릴 결정을 권한다. 그러나 그 기준은 공리주의적으로 설명되지 않으면 큰 의미가 없다. 즉 선의의 청중이 지금 논란이 되는 논점을 결정하기 위해 어떤 이론을 적용해야 하는지를 말해 주지 않는다. 센의 어법을 따르자면, 정책은 '능력(capabilities)'의 평등에 (배타적이진 않더라도) 초점을 맞추어야 한다고 말한다.(아래 각주 6에서 능력에 대한 논의를 보라.) 그러나 그는 이 능력의 중요성에 대해 사람들의 우선순위는 상당한 차이를 보임을 인정하고 이 우선순위들 사이의 심대한 견해차를 극복할 방법을 조언하지 못한다. 그는 이상적으로 공공성의 정신을 가진 시민들 사이에서의 자유롭고 민주적인 토론이 이 비교 판단에 도움이 될 것이라고 믿는다. 그러나 이 사유가, 예를 들어 세라 페일린(Sarah Palin)의 추종자들이 매우 많은 현실 공동체에서 어떻게 유용할지는 말하지 않는다. 현실 정치에서 모두가 관련 있다고 인정하는 다양한 요소들을 적절히 고려하라고 요청하면서 이 다른 요소들이 논란에 대한 실천적 판단에서 어떻게 저울질되어야 할지에 대한 전체적 틀을 제시하지 않는 것은 도움이 되지 않는다.

4 베이커는 야심 차고 인상적인 논문을 완성하자마자 비극적으로 사망했다.(C. Edwin Baker, "In Hedgehog Solidarity," in *Symposium: Justice for Hedgehogs: A Conference on Ronald Dworkin's Forthcoming Book* [special issue], *Boston University Law Review* 90, no. 2(April 2010)(hereafter *BU*): 759쪽) 그는 내 입장과는 상충되게 시민들이 정치를 통해 다 같이 행동할 때 개인으로 행동할 때보다 동료 시민들을 더 많이 배려할 필요가 없다고 믿었다. 그에게 정치는 자신의 가치와 목적을 증진시키기 위해 자신이 승인하는 윤리적 환경을 집단적 정치적 결정을 통해 획득하기 위해 개별 시민들끼리 벌이는 경쟁이었다. 이 경쟁에는 승자도 있고 패자도 있다. 정치적 다수는 소수를 관용해야 한다. 즉 다수의 가치를 포용하도록 강제하거나 자유 등의 권리를 침해해서는 안 된다. 그러나 다수는 정치를 통해 자신의 좋은 삶에 대한 신념에 봉사하는 공동체를 건설하기를 주저할 필요는 없다. 다수는 자신과 견해가 다른 사람들에 대한 배려를 위해 중립적일 필요가 없다.

베이커는 민주주의에 대해서도 이에 상응하는 견해차를 보였다. 그는 18장에서 말하는 대로 민주주의의 동반자적 개념관의 필요성에 동의했다. 그러나 그는 내가 '인식론적(epistemic)' 동반자관을 선호하여 공동체의 역할이 올바른 분배적 및 정치적 정의를 준별하고 집행하는 것으로 한정되었다고 생각하면서 그 자신은 선택론적 동반자관, 즉 다수가 공동체 전체를 규정하는 가치들을 선택하는 동반자관을 선호했다. "이 대안 속에서 사람들은 동반자 관계 속에서 윤리적 이상에 대해 서로를 설득하여 그 이상을 동반자 관계 속에서 추구하려고 노력한다. 이 대안은 배려의 평등이 아니라 존중의 평등을 최고의 덕성(*sovereign virtue*)으로 간주한다." 그는 시민들을 "의사소통 행위(communicative action)"에서의 "이성-부과적(reason-giving)" 동반자들 및 상호 경쟁자로 개념 지으면 나의 개념관보다 더 안정적인 정의의 원칙들의 근거를 제공할 수 있다고 믿었다. 그는 상호 소통하는 사람들은 특정 원리에 자신들을 복종시키며 이 복종이 대화자들의 정의를 준별한다는 위르겐 하버마스의 입장을 취했다.

그의 입장을 이해하려면 두 가지 질문을 구별하는 것이 유용하다. 첫째, 기속력 있는 정치 공동체의 구성원들은 경제 구조를 설계할 때 개별 시민의 운명을 동등하게 중요한 것으로 대우할 의무가 있는가? 둘째, 그 구성원들은 그 공동체 내에서 논란이 되고 있는 가설이 참이라는 가정 아래에서만 정당화될 수 있는 법을 통과시켜서는 안 되는가? 이 장은 첫 번째 질문에 답한다. 베이커는 동등한 배려의 필요성을 부인했지만 나는 그가 실제로 반대하려고 했다고 보지 않는다. 나는 그가 동등한 배려에 대해 위의 두 번째 질문에 '아니오.'라고 답하는 것으로 대응했다고 본다. 그의 선택 민주주의관 어디에도 다수가 모든 동료 시민들의 가치와 달리 그들의 운명에 대해 동등한 배려를 가질 필요가 없다는 암시는 없다. 두 번째 질문을 보자. 베이커는 선택 민주주의의 다수는 공교육의 교과서에 자신의 가치를 반영하고 특정 종교를 공식 종교로 채택할 권한이 있다고 믿었다. 나는 그가 그런 방식의 통제가 갖는 강제력을 과소평가했다고 본다.(나의 책, *Is Democracy Possible Here? Principles for a New Political Debate*(Princeton: Princeton University Press, 2006 참조) 베이커의 관용론은 그가 시민들 사이에서 현출되기 바랐던 "이성-주기(reason-giving)"를 실제로는 독려하지 못할 것이다. 반대로 다수는 공교육 교과서를 선택할 권한에 자만하여 반대자들에게 이를 설명하기 위해 노력할 동기를 갖지 못할 것이다. 이에 대해 공포스러운 동시대 사례를 보고자 한다면, Russell Shorto, "How Christian Were the Founders?" *New York Times*, February 11, 2010를 참조하라. 17장에서 설명할 자유관은 윤리적 환경이 집단적인 행동보다는 개인들의 선택 하나하나에 의해 순차적으로 최대한 유기적으로 형성될 수 있도록 허용함으로써 설득을 목표로·하는 대화에 더욱 많은 동기를 부여한다.

5 Richard Arneson, "Equality and Equal Opportunity for Welfare," *Philosophical Studies* 56(1989): 77-93쪽; G. A. Cohen, "On the Currency of Egalitarian Justice," *Ethics* 99(1989): 906-944쪽.

6 *Sovereign Virtue*, 301-303 참조. 아마르티아 센(Amartya Sen)은 *Inequality Reexamined*(Cambridge, Mass.: Harvard University Press, 1992)에서 그러한 계산에 투입될 '능력'에 '행복함, 자긍심, 공동체의 삶에의 참여 등등'을 가능케 하는 능력을 포함시켰다. 이것은 복지주의의 입장으로 보이지만 앞의 내 책에서 다르게 규정했다. *The Idea of Justice*에서 센은 "행복은 능력이 해야 하는 방식으로 의무를 발생시키지 않는다.(271쪽)"라고 부연하지만 이 판단이 자신의 이전의 견해를 수정하는 것인지 분명하지 않다.

7 Sen, *The Idea of Justice*, 265쪽.

8 "Ronald Dworkin Replies," in Justine Burley, ed., *Dworkin and His Critics*(Malden, Mass.: Blackwell, 2004), 340쪽 이하 참조.

9 나는 여기에서 요약한 이야기를 더 상세하게 *Sovereign Virtue*의 2장에서 설명하며 조세 및 다른 정치적 정책들에 대한 함의를 탐구한다.

10 프리먼은 매우 교훈적인 에세이에서 사람들에게 노동과 소비에서의 선택에 따른 진정한 기회비용을 징수한다면 분배 정의론을 확립할 수밖에 없다고 지적한다. 무엇이 진정한 기회비용인가는 어떤 분배 정의론을 전제로 하는가에 따라 달라지기 때문이다.(Samuel Freeman, "Equality of Resources, *Market Luck, and the Justification* of Adjusted Market Distributions," *BU*: 921쪽) 예를 들어, 공리주의적 기획이 가장 공평하다고 결정했다면 한 사람이 내린 결정의 진정한 기회비용은 효용을 극대화하는 가격 체계에 의해 결정된다. 우리가 다른 정의론이 우월하다고 본다면 그 이론을 집행하는 경제 체제에서 정해진 가격이 진정한 기회비용이다. 그러므로 한 사람에게 그의 선택의 진정한 기회비용을 징수하는 것이 자신의 삶에 대한 책임을 존중하는 것이 된다고 가정할지라도 그 가정으로부터 어떤 정의론이 최선인가에 대한 결론을 도출할 수 없다.

그러나 본문에 설명된 자원의 평등의 개념관은 기회비용의 개념을 더욱 기본적인 수준에서 이용한다. 평등한 배려의 해석론을 옹호할 수 있으려면 정치 공동체의 누구도 초기에 타인보다 더 많은 자원을 받을 자격이 있어서는 안 된다는 전제가 필요하다. 이 해석론은 이 전제 아래에서도 어떤 사람들이 다른 사람들보다 더 번영하는 경제 체계가 정당화될 수 있는 이유들이 있는지를 묻는다. 공리주의자들, 롤스주의자들 그리고 다른 이론가들은 그런 이유들을 제시한다. 즉 사람들을 평등하게 배려하는 것은 그들의 평균 복지를 극대화할 것을 요구한다거나 최약 계층을 보호해야 한다거나 등의 이유들이다. 이들은 이런 여러 전제들이 정당화하는 경제 체계의 모델들을 제시하고 프리먼이 말하듯이 그런 모델은 한 사람의 선택이 다른 사람의 선택에 미치는 진정한 기회비용을 계산하는 고유한 방법들을 포함한다. 이와 달리 자원의 평등 기회비용의 공평한 분배를 상정하는데 이 분배는 평면적 평등(flat equality)으로부터의 일탈을 용납할 이유들에서 파생된 분배가 아니다. 자원의 평등 자체가 일탈의 이유이며 그러한 일탈의 범위를 한정할 이유가 된다. 모두가 동등한 자원을 가지고 다양한 위험에 대한 보험이 동등한 조건으로 유통되는 시장에서 정해진 가격을 통해 진정한 기회비용을 담론적으로 정한다. 그 시장의 산출물은 조세와 재분배를 통해 미래 시장의 구조를 결정하고 이 구조에서 진정한 기회비용이 산출된다. 그러므로 사람들이 자신의 선택에 책임을 지도록 만든다는 야심은 이 분배 정의론의 시작부터 작동하고 있는 것이다.

11 *Sovereign Virtue*, 8장과 9장의 논의 참조.

12 나의 분배 정의론을 설명한 아서 립스틴의 글을 읽어 보기 권한다. "Liberty and Equality," in Arthur Ripstein, ed., *Ronald Dworkin*(Cambridge: Cambridge University Press, 2007), 82쪽 참조. 립스틴은 보험의 강제성에 대해 이의를 제기한다.(103쪽) 보험 체계가 취향을 장애를 구분하도록 고안되어 있긴 하나 그 구분이 무작정 전제되어 사람들이 매우 비싼 취향에 대한 보험을 구입할 수 없다고 전제된다는 것이다. 나는 보험을 통해 이 구분이 더 명확하게 될 것을 의도하지는 않았다. 나는 식별 시험(identification test)을 통해 독립적으로 구분이 가능할 것으로 본다. 취향은 그 취향을 가지지 않기를 원치 않는 사람의 장애가 아니다. 나의 책 "Ronald Dworkin Replies," in *Burley, Dworkin and His Critics*, 347쪽 이하 참조. 또한 "Sovereign Virtue Revisited," *Ethics* 113(October 2002), 106쪽과 118쪽 이하 참조. 그러나 보험은 도덕적 해이의 현상을 통해 그 구분을 집행한다. 보험사들은 피보험자의 통제 아래 육성되며 피보험자의 의사에 반하는 것으로 추정할 수 없는 위험들에 대해 보험을 들어 주지 않을 것이다. 또는 엄청난 보험료를 지불하지 않는 이상 그 피보험자가 육성하길 원치 않고 통제할 수도 없음을 입증하기에 비용이 너무 많이 들고 어려운 위험에 대해서는 보험을 들어 주지 않을 것이다. 이는 보험의 편리한 부수적 성질이 아니다. 내가 10장에서 옹호한 평가적 책임론과 보험의 관계를 반영한다. 자원의 평등에 대한 자세하고 신중한 탐구를 통해 보험의 강제성에 대한 반론을 심도 있게 다룬 Alexander Brown, *Ronald Dworkin's Theory of Equality: Domestic and Global Perspectives*(Basingstoke: Palgrave Macmillan, 2009)를 권한다.

13 센은 *The Idea of Justice*(264-268쪽)에서 가상 보험 전략에 대해 상당한 분량을 할애한다. 나는 최선을 다해 우아하진 않지만 열거식으로 답변하려 한다. (1) 그는 자신의 '능력'설을 다룬 나의 과거 언급을 논의한다. *Sovereign Virtue*, 299-303쪽. 그는 '능력'설이 복지주의적임을 부인한다. 나는 왜 그렇게 이해될 수밖에 없는지 그 이유들을 설명했다. 각주 6을 보라. (2) 센은 "능력설은 단지 자원의 평등의 다른 말이다.(*Sovereign Virtue*, 303쪽)"라는 나의 평가가 옳다고 해도 능력설이 자원의 평등보다 우월하다고 주장한다. 능력설은 나 스스로 수단일 뿐임을 인정하는 자원보다 종국적으로 중요한 것을 지표로 삼기 때문이라는 것이다. 그러나 우선 어떤 사람들은 능력이 자신을 위해 중요하다고 생각하겠지만(이것은 자원도 마찬가지다. 즉 어떤 사람들은 자원을 이용하지 않더라도 자유로움의 근거로서 소중히 여긴다.) 다른 사람들은 자신이 원하는 삶에 이용할 수 있는 만큼만 소중하게 여긴다. 자원과 마찬가지로 능력도 대부분의 사람들에게 도구적일 뿐이다. 둘째, 내가 다양한 장소에서 여러 번 말했듯이 이성적인 사람들이 자신의 삶을 개선하기 위해 자원을 소중히 여긴다고 해서, 정부가 반드시 사람들의 자원 대신 사람들의 삶의 좋은 정도를 평등하게 만들어야 하는지 알 수 없다. 이 장에서 그런 기획은 개인의 책임을 훼손함을 주장한다. (3) 그 외에 센은 구체적으로 보험 전략을 평가하고 있다. 그는 보험 시장은 상대적인 단점을 반영하지 못한다고 말한다. 애덤 스미스가 밝힌 바에 따르면 이는 틀린 평가다. 실업, 저임금, 또는 장애에 대해 어느 정도의 보험을 구매할지를 결정할 때, 사람들은 자연스럽게 자신들의 절대적 수요뿐 아니라 다른 처지에 있는 타인들과의 비교를 고려한다. (4) 센은 보험이라는 도구는 개인들이 "공적 이성"이라는 절차의 부분으로서 아니라 "원자화된 구동자"로서 기능할 것을 전제한다고 말한다. 그러나 내가 상상한 보험자들은 만개한 공동체가 생산할 수 있는 최대한의 공적, 사적 논의에 힘입을 것이며 다양한 견해의 날실들 반영하는 공유된 문화로부터 힘입을 것이

다. 보험자들은 결국은 각각 스스로를 위한 결정을 내려야겠지만 그것이 고립된 방에서 내려질 것을 요구하지는 않는다. (5) 그는 내가 "다른 초월적 제도주의와 마찬가지로 완벽하게 정당한 제도에 (한걸음에) 도달하는 데 치중하고 있다."라고 말한다. 이것은 틀린 말이다. 각주 3에서 센의 주장에 대한 논의를 보라. (6) 그는 내가 나의 "제도적 서사의 완전무결성을 위해서 완벽히 경쟁적인 시장 균형의 존재, 고유성 그리고 효율성을(267쪽)" 당연한 것으로 전제하고 있다고 말한다. 그는 왜 내가 그런 비현실적 전제를 필요로 하는지를 말하지 않으며 나는 그런 전제의 필요성을 부인했다. 가령 Sovereign Virtue, 79쪽; "Sovereign Virtue Revisited", Is Democracy Possible Here?, 115쪽 본문 바로 앞의 문단을 참조하라. (7) 그는 주저하며, 그러한 제도의 확립이 모든 인간의 문제들을 해결할 것이라는 나의 전제가 "제도적 근본주의"와 "순진함"을 드러낸다고 결론짓는다. 그는 역시 내 가상의 보험 제도는 그런 기만 속에서 "제국적 힘"(267-268쪽)을 갖는다고 한다. 그러나 나는 그런 전제나 기만을 부인한다. 보험은 여기 묘사된 더욱 복잡하게 통합된 정의론을 통해 기능한다. '한 방'에 하는 것은 없다. 보험의 서사는 어떻게 불완전한 공동체에서 분배 정의를 지금보다 더 증대시킬 수 있는가에 대한 조언을 제공하며, 이를 위해 각자의 처지와 야망의 변화를 그리고 정의를 동정심과 타협하게 할 필요를 반영하기 위해 조정될 수 있는 유연한 보험 계약들의 지혜를 빌린다. 나의 글 "Sovereign Virtue Revisited"를 보라.

14 *Sovereign Virtue*, part II.

17 자유

1 Benjamin Constant, "The Liberty of the Ancients Compared with That of the Moderns"(1819), in *Biancamaria Fontana*, trans., Political Writings(Cambridge: Cambridge University Press, 1988), 309-328쪽; Isaiah Berlin, "Two Concepts of Liberty"(1958), reprinted in *Four Essays on Liberty*(Oxford: Oxford University Press, 1969), 118-172쪽.

2 Charles Fried, *Modern Liberty and the Limits of Government*(New York: W. W. Norton, 2006); Stephen Breyer, *Active Liberty: Interpreting Our Democratic Constitution*(New York: Knopf, 2005).

3 Berlin, *Four Essays on Liberty*, xlix.

4 H. L. A. Hart, "Are There Any Natural Rights?" *Philosophical Review* 64(1955).

5 Nicholas Clee, "And Another Thing······ Morality in Book Publishing," *Logos* 10(1999): 118, 119쪽.

6 16장에 기술된 에드윈 베이커에 대한 논의 참조.

7 제임스 플레밍(James Fleming)은 다른 중요한 사안들과 함께 정부가 시민들의 윤리적 견해나 결정에 영향을 미치기 위해 비강제적 방법을 얼마나 사용할 수 있는가라는 질문을 던진다. 본문에도 반영되었지만 나는 공동체의 도덕적 환경과 윤리적 환경을 구분하려고 한다. 나는 정부가 '무엇이 좋은 삶인가'에 대한 시민들 사이의 논란에서 한쪽 견해를 공식 채택하면 개인의 윤리적 책임에 올바른 존중을 보여 주지 않는다고 믿는다. 그러나 내가 *Life's Dominion*(New York: Knopf, 1993)에서 강조했듯이 정부가 사람들이 더욱 막중한 윤리적 책임감을 느끼도록 독려하는 것은 그 책임을 무시하는 것이 아니다. 의무 공교육을 통해 그런 책임의 막중함을 강조한다거나 그런 책임에 대한 중요하고 심오한 대응 방식들을 창의적으로 예시하는 것 역시 마찬가지이다. 플레밍이 지적하듯, 이 차이들은 윤리적 책임의 선양을 목적으로 하는 정부 정책들과 특별한 선택을 승인하거나 강제하는 정책들을 구분하는 어려운 경계 설정을 필요로 한다. 그러나 이 차이가 내가 생각하듯이 중요한 원리들을 담지한다면 우리는 그 판단들을 최선을 다해 내려야 한다. 플레밍은 내가 *Life's Dominion*에서 외

향적 논변과 내향적 논변을 구분했음을 지적한다. 이 책의 구조는 내가 1장의 요약문에서 말했듯이 내향적 논변일지 모르지만, 그 아래의 구조는 외향적이다.

8 *Dworkin*, "Principle, Policy, Procedure," in *A Matter of Principle*(Cambridge, Mass.: Harvard University Press, 1985), 3장 참조. This article is discussed by Robert Bone in "Procedure, Participation, Rights," in *Symposium: Justice for Hedgehogs: A Conference on Ronald Dworkin's Forthcoming Book*(special issue), *BU* 90, no. 2(April 2010): 1011쪽.

9 나는 표현의 자유에 대한 이 논의 부분을 원안보다 더 증면했는데, 16장에 설명된 에드윈 베이커의 논문이 표명한 대로, 내 변론이 열성적이지 못하고 자유에게 충분한 예우를 하지 않았다는 지적에 대비하여 그렇게 한 것이다. 그런데 모든 가치를 통합한 서사에서 모든 가치는 상호 의존하기 때문에 하나의 가치가 다른 가치에 비해 더 영예로운 지위를 갖지는 않는다. 나는 이번 변론이 열성적이라고 생각한다.

10 *Brandenburg v. Ohio*, 395 U.S. 444(1969).

11 Dworkin, *Sovereign Virtue*, 3장, "The Place of Liberty" 참조.

12 *Life's Dominion*. 나는 그 책의 논변을 여기 포함하여 주요 결론들만 요약하려고 했다.

13 *Roe v. Wade*, 410 U.S. 113(1973); *Planned Parenthood of Southeastern Pa. v. Casey*, 505 U.S. 833(1992).

14 나는 이것은 윤리적 논점이지 훌륭한 그림이나 천연기념물과 같은 탈개인적 가치의 보호 여부와는 다르다는 점을 강조하고자 한다. 정부는 박물관 건립을 위해 시민들에게 과세할 수 있지만 시민들을 강제 징용하여 그들에게 엄청난 대인적 비용을 들이며 예술품들을 보호하도록 할 수는 없다. 낙태 금지론은 초기 낙태가 생명의 중요성의 본질에 대한 잘못된 이해를 반영한다는 윤리 특유의 판단을 포함해야 한다.

18 민주주의

1 John Locke, *Two Treatises of Government*, ed. Peter Laslet(Cambridge: Cambridge University Press, 1960). 야노스 키스(Janos Kis)는 내가 로크의 진술이 지닌 가치에 주목하도록 해 주었다.

2 Ronald Dworkin, *Sovereign Virtue: The Theory and Practice of Equality*(Cambridge, Mass.: Harvard University Press, 2000), 10장; Dworkin, *Freedom's Law*(Cambridge, Mass.: Harvard University Press, 1996), introduction, 1; Dworkin, *Is Democracy Possible Here? Principles for a New Political Debate*(Princeton: Princeton University Press, 2006).

3 스티븐 마케도(Stephen Macedo)는 '다수결주의적'이라는 용어는 정확히 정의하기가 너무 어렵고 그 용법이 너무 혼란스러우므로 민주주의에 관한 토론에서 빼 버리자고 제안한다.(Macedo, "Against Majoritarianism: Democratic Values and Institutional Design," in *Symposium: Justice for Hedgehogs: A Conference on Ronald Dworkin's Forthcoming Book*(special issue), *BU* 90, no. 2(April 2010), 1029쪽) 나는 여기에서 그 제안을 따르지 않았는데, 내가 예전에 그 용어를 사용했고, 이 용어를 피한다면 오해를 불러일으키거나 적어도 구차할 수 있기 때문이다. 하지만 그의 제안에 담긴 취지에는 동의한다.

4 이는 존 롤스가 "질서정연한(well-ordered)" 사회에 대해 요구하는 내용보다 훨씬 약한 것이다.(Rawls, *A Theory of Justice*(Cambridge, Mass.: Harvard University Press, 1971), 453-462쪽) (여기에서 서술되는 동반자 관계의 요건에는) 시민들이 동일한 정의 관념을 공유한다고 하는, 충족될 개연성이 매우 낮은 요건이 전혀 포함되지 않기 때문이다.

5 John Ely, *Democracy and Distrust: A Theory of Judicial Review*(Cambridge, Mass.: Harvard University Press, 1980).

5장, "Clearing the Channels of Political Change," 105-134쪽; Janos Kis, "Constitutional Precommitment Revisited," *NYU Colloquium Paper*, September 3, 2009, www.law.nyu.edu/ecm_dlv2/groups/public/@nyu_law_website_academics_colloquia_legal_political_and_social_philosophy/documents/documents/ecm_pro_062725.pdf.

6 Jeremy Waldron, "The Core of the Case against Judicial Review," *Yale Law Journal* 115(2006): 1346쪽 참조.

7 같은 책, 1387쪽.

8 같은 책, 1387쪽 각주 112번.

9 월드론은 내가 구명정 사례를 통해 주장하고자 하는 바가 무엇인지에 관해 확신하지 못하고 있다.(Waldron, "A Majority in the Lifeboat," *BU*: 1043쪽) 내가 의도하는 것은 매우 제한적이고 극히 한정된 논점, 즉 다수결주의적 원칙은 내가 인용한 월드론의 진술에서 주장되는 바와 달리, 맥락과 무관하게 공정성의 일반적 원칙, 즉 "본래적으로" 공정한 과정은 아니라는 것뿐이다. 이 논문에서 월드론이 새로이 전개하는 논의는 그가 이 점에 동의함을 시사한다. 그는 승객 중 다수자는 승객 가운데 누가 배 바깥으로 내던져져야 할지를 선정하기 위한 절차들의 메뉴 가운데서 선택해야 한다고 말하는데, 이제 그는 다수결이 메뉴에 포함되어서는 안 된다고 첨언한다. 그런데 만약 다수결 원칙이 메뉴에 포함되어서는 안 되는 이유들이 존재한다면, 같은 이유로 이미 사전에 알려진 어떤 방식으로 승객 중 어떤 이들을 다른 이들에 비하여 선호할 그런 선택지가 메뉴에 포함되어 있는 한 다수자가 메뉴 가운데서 선택하도록 권한을 부여받아서는 안 된다. 월드론 자신의 제안대로 가장 연령이 높거나 가장 건강이 나쁜 사람을 죽이기로 선택하는 것은 이 기준 요건(심사 기준)에 따라 배제될 것이다. 우리는 시작부터 과정을 편향되게 만들지 않는 절차를 진정 원한다. 그러나 머릿수를 세는 방식은 이 조건을 충족하기 상당히 어렵다. 극히 분명하지만 이것은 다수결의 원칙이 결코 공정한 결정 방법일 수 없다는 논변이 아니다. 오히려 나는 정당성의 조건들이 충족된다면 다수결의 원칙이 정치에서 적절한 것이라고 주장한다. 월드론은 다수결 원칙의 본래적 공정성 이외에도 사법 심사에 반대하는 다른 논변들을 자신이 갖고 있다고 믿는다. 구명정 사례는 그가 제시하는 그런 논변 중 어떤 것에 대해서도 전혀 공박할 힘을 갖지 못한다는 데에 나는 동의한다. 월드론이 혐의를 두듯이 내가 그 사례를 다수결주의적 민주주의 관념에 대한 '압도적인' 반론이라고 간주하는 것은 분명코 아니다. 그는 내가 다른 관념을 옹호하기 위해 수년에 걸쳐 전개해 왔던 확장된 주장을 거론하는데, 그 주장이 이 장에서 요약되고 다듬어져서 제시되고 있다. 구명정 사례가 그 주장에 보태는 것은 아무것도 없다고 그는 단언한다. 그것은 전적으로 맞는 말이다. 그 사례는 내가 논변에 등장해서는 안 되는 잘못된 하나의 철학적 가정이라고 여기는 것만을 비판 대상으로 삼는다. 그 사례가 의도하는 바는 내가 여기에서 전개하는 적극적인 주장을 대체한다는 것도 아니고 심지어 보강한다는 것도 아니다.

또 하나의 문제가 있다. 월드론은 이 논문에서, 자신이 20년 동안 제기해 온 질문에 대해 경청할 만한 답변을 한 번도 받아 보지 못했다고 말한다. 다수결 원칙에 본래적 공정성이 없다면 왜 연방 대법원 같은 최종 상급 법원에서는 그것이 적절한 것이 된단 말인가? 연방 대법원에서는 매우 중요한 사건들이 5 대 4의 표결로 결정되는 수가 허다하지 않은가? 다수결주의적 절차에 대한 견제책 가운데 어느 것을 선택할지는 물론 어느 선택지가 이용 가능한 것이냐에 달려 있다. 사법 심사는 입법부와 행정부의 결정들을 견제하기 위해 이용 가능한 하나의 선택지이다. 그것은 또한 상급 법원들의 위계적 체계를 통해 사법 심사 자체를 견제하기 위해 이용 가능한 하나의 선택지이며, 사법 심사를 시행하는 대부분의 체계들은 그런 식으로 추가적 사법 심사를 하나의 견제책으로 활용하고 있다. 하지만 물론 사법 심사는 최고 상급 법원의 결정을 견제하는 데에는 이용 가능하지 않다. 만약 그것이 이용 가능하다면, 그 법원은 최고 법원이 아닐 것이다. 하지만 그렇다고 해서, 이러한 일련의 심사에 참여하는 법관들이 견해차를 보이는 경우에 그 견해차는 그들끼리 투표를 함으로써 해결되어야 한다는 결론이 나오지는 않는다. 연방 대법원에서 5 대 4로 내리는 판결은 하급 법원의 더 많은 다수 법관들이 만장일치로 내린 판결들을 뒤집는 것일 수도 있다. 그러나 머릿수를 세는 식의 절차가 연방 대법원 자체에 적용되는 것은 사실이며, 사법 심사 이외에 다른 어떠한 대안들이 이용 가능한지를 묻는 것은 전혀 불합리한 일이 아니다. 우리는 손쉽게 몇 가지를 떠올릴 수 있다. 헌법 재판을 행하는 법원들에서는 선임 법관들이 경험이 더 많다는 점을 근거로 삼아 그들에게 더 많은 표를 할당할 수도 있을 것이다. 또는 신임 법관들이 일반 여론을 더 잘 대변할 개연성이 있다는 이유로 그들에게 더 많은 표를 할당할 수도 있다. 연방 대법원은 모든 대법관에게 똑같이 한 표씩 할당하기는 하지만, 동시에 일부 대법관들은 헌법 규칙을 형성하는 과정에서 다른 대법관들보다 더 많은 권력을 부여받는다. 대법원장이 다수 의견 진영에 속하는 경우에는 누가 대법원을 대표하여 판결문을 집필할 것인가라는 흔히 결정적인 중요성을 띠는 문제를 대법원장이 결정한다. 그리고 대법원장이 소수 의견 진영에 속하는 경우에는 다수 의견 진영의 선임 대법관이 그것을 결정한다. 이 문제를 결정하는 것은 전혀 표결이 아니다. 대법원이 판결 결론을 정하기 위하여 다수결 규칙을 채용하는 관행 자체에 대해서는 이의가 제기될 수 있으며 이는 사리에 어긋나지 않는다. 그러나 논리적으로 그 단계에서는 사법 심사가 가능한 선택지가 아니므로, 다수결 절차가 선택된다고 해서 그 절차가 사법 심사를 포함하는 다른 과정보다 본래적으로 더 공정하다는 함의가 있다고는 볼 수 없다.

10 일반적으로, 어떤 집단적 선(good)을 목표로 삼는 정치적 절차들은, 내가 붙인 명칭을 사용하여 말하자면, 주민들의 '개인적' 선호를 '대외적' 선호로부터 가능한 한 멀리 분리하려고 주의를 기울이고 전자만을 유효한 것으로 고려해야 한다. Ronald Dworkin, *Taking Rights Seriously*(Cambridge, Mass.: Harvard University Press, 1977), 9장 참조. 정치에서 단순하고 직접적인 다수결은 그러한 분리를 달성할 수 없다. 내가 예전에 행했던 구별이 여기에서의 논의와 적절한 관련성이 있음을 지적해 준 월드론에게 감사한다. Waldron, "A Majority in the Lifeboat," 1043쪽 참조.

11 Edmund Burke, "Speech to the Electors of Bristol," in *The Works of the Right Honourable Edmund Burke*, vol. 1(London: Henry G. Bohn, 1855), 178-180쪽.

12 Judith N. Shklar, "The Liberalism of Fear," in Nancy L. Rosenblum, ed., *Liberalism and the Moral Life*(Cambridge, Mass.: Harvard University Press, 1989), 21-38쪽.

13 Dworkin, *Sovereign Virtue*, 11-12장.

14 *Hunt v. Cromartie*, 532 U.S. 234(2001) 판결에서 연방 대법원은 흑인 지배적인 선거구(a dominantly black district)를 만들어 내는 선거구 개편(redistricting)을 합헌이라고 판시했다. 그러한 선거구 조작(gerrymandering)의 의도가 어떤 정당이라기보다는 어떤 인종을 이롭게 하는 데 있다는 점이 입증될 수 없다는 이유에서였다. 전자의 목표는 헌법상 허용되지만 후자는 그렇지 않다는 것을 연방 대법원은 전제로 삼았던 것이다.

15 *Crawford v. Marion County Election Board*, 553 U. S. 181(2008).

16 대통령 선거에서 일반 유권자의 투표에서 승리한 후보에게 자기네 선거인단의 표를 던지는 것에 각 주들이 하나하나씩 동의하도록 하자는 제안이 나온 바 있다. 만약 주들이 연합한 선거인단 투표(their combined electoral votes)로 대통령을 선출하는 데 충분한 수의 주들이 동의한다면, 일반 유권자의 투표에서 패배한 후보가 선출되는 일이 더는 생기지 않을 것이다. 하지만 주들은 언제든지 그 체계에서 탈퇴해 버릴 수 있다. 상원이 안고 있는 더욱 심각한 대표 왜곡의 문제는 헌법 수정에 의해서도 해결될 수 없다. 최소한 연방 헌법은 제5조에서 그렇게 규정하고 있다.

17 *Parents Involved in Community Schools v. Seattle School District No. 1*, 551 U.S. 701(2007). 비판을 보려면 Ronald Dworkin, *The Supreme Court Phalanx: The Court's New Right-Wing Bloc*(New York: New York Review of Books, 2008).

18 *George W. Bush v. Al Gore*, 531 U.S. 98(2000); *Citizens United v. Federal Elections Commission*, decided January 21, 2010. *New York Review of Books*에 게재된 나의 논문 "A Badly Flawed Election," January 11, 2001과 "The Decision That Threatens Democracy," May 13, 2010 참조.

19 Dworkin, *Is Democracy Possible Here?* 158~159쪽.

20 Dworkin, "The Supreme Court Phalanx."

19 법

1 이 장은 나의 다음 책들을 대체하는 것이 아니라 보완하려는 것이다. *Law's Empire*(Cambridge, Mass.: Harvard University Press, 1986); *Justice in Robes*(Cambridge, Mass.: Belknap Press of Harvard University Press, 2006).

2 '연성' 실증주의에 따르면, 도덕도 헌법처럼 역사적 권위가 있는 법적 문서가 그 도덕을 호명한다면 법의 요건을 충족할 수 있다고 한다. H. L. A. Hart, *The Concept of Law*, 2nd ed.(Oxford: Oxford University Press, 1994), postscript, 250, 265쪽 참조.

3 법적 개념의 차이는 나의 책 *Justice in Robes*의 서론에서 더욱 충분하게 다루었다.

4 Ronald Dworkin, *Taking Rights Seriously*(Cambridge, Mass.: Harvard University Press, 1977), 2장.

5 같은 책, 3장.

6 스티븐 게스트와 필립 스코필드(Phillip Schofield)는, 제러미 벤담(Jeremy Bentham)이 *A Fragment of Government*에서 솔직하게 법적 문헌들을 효용이라는 도덕적 이론 위에 근본적으로 배치한다는 점을 지적한다. 이 문서는 www.efm.bris.ac.uk/het/bentham/government.htm에서 열람 가능하다. 따라서 가장 중요한 초기 실증주의 자로 인정되는 벤담은 법을 개념적 분석이 아니라 도덕론에 근거하여 분석한 셈이다. 벤담은 장롱 해석주의 자였던 것이다.

7 Hart, *The Concept of Law*.

8 같은 책.

9 Charles de Montesquieu, *The Spirit of the Laws*(Cambridge: Cambridge University Press, 1989).

10 나는 법체계의 정의와 통합성의 대립의 유의미한 사례를 소개한 바 있다. *Law's Empire*, 11장.

11 원의도주의(originalism)를 지지하는 정치적 논거에 대해서는 Antonin Scalia, *A Matter of Interpretation*(Princeton: Princeton University Press, 1999) 참조. 115~127쪽에 보면 내 반론도 소개되어 있다. 역사적 의미가 객관적이라는 전제에 대한 최근 반론으로는 Tara Smith, "Originalism's Misplaced Fidelity: 'Original' Meaning Is not Objective," *Constitutional Commentary* 26, no. 1(2009): 1. 그리고 *Law's Empire*, 9장.

12 도주 노예법이 유효한 법이었는가라는 법적 문제는 항상 헌법적으로 유효했는가를 포함한다. 내 생각에는 유효하지 않았다. "The Law of the Slave-Catchers," *Times Literary Supplement*, December 5, 1975(a review of *Justice Accused*, by Robert Cover). 지금은 그 논점을 회피하기로 한다.

13 *Jamal Kiyemba v. Barack Obama*, decided February 18, 2009, Opinion of Senior Circuit Court Judge Randolph. 법원은 피수용자들이 미국에 입국할 헌법적 권리가 있다고 판시하지는 않았고 그렇다고 가정하고 설시했을 뿐이다.

14 Sager, "Material Rights, Underenforcement, and the Adjudication Th esis," in *Symposium: Justice for Hedgehogs: A Conference on Ronald Dworkin's Forthcoming Book*(special issue), *Boston University Law Review* 90, no. 2(April 2010) (hereafter *BU*): 579쪽.

15 로버트 본은 예외적이다. 그는 절차적 논점의 도덕적 차원에 대해 교훈적인 서사를 보여 준다.(Robert Bone, "Procedure, Participation, Rights," *BU*: 1011쪽) 그는 여러 소재들과 함께 나의 다음 글도 다룬다. "Principle, Policy, Procedure." *A Matter of Principle*(Cambridge, Mass.: Harvard University Press, 1985).

16 "Edward Coke's Reports," in *The Selected Writings of Sir Edward Coke*, vol. 1(Indianapolis: Liberty Fund, 2003), 1–520쪽.

17 Jeffrey Jowell, "Immigration Wars," *The Guardian*, March 2, 2004. See also comment on the idea by Lord Justice of Appeal Sir Stephen Sedley, "On the Move," *London Review of Books*, October 8, 2009 참조.

18 Ronald Dworkin, *Freedom's Law: The Moral Reading of the American Constitution*(Cambridge, Mass.: Harvard University Press, 1996) 참조.

19 *District of Columbia, et al., v. Dick Anthony Heller*, 554 U. S.____ (2008).

20 *Rasul v. Bush*, 542 U. S. 466(2004).

21 같은 책, 스캘리아(Scalia) 대법관의 소수 의견.

결말: 불가분의 존엄성

1 좋다고 여겨진 삶에 대한 탐구로는 Keith Thomas, *The Ends of Life: Roads to Fulfillment in Early Modern England*(Oxford: Oxford University Press, 2009), reviewed by Hilary Mantel, "Dreams and Duels of England," *New York Review of Books*, October 22, 2009.

2 "Foundations of Liberal Equality," *The Tanner Lectures on Human Values*, vol. 11(Salt Lake City: University of Utah Press, 1990); Ronald Dworkin, *Sovereign Virtue: The Theory and Practice of Equality*(Cambridge, Mass.: Harvard University Press, 2000), 6장, "Equality and the Good Life."

3 이 어려움에 대해서는 *Sovereign Virtue*, 6장에서 자세히 논의했다.

찾아보기

박경신 안면도에서 자라 대전과학고등학교, 하버드 대학교 물리학과, 유시엘에이 로스쿨을 졸업하여 에코잉그린 펠로로 저임금노동자 변론을 하다가, 한동대학교, 법무법인 한결을 거쳐 고려대 교수로 재직 중이다. 재직 중 영문 법률 저널 *KULR*과 임상 법무 교육 기관인 공익법률상담소를 창간 및 창립했다. 사단법인 '오픈넷' 이사, '참여연대공익법센터' 소장으로 활동하면서 표현의 자유, 법치주의, 인터넷상의 자유 등을 지키기 위해 활동하고 있다. 로스쿨 제도 도입, 기름유출피해 보충기금협약 가입, 인터넷실명제 위헌 결정, '미네르바' 사건의 허위사실유포죄 위헌 결정, 영장 없는 통신 자료 제공 중단에 기여했다. 이 책의 저자 로널드 드워킨의 다른 작품인 『생명의 지배 영역 ─ 낙태, 안락사 및 개인의 자유에 대한 일고찰』(공역)을 번역했고 그의 사상을 다룬 『자유주의의 가치들』(공저)을 저술했으며 그 밖에 주요 논저로 『표현 통신의 자유』, 『진실유포죄』, 『사진으로 보는 저작권, 초상권, 상표권 기타 등등』 등이 있다.

로널드 드워킨

정의론

법과 사회 정의의 토대를 찾아서

1판 1쇄 펴냄 2015년 4월 10일
1판 3쇄 펴냄 2019년 9월 4일

지은이   로널드 드워킨
옮긴이   박경신
발행인   박근섭·박상준
펴낸곳   (주)민음사

출판등록   1966. 5. 19. 제16-490호
주소   서울특별시 강남구 도산대로1길 62(신사동)
        강남출판문화센터 5층 (우편번호 06027)
대표전화   02-515-2000 | 팩시밀리   02-515-2007
홈페이지   www.minumsa.com

ISBN 978-89-374-3166-1 (93100)